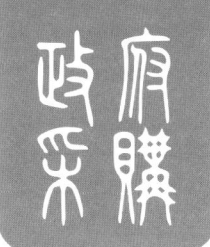

政府采购实务

Practice of Government Procurement

采购人篇

主　编　黎　明　陈　瑜

副主编　田　翠　付方龙　胡火轮　孙　伟

编　委　刘红光　李　頔　陈芳铭　刘源浩　张　威　王　彦

　　　　李　超　贺娅娜　高　源　吴妮敏　印　鹏　汪　丹

　　　　武天仪　陈鹏羽　李彦豪　戴枫禹　宋成伟　吴羿兴

　　　　刘　琪　穆嘉豪　陈圆圆　陈　刚

华中科技大学出版社
http://press.hust.edu.cn
中国·武汉

内 容 简 介

本书聚焦采购人核心职责,内容涵盖从预算编制、需求确定到合同履行、绩效评价的全流程关键环节,系统梳理了政府采购法规政策与操作要点。针对采购人面临的法规理解偏差、需求编制不科学、新型采购应对难等痛点,本书兼顾政策解读与技巧实操,以期能够提升采购效率与规范化水平。

希望本书能够成为采购人日常工作的实用指南,也希望本书能够为政府采购领域的理论研究和实践探索提供一些有益的参考。

图书在版编目(CIP)数据

政府采购实务.采购人篇 / 黎明,陈瑜主编.-- 武汉:华中科技大学出版社,2025.6.-- ISBN 978-7-5772-1939-4

Ⅰ.F812.2

中国国家版本馆CIP数据核字第2025ME1992号

政府采购实务——采购人篇

Zhengfu Caigou Shiwu ——Caigouren Pian

黎 明 陈 瑜 主编

策划编辑:张 玲

责任编辑:陈元玉

封面设计:何 轩 刘 洋

责任监印:曾 婷

出版发行:华中科技大学出版社(中国·武汉)   电话:(027)81321913

武汉市东湖新技术开发区华工科技园   邮编:430223

录 排:孙雅丽

印 刷:武汉科源印刷设计有限公司

开 本:787mm×1092mm 1/16

印 张:35 插页:1

字 数:680千字

版 次:2025年6月第1版第1次印刷

定 价:119.00元

前言

在政府采购体系中，采购人处于核心枢纽地位。作为采购需求的发起者和采购活动的主导者，采购人的每一项决策、每一步操作，都影响着政府采购活动的走向与最终成效。从采购需求的前期调研，到采购文件的条款设计；从供应商的审慎选择，到合同履约的全程监管，采购人肩负着确保财政资金使用效能、实现采购目标、维护公共利益的重大责任，在推动政府采购从"程序合规"向"结果问效"转型中发挥着关键作用。

近年来，政府采购领域发生了重大变革。随着社会的快速发展，政府采购规模持续扩大，采购项目复杂程度不断提升。与此同时，政府采购政策法规也在持续更新完善，旨在进一步规范采购行为、提高采购透明度、促进公平竞争与优化营商环境。在这样动态变化的环境下，采购人面临着前所未有的挑战。一些采购人对政府采购法律法规的理解存在偏差，导致在采购过程中出现违规操作；一些采购人在采购需求编制环节不够科学严谨，使得采购项目难以精准匹配实际需求，既浪费资源，又可能引发供应商质疑投诉；还有一些采购人在面对新型采购方式与复杂项目时，缺乏专业知识与实践经验，因此难以做出最优决策。

为了帮助广大采购人更好地应对这些问题，提升政府采购实务操作能力与管理水平，我们精心编写了这本《政府采购实务——采购人篇》。本书紧密贴合采购人的实际工作需求，系统且全面地梳理了政府采购的相关法律法规、政策文件以及操作流程。详细阐述了从采购预算编制、采购需求确定、采购计划制订、采购方式选择，到采购文件编制、开标评标、合同签订与履行、验收与付款、绩效评价等各个环节的要点与注意事项。

本书编写过程中，我们始终秉持着内容准确、条理清晰、语言通俗易懂的原则。既注重对基础知识与核心要点的讲解，又密切关注最新政策动态与实践创新成果；既强调政府采购工作的规范性与严肃性，又突出解决实际问题的灵活性与实用性。

我们期望本书能够成为采购人日常工作中的实用工具书，帮助大家在政府采购工作中少走弯路，提高效率，得心应手地完成各项采购任务。同时，我们也希望本书能够为政府采购领域的理论研究和实践探索提供一些有益的参考和借鉴，推动政府采购事业的发展和进步。

由于时间和水平有限，本书难免存在不足之处，敬请广大读者批评指正。

编者

2025 年 5 月

相关政策文件汇编

政府采购常用法律法规

目录

第十章　采购人内控管理

第十一章　优化营商环境

第一章
政府采购基础知识

第一节　政府采购概述

一、定义与概念

政府采购，是指各级国家机关、事业单位和团体组织，使用财政性资金采购依法制定的集中采购目录以内的或者采购限额标准以上的货物、工程和服务的行为。

政府采购需具备以下几个要素。

1. 采购主体

政府采购主体必须是各级国家机关、事业单位和团体组织。

2. 资金性质

政府采购资金性质为财政性资金。政府采购所称的财政性资金是指纳入预算管理的资金，以财政性资金作为还款来源的借贷资金视同为财政性资金。对于既使用财政性资金又使用非财政性资金的采购项目，能按资金性质不同进行分割的，使用财政性资金采购的部分适用《中华人民共和国政府采购法》（以下简称《政府采购法》）及相关法规；不能进行分割的，整个采购项目都应适用《政府采购法》及相关法规。

3. 采购范围

政府采购的采购范围包括集中采购目录以内的或者采购限额标准以上的货物、工程和服务。

《政府采购法》及其实施条例所称的集中采购，是指采购人将列入集中采购目录的项目委托集中采购机构代理采购或者进行部门集中采购的行为；所称的分散采购，是指采购人将采购限额标准以上的未列入集中采购目录的项目自行采购或者委托采购代理机构代理采购的行为。

集中采购的范围和政府采购限额标准由省级以上人民政府公布的集中采购目录确定。属于中央预算的政府采购项目，集中采购目录和政府采购限额标准由国务院确定并公布；属于地方预算的政府采购项目，集中采购目录和政府采购限额标准由省、自治区、直辖市人民政府或者其授权的机构确定并公布。

《政府采购法》所称的采购，是指以合同方式有偿取得货物、工程和服务的行为，包括购买、租赁、委托、雇用等。该法所称的货物是指各种形态和种类的物品，包括原材料、燃料、设备、产品等。该法所称的工程是指建设工程，包括建筑物和构筑物的新建、改建、扩建及其相关的装修、拆除、修缮等。该法所称的服务是指除货物和工程以外的其他政府采购对象，包括政府自身需要的服务和政府向社会公众提供的公共服务。

二、政府采购的原则

《政府采购法》第三条规定，政府采购应当遵循公开透明原则、公平竞争原则、公正原则和诚实信用原则。

1. 公开透明原则

政府采购被誉为"阳光下的交易"，只有坚持公开透明，才能为供应商参加政府采购活动提供公平竞争的环境，为公众对财政性资金的使用情况进行有效监督创造条件。

公开透明要求政府采购的法规和规章制度要公开，政府采购信息要公开，包括依照政府采购有关法律制度规定应予公开的采购意向、公开招标公告、资格预审公告、单一来源采购公示、中标（成交）结果公告、政府采购合同公告等政府采购项目信息，以及投诉处理结果、监督检查处理结果、集中采购机构考核结果等政府采购监管信息。

2. 公平竞争原则

公平竞争要求在竞争的前提下公平地开展政府采购活动。政府采购活动必须引入竞争机制，让采购人获得价廉物美的货物、工程或者服务，以提高财政性资金的使用效益。须做到平等准入与无歧视待遇、防止地方保护与行政干预、评审公正与有效监督、对不正当竞争行为进行有效打击，并实质性促进中小企业参与政府采购活动。

3. 公正原则

公正原则是为确保供应商公平参与政府采购活动，促进供应商之间充分竞争而设立的。采购人和采购代理机构不得以不合理的条件对供应商实行差别待遇或者歧视待遇；在评审活动中，评审专家应当按照客观、公正、审慎的原则，根据采购文件规定的评审程序、评审方法和评审标准进行独立评审，不得明示或者暗示其倾向性、引导性意见。《中华人民共和国政府采购法实施条例》（以下简称《政府采购法实施条例》）第九条指出，在政府采购活动中，采购人员及相关人员与供应商有下列利害关系之一的，应当回避：（一）参加采购活动前3年内与供应商存在劳动关系；（二）参加采购活动前3年内担任供应商的董事、监事；（三）参加采购活动前3年内是供应商的控股股东或者实际控制人；（四）与供应商的法定代表人或者负责人有夫妻、直系血亲、三代以内旁系血亲或者近姻亲关系；（五）与供应商有其他可能影响政府采购活动公平、公正进行的关系。供应商认为采购人员及相关人员与其他供应商有利害关系的，可以向采购人或者采购代理机构书面提出回避申请，并说明理由。采购人或者采购代理机构应当及时询问被申请回避人员，有利害关系的被申请回避人员应当回避。

4.诚实信用原则

诚实信用原则是政府采购的重要基础，要求政府采购各方当事人在政府采购活动中，本着诚实、守信的契约精神，履行各自的权利和义务，恪守信用，兑现承诺，不得有欺诈、串通、隐瞒等行为，不得伪造、变造、隐匿、销毁需要依法保存的文件。

第二节 政府采购当事人

《政府采购法》第十四条规定，政府采购当事人是指在政府采购活动中享有权利和承担义务的各类主体，包括采购人、供应商和采购代理机构等。

《政府采购法》第二十五条规定，政府采购当事人不得相互串通损害国家利益、社会公共利益和其他当事人的合法权益；不得以任何手段排斥其他供应商参与竞争。供应商不得以向采购人、采购代理机构、评标委员会的组成人员、竞争性谈判小组的组成人员、询价小组的组成人员行贿或者采取其他不正当手段谋取中标或者成交。采购代理机构不得以向采购人行贿或者采取其他不正当手段谋取非法利益。采购人不得向供应商索要或者接受其给予的赠品、回扣或者与采购无关的其他商品、服务。

一、采购人

《政府采购法》第十五条规定，采购人是指依法进行政府采购的国家机关、事业单位、团体组织。

1.国家机关

国家机关是指行使国家权力、管理国家事务的机关。其包括国家权力机关、国家行政机关、国家审判机关、国家检察机关、军事机关等。

2. 事业单位

事业单位是指政府为实现特定目的而批准设立的事业法人。

3. 团体组织

团体组织是指各党派及政府批准的社会团体。

采购人在政府采购活动中应当维护国家利益和社会公共利益，公正廉洁，诚实守信，执行政府采购政策，建立政府采购内部管理制度，厉行节约，科学合理地确定采购需求。

二、采购代理机构

《政府采购法实施条例》第十二条规定，政府采购法所称采购代理机构，是指集中采购机构和集中采购机构以外的采购代理机构。

集中采购机构是设区的市级以上人民政府依法设立的非营利事业法人，是代理集中采购项目的执行机构。集中采购机构应当根据采购人委托制定集中采购项目的实施方案，明确采购规程，组织政府采购活动，不得将集中采购项目转委托。集中采购机构以外的采购代理机构，是从事采购代理业务的社会中介机构。

1. 集中采购机构

1）集中采购机构的设立

设区的市、自治州以上人民政府根据本级政府采购项目组织集中采购的需要设立集中采购机构。

2）集中采购机构的性质

集中采购机构受采购人的委托，以代理人的身份办理政府采购事宜，集中采购机构是为向采购人提供采购服务而设立的；集中采购机构不是政府机关，而是非营利性的事业法人。

2. 社会代理机构

集中采购机构以外、受采购人委托从事政府采购代理业务的社会中介机构称为社会代理机构，一般直接称为采购代理机构。本书所称政府采购代理机构一般是指集中采购机构以外、受采购人委托从事政府采购代理业务的社会中介机构。

1）社会代理机构的性质

社会代理机构是营利性机构，根据采购代理委托协议的约定收取招标代理费。当前招标代理费的收取已经打破了"政府指导价"的限制，原国家计委《招标代理服务收费管理暂行办法》（计价格〔2002〕1980号文件）对招标代理机构的收费标准做了详细要求，但在国家发改委《关于进一步放开建设项目专业服务价格的通知》（发改价格

〔2015〕299号）中规定，全面放开实行政府指导价管理的建设项目专业服务价格，实行市场调节价，其中就包括招标代理费。实行市场调节价后，经营者应严格遵守《中华人民共和国价格法》《关于商品和服务实行明码标价的规定》等法律法规规定，告知委托人有关服务项目、服务内容、服务质量及服务价格等，并在委托代理协议中约定。

实行市场调节价，并不意味着乱收费，采购人和采购代理机构在签署政府采购代理协议时，应在协议中明确收费方式及收费比例或金额等。收费比例或金额不能脱离市场实际，采购代理机构提供的服务，应当符合国家和行业有关标准规范，满足委托代理协议约定的服务内容和质量标准等要求。采购代理机构不得违反标准、规范、规定或协议约定，通过降低服务质量、减少服务内容等手段进行恶性竞争，扰乱市场秩序。

2）社会代理机构从业条件

社会代理机构代理政府采购业务应当具备以下条件：

（1）具有独立承担民事责任的能力。

（2）建立完善的政府采购内部监督管理制度。

（3）拥有不少于5名熟悉政府采购法律法规、具备编制采购文件和组织采购活动等相应能力的专职从业人员。

（4）具备独立办公场所和代理政府采购业务所必需的办公条件。

（5）在自有场所组织评审工作的，应当具备必要的评审场地和录音录像等监控设备设施并符合省级人民政府规定的标准。

3）社会代理机构名录登记

按照财政部《政府采购代理机构管理暂行办法》（财库〔2018〕2号）要求，社会代理机构实行名录登记管理，完成名录登记方可从业。

省级财政部门依托中国政府采购网省级分网建立政府采购代理机构名录，名录信息全国共享并向社会公开。

代理机构应当通过工商登记注册地省级分网填报以下信息申请进入名录，并承诺对信息真实性负责：

（1）代理机构名称、统一社会信用代码、办公场所地址、联系电话等机构信息。

（2）法定代表人及专职从业人员有效身份证明等个人信息。

（3）内部监督管理制度。

（4）在自有场所组织评审工作的，应当提供评审场所地址、监控设备设施情况。

（5）省级财政部门要求提供的其他材料。

登记信息发生变更的，代理机构应当在信息变更之日起10个工作日内自行更新。代理机构登记信息不完整的，财政部门应当及时告知其完善登记资料；代理机构登记信息完整清晰的，财政部门应当及时为其开通相关政府采购管理交易系统信息发布、专家抽取等操作权限。

4）社会代理机构的选用

完成名录登记的代理机构，可在中国政府采购网或省级政府采购网上政府采购代理机构名录登记栏中查询详细信息，包括代理机构基本资料、主要业绩、异地评审场所和变更历史等内容。基本资料包括代理机构工商注册信息、评审场地情况、擅长领域及专职人员信息等，以方便采购人根据需要自行选择代理机构。采购人应当根据项目特点、代理机构专业领域和综合信用评价结果，从名录中自主择优选择代理机构。任何单位和个人不得以摇号、抽签、遴选等方式干预采购人自行选择代理机构。

3. 集中采购机构与社会代理机构的异同

集中采购机构为设区的市、自治州以上人民政府根据本级政府采购项目组织集中采购的需要而设立，其性质为事业单位，为全额财政拨款的非营利性机构，无需登记备案。

社会代理机构为营利性质的机构，须在政府采购网登记备案方可从业。

两者的共同点在于：一是均需按照政府采购法及其相关规定执行政府采购项目；二是项目执行均需获得采购人的委托；三是均需接受各级政府采购监督管理部门的监管。

三、供应商

1. 供应商的定义及分类

《政府采购法》第二十一条规定，供应商是指向采购人提供货物、工程或者服务的法人、其他组织或者自然人。

1）法人供应商

法人供应商包括企业法人、机关法人、事业单位法人和社会团体法人。企业法人应具有其在工商部门注册的有效"企业法人营业执照"或"营业执照"；如果供应商是事业单位，应具有有效的"事业单位法人证书"。

2）其他组织供应商

其他组织主要包括合伙企业、非企业专业服务机构、个体工商户、农村承包经营户。如果供应商是个体工商户，应具有有效的"个体工商户营业执照"。

3）自然人供应商

自然人是法律上用来区分法人和非法人的一个术语。在法律上，自然人指的是具有民事权利能力和民事行为能力的人，也就是普通的个人。自然人供应商，一般指的是以个人身份而非法人身份从事供应商活动的个人。

2. 供应商应具备的条件

《政府采购法》第二十二条规定，供应商参加政府采购活动应当具备下列条件：

（1）具有独立承担民事责任的能力。

（2）具有良好的商业信誉和健全的财务会计制度。

（3）具有履行合同所必需的设备和专业技术能力。

（4）有依法缴纳税收和社会保障资金的良好记录。

（5）参加政府采购活动前三年内，在经营活动中没有重大违法记录。

（6）法律、行政法规规定的其他条件。

采购人可以根据采购项目的特殊要求，规定供应商的特定条件，但不得以不合理的条件对供应商实行差别待遇或者歧视待遇。

采购人或者采购代理机构有下列情形之一的，属于以不合理的条件对供应商实行差别待遇或者歧视待遇：

（1）就同一采购项目向供应商提供有差别的项目信息。

（2）设定的资格、技术、商务条件与采购项目的具体特点和实际需要不相适应或者与合同履行无关。

（3）采购需求中的技术、服务等要求指向特定供应商、特定产品。

（4）以特定行政区域或者特定行业的业绩、奖项作为加分条件或者中标、成交条件。

（5）对供应商采取不同的资格审查或者评审标准。

（6）限定或者指定特定的专利、商标、品牌或者供应商。

（7）非法限定供应商的所有制形式、组织形式或者所在地。

（8）以其他不合理条件限制或者排斥潜在供应商。

《政府采购法》第二十四条规定，两个以上的自然人、法人或者其他组织可以组成一个联合体，以一个供应商的身份共同参加政府采购。

以联合体形式进行政府采购的，参加联合体的供应商均应当具备《政府采购法》第二十二条规定的条件，并应当向采购人提交联合协议，载明联合体各方承担的工作和义务。以联合体形式参加政府采购活动的，联合体各方不得再单独参加或者与其他供应商另外组成联合体参加同一合同项下的政府采购活动。联合体各方应当共同与采购人签订采购合同，就采购合同约定的事项对采购人承担连带责任。

分支机构是否可以参加政府采购活动呢？《政府采购法》第二十二条规定，供应商参加政府采购活动应当具备的条件之一是具有独立承担民事责任的能力。《中华人民共和国民法典》（以下简称《民法典》）第七十四条规定，分支机构以自己的名义从事民事活动，产生的民事责任由法人承担，也可以先以该分支机构管理的财产承担，不足以承担的，由法人承担。专家认为，《民法典》首先明确了分支机构能以自己的名义从事民事活动，其民事责任由其法人承担，也可以由分支机构先行承担，不足以承担的，由其法人承担。所以，分支机构参加政府采购活动法律并无禁止，不能以分支机构不具有独立承接民事责任的能力为由拒绝其参加政府采购活动。实务中可以要求分支机构由其总公司授权，明确其民事责任由其总公司承担。

第三节　政府采购品目分类

《政府采购品目分类目录》是确定政府采购项目属性的基础，编制政府采购预算、实施政府采购计划、统计政府采购数据等业务均需按照《政府采购品目分类目录》规范管理。

为完善政府采购基础分类标准，按照深化政府采购制度改革和实施预算管理一体化要求，2022年，财政部对《政府采购品目分类目录》（财库〔2013〕189号）进行了修订，并与《固定资产等资产基础分类与代码》（GB/T 14885）统一为一套编码体系。

《政府采购品目分类目录》将政府采购项目分为货物类、工程类和服务类。在这三大类下又细分了各级品目，相当完整与细化，所以在项目实施前难以确定项目属性的，应当查询《政府采购品目分类目录》。采购人应按照品目分类目录来确定项目属性，不同的项目属性选择的采购方式可能不同，对采购文件的要求也可能不同。

在财政部《政府采购品目分类目录》白皮书中，货物类代码以"A"开头，工程类代码以"B"开头，服务类代码以"C"开头。例如，"A02000000"代表"设备"，逐层分级，"A02010000"代表"信息化设备"，再细分下去，"A02010100"代表"计算机"，"A02010103"代表"中型计算机"……

一、货物类

《政府采购法》所称货物，是指各种形态和种类的物品，包括原材料、燃料、设备、产品等。

修订后的货物类品目共8个门类，包括房屋和构筑物、设备、文物和陈列品、图书和档案、家具和用具、特种动植物、物资、无形资产。修订的主要内容为：一是与《资产分类与代码》保持一致；二是根据工作实践和单位反馈意见，新增部分品目；三是优化货物类品目分类方式；四是不适宜政府采购的分类未纳入《采购品目目录》。

二、工程类

《政府采购法》中规定，本法所指工程是指建设工程，包括建筑物和构筑物的新建、改建、扩建、装修、拆除、修缮等。

《政府采购法实施条例》进一步规定，政府采购工程是指建设工程，包括建筑物和构筑物的新建、改建、扩建及其相关的装修、拆除、修缮等；所称与工程建设有关的货物，是指构成工程不可分割的组成部分，且为实现工程基本功能所必需的设备、材料等；所称与工程建设有关的服务，是指为完成工程所需的勘察、设计、监理等服务。

修订后的工程类品目共10个门类，包括房屋施工、构筑物施工、施工工程准备、预制构件组装和装配、专业施工、安装工程、装修工程、修缮工程、工程设备租赁（带操作员）、其他建筑工程。修订的主要内容为：一是与资产分类中的房屋分类保持一致，并对其下级品目进行同步更新；二是规范部分品目名称。

《政府采购法》规定，政府采购工程进行招标投标的，适用《中华人民共和国招标投标法》（以下简称《招标投标法》）。因此，必须招标的工程以及与工程建设有关的货物和服务，应采用招标方式进行采购。除此之外，应适用政府采购法及相关规定，结合项目需求特点，采用竞争性谈判、竞争性磋商、单一来源采购方式采购。

三、服务类

《政府采购法》所称服务，是指除货物和工程以外的其他政府采购对象。

《政府采购法实施条例》规定，政府采购服务包括政府自身需要的服务和政府向社会公众提供的公共服务。

修订后的服务类品目共25个门类，包括科学研究和试验开发、教育服务、医疗卫生服务、社会服务、生态环境保护和治理服务、公共设施管理服务、农林牧渔服务等。修订的主要内容为：一是与政府购买服务相衔接；二是与框架协议采购相适应；三是规范实施政府和社会资本合作项目采购；四是根据《"十四五"公共服务规划》《国家基本公共服务标准（2021年版）》及新型服务业态的变化，新增或调整相关品目；五是根据工作实践和单位反馈意见，新增或调整部分品目；六是优化服务分类顺序；七是补充完善品目说明。

如果一个项目是既有货物又有服务的混合项目，如何确定项目属性呢？《政府采购货物和服务招标投标管理办法》第七条规定，采购人应当按照财政部制定的《政府采购品目分类目录》确定采购项目属性。按照《政府采购品目分类目录》无法确定的，按照有利于采购项目实施的原则确定。

第四节　政府集中采购目录及限额标准

一、政府采购目录的定义

政府采购目录是有关政府采购主管部门依据提高采购质量、降低采购成本的原则，对一些通用的、大批量的采购对象应纳入政府采购管理和进行集中采购而确定的，并由政府部门公布的货物、工程、服务的范围和具体的名称清单。

政府采购目录可分为政府集中采购目录和部门集中采购目录。属于中央预算的政府采购项目，其政府采购目录由国务院确定并公布；属于地方预算的政府采购项目，其政府采购目录由省、自治区、直辖市人民政府或者授权的机构确定并公布。

二、政府集中采购目录及限额标准的主要内容

政府集中采购目录及限额标准主要包括以下几个方面。

1. 集中采购目录

1）集中采购机构采购项目

纳入集中采购范围的项目需按规定委托集中采购机构代理采购。集中采购目录的品目名称、编码及说明按照《政府采购品目分类目录》执行和解释。

2）部门集中采购项目

部门集中采购项目是指部门或系统有特殊要求，需要由部门或系统统一配置的货物、工程和服务类专用项目。各中央预算单位可按实际工作需要确定，报财政部备案后组织实施采购。省级部门集中采购项目范围由各省级主管预算单位结合自身业务特点自行确定，报省财政厅备案后组织实施。

2. 分散采购限额标准

除集中采购机构采购项目和部门集中采购项目外，采购人自行采购单项或批量金额达到分散采购限额标准的项目应按《政府采购法》和《招标投标法》有关规定执行。

例如：《中央预算单位政府集中采购目录及标准（2020年版）》中规定，中央预算单位各部门自行采购单项或批量金额达到100万元以上的货物和服务的项目、120万元以上的工程项目应按《政府采购法》和《招标投标法》有关规定执行。

湖北省财政厅《关于印发湖北省政府集中采购目录及标准（2025年版）的通知》（鄂财采发〔2024〕7号）规定，全省分散采购限额标准如下：货物、服务类项目省级和武汉市本级为100万元、市级为60万元、县级为40万元；工程类项目省级和武汉市本级为100万元，市县级为60万元。

集中采购目录以外且采购金额未达到分散采购限额标准的项目，不适用《政府采购法》及其实施条例的有关规定，由采购人按照相关预算支出管理规定和单位内控制度自行组织实施。

3. 公开招标数额标准

公开招标数额标准是对于需要公开招标的采购项目的数额规定。

例如：《中央预算单位政府集中采购目录及标准（2020年版）》中规定，中央预算单位政府采购货物或服务项目，单项采购金额达到200万元以上的，必须采用公开招标方式。政府采购工程以及与工程建设有关的货物、服务公开招标数额标准按照国务院有关规定执行。

湖北省财政厅《关于印发湖北省政府集中采购目录及标准（2025年版）的通知》（鄂财采发〔2024〕7号）规定，政府采购货物或服务项目，省级和武汉市本级单项或批量采购金额达到400万元以上、市县级200万元以上的应当采用公开招标方式。其中武汉市市本级执行省级公开招标数额标准。政府采购工程项目以及与工程建设有关的货物、服务公开招标数额标准按照国家有关规定执行。

湖北省财政厅《关于印发湖北省政府集中采购目录及标准（2025年版）的通知》还对其他有关事项进行了明确，如下：

（1）关于集中采购项目实施。各级采购人可以不受行政区域、预算管理级次的限制，自主委托省内集中采购机构组织开展集中采购活动。鼓励集中采购机构积极承接不同级次、不同地区采购人的代理业务。

集中采购机构要加强在市场调查、价格测算、产业发展趋势研判、采购合同风险防控等方面的专业能力建设，积极推进批量集中采购，充分发挥集中采购的规模优势，不断提升集中采购服务质量和专业水平。

（2）关于部门集中采购项目的实施。本部门或本系统有特殊要求，可以统一采购的项目，属于部门集中采购项目。省级主管预算单位结合自身业务特点，自行确定本部门集中采购项目范围，报省财政厅备案后组织实施，可自行委托中央国家机关集中采购机构或国家部委集中采购机构组织采购。

（3）关于政府采购政策功能。政府采购应采购本国货物、工程和服务，确需采购进口产品的，应不排斥本国产品参与竞争。政府采购活动应严格落实支持中小企业发展、乡村产业振兴、创新、绿色发展等政策目标。采购人应通过采购需求编制、预留采购份额、价格评审优惠等措施，加大政策落实力度，确保政策执行效果。

（4）关于涉密采购项目的实施。涉密政府采购项目按照财政部和国家保密局关于涉密政府采购管理相关规定执行。

（5）关于政府采购工程管理。政府采购工程以及与工程建设有关的货物、服务，依法采用招标方式的，适用《中华人民共和国招标投标法》及其实施条例；依法不进行招标的，应当采用竞争性谈判、竞争性磋商或者单一来源方式采购，适用《国政府采购法》及其实施条例。所有政府采购工程以及与工程建设有关的货物和服务，在执行中均应当落实政府采购政策要求。

（6）采购人为保障部门正常运转、履行工作职能、提供公共服务使用的水、电、天然气资源、土地等，以及须在党媒、党报、党刊等特定媒体发布的广告宣传，不编入年度政府采购预算，不纳入政府采购管理。

（7）财政管理实行省直接管理的县级人民政府以及武汉市所辖各区人民政府可以根

据需要，行使《政府采购法》及其实施条例规定的设区的市级人民政府批准变更采购方式的职权。

在线习题（第一章）

第一节　政府采购法律体系

目前，我国可以规范和约束政府采购活动的法规，可以分为四个层级，分别为法律、行政法规、部门规章和规范性文件。

一、法律

第一层级是法律，由全国人民代表大会或者全国人民代表大会常务委员会负责制定，政府采购活动需要高频适用的是《政府采购法》。

1. 《政府采购法》

政府采购法律法规体系核心为《政府采购法》（中华人民共和国主席令第68号），该法于2002年6月29日通过，并于2003年1月1日起施行，为第一层级。

《政府采购法》由中华人民共和国第九届全国人民代表大会常务委员会第二十八次会议于2002年6月29日通过，自2003年1月1日起施行。

2014年8月31日第十二届全国人民代表大会常务委员会第十次会议通过对《政府采购法》作出修改。

《政府采购法》全文共八十八条，对政府采购的范围和方式、政府采购当事人、政府采购程序和采购合同、政府采购活动的质疑与投诉、监督检查和法律责任等方面作出了明确规定。

2. 《政府采购法》主要条款解读

第一章　总则

定义：本法所称政府采购，是指各级国家机关、事业单位和团体组织，使用财政性资金采购依法制定的集中采购目录以内的或者采购限额标准以上的货物、工程和服务的行为。

政府采购的主体：各级国家机关、事业单位和团体组织。

值得注意的是，按照现行法律，国有企业不是政府采购主体，国有企业购买货物、工程和服务，不列入政府采购范围。

采购资金来源：财政性资金。

采购内容：采购依法制定的集中采购目录以内的或者采购限额标准以上的货物、工程和服务的行为。

适用范围：在中华人民共和国境内进行的政府采购活动适用本法。

供应商自由进入：任何单位和个人不得采用任何方式，阻挠和限制供应商自由进入本地区和本行业的政府采购市场。

政府采购执行模式：实行集中采购和分散采购相结合的模式。

政府采购政策取向：应当有助于实现国家的经济和社会发展政策目标，包括保护环境、扶持不发达地区和少数民族地区、促进中小企业发展等。

政府采购信息公开：政府采购的信息应当在政府采购监督管理部门指定的媒体上及时向社会公开发布，但涉及商业秘密的除外。

回避制度：政府采购活动中，采购人员及相关人员与供应商有利害关系的，必须回避。供应商认为采购人员及相关人员与其他供应商有利害关系的，可以申请其回避。

监管部门：各级人民政府财政部门是负责政府采购监督管理的部门，依法履行对政府采购活动的监督管理职责。

政府采购应当采购本国货物、工程和服务。

但有下列情形之一的除外：

（1）需要采购的货物、工程或者服务在中国境内无法获取或者无法以合理的商业条件获取的。

（2）为在中国境外使用而进行采购的。

（3）其他法律、行政法规另有规定的。

前款所称本国货物、工程和服务的界定，依照国务院有关规定执行。

第二章　政府采购当事人

政府采购当事人是指在政府采购活动中享有权利和承担义务的各类主体，包括采购人、供应商和采购代理机构等。

采购人是指依法进行政府采购的国家机关、事业单位、团体组织。

集中采购机构为采购代理机构，是非营利事业法人，根据采购人的委托办理采购事宜。

供应商是指向采购人提供货物、工程或者服务的法人、其他组织或者自然人。两个以上的自然人、法人或者其他组织可以组成一个联合体，以一个供应商的身份共同参加政府采购。

供应商参加政府采购活动应当具备下列条件：

（1）具有独立承担民事责任的能力。

（2）具有良好的商业信誉和健全的财务会计制度。

（3）具有履行合同所必需的设备和专业技术能力。

（4）有依法缴纳税收和社会保障资金的良好记录。

（5）参加政府采购活动前三年内，在经营活动中没有重大违法记录。

（6）法律、行政法规规定的其他条件。

联合体各方都应满足以上条件，共同与采购人签订采购合同。

第三章 政府采购方式

《政府采购法》中明确的主要有公开招标、邀请招标、竞争性谈判、单一来源采购、询价等五种采购方式，其中公开招标应作为政府采购的主要采购方式。

2014年12月31日，财政部印发《政府采购竞争性磋商采购方式管理暂行办法》（财库〔2014〕214号）的通知，新增竞争性磋商方式。

2022年1月14日，财政部印发《政府采购框架协议采购方式管理暂行办法》（财政部令110号）的通知，新增框架协议采购方式。

2024年4月24日，财政部印发《政府采购合作创新采购方式管理暂行办法》（财库〔2024〕13号）的通知，新增合作创新采购方式。

第四章 政府采购程序

货物和服务项目实行招标方式采购的，自招标文件开始发出之日起至投标人提交投标文件截止之日止，不得少于二十日。

在招标采购中，出现下列情形之一的，应予废标：

（1）符合专业条件的供应商或者对招标文件作实质响应的供应商不足三家的。

（2）出现影响采购公正的违法、违规行为的。

（3）投标人的报价均超过了采购预算，采购人不能支付的。

（4）因重大变故，采购任务取消的。

对竞争性谈判、询价采购方式的程序进行明确。

采购人、采购代理机构对政府采购项目每项采购活动的采购文件应当妥善保存，不得伪造、变造、隐匿或者销毁。采购文件的保存期限为从采购结束之日起至少保存十五年。

第五章　政府采购合同

政府采购合同适用合同法。

政府采购合同应当采用书面形式。

采购人与中标、成交供应商应当在中标、成交通知书发出之日起三十日内，按照采购文件确定的事项签订政府采购合同。

采购合同自签订之日起七个工作日内，采购人将合同副本报同级政府采购监督管理部门和有关部门备案。

经采购人同意，中标、成交供应商可以依法采取分包方式履行合同。

补充合同的采购金额不得超过原合同采购金额的百分之十。

政府采购合同的双方当事人不得擅自变更、中止或者终止合同。

第六章　质疑与投诉

质疑：供应商认为采购文件、采购过程和中标、成交结果使自己的权益受到损害的，可以在知道或者应知其权益受到损害之日起七个工作日内，以书面形式向采购人提出质疑。

采购人应当在收到供应商的书面质疑后七个工作日内作出答复，并以书面形式通知质疑供应商和其他有关供应商，但答复的内容不得涉及商业秘密。

采购人委托采购代理机构采购的，供应商可以向采购代理机构提出询问或者质疑。

投诉：质疑供应商对采购人、采购代理机构的答复不满意或者采购人、采购代理机构未在规定的时间内作出答复的，可以在答复期满后十五个工作日内向同级政府采购监督管理部门投诉。

政府采购监督管理部门应当在收到投诉后三十个工作日内，对投诉事项作出处理决定，并以书面形式通知投诉人和与投诉事项有关的当事人。

政府采购监督管理部门在处理投诉事项期间，可以视具体情况书面通知采购人暂停采购活动，但暂停时间最长不得超过三十日。

复议和诉讼：投诉人对政府采购监督管理部门的投诉处理决定不服或者政府采购监督管理部门逾期未作处理的，可以依法申请行政复议或者向人民法院提起行政诉讼。

第七章　监督检查

政府采购监督管理部门应当加强对政府采购活动及集中采购机构的监督检查。监督检查的主要内容是：

（1）有关政府采购的法律、行政法规和规章的执行情况。

（2）采购范围、采购方式和采购程序的执行情况。

（3）政府采购人员的职业素质和专业技能。政府采购项目的采购标准应当公开。

财政部门可以对政府采购的整个过程进行监管。

审计机关应当对政府采购进行审计监督。

监察机关应当加强对参与政府采购活动的相关人员实施监察。

任何单位和个人对政府采购活动中的违法行为，有权控告和检举。

第八章　法律责任

采购人、采购代理机构有下列情形之一的，责令限期改正，给予警告，可以并处罚款，对直接负责的主管人员和其他直接责任人员，由其行政主管部门或者有关机关给予处分，并予通报：

（1）应当采用公开招标方式而擅自采用其他方式采购的。

（2）擅自提高采购标准的。

（3）以不合理的条件对供应商实行差别待遇或者歧视待遇的。

（4）在招标采购过程中与投标人进行协商谈判的。

（5）中标、成交通知书发出后不与中标、成交供应商签订采购合同的。

（6）拒绝有关部门依法实施监督检查的。

采购人、采购代理机构及其工作人员有下列情形之一，构成犯罪的，依法追究刑事责任；尚不构成犯罪的，处以罚款，有违法所得的，并处没收违法所得，属于国家机关工作人员的，依法给予行政处分：

（1）与供应商或者采购代理机构恶意串通的。

（2）在采购过程中接受贿赂或者获取其他不正当利益的。

（3）在有关部门依法实施的监督检查中提供虚假情况的。

（4）开标前泄露标底的。

有前两条违法行为之一影响中标、成交结果或者可能影响中标、成交结果的，按下列情况分别处理：

（1）未确定中标、成交供应商的，终止采购活动。

（2）中标、成交供应商已经确定但采购合同尚未履行的，撤销合同，从合格的中标、成交候选人中另行确定中标、成交供应商。

（3）采购合同已经履行的，给采购人、供应商造成损失的，由责任人承担赔偿责任。

供应商有下列情形之一的，处以采购金额千分之五以上千分之十以下的罚款，列入不良行为记录名单，在一至三年内禁止参加政府采购活动，有违法所得的，并处没收违法所得，情节严重的，由工商行政管理机关吊销营业执照；构成犯罪的，依法追究刑事责任：

（1）提供虚假材料谋取中标、成交的。

（2）采取不正当手段诋毁、排挤其他供应商的。

（3）与采购人、其他供应商或者采购代理机构恶意串通的。

（4）向采购人、采购代理机构行贿或者提供其他不正当利益的。

（5）在招标采购过程中与采购人进行协商谈判的。

（6）拒绝有关部门监督检查或者提供虚假情况的。

供应商有前款第（1）至（5）项情形之一的，中标、成交无效。

二、行政法规

第二层级是行政法规，由国务院负责制定，政府采购活动需要高频适用的是《中华人民共和国政府采购法实施条例》。

1. 《中华人民共和国政府采购法实施条例》

2015年1月30日，李克强总理签署第658号国务院令，公布《中华人民共和国政府采购法实施条例》（以下简称《政府采购法实施条例》），自2015年3月1日起施行。

《政府采购法实施条例》对于推进政府采购从法制向法治转变，解决政府采购领域中突出的问题，建立统一开放、竞争有序的政府采购市场体系具有重要意义。

《政府采购法实施条例》全文共九章，七十九条。2015年，由财政部国库司、财政部政府采购管理办公室、财政部法条司和国务院法制办公室财金司联合编著并出版《〈中华人民共和国政府采购法实施条例〉释义》（以下简称《释义》）一书，《释义》对《政府采购法实施条例》的条文逐条进行了详细的、权威的、深入的、精确的解读，以帮助读者更好地理解《政府采购法实施条例》的立法背景和具体条款，贯彻落实《政府采购法实施条例》。

2. 《政府采购法实施条例》主要知识点解读

1）明确了何为财政性资金

《政府采购法实施条例》第二条规定，政府采购法第二条所称财政性资金是指纳入预算管理的资金。以财政性资金作为还款来源的借贷资金，视同财政性资金。

2）明确了政府采购服务的范围

《政府采购法实施条例》第二条规定，政府采购法第二条所称服务，包括政府自身需要的服务和政府向社会公众提供的公共服务。

3）政府采购工程概念及法律适用更加清晰

《政府采购法实施条例》第七条规定，政府采购工程是指建设工程，包括建筑物和构筑物的新建、改建、扩建及其相关的装修、拆除、修缮等。所称与工程建设有关的货物，是指构成工程不可分割的组成部分，且为实现工程基本功能所必需的设备、材料等；所称与工程建设有关的服务，是指为完成工程所需的勘察、设计、监理等服务。

政府采购工程以及与工程建设有关的货物、服务，采用招标方式采购的，适用《招标投标法》及其实施条例；采用其他方式采购的，适用《政府采购法》及《政府采购法实施条例》。

4）采购代理机构有了明确定义

采购代理机构，是指集中采购机构和集中采购机构以外的采购代理机构。集中采购机构是设区的市级以上人民政府依法设立的非营利事业法人，是代理集中采购项目的执行机构。集中采购机构以外的采购代理机构，是从事采购代理业务的社会中介机构。

5）界定化整为零有了依据

在一个财政年度内，采购人将一个预算项目下的同一品目或者类别的货物、服务采用公开招标以外的方式多次采购，累计资金数额超过公开招标数额标准的，属于以化整为零方式规避公开招标，但项目预算调整或者经批准采用公开招标以外方式采购的除外。

6）混合资金如何采购

国家机关、事业单位和团体组织的采购项目既使用财政性资金又使用非财政性资金的，使用财政性资金采购的部分，适用《政府采购法》及《政府采购法实施条例》；财政性资金与非财政性资金无法分割采购的，统一适用《政府采购法》及《政府采购法实施条例》。

7）采购人应建立政府采购内部管理制度

采购人在政府采购活动中应当维护国家利益和社会公共利益，公正廉洁，诚实守信，执行政府采购政策，建立政府采购内部管理制度，厉行节约，科学合理地确定采购需求。

8）可认定为对供应商实行差别待遇或者歧视待遇的情形

《政府采购法实施条例》第二十条规定，采购人或者采购代理机构有下列情形之一的，属于以不合理的条件对供应商实行差别待遇或者歧视待遇：

（1）就同一采购项目向供应商提供有差别的项目信息。

（2）设定的资格、技术、商务条件与采购项目的具体特点和实际需要不相适应或者与合同履行无关。

（3）采购需求中的技术、服务等要求指向特定供应商、特定产品。

（4）以特定行政区域或者特定行业的业绩、奖项作为加分条件或者中标、成交条件；

（5）对供应商采取不同的资格审查或者评审标准。

（6）限定或者指定特定的专利、商标、品牌或者供应商。

（7）非法限定供应商的所有制形式、组织形式或者所在地。

（8）以其他不合理条件限制或者排斥潜在供应商。

9）可认定为供应商应知其权益受到损害之日的三种情况

《政府采购法实施条例》第五十三条规定，政府采购法第五十二条规定的供应商应知其权益受到损害之日，是指：

（1）对可以质疑的采购文件提出质疑的，为收到采购文件之日或者采购文件公告期限届满之日。

（2）对采购过程提出质疑的，为各采购程序环节结束之日。

（3）对中标或者成交结果提出质疑的，为中标或者成交结果公告期限届满之日。

10）明确供应商不得再参加同一采购项目其他采购活动的情形

《政府采购法实施条例》第十八条规定，单位负责人为同一人或者存在直接控股、管理关系的不同供应商，不得参加同一合同项下的政府采购活动。

除单一来源采购项目外，为采购项目提供整体设计、规范编制或者项目管理、监理、检测等服务的供应商，不得再参加该采购项目的其他采购活动。

11）采购人员及相关人员需回避的五种情形

《政府采购法实施条例》第九条规定，在政府采购活动中，采购人员及相关人员与供应商有下列利害关系之一的，应当回避：

（1）参加采购活动前3年内与供应商存在劳动关系。

（2）参加采购活动前3年内担任供应商的董事、监事。

（3）参加采购活动前3年内是供应商的控股股东或者实际控制人。

（4）与供应商的法定代表人或者负责人有夫妻、直系血亲、三代以内旁系血亲或者近姻亲关系。

（5）与供应商有其他可能影响政府采购活动公平、公正进行的关系。

12）公共服务项目采购需求的确定必须公开征求意见并由服务对象参与验收

《政府采购法实施条例》第十五条明确规定，政府向社会公众提供的公共服务项目，应当就确定采购需求征求社会公众的意见。

《政府采购法实施条例》第四十五条规定，政府向社会公众提供的公共服务项目，验收时应当邀请服务对象参与并出具意见，验收结果应当向社会公告。

13）明确发挥政策作用的路径

《政府采购法实施条例》第六条规定，国务院财政部门应当根据国家的经济和社会发展政策，会同国务院有关部门制定政府采购政策，通过制定采购需求标准、预留采购份额、价格评审优惠、优先采购等措施，实现节约能源、保护环境、扶持不发达地区和少数民族地区、促进中小企业发展等目标。

14）明确评审专家违法最高罚款金额

《政府采购法实施条例》第七十五条规定，政府采购评审专家未按照采购文件规定的评审程序、评审方法和评审标准进行独立评审或者泄露评审文件、评审情况的，由财政部门给予警告，并处2000元以上2万元以下的罚款；影响中标、成交结果的，处2万元以上5万元以下的罚款，禁止其参加政府采购评审活动。

政府采购评审专家与供应商存在利害关系未回避的，处2万元以上5万元以下的罚款，禁止其参加政府采购评审活动。

政府采购评审专家收受采购人、采购代理机构、供应商贿赂或者获取其他不正当利益，构成犯罪的，依法追究刑事责任；尚不构成犯罪的，处2万元以上5万元以下的罚款，禁止其参加政府采购评审活动。

15）评审结束后的工作引入两个工作日时限

采购代理机构应当自评审结束之日起两个工作日内将评审报告送交采购人。

采购人或者采购代理机构应当自中标、成交供应商确定之日起两个工作日内，发出中标、成交通知书，并在省级以上人民政府财政部门指定的媒体上公告中标、成交结果，招标文件、竞争性谈判文件、询价通知书随中标、成交结果同时公告。

采购人应当自政府采购合同签订之日起两个工作日内，将政府采购合同在省级以上人民政府财政部门指定的媒体上公告，但政府采购合同中涉及国家秘密、商业秘密的内容除外。

16）通过对供应商进行考察等方式改变评审结果要追责

采购人或者采购代理机构不得通过对样品进行检测、对供应商进行考察等方式改变评审结果。通过对样品进行检测、对供应商进行考察等方式改变评审结果的依法追究法律责任。

17）对采购结果公告内容提出细化要求

中标、成交结果公告内容应当包括采购人和采购代理机构的名称、地址、联系方式，项目名称和项目编号，中标或者成交供应商名称、地址和中标或者成交金额，主要中标或者成交标的的名称、规格型号、数量、单价、服务要求以及评审专家名单。

18）明确属于恶意串通的七种行为

《政府采购法实施条例》第七十四条规定，有下列情形之一的，属于恶意串通，对供应商依照政府采购法第七十七条第一款的规定追究法律责任，对采购人、采购代理机构及其工作人员依照政府采购法第七十二条的规定追究法律责任：

（1）供应商直接或者间接从采购人或者采购代理机构处获得其他供应商的相关情况并修改其投标文件或者响应文件。

（2）供应商按照采购人或者采购代理机构的授意撤换、修改投标文件或者响应文件。

（3）供应商之间协商报价、技术方案等投标文件或者响应文件的实质性内容。

（4）属于同一集团、协会、商会等组织成员的供应商按照该组织要求协同参加政府采购活动。

（5）供应商之间事先约定由某一特定供应商中标、成交。

（6）供应商之间商定部分供应商放弃参加政府采购活动或者放弃中标、成交。

（7）供应商与采购人或者采购代理机构之间、供应商相互之间，为谋求特定供应商中标、成交或者排斥其他供应商的其他串通行为。

19）明确验收应当出具验收书

《政府采购法实施条例》第四十五条明确规定，采购人或者采购代理机构应当按照政府采购合同规定的技术、服务、安全标准组织对供应商履约情况进行验收，并出具验收书。验收书应当包括每一项技术、服务、安全标准的履约情况。

三、部门规章

第三层级是国务院部门规章，由国务院组成部门制定、以部长令的形式发布，政府采购活动需要高频适用的是财政部发布的部门规章。目前现行有效的主要有以下几个。

1. 《政府采购非招标采购方式管理办法》（财政部令第74号）

《政府采购非招标采购方式管理办法》（财政部令第74号，以下简称"74号令"）已经2013年10月28日财政部部务会议审议通过，自2014年2月1日起施行。采购人、采购代理机构采用非招标采购方式采购货物、工程和服务的，适用本办法。政府采购非招标采购方式，是指竞争性谈判、单一来源采购和询价采购方式。

74号令主要内容如下。

1）竞争性谈判小组或者询价小组的职责和义务

74号令第八条规定，竞争性谈判小组或者询价小组在采购活动过程中应当履行下列职责：

（1）确认或者制定谈判文件、询价通知书。

（2）从符合相应资格条件的供应商名单中确定不少于3家的供应商参加谈判或者询价。

（3）审查供应商的响应文件并作出评价。

（4）要求供应商解释或者澄清其响应文件。

（5）编写评审报告。

（6）告知采购人、采购代理机构在评审过程中发现的供应商的违法违规行为。

74号令第九条规定，竞争性谈判小组或者询价小组成员应当履行下列义务：

（1）遵纪守法，客观、公正、廉洁地履行职责。

（2）根据采购文件的规定独立进行评审，对个人的评审意见承担法律责任。

（3）参与评审报告的起草。

（4）配合采购人、采购代理机构答复供应商提出的质疑。

（5）配合财政部门的投诉处理和监督检查工作。

2）明确了谈判采购或询价采购供应商的产生方式

74号令第十二条规定，采购人、采购代理机构应当通过发布公告、从省级以上财政部门建立的供应商库中随机抽取或者采购人和评审专家分别书面推荐的方式邀请不少于3家符合相应资格条件的供应商参与竞争性谈判或者询价采购活动。

符合政府采购法第二十二条第一款规定条件的供应商可以在采购活动开始前加入供应商库。财政部门不得对供应商申请入库收取任何费用，不得利用供应商库进行地区和行业封锁。

采取采购人和评审专家书面推荐方式选择供应商的，采购人和评审专家应当各自出具书面推荐意见。采购人推荐供应商的比例不得高于推荐供应商总数的50%。

3）明确了谈判采购、询价采购及单一来源采购文件内容

74号令第二十六条规定，采购人、采购代理机构应当妥善保管每项采购活动的采购文件。采购文件包括采购活动记录、采购预算、谈判文件、询价通知书、响应文件、推荐供应商的意见、评审报告、成交供应商确定文件、单一来源采购协商情况记录、合同文本、验收证明、质疑答复、投诉处理决定以及其他有关文件、资料。采购文件可以电子档案方式保存。

采购活动记录至少应当包括下列内容：

（1）采购项目类别、名称。

（2）采购项目预算、资金构成和合同价格。

（3）采购方式，采用该方式的原因及相关说明材料。

（4）选择参加采购活动的供应商的方式及原因。

（5）评定成交的标准及确定成交供应商的原因。

（6）终止采购活动的，终止的原因。

4）明确了谈判采购或询价采购的时间要求

74号令第二十九条规定，从谈判文件发出之日起至供应商提交首次响应文件截止之日止不得少于3个工作日。

提交首次响应文件截止之日前，采购人、采购代理机构或者谈判小组可以对已发出的谈判文件进行必要的澄清或者修改，澄清或者修改的内容作为谈判文件的组成部分。澄清或者修改的内容可能影响响应文件编制的，采购人、采购代理机构或者谈判小组应当在提交首次响应文件截止之日3个工作日前，以书面形式通知所有接收谈判文件的供应商，不足3个工作日的，应当顺延提交首次响应文件截止之日。

74号令第四十五条规定，从询价通知书发出之日起至供应商提交响应文件截止之日

止不得少于3个工作日。

提交响应文件截止之日前，采购人、采购代理机构或者询价小组可以对已发出的询价通知书进行必要的澄清或者修改，澄清或者修改的内容作为询价通知书的组成部分。澄清或者修改的内容可能影响响应文件编制的，采购人、采购代理机构或者询价小组应当在提交响应文件截止之日3个工作日前，以书面形式通知所有接收询价通知书的供应商，不足3个工作日的，应当顺延提交响应文件截止之日。

5）明确了单一来源采购的公示要求

74号令第三十八条规定，属于政府采购法第三十一条第一项情形，且达到公开招标数额的货物、服务项目，拟采用单一来源采购方式的，采购人、采购代理机构在按照本办法第四条报财政部门批准之前，应当在省级以上财政部门指定媒体上公示，并将公示情况一并报财政部门。公示期不得少于5个工作日，公示内容应当包括：

（1）采购人、采购项目名称和内容。

（2）拟采购的货物或者服务的说明。

（3）采用单一来源采购方式的原因及相关说明。

（4）拟定的唯一供应商名称、地址。

（5）专业人员对相关供应商因专利、专有技术等原因具有唯一性的具体论证意见，以及专业人员的姓名、工作单位和职称。

（6）公示的期限。

（7）采购人、采购代理机构、财政部门的联系地址、联系人和联系电话。

6）明确了单一来源采购协商记录的主要内容

74号令第四十二条规定，单一来源采购人员应当编写协商情况记录，主要内容包括：

（1）依据本办法第三十八条进行公示的，公示情况说明。

（2）协商日期和地点，采购人员名单。

（3）供应商提供的采购标的成本、同类项目合同价格以及相关专利、专有技术等情况说明。

（4）合同主要条款及价格商定情况。

2.《政府采购货物和服务招标投标管理办法》（财政部令第87号）

2017年，修订后的《政府采购货物和服务招标投标管理办法》（财政部令第87号，以下简称"87号令"）已经财政部部务会议审议通过，自2017年10月1日起施行。《政府采购货物和服务招标投标管理办法》适用于在中华人民共和国境内开展政府采购货物和服务招标投标活动。

87号令的主要内容如下。

1）采购项目属性按品目分类目录确定

87号令第七条明确规定，采购人应当按照财政部制定的《政府采购品目分类目录》确定采购项目属性。按照《政府采购品目分类目录》无法确定的，按照有利于采购项目实施的原则确定。

2）采购人作为采购需求的责任人，应当按照市场调查、价格测算等情况确定采购需求

87号令第十条强调，采购人应当对采购标的的市场技术或者服务水平、供应、价格等情况进行市场调查，根据调查情况、资产配置标准等科学、合理地确定采购需求，进行价格测算。

87号令第十二条进一步明确，采购人根据价格测算情况，可以在采购预算额度内合理设定最高限价，但不得设定最低限价。

87号令第十一条还规定，采购需求应当完整、明确。

3）明确采购需求应包括的主要内容

87号令强化了政府采购活动源头管理的力度。第十一条列明了采购需求主要包括的内容：

（1）采购标的需实现的功能或者目标，以及为落实政府采购政策需满足的要求。

（2）采购标的需执行的国家相关标准、行业标准、地方标准或者其他标准、规范。

（3）采购标的需满足的质量、安全、技术规格、物理特性等要求。

（4）采购标的的数量、采购项目交付或者实施的时间和地点。

（5）采购标的需满足的服务标准、期限、效率等要求。

（6）采购标的的验收标准。

（7）采购标的的其他技术、服务等要求。

4）六种规模条件不得作为资格要求或者评审因素

87号令第十七条明确规定，采购人、采购代理机构不得将投标人的注册资本、资产总额、营业收入、从业人员、利润、纳税额等规模条件作为资格要求或者评审因素，也不得通过将除进口货物以外的生产厂家授权、承诺、证明、背书等作为资格要求，对投标人实行差别待遇或者歧视待遇。

5）招标文件或者资格预审文件的提供期限

87号令第十八条规定，采购人或者采购代理机构应当按照招标公告、资格预审公告或者投标邀请书规定的时间、地点提供招标文件或者资格预审文件，提供期限自招标公告、资格预审公告发布之日起计算不得少于5个工作日。提供期限届满后，获取招标文件或者资格预审文件的潜在投标人不足3家的，可以顺延提供期限，并予公告。

该条款还规定，公开招标进行资格预审的，招标公告和资格预审公告可以合并发布，招标文件应当向所有通过资格预审的供应商提供。

6）列明招标文件所包括的主要内容

87号令第二十条规定，采购人或者采购代理机构应当根据采购项目的特点和采购需求编制招标文件。招标文件应当包括以下主要内容：

（1）投标邀请。

（2）投标人须知（包括投标文件的密封、签署、盖章要求等）。

（3）投标人应当提交的资格、资信证明文件。

（4）为落实政府采购政策，采购标的需满足的要求，以及投标人须提供的证明材料。

（5）投标文件编制要求、投标报价要求和投标保证金交纳、退还方式以及不予退还投标保证金的情形。

（6）采购项目预算金额，设定最高限价的，还应当公开最高限价。

（7）采购项目的技术规格、数量、服务标准、验收等要求，包括附件、图纸等。

（8）拟签订的合同文本。

（9）货物、服务提供的时间、地点、方式。

（10）采购资金的支付方式、时间、条件。

（11）评标方法、评标标准和投标无效情形。

（12）投标有效期。

（13）投标截止时间、开标时间及地点。

（14）采购代理机构代理费用的收取标准和方式。

（15）投标人信用信息查询渠道及截止时点、信用信息查询记录和证据留存的具体方式、信用信息的使用规则等。

（16）省级以上财政部门规定的其他事项。

对于不允许偏离的实质性要求和条件，采购人或者采购代理机构应当在招标文件中规定，并以醒目的方式标明。

7）对样品使用提出要求

87号令第二十二条规定，采购人、采购代理机构一般不得要求投标人提供样品，仅凭书面方式不能准确描述采购需求或者需要对样品进行主观判断以确认是否满足采购需求等特殊情况除外。要求投标人提供样品的，应当在招标文件中明确规定样品制作的标准和要求、是否需要随样品提交相关检测报告、样品的评审方法以及评审标准。需要随样品提交检测报告的，还应当规定检测机构的要求、检测内容等。

该条还明确规定，采购活动结束后，对于未中标人提供的样品，应当及时退还或者经未中标人同意后自行处理；对于中标人提供的样品，应当按照招标文件的规定进行保管、封存，并作为履约验收的参考。

8）招标文件、资格预审文件"明显硬伤"，修改后重新招标

87号令第二十五条规定，招标文件、资格预审文件的内容不得违反法律、行政法规、强制性标准、政府采购政策，或者违反公开透明、公平竞争、公正和诚实信用原则。影响潜在投标人投标或者资格预审结果的，采购人或者采购代理机构应当修改招标文件或者资格预审文件后重新招标。

9）明确终止招标活动的情形以及处理方式

87号令第二十九条明确规定，采购人、采购代理机构在发布招标公告、资格预审公告或者发出投标邀请书后，除因重大变故采购任务取消情况外，不得擅自终止招标活动。

终止招标的，采购人或者采购代理机构应当及时在原公告发布媒体上发布终止公告，以书面形式通知已经获取招标文件、资格预审文件或者被邀请的潜在投标人，并将项目实施情况和采购任务取消原因报告本级财政部门。已经收取招标文件费用或者投标保证金的，采购人或者采购代理机构应当在终止采购活动后5个工作日内，退还所收取的招标文件费用和所收取的投标保证金及其在银行产生的孳息。

10）规定何为"相同品牌产品"

87号令第三十一条规定，采用最低评标价法的采购项目，提供相同品牌产品的不同投标人参加同一合同项下投标的，以其中通过资格审查、符合性审查且报价最低的参加评标；报价相同的，由采购人或者采购人委托评标委员会按照招标文件规定的方式确定一个参加评标的投标人，招标文件未规定的采取随机抽取方式确定，其他投标无效。

使用综合评分法的采购项目，提供相同品牌产品且通过资格审查、符合性审查的不同投标人参加同一合同项下投标的，按一家投标人计算，评审后得分最高的同品牌投标人获得中标人推荐资格；评审得分相同的，由采购人或者采购人委托评标委员会按照招标文件规定的方式确定一个投标人获得中标人推荐资格，招标文件未规定的采取随机抽取方式确定，其他同品牌投标人不作为中标候选人。

该条还明确，非单一产品采购项目，采购人应当根据采购项目技术构成、产品价格比重等合理确定核心产品，并在招标文件中载明。多家投标人提供的核心产品品牌相同的，按前两款规定处理。

11）明确重大采购项目评标委员会成员人数

87号令第四十七条对评标委员会成员人数进行了细化。通常情况下，评标委员会由采购人代表和评审专家组成，成员人数应当为5人以上单数，其中评审专家不得少于成员总数的2/3。

采购项目符合下列情形之一的，评标委员会成员人数应当为7人以上单数，具体包括采购预算金额在1000万元以上、技术复杂、社会影响较大的采购项目。

该条还规定，除特定情形外，评审专家对本单位的采购项目只能作为采购人代表参与评标，采购代理机构工作人员不得参加由本机构代理的政府采购项目的评标。

12）综合评分法的评审因素应细化和量化

87号令第五十五条进一步细化了综合评分法如何使用。该条规定，评审因素的设定应当与投标人所提供货物服务的质量相关，包括投标报价、技术或者服务水平、履约能力、售后服务等。资格条件不得作为评审因素。同时，评审因素应当在招标文件中规定，且应当细化和量化，与相应的商务条件和采购需求对应。商务条件和采购需求指标有区间规定的，评审因素也应当量化到相应区间，并设置各区间对应的不同分值。

评标时，评标委员会各成员应当独立对每个投标人的投标文件进行评价，并汇总每个投标人的得分。

13）明确货物、服务采购项目采用综合评分法时的价格分值比重

87号令第五十五条规定，货物项目的价格分值占总分值的比重不得低于30%；服务项目的价格分值占总分值的比重不得低于10%。执行国家统一定价标准和采用固定价格采购的项目，其价格不列为评审因素。

14）综合评分法中，价格采用低价优先计算法，不得去掉最高价和最低价

87号令第五十五条规定，价格分应当采用低价优先法计算，即满足招标文件要求且投标价格最低的投标报价为评标基准价，其价格分为满分。其他投标人的价格分统一按照下列公式计算：

投标报价得分＝（评标基准价／投标报价）×100

评标总得分＝$F_1 \times A_1 + F_2 \times A_2 + \cdots + F_n \times A_n$

F_1、F_2、……、F_n分别为各项评审因素的得分；

A_1、A_2、……、A_n分别为各项评审因素所占的权重（$A_1 + A_2 + \cdots + A_n = 1$）。

评标过程中，不得去掉报价中的最高报价和最低报价。因落实政府采购政策进行价格调整的，以调整后的价格计算评标基准价和投标报价。

15）投标人报价低于成本应提供书面说明证明其合理性

87号令第六十条规定，评标委员会认为投标人的报价明显低于其他通过符合性审查投标人的报价，有可能影响产品质量或者不能诚信履约的，应当要求其在评标现场合理的时间内提供书面说明，必要时提交相关证明材料；投标人不能证明其报价合理性的，评标委员会应当将其作为无效投标处理。

16）四种情形外不得修改评标结果

87号令第六十四条为新增内容。该条规定，评标结果汇总完成后，除下列情形外，任何人不得修改评标结果：

（1）分值汇总计算错误的。

（2）分项评分超出评分标准范围的。

（3）评标委员会成员对客观评审因素评分不一致的。

（4）经评标委员会认定评分畸高、畸低的。

评标报告签署前，经复核发现存在以上情形之一的，评标委员会应当当场修改评标结果，并在评标报告中记载；评标报告签署后，采购人或者采购代理机构发现存在以上情形之一的，应当组织原评标委员会进行重新评审，重新评审改变评标结果的，书面报告本级财政部门。

投标人对本条第一款情形提出质疑的，采购人或者采购代理机构可以组织原评标委员会进行重新评审，重新评审改变评标结果的，应当书面报告本级财政部门。

17）明确四种情形经财政部门认定后可重新组建评标委员会

87号令第六十七条明确，因评标委员会或者其成员存在下列情形导致评标结果无效的，采购人、采购代理机构可以重新组建评标委员会进行评标，并书面报告本级财政部门后，但采购合同已经履行的除外：

（1）评标委员会组成不符合本办法规定的。

（2）有本办法第六十二条第一至五项情形的。

（3）评标委员会及其成员独立评标受到非法干预的。

（4）有政府采购法实施条例第七十五条规定的违法行为的。

有违法违规行为的原评标委员会成员不得参加重新组建的评标委员会。

3.《政府采购质疑和投诉办法》（财政部令第94号）

2017年12月26日，中华人民共和国财政部令第94号公布《政府采购质疑和投诉办法》（以下简称"94号令"）。《政府采购质疑和投诉办法》分总则、质疑提出与答复、投诉提起、投诉处理、法律责任、附则共6章45条，自2018年3月1日起施行。2004年8月11日财政部发布的《政府采购供应商投诉处理办法》（财政部令第20号）予以废止。

94号令应掌握以下几个要点。

1）总则

质疑答复：采购人负责供应商质疑答复。采购人委托采购代理机构采购的，采购代理机构在委托授权范围内作出答复。

投诉处理：县级以上各级人民政府财政部门（以下简称财政部门）负责依法处理供应商投诉。

供应商投诉按照采购人所属预算级次，由本级财政部门处理。

跨区域联合采购项目的投诉，采购人所属预算级次相同的，由采购文件事先约定的财政部门负责处理，事先未约定的，由最先收到投诉的财政部门负责处理；采购人所属预算级次不同的，由预算级次最高的财政部门负责处理。

2）质疑提出与答复

提出方式：供应商以书面形式向采购人或采购代理机构提出质疑。

质疑分类：供应商认为采购文件、采购过程、中标或者成交结果使自己的权益受到损害的。

提交期限：在知道或者应知其权益受到损害之日起7个工作日内。

内容要求：供应商提出质疑应当提交质疑函和必要的证明材料。

质疑函应包括的内容如下：

（1）供应商的姓名或者名称、地址、邮编、联系人及联系电话。

（2）质疑项目的名称、编号。

（3）具体、明确的质疑事项和与质疑事项相关的请求。

（4）事实依据。

（5）必要的法律依据。

（6）提出质疑的日期。

答复程序：采购人、采购代理机构不得拒收质疑供应商在法定质疑期内发出的质疑函，并以书面形式通知质疑供应商和其他有关供应商。

答复期限：应当在收到质疑函后7个工作日内作出答复。

答复内容：质疑答复的内容不得涉及商业秘密。

质疑答复应包括的内容如下：

（1）质疑供应商的姓名或者名称。

（2）收到质疑函的日期、质疑项目名称及编号。

（3）质疑事项、质疑答复的具体内容、事实依据和法律依据。

（4）告知质疑供应商依法投诉的权利。

（5）质疑答复人名称。

（6）答复质疑的日期。

3）投诉提起

投诉情形：质疑供应商对采购人、采购代理机构的答复不满意，或者采购人、采购代理机构未在规定时间内作出答复的。

提交期限：在答复期满后15个工作日内。

提出方式：供应商以书面形式向财政部门提起投诉。

内容要求：投诉人投诉时，应当提交投诉书和必要的证明材料，并按照被投诉采购人、采购代理机构（以下简称被投诉人）和与投诉事项有关的供应商数量提供投诉书的副本。

投诉书应包括的内容如下：

（1）投诉人和被投诉人的姓名或者名称、通信地址、邮编、联系人及联系电话。

（2）质疑和质疑答复情况说明及相关证明材料。

（3）具体、明确的投诉事项和与投诉事项相关的投诉请求。

（4）事实依据。

（5）法律依据。

（6）提起投诉的日期。

投诉条件：投诉人应按照其规定的方式提起投诉。

投诉人提起投诉应当符合下列条件：

（1）提起投诉前已依法进行质疑。

（2）投诉书内容符合本办法的规定。

（3）在投诉有效期限内提起投诉。

（4）同一投诉事项未经财政部门投诉处理。

（5）财政部规定的其他条件。

4）投诉处理

投诉处理：财政部门收到投诉书后，应当在5个工作日内进行审查，审查后按照下列情况处理：

（1）投诉书内容不符合本办法第十八条规定的，应当在收到投诉书5个工作日内一次性书面通知投诉人补正。补正通知应当载明需要补正的事项和合理的补正期限。未按照补正期限进行补正或者补正后仍不符合规定的，不予受理。

（2）投诉不符合本办法第十九条规定条件的，应当在3个工作日内书面告知投诉人不予受理，并说明理由。

（3）投诉不属于本部门管辖的，应当在3个工作日内书面告知投诉人向有管辖权的部门提起投诉。

（4）投诉符合本办法第十八条、第十九条规定的，自收到投诉书之日起即为受理，并在收到投诉后8个工作日内向被投诉人和其他与投诉事项有关的当事人发出投诉答复通知书及投诉书副本。

举证要求：应当由投诉人承担举证责任的投诉事项，投诉人未提供相关证据、依据和其他有关材料的，视为该投诉事项不成立；被投诉人未按照投诉答复通知书要求提交相关证据、依据和其他有关材料的，视同其放弃说明权利，依法承担不利后果。

时间要求：财政部门应当自收到投诉之日起30个工作日内，对投诉事项作出处理决定。

4.《政府采购信息发布管理办法》（财政部令第101号）

2019年，《政府采购信息发布管理办法》（财政部令第101号，以下简称"101号令"）由财政部部务会议审议通过，自2020年3月1日起施行。

101号令应掌握以下几个要点：

（1）政府采购信息应当按照财政部规定的格式编制。

（2）发布主体应当确保其在不同媒体发布的同一政府采购信息内容一致。

（3）采购人或者其委托的采购代理机构未依法在指定媒体上发布政府采购项目信息的，依照《政府采购法实施条例》第六十八条追究法律责任。

5.《政府购买服务管理办法》（财政部令第102号）

2020年，《政府购买服务管理办法》（财政部令第102号，以下简称"102号令"）于2019年11月19日第一次部务会议审议通过，自2020年3月1日起施行。

102号令应重点掌握以下要点。

1）政府购买服务主体

102号令第五条明确，各级国家机关是政府购买服务的购买主体。

2）政府购买服务内容

以下各项不得纳入政府购买服务范围：

（1）不属于政府职责范围的服务事项。

（2）应当由政府直接履职的事项。

（3）政府采购法律、行政法规规定的货物和工程，以及将工程和服务打包的项目。

（4）融资行为。

（5）购买主体的人员招、聘用，以劳务派遣方式用工，以及设置公益性岗位等事项。

（6）法律、行政法规以及国务院规定的其他不得作为政府购买服务内容的事项。

政府购买服务的具体范围和内容实行指导性目录管理，指导性目录依法予以公开。

需要特别注意的是：102号令第二十四条规定，政府购买服务合同履行期限一般不超过1年；在预算保障的前提下，对于购买内容相对固定、连续性强、经费来源稳定、价格变化幅度小的政府购买服务项目，可以签订履行期限不超过3年的政府购买服务合同。

6.《财政部关于公布废止和失效的财政规章和规范性文件目录（第十三批）的决定》（财政部令103号）

为了适应依法行政、依法理财的需要，根据《财政部规章和规范性文件清理工作规则》，财政部对截至2017年12月底发布的现行财政规章和规范性文件进行了全面清理。经过清理，确定废止和失效的财政规章和规范性文件共796件，其中，废止的财政规章24件，失效的财政规章3件，废止的财政规范性文件521件，失效的财政规范性文件

248件。

7.《政府采购框架协议采购方式管理暂行办法》(财政部令第110号)

《政府采购框架协议采购方式管理暂行办法》(财政部令第110号,以下简称"110号令")经2021年12月31日财政部部务会议审议通过,自2022年3月1日起施行。

110号令应重点掌握以下知识点。

1)适用范围

本办法所称框架协议采购,是指集中采购机构或者主管预算单位(是指负有编制部门预算职责,向本级财政部门申报预算的国家机关、事业单位和团体组织)对技术、服务等标准明确、统一,需要多次重复采购的货物和服务,通过公开征集程序,确定第一阶段入围供应商并订立框架协议,采购人或者服务对象按照框架协议约定规则,在入围供应商范围内确定第二阶段成交供应商并订立采购合同的采购方式。

符合下列情形之一的,可以采用框架协议采购方式采购:

(1)集中采购目录以内品目,以及与之配套的必要耗材、配件等,属于小额零星采购的。

(2)集中采购目录以外,采购限额标准以上,本部门、本系统行政管理所需的法律、评估、会计、审计等鉴证咨询服务,属于小额零星采购的。

(3)集中采购目录以外,采购限额标准以上,为本部门、本系统以外的服务对象提供服务的政府购买服务项目,需要确定2家以上供应商由服务对象自主选择的。

(4)国务院财政部门规定的其他情形。

前款所称采购限额标准以上,是指同一品目或者同一类别的货物、服务年度采购预算达到采购限额标准以上。

2)框架协议类型

框架协议采购包括封闭式框架协议采购和开放式框架协议采购。

(1)封闭式框架协议采购。

封闭式框架协议采购是框架协议采购的主要形式。除法律、行政法规或者本办法另有规定外,框架协议采购应当采用封闭式框架协议采购。

封闭式框架协议是指通过公开竞争订立框架协议后,除经过框架协议约定的补充征集程序外,不得增加协议供应商的框架协议采购。

封闭式框架协议的公开征集程序,按照政府采购公开招标的规定执行,本办法另有规定的,从其规定。

确定第一阶段入围供应商的评审方法包括价格优先法和质量优先法。有政府定价、政府指导价的项目,以及对质量有特别要求的检测、实验等仪器设备,可以采用质量优先法，其他项目应当采用价格优先法。

确定第二阶段成交供应商的方式包括直接选定、二次竞价和顺序轮候。直接选定方式是确定第二阶段成交供应商的主要方式。

（2）开放式框架协议采购。

开放式框架协议采购是指明确采购需求和付费标准等框架协议条件，愿意接受协议条件的供应商可以随时申请加入的框架协议采购。开放式框架协议的公开征集程序，按照本办法规定执行。

符合下列情形之一的，可以采用开放式框架协议采购：

本办法第三条第一款第一项规定的情形，因执行政府采购政策不宜淘汰供应商的，或者受基础设施、行政许可、知识产权等限制，供应商数量在3家以下且不宜淘汰供应商的。

本办法第三条第一款第三项规定的情形，能够确定统一付费标准，因地域等服务便利性要求，需要接纳所有愿意接受协议条件的供应商加入框架协议，以供服务对象自主选择的。

第二阶段成交供应商由采购人或者服务对象从第一阶段入围供应商中直接选定。

3）框架协议采购遵循竞争择优、讲求绩效的原则

框架协议采购遵循竞争择优、讲求绩效的原则，应当有明确的采购标的和定价机制，不得采用供应商符合资格条件即入围的方法。

4）框架协议采购应当实行电子化采购

5）框架协议需求调查

110号令第十一条规定，确定框架协议采购需求应当开展需求调查，听取采购人、供应商和专家等意见。面向采购人和供应商开展需求调查时，应当选择具有代表性的调查对象，调查对象一般各不少于3个。

四、规范性文件

第四层级是规范性文件，由各级与政府采购相关的政府部门制定的专门规范各领域、各地区政府采购活动的带有固定文号的文件，都在各自的领域或者地区对政府采购相关当事人具有约束力，政府采购活动需要高频适用的是财政部颁布的规范性文件。

例如财政部发布的补充性通知：《关于印发〈政府采购竞争性磋商采购方式管理暂行办法〉的通知》（财库〔2014〕214号）、《关于印发〈政府采购评审专家管理办法〉的通知》（财库〔2016〕198号）、《关于印发〈政府采购代理机构管理暂行办法〉的通知》（财库〔2018〕2号）及《关于印发〈政府采购需求管理办法〉的通知》（财库〔2021〕22号）等。

下面对几个高频使用的规范性文件进行简要解析。

1. 《关于印发〈政府采购进口产品管理办法〉的通知》（财库〔2007〕119号）

为了贯彻落实《国务院关于实施〈国家中长期科学和技术发展规划纲要（2006—2020年）〉若干配套政策的通知》（国发〔2006〕6号），推动和促进自主创新政府采购政策的实施，规范进口产品政府采购行为，根据《政府采购法》和有关法律法规，财政部制定了《政府采购进口产品管理办法》（财库〔2007〕119号）。《政府采购进口产品管理办法》于2007年12月27日印发，并自印发之日起施行。

《政府采购进口产品管理办法》应重点掌握以下知识点。

1）政府采购进口产品定义

《政府采购进口产品管理办法》第三条规定，政府采购进口产品是指通过中国海关报关验放进入中国境内且产自关境外的产品。

2）政府采购进口审核管理

《政府采购进口产品管理办法》第七条明确，采购人需要采购的产品在中国境内无法获取或者无法以合理的商业条件获取，以及法律法规另有规定确需采购进口产品的，应当在获得财政部门核准后，依法开展政府采购活动。

采购人报财政部门审核时，应当出具以下材料：

（1）《政府采购进口产品申请表》。

（2）关于鼓励进口产品的国家法律法规政策文件复印件。

（3）进口产品所属行业的设区的市、自治州以上主管部门出具的《政府采购进口产品所属行业主管部门意见》。

（4）专家组出具的《政府采购进口产品专家论证意见》。

3）政府采购进口管理

政府采购进口产品应当以公开招标为主要方式。因特殊情况需要采用公开招标以外的采购方式的，按照政府采购有关规定执行。

采购人及其委托的采购代理机构在采购进口产品的采购文件中应当载明优先采购向我国企业转让技术、与我国企业签订消化吸收再创新方案的供应商的进口产品。

2. 《关于推进和完善服务项目政府采购有关问题的通知》（财库〔2014〕37号）

为贯彻落实党的十八届三中全会《中共中央关于全面深化改革若干重大问题的决定》精神，大力推进政府购买服务工作，根据《政府采购法》《国务院办公厅关于政府向社会力量购买服务的指导意见》（国办发〔2013〕96号）等有关规定。2014年4月14日，财政部出台了《关于推进和完善服务项目政府采购有关问题的通知》（财库〔2014〕37号）。

《关于推进和完善服务项目政府采购有关问题的通知》首次提出了"招一管三"的概念。其中第三条中规定，积极培育政府购买服务供给市场。对于有服务区域范围要求、但本地区供应商无法形成有效竞争的服务项目，采购人可以采取将大额项目拆分采购、新增项目向其他供应商采购等措施，促进建立良性的市场竞争关系。采购需求具有相对固定性、延续性且价格变化幅度小的服务项目，在年度预算能保障的前提下，采购人可以签订不超过三年履行期限的政府采购合同。

3. 《关于印发〈政府采购竞争性磋商采购方式管理暂行办法〉的通知》（财库〔2014〕214号）

为了深化政府采购制度改革，适应推进政府购买服务、推广政府和社会资本合作（PPP）模式等工作需要，根据《政府采购法》和有关法律法规，财政部制定了《政府采购竞争性磋商采购方式管理暂行办法》（财库〔2014〕214号）。办法于2014年12月31日发布，并从发布之日起实施。

该办法应掌握以下几个要点。

1）竞争性磋商方式适用范围

该办法第三条规定，符合下列情形的项目，可以采用竞争性磋商方式开展采购：

（1）政府购买服务项目。

（2）技术复杂或者性质特殊，不能确定详细规格或者具体要求的。

（3）因艺术品采购、专利、专有技术或者服务的时间、数量事先不能确定等原因不能事先计算出价格总额的。

（4）市场竞争不充分的科研项目，以及需要扶持的科技成果转化项目。

（5）按照招标投标法及其实施条例必须进行招标的工程建设项目以外的工程建设项目。

2）明确了磋商供应商的产生方式

采购人、采购代理机构应当通过发布公告、从省级以上财政部门建立的供应商库中随机抽取或者采购人和评审专家分别以书面推荐的方式邀请不少于3家符合相应资格条件的供应商参与竞争性磋商采购活动。

采取采购人和评审专家书面推荐方式选择供应商的，采购人和评审专家应当各自出具书面推荐意见。采购人推荐供应商的比例不得高于推荐供应商总数的50%。

3）明确了磋商小组组成

磋商小组由采购人代表和评审专家共3人以上单数组成，其中评审专家人数不得少于磋商小组成员总数的2/3。采购人代表不得以评审专家身份参加本部门或本单位采购项目的评审。采购代理机构人员不得参加本机构代理的采购项目的评审。

采用竞争性磋商方式的政府采购项目，评审专家应当从政府采购评审专家库内相关专业的专家名单中随机抽取。

技术复杂、专业性强的采购项目，评审专家中应当包含1名法律专家。

4）明确了磋商采购的时间要求

该办法第十条规定，从磋商文件发出之日起至供应商提交首次响应文件截止之日止不得少于10日。磋商文件的发售期限自开始之日起不得少于5个工作日。

提交首次响应文件截止之日前，采购人、采购代理机构或者磋商小组可以对已发出的磋商文件进行必要的澄清或者修改，澄清或者修改的内容作为磋商文件的组成部分。澄清或者修改的内容可能影响响应文件编制的，采购人、采购代理机构应当在提交首次响应文件截止时间至少5日前，以书面形式通知所有获取磋商文件的供应商；不足5日的，采购人、采购代理机构应当顺延提交首次响应文件截止时间。

5）明确了磋商采购的评审方法

该办法第二十三条规定，经磋商确定最终采购需求和提交最后报价的供应商后，由磋商小组采用综合评分法对提交最后报价的供应商的响应文件和最后报价进行综合评分。

综合评分法货物项目的价格分值占总分值的比重（即权值）为30％至60％，服务项目的价格分值占总分值的比重（即权值）为10％至30％。采购项目中含不同采购对象的，以占项目资金比例最高的采购对象确定其项目属性。符合本办法第三条第三项的规定和执行统一价格标准的项目，其价格不列为评分因素。有特殊情况需要在上述规定范围外设定价格分权重的，应当经本级人民政府财政部门审核同意。

综合评分法中的价格分统一采用低价优先法计算，即满足磋商文件要求且最后报价最低的供应商的价格为磋商基准价，其价格分为满分。其他供应商的价格分统一按照下列公式计算：

磋商报价得分＝（磋商基准价/最后磋商报价）×价格权值×100

项目评审过程中，不得去掉最后报价中的最高报价和最低报价。

4.《关于印发〈政府采购评审专家管理办法〉的通知》（财库〔2016〕198号）

2016年11月18日，财政部发布《政府采购评审专家管理办法》（财库〔2016〕198号），本办法自2017年1月1日起施行。财政部、监察部2003年11月17日发布的《政府采购评审专家管理办法》（财库〔2003〕119号）同时废止。

该办法适用于政府采购评审专家选聘、解聘、抽取、使用和监督管理，并明确了评审专家实行统一标准、管用分离、随机抽取的管理原则。

5. 《关于印发〈政府采购代理机构管理暂行办法〉的通知》（财库〔2018〕2号）

2018年1月4日，财政部发布《政府采购代理机构管理暂行办法》（财库〔2018〕2号），该办法自2018年3月1日起施行。本办法所称政府采购代理机构（以下简称"代理机构"）是指集中采购机构以外、受采购人委托从事政府采购代理业务的社会中介机构。政府采购代理机构的名录登记、从业管理、信用评价及监督检查适用本办法。

该办法应重点注意以下知识点。

1）名录登记

代理机构实行名录登记管理。省级财政部门依托中国政府采购网省级分网建立政府采购代理机构名录。名录信息全国共享并向社会公开。

2）采购人选择代理机构

采购人应当根据项目特点、代理机构专业领域和综合信用评价结果，从名录中自主择优选择代理机构。

任何单位和个人不得以摇号、抽签、遴选等方式干预采购人自行选择代理机构。

3）代理机构从业管理

代理机构应当严格按照委托代理协议的约定依法依规开展政府采购代理业务，相关开标及评审活动应当全程录音录像，录音录像应当清晰可辨，音像资料作为采购文件一并存档。

代理费用可以由中标、成交供应商支付，也可由采购人支付。由中标、成交供应商支付的，供应商报价应当包含代理费用。代理费用超过分散采购限额标准的，原则上由中标、成交供应商支付。

采购人和代理机构在委托代理协议中约定由代理机构负责保存采购文件的，代理机构应当妥善保存采购文件，不得伪造、变造、隐匿或者销毁采购文件。采购文件的保存期限为从采购结束之日起至少15年。

6. 《财政部 发展改革委 生态环境部 市场监管总局关于调整优化节能产品、环境标志产品政府采购执行机制的通知》（财库〔2019〕9号）

为落实"放管服"改革要求，完善政府绿色采购政策，简化节能（节水）产品、环境标志产品政府采购执行机制，优化供应商参与政府采购活动的市场环境，财政部、发展改革委、生态环境部、市场监管总局就节能产品、环境标志产品政府采购有关事项，发布了《关于调整优化节能产品、环境标志产品政府采购执行机制的通知》（财库〔2019〕9号），该通知于2019年2月1日发布，自2019年4月1日起施行。

该通知主要提出以下几项要求：

（1）对政府采购节能产品、环境标志产品实施品目清单管理。

（2）依据品目清单和认证证书实施政府优先采购和强制采购。

（3）逐步扩大节能产品、环境标志产品认证机构范围。

（4）发布认证机构和获证产品信息。

（5）加大政府绿色采购力度。

《财政部 生态环境部关于调整公布第二十二期环境标志产品政府采购清单的通知》（财库〔2018〕70号）和《财政部 国家发展改革委关于调整公布第二十四期节能产品政府采购清单的通知》（财库〔2018〕73号）同时停止执行。

7.《关于印发环境标志产品政府采购品目清单的通知》（财库〔2019〕18号）、《关于印发节能产品政府采购品目清单》（财库〔2019〕19号）

政府采购的重要政策功能之一就是要实现"节约能源、保护环境"。因此财政部会同有关部门印发了《关于调整优化节能产品、环境标志产品政府采购执行机制的通知》（财库〔2019〕9号），对政府采购节能产品、环境标志产品实施品目清单管理，不再发布"节能产品政府采购清单"和"环境标志产品政府采购清单"，并在政府采购活动中对清单中所列产品实施优先采购政策。随后便出台了《关于印发环境标志产品政府采购品目清单的通知》（财库〔2019〕18号）和《关于印发节能产品政府采购品目清单的通知》（财库〔2019〕19号），明确了环境标志产品政府采购品目清单和节能产品政府采购品目清单。

8.《关于印发〈政府采购促进中小企业发展管理办法〉的通知》（财库〔2020〕46号）和《关于进一步加大政府采购支持中小企业力度的通知》（财库〔2022〕19号）

2020年，《政府采购促进中小企业发展管理办法》（财库〔2020〕46号，以下简称"46号文"）审议通过，自2021年1月1日起施行。

46号文应重点掌握以下要点。

1）中小企业概念

本办法所称中小企业，是指在中华人民共和国境内依法设立，依据国务院批准的中小企业划分标准确定的中型企业、小型企业和微型企业，但与大企业的负责人为同一人，或者与大企业存在直接控股、管理关系的除外。符合中小企业划分标准的个体工商户，在政府采购活动中视同中小企业。

2）中小企业认定

在政府采购活动中，供应商提供的货物、工程或者服务符合下列情形的，享受本办法规定的中小企业扶持政策。

（1）在货物采购项目中，货物由中小企业制造，即货物由中小企业生产且使用该中小企业商号或者注册商标。

（2）在工程采购项目中，工程由中小企业承建，即工程施工单位为中小企业。

（3）在服务采购项目中，服务由中小企业承接，即提供服务的人员为中小企业依照《中华人民共和国劳动合同法》订立劳动合同的从业人员。

（4）在货物采购项目中，供应商提供的货物既有中小企业制造货物，也有大型企业制造货物的，不享受本办法规定的中小企业扶持政策。以联合体形式参加政府采购活动，联合体各方均为中小企业的，联合体视同中小企业。其中，联合体各方均为小微企业的，联合体视同小微企业。

3）专门面向中小企业的情形

采购限额标准以上，200万元以下的货物和服务采购项目、400万元以下的工程采购项目，适宜由中小企业提供的，采购人应当专门面向中小企业采购。46号文第八条规定，超过200万元的货物和服务采购项目、超过400万元的工程采购项目中适宜由中小企业提供的，预留该部分采购项目预算总额的30%以上专门面向中小企业采购，其中预留给小微企业的比例不低于60%。

预留份额通过下列措施进行：（1）将采购项目整体或者设置采购包专门面向中小企业采购；（2）要求供应商以联合体形式参加采购活动，且联合体中中小企业承担的部分达到一定比例；（3）要求获得采购合同的供应商将采购项目中的一定比例分包给一家或者多家中小企业。组成联合体或者接受分包合同的中小企业与联合体内其他企业、分包企业之间不得存在直接控股、管理关系。

符合下列情形之一的，可不专门面向中小企业预留采购份额：（1）法律法规和国家有关政策明确规定优先或者应当面向事业单位、社会组织等非企业主体采购的；（2）因确需使用不可替代的专利、专有技术，基础设施限制，或者提供特定公共服务等原因，只能从中小企业之外的供应商处采购的；（3）按照本办法规定预留采购份额无法确保充分供应、充分竞争，或者存在可能影响政府采购目标实现的情形；（4）框架协议采购项目；（5）省级以上人民政府财政部门规定的其他情形。除上述情形外，其他均为适宜由中小企业提供的情形。

4）非专门面向中小企业的项目优惠政策

对于经主管预算单位统筹后未预留份额专门面向中小企业采购的采购项目，以及预留份额项目中的非预留部分采购包，采购人、采购代理机构应当对符合本办法规定的小微企业报价给予6%～10%（工程项目为3%～5%）的扣除，用扣除后的价格参加评审。适用招标投标法的政府采购工程建设项目，采用综合评估法但未采用低价优先法计算价格分的，评标时应当在采用原报价进行评分的基础上增加其价格得分的3%～5%作为其价格分。

接受大中型企业与小微企业组成联合体或者允许大中型企业向一家或者多家小微企业分包的采购项目，对于联合协议或者分包意向协议约定小微企业的合同份额占到合同总金额30％以上的，采购人、采购代理机构应当对联合体或者大中型企业的报价给予2％～3％（工程项目为1％～2％）的扣除，用扣除后的价格参加评审。适用招标投标法的政府采购工程建设项目，采用综合评估法但未采用低价优先法计算价格分的，评标时应当在采用原报价进行评分的基础上增加其价格得分的1％～2％作为其价格分。组成联合体或者接受分包的小微企业与联合体内其他企业、分包企业之间存在直接控股、管理关系的，不享受价格扣除优惠政策。

2022年5月30日，财政部发布了《关于进一步加大政府采购支持中小企业力度的通知》（财库〔2022〕19号），该通知调整了对小微企业的价格评审优惠幅度。货物服务采购项目给予小微企业的价格扣除优惠，由财库〔2020〕46号文件规定的6％～10％提高至10％～20％。大中型企业与小微企业组成联合体或者大中型企业向小微企业分包的，评审优惠幅度由2％～3％提高至4％～6％。政府采购工程的价格评审优惠按照财库〔2020〕46号文件的规定执行。该通知还提高了政府采购工程面向中小企业预留份额。400万元以下的工程采购项目适宜由中小企业提供的，采购人应当专门面向中小企业采购。超过400万元的工程采购项目中适宜由中小企业提供的，在坚持公开公正、公平竞争原则和统一质量标准的前提下，面向中小企业的预留份额由30％以上阶段性提高至40％以上。

9.《关于印发〈政府采购需求管理办法〉的通知》（财库〔2021〕22号）

2021年，《政府采购需求管理办法》（财库〔2021〕22号，以下简称"22号文"）经财政部部务会议审议通过，自2021年7月1日起施行。《政府采购需求管理办法》适用于在中华人民共和国境内开展的政府采购货物、工程和服务项目。

22号文应重点掌握以下要点。

1）采购需求管理原则

采购需求管理应当遵循科学合理、厉行节约、规范高效、权责清晰的原则。

2）采购需求内容

采购需求包括三部分内容：拟采购的标的及其需要满足的技术、商务要求。技术要求包括：采购标的的性能、材料、结构、外观、安全，或者服务内容和标准等。商务要求包括：采购标的交付（实施）的时间（期限）和地点（范围）、付款条件（进度和方式）、包装和运输、售后服务、保险等。

3）采购需求应当客观、量化

技术要求和商务要求应当客观，量化指标应当明确相应等次，有连续区间的按照区间划分等次。需由供应商提供设计方案、解决方案或者组织方案的采购项目，应当说明采购标的的功能、应用场景、目标等基本要求，并尽可能地明确其中的客观、量化指标。

4）采购需求调查

采购人可以在确定采购需求前，通过咨询、论证、问卷调查等方式开展需求调查，了解相关产业发展、市场供给、同类采购项目历史成交信息，可能涉及运行维护、升级更新、备品备件、耗材等后续采购，以及其他相关情况。

面向市场主体开展需求调查时，选择的调查对象一般不少于3个，并应当具有代表性。

四类采购项目应当开展需求调查：一是1000万元以上的货物、服务采购项目，3000万元以上的工程采购项目；二是涉及公共利益、社会关注度较高的采购项目，包括政府向社会公众提供的公共服务项目等；三是技术复杂、专业性较强的项目，包括需定制开发的信息化建设项目、采购进口产品的项目等；四是主管预算单位或者采购人认为需要开展需求调查的其他采购项目。

两类项目可以不再重复开展：一是编制采购需求前一年内，采购人已就相关采购标的开展过需求调查的可以不再重复开展。二是按照法律法规的规定，对采购项目开展可行性研究等前期工作，已包含本办法规定的需求调查内容的，可以不再重复调查。

5）采购实施计划内容

采购实施计划主要包括两部分内容：一是合同订立安排，包括采购项目预（概）算、最高限价，开展采购活动的时间安排，采购组织形式和委托代理安排，采购包划分与合同分包，供应商资格条件，采购方式、竞争范围和评审规则等；二是合同管理安排，包括合同类型、定价方式、合同文本的主要条款、履约验收方案、风险管控措施等。

采购人应当通过确定供应商资格条件、设定评审规则等措施，落实支持创新、绿色发展、中小企业发展等政府采购政策功能。

采购人要按照有利于采购项目实施的原则，明确采购包或者合同分包要求。采购项目划分采购包的，要分别确定每个采购包的采购方式、竞争范围、评审规则、合同类型、合同文本、定价方式等相关的合同订立、管理安排。

根据采购需求特点提出的供应商资格条件，要与采购标的的功能、质量和供应商履约能力直接相关，且属于履行合同必需的条件，包括特定的专业资格或者技术资格、设备设施、业绩情况、专业人才及其管理能力等。

采购需求客观、明确且规格、标准统一的采购项目，如通用设备、物业管理等，一般采用招标或者询价方式采购，以价格作为授予合同的主要考虑因素，采用固定总价或者固定单价的定价方式。

采购需求中客观但不可量化的指标应当作为实质性要求，不得作为评分项；参与评分的指标应当是采购需求中的量化指标，评分项应当按照量化指标的等次设置对应的不同分值。不能完全确定客观指标，需由供应商提供设计方案、解决方案或者组织方案的采购项目，可以结合需求调查的情况，尽可能地明确不同的技术路线、组织形式及相关指标的重要性和优先级，设定客观、量化的评审因素、分值和权重。价格因素应当按照相关规定确定分值和权重。

需由供应商提供设计方案、解决方案或者组织方案，且供应商经验和能力对履约有直接影响的，如订购、设计等采购项目，可以在评审因素中适当考虑供应商的履约能力要求，并合理设置分值和权重。需由供应商提供设计方案、解决方案或者组织方案，采购人认为有必要考虑全生命周期成本的，可以明确使用年限，要求供应商报出安装调试费用、使用期间能源管理与废弃处置等全生命周期成本，作为评审时考虑的因素。

6）采购实施计划之合同文本

合同权利义务要围绕采购需求和合同履行设置。国务院有关部门依法制定了政府采购合同标准文本的，应当使用标准文本。属于22号文第十一条规定范围的采购项目，合同文本应当经过采购人聘请的法律顾问审定。

7）采购实施计划之履约验收方案

履约验收方案要明确履约验收的主体、时间、方式、程序、内容和验收标准等事项。采购人、采购代理机构可以邀请参加本项目的其他供应商或者第三方专业机构及专家参与验收，相关验收意见作为验收的参考资料。政府向社会公众提供的公共服务项目，验收时应当邀请服务对象参与并出具意见，验收结果应当向社会公告。验收内容要包括每一项技术要求和商务要求的履约情况，验收标准要包括所有客观、量化指标。不能明确客观标准、涉及主观判断的，可以通过在采购人、使用人中开展问卷调查等方式，转化为客观、量化的验收标准。

8）采购需求和采购实施计划编制

22号文明确，采购人可以自行组织确定采购需求和编制采购实施计划，也可以委托采购代理机构或者其他第三方机构开展。

9）采购需求审查内容

采购人应当建立审查工作机制，在采购活动开始前，针对采购需求管理中的重点风险事项，对采购需求和采购实施计划进行审查，审查分为一般性审查和重点审查。

一般性审查主要审查是否按照本办法规定的程序和内容确定采购需求、编制采购实施计划。审查内容包括：采购需求是否符合预算、资产、财务等管理制度规定；对采购方式、评审规则、合同类型、定价方式的选择是否说明适用理由；属于按规定需要报相关监管部门批准、核准的事项，是否作出相关安排；采购实施计划是否完整。

重点审查包括非歧视性审查、竞争性审查、采购政策审查、履约风险审查以及采购人或者主管预算单位认为应当审查的其他内容。

10）采购需求审查成员

审查工作机制成员应当包括本部门、本单位的采购、财务、业务、监督等内部机构。采购人可以根据本单位的实际情况，建立相关专家和第三方机构参与审查的工作机制。

10.《关于印发〈政府采购品目分类目录〉的通知》（财库〔2022〕31号）

为适应深化政府采购制度改革和预算管理一体化工作的需要，财政部修订印发了《政府采购品目分类目录（2022年）》（财库〔2022〕31号），对《政府采购品目分类目录》（财库〔2013〕189号，以下简称《采购品目目录》）进行了修订，并与《固定资产等资产基础分类与代码》（GB/T 14885，以下简称《资产分类与代码》）统一为一套编码体系，该目录自2022年9月2日印发起执行。

修订后的货物类品目共8个门类，包括房屋和构筑物、设备、文物和陈列品、图书和档案、家具和用具、特种动植物、物资、无形资产。主要内容为：一是与《资产分类与代码》保持一致；二是根据工作实践和单位反馈意见，新增部分品目；三是优化货物类品目分类方式；四是不适宜政府采购的分类未纳入《采购品目目录》。

修订后的工程类品目共10个门类，包括房屋施工、构筑物施工、施工工程准备、预制构件组装和装配、专业施工、安装工程、装修工程、修缮工程、工程设备租赁（带操作员）、其他建筑工程。修订的主要内容包括：一是与资产分类中的房屋分类保持一致，并对其下级品目进行同步更新；二是规范部分品目名称。

修订后的服务类品目共25个门类，包括科学研究和试验开发、教育服务、医疗卫生服务、社会服务、生态环境保护和治理服务、公共设施管理服务、农林牧渔服务等。修订的主要内容为：一是与政府购买服务相衔接；二是与框架协议采购相适应；三是规范实施政府和社会资本合作项目采购；四是根据《"十四五"公共服务规划》《国家基本公共服务标准（2021年版）》及新型服务业态的变化，新增或调整相关品目；五是根据工作实践和单位反馈意见，新增或调整部分品目；六是优化服务分类顺序；七是补充完善品目说明。

11.《关于开展政府采购意向公开工作的通知》（财库〔2020〕10号）

《关于开展政府采购意向公开工作的通知》（财库〔2020〕10号，以下简称"10号令"）应重点掌握以下内容。

1）高度重视采购意向公开工作

推进采购意向公开是优化政府采购营商环境的重要举措，有助于提高政府采购透明度，方便供应商提前了解政府采购信息，对于保障各类市场主体平等参与政府采购活动，提升采购绩效，防范抑制腐败具有重要作用。

2）采购意向公开工作推进步骤

采购意向公开工作遵循"试点先行，分步实施"的原则。2020年在中央预算单位和北京市、上海市、深圳市市本级预算单位开展试点。对2020年7月1日起实施的采购项目，中央预算单位和北京市、上海市、深圳市市本级预算单位应当按规定公开采购意向。其他地区省级预算单位2021年1月1日起实施的采购项目，省级以下各级预算单位2022年1月1日起实施的采购项目，应当按规定公开采购意向；具备条件的地区可适当提前开展采购意向公开工作。

3）采购意向公开的主体和渠道

采购意向由预算单位负责公开。中央预算单位的采购意向在中国政府采购网（www.ccgp.gov.cn）中央主网公开，地方预算单位的采购意向在中国政府采购网地方分网公开，采购意向也可在省级以上财政部门指定的其他媒体同步公开。主管预算单位可汇总本部门、本系统所属预算单位的采购意向集中公开，有条件的部门可在其部门门户网站同步公开本部门、本系统的采购意向。

4）采购意向公开的内容

采购意向按采购项目公开。除以协议供货、定点采购方式实施的小额零星采购和由集中采购机构统一组织的批量集中采购外，按项目实施的集中采购目录以内或者采购限额标准以上的货物、工程、服务采购均应当公开采购意向。

采购意向公开的内容应当包括采购项目名称、采购需求概况、预算金额、预计采购时间等，政府采购意向公开参考文本见附件。其中，采购需求概况应当包括采购标的名称，采购标的需实现的主要功能或者目标，采购标的数量，以及采购标的需满足的质量、服务、安全、时限等要求。采购意向应当尽可能清晰完整，便于供应商提前做好参与采购活动的准备。采购意向仅作为供应商了解各单位初步采购安排的参考，采购项目实际采购需求、预算金额和执行时间以预算单位最终发布的采购公告和采购文件为准。

5）采购意向公开的依据和时间

采购意向由预算单位定期或者不定期公开。部门预算批复前公开的采购意向，以部门预算"二上"内容为依据；部门预算批复后公开的采购意向，以部门预算为依据。预算执行中新增采购项目应当及时公开采购意向。采购意向公开时间应当尽量提前，原则上不得晚于采购活动开始前30日公开采购意向。因预算单位不可预见的原因急需开展的采购项目，可不公开采购意向。

6）工作要求

各中央预算单位要加强采购活动的计划性，按照本通知要求及时、全面公开采购意向。各中央主管预算单位应当做好统筹协调工作，及时安排部署，加强对本部门所属预算单位的督促和指导，确保所属预算单位严格按规定公开采购意向，做到不遗漏、不延误。

各省级财政部门要根据本通知要求抓紧制定具体工作方案，对本地区采购意向公开工作进行布置，着重加强对市县级预算单位政府采购意向公开工作的指导，并在中国政府采购网地方分网设置相关专栏，确保本地区各级预算单位按要求完成采购意向公开工作。

各地区、各部门要认真总结采购意向公开工作中好的做法和经验，对推进过程中遇到的新情况、新问题，要研究完善有关举措，并及时向财政部反映。财政部将结合政府采购透明度评估工作，对采购意向公开情况进行检查并对检查结果予以通报。

12. 《政府采购合作创新采购方式管理暂行办法》（财库〔2024〕13号）

《政府采购合作创新采购方式管理暂行办法》（财库〔2024〕13号，以下简称"13号令"）于2024年4月24日发布，自6月1日起施行。

13号令应重点掌握以下要点。

1）合作创新采购方式采购的产品是"创新产品"

合作创新采购方式采购的产品是目前市场上没有的、需要研发的"未来产品"，是由采购人与具有研发能力的供应商共同合作研发，共担研发风险，并按照研发合同约定的数量或者金额购买研发成功的创新产品。该办法所称的创新产品，应当具有实质性的技术创新，包含新的技术原理、技术思想或者技术方法。对现有产品的改型以及对既有技术成果的验证、测试和使用等没有实质性技术创新的，不属于该办法规定的创新产品范围。

2）合作创新采购分订购和首购两个阶段

合作创新采购包括订购和首购两个阶段。订购是指采购人提出研发目标，与供应商合作研发创新产品并共担研发风险的活动；首购是指采购人对于研发成功的创新产品，按照研发合同约定采购一定数量或者一定金额相应产品的活动。

3）实施合作创新采购项目应具备五个条件

（1）创新产品的技术创新应当具有实质性，包含新的技术原理、技术思想或者技术方法。

（2）采购项目要符合发展规划。符合国家科技和相关产业发展规划，有利于落实国家重大战略目标任务，同时要具有以下三种情形之一：市场现有产品或者技术不能满足要求，需要进行技术突破的；以研发创新产品为基础，形成新范式或者新的解决方案，能够显著改善功能性能，明显提高绩效的；国务院财政部门规定的其他情形。

（3）设区的市级主管预算单位经省级主管部门批准，可以采用合作创新采购方式。

（4）实施合作创新采购的，应当在部门预算中列明研发经费。

（5）合作创新采购应当落实国家安全有关法律法规要求。

4）合作创新采购方式要求供应商具备研发能力

采购人开展合作创新采购前，应当开展市场调研和专家论证，科学设定合作创新采购项目的最低研发目标、最高研发费用和研发期限。合作创新采购应当建立合理的风险分担与激励机制，采购人应当按照有利于降低研发风险的要求，围绕供应商需具备的研发能力设定资格条件，可以包括合作创新采购项目所必需的已有专利，同类项目研发业绩等。

合作创新采购中产生的各类知识产权，按照《中华人民共和国民法典》《中华人民共和国科学技术进步法》以及知识产权等相关法律规定，原则上属于供应商享有，但是法律另有规定或者研发合同另有约定的除外。知识产权涉及国家安全、国家利益或者重大社会公共利益的，应当约定由采购人享有或者约定共同享有。

5）合作创新采购方式明确自行选定评审专家

采购人应当组建谈判小组，谈判小组由采购人代表和评审专家共五人以上单数组成。采购人应当自行选定相应专业领域的评审专家。评审专家中应当包含一名法律专家和一名经济专家。谈判小组具体人员组成比例，评审专家选取办法及采购过程中的人员调整程序按照采购人内部控制管理制度确定。

6）订购阶段允许两家以上的供应商参与研发

采购人根据谈判文件规定的研发供应商数量和谈判小组推荐的成交候选人顺序，确定研发供应商，也可以书面授权谈判小组直接确定研发供应商。研发供应商数量最多不得超过三家。成交候选人数量少于谈判文件规定的研发供应商数量的，采购人可以确定所有成交候选人为研发供应商，也可以重新开展政府采购活动。

7）合作创新采购可进行两阶段评审

谈判小组根据谈判文件规定，可以对供应商响应文件的研发方案部分和其他部分采取两阶段评审，其中供应商研发方案的分值占总分值的比重不得低于百分之五十。先评审研发方案部分，对研发方案得分达到规定名次的，再综合评审其他部分，按照总得分从高到低排序，确定成交候选人。

8）对合作创新采购方式有关时间期限提出了新要求

提交参与合作创新采购申请文件的时间自采购公告、邀请书发出之日起不得少于二十个工作日。从研发谈判文件发出之日起至供应商提交首次响应文件截止之日止不得少于十个工作日。采购人应当在确定首购产品后十个工作日内在省级以上人民政府财政部门指定的媒体上发布首购产品信息。研发合同期限包括创新产品研发、迭代升级以及首购交付的期限，一般不得超过两年，属于重大合作创新采购项目的，不得超过三年。

13. 《关于进一步提高政府采购透明度和采购效率相关事项的通知》（财办库〔2023〕243号）

2023年12月8日财政部办公厅发布了《关于进一步提高政府采购透明度和采购效率相关事项的通知》，主要内容如下。

1）推进政府采购合同变更信息公开

政府采购合同的双方当事人不得擅自变更合同，依照政府采购法确需变更政府采购合同内容的，采购人应当自合同变更之日起2个工作日内在省级以上财政部门指定的媒体上发布政府采购合同变更公告，但涉及国家秘密、商业秘密的信息和其他依法不得公开的信息除外。政府采购合同变更公告应当包括原合同编号、名称和文本，原合同变更的条款号，变更后作为原合同组成部分的补充合同文本，合同变更时间，变更公告日期等。

2）完善中标、成交结果信息公开

采购人、采购代理机构应当按照政府采购法、政府采购法实施条例以及相关法律制度规定，进一步做好信息公开工作。项目采购采用最低评标（审）价法的，公告中标、成交结果时应当同时公告因落实政府采购政策等原因进行价格扣除后中标、成交供应商的评审报价；项目采购采用综合评分法的，公告中标、成交结果时应当同时公告中标、成交供应商的评审总得分。

3）推进采购项目电子化实施

鼓励各部门、各地区利用数据电文形式和电子信息网络开展政府采购活动，除涉密政府采购项目外，具备电子化实施条件的部门和地区，应当推进政府采购项目全流程电子化交易，实现在线公开采购意向、发布采购公告、提供采购文件、提交投标（响应）文件、提交投标（履约）保证金（包括金融机构、担保机构出具的保函、保险等）、签订采购合同、提交发票、支付资金，并逐步完善履约验收、信用评价、用户反馈等功能。省级财政部门可以按照统一规范和技术标准组织建设本地区政府采购全流程电子化平台。各电子化政府采购平台应当完善平台注册供应商查询功能，方便各方主体及时了解供应商信息。

4）提高采购合同签订效率

采购人应当严格按照政府采购法有关规定，在中标、成交通知书发出之日起30日内，按照采购文件确定的事项与中标、成交供应商签订政府采购合同。采购人因不可抗力原因迟延签订合同的，应当自不可抗力事由消除之日起7日内完成合同签订事宜。鼓励采购人通过完善内部流程进一步缩短合同签订期限。

5）加快支付采购资金

采购人要进一步落实《关于促进政府采购公平竞争优化营商环境的通知》（财库〔2019〕38号）有关要求，在政府采购合同中约定资金支付的方式、时间和条件，明确逾期支付资金的违约责任。对于有预付安排的合同，鼓励采购人将合同预付款比例提高到30％以上。对于满足合同约定支付条件的，采购人原则上应当自收到发票后10个工作日内将资金支付到合同约定的供应商账户，鼓励采购人完善内部流程，自收到发票后1个工作日内完成资金支付事宜。采购人和供应商对资金支付产生争议的，应当按照法律规定和合同约定及时解决，保证资金支付效率。

6）支持开展政府采购融资

省级财政部门要以省为单位，积极推进与银行业金融机构共享本省范围内的政府采购信息，支持银行业金融机构以政府采购合同为基础向中标、成交供应商提供融资。要优化完善政府采购融资业务办理，推动银行业金融机构逐步实现供应商在线申请、在线审批、在线提款的全流程电子化运行，为供应商提供快捷高效的融资服务。

第二节　政府采购法与招标投标法

一、两法的区别

1.目的和侧重点不同

《政府采购法》主要旨在规范政府采购行为，提高公共资金使用效率，促进公平竞争和社会公共利益。它侧重于规范各级国家机关、事业单位和团体组织使用财政性资金购买货物、工程和服务的行为。

《招标投标法》则侧重于规范所有类型的招标投标活动，以保证招标投标活动的公开、公平、公正，促进市场经济健康发展。它不仅适用于政府项目，也适用于非政府项目的招标投标活动。

2.监管和执行机构不同

《政府采购法》的监管机构主要是财政部门，财政部门负责监督和管理政府采购活动，确保采购活动的合法性、规范性。

《招标投标法》的监督管理则由多个部门共同负责，包括但不限于发展和改革、建设、交通等行业主管部门，根据不同行业的特点执行招标投标活动的监管工作。

3. 适用情形不同

《政府采购法》规范的主体是各级国家机关、事业单位和团体组织。

《政府采购法》第二条规定，政府采购包括货物、工程和服务；第四条规定，政府采购工程进行招标投标的，适用招标投标法。

《招标投标法》第二条规定，在中华人民共和国境内进行招标投标活动，适用本法。

《招标投标法》和《政府采购法》适用情形对比如表2-1所示。

表2-1 《招标投标法》和《政府采购法》适用情形对比

对比项	《招标投标法》	《政府采购法》
适用情形	在中华人民共和国境内进行招标投标活动,适用本法	在中华人民共和国境内进行的政府采购,适用本法
	在中华人民共和国境内进行下列工程建设项目,包括项目的勘察、设计、施工、监理以及与工程建设有关的重要设备、材料等的采购,必须进行招标:(1)大型基础设施、公用事业等关系社会公共利益、公众安全的项目;(2)全部或者部分使用国有资金投资或者国家融资的项目;(3)使用国际组织或者外国政府贷款、援助资金的项目。 前款所列项目的具体范围和规模标准,由国务院发展计划部门会同国务院有关部门制订,报国务院批准。 法律或者国务院对必须进行招标的其他项目的范围有规定的,依照其规定	本法所称政府采购,是指各级国家机关、事业单位和团体组织,使用财政性资金采购依法制定的集中采购目录以内的或者采购限额标准以上的货物、工程和服务的行为。 政府集中采购目录和采购限额标准依照本法规定的权限制定。 本法所称采购,是指以合同方式有偿取得货物、工程和服务的行为,包括购买、租赁、委托、雇用等。 本法所称货物,是指各种形态和种类的物品,包括原材料、燃料、设备、产品等。 本法所称工程,是指建设工程,包括建筑物和构筑物的新建、改建、扩建、装修、拆除、修缮等。 本法所称服务,是指除货物和工程以外的其他政府采购对象。政府采购工程进行招标投标的,适用招标投标法

采购人和采购代理机构在判断采购项目是适用《政府采购法》还是《招标投标法》时，一定要对两部法律的适用范围有着全面了解。

4. 采购方式不同

《政府采购法》中规范的采购方式，不仅包括公开招标和邀请招标两种招标采购方式，还包括询价采购、竞争性谈判采购、单一来源采购等非招标方式。除此之外，2014年出台的《政府采购竞争性磋商采购方式管理暂行办法》在原有的五种政府采购方式之外新增了竞争性磋商的采购方式；2022年出台的《政府采购框架协议采购方式管理暂行办法》又增加了框架协议采购方式。2024年4月24日，财政部以财库〔2024〕13号印发《政府采购合作创新采购方式管理暂行办法》的通知，又新增了合作创新采购方式。

而《招标投标法》仅规定了公开招标和邀请招标两种招标形式。在中国招标投标协会发布的《非招标方式采购代理服务规范》中，补充了谈判采购、询比采购、竞价采购、直接采购和框架协议等几种方式。

《招标投标法》和《政府采购法》体系下采购方式的对比如表2-2所示。

表2-2　《招标投标法》和《政府采购法》体系下采购方式的对比

对比项	《招标投标法》	《政府采购法》
采购方式	（1）公开招标：依据《招标投标法》； （2）邀请招标：依据《招标投标法》； （3）谈判采购：依据《非招标方式采购代理服务规范》（中国招标投标协会）； （4）询比采购：依据《非招标方式采购代理服务规范》（中国招标投标协会）； （5）竞价采购：依据《非招标方式采购代理服务规范》（中国招标投标协会）； （6）直接采购：依据《非招标方式采购代理服务规范》（中国招标投标协会）； （7）框架协议：依据《非招标方式采购代理服务规范》（中国招标投标协会）	（1）公开招标：依据《政府采购法》《政府采购货物和服务招标投标管理办法》（财政部令第87号）； （2）邀请招标：依据《政府采购法》《政府采购货物和服务招标投标管理办法》（财政部令第87号）； （3）竞争性谈判：依据《政府采购法》《政府采购非招标采购方式管理办法》（财政部令第74号）； （4）询价采购：依据《政府采购法》《政府采购非招标采购方式管理办法》（财政部令第74号）； （5）单一来源采购：依据《政府采购法》《政府采购非招标采购方式管理办法》（财政部令第74号）； （6）竞争性磋商：依据《政府采购竞争性磋商采购方式管理暂行办法》（财库〔2014〕214号）； （7）框架协议采购：依据《政府采购框架协议采购方式管理暂行办法》（财政部令第110号）； （8）合作创新采购：依据《政府采购合作创新采购方式管理暂行办法》（财库〔2024〕13号）

《政府采购法》有关采购文件的编制、评标方法和评标标准的制定、招标信息发布、评审专家抽取、中标信息发布、质疑和投诉处理等方面的规定均不同于《招标投标法》。在政府采购活动中，招标投标法及其实施条例，主要适用于通过招标方式采购的政府采购工程及与工程建设相关的货物、服务。政府采购工程及与工程建设相关的货物、服务通过招标方式以外的方式采购的，和与工程建设不相关的货物、服务的采购，都应适用政府采购法及其实施条例、《政府采购货物和服务招标投标管理办法》等规定。与工程建设不相关的货物和服务的采购未依照前述规定执行，而依据招标投标法执行的，属于适用法律错误，违反了《政府采购法》第二条第一款和第六十四条第一款的规定。

即使同是公开招标方式，在《政府采购法》和《招标投标法》中的程序与要求也有很大区别，我们来做如下对比，如表2-3所示。

表 2-3 《招标投标法》和《政府采购法》体系下适用法律的对比

适用法律对比项	政府采购法体系	招标投标法体系
发布公告媒体	省级以上财政部门指定媒体	国务院发展改革部门依法指定的媒介
招标公告期限	5个工作日	/
提供采购文件期限	不少于5个工作日	不少于5日
投标保证金	不得超过采购项目预算金额的2%	不得超过招标项目估算价的2%
专家库	财政部门组建专家库	省级人民政府和国务院有关部门应当组建综合评审专家库
评审因素要求不同	评审因素应当细化和量化,且与相应的商务条件和采购需求对应。商务条件和采购需求指标有区间规定的,评审因素应当量化到相应区间,并设置各区间对应的不同分值	未做要求
	综合评分法中价格评审采用低价优先法,货物项目的价格分值占总分值的比重不得低于30%;服务项目的价格分值占总分值的比重不得低于10%。执行国家统一定价标准和采用固定价格采购的项目,其价格不列为评审因素	未做要求
定标及结果公布	采购代理机构应当在评标结束后2个工作日内将评标报告送采购人。采购人应当自收到评标报告之日起5个工作日内,在评标报告确定的中标候选人名单中按顺序确定中标人。采购人自行组织招标的,应当在评标结束后5个工作日内确定中标人。采购人在收到评标报告5个工作日内未按评标报告推荐的中标候选人顺序确定中标人,又不能说明合法理由的,视同按评标报告推荐的顺序确定排名第一的中标候选人为中标人。	评标完成后,评标委员会应当向招标人提交书面评标报告和中标候选人名单。依法必须进行招标的项目,招标人应当自收到评标报告之日起3日内公示中标候选人,公示期不得少于3日

适用法律对比项	政府采购法体系	招标投标法体系
定标及结果公布	采购人或者采购代理机构应当自中标人确定之日起2个工作日内,在省级以上财政部门指定的媒体上公告中标结果,采购文件应当随中标结果同时公告。中标公告期限为1个工作日。在公告中标结果的同时,采购人或者采购代理机构应当向中标人发出中标通知书;对未通过资格审查的供应商,应当告知其未通过的原因;采用综合评分法评审的,还应当告知未中标人本人的评审得分与排序。 　　项目采购采用最低评标(审)价法的,公告中标、成交结果时应当同时公告因落实政府采购政策等原因进行价格扣除后中标、成交供应商的评审报价;项目采购采用综合评分法的,公告中标、成交结果时应当同时公告中标、成交供应商的评审总得分	评标完成后,评标委员会应当向招标人提交书面评标报告和中标候选人名单。依法必须进行招标的项目,招标人应当自收到评标报告之日起3日内公示中标候选人,公示期不得少于3日
救济方式	供应商认为采购文件、采购过程、中标或者成交结果使自己的权益受到损害的,可以在知道或者应知其权益受到损害之日起7个工作日内,以书面形式向采购人、采购代理机构提出质疑。质疑供应商对采购人、采购代理机构的答复不满意,或者采购人、采购代理机构未在规定时间内作出答复的,可以在答复期满后15个工作日内向《政府采购质疑和投诉办法》第六条规定的财政部门提起投诉	潜在供应商或者其他利害关系人对资格预审文件有异议的,应当在提交资格预审申请文件截止时间2日前提出;对采购文件有异议的,应当在投标截止时间10日前提出。招标人应当自收到异议之日起3日内作出答复;作出答复前,应当暂停招标投标活动。 　　供应商或者其他利害关系人对依法必须进行招标的项目的评标结果有异议的,应当在中标候选人公示期间提出。招标人应当自收到异议之日起3日内作出答复;作出答复前,应当暂停招标投标活动。 　　供应商或者其他利害关系人认为招标投标活动不符合法律、行政法规规定的,可以自知道或者应当知道之日起10日内向有关行政监督部门投诉。投诉应当有明确的请求和必要的证明材料。 　　就《招标投标法实施条例》第二十二条、第四十四条、第五十四条规定事项投诉的,应当先向招标人提出异议,异议答复期间不计算在前款规定的期限内

二、两法的衔接

《政府采购法》第四条规定，政府采购工程进行招标投标的，适用招标投标法。第二条规定，本法所称工程，是指建设工程，包括建筑物和构筑物的新建、改建、扩建、装修、拆除、修缮等。也就是说，即使采购主体是各级国家机关、事业单位和团体组织，使用财政性资金，当对政府采购工程项目进行公开招标或邀请招标时，也不再适用政府采购法，而是适用招标投标法。

按照中华人民共和国国家发展和改革委员会令（以下简称"国家发改委"）《必须招标的工程项目规定》（发改委〔2018〕第16号令，自2018年6月1日起施行）要求，对规定范围内的项目，其勘察、设计、施工、监理以及与工程建设有关的重要设备、材料等的采购达到限额标准的，必须招标。

一是全部或者部分使用国有资金投资或者国家融资的项目，包括以下两方面：

（1）使用预算资金200万元人民币以上，并且该资金占投资额10%以上的项目。

（2）使用国有企业事业单位资金，并且该资金占控股或者主导地位的项目。

二是使用国际组织或者外国政府贷款、援助资金的项目，包括以下两方面：

（1）使用世界银行、亚洲开发银行等国际组织贷款、援助资金的项目。

（2）使用外国政府及其机构贷款、援助资金的项目。

三是不属于上述情形的大型基础设施、公用事业等关系社会公共利益、公众安全的项目，必须招标的具体范围由国务院发展改革部门会同国务院有关部门按照确有必要、严格限定的原则制订，报国务院批准。

规定范围内的项目，其勘察、设计、施工、监理以及与工程建设有关的重要设备、材料等的采购达到下列标准之一的，必须招标。

（1）施工单项合同估算价在400万元人民币以上。

（2）重要设备、材料等货物的采购，单项合同估算价在200万元人民币以上。

（3）勘察、设计、监理等服务的采购，单项合同估算价在100万元人民币以上。

同一项目中可以合并进行的勘察、设计、施工、监理以及与工程建设有关的重要设备、材料等的采购，合同估算价合计达到前款规定标准的，必须招标。

从《政府采购品目分类目录》来看，政府采购工程包含了B01房屋施工、B02构筑物施工、B03施工工程准备、B04预制构件组装和装配、B05专业施工、B06安装工程、B07装修工程、B08修缮工程、B09工程设备租赁（带操作员）和B99其他建筑工程。从分类情况来看，并非所有的政府采购工程都属于建筑物和构筑物的新建、改建、扩建、装修、拆除、修缮工程。按照中央预算单位政府集中采购目录及标准，分散采购限额以上的，适用于招标投标法的建设工程项目以外的以及与建筑物、构筑物新建、改建、扩建无关的装修、拆除和修缮工程仍然执行政府采购程序。

财政部国库司在《关于政府采购工程项目有关法律适用问题的复函》（财库便函〔2020〕385号）中提出，根据《政府采购法》及其实施条例有关规定，工程招标限额标准以上，与建筑物和构筑物新建、改建、扩建项目无关的单独的装修、拆除、修缮项目，以及政府集中采购目录以内或者政府采购工程限额标准以上、工程招标限额标准以下的政府采购工程项目，不属于依法必须进行招标的项目，政府采购此类项目时，应当按照《政府采购法实施条例》第二十五条的规定，采用竞争性谈判、竞争性磋商或者单一来源方式进行采购。

值得注意的是，询价采购方式不适用工程类项目。

三、政府采购常用法律法规和招标投标常用法律法规

1. 政府采购常用法律法规

《中华人民共和国政府采购法》（主席令第68号）

《中华人民共和国政府采购法实施条例》（国务院令第658号）

《中华人民共和国预算法》（2018年修正）

《政府采购非招标采购方式管理办法》（财政部令第74号）

《政府采购货物和服务招标投标管理办法》（财政部令第87号）

《政府采购质疑和投诉办法》（财政部令第94号）

《政府采购信息发布管理办法》（财政部令第101号）

《政府购买服务管理办法》（财政部令第102号）

《政府采购竞争性磋商采购方式管理暂行办法》（财库〔2014〕214号）

《政府采购框架协议采购方式管理暂行办法》（财政部令第110号）

《政府采购合作创新采购方式管理暂行办法》（财库〔2024〕13号）

《政府采购代理机构管理暂行办法》（财库〔2018〕2号）

《政府采购评审专家管理办法》（财库〔2016〕198号）

《关于印发〈政府采购进口产品管理办法〉的通知》（财库〔2007〕119号）

《关于政府采购进口产品管理有关问题的通知》（财办库〔2008〕248号）

《中小企业划型标准规定》（工信部联企业〔2011〕300号）

《关于政府采购支持监狱企业发展有关问题的通知》（财库〔2014〕68号）

《关于推进和完善服务项目政府采购有关问题的通知》（财库〔2014〕37号）

《机电产品国际招标投标实施办法（试行）》（商务部令2014年第1号）

《关于做好政府采购信息公开工作的通知》（财库〔2015〕135号）

《关于加强政府采购活动内部控制管理的指导意见》（财库〔2016〕99号）

《关于在政府采购活动中查询及使用信用记录有关问题的通知》（财库〔2016〕125号）

《关于印发〈政府采购评审专家管理办法〉的通知》（财库〔2016〕198号）

《关于印发环境标志产品政府采购品目清单的通知》（财库〔2019〕18号）

《关于印发节能产品政府采购品目清单的通知》（财库〔2019〕19号）

《关于促进政府采购公平竞争优化营商环境的通知》（财库〔2019〕38号）

《关于印发〈涉密政府采购管理暂行办法〉的通知》（财库〔2019〕39号）

《关于印发〈政府采购需求管理办法〉的通知》（财库〔2021〕22号）

《政府采购品目分类目录》（财库〔2022〕31号）

《关于在政府采购活动中查询及使用信用记录有关问题的通知》（财库〔2016〕125号）

《关于进一步提高政府采购透明度和采购效率相关事项的通知》（财办库〔2023〕243号）

《政府采购代理机构监督检查暂行办法》（财库〔2024〕27号）

2. 招标投标常用法律法规

《中华人民共和国招标投标法》（主席令第21号）

《中华人民共和国招标投标法实施条例》（国务院令第613号）

《必须招标的工程项目规定》（发改委第16号令）

《评标委员会和评标方法暂行规定》（2001年七部委第12号令发布，2013年九部委第23号令修改）

《电子招标投标办法》（2013年八部委第20号令）

《国务院办公厅转发国家发展改革委关于深化公共资源交易平台整合共享指导意见的通知》（国办函〔2019〕41号）

《公共资源交易平台管理暂行办法》（2016年十四部委第39号令）

《关于对公共资源交易领域严重失信主体开展联合惩戒的备忘录》的通知（发改法规〔2018〕457号）

《关于印发〈必须招标的基础设施和公用事业项目范围规定〉的通知》（发改法规规〔2018〕843号）

《关于印发房屋建筑和市政基础设施项目工程总承包管理办法的通知》（建市规〔2019〕12号）

《工程建设项目施工招标投标办法》（七部委第30号令）

《工程建设项目货物招标投标办法》（七部委第27号令，2013年第23号令修改）

《招标公告和公示信息发布管理办法》（发改委第10号令）

《工程建设项目招标投标活动投诉处理办法》（国家七部委第11号令）

在线习题（第二章）

第一节　政府采购预算的编制及调整

一、政府采购预算编制

预算编制必须符合预算法及相关法规的规定，充分体现党和国家的政策方向。政府所有的收入和支出必须被纳入预算范围。单位预算是单位根据发展目标和计划编制的年度财务收支计划，是部门预算的组成部分，反映单位全部收入和支出计划的安排与执行情况。政府预算包括部门预算中的财政拨款收支预算，各部门预算由本部门及其所属单位预算组成。

政府采购预算是指在进行政府采购活动时，事先确定的资金支出计划，用于购买所需的货物、工程或服务。

1.财政性资金的界定

《政府采购法》关于政府采购的定义：政府采购，是指各级国家机关、事业单位和团体组织，使用财政性资金采购依法制定的集中采购目录以内的或者采购限额标准以上的货物、工程和服务的行为。

所称财政性资金是指纳入预算管理的资金。以财政性资金作为还款来源的借贷资金，视同财政性资金。

根据《中华人民共和国预算法》（以下简称《预算法》），预算由预算收入和预算支出组成，政府的全部收入和支出都应当纳入预算，预算包括一般公共预算、政府性基金预算、国有资本经营预算、社会保险基金预算。其中：

一般公共预算收入包括各项税收收入、行政事业性收费收入、国有资源（资产）有偿使用收入、转移性收入和其他收入。

政府性基金预算收入包括政府性基金各项目收入和转移性收入。

国有资本经营预算收入包括依照法律、行政法规和国务院规定应当纳入国有资本经营预算的国有独资企业和国有独资公司按照规定上缴国家的利润收入、从国有资本控股和参股公司获得的股息红利收入、国有产权转让收入、清算收入和其他收入。

社会保险基金预算收入包括各项社会保险费收入、利息收入、投资收益、一般公共预算补助收入、集体补助收入、转移收入、上级补助收入、下级上解收入和其他收入。

因此，各预算单位使用财政性资金采购集中采购目录以内或者采购限额标准以上的货物、工程和服务，应当按照财政部《政府采购品目分类目录》（2022年印发）以及省政府颁布的年度政府集中采购目录和采购限额标准编制本部门、本单位年度政府采购预算。"财政性资金"是指"纳入预算管理的资金"，各预算单位应当按照《预算法》规定，将包括事业单位的事业收入、经营性收入和其他收入等"自有资金"在内的所有政府收入全部纳入部门预算管理。凡使用纳入部门预算管理的资金开展的政府采购活动，无论资金来源，都应当执行政府采购预算编制规定。适用招标投标法的政府采购工程项目，应当执行政府采购预算编制规定。

２.政府采购预算的编制原则

政府采购预算应根据国家预算管理的相关规定，结合政府采购的特殊性进行编制，并遵循以下基本原则。

（1）全面性原则：政府采购预算应涵盖所有使用财政性资金进行的采购活动，确保预算的完整性和准确性。

（2）科学性原则：政府采购预算编制应根据采购项目的实际需求和市场情况，采购人应按照《政府采购品目分类目录》确定采购项目属性和品目，按货物、工程和服务进行分类编制，科学合理地确定采购预算金额，不得超标准编制，确保采购资金的有效利用。

（3）计划性原则：政府采购预算应与部门的年度工作计划和项目实施计划相衔接，做到"应编尽编"，确保采购活动的有序开展，避免出现因预算安排不合理而导致的项目延误或资金浪费。

（4）同步性原则：政府采购预算应与部门预算同步编制、同步申报。例如：湖北省要求各预算单位应当随部门预算公开同步在"中国湖北政府采购网"上集中公开本年度政府采购意向信息。各预算单位申报政府采购计划，原则上应当选择对应的年度政府采购预算指标，对于年初部门预算已明确的项目，应当于当年6月30日前完成政府采购计划申报。

（5）透明性原则：政府采购预算应公开透明，接受社会监督，采购人应严格按照批准的预算开展政府采购活动，严禁无预算、超预算采购，不得擅自改变已批准的政府采购预算金额和用途。

3. 政府采购预算编制范围

各级预算单位政府采购预算编制的依据是本级年度政府采购目录和限额标准。其中：

属于本级年度政府采购目录和限额标准中集中采购目录以内的或者采购限额标准以上的货物、工程和服务，需纳入政府采购，编制政府采购预算。

纳入政府采购的项目中，属于政府集中采购目录以内的实行政府集中采购，属于部门集中采购目录以内的实行部门集中采购，其余项目实行分散采购。

纳入政府采购的项目中，属于本级年度政府采购目录和限额标准中公开招标数额标准以上的，按照公开招标方式组织采购活动。

以湖北省为例，《省财政厅关于进一步加强省级政府采购预算管理的通知》（鄂财采发〔2022〕10号）规定：一个财政年度内，一个预算项目下的同一品目或者同一类别的货物、工程和服务，单项或批量采购金额达到政府采购限额标准的，必须按规定编制政府采购预算，不得对其进行拆分，化整为零规避政府采购。其中，"预算项目"是指一级项目，"同一品目"是指财政部《政府采购品目分类目录》（2022年印发）中的底级品目。采购人应当根据实际情况、需求特点和有利于项目实施的原则合理设置采购项目，若计划将多个预算项目下的同一品目或者同一类别的货物、工程和服务打包实施采购，金额达到政府采购限额标准的，也应当编制政府采购预算。各预算单位为保障部门正常运转、履行工作职能、提供公共服务，须在党媒、党报、党刊等特定媒体发布的广告宣传及水、电、天然气、土地等项目不编入年度政府采购预算，不纳入政府采购管理。政府集中采购目录以外、未达到政府采购限额标准且未纳入框架协议采购范围的，不编列年度政府采购预算。

4. 预算编制需落实的政府采购政策

（1）促进中小企业发展政策落实：主管预算单位应当组织评估本部门及所属单位政府采购项目，统筹制定面向中小企业预留采购份额的具体方案，对适宜由中小企业提供的采购项目和采购包，预留采购份额专门面向中小企业采购，并在政府采购预算中单独列示。例如，《湖北省财政厅 湖北省经济和信息化厅关于进一步加强政府采购促进中小企业发展的通知》（鄂财采发〔2021〕8号）中要求，主管预算单位要统筹协调本部门及所属单位，对照湖北省政府集中采购目录及标准，完整编制政府采购预算，并单独列示专门面向中小企业的预留份额。200万元以下的货物和服务项目、400万元以下的工程项目，适宜由中小企业提供的，应当专门面向中小企业采购；200万元以上的货物和服务项目、400万元以上的工程项目，适宜由中小企业提供的，预留该部分采购项目预算总额的40%以上专门面向中小企业采购，其中预留给小微企业的比例不低于60%。不适宜由中小企业提供以及未达到规定预留比例的，应当说明依据原因。

（2）支持乡村产业振兴政策落实：财政部 农业农村部 国家乡村振兴局 中华全国供销合作总社联合印发《关于深入开展政府采购脱贫地区农副产品工作推进乡村产业振兴的实施意见》的通知（财库〔2021〕20号），要求自2021年起，各级财政部门组织本地区所属预算单位做好预留份额填报和脱贫地区农副产品采购工作，并对采购情况进行考核。各中央主管预算单位组织做好本部门所属预算单位预留份额填报和脱贫地区农副产品采购工作。各级预算单位要按照不低于10%的预留比例在"832平台"填报预留份额，并遵循质优价廉、竞争择优的原则，通过"832平台"在全国832个脱贫县范围内采购农副产品，及时在线支付货款，不得拖欠。鼓励各级预算单位工会组织通过"832平台"采购工会福利、慰问品等，有关采购金额计入本单位年度采购总额。

5.政府采购预算编制程序

《政府采购法》第三十三条规定，负有编制部门预算职责的部门在编制下一财政年度部门预算时，应当将该财政年度政府采购的项目及资金预算列出，报本级财政部门汇总。部门预算的审批，按预算管理权限和程序进行。以中央单位为例，中央单位下一财政年度部门预算编制，从本财政年度的第三季度就开始准备，国务院先就预算编制原则、支出重点等问题下发一个财政年度预算编制通知，财政部根据国务院通知部署预算编制工作（称为"一下"）。各部门根据财政部的具体部署组织本部门的预算编制工作，汇总后报财政部审核（称为"一上"）。财政部对各部门预算进行审核后，根据国民经济和社会发展计划以及财力等情况，核定部门预算支出控制数，要求各部门按照支出控制数调整预算（称为"二下"）。各部门根据财政部下达的支出控制数，按照优先顺序，调整支出项目，使部门预算的总支出不得突破控制数，最后将调整后的部门预算上报财政部（称为"二上"）。

政府采购预算编制程序如下。

1）"一上"阶段

本级政府公布年度政府采购目录和限额标准后，各预算单位应以其作为政府采购预算编制的依据。

2）"二上"阶段

各预算单位在编制预算文本过程中：

属于本级年度政府采购目录和限额标准中集中采购目录以内的或者采购限额标准以上的货物、工程和服务项目，应全部编入政府采购预算，纳入政府采购管理。

属于政府购买服务的购买主体的预算单位，应当单独编列政府购买服务预算，按要求填报购买服务项目表，并将列入集中采购目录或采购限额标准以上的政府购买服务项目同时反映在政府采购预算中，与部门预算一并报送财政部门审核。

【小贴士】

【问】多家预算单位联合采购，单个项目均不超过（100万），联合后超过100万，此类情况每个预算单位是否需要补报、新增政府采购预算？

【答】如各单位采购的货物不属于集中采购目录内且未达到分散采购限额，则该联合采购项目无需补报、新增政府采购预算。

二、政府采购预算调整

1. 政府采购预算调整的原则

根据《预算法》确立的"无预算、不支出"的基本原则，部门预算经过审查批准和依法批复后，具有刚性约束，不能随意调整变动。政府采购预算作为部门预算的一部分，除有关法律政策、本级党委政府有明确规定，以及涉及抢险救灾、社会稳定等工作需要外，在年度预算执行中不得随意调增或调减。

1）强化约束原则

部门预算（含政府采购预算）经财政部门批复后，各预算单位必须严格执行，未经批准不得随意调整。

2）严格控制原则

预算单位新增项目支出，应先从部门预算不可预见费中安排或通过调整预算支出结构解决，其他各类调整也应从严控制；通过以上资金渠道可以解决的，财政部门不办理追加支出预算。

3）规范办理原则

部门预算调整事项由预算单位直接向本级财政部门提出书面申请。

4）审核权限原则

预算执行中确属法律、政策规定或者工作需要，必须追加支出的事项，由财政部门按规定审核提出意见，按照本级财政资金审批规程报经本级政府审批后办理；其他部门预算调整事项，由财政部门按规定审核办理，其中政策性强的重大事项，由财政部门报本级政府审批。依照法律规定需向本级人大常委会报告的部门预算调整事项，由财政部门列入本级预算调整方案。

2. 政府采购预算调整的范围

1）因部门预算增减导致政府采购预算变化

其具体包括部门预算支出增加（新增项目等）、部门预算支出减少（取消项目等）导致政府采购项目增加或减少，从而需要对政府采购预算进行调整的情况。例如：《省财政厅关于进一步加强省级政府采购预算管理的通知》（鄂财采发〔2022〕10 号）规定：使用未编入年初部门预算的中央转移支付资金、省级专项、基本建设资金以及其他财政性资金，属于政府集中采购目录以内或者政府采购限额标准以上的项目，应当依法纳入政府采购管理。各主管预算单位应当在支出指标下达前向省财政厅提出申请，据实增列政府采购预算指标。

2）因部门预算内项目调整导致政府采购预算变化

主要为部门预算内的调整，不涉及部门预算增减，具体包括：调整支出指标类型、调整预算支出级次、项目支出细化和单位间项目间调整、变更政府采购或资产配置预算指标、调整使用不可预见费等。

3）因预算周期和项目周期的衔接导致预算调整

预算单位在政府采购预算执行中，因预算执行周期和采购项目执行周期的衔接导致预算调整。如项目因政策性因素发生变化的，采购人应当在本年度部门预算中进行调整。上一年度已启动当年项目采购活动，因当年未支付资金或未支付完毕导致项目资金被收回统筹使用的项目，由主管预算单位按财政资金管理的相关规定，通过使用本年度同类项目预算资金、调整部门预算支出结构等方式落实资金来源。

第二节　预算管理一体化系统的运用

按照《财政部关于印发〈预算管理一体化规范（试行）〉的通知》（财办〔2020〕13 号）要求，各地应参照《预算管理一体化规范（试行）》开展预算管理一体化建设。本节将以湖北省为例，对预算管理一体化政府采购模块进行简要介绍，如有更新，请以最新版本操作要求为准。

一、系统登录

打开"通用软件应用安全桌面"进入"财政业务安全桌面"，打开"预算管理一体化"快捷方式，或者在浏览器输入 http://www.ihbcz.gov.cn/，点击用户名登录，输入用户名与密码登录系统，如图 3-1 所示。

登录成功后，点击【政府采购】模块，进入预算管理一体化系统政府采购模块，如图 3-2 所示。

政府采购模块页面如图 3-3 所示。

图 3-1　预算管理一体化系统登录页面

图 3-2　预算管理一体化政府采购模块

图 3-3　政府采购模块页面

二、总体业务流程

政府采购模块包含采购预算管理、采购项目管理、采购意向公开、公告管理、采购计划管理、采购合同管理、履约验收管理、合同支付管理等功能。

财政部门批复部门预算和年中预算调整之后，系统中的政府采购指标作为政府采购模块进行政府采购活动的控制依据。

采购项目信息贯穿整个采购监管全生命周期。采购人基于采购项目进行采购意向公开、单一来源公示、采购计划申报及备案、采购项目执行情况的跟踪、合同备案、履约验收，便于采购人和采购监管部门更好地了解采购项目运行全貌。

采购人在政府采购模块录入采购意向公开信息或单一来源公示信息，系统将公示信息同步至中国湖北政府采购网进行公示。

采购人根据预算指标在政府采购模块中制订政府采购计划，用于支持政府采购项目立项、招投标、签订合同等业务。

采购人在政府采购合同（协议）签订后，在政府采购模块进行合同备案。

合同备案完成后，采购人根据实际支出进度，在采购系统录入合同支付信息。完成后，支付信息将同步至预算执行一体化系统，采购人可通过预算执行一体化系统进行后续采购资金支付。

当项目履约验收后，需在政府采购模块进行履约验收。

三、政府采购模块流程

1. 采购预算管理

1）采购预算管理

功能说明：通过预算管理一体化系统下达的政府采购指标，展示在采购预算管理的已完结页面上，供采购人查询、核对，该预算指标可在采购项目登记时直接作为项目的资金构成，不需要再进行采购预算确认。

操作用户：采购单位经办人

菜单：【采购预算管理】

操作说明（见图3-4）：【采购预算管理】→【已完结】→【查看】

2）采购预算录入

功能说明：针对已纳入预算管理的单位资金、暂未下达的采购指标、以后年度资金、市县资金，可在采购预算管理待处理页面新增录入（若本区划允许采购项目登记直接使用录入资金，则可不通过采购预算管理进行新增录入）。

操作用户：采购单位经办人

图3-4　政府采购指标查看

菜单：【采购预算管理】

操作说明（见图3-5～图3-7）：【采购预算管理】→【新增】→【填写预算信息、上传附件】→【保存】→【提交】

图3-5　采购预算录入流程（1）

图3-6　采购预算录入流程（2）

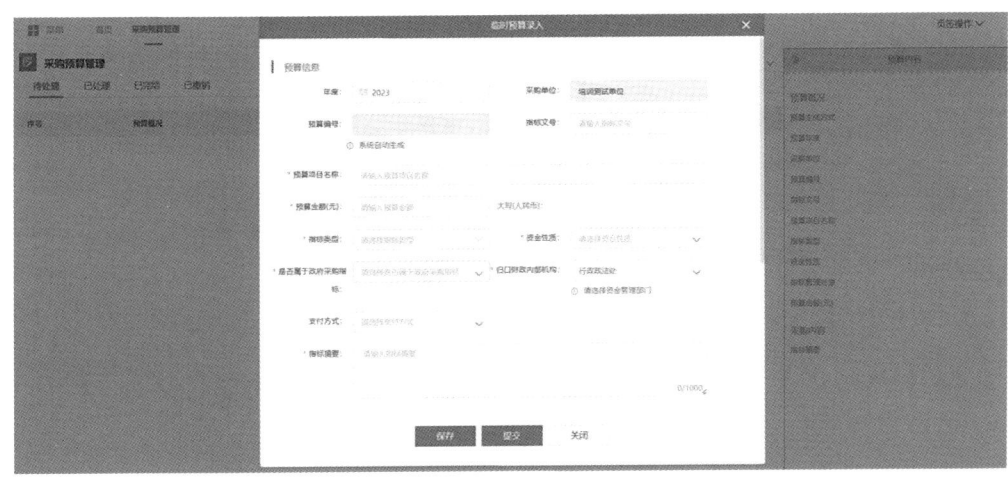

图3-7 采购预算录入流程（3）

3）采购预算审核

操作用户：采购单位审核人\主管部门审核人\采购监管用户\业务部门用户

菜单：【采购预算管理】

操作说明（见图3-8与图3-9）：【采购预算管理】→【审核】（若涉及多岗位审核，可通过状态的追踪按钮查看下一步审核流程节点）

2. 采购项目管理

1）采购项目流程

采购项目的信息贯穿整个采购过程，如图3-10所示。采购人基于采购项目进行采购意向公开、单一来源公示、采购计划申报及备案、采购项目执行情况的跟踪、合同备案、履约验收，便于采购人和采购监管部门更好地了解采购项目的运行全貌。

图3-8 采购预算审核流程（1）

图 3-9　采购预算审核流程（2）

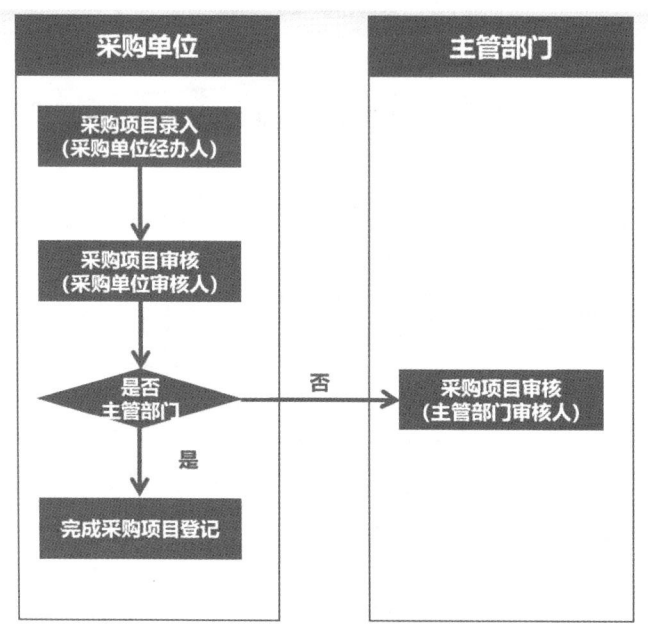

图 3-10　采购项目流程

2）采购项目登记

功能说明：采购人在系统中进行采购项目登记，并对采购项目基础信息进行完善，明确是否是涉密项目，明确采购内容清单和项目资金构成等内容。

操作用户：采购单位经办人

菜单：【采购项目管理】→【采购项目登记】

操作说明（见图3-11～图3-14）：点击【采购项目管理】→【采购项目登记】→【新增】→【选择新增项目类型】，填写基本信息、采购内容清单、项目资金构成、项目安排、项目相关附件等模块的内容，再点击【保存】→【提交】

图 3-11 采购项目登记流程（1）

图 3-12 采购项目登记流程（2）

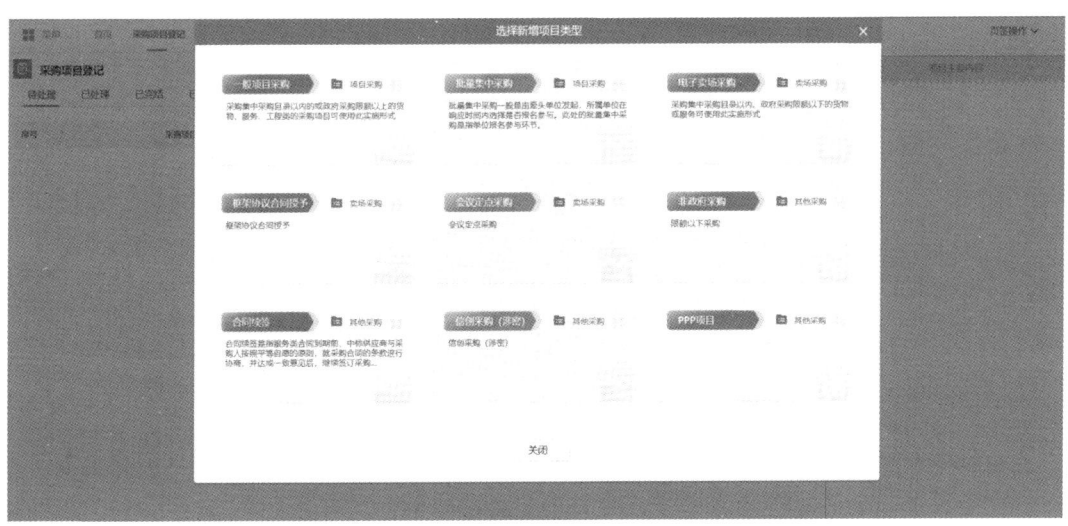

图 3-13 采购项目登记流程（3）

图 3-14　采购项目登记流程（4）

注意以下几点。

（1）项目资金构成。

①通过预算管理一体化系统下达的政府采购指标，可直接在采购项目登记指标里选择使用，如图 3-15 所示。

图 3-15　指标选择：已下达的政府采购指标

②若本区划针对已纳入预算管理的单位资金、暂未下达的采购指标、以后年度资金、市县资金需要采购预算管理新增录入审核的，完成审核后，在采购项目登记指标里选择使用，如图 3-16 所示。

图 3-16 指标选择：暂未下达的采购指标

③若本区划不需要针对预算进行审核，则采购项目登记可直接进行录入资金，如图 3-17 所示。

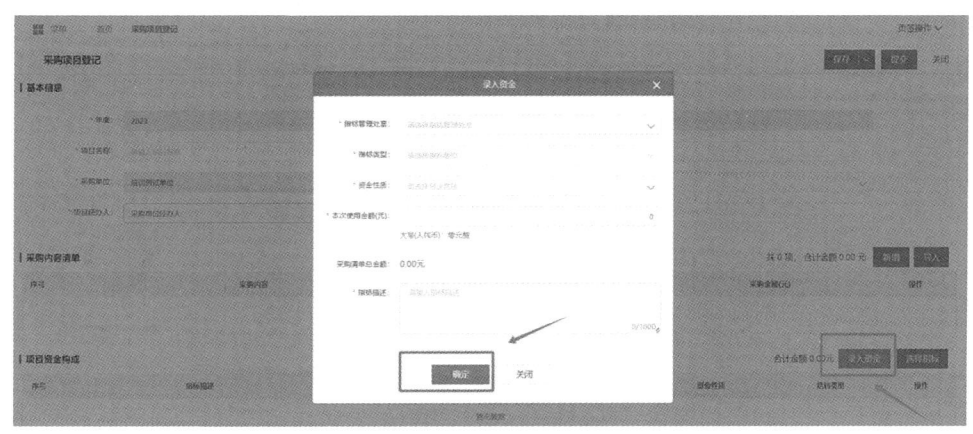

图 3-17 录入资金页面

（2）采购项目登记审核。

操作用户：采购单位审核人\主管部门审核人

菜单：【采购项目管理】→【采购项目登记】

操作说明（见图 3-18）：【采购项目管理】→【采购项目登记】→【审核】

3）采购项目变更

功能说明：采购人针对已经登记的采购项目进行调整，可调整内容包含项目基本信息、采购清单和项目资金构成等。

操作用户：采购单位经办人

菜单：【采购项目管理】→【采购项目登记】

操作说明（见图 3-19 和图 3-20）：【采购项目管理】→【采购项目登记】→【已完结】→【变更】→【保存】→【提交】

图 3-18　采购项目登记审核页面

图 3-19　采购项目变更流程（1）

图 3-20　采购项目变更流程（2）

4）采购项目变更审核

操作用户：采购单位审核人\主管部门审核人

菜单：【采购项目管理】→【采购项目登记】

操作说明（见图3-21）：【采购项目管理】→【采购项目登记】→【审核】

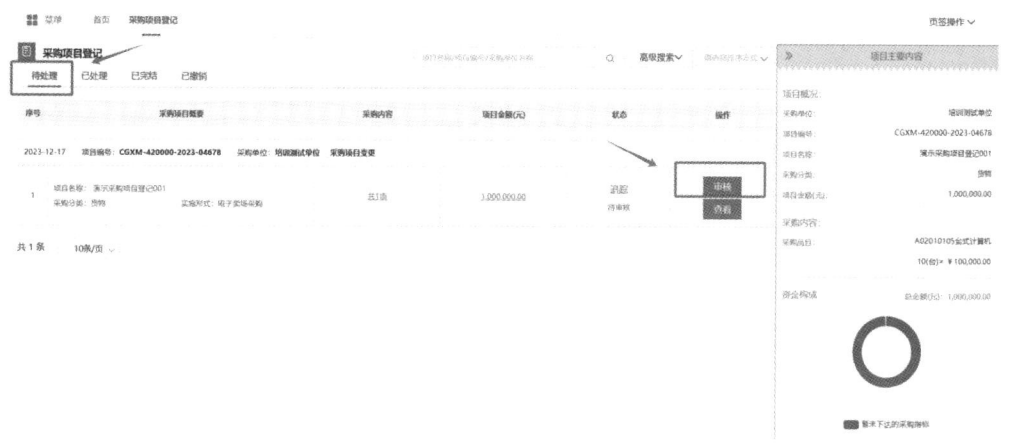

图 3-21　采购项目变更审核页面

5）采购项目暂停

功能说明：采购人针对已经登记且有效的采购项目进行暂停，在发起暂停时需录入项目暂停原因并上传项目暂停说明附件。已发起或保存采购计划的采购项目不支持发起项目暂停，如果需进行项目暂停，则需按流程退回。

操作用户：采购单位经办人

菜单：【采购项目管理】→【采购项目登记】

操作说明（见图3-22和图3-23）：【采购项目管理】→【采购项目登记】→【已完结】
→【项目暂停】→【保存】→【提交】

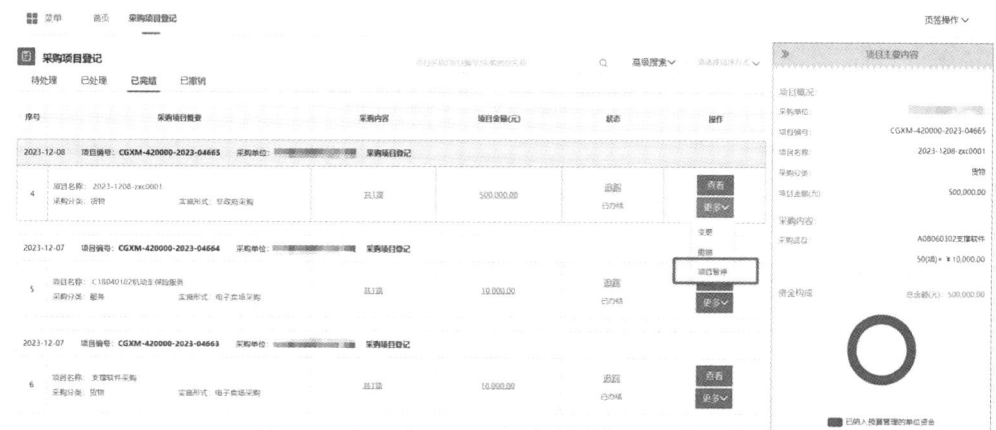

图 3-22　采购项目暂停流程（1）

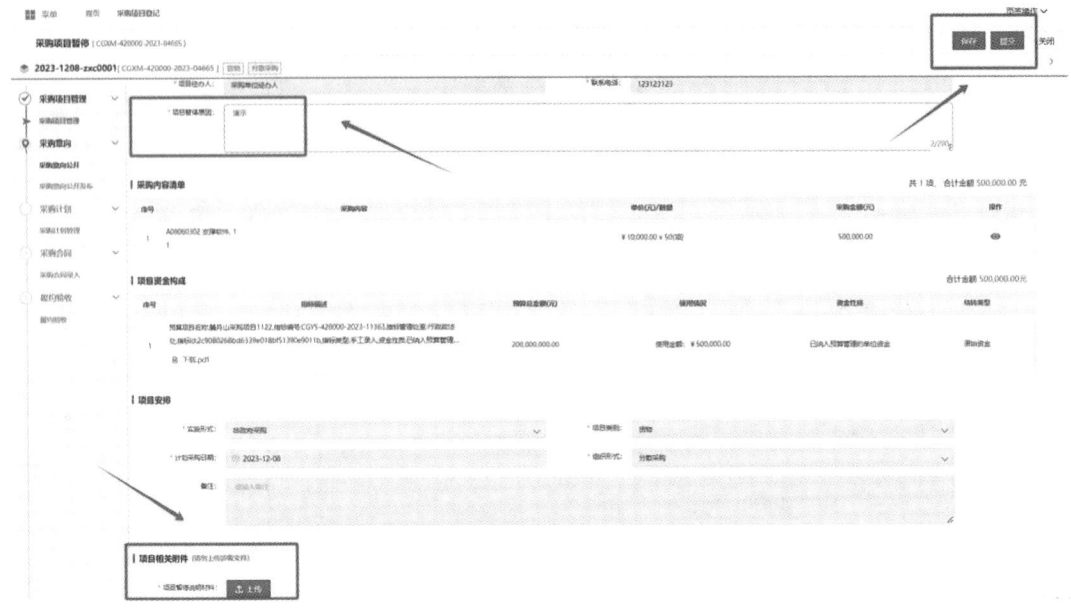

图 3-23　采购项目暂停流程（2）

6）采购项目暂停审核

操作用户：采购单位审核人\主管部门审核人

菜单：【采购项目管理】→【采购项目登记】

操作说明（见图 3-24）：【采购项目管理】→【采购项目登记】→【审核】

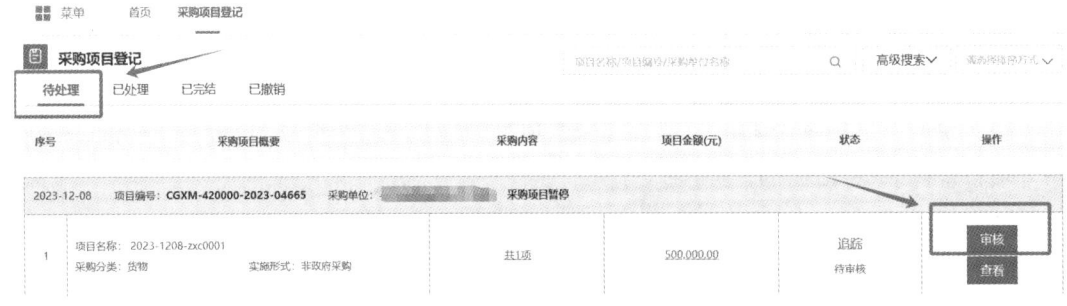

图 3-24　采购项目暂停审核页面

7）采购项目撤销

功能说明：系统支持采购人进行采购项目撤销操作，采购项目撤销后返还采购指标额度并保留原有过程记录信息。

操作用户：采购单位经办人

菜单：【采购项目管理】→【采购项目登记】

操作说明（见图 3-25 和图 3-26）：【采购项目管理】→【采购项目登记】→【已完结】→【项目撤销】→【保存】→【提交】

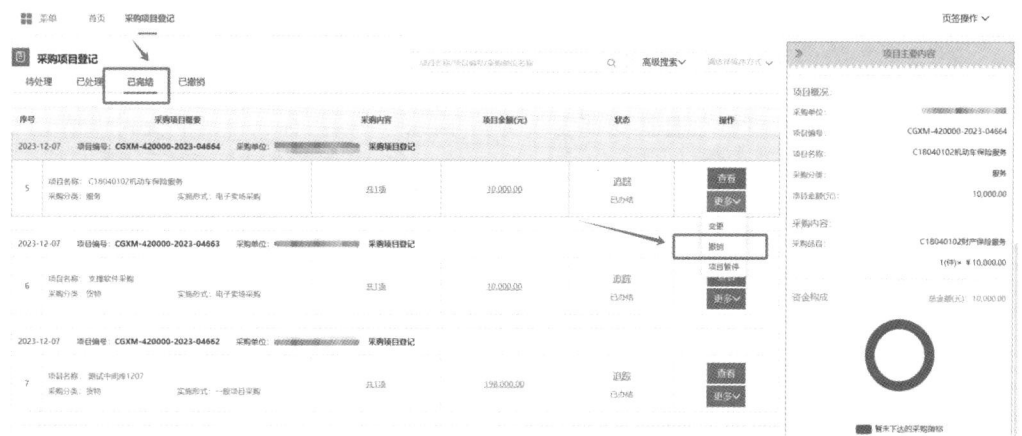

图 3-25　采购项目撤销流程（1）

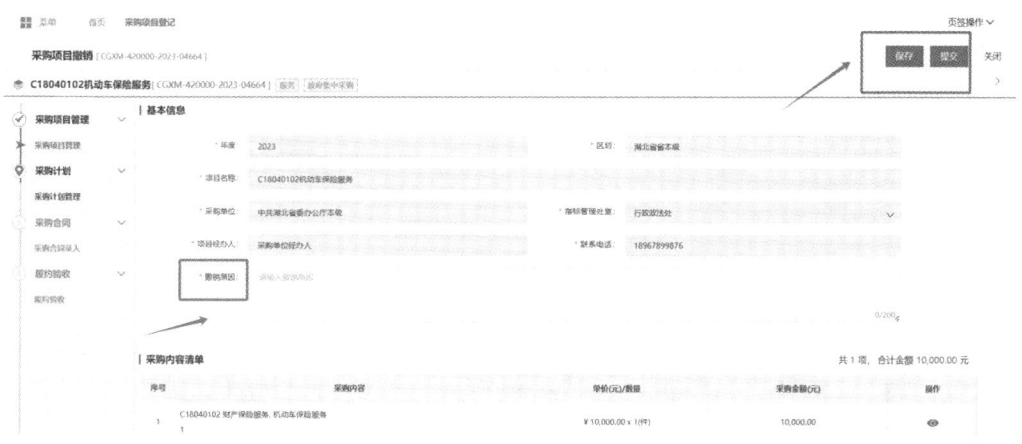

图 3-26　采购项目撤销流程（2）

8）采购项目撤销审核

操作用户：采购单位审核人\主管部门审核人

菜单：【采购项目管理】→【采购项目登记】

操作说明（见图3-27）：【采购项目管理】→【采购项目登记】→【审核】

图 3-27　采购项目撤销审核页面

9）采购项目资金替换

功能说明：项目立项时，采购人使用了手工创建（录入资金）的，当无法直接发起支付申请时，可通过项目资金替换功能替换为当年度的采购指标，再发起支付申请。

操作用户：采购单位经办人

菜单：【采购项目管理】→【采购项目登记】

操作说明（见图3-28和图3-29）：【采购项目管理】→【采购项目登记】→【已完结】→【资金替换】→【保存】→【提交】

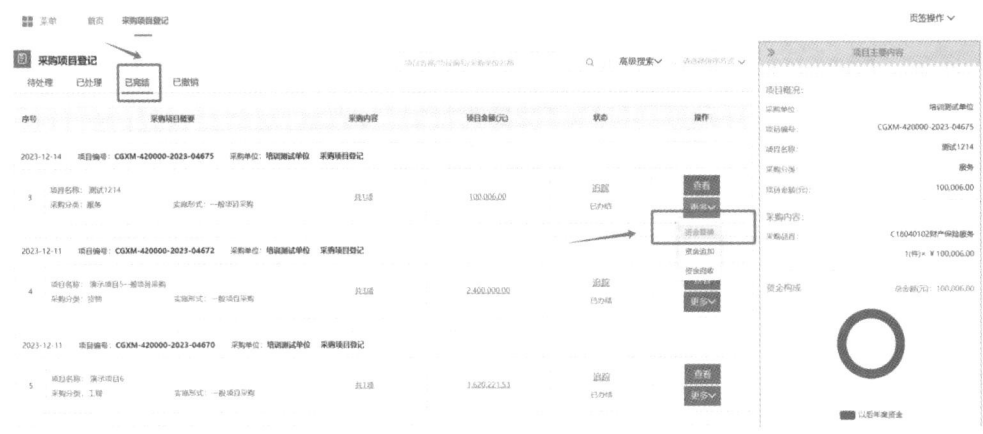

图3-28 采购项目资金替换流程（1）

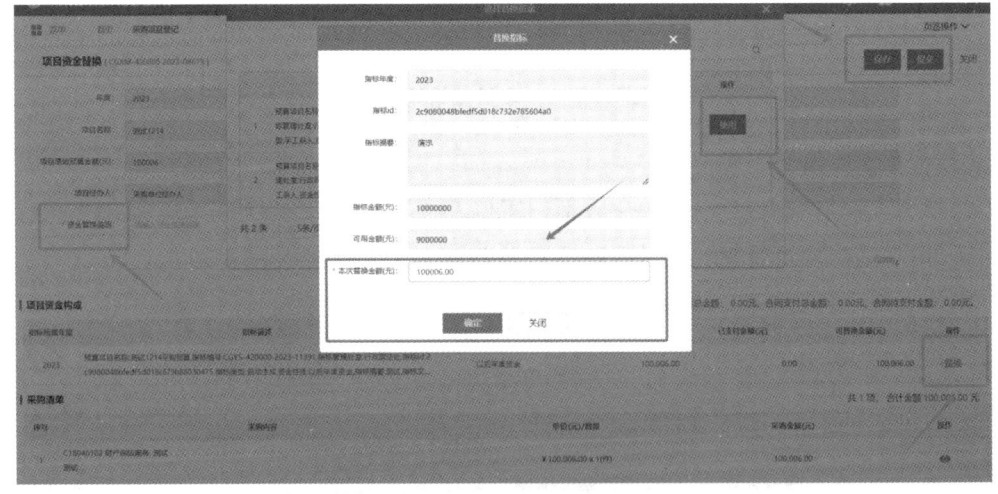

图3-29 采购项目资金替换流程（2）

10）采购项目资金替换审核

操作用户：采购单位审核人\主管部门审核人

菜单：【采购项目管理】→【采购项目登记】

操作说明（见图3-30）：【采购项目管理】→【采购项目登记】→【审核】

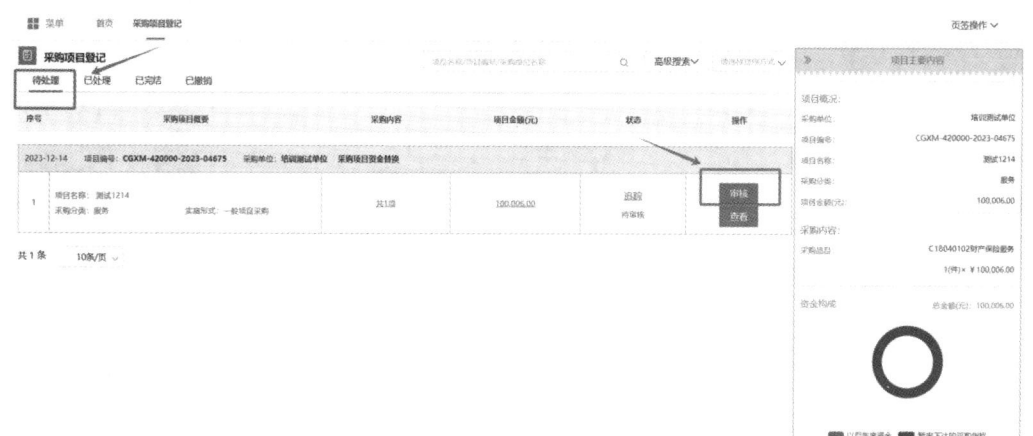

图3-30 采购项目资金替换审核页面

11）采购项目资金追加

功能说明：采购人在签订补充合同时，如果出现补充合同金额＋合同备案金额超出采购项目原始预算金额的特殊场景时，采购人可在采购项目中发起项目资金追加流程，补充不足部分资金。

操作用户：采购单位经办人

菜单：【采购项目管理】→【采购项目登记】

操作说明（见图3-31和图3-32）：【采购项目管理】→【采购项目登记】→【已完结】→【资金追加】→【保存】→【提交】

图3-31 采购项目资金追加流程（1）

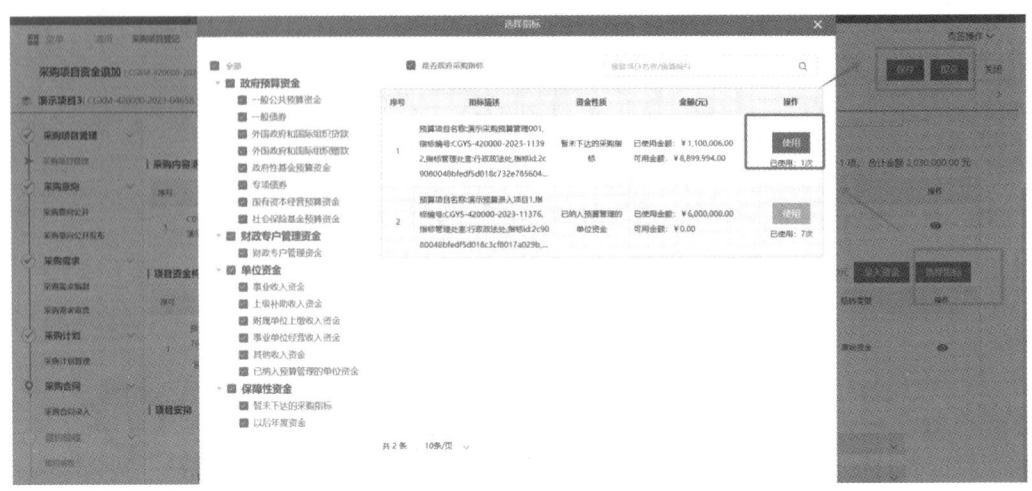

图 3-32 采购项目资金追加流程（2）

12）采购项目资金追加审核

操作用户：采购单位审核人\主管部门审核人

菜单：【采购项目管理】→【采购项目登记】

操作说明（见图 3-33）：【采购项目管理】→【采购项目登记】→【审核】

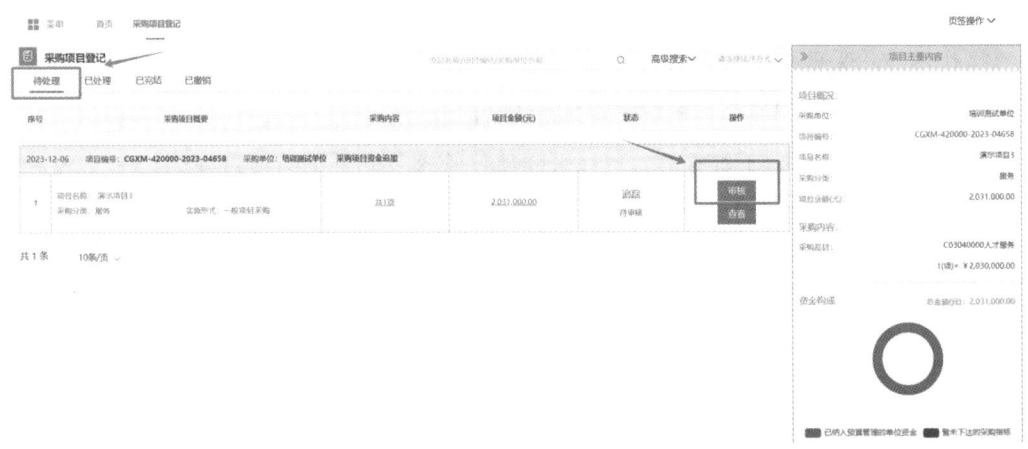

图 3-33 采购项目资金追加审核

13）采购项目资金回收

功能说明：采购人可根据项目的执行情况而发起资金回收流程。资金回收主要包含采购结余资金、采购终止资金、合同执行金额三个方面。

操作用户：采购单位经办人

菜单：【采购项目管理】→【采购项目登记】

操作说明（见图 3-34 和图 3-35）：【采购项目管理】→【采购项目登记】→【已完结】→【资金回收】→【保存】→【提交】

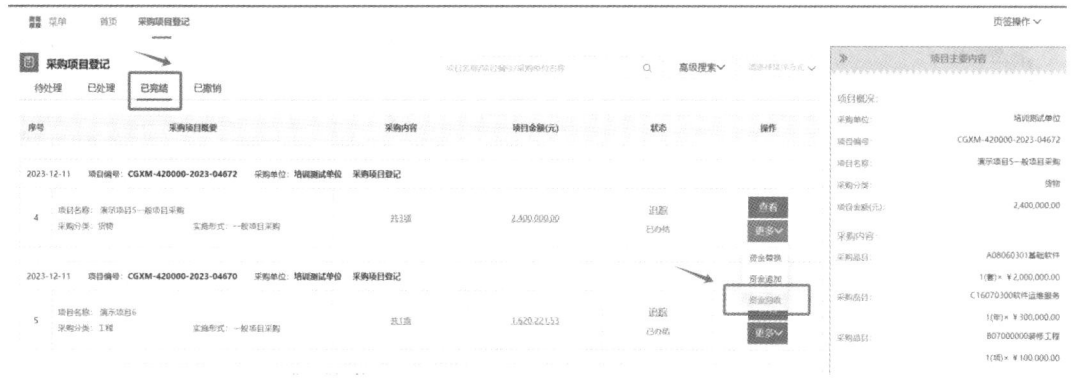

图 3-34　采购项目资金回收流程（1）

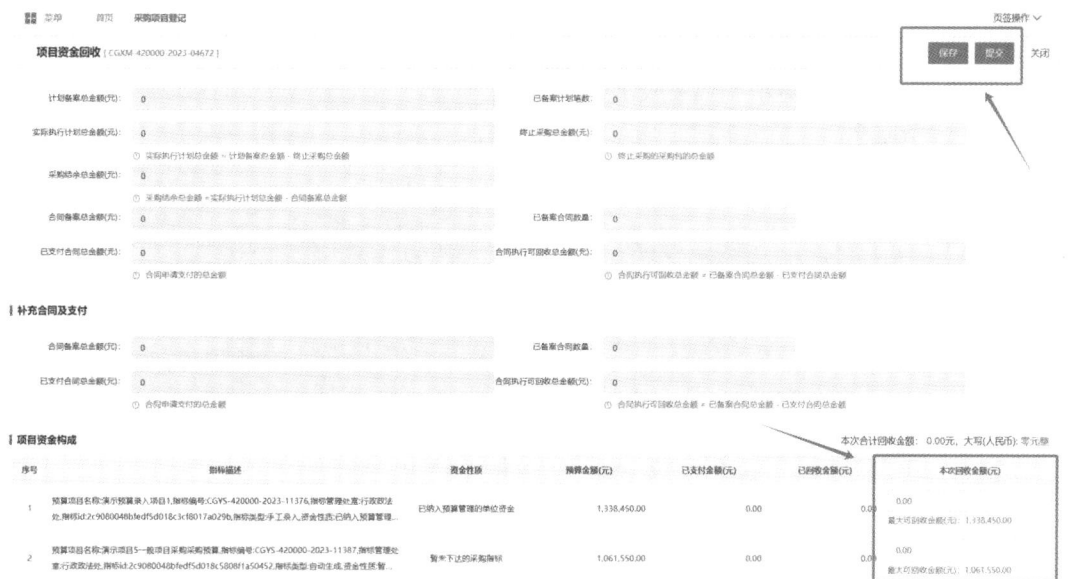

图 3-35　采购项目资金回收流程（2）

14）采购项目资金回收审核

操作用户：采购单位审核人\主管部门审核人

菜单：【采购项目管理】→【采购项目登记】

操作说明（见图 3-36）：【采购项目管理】→【采购项目登记】→【审核】

15）采购项目资金结项

功能说明：采购人针对已完成合同备案的采购项目进行结项，在发起结项时，需录入项目结项原因并上传项目结项说明附件。

已结项的采购项目，不允许再次进行项目资金追加、替换、回收、签订补充合同等操作，未完成资金支付部分不允许发起支付或验收。

操作用户：采购单位经办人

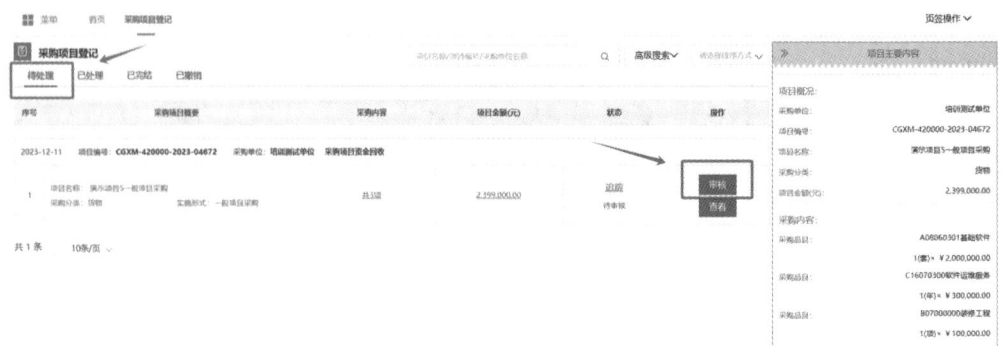

图 3-36　采购项目资金回收审核

菜单：【采购项目管理】→【采购项目登记】

操作说明（见图 3-37 与图 3-38）：【采购项目管理】→【采购项目登记】→【已完结】→【项目结项】→【保存】→【提交】

图 3-37　采购项目资金结项流程（1）

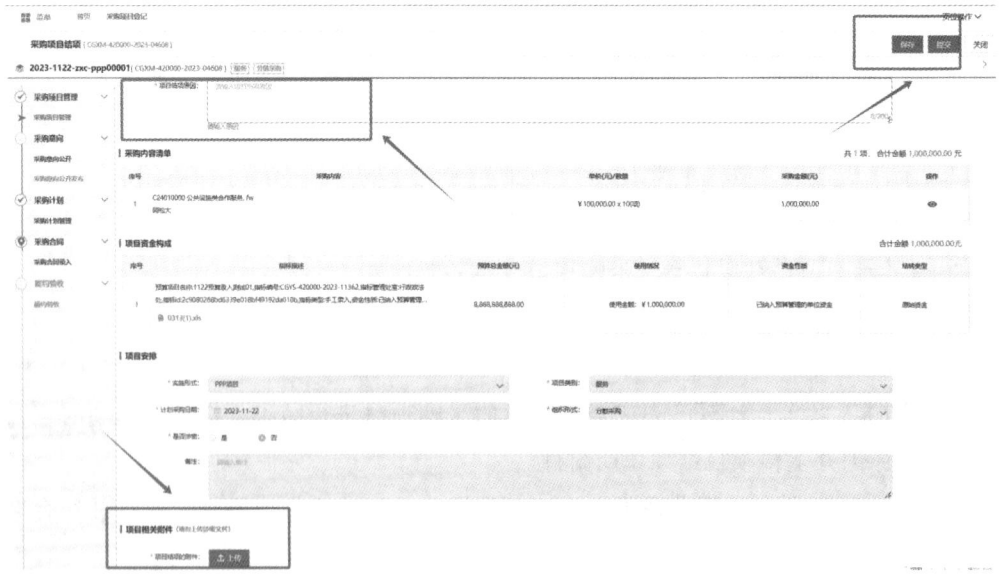

图 3-38　采购项目资金结项流程（2）

16）采购项目资金结项审核

操作用户：采购单位审核人\主管部门审核人

菜单：【采购项目管理】→【采购项目登记】

操作说明（见图3-39）:【采购项目管理】→【采购项目登记】→【审核】

图3-39 采购项目资金结项审核页面

17）采购项目查询

功能说明：系统支持对所有采购项目进行查询。可按照相关要素对数据进行筛选，快速定位采购项目，并查看采购项目详情以及采购项目的执行情况。采购项目详情包括采购项目基本信息、各业务环节执行过程信息、系统提供导航栏式的查看方式帮助采购人、监管部门围绕采购项目查看全生命周期执行情况。

菜单：【采购项目管理】→【采购项目查询】

操作说明（见图3-40～图3-42）:【采购项目管理】→【采购项目查询】→【查看】

图3-40 采购项目查询流程（1）

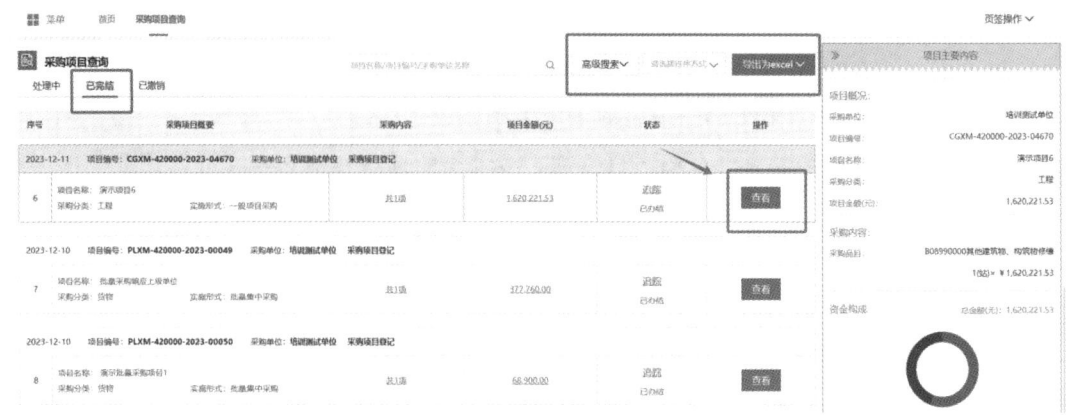

图3-41 采购项目查询流程（2）

图3-42 采购项目查询流程（3）

3. 批量集中采购

1）批量集中采购流程

批量集中采购流程说明如下。

（1）批量采购发起：由牵头单位（一般是主管单位）发起批量采购项目，明确此次批量采购的采购内容、允许参与的采购单位范围、参与响应有效时间等。

（2）批量采购报名：范围内采购单位在参与响应有效时间内选择是否参与本次批量采购。若参与，则需明确本单位参与本次批量采购的采购内容及资金构成、单位的采购清单内容为本次批量采购项目清单中的一项或者多项。

（3）批量采购归集：响应有效时间截止或所有单位均响应后，由牵头单位归集所有参与单位的采购内容备案批量采购计划。

（4）批量采购执行：由牵头单位作为采购主体完成项目的采购过程。

（5）批量采购合同备案：各采购单位在系统中完成合同备案。

2）批量采购项目录入

功能说明：批量采购项目一般是由主管单位发起的，发起时需明确本次批量采购项目的采购内容、允许参与本次批量采购的单位、参与本次批量采购时限、拟使用的采购方式等。发起项目审核通过后，参与单位可在参与时限内选择是否参与本次批量采购。此处的"批量采购项目录入"是指批量采购项目的发起。

操作用户：采购单位经办人

菜单：【采购项目管理】→【批量采购项目】

操作说明（见图3-43与图3-44）：【采购项目管理】→【批量采购项目】→【新增】

图3-43 批量采购项目录入流程（1）

图3-44 批量采购项目录入流程（2）

在批量采购项目新增界面，填写基本信息、采购内容清单、项目执行方案、项目归集范围及单位响应情况等相关附件，点击【保存】→【提交】，如图3-45所示。

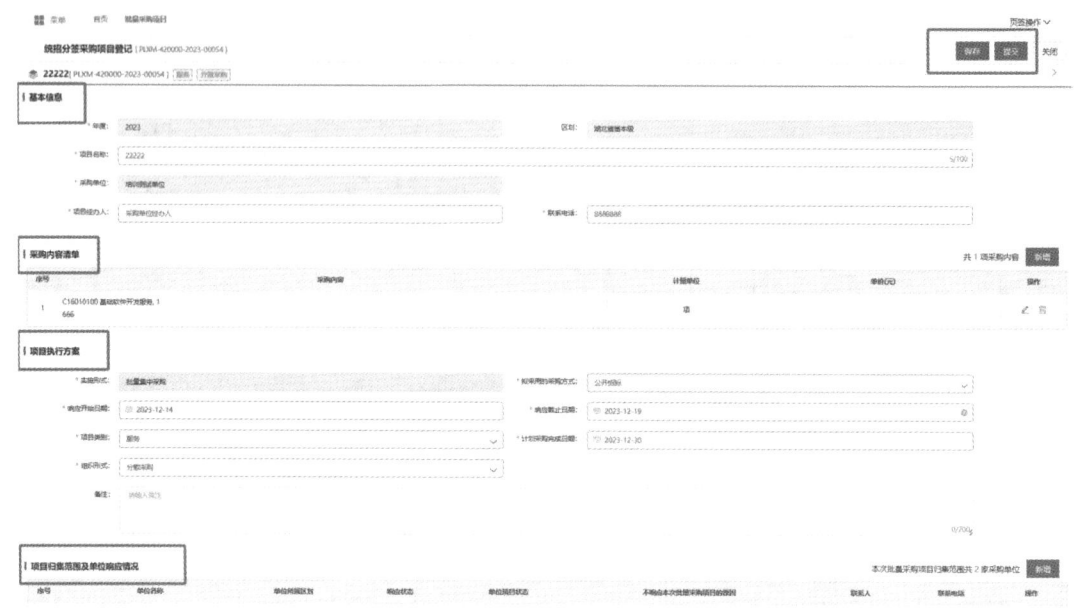

图3-45　批量采购项目录入流程（3）

3）批量采购项目审核

操作用户：采购单位审核人

菜单：【采购项目管理】→【批量采购项目】

操作说明（见图3-46与图3-47）：【采购项目管理】→【批量采购项目】→【审核】

图3-46　批量采购项目审核流程（1）

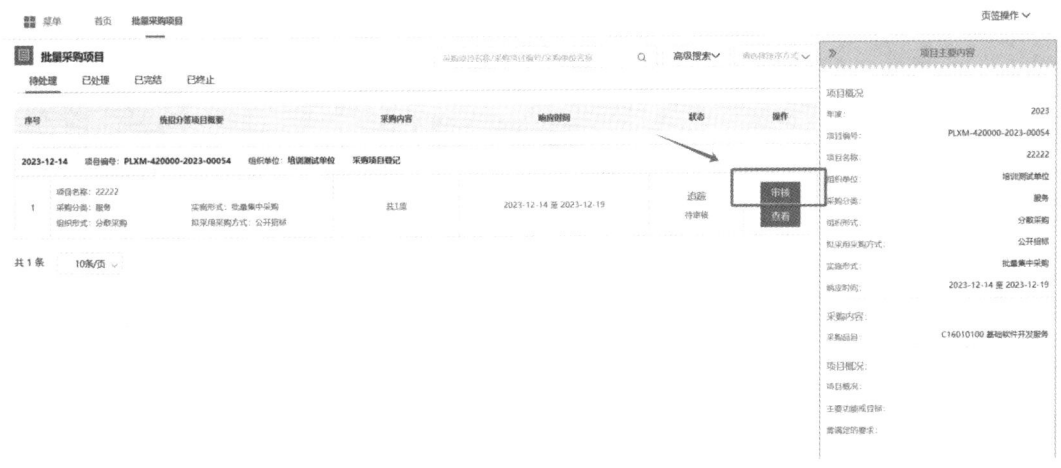

图 3-47 批量采购项目审核流程（2）

4）批量集中采购项目登记

功能说明：范围内采购单位在参与响应有效时间内选择是否参与本次批量采购。若参与，则需明确本单位参与本次批量采购的采购内容及资金构成，明确单位的采购清单内容为本次批量采购项目清单中的一项或者多项。

操作用户：采购单位经办人

菜单：【采购项目管理】

操作说明（见图 3-48～图 3-50）：【采购项目管理】→【采购项目登记】→【新增】→【批量集中采购】→【新增】→【选择可参与的项目确定是否响应】

图 3-48 批量集中采购项目登记（1）

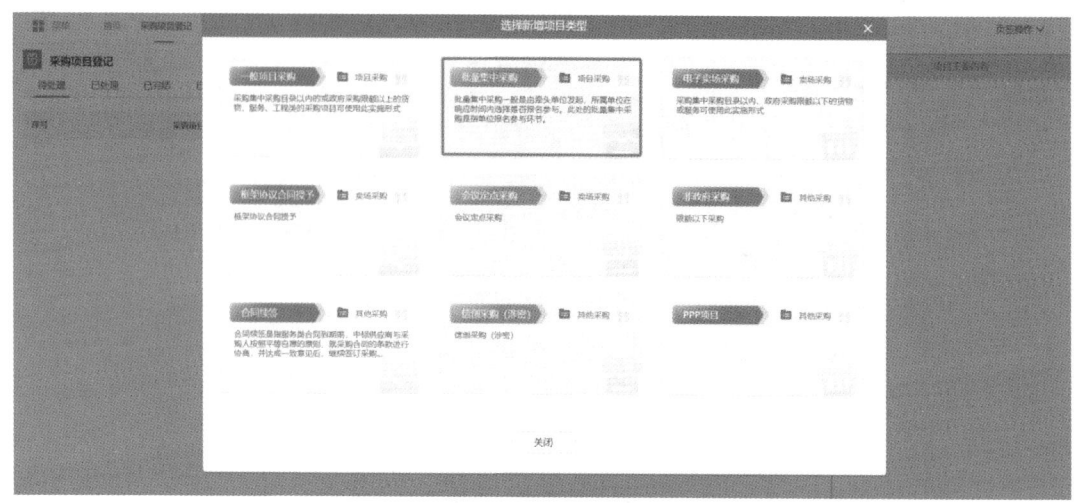

图3-49 批量集中采购项目登记（2）

图3-50 批量集中采购项目登记（3）

在批量集中采购项目登记界面，填写基本信息、采购内容清单、项目资金构成、项目安排等信息后，点击【保存】→【提交】，如图3-51所示。

5）批量集中采购项目登记审核

操作用户：采购单位审核人\主管部门审核人

菜单：【采购项目管理】→【采购项目登记】

操作说明（见图3-52与图3-53）：【采购项目管理】→【采购项目登记】→【审核】

图 3-51 批量集中采购项目登记（4）

图 3-52 批量集中采购项目登记审核流程（1）

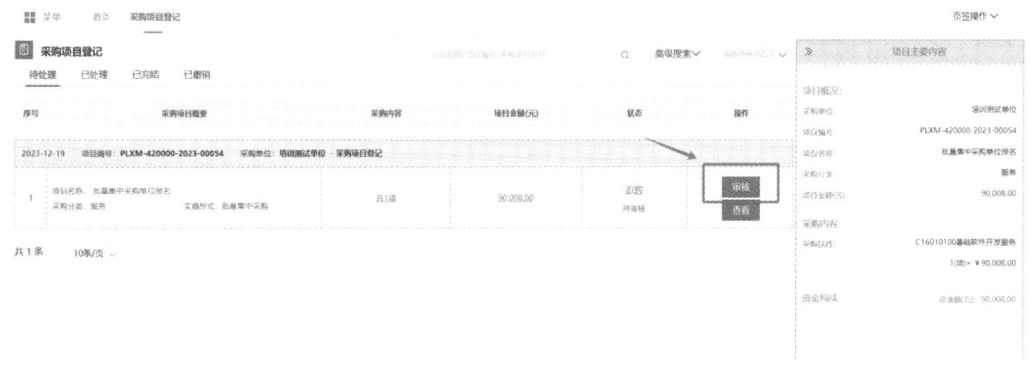

图 3-53 批量集中采购项目登记审核流程（2）

6）批量集中采购计划申报

功能说明：响应有效时间截止或所有单位均响应后，由牵头单位归集所有参与单位的采购内容并备案批量采购计划。

操作用户：采购单位经办人

①菜单：【采购项目管理】→【批量采购项目】

操作说明（见图3-54～图3-56）：【采购项目管理】→【批量采购项目】→【已备案】→【更多】→【归集】

图3-54　批量集中采购计划申报流程（1）

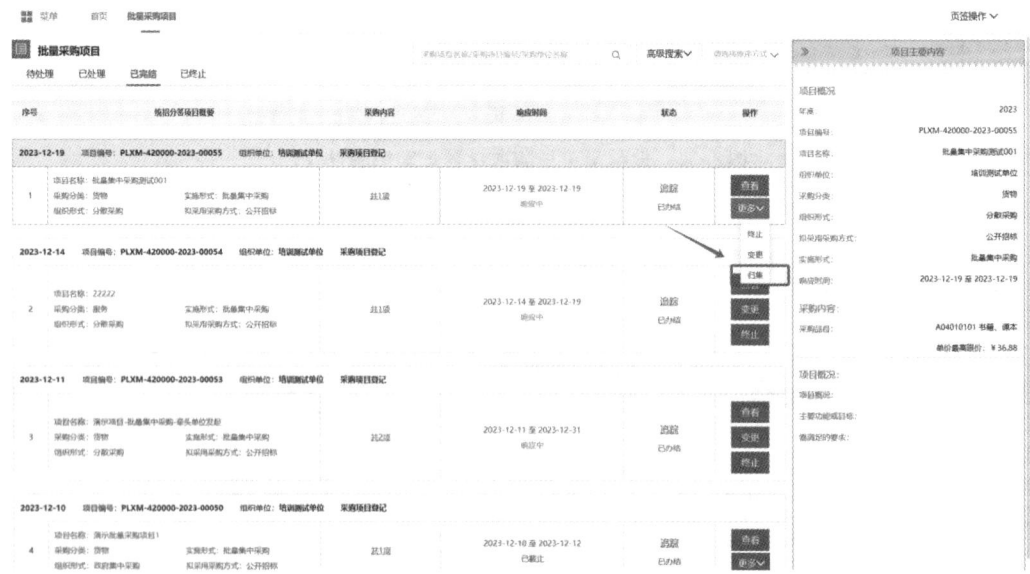

图3-55　批量集中采购计划申报流程（2）

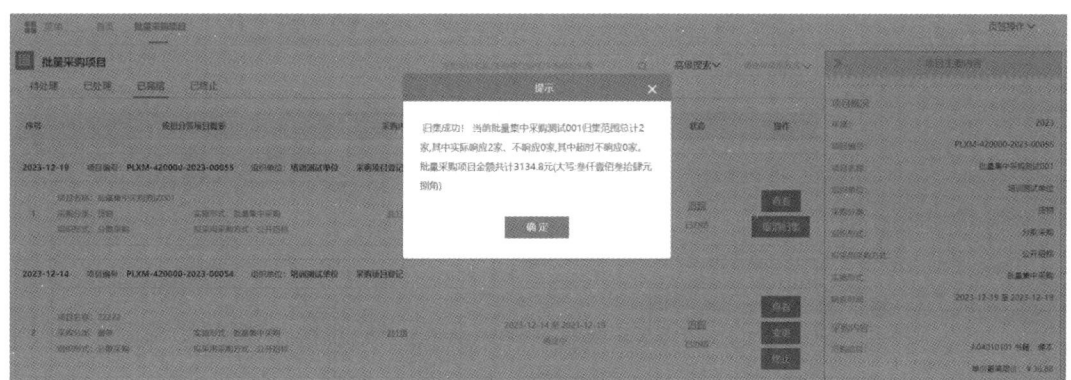

图 3-56 批量集中采购计划申报流程（3）

由牵头单位归集成功所有参与单位的采购内容后备案批量采购计划。

②菜单：【采购计划管理】→【采购计划申报】

操作说明（见图 3-57～图 3-59）：【采购计划管理】→【采购计划申报】→【新增】→【批量集中采购】→【选择采购项目】→【填写相关信息】→【保存】→【提交】

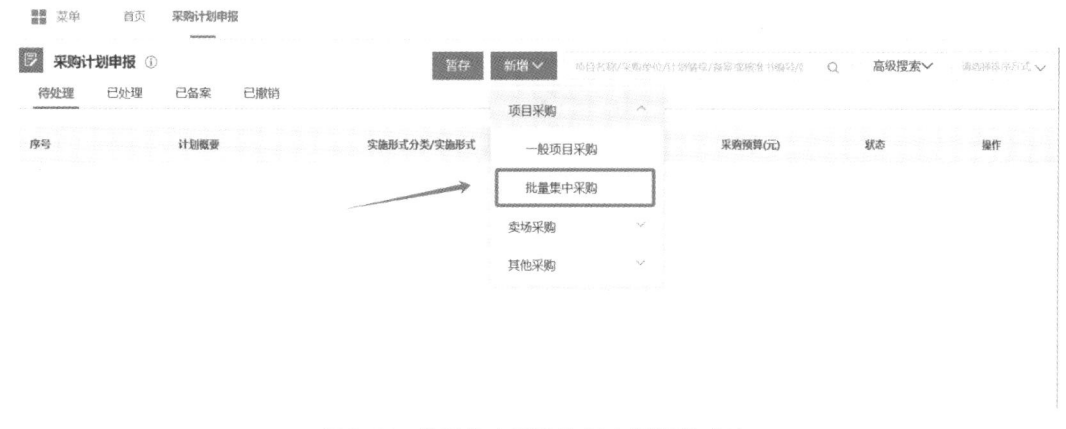

图 3-57 批量集中采购计划申报流程（4）

图 3-58 批量集中采购计划申报流程（5）

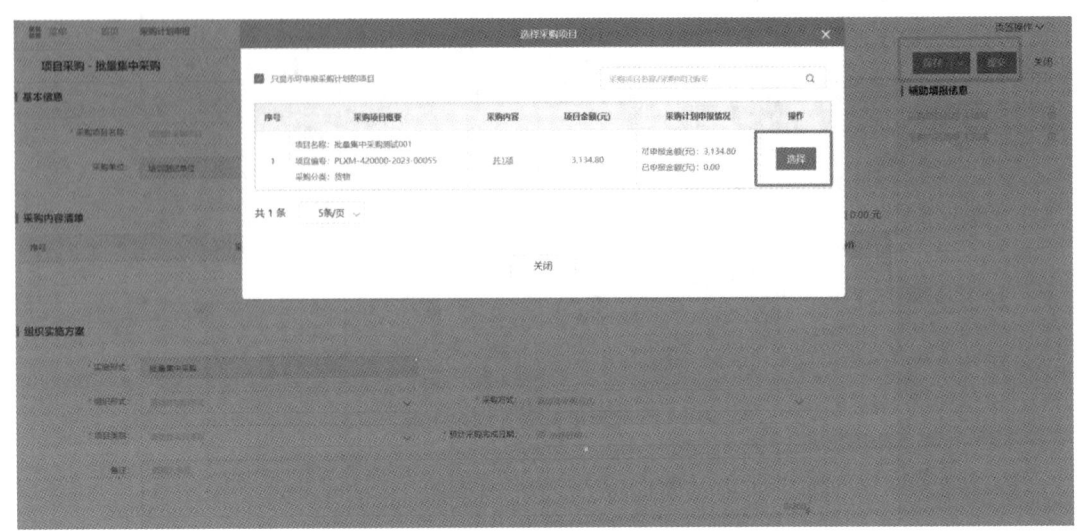

图3-59　批量集中采购计划申报流程（6）

7）批量集中采购计划审核

操作用户：采购单位审核人\主管部门审核人\采购监管用户

菜单：【采购计划管理】→【采购计划申报】

操作说明（见图3-60与图3-61）：【采购计划管理】→【采购计划申报】→【审核】

图3-60　批量集中采购计划审核流程（1）

图3-61 批量集中采购计划审核流程（2）

8）批量采购合同录入

功能说明：各采购单位在系统中完成合同备案。

操作用户：采购单位经办人

菜单：【采购合同管理】→【合同录入】

操作说明（见图3-62～图3-65）：【采购合同管理】→【合同录入】→【新增】→【选择】→【勾选统招分签计划】→【选择】→【填写合同信息】→【保存】→【提交】

图3-62 批量采购合同录入流程（1）

图 3-63　批量采购合同录入流程（2）

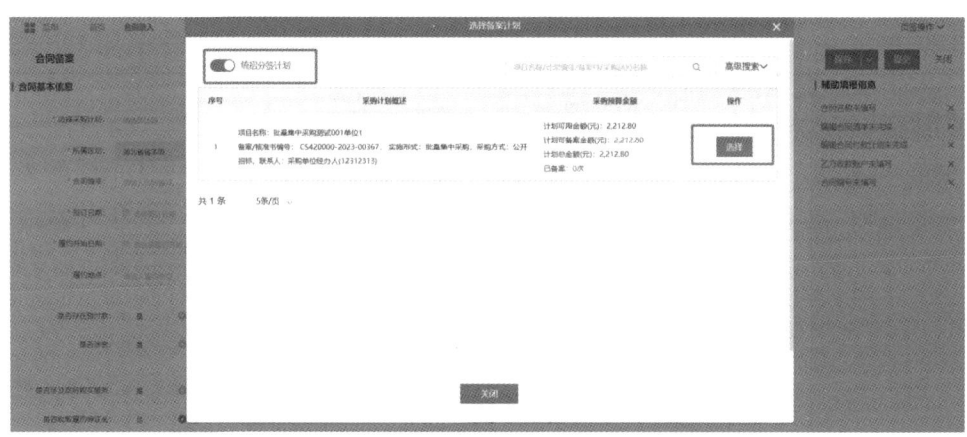

图 3-64　批量采购合同录入流程（3）

图 3-65　批量采购合同录入流程（4）

采购合同完成审核后，采购单位经办人需在合同录入"待备案"下手动点击"备案"，以完成合同备案，如图 3-66 所示。

图 3-66 批量采购合同录入流程（5）

9）批量采购合同审核

操作用户：采购单位审核人\主管部门审核人

菜单：【采购合同管理】→【合同录入】

操作说明（见图 3-67 与图 3-68）：【合同录入】，选择数据，点击【审核】

图 3-67 批量采购合同审核流程（1）

图 3-68 批量采购合同审核流程（2）

四、政府采购意向公开

1. 政府采购意向公开政策要求

财政部推进采购意向公开是优化政府采购营商环境的重要举措。根据《关于开展政府采购意向公开工作的通知》（财库〔2020〕10号），为提高政府采购透明度，方便供应商提前了解政府采购信息，保障各类市场主体平等参与政府采购活动，提升采购绩效，防范抑制腐败，应认真做好采购意向公开工作。

财政部发布的关于开展政府采购意向公开工作的通知称，对2020年7月1日起实施的采购项目，中央预算单位和北京市、上海市、深圳市市本级预算单位应当按规定公开采购意向。各试点地区应根据地方实际尽快推进其他各级预算单位采购意向公开。其他地区可根据地方实际确定采购意向公开时间，原则上省级预算单位2021年1月1日起实施的采购项目，省级以下各级预算单位2022年1月1日起实施的采购项目，应当按规定公开采购意向。

以湖北省为例，2020年4月28日，湖北省财政厅发布《湖北省政府采购意向公开工作方案》（鄂财函〔2020〕38号），方案明确提出如下要求：省级预算单位2021年1月1日起实施的采购项目按规定全面实施采购意向公开；省级以下各级预算单位2022年1月1日起实施的采购项目按规定全面实施采购意向公开。公开渠道为"中国湖北政府采购网"（www.ccgp-hubei.gov.cn）。

2. 政府采购意向公开

1）政府采购意向公开的主体

采购意向由预算单位负责公开。

2）政府采购意向公开的渠道

中央预算单位的采购意向在中国政府采购网（www.ccgp.gov.cn）中央主网公开，地方预算单位的采购意向在中国政府采购网地方分网公开，采购意向也可在省级以上财政部门指定的其他媒体同步公开。

主管预算单位可汇总本部门、本系统所属预算单位的采购意向集中公开，有条件的部门可在其部门门户网站同步公开本部门、本系统的采购意向。

3）政府采购意向公开的内容

（1）政府采购意向公开的基本要求

① 采购意向按采购项目公开；

② 按项目实施的集中采购目录以内或采购限额标准以上的货物、工程、服务采购均应当公开采购意向；

③ 除以协议供货、定点采购方式实施的小额零星采购和由集中采购机构统一组织的批量集中采购外，按项目实施的集中采购目录以内或者采购限额标准以上的货物、工程、服务采购均应当公开采购意向。

（2）政府采购意向公开的主要内容

采购意向公开的内容应当清晰完整，具体应包括以下内容：

① 采购项目名称；

② 采购需求概况。应当包括采购标的名称，采购标的需实现的主要功能或目标，采购标的数量，以及采购标的需满足的质量、服务、安全、时限等要求；

③ 预算金额；

④ 预计采购时间；

⑤ 其他需要说明的情况。

采购意向仅作为供应商了解各采购人初步采购安排的参考，采购项目实际采购需求、预算金额和执行时间以采购人最终发布的采购公告和采购文件为准。

4）政府采购意向公开的依据

部门预算批复前公开的采购意向，以部门预算"二上"内容为依据；部门预算批复后公开的采购意向，以部门预算为依据。预算执行中新增采购项目应当及时公开采购意向。

5）政府采购意向公开的时间

采购意向由预算单位定期或不定期公开。采购意向公开时间应当尽量提前，原则上不得晚于采购活动开始前30日公开采购意向。因预算单位不可预见的原因急需开展的采购项目，可不公开采购意向。

6）政府采购意向公开操作流程

以湖北省某高校政府采购意向公开流程为例，具体流程如下：

（1）业务承办部门按照《政府采购意向公告》格式要求，填写所在部门需进行公开的采购意向；

（2）业务承办部门在每月规定的时间，将拟公开的采购意向报送采购管理部门审核；

（3）采购管理部门审核通过后，汇总当月需公开的采购意向，在预算一体化系统中申报。

政府采购意向公告

<u>（单位名称）</u>____年____月（至）____月政府采购意向

为便于供应商及时了解政府采购信息，根据《财政部关于开展政府采购意向公开工作的通知》（财库〔2020〕10号）等有关规定，现将<u>（单位名称）</u>

＿＿＿年＿＿月（至）＿＿＿月采购意向公开如下：

序号	采购项目名称	采购需求概况	预算金额/万元	预计采购时间（填写到月）	备注
	（填写具体采购项目的名称）	（填写采购标的名称，采购标的需实现的主要功能或者目标，采购标的数量，以及采购标的需满足的质量、服务、安全、时限等要求）	（精确到万元）	（填写到月）	（其他需要说明的情况）
	……				
	……				

本次公开的采购意向是本单位政府采购工作的初步安排，具体采购项目情况以相关采购公告和采购文件为准。

（单位名称）

＿＿＿＿＿年＿＿月＿＿日

选自财政部办公厅《关于印发〈政府采购公告和公示信息格式规范（2020年版）〉的通知》（财办库〔2020〕50号）

3. 政府采购意向公开流程

流程说明如下（见图3-69）。

（1）采购单位经办人录入政府采购意向公开信息；

（2）采购单位审核人审核；

（3）通过接口，系统自动将政府采购意向公开信息推送至湖北省政府采购网进行公示。

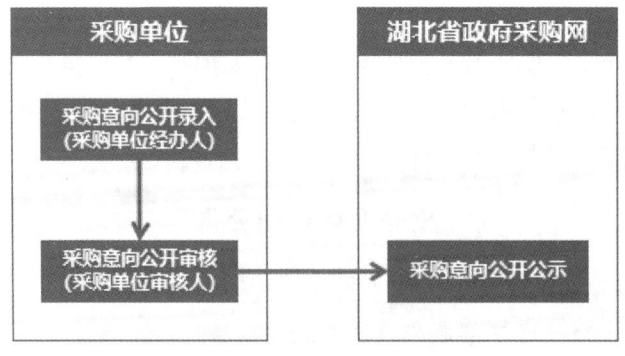

图3-69 政府采购意向公开流程

4. 政府采购意向公开录入

操作用户：采购单位经办人

菜单：【采购意向公开】

操作说明（见图3-70与图3-71）：【采购意向公开】→【新增】

图3-70 政府采购意向公开录入流程（1）

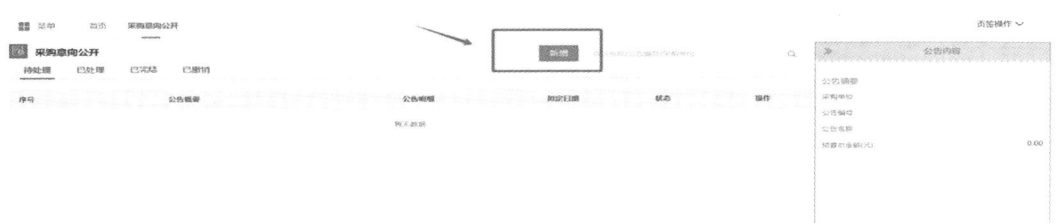

图3-71 政府采购意向公开录入流程（2）

【选择采购项目】→【关联需要发布采购意向公告的项目】→点击【编辑】→【填写主要功能或目标、需满足的需求】→【保存】→【提交】，如图3-72与图3-73所示。

图3-72 政府采购意向公开录入流程（3）

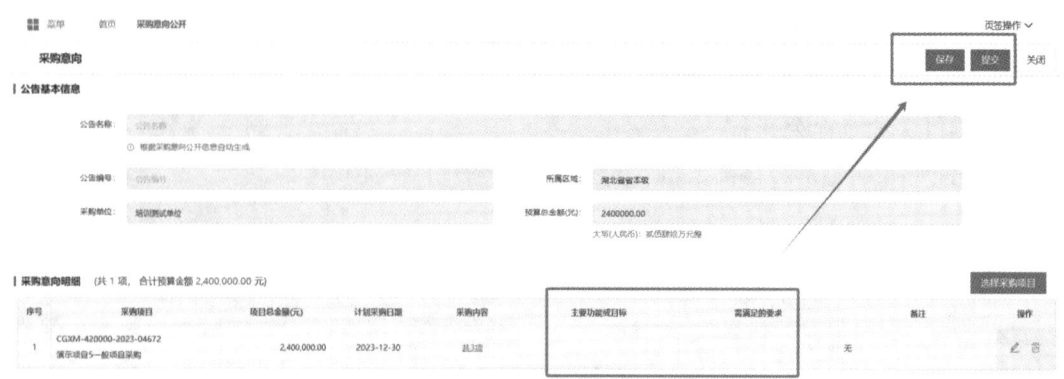

图3-73 政府采购意向公开录入流程（4）

5. 政府采购意向公开审核

操作用户：采购单位审核人

菜单：【采购意向公开】

操作说明（见图3-74）：【采购意向公开】→【审核】

图3-74 政府采购意向公开审核页面

五、公告管理

1. 单一来源公示流程

流程说明如下（见图3-75）。

（1）采购单位经办人录入单一来源公示信息；

（2）采购单位审核人审核；

（3）通过接口，系统自动将单一来源公示信息推送至湖北省政府采购网进行公示。

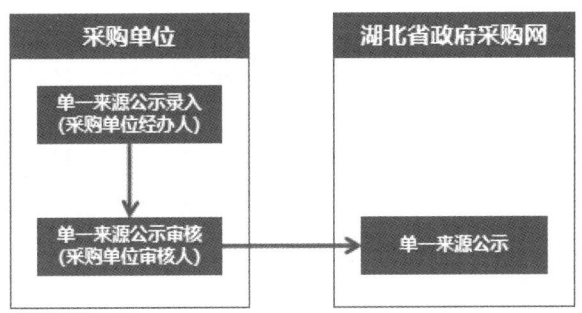

图 3-75　单一来源公示流程

2. 单一来源公示录入

操作用户：采购单位经办人

菜单：【公告管理】→【单一来源公示】

操作说明（见图 3-76 与图 3-77）：【公告管理】→【单一来源公示】→【新增】

图 3-76　单一来源公示录入流程（1）

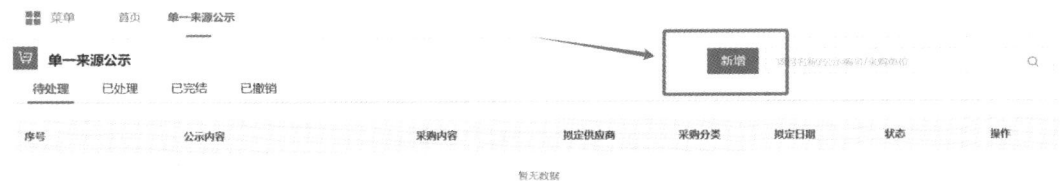

图 3-77　单一来源公示录入流程（2）

　　进入"单一来源公示"填报界面，先选择需要发布单一来源公示的采购项目，接着按照要求逐步录入相关信息，填写完成并确认信息都无误后，可点击"保存"和"提交"按钮，如图 3-78 所示。

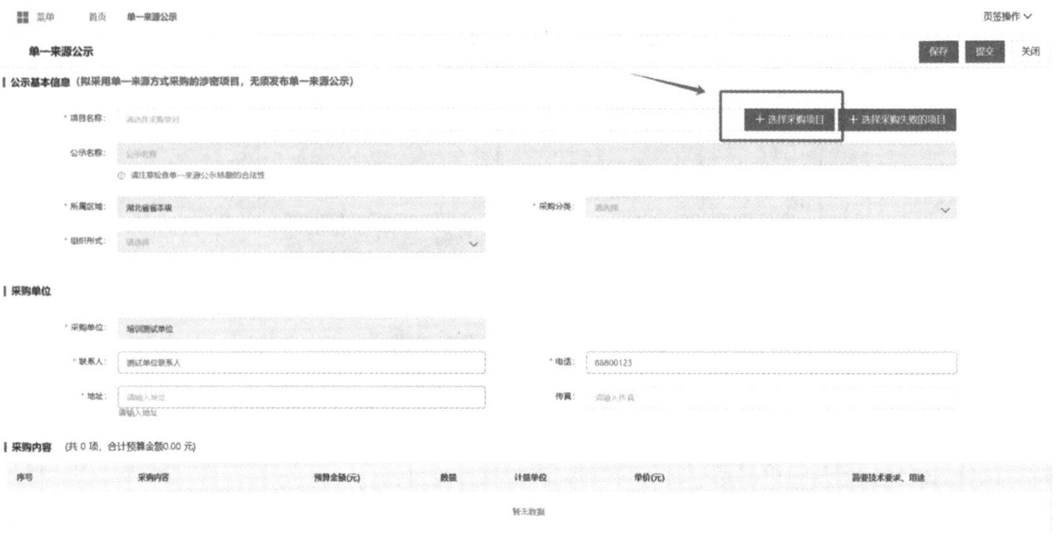

图 3-78　单一来源公示录入流程（3）

3. 单一来源公示审核

操作用户：采购单位审核人

菜单：【公告管理】→【单一来源公示】

操作说明（见图 3-79）：【公告管理】→【单一来源公示】→【审核】

图 3-79　单一来源公示审核页面

六、采购计划管理

1. 采购计划流程

政府采购计划申报是政府采购预算执行的起始阶段。采购人基于已经审查通过的采购项目填报采购计划。

采购人可根据采购项目进行采购计划填报及撤销管理。

支持多种实施形式的计划管理，包括一般项目采购计划、电子卖场采购计划、批量集中采购计划、其他采购计划等几类。采购计划备案完成后，系统根据采购人申报的采购计划数据自动生成采购计划备案书，并将采购计划信息推送至湖北省政府采购网和采购中心获取采购计划信息，如图3-80所示。

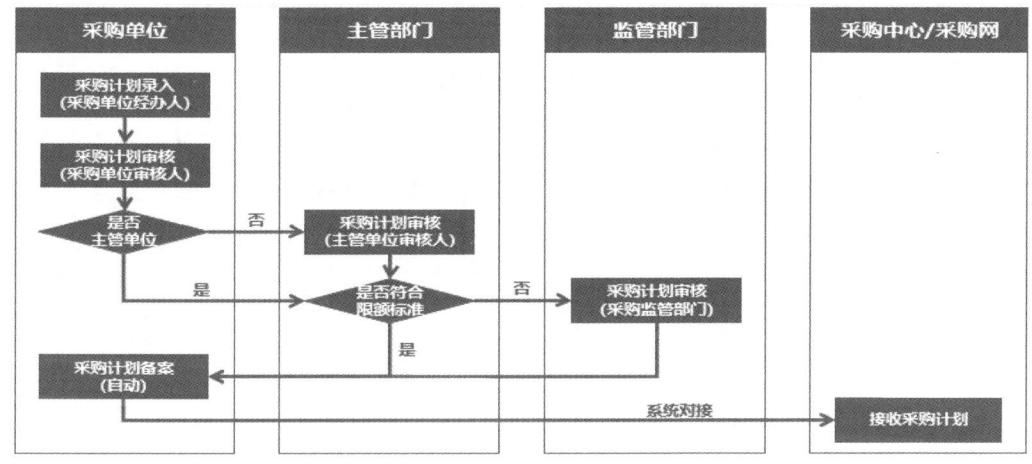

图 3-80　采购计划流程

2. 采购计划申报

操作用户：采购单位经办人

菜单：【采购计划管理】→【采购计划申报】

操作说明（见图3-81与图3-82）：【采购计划管理】→【采购计划申报】→【新增】→【项目采购\卖场采购\其他采购】

图 3-81　采购计划申报流程（1）

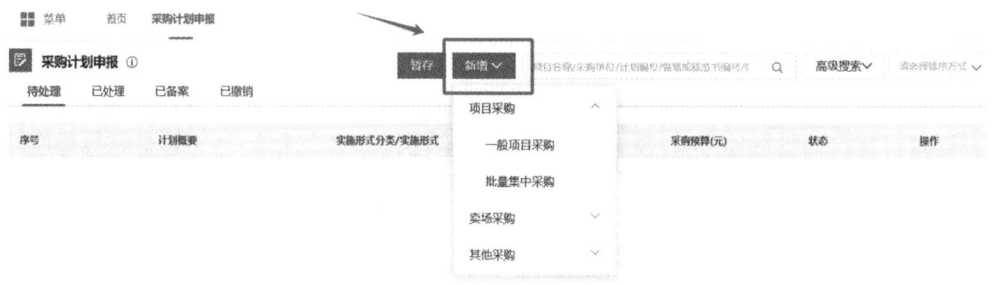

图3-82 采购计划申报流程（2）

进入采购计划申报页面后，先选择需要进行申报的采购项目，再按照要求逐条录入项目信息，录入完成并确认无误后点，点击【保存】→【提交】，如图3-83与图3-84所示。

图3-83 采购计划申报流程（3）

图3-84 采购计划申报流程（4）

几点说明如下。

（1）采购人拟采用公开招标等6种法定采购方式组织实施的政府采购项目，应当在系统备案采购计划后开展采购活动。通过系统备案的采购计划可以自动同步至中国湖北政府采购网，通过政府采购网完成计划分包信息的维护等后续工作。其中，集采类计划同步推送至省采购中心完成后续的招投标过程。

（2）采购人拟采用电子卖场方式（协议定点）采购的项目，在系统中完成备案后，将对应计划自动推送至中国湖北政府采购网，并通过该平台进行采购。

（3）非政府采购、信创（涉密）采购、合同续签、PPP项目及其他无须采购过程的采购计划通过其他采购计划录入方式完成对应业务，此类计划不推送至政府采购网及采购中心，关联的合同备案、履约公示等也不进行公示。

3.采购计划审核

操作用户：采购单位审核人\主管部门审核人\采购监管用户

菜单：【采购计划管理】→【采购计划申报】

操作说明（见图3-85与图3-86）：【采购计划管理】→【采购计划申报】→【审核】

4.采购计划撤销

操作用户：采购单位经办人

菜单：【采购计划管理】→【采购计划申报】

操作说明（见图3-87～图3-89）：【采购计划管理】→【采购计划申报】→【已备案】→【撤销】

图3-85　采购计划审核流程（1）

图 3-86 采购计划审核流程（2）

图 3-87 采购计划撤销流程（1）

图 3-88 采购计划撤销流程（2）

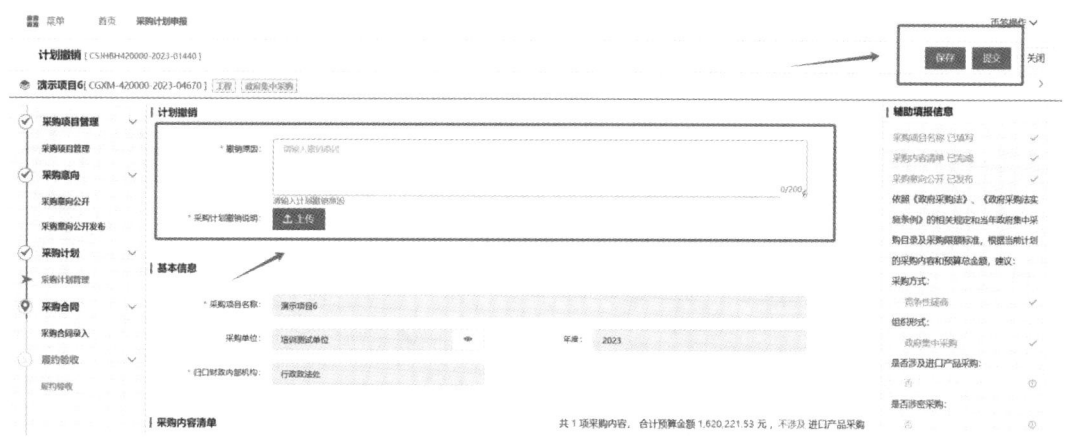

图 3-89 采购计划撤销流程（3）

5.采购计划撤销审核

操作用户：采购单位经办人\主管部门审核人\采购监管用户

菜单：【采购计划管理】→【采购计划申报】

操作说明（见图 3-90 与图 3-91）：点击【采购计划管理】→【采购计划申报】→【已备案】→【撤销】

6.采购计划查询

菜单：【采购计划管理】→【采购计划查询】

操作说明（见图 3-92 与图 3-93）：【采购计划管理】→【采购计划查询】→【查看】

图 3-90 采购计划撤销审核流程（1）

图3-91 采购计划撤销审核流程（2）

图3-92 采购计划查询流程（1）

图3-93 采购计划查询流程（2）

七、采购合同管理

采购人完成采购交易并与供应商签署合同后，需按照规定发布采购合同公告并完成备案。采购合同备案管理包括合同备案信息维护、合同变更、合同撤销、合同终止、履约完成、补充合同录入、历史合同补录等功能。

1. 合同管理流程

合同管理流程如图3-94所示。

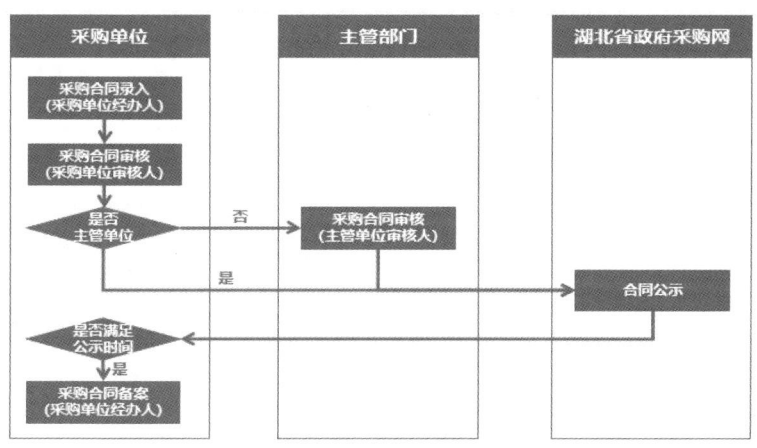

图3-94 合同管理流程

2. 合同录入

操作用户：采购单位经办人

菜单：【采购合同管理】→【合同录入】

操作说明（见图3-95与图3-96）：【采购合同管理】→【合同录入】→【新增】

图3-95 合同录入流程（1）

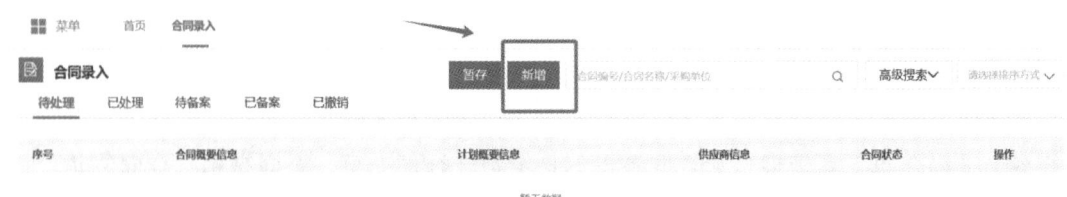

图 3-96 合同录入流程（2）

点击【选择】，选择合同需要录入的采购计划，如图 3-97 与图 3-98 所示。

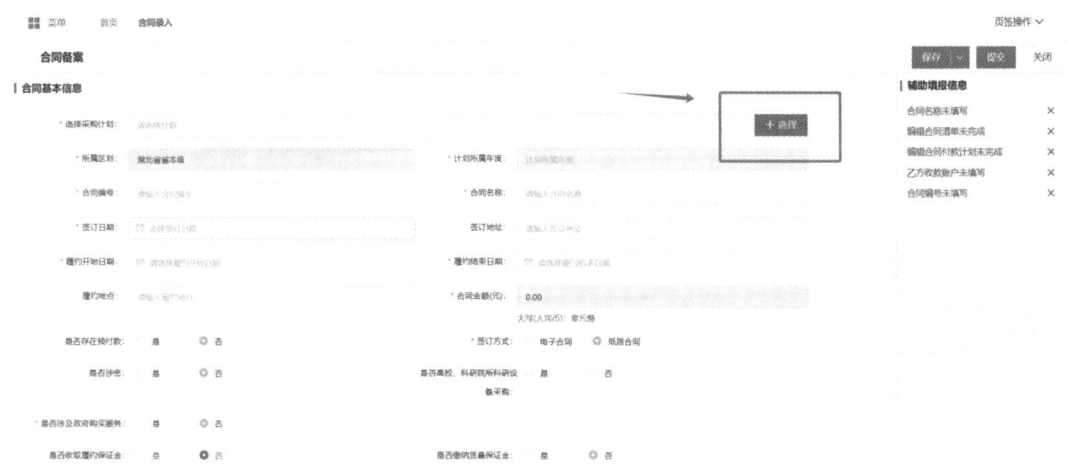

图 3-97 合同录入流程（3）

图 3-98 合同录入流程（4）

填写合同基本信息、签订各方信息、收款账户信息、主要标的清单、合同支付计划、项目基本信息等内容后，上传合同附件，点击【保存】→【提交】，如图3-99所示。

图3-99　合同录入流程（5）

采购合同完成审核后，采购单位经办人需在合同录入待备案下手动点击【备案】，才算完成合同备案，如图3-100所示。

图3-100　合同录入流程（6）

3.合同审核

操作用户：采购单位审核人\主管部门审核人

菜单：【采购合同管理】→【合同录入】

操作说明（见图3-101与图3-102）：【采购合同管理】→【合同录入】→【审核】

图 3-101　合同审核流程（1）

图 3-102　合同审核流程（2）

4. 合同变更

功能说明：在完成采购合同备案后，如果因合同收款供应商信息有变更或错误导致无法支付时，采购人可对已备案的合同发起变更。合同变更操作需保留原合同备案痕迹，方便追溯。

采购合同变更时，允许变更收款账户信息、除合同备案编号外的合同基础信息，并由采购人填写变更理由，上传相关附件。已进入资金支付流程、验收流程的合同不允许变更，亦不可撤销合同，合同变更审核通过后完成变更备案，系统支持查看原始合同信息。

操作用户：采购单位经办人

菜单：【采购合同管理】→【合同录入】

操作说明（见图3-103与图3-104）：【采购合同管理】→【合同录入】→【已备案】
→【更多】→【账户变更/合同变更】

图3-103 合同变更流程（1）

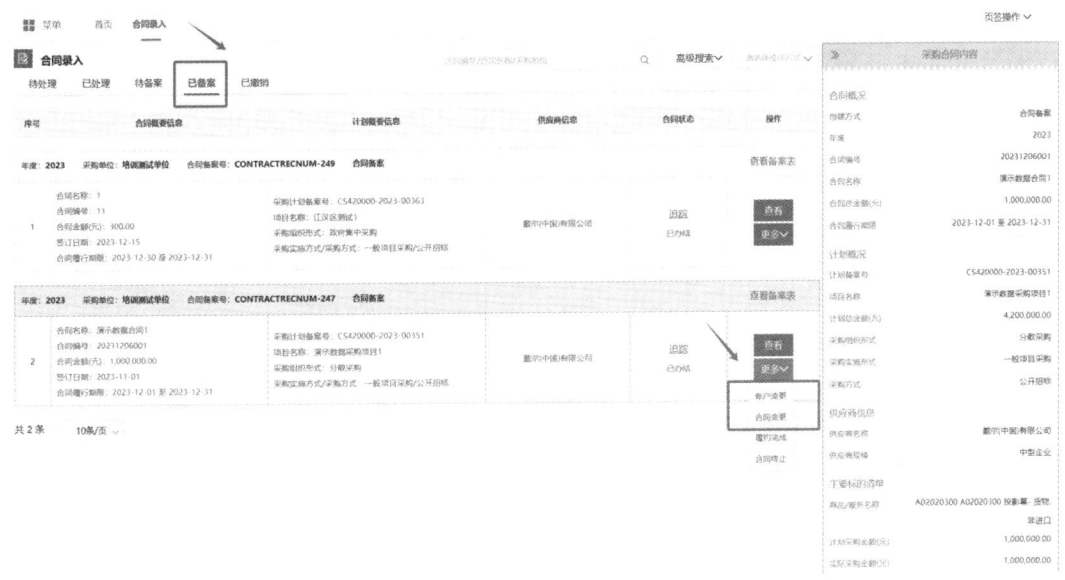

图3-104 合同变更流程（2）

填写账户变更原因，上传账户变更附件，点击【保存】→【提交】，如图3-105
所示。

审核完成后，在合同录入已备案里点击"查看变更记录"可以查看合同变更情况，
合同备案表也会同步变更，如图3-106与图3-107所示。

图 3-105　合同变更流程（3）

图 3-106　合同变更流程（4）

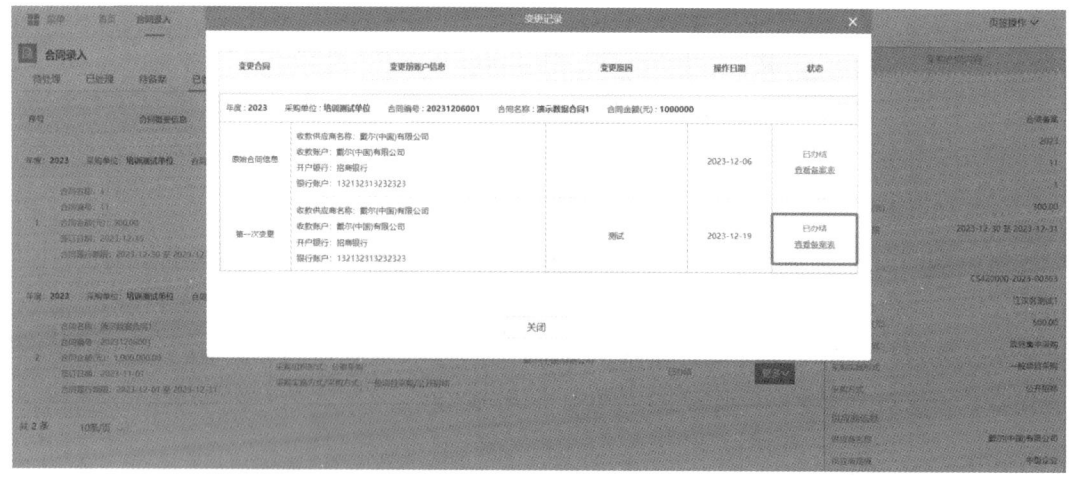

图 3-107　合同变更流程（5）

5.合同变更审核

操作用户：采购单位审核人\主管部门审核人

菜单：【采购合同管理】→【合同录入】

操作说明（见图3-108与图3-109）：【合同录入】，选择数据，点击【审核】

图3-108 合同变更审核流程（1）

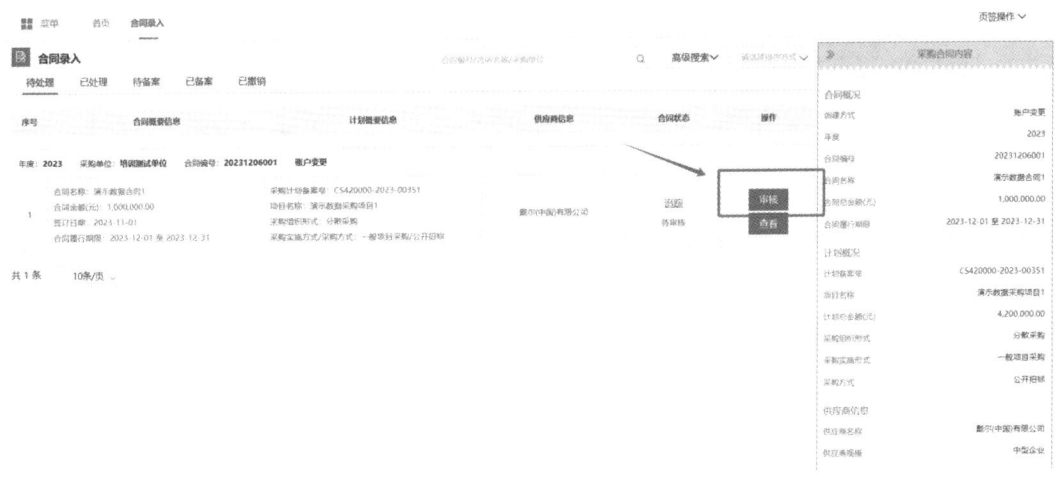

图3-109 合同变更审核流程（2）

6.合同撤销

功能说明：系统支持采购人对已备案采购合同进行撤销。合同撤销审核通过后撤销操作方可生效。已进入资金支付流程或履约验收流程的合同不允许撤销合同。

操作用户：采购单位经办人

菜单：【采购合同管理】→【合同录入】

操作说明（见图3-110与图3-111）：【采购合同管理】→【合同录入】→【已备案】→【更多】→【撤销】

图3-110 合同撤销流程（1）

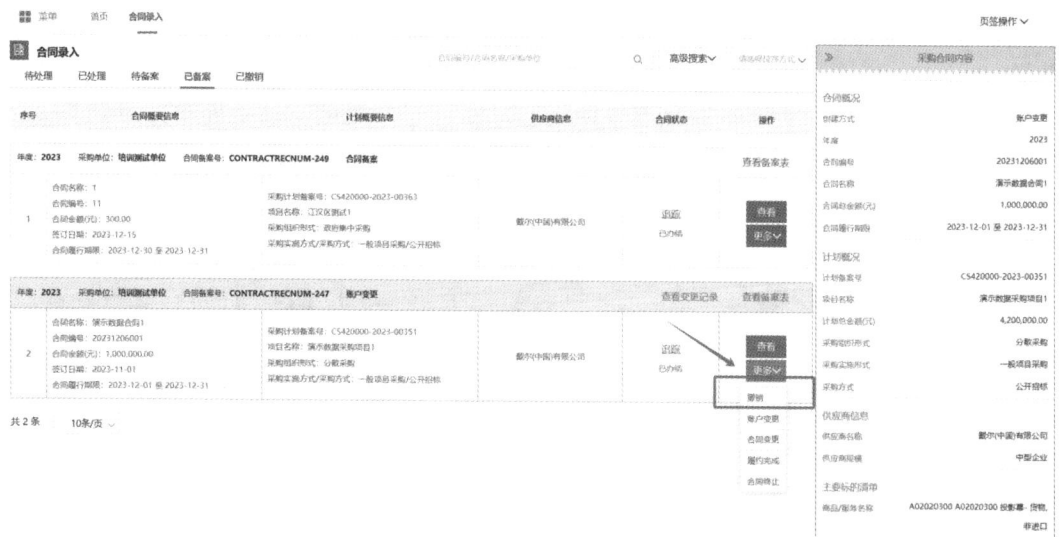

图3-111 合同撤销流程（2）

填写合同撤销原因，点击【保存】→【提交】，如图3-112所示。

图 3-112 合同撤销流程（3）

7. 合同撤销审核

操作用户：采购单位审核人\主管部门审核人

菜单：【采购合同管理】→【合同录入】

操作说明（见图 3-113 与图 3-114）：【采购合同管理】→【合同录入】→【审核】

图 3-113 合同撤销审核流程（1）

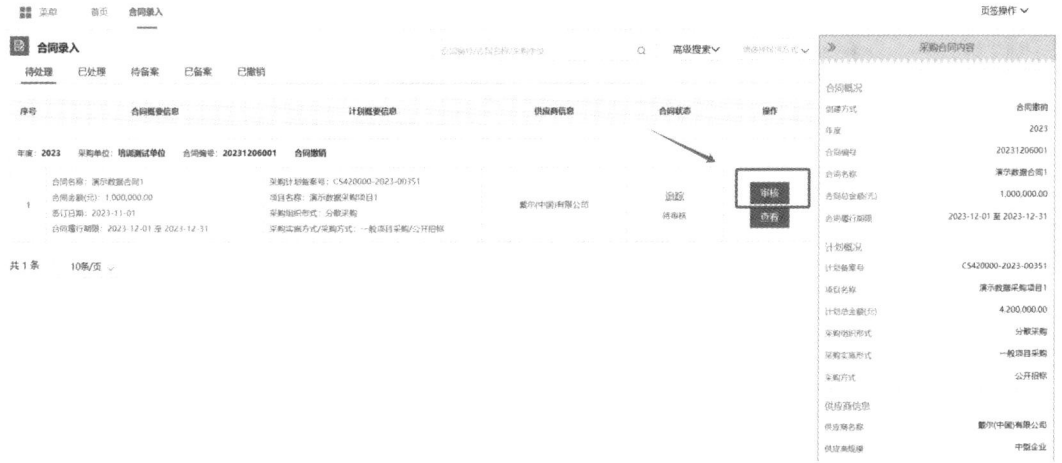

图 3-114 合同撤销审核流程（2）

8.履约完成

功能说明：在合同履约过程中，因其他不可抗力因素影响与乙方供应商的约定，提前完成合同履约的，系统支持采购人在线发起履约完成流程，履约完成后的采购合同，不允许继续发起合同支付或履约验收。发起履约完成时，如果合同签订收取了履约保证金，则需记录履约保证金的退还情况。

操作用户：采购单位经办人

菜单：【采购合同管理】→【合同录入】

操作说明（见图3-115与图3-116）：【采购合同管理】→【合同录入】→【已备案】→【更多】→【履约完成】

图3-115 履约完成流程（1）

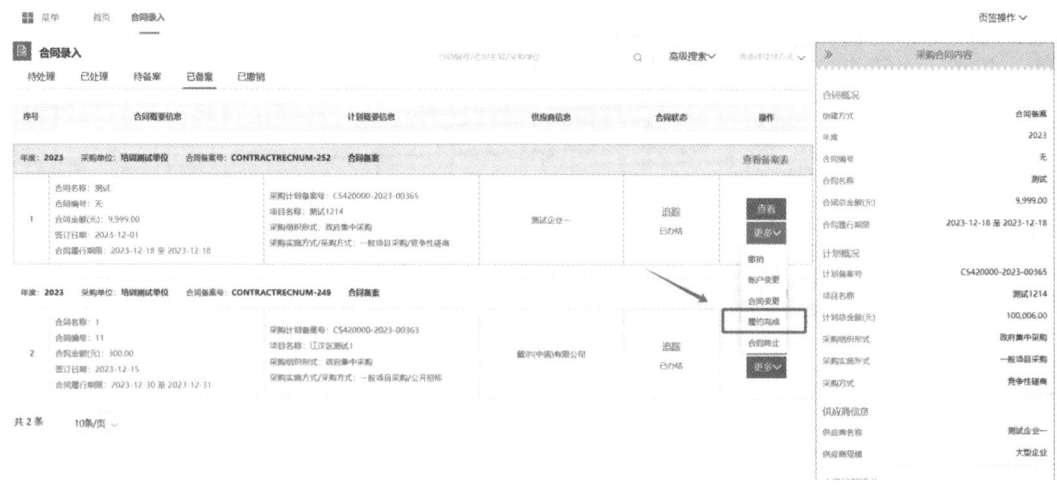

图3-116 履约完成流程（2）

点击【履约完成】后，会出现提示框，点击【确定】按钮进入履约完成填写界面，填写合同履约情况说明，点击【保存】→【提交】，如图3-117与图3-118所示。

9.履约完成审核

操作用户：采购单位审核人\主管部门审核人

菜单：【采购合同管理】→【合同录入】

操作说明（见图3-119与图3-120）：【采购合同管理】→【合同录入】→【审核】

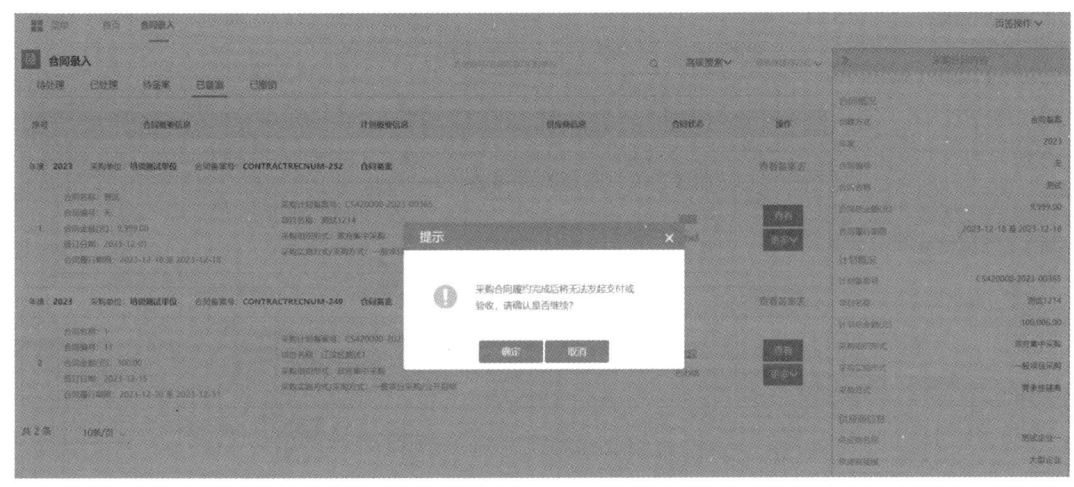

图3-117 履约完成流程（3）

图3-118 履约完成流程（4）

图 3-119　履约完成审核流程（1）

图 3-120　履约完成审核流程（2）

10. 合同终止

功能说明：在合同履约过程中，因乙方供应商出现严重的违约行为或违法行为需要提前终止合同的，系统支持采购人在线发起合同终止流程，合同终止后的采购合同，不允许继续发起合同支付、履约验收，原定一签多年的采购合同不允许继续续签或签订补充合同。发起终止合同时，如果合同签订收取了履约保证金，则需记录履约保证金的退还情况。

操作用户：采购单位经办人

菜单：【采购合同管理】→【合同录入】

操作说明（见图 3-121 与图 3-122）：【采购合同管理】→【合同录入】→【已备案】→【更多】→【合同终止】

图 3-121　合同终止流程（1）

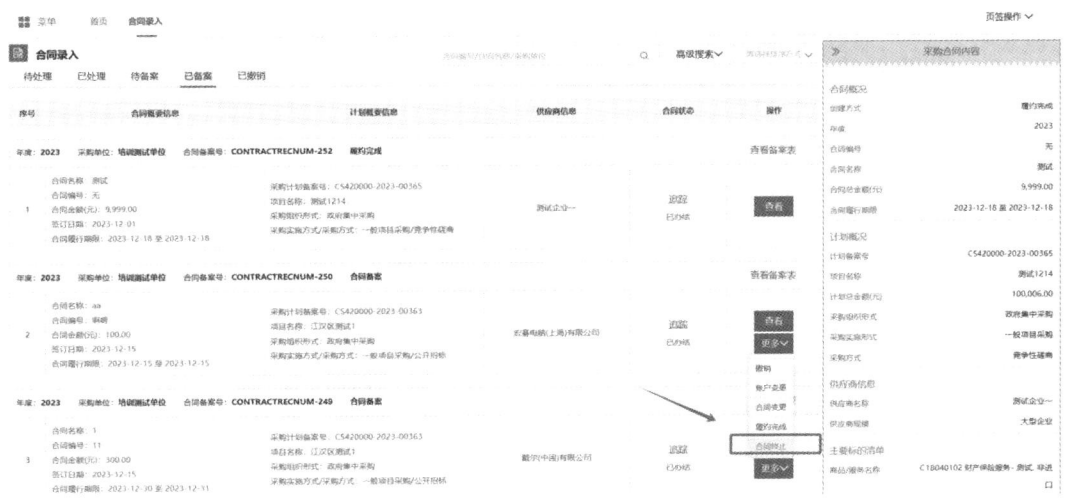

图 3-122　合同终止流程（2）

在合同终止界面，填写合同终止原因，上传合同终止说明，点击【保存】→【提交】，如图 3-123 所示。

图 3-123　合同终止流程（3）

11. 合同终止审核

操作用户：采购单位审核人\主管部门审核人

菜单：【采购合同管理】→【合同录入】

操作说明（见图3-124与图3-125）：【采购合同管理】→【合同录入】→【审核】

12. 补充合同录入

功能说明：采购人需追加与合同标的相同的货物、工程或者服务的，在不改变合同其他条款的前提下，可以与供应商协商签订补充合同，但所有补充合同的采购金额不得超过原合同采购金额的百分之十。当合同金额加补充合同金额超过项目预算总金额时，系统提供项目资金追加功能，采购人进行项目资金追加后签订补充合同。

操作用户：采购单位经办人

菜单：【采购合同管理】→【补充合同录入】

操作说明（见图3-126与图3-127）：【采购合同管理】→【补充合同录入】→【新增】

图3-124 合同终止审核流程（1）

图3-125 合同终止审核流程（2）

图 3-126　补充合同录入流程（1）

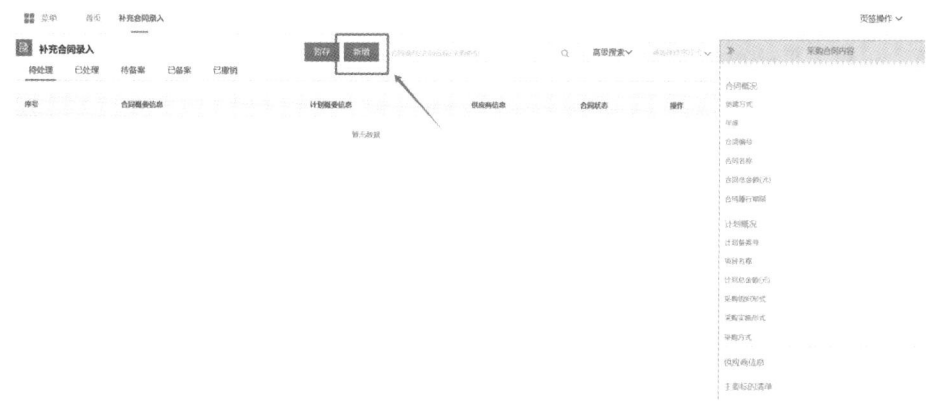

图 3-127　补充合同录入流程（2）

点击【选择合同】，选择需要进行补充的合同，填写合同相关信息，上传附件，确认信息无误后，点击【保存】→【提交】，如图 3-128 与图 3-129 所示。

图 3-128　补充合同录入流程（3）

图3-129 补充合同录入流程（4）

13. 补充合同录入审核

操作用户：采购单位审核人\主管部门审核人

菜单：【采购合同管理】→【补充合同录入】

操作说明（见图3-130与图3-131）：【补充合同录入】→【审核】

图3-130 补充合同录入审核流程（1）

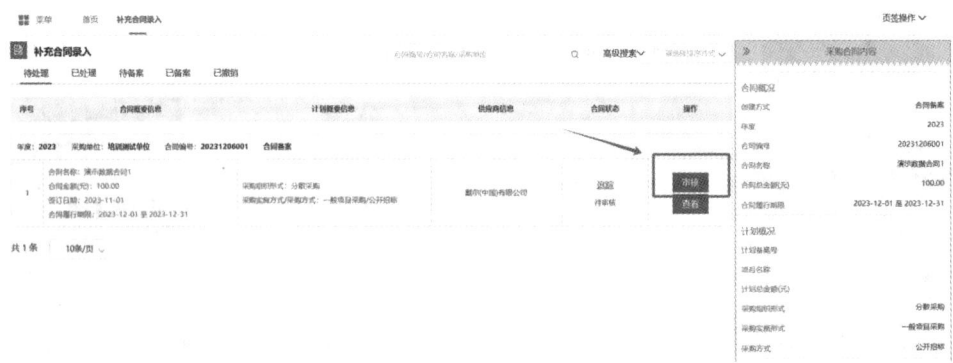

图3-131 补充合同录入审核流程（2）

14. 历史合同补录

功能说明：主要针对系统新建，在原系统中已完成合同备案，但还未完成合同支付的采购合同，需在新系统中补充录入重新备案。备案时，需录入合同已支付部分金额，历史合同补录完成后，系统根据合同信息反写采购计划、采购项目、采购预算数据。如果该合同后续还需继续发起支付，则需先通过采购项目资金替换功能将返写的采购预算替换为允许支付的采购预算。

操作用户：采购单位经办人

菜单：【采购合同管理】→【历史合同补录】

操作说明（见图3-132与图3-133）：【采购合同管理】→【历史合同补录】→【新增】

图3-132　历史合同补录流程（1）

图3-133　历史合同补录流程（2）

填写合同基本信息、签订各方信息、收款账户信息、主要标的清单、合同支付计划、历史支付记录、项目基本信息等内容后，上传合同附件，点击【保存】→【提交】，如图3-134所示。

15.历史合同补录审核

操作用户：采购单位审核人\主管部门审核人

菜单：【采购合同管理】→【历史合同补录】

操作说明（见图3-135与图3-136）：【采购合同管理】→【历史合同补录】→【审核】

图3-134　历史合同补录流程（3）

图3-135　历史合同补录审核流程（1）

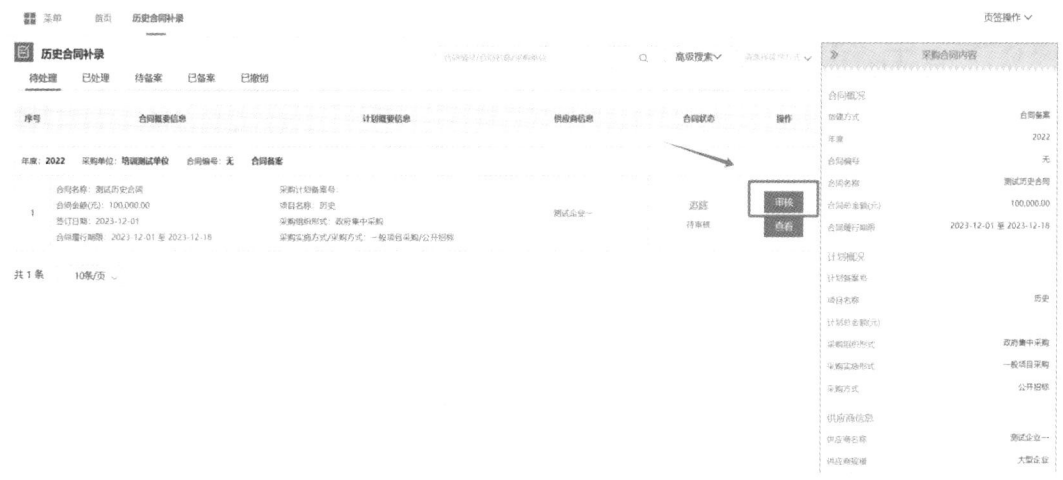

图 3-136　历史合同补录审核流程（2）

16. 合同查询

功能说明：可根据数据状态（处理中、待备案、已备案、已撤销）在不同状态里面进行查询，可进行模糊查询、高级查询或者导出为 Excel 报表。

菜单：【采购合同管理】→【采购合同查询】

操作说明（见图 3-137 与图 3-138）：【采购合同管理】→【采购合同查询】→【查看】

图 3-137　合同查询流程（1）

图 3-138　合同查询流程（2）

八、合同支付管理

1. 合同支付流程

合同支付流程如图 3-139 所示。

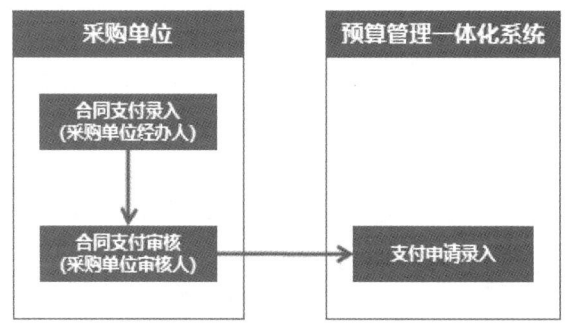

图 3-139　合同支付流程

2. 合同支付录入

功能说明：根据已备案的合同，采购人发起支付申请。系统将支付申请信息通过数据接口推送至预算执行系统进行资金支付。

操作用户：采购单位经办人

操作说明（见图 3-140 与图 3-141）：【合同支付管理】→【合同支付录入】→【新增】

图 3-140 合同支付录入流程（1）

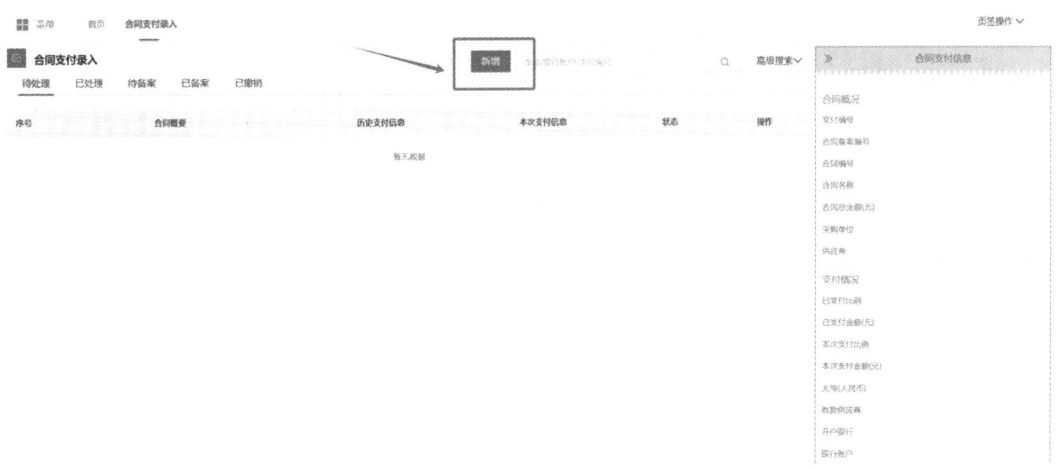

图 3-141 合同支付录入流程（2）

在【合同支付录入】界面，点击【选择】→【选择需要支付合同】→【选择】，如图 3-142 所示。

在【合同支付录入】界面，选择【合同支付计划】，填写【本次支付信息】需支付的金额，上传附件，选择收到发票日期后，点击【保存】→【提交】，如图 3-143 与图 3-144 所示。

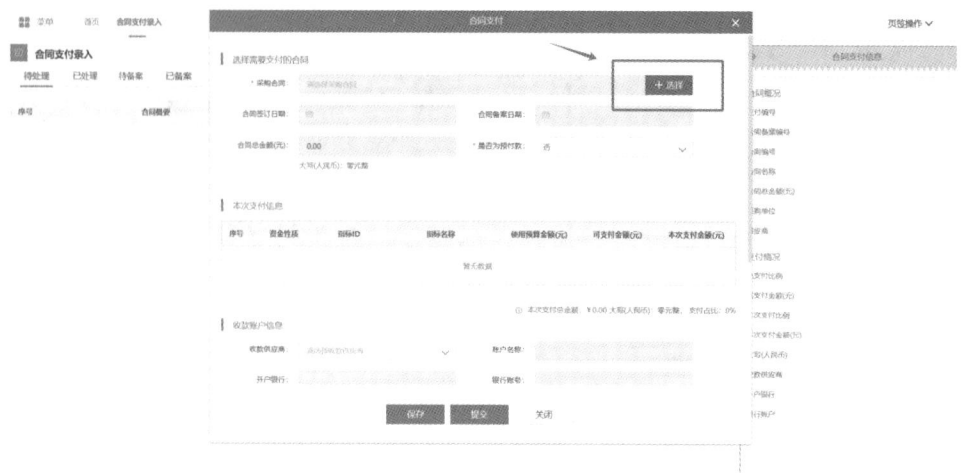

图 3-142　合同支付录入流程（3）

图 3-143　合同支付录入流程（4）

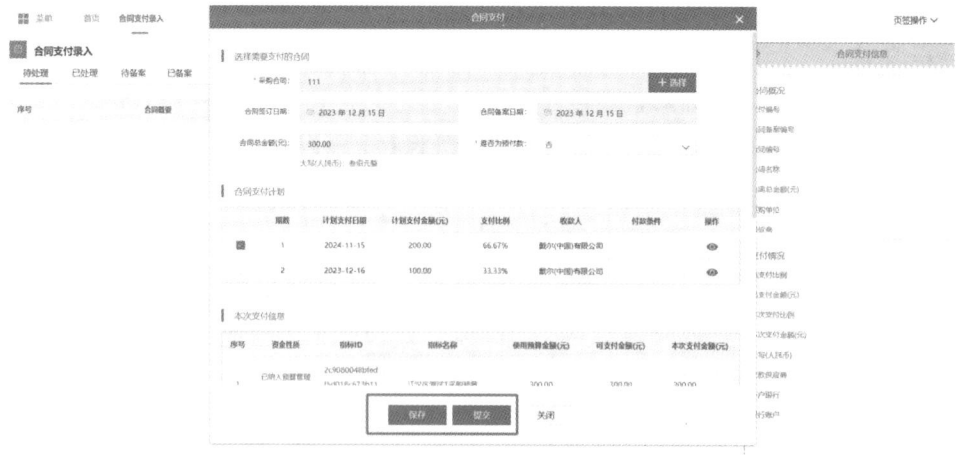

图 3-144　合同支付录入流程（5）

3. 合同支付审核

操作用户：采购单位审核人

菜单：【合同支付管理】→【合同支付录入】

操作说明（见图3-145与图3-146）：【合同支付管理】→【合同支付录入】→【审核】

图 3-145　合同支付审核流程（1）

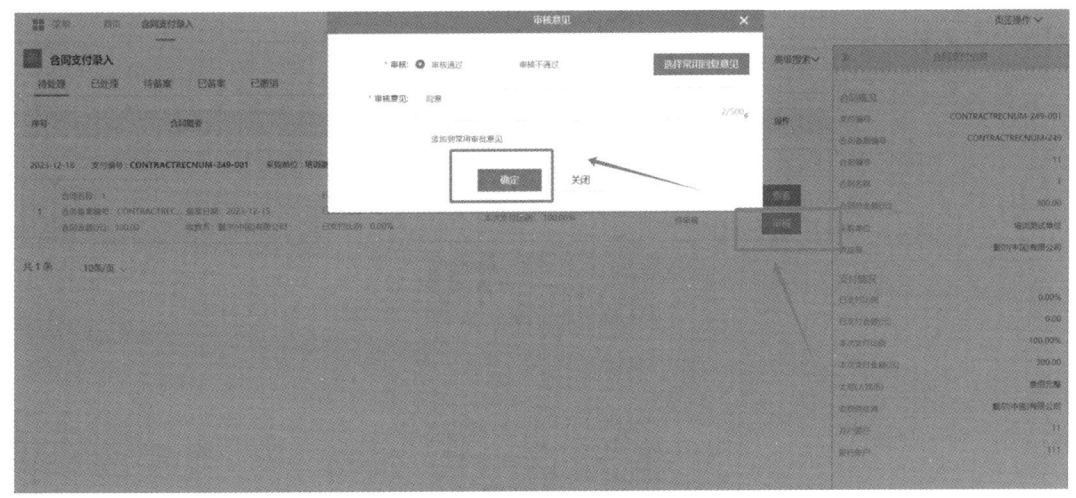

图 3-146　合同支付审核流程（2）

4. 合同支付查询

菜单：【合同支付管理】→【合同支付查询】

操作说明（见图3-147）：【合同支付管理】→【合同支付查询】→【查看】

图 3-147　合同支付查询页面

九、履约验收管理

1. 履约验收流程

采购单位经办人根据合同录入履约验收信息；未进行履约验收的合同，不允许支付超过合同金额的 90%。

履约验收流程如图 3-148 所示。

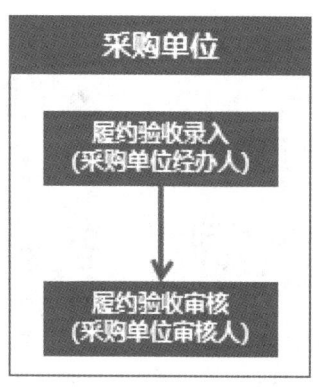

图 3-148　履约验收流程

2. 履约验收录入

操作用户：采购单位经办人

菜单：【履约验收管理】→【履约验收录入】

操作说明（见图 3-149 与图 3-150）：【履约验收管理】→【履约验收录入】→【新增】

图3-149 履约验收录入流程（1）

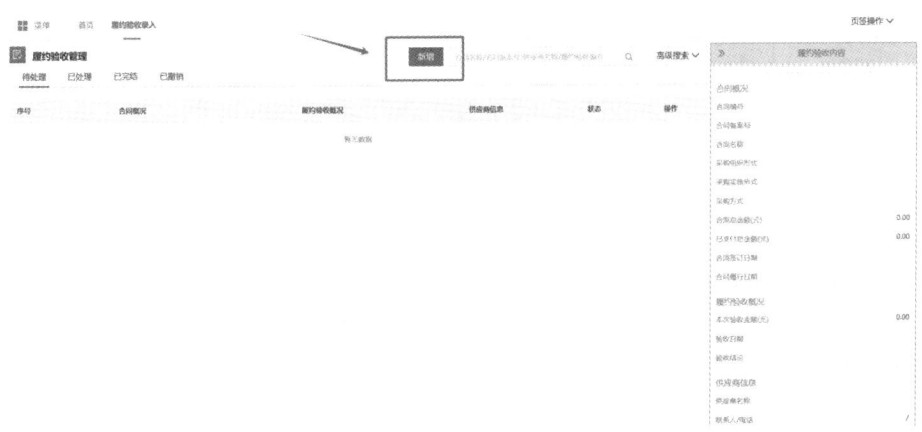

图3-150 履约验收录入流程（2）

在采购合同列表点击【选择】，填写项目验收情况，上传验收报告，确认信息填写无误后点击【保存】→【提交】，如图3-151与图3-152所示。

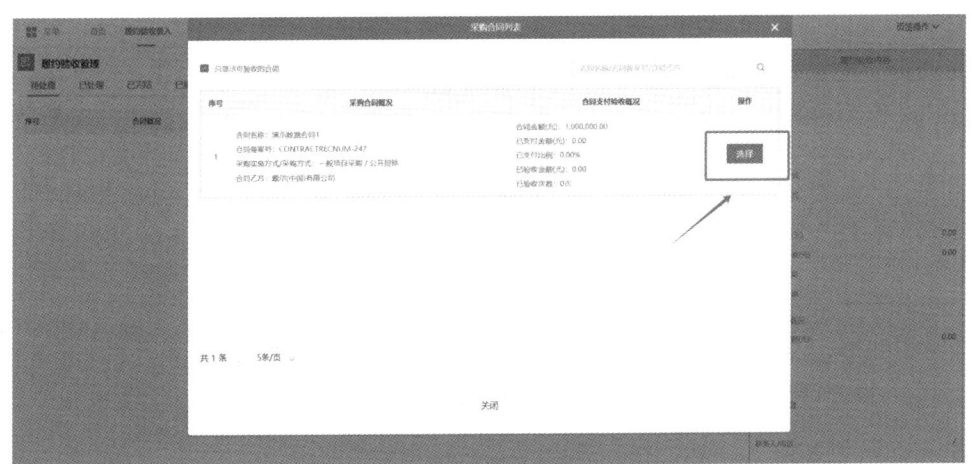

图3-151 履约验收录入流程（3）

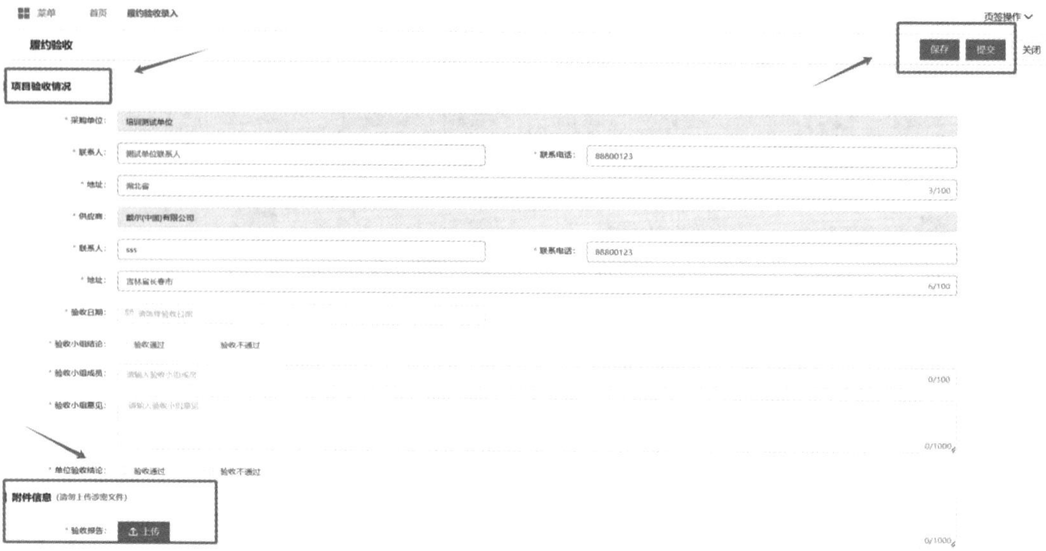

图 3-152　履约验收录入流程（4）

3.履约验收审核

操作用户：采购单位审核人

菜单：【履约验收管理】→【履约验收审核】

操作说明（见图 3-153 与图 3-154）：【履约验收管理】→【履约验收审核】→【审核】

图 3-153　履约验收审核流程（1）

图 3-154　履约验收审核流程（2）

在线习题（第三章）

第一节 预算绩效管理的基本概念、意义及适用范围

一、预算绩效管理的基本概念

预算绩效管理就是以"预算"为对象开展的绩效管理，它将绩效理念和管理方法融入预算过程中，使之与预算编制、预算执行、决算、预算监督一起成为预算管理的有机组成部分，是一种以绩效目标为导向、以绩效监控为保障、以绩效评价为手段、以评价结果应用为关键的全过程预算管理模式。

二、预算绩效管理的意义

2017年，党的十九大报告明确提出"建立全面规范透明、标准科学、约束有力的预算制度，全面实施绩效管理"，将预算绩效管理提高到前所未有的高度。2018年，《中共中央 国务院关于全面实施预算绩效管理的意见》发布，从顶层设计出发，对全面实施预算绩效管理进行统筹谋划，做出重大部署，提出要构建全方位预算绩效管理格局，实施政府预算绩效管理，将各级政府收支预算全面纳入绩效管理，提高保障和改善民生水平，确保财政资源高效配置，增强财政可持续性；实施部门和单位预算绩效管理，将部门和单位预算收支全面纳入绩效管理，推动提高部门和单位整体绩效水平；实施政策和项目预算绩效管理，将政策和项目全面纳入绩效管理，综合衡量政策和项目预算资金使用效果，并对实施期超过一年的重大政策和项目实行全周期跟踪问效，建立动态评价调整机制。同年，财政部印发《关于贯彻落实〈中共中央 国务院关于全面实施预算绩效管理的意见〉的通知》（财预〔2018〕167号），要求将全面实施预算绩效管理作为当前和今后一段时期财政预算工作的重点，真抓实干、常抓不懈，确保全面实施预算绩效管理各项改

革任务落到实处，不断提高财政资源配置效率和使用效益。

《中华人民共和国预算法》第十二条规定，各级预算应当遵循统筹兼顾、勤俭节约、量力而行、讲求绩效和收支平衡的原则。"讲求绩效"的原则体现了财政资金使用从注重投入向关注产出效果的转变。该法提出要进行绩效目标管理、开展绩效评价，将绩效评价结果作为项目财政资金预算安排和资金拨付的重要依据，在预算编制、预决算审查等环节明确了预算绩效管理的要求，为预算绩效管理提供法律保障。

三、政府采购预算绩效管理的适用范围

《中共中央 国务院关于全面实施预算绩效管理的意见》要求建立全过程预算绩效管理链条，建立绩效评估机制，强化绩效目标管理，做好绩效运行监控，并开展绩效评价和结果应用。还要完善全覆盖预算绩效管理体系，各级政府要将一般公共预算、政府性基金预算、国有资本经营预算、社会保险基金预算全部纳入绩效管理。

政府采购作为一项重要的财政支出管理制度，内嵌于预算执行和预算绩效管理一体化之中，其完整统一性将直接影响全面预算绩效管理战略的实施效果。其中，政府采购预算绩效管理涵盖预算执行过程中的事前预算绩效管理、预算绩效目标管理、预算绩效运行监控管理以及预算绩效评价管理。本章主要针对政府采购预算绩效管理进行梳理和分析，为采购人全面落实预算绩效管理提供借鉴。

【小贴士】

【问】如何理解预算绩效管理的内涵？

【答】理解预算绩效管理的内涵，要注意把握以下几个方面：

（1）预算绩效管理的本质仍是预算管理，是利用绩效管理理念、绩效管理方法等对现有预算管理模式的改革和完善。

（2）预算绩效管理的主线是结果导向，即预算的编制、执行、监督等，始终以年初确定的绩效目标为依据，始终以"绩效目标实现"这一结果为导向开展工作。

（3）预算绩效管理的核心是强化支出责任，"用钱必问效，无效要问责"，不断提高财政部门和预算部门的支出责任意识。

（4）预算绩效管理的特征是全过程，即绩效管理贯穿于预算编制、执行、监督之中，实现全方位、全覆盖。

（5）预算绩效管理的表现形式是四个环节紧密相连，即绩效目标管理、绩效运行监控、绩效评价实施、结交评价结果反馈和应用的有机统一，一环扣一环，形成封闭运行的预算管理闭环。

（6）开展预算绩效管理的目的是改进预算管理，控制节约成本，优化资源配置，为社会提供更多、更好的公共产品和服务，提高预算资金的使用效益。

（7）预算绩效管理的定位是政府绩效管理的重要组成部分，属于政府绩效管理的范畴，在政府绩效管理的整体框架下展开。

（信息来源：财政部基层财政干部培训教材编审委员会.全过程预算绩效管理基本知识问答[M].中国财经出版传媒集团 经济科学出版社）

【小贴士】

【问】预算绩效管理的主要内容是什么？

【答】预算绩效管理是一个由绩效目标管理、绩效运行监控、绩效评价实施、绩效评价结果反馈和应用共同组成的综合系统。"预算编制有目标、预算执行有监控、预算完成有评价、评价结果有反馈、反馈结果有应用"的"五有"归纳，既描述了预算绩效管理的各个环节，也概括了预算绩效管理的基本内容。其中，绩效目标管理是预算绩效管理的基础，绩效运行监控是预算绩效管理的重要环节，绩效评价实施是预算绩效管理的核心，绩效评价结果反馈和应用是预算绩效管理的落脚点。

（信息来源：财政部基层财政干部培训教材编审委员会.全过程预算绩效管理基本知识问答[M].中国财经出版传媒集团 经济科学出版社）

第二节　事前预算绩效管理

一、事前预算绩效管理概述

1. 事前绩效评估的定义

事前绩效评估是指财政部门、预算部门（单位）运用科学、合理的方法和程序，对新出台的重大政策、项目进行客观公正的评定、估算，形成事前绩效评估结果的过程。

2. 事前绩效评估的依据

事前绩效评估的主要依据有以下几点：

（1）相关法律、法规和规章制度。

（2）国务院及地方制定的国民经济与社会发展规划和政策。

（3）预算部门的中长期发展规划、年度工作计划和职责。

（4）预算管理制度、资金及财务管理办法、财务会计资料。

（5）相关行业政策、行业标准及专业技术规范等。

3.事前绩效评估的主体

预算部门（单位）、财政部门是事前绩效评估的主体。同时，预算部门（单位）、财政部门根据工作需要可委托第三方机构或相关领域专家组织实施具体的事前绩效评估工作。其中，预算部门（单位）和财政部门的职责如下。

1）预算部门（单位）的主要职责

（1）具体组织实施预算部门（单位）拟新出台的重大政策和项目的事前绩效评估。

（2）出具事前绩效评估结果并报送财政部门。

（3）配合完成财政部门组织的事前绩效评估。

（4）应当履行的其他事前绩效评估职责。

2）财政部门的主要职责

（1）研究制定预算事前绩效评估管理办法。

（2）审核预算部门（单位）报送的事前绩效评估结果。

（3）必要时组织第三方机构独立开展事前绩效评估，并在评估报告基础上形成评估结果。

（4）根据审核和评估结果统筹安排预算。

（5）应当履行的其他事前绩效评估职责。

4.事前绩效评估的对象

事前绩效评估以政策和项目为评估对象。根据评估对象的不同，当前事前绩效评估主要包括项目支出事前绩效评估、政策事前绩效评估和部门（单位）整体项目支出事前绩效评估等。本节主要对项目支出事前绩效评估和部门（单位）整体项目支出事前绩效评估进行阐述。

二、事前预算绩效管理的内容

1.事前绩效评估的内容

事前绩效评估的主要内容如下：

（1）立项必要性。是否与国家、地方政府、相关行业政策相关；是否与主管部门职能、规划及年度工作重点相关；是否有迫切的现实需求和确定的服务对象；是否属于财政资金支持范围等。

（2）投入经济性。预算费用测算依据是否充分、标准是否合理；投入产出比是否合理；成本控制措施是否科学有效等。

（3）绩效目标合理性。绩效目标是否明确；是否与相关规划和计划相符；是否与现实需求相匹配；绩效指标是否细化、量化、可衡量；指标值是否合理、可考核等。

（4）实施方案可行性。方案是否合理可行；是否经过充分论证；是否具备人、财、物等基本实施条件；是否采取有效的过程控制措施；有无保障项目持续发挥作用的配套机制等。

（5）筹资合规性。资金来源渠道、筹措程序是否合规；财政事权与支出责任是否匹配；财政投入方式是否合理；筹资风险是否可控等。

2.事前绩效评估指标

事前绩效评估指标是判断新出台政策、项目是否可行的评估工具。具体指标一般包括立项必要性、投入经济性、绩效目标合理性、实施方案可行性和筹资合规性等。

3.事前绩效评估的方式和方法

1）事前绩效评估的方式

事前绩效评估的方式主要有专家论证、实地调研、社会调查，以及征询社会公众、人大代表、政协委员意见等。

2）事前绩效评估的方法

事前绩效评估的方法主要包括成本效益分析法、比较法、因素分析法、最低成本法、公众评判法、标杆管理法等。根据评价对象的具体情况，可采用一种或多种方法。

（1）成本效益分析法。成本效益分析法是指将投入与产出、效益进行关联性分析的方法。

（2）比较法。比较法是指将实施情况与绩效目标、历史情况、不同部门和地区同类支出情况进行比较的方法。

（3）因素分析法。因素分析法是指综合分析影响绩效目标实现、实施效果的内外部因素的方法。

（4）最低成本法。最低成本法是指在绩效目标确定的前提下，成本最小者为优的方法。

（5）公众评判法。公众评判法是指通过专家评估、公众问卷及抽样调查等方式进行评判的方法。

（6）标杆管理法。标杆管理法是指以国内外同行业中较高的绩效水平为标杆进行评判的方法。

（7）其他评价方法。

4.事前绩效评估的结果

事前绩效评估结论分为"通过""不予通过"。其中，事前绩效评估聘请专家论证的，除出具绩效评估结果外，还应当出具事前绩效评估专家意见书。

5.事前绩效评估结果应用

财政部门对预算部门（单位）报送的绩效评估结果审核通过的，或组织第三方机构独立开展事前绩效评估结论为"通过"的，细化项目设置后纳入财政项目库管理。

财政部门对预算部门（单位）报送的绩效评估结果审核不通过的，或组织第三方机构独立开展事前绩效评估结论为"不予通过"的，不得纳入财政项目库。

三、事前预算绩效管理的实施

政府采购事前绩效评估可分为项目支出事前绩效评估、部门（单位）整体项目支出事前预算绩效评估。

1.项目支出事前绩效评估

1）项目支出事前绩效评估的程序

（1）确定事前绩效评估的组织方式。其主要包括预算部门（单位）自行实施和委托第三方机构实施。

（2）制定事前绩效评估工作方案。其主要包括评估对象、评估方法、时间安排、人员组成等。

（3）组织实施事前绩效评估。

（4）形成事前绩效评估结果。

（5）建立事前绩效评估档案。

2）项目支出事前绩效评估指标体系的设计

评估指标体系遵循"立项必要性→投入经济性→绩效目标合理性→实施方案可行性→筹资合规性"的基本逻辑路径，指标框架可参考国家及各地区出台的共性指标体系框架。以《湖北省财政厅关于印发全面实施预算绩效管理系列制度的通知》（鄂财绩发〔2020〕3号）"湖北省省级预算事前绩效评估指标框架"为例，事前绩效评估指标包括立项必要性、投入经济性、绩效目标合理性、实施方案可行性和筹资合规性五类一级指标，参见表4-1。

表 4-1　事前绩效评估指标框架示例

一级指标	二级指标	评估要点
立项 必要性 （30）	政策相关性	①是否与国家、地方政府、相关行业宏观政策相关；②是否与国家法律法规、国民经济和社会发展总体规划、国家行业规划及地方经济和社会发展规划、地方行业发展规划等相符；③是否与其他政策存在交叉、重复
	职能相关性	是否与主管部门职能、规划及当年重点工作相关
	需求相关性	①是否有现实需求，需求是否迫切；②是否有可替代性；③是否有确定的服务对象或受益对象
	财政投入 相关性	是否具有公共性，是否属于公共财政支持范围
	决策科学性	①是否经过了充分调研；②是否经过了评审、专家咨询或公众听证等环节；③调研报告、评审、批示等相关资料是否齐全；④主体是否明确，职责是否清晰，责任是否可追溯
投入 经济性（10）	投入合理性	①预算费用测算依据是否充分、测算标准是否合理；②投入资源及成本是否与预期产出及效果相匹配；③其他渠道是否有充分投入
	成本控制 措施有效性	项目是否采取相关成本控制措施，成本控制措施是否科学有效
绩效 目标 合理性 （20）	目标明确性	①绩效目标设置是否明确；②与部门长期规划目标、年度工作目标是否一致；③项目受益群体定位是否准确；④绩效目标和指标设置是否与项目高度相关
	目标合理性	①绩效目标与项目预计解决的问题是否匹配；②绩效目标与现实需求是否匹配；③绩效目标是否具有一定的前瞻性和挑战性；④绩效指标是否细化、量化、可衡量，指标值是否合理、可考核
实施 方案 可行性 （20）	实施内容 明确性	项目内容是否明确、具体，与绩效目标是否匹配
	实施方案 有效性	①项目技术路线是否完整、先进、可行、合理，与项目内容及绩效目标是否匹配；②项目组织、进度安排是否合理；③与项目有关的基础设施条件是否能够有效保障
	过程控制 有效性	①项目申报、审批、调整及项目资金申请、审批、拨付等方面已履行或计划履行的程序是否规范；②项目组织机构是否健全，职责分工是否明确，项目人员条件是否与项目有关并得以有效保障；③业务管理制度、技术规程、标准是否健全、完善，以前年度业务制度的执行是否出现过问题，相关业务方面问题是否得到有效解决并匹配有相应的保障措施；④项目执行过程是否设立管控措施、机制等，相关措施、机制是否能够保证项目顺利实施
筹资 合规性 （20）	筹资合理性	①资金来源渠道是否符合相关规定；②资金筹措程序是否科学规范与经过相关论证，论证资料是否齐全；③资金筹措是否体现权责对等，财政事权与支出责任是否匹配

一级指标	二级指标	评估要点
筹资 合规性 （20）	财政投入 能力	①地方财政资金配套方式和承受能力是否科学合理；②各级财政部门和其他部门是否有类似项目资金重复投入；③财政资金支持方式是否科学合理
	筹资风险 可控性	①对筹资风险认知是否全面；②是否针对预期风险设定应对措施；③应对措施是否可行、有效

注：每一个评估要点都要有佐证资料，否则不计分。

3）项目支出事前绩效评估的成果

项目支出事前绩效评估报告是评估的最终成果，是按照规定的格式将评估过程中所收集和掌握的相关信息进行分析与归纳，再进行客观、公正的评定、估算，为决策提供依据的一种书面报告。同时，根据项目需要聘请专家论证的，除出具绩效评估结果外，还应当出具事前绩效评估专家意见书。

项目支出事前绩效评估报告和事前绩效评估专家意见书可参考《湖北省财政厅关于印发全面实施预算绩效管理系列制度的通知》（鄂财绩发〔2020〕3号）及各地财政部门要求的框架。

××事前绩效评估结果示例

一、评估结论

（一）评估事项

简要概述预算部门（单位）拟向财政部门申请的项目资金总额、资金投入方向和绩效目标。

（二）评估结论

给出"通过""不予通过"的结论。

附件：事前绩效评估得分表（附后）

二、佐证资料

（一）基本情况

概述政策与项目需要出台的背景、项目的现实需求、项目的当前现状、项目拟实施的内容、项目准备采取的措施、项目的长期目标和年度目标等。

（二）事前绩效评估工作开展情况

简要概述事前绩效评估组织实施过程、采取的评估方法等相关情况。

（三）事前绩效评估分析

1.事前绩效评估各指标分析

（1）立项必要性分析。

（2）投入经济性分析。

（3）绩效目标合理性分析。

（4）实施方案可行性分析。

（5）筹资合规性分析。

2.意见和建议

（1）事前绩效评估专家意见书。

（2）其他佐证资料。

事前绩效评估专家意见书示例请参见表4-2。

表4-2　事前绩效评估专家意见书示例

评估指标及分值		专家评估计分					
评估指标	分值	专家1	专家2	专家3	专家4	专家5	平均
立项必要性	30						
政策相关性							
职能相关性							
需求相关性							
财政投入相关性							
决策科学性							
投入经济性	20						
投入合理性							
成本控制措施有效性							
绩效目标合理性	20						
目标明确性							
目标合理性							
实施方案有效性	20						
实施内容明确性							
实施方案可行性							
过程控制有效性							
筹资合规性	20						
筹资合理性							
财政投入能力							
筹资风险可控性							
合　计	100						

评估得分		
评估结论	通过□	不予通过□

分项意见：

1.立项必要性

2.投入经济性

3.绩效目标合理性

4.实施方案有效性

5.筹资合规性

总体意见：

1.其他问题和建议

2.专家组组长签字

日期：

2.部门（单位）整体项目支出事前绩效评估

部门（单位）整体项目支出事前绩效评估的程序、评估指标体系设计和成果文件可参考项目支出事前绩效评估的相关内容。

【小贴士】

【问】开展事前绩效评估的意义和作用？

【答】为从源头上防控财政资源配置的低效或无效，将绩效管理关口前移，提出建立重大政策和项目事前绩效评估机制。各单位要对新出台的重大政策、项目开展事前绩效评估，投资主管部门要加强基础建设投资的绩效评估，评估结果作为申请预算的前置条件。财政部门要加强新增重大政策和项目预算审核，必要时可以组织第三方机构独立开展绩效评估，审核和评估结果作为预算安排的重要参考依据。需要说明的是，事前绩效评估不是另搞一套，而是结合预算评审、项目审批等现有工作来开展，更加突出绩效导向。

（信息来源：财政部解读《中共中央 国务院关于全面实施预算绩效管理的意见》）

第三节　预算绩效目标管理

一、预算绩效目标管理概述

1. 预算绩效目标管理的定义

预算绩效目标管理是指财政部门、预算主管部门和预算单位以绩效目标为对象，以绩效目标的设定、审核、批复等为主要内容所开展的预算管理活动。

2. 预算绩效目标设定的原则

预算绩效目标设定按照"谁申请资金，谁设定目标"的原则，绩效目标由预算主管部门和预算单位设定。主要原则包括以下几条：

（1）高度关联。绩效指标应指向明确，与支出方向、政策依据相关联，与部门职责及其事业发展规划相关，与总体绩效目标的内容直接关联。不应设置如常规性的项目管理要求等与产出、效益和成本明显无关联的指标。

（2）重点突出。绩效指标应涵盖政策目标、支出方向主体内容，应选取能体现项目主要产出和核心效果的指标，突出重点。

（3）量化易评。绩效指标应细化、量化，具有明确的评价标准，绩效指标值一般对应已有统计数据，或在成本可控的前提下，通过统计、调查、评判等便于获取。确难以量化的，可采用定性表述，但应具有可衡量性，可使用分析评级（好、一般、差）的评价方式评判。

3. 预算绩效目标设定的依据

预算绩效目标设定的依据包括以下几点：

（1）国家相关法律、法规和规章制度，国民经济和社会发展规划。

（2）部门职能、中长期发展规划、年度工作计划或项目规划。

（3）部门中期财政规划。

（4）财政部门中期和年度预算管理要求。

（5）相关历史数据、行业标准、计划标准等。

（6）符合财政部门要求的其他依据。

4. 预算绩效目标管理的主体

财政部门、预算主管部门和预算单位是绩效目标管理的主体。为做好预算绩效目标管理工作，也可委托第三方机构或相关领域专家进行协助管理。

5.预算绩效目标管理的对象

根据预算绩效目标管理的内容不同，管理对象可分为以下三类：

（1）基本支出绩效目标：是指部门预算中安排的基本支出在一定期限内对本部门（单位）正常运转的预期保障程度。一般不单独设定，而是纳入部门（单位）整体支出绩效目标统筹考虑。

（2）项目支出绩效目标：是指部门（单位）依据部门（单位）职责和事业发展要求，设立并通过预算安排的项目支出在一定期限内预期达到的产出和效果。

（3）部门（单位）整体支出绩效目标：是指部门及其所属单位按照确定的职责，利用全部部门预算资金在一定期限内预期达到的总体产出和效果。

6.预算绩效目标管理的期限

预算绩效目标管理的期限包括中长期绩效目标和年度绩效目标。其中，中长期绩效目标是指部门预算资金在跨度多年的计划期内预期达到的产出和效果。年度绩效目标是指部门预算资金在一个预算年度内预期达到的产出和效果。

二、预算绩效目标管理的内容

绩效目标是整个预算绩效目标管理体系运行的前提，也是预算绩效目标管理的基础，在整个预算绩效目标管理中处于首要地位。

1.预算绩效目标的内容

绩效目标要能清晰反映预算资金的预期产出和效果，并以相应的绩效指标予以细化、量化描述。绩效目标主要包括以下几个：

（1）预期产出，是指预算资金在一定期限内预期提供的公共产品和服务情况。

（2）预期效果，是指上述产出可能对经济、社会、环境等带来的影响情况，以及服务对象或项目受益人对该项产出和影响的满意程度等。

2.预算绩效目标的指标

绩效指标是绩效目标的细化和量化描述，主要包括产出指标、效益指标和满意度指标等。

（1）产出指标是对预期产出的描述，包括数量指标、质量指标、时效指标、成本指标等。

（2）效益指标是对预期效果的描述，包括经济效益指标、社会效益指标、生态效益指标、可持续影响指标等。

（3）满意度指标是反映服务对象或项目受益人的认可程度的指标。

3. 预算绩效目标的标准

预算绩效标准是设定绩效指标时所依据或参考的标准。一般包括以下几个标准：

（1）计划标准：是指以预先制定的目标、计划、预算、定额等作为评价标准。

（2）行业标准：是指参照国家公布的行业指标数据制定的评价标准。

（3）历史标准：是指参照历史数据制定的评价标准。为体现绩效改进的原则，在可实现的条件下应当确定相对较高的评价标准。

（4）财政部门和预算部门确认或认可的其他标准。

4. 预算绩效目标设定的要求

设定的预算绩效目标应当符合以下要求：

（1）指向明确。绩效目标要符合国民经济和社会发展规划、部门职能及事业发展规划等要求，并与相应的预算支出内容、范围、方向、效果等紧密相关。

（2）细化量化。绩效目标应当从数量、质量、成本、时效以及经济效益、社会效益、生态效益、可持续影响、满意度等方面进行细化，尽量进行定量表述。不能以量化形式表述的，可采用定性表述，但应具有可衡量性。

（3）合理可行。设定绩效目标时要经过调查研究和科学论证，符合客观实际，能够在一定期限内如期实现。

（4）相应匹配。绩效目标要与计划期内的任务数或计划数相对应，与预算确定的投资额或资金量相匹配。

5. 预算绩效目标设定的方法

根据预算绩效目标的管理对象，预算绩效目标设定分为项目支出绩效目标的设定和部门（单位）整体支出绩效目标的设定。

1）项目支出绩效目标的设定

（1）对项目的功能进行梳理，包括资金性质、预期投入、支出范围、实施内容、工作任务、受益对象等，明确项目的功能特性。

（2）依据项目的功能特性，预计项目实施在一定时期内所要达到的总体产出和效果，确定项目所要实现的总体目标，并以定量和定性相结合的方式进行表述。

（3）对项目支出总体目标进行细化分解，从中概括、提炼出最能反映总体目标预期实现程度的关键性指标，并将其确定为相应的绩效指标。

（4）通过收集相关基准数据，确定绩效标准，并结合项目预期进展、预计投入等情况，确定绩效指标的具体数值。

2）部门（单位）整体支出绩效目标的设定

（1）对部门（单位）的职能进行梳理，确定部门（单位）的各项具体工作职责。

（2）结合部门（单位）中长期规划和年度工作计划，明确年度主要工作任务，预计部门（单位）在本年度内履职所要达到的总体产出和效果，将其确定为部门（单位）总体目标，并以定量和定性相结合的方式进行表述。

（3）依据部门（单位）总体目标，结合部门（单位）的各项具体工作职责和工作任务，确定每项工作任务预计要达到的产出和效果，从中概括、提炼出最能反映工作任务预期实现程度的关键性指标，并将其确定为相应的绩效指标。

（4）通过收集相关基准数据，确定绩效标准，并结合年度预算安排等情况，确定绩效指标的具体数值。

6.预算绩效目标的审核

按照"谁分配资金，谁审核目标"的原则，绩效目标由财政部门或预算部门按照预算管理级次进行审核。根据工作需要，绩效目标也可委托第三方予以协助审核。

1）绩效目标审核的主要内容

（1）完整性审核。绩效目标的内容是否完整，绩效目标是否明确、清晰。

（2）相关性审核。绩效目标的设定与部门职能、事业发展规划是否相关，是否对申报的绩效目标设定了相关联的绩效指标，绩效指标是否细化、量化。

（3）适当性审核。资金规模与绩效目标之间是否匹配，在既定资金规模下，绩效目标是否过高或过低；或者要完成既定绩效目标，资金规模是否过大或过小。

（4）可行性审核。绩效目标是否经过充分论证和合理测算；所采取的措施是否切实可行，并能确保绩效目标如期实现。综合考虑成本效益，是否有必要安排财政资金。

2）绩效目标审核的方式

对项目支出绩效目标的审核，采用项目支出绩效目标审核表。其中，对一般性项目，采取定性审核的方式；对重点项目，采取定性审核和定量审核相结合的方式。

部门（单位）整体支出绩效目标的审核，可参考项目支出绩效目标的审核工具，提出审核意见。

3）绩效目标审核的结果

项目支出绩效目标审核结果分为"优""良""中""差"四个等级，作为项目预算安排的重要参考因素。

7.预算绩效目标的批复、调整与应用

按照"谁批复预算，谁批复目标"的原则，财政部门和预算主管部门在批复年初部门预算或调整预算时，一并批复绩效目标。绩效目标确定后，一般不予调整。预算执行中因特殊原因确需调整的，应按照绩效目标管理要求和预算调整流程报批。

预算主管部门及所属单位应按照批复的绩效目标组织预算执行，并根据设定的绩效目标开展绩效监控、绩效自评和绩效评价。

三、预算绩效目标管理的实施

政府采购预算绩效目标管理实施可分为项目支出绩效目标管理及目标审核、部门（单位）整体支出绩效目标管理及目标审核。

1. 项目支出绩效目标管理及目标审核

1）项目支出绩效目标设置思路

（1）确定项目绩效目标。在项目立项阶段，应明确项目总体政策目标。在此基础上，根据有关中长期工作规划、项目实施方案等，特别是与项目立项直接相关的依据文件，分析重点工作任务、需要解决的主要问题和相关财政支出的政策意图，研究明确项目的总体绩效目标，即总任务、总产出、总效益等。

（2）分解细化指标。分析、归纳总体绩效目标，明确完成的工作任务，将其分解成多个子目标，细化任务清单。根据任务内容，分析投入资源、开展活动、质量标准、成本要求、产出内容、产生效果，设置绩效指标。

（3）设置指标值。绩效指标选定后，应参考相关历史数据、行业标准、计划标准等，科学设定指标值。指标值的设定要在考虑可实现性的基础上，尽量从严、从高设定，以充分发挥绩效目标对预算编制执行的引导约束和控制作用。避免选用难以确定具体指标值、标准不明确或缺乏约束力的指标。

（4）加强指标衔接。强化一级项目绩效目标的统领性，二级项目是一级项目支出的细化和具体化，反映一级项目部分任务和效果。加强一、二级项目之间绩效指标的有机衔接，确保任务相互匹配、指标逻辑对应、数据相互支撑。经部门审核确定后的一级项目绩效目标及指标，随部门预算报财政部审核批复。二级项目绩效目标及指标，由部门负责审核。

2）项目支出绩效目标指标体系的设计

绩效指标包括成本指标、产出指标、效益指标和满意度指标四类一级指标。原则上每一项目均应设置产出指标和效益指标。满意度指标根据实际需要选用。

（1）成本指标包括经济成本指标、社会成本指标和生态环境成本指标等二级指标，分别反映项目实施产生的各方面成本的预期控制范围。

（2）产出指标是对预期产出的描述，包括数量指标、质量指标、时效指标等二级指标。

（3）效益指标是对预期效果的描述，包括经济效益指标、社会效益指标、生态效益指标等二级指标。

（4）满意度指标是对预期产出和效果的满意情况的描述，反映服务对象或项目受益人及其他相关群体的认可程度。对申报满意度指标的项目，在项目执行过程中应开展满意度调查或者其他收集满意度反馈的工作。如"展览观众满意度""补贴对象满意度"等。

具体绩效指标还可参考《项目支出绩效评价管理办法》（财预〔2020〕10号）项目支出绩效评价指标体系框架的内容。

3）项目支出绩效目标设定成果

项目支出绩效目标申报表是目标设定的最终成果，是按照规定的格式将总体绩效目标进行分解，从而对项目支出的经济性、效率性和效益性进行客观量化，便于财政部门或预算主管部门决策的一种书面报告。

项目支出绩效目标申报表可参考《中央部门预算绩效目标管理办法》（财预〔2015〕88号）及各地财政部门要求的框架。

项目支出绩效目标申报表示例请参见表4-3。

表4-3 项目支出绩效目标申报表示例（年度）

项目名称						
主管部门及代码				实施单位		
项目属性				项目期		
项目资金 /万元		中期资金总额：		年度资金总额：		
		其中：财政拨款		其中：财政拨款		
		其他资金		其他资金		
总体目标	中期目标（20××年—20××+n年）			年度目标		
	目标1： 目标2： 目标3： ……			目标1： 目标2： 目标3： ……		
绩效指标	一级指标	二级指标	三级指标	指标值	二级指标	三级指标	指标值
	产出指标	数量指标	指标1：		数量指标	指标1：	
			指标2：			指标2：	
			……			……	
		质量指标	指标1：		质量指标	指标1：	
			指标2：			指标2：	
			……			……	

续表

绩效指标	产出指标	时效指标	指标1：		时效指标	指标1：	
			指标2：			指标2：	
			……			……	
		成本指标	指标1：		成本指标	指标1：	
			指标2：			指标2：	
			……			……	
		……			……		
	效益指标	经济效益指标	指标1：		经济效益指标	指标1：	
			指标2：			指标2：	
			……			……	
		社会效益指标	指标1：		社会效益指标	指标1：	
			指标2：			指标2：	
			……			……	
		生态效益指标	指标1：		生态效益指标	指标1：	
			指标2：			指标2：	
			……			……	
		可持续影响指标	指标1：		可持续影响指标	指标1：	
			指标2：			指标2：	
			……			……	
		……			……		
	满意度指标	服务对象满意度指标	指标1：		服务对象满意度指标	指标1：	
			指标2：			指标2：	
			……			……	
		……			……		

注：项目支出绩效目标申报表的内容填写说明如下。

项目支出绩效目标申报表的内容填写说明

一、适用范围

（1）本表作为项目绩效目标审核和批复、预算资金确定、绩效监控、绩效评价的主要依据。

（2）项目支出是指预算主管部门为完成其特定的行政工作任务或事业发展目标，而纳入部门预算编制范围的年度项目支出计划。

（3）预算主管部门的所有预算项目都应设定绩效目标，并形成本表。

（4）本表中的相关内容由项目资金申报单位在项目申报文本中填写。

二、内容说明

1.年度

年度是指编制部门预算所属年份。例如：编报20××年部门预算时，填写"20××年"；20××年预算执行中申请调整预算时，填写"20××年"。

2.项目基本情况

（1）项目名称：指项目的具体名称，与部门预算中的项目名称一致。

（2）主管部门及代码：指预算主管部门的代码及全称。

（3）实施单位：指项目的具体实施单位，与项目文本中的有关内容一致。

（4）项目属性：指新增项目或延续项目。

（5）项目期：指项目的具体实施期限。其中：一次性项目，填1年；有确定项目实施期的项目，填确定的年限，如3年等；属于部门经常性业务项目，填长期。

（6）项目资金：指中期或年度项目的资金总额，按资金来源分为财政拨款、其他资金。本项内容以万元为单位，保留小数点后两位。

3.总体目标

项目支出总体目标是指利用该项目全部预算资金在一定期限内预期达到的总体产出和效果。

（1）中期目标：概括描述延续项目在一定时期内（一般为3年）预期达到的产出和效果。其中，所填写的期限，按一定时期滚动填写，如2015年编制2016年预算，填写2016—2018年；2016年编制2017年预算，填写2017—2019年等。

一次性项目和处于项目期最后一年的项目，不需填写此项，只填写年度目标。

（2）年度目标：概括描述项目在本年度内预期达到的产出和效果。

4.绩效指标

绩效指标按中期指标和年度指标分别填列。其中，中期指标是对中期目标的细化和量化，年度指标是对年度目标的细化和量化。一次性项目和处于项目期最后一年的项目，只填写年度指标。

绩效指标一般包括产出指标、效益指标、满意度指标三类一级指标。每类一级指标又可细分为若干二级指标、三级指标，并分别设定具体的指标值。指标值应尽量细化、量化，可量化的采用数值描述，不可量化的采用定性描述。

（1）产出指标：反映根据既定目标，相关预算资金预期提供的公共产品和

服务情况。可进一步细分如下:

①数量指标,反映预期提供的公共产品和服务数量,如"举办培训的班次""培训学员的人次""新增设备数量"等;

②质量指标,反映预期提供的公共产品和服务达到的标准、水平和效果,如"培训合格率""研究成果验收通过率"等;

③时效指标,反映预期提供的公共产品和服务的及时程度与效率情况,如"培训完成时间""研究成果发布时间"等;

④成本指标,反映预期提供的公共产品和服务所需成本的控制情况,如"人均培训成本""设备购置成本""和社会平均成本的比较"等。

(2)效益指标:反映与既定绩效目标相关的、前述相关产出所带来的预期效果的实现程度。可进一步细分如下:

①经济效益指标,反映相关产出对经济发展带来的影响和产生的效果,如"促进农民增收或提高增收额""采用先进技术带来的实际收入增长率"等;

②社会效益指标,反映相关产出对社会发展带来的影响和产生的效果,如"带动就业增长率""安全生产事故下降率"等;

③生态效益指标,反映相关产出对自然环境带来的影响和产生的效果,如"水电能源节约率""空气质量优良率"等;

④可持续影响指标,反映相关产出带来影响的可持续期限,如"项目持续发挥作用的期限""对本行业未来可持续发展的影响"等。

(3)满意度指标:属于预期效果的内容,反映服务对象或项目受益人对相关产出及其影响的认可程度,根据实际细化为具体指标,如"受训学员满意度""群众对××工作的满意度""社会公众投诉率/投诉次数"等。

(4)实际操作中,其他绩效指标的具体内容可由部门(单位)根据需要,在上述指标中或在上述指标之外另行补充。

4)项目支出绩效目标审核

(1)项目支出绩效目标审核思路。项目支出绩效目标审核包括一般性项目支出绩效目标审核和重点项目支出绩效目标审核。其中,对社会关注程度高、对社会经济发展具有重要影响、关系重大民生领域或专业技术复杂的重点项目,财政部门或预算主管部门可根据需要将其委托给第三方,组织相关部门、专家学者、科研院所、中介机构、社会公众代表等共同参与审核,提出审核意见。

(2)项目支出绩效目标审核结果对项目支出绩效目标的审核,一般采用"项目支出绩效目标审核表"。其中,对一般性项目,采取定性审核的方式;对重点项目,采取定性审核和定量审核相结合的方式。项目支出绩效目标审核结果分为"优""良""中""差"四个等级，这四个等级可作为项目预算安排的参考因素。

一般性项目支出绩效目标审核表（见表4-4）和重点项目支出绩效目标审核表（见表4-5）可参考《中央部门预算绩效目标管理办法》（财预〔2015〕88号）及各地财政部门要求的框架。

表4-4　一般性项目支出绩效目标审核表示例

审核内容	审核要点	审核意见
一、完整性审核		
规范完整性	绩效目标填报格式是否规范；内容是否完整、准确、详实；是否无缺项、错项	优☐　良☐　中☐　差☐
明确清晰性	绩效目标是否明确、清晰；是否能够反映项目主要情况；是否对项目预期产出和效果进行了充分、恰当的描述	优☐　良☐　中☐　差☐
二、相关性审核		
目标相关性	总体目标是否符合国家法律法规、国民经济和社会发展规划的要求；与本部门（单位）职能、发展规划和工作计划是否密切相关	优☐　良☐　中☐　差☐
指标科学性	绩效指标是否全面、充分、细化、量化，难以量化的，定性描述是否充分、具体；是否选取了最能体现总体目标实现程度的关键指标，并明确了具体指标值	优☐　良☐　中☐　差☐
三、适当性审核		
绩效合理性	预期绩效是否显著，是否能够体现实际产出和效果的明显改善；是否达到行业正常水平或符合事业发展规律；与其他同类项目相比，预期绩效是否合理	优☐　良☐　中☐　差☐
资金匹配性	绩效目标与项目资金量、使用方向等是否匹配；在既定资金规模下，绩效目标是否过高或过低；要完成既定绩效目标，资金规模是否过大或过小	优☐　良☐　中☐　差☐
四、可行性审核		
实现可能性	绩效目标是否经过充分调查研究、论证和合理测算，实现的可能性是否充分	优☐　良☐　中☐　差☐
条件充分性	项目实施方案是否合理；项目实施单位的组织实施能力和条件是否充分；内部控制是否规范；管理制度是否健全	优☐　良☐　中☐　差☐
综合评定等级	优☐　良☐　中☐　差☐	
总体意见		

表4-5 重点项目支出绩效目标审核表示例

审核内容		审核要点		审核意见	得分
具体内容	分值	具体内容	分值		
一、完整性审核（20分）					
规范完整性	10分	绩效目标填报格式是否规范	5分	优□ 良□ 中□ 差□	
		绩效目标填报内容是否完整、准确、详实；是否无缺项、错项	5分	优□ 良□ 中□ 差□	
		得分小计			
明确清晰性	10分	绩效目标是否明确；内容是否具体；层次是否分明；表述是否准确	5分	优□ 良□ 中□ 差□	
		绩效目标是否清晰；是否能够反映项目的主要内容；是否对项目预期产出和效果进行了充分、恰当的描述	5分	优□ 良□ 中□ 差□	
		得分小计			
二、相关性审核（30分）					
目标相关性	15分	总体目标是否符合国家法律法规、国民经济和社会发展规划的要求	7分	优□ 良□ 中□ 差□	
		总体目标与本部门(单位)职能、发展规划和工作计划是否密切相关	8分	优□ 良□ 中□ 差□	
		得分小计			
指标科学性	15分	绩效指标是否全面、充分；是否选取了最能体现总体目标实现程度的关键指标，并明确了具体指标值	8分	优□ 良□ 中□ 差□	
		绩效指标是否细化、量化，便于监控和评价；难以量化的，定性描述是否充分、具体	7分	优□ 良□ 中□ 差□	
		得分小计			
三、适当性审核（30分）					
绩效合理性	15分	预期绩效是否显著，是否能够体现实际产出和效果的明显改善	8分	优□ 良□ 中□ 差□	
		预期绩效是否达到行业正常水平或符合事业发展规律；与其他同类项目相比，预期绩效是否合理	7分	优□ 良□ 中□ 差□	
		得分小计			
资金匹配性	15分	绩效目标与项目资金量是否匹配；在既定资金规模下，绩效目标是否过高或过低；要完成既定绩效目标，资金规模是否过大或过小	8分	优□ 良□ 中□ 差□	

审核内容		审核要点		审核意见	得分
具体内容	分值	具体内容	分值		
资金匹配性	15分	绩效目标与相应的支出内容、范围、方向、效果等是否匹配	7分	优□ 良□ 中□ 差□	
		得分小计			
四、可行性审核（20分）					
实现可能性	10分	绩效目标是否经过充分调查研究、论证和合理测算	5分	优□ 良□ 中□ 差□	
		绩效目标实现的可能性是否充分；是否考虑了现实条件和可操作性	5分	优□ 良□ 中□ 差□	
		得分小计			
条件充分性	10分	项目实施方案是否合理；项目实施单位的组织实施能力和条件是否充分	5分	优□ 良□ 中□ 差□	
		内部控制是否规范；预算和财务管理制度是否健全并得到有效执行	5分	优□ 良□ 中□ 差□	
		得分小计			
总　分					
综合评定等级		优□　良□　中□　差□			
总体意见					

注：项目支出绩效目标审核表填写说明如下。

项目支出绩效目标审核表填写说明

一、适用范围

（1）本表适用于财政部门或预算主管部门及其所属单位在审核项目支出绩效目标时填报，是绩效目标审核的主要工具。

（2）本表全面反映审核主体对绩效目标的审核意见。

（3）本表由财政部门或预算主管部门及其所属单位财务主管机构负责填写；委托第三方审核的，可由第三方机构协助填写。

二、填写说明

1.审核内容

绩效目标审核包括完整性审核、相关性审核、适当性审核和可行性审核等四个方面。绩效目标审核应充分参考部门（单位）职能、项目立项依据、项目实施的必要性和可行性、项目实施方案以及以前年度绩效信息等内容，还应充分考虑财政资金支持的方向、范围和方式等。

2.审核方式

审核采取定性审核与定量审核相结合的方式。定性审核分为"优""良""中""差"四个等级，其中，填报内容完全符合要求的，定级为"优"；绝大部分内容符合要求、仅需对个别内容进行修改的，定级为"良"；部分内容不符合要求、但通过修改完善后能够符合要求的，定级为"中"；内容为空或大部分内容不符合要求的，定级为"差"。定量审核按对应等级进行打分，保留一位小数。具体审核方式如下：

（1）对一般性项目，采取定性审核的方式。审核主体对每一项审核内容逐一提出定性审核意见，并根据各项审核情况，汇总确定"综合评定等级"。确定综合评定等级时，8个审核要点中，有6项及以上为"优"且其他项无"中""差"级的，方可定级为"优"；有6项及以上为"良"及以上且其他项无"差"级的，方可定级为"良"；有6项及以上为"中"及以上的，方可定级为"中"。同时，在本表的"总体意见"一栏中对该项目绩效目标的修改完善、预算安排等提出意见。

（2）对重点项目，采取定性审核和定量审核相结合的方式。审核主体对每一项审核内容提出定性审核意见，并进行打分。定性审核为"优"的，得该项分值的90%～100%；定性审核为"良"的，得该项分值的80%～89%；定性审核为"中"的，得该项分值的60%～79%；定性审核为"差"的，得该项分值的59%以下。

各项审核内容完成后，根据项目审核总分，确定"综合评定等级"。总得分在90分（含）以上的为"优"；总得分在80分至90分（不含，下同）之间的为"良"；在60分至80分之间的为"中"；低于60分的为"差"。同时，在本表的"总体意见"一栏中对该项目绩效目标的修改完善、预算安排等提出意见。

2. 部门（单位）整体支出绩效目标管理及目标审核

1) 部门（单位）整体支出绩效目标设置思路及指标体系的设计

部门（单位）整体支出绩效目标设置思路及指标体系的设计可参考项目支出绩效目标管理的内容。其中，部门（单位）整体支出具体绩效指标还可参考《项目支出绩效评价管理办法》（财预〔2020〕10号）部门整体支出绩效评价指标体系框架的内容。

2) 部门（单位）整体支出绩效目标设定成果

部门（单位）整体支出绩效目标申报表（见表4-6）是目标设定的最终成果，是按照规定的格式将部门（单位）总体绩效目标进行分解，从而对部门（单位）支出的经济性、效率性和效益性进行客观量化，便于财政部门或预算部门（单位）决策的一种书面报告。

部门（单位）整体支出绩效目标申报表可参考《中央部门预算绩效目标管理办法》（财预〔2015〕88号）及各地财政部门要求的框架。

表4-6 部门（单位）整体支出绩效目标申报表示例（年度）

部门（单位）名称					
年度主要任务	任务名称	主要内容	预算金额（万元）		
			总额	财政拨款	其他资金
	任务1				
	任务2				
	任务3				
	……				
	金额合计				
年度总体目标	目标1： 目标2： 目标3： ……				
年度绩效指标	一级指标	二级指标	三级指标		指标值
	产出指标	数量指标	指标1：		
			指标2：		
			……		
		质量指标	指标1：		
			指标2：		
			……		
		时效指标	指标1：		
			指标2：		
			……		
		成本指标	指标1：		
			指标2：		
			……		
		……			

续表

年度绩效指标	效益指标	经济效益指标	指标1：	
			指标2：	
			……	
		社会效益指标	指标1：	
			指标2：	
			……	
		生态效益指标	指标1：	
			指标2：	
			……	
		可持续影响指标	指标1：	
			指标2：	
			……	
		……		
	满意度指标	服务对象满意度指标	指标1：	
			指标2：	
			……	
		……		

注：部门（单位）整体支出绩效目标申报表填写说明如下。

部门（单位）整体支出绩效目标申报表填写说明

一、适用范围

（1）本表适用于预算主管部门及其所属单位在申报部门（单位）整体支出绩效目标时填报，作为部门（单位）整体支出预算审核及绩效评价的主要依据。

（2）部门（单位）整体支出是指纳入部门预算管理的全部资金，包括当年财政拨款和通过以前年度财政拨款结转和结余资金、事业收入、事业单位经营收入等其他收入安排的支出；包括基本支出和项目支出。

（3）部门及其所属单位应按要求设定整体支出绩效目标，填报本表。

（4）本表由部门或所属单位财务主管机构负责填写，必要时可以由本部门或本单位业务部门协助填写。

二、填写说明

（1）年度：填写编制部门预算所属年份。例如：编报20××年部门预算，

填写 "20××年"。

（2）部门（单位）名称：填写本表的预算部门或单位全称。

（3）年度主要任务：填写根据部门（单位）主要职责和工作计划确定的本年度主要工作任务，以及开展这项任务所对应的预算支出金额（一般为一级项目及全额）。预算支出金额包括当年财政拨款和其他资金，以万元为单位，保留到小数点后两位。

（4）年度总体目标：描述本部门（单位）利用全部部门预算资金在本年度内预期达到的总体产出和效果。

（5）年度绩效指标：一般包括产出指标、效益指标、满意度指标三类一级指标，每一类一级指标又可细分为若干二级指标、三级指标，分别对应具体的指标值。指标值应尽量细化、量化，可量化的采用数值描述，不可量化的采用定性描述。具体填报要求可参照 "项目支出绩效目标申报表的内容填写说明"。

3）部门（单位）整体支出绩效目标审核

部门（单位）整体支出绩效目标的审核可参考项目支出绩效目标的审核工具，提出审核意见。

【小贴士】

【问】财政部门和预算部门绩效评价的侧重点有何不同？

【答】财政部门主要从宏观层面、部门层面、重大支出层面等开展绩效评价，包括财政政策或整体规划评价、部门整体支出评价、重大民生项目评价（特别是上级对下级转移支付）等，侧重于完善财政结构、促进部门履职、落实民生政策等。同时，财政部门也可对部分部门的自评项目进行再评价。预算部门主要针对本部门及所属单位各项支出开展绩效评价，既包括部门重点项目的评价，也包括对下属单位的整体评价等，侧重于提高项目资金效益，促进部门完成特定工作任务或履行特定职能等。

（信息来源：财政部基层财政干部培训教材编审委员会.全过程预算绩效管理基本知识问答[M].中国财经出版传媒集团 经济科学出版社）

【小贴士】

【问】收集的绩效评价基础信息资料主要有哪些？

【答】评价工作组根据评价工作的需要和要求，通过多种渠道全面收集基础信息资料，主要包括：（1）被评价单位基本概况，如单位职能、事业发展规划、预决算情况、项目立项依据等；（2）绩效目标及其设立依据和调整情况；（3）管理措施及组织实施情况；（4）被评价单位总结分析的绩效目标完成情况及绩效报告；（5）与绩效评价相关的计划标准、行业标准、历史标准等；（6）其他必要的相关资料等。

（信息来源：财政部基层财政干部培训教材编审委员会.全过程预算绩效管理基本知识问答[M].中国财经出版传媒集团 经济科学出版社）

第四节 预算绩效运行监控管理

一、预算绩效运行监控管理概述

1. 预算绩效运行监控管理的定义

预算绩效运行监控是指在预算执行过程中，财政部门、预算部门及其所属单位依照职责，对预算执行情况和绩效目标实现程度开展的监督、控制和管理活动。

2. 预算绩效运行监控管理的原则

绩效监控按照"全面覆盖、突出重点，权责对等、约束有力，结果运用、及时纠偏"的原则，由财政部门统一组织、预算主管部门分级实施。

3. 预算绩效运行监控管理的主体

预算绩效运行监控管理的主体包括财政部门和预算部门。

1）财政部门的主要职责

财政部门的主要职责包括以下几方面：

（1）负责对预算部门开展绩效监控的总体组织和指导工作。

（2）研究制定绩效监控管理制度办法。

（3）根据工作需要开展重点绩效监控。

（4）督促绩效监控结果应用。

（5）应当履行的其他绩效监控职责。

2）预算部门的主要职责

预算部门是实施预算绩效运行监控的主体，主要职责包括以下几方面：

（1）牵头负责组织部门本级开展预算绩效运行监控工作，对所属单位的绩效监控情况进行指导和监督，明确工作要求，加强绩效监控结果应用等。按照要求向财政部门报送绩效监控结果。

（2）按照"谁支出，谁负责"的原则，预算执行单位（包括部门本级及所属单位，下同）负责开展预算绩效日常监控，并定期对绩效监控信息进行收集、审核、分析、汇总、填报；分析偏离绩效目标的原因，并及时采取纠偏措施。

（3）应当履行的其他绩效监控职责。

4. 预算绩效运行监控管理的范围

预算部门绩效监控范围涵盖部门一般公共预算、政府性基金预算和国有资本经营预算所有项目支出。

预算部门应对重点政策和重大项目，以及在巡视、审计、监督检查、重点绩效评价和日常管理中发现问题较多、绩效水平不高、管理薄弱的项目予以重点监控，并逐步开展预算部门及其所属单位整体预算绩效监控。

5. 预算绩效运行监控管理的对象

预算绩效运行监控管理的对象包括项目支出绩效运行监控和政策绩效运行监控。

各级政府和各部门或各单位对绩效目标的实现程度和预算执行进度实行"双监控"，发现问题要及时纠正，确保绩效目标如期保质保量实现。各级财政部门建立重大政策、项目绩效跟踪机制，对存在严重问题的政策、项目要暂缓或停止预算拨款，督促及时整改落实。

6. 预算绩效运行监控管理的期限

预算绩效监控工作是全流程的持续性管理工作，具体采取预算部门日常监控和财政部门定期监控相结合的方式开展。条件具备时，财政部门对部门预算绩效运行情况开展在线监控。

二、预算绩效运行监控管理的内容

1. 预算绩效运行监控管理的内容

绩效监控内容主要包括以下几点：

（1）绩效目标完成情况。一是预计产出的完成进度及趋势，包括数量、质量、时效、成本等。二是预计效果的实现进度及趋势，包括经济效益、社会效益、生态效益和可持续影响等。三是跟踪服务对象满意度及趋势。

（2）预算资金执行情况。其包括预算资金拨付情况、预算执行单位实际支出情况以及预计结转结余情况。

（3）重点政策和重大项目绩效延伸监控。必要时，可对重点政策和重大项目支出具体工作任务开展、发展趋势、实施计划调整等情况进行延伸监控。具体内容包括：政府采购、工程招标、监理和验收、信息公示、资产管理以及有关预算资金会计核算等。

（4）其他情况。除上述内容外其他需要实施绩效监控的内容。

2. 预算绩效运行监控管理的方法

绩效监控采用目标比较法，采用定量分析和定性分析相结合的方式，将绩效实现情况与预期绩效目标进行比较，对目标完成、预算执行、组织实施、资金管理等情况进行分析评判。

3. 预算绩效运行监控管理的重点

预算绩效运行监控管理的重点包括及时性、合规性和有效性监控。及时性监控重点关注上年结转资金较大、当年新增预算且前期准备不充分，以及预算执行环境发生重大变化等情况。合规性监控重点关注相关预算管理制度落实情况、项目预算资金使用过程中的无预算开支、超预算开支、挤占挪用预算资金、超标准配置资产等情况。有效性监控重点关注项目执行是否与绩效目标一致、执行效果能否达到预期等。

4. 预算绩效运行监控管理的结果应用

预算部门通过绩效监控信息深入分析预算执行进度慢、绩效水平不高的具体原因，对绩效监控中发现的绩效目标执行偏差和管理漏洞，应及时采取分类处置措施予以纠正：

（1）对于因政策变化、突发事件等客观因素导致预算执行进度缓慢或预计无法实现绩效目标的，要本着实事求是的原则，及时按程序调减预算，并同步调整绩效目标。

（2）对于绩效监控中发现严重问题的，如预算执行与绩效目标偏离较大、已经或预计造成重大损失浪费或风险等情况，应暂停项目实施，相应按照有关程序调减预算并停止拨付资金，及时纠偏止损。已开始执行的政府采购项目应当按照相关程序办理。

（3）财政部门要加强绩效监控结果应用。对预算部门绩效监控结果进行审核分析，对发现的问题和风险进行研判，督促相关部门改进管理，确保预算资金安全有效。

三、预算绩效运行监控管理的实施

政府采购预算绩效评价只包括项目支出绩效运行监控。

1. 项目支出绩效运行监控的工作程序

预算部门要集中对预算执行情况和绩效目标实现程度开展绩效监控汇总分析，具体工作程序如下：

（1）收集绩效监控信息。预算执行单位对照批复的绩效目标，以绩效目标执行情况为重点收集绩效监控信息。

（2）分析绩效监控信息。预算执行单位在收集上述绩效信息的基础上，对偏离绩效目标的原因进行分析，对全年绩效目标完成情况进行预计，并对预计年底不能完成目标的原因及拟采取的改进措施作出说明。

（3）填报绩效监控情况表。预算执行单位在分析绩效监控信息的基础上填写《项目支出绩效目标执行监控表》，并作为年度预算执行完成后绩效评价的依据。

（4）报送绩效监控报告。预算部门年度集中绩效监控工作完成后，及时总结经验、发现问题、提出下一步改进措施，形成本部门绩效监控报告，并将所有一级项目《项目支出绩效目标执行监控表》报送财政部门。

2. 项目支出绩效运行监控的成果

《项目支出绩效目标执行监控表》和《项目支出绩效目标执行监控反馈表》是绩效运行监控的最终成果，是按照规定的格式将评价过程中所收集和掌握的相关信息进行分析与归纳，从而对绩效监控及时性、合规性和有效性进行客观、公正的判断，为决策提供依据的一种书面报告。

1）项目支出绩效目标执行监控表

项目支出绩效目标执行监控表（见表4-7）可参考《中央部门预算绩效运行监控管理暂行办法》（财预〔2019〕136号）及各地财政部门要求的框架编写。

表4-7 项目支出绩效目标执行监控表示例

（　　　年度）项目名称						
主管部门及代码			实施单位			
项目资金_____（万元）			年初预算数	1~7月执行数	1~7月执行率	全年预计执行数
		年度资金总额				
		其中：本年一般公共预算拨款				
		其他资金				
年度总体目标						

续表

一级指标	二级指标	三级指标	年度指标值	1~7月执行情况	全年预计完成情况	偏差原因分析						完成目标可能性			备注
						经费保障	制度保障	人员保障	硬件条件保障	其他	原因说明	确定能	有可能	完全不可能	
绩效指标	产出指标	数量指标													
		质量指标													
		时效指标													
		成本指标													
		……													
	效益指标	经济效益指标													
		社会效益指标													
		生态效益指标													
		可持续影响指标													
		……													

续表

绩效指标	满意度指标	服务对象满意度指标									
		……									

注:1.偏差原因分析:针对与预期目标产生偏差的指标值,分别从经费保障、制度保障、人员保障、硬件条件保障等方面进行判断和分析,并说明原因。

2.完成目标可能性:对应所设定的实现绩效目标的路径,分确定能、有可能、完全不可能三级综合判断完成的可能性。

3.备注:说明预计到年底不能完成目标的原因及拟采取的措施。

2）项目支出绩效目标执行监控反馈表

项目支出绩效目标执行监控反馈表（见表4-8）可参考《关于开展2016年度中央部门项目支出绩效目标执行监控试点工作的通知》（财办预〔2016〕85号）及各地财政部门要求的框架编制。

表4-8　项目支出绩效目标执行监控反馈表示例

一级项目（二级项目）名称			
主管部门及代码			
实施单位		跟踪时段	年　月　日至　年　月　日
本阶段跟踪完成较好的目标和指标			
可能存在问题的目标和指标			
建议	1.预算执行方面		
	2.完善制度保障方面		
	3.项目管理及实施方面		
	4.对调整预算资金安排的建议		
	5.对绩效目标调整的建议		
	6.其他		
备注			

【小贴士】

【问】收集绩效运行数据的要求是什么？

【答】预算绩效运行数据信息的收集，要以设定的绩效目标为核心，以绩效指标的完成情况为重点。同时，根据实际需要对信息收集的内容进行必要的扩展，以解决绩效指标不能对绩效目标进行全面表达的问题。另外，要将收集的信息尽可能进行量化处理，为下一步的分析和判断奠定基础。

（信息来源：财政部基层财政干部培训教材编审委员会.全过程预算绩效管理基本知识问答[M].中国财经出版传媒集团 经济科学出版社）

【小贴士】

【问】预算绩效运行报告主要包括哪些内容？

【答】预算绩效运行报告至少应包括以下内容：

（1）关键点的绩效运行数据信息。

（2）对相关数据信息的核实情况。

（3）对相关数据信息的分析情况。

（4）对预期产出和预期绩效实现程度的判断。

（5）根据绩效运行情况已采取的改进措施。

（6）进一步完善和改进预算执行的建议。

（信息来源：财政部基层财政干部培训教材编审委员会.全过程预算绩效管理基本知识问答[M].中国财经出版传媒集团 经济科学出版社）

第五节　预算绩效评价管理

一、预算绩效评价管理概述

1.预算绩效评价的定义

预算绩效评价管理是指财政部门、预算部门和单位依据设定的绩效目标，对预算支出的经济性、效率性、效益性和公平性进行客观、公正的测量、分析和评判。

2.预算绩效评价的原则

预算绩效评价应当遵循以下基本原则：

（1）科学公正。绩效评价应当运用科学合理的方法，按照规范的程序，对项目绩效进行客观、公正的反映。

（2）统筹兼顾。单位自评、部门评价和财政评价应职责明确，各有侧重，相互衔接。单位自评应由项目单位自主实施，即"谁支出、谁自评"。部门评价和财政评价应在单位自评的基础上开展，必要时可委托第三方机构实施。

（3）激励约束。绩效评价结果应与预算安排、政策调整、改进管理实质性挂钩，体现奖优罚劣和激励相容导向，有效要安排、低效要压减、无效要问责。

（4）公开透明。绩效评价结果应依法依规公开，并自觉接受社会监督。

3.预算绩效评价的依据

预算绩效评价的依据主要包括以下几点：

（1）国家相关法律、法规和规章制度。

（2）党中央、国务院重大决策部署，经济社会发展目标，地方各级党委和政府重点任务要求。

（3）部门职责相关规定。

（4）相关行业政策、行业标准及专业技术规范。

（5）预算管理制度及办法，项目及资金管理办法、财务和会计资料。

（6）项目设立的政策依据和目标，预算执行情况，年度决算报告、项目决算或验收报告等相关材料。

（7）本级人大审查结果报告、审计报告及决定，财政监督稽核报告等。

（8）其他相关资料。

4.预算绩效评价的主体

预算绩效评价分为单位自评、部门评价和财政评价等。单位自评是指预算部门组织部门本级和所属单位对预算批复的项目绩效目标完成情况进行自我评价。部门评价是指预算部门根据相关要求，运用科学、合理的绩效评价指标、评价标准和方法，对本部门的项目组织开展的绩效评价。财政评价是财政部门对预算部门的项目组织开展的绩效评价。

同时，财政评价和部门评价根据需要可委托第三方机构或相关领域专家（以下简称"第三方"，主要是指与资金使用单位没有直接利益关系的单位和个人）参与，并加强对第三方的指导，对第三方工作质量进行监督管理，推动提高评价的客观性和公正性。其中，部门委托第三方开展绩效评价的，要体现委托人与项目实施主体相分离的原则，一般由主管财务的机构委托，确保绩效评价的独立、客观、公正。

5.预算绩效评价的对象

根据预算绩效评价的主体不同，评价对象分为以下三类：

（1）单位自评的对象包括纳入政府预算管理的所有项目支出。

（2）部门评价对象应根据工作需要，优先选择部门履职的重大改革发展项目，随机选择一般性项目。原则上应以5年为周期，实现部门评价重点项目全覆盖。

（3）财政评价对象应根据工作需要，优先选择贯彻落实党中央、国务院重大方针政策和决策部署的项目，覆盖面广、影响力大、社会关注度高、实施期长的项目。对重点项目应周期性组织开展绩效评价。

6.预算绩效评价的期限

绩效评价期限包括年度、中期及项目实施期结束后；对于实施期5年及以上的项目，应适时开展中期和实施期后绩效评价。

二、预算绩效评价管理的内容

1.预算绩效评价的内容

单位自评的内容主要包括项目总体绩效目标、各项绩效指标完成情况以及预算执行情况。对未完成绩效目标或偏离绩效目标较大的项目要分析并说明原因，研究提出改进措施。

财政评价和部门评价的内容主要包括以下几点：

（1）决策情况。

（2）资金管理和使用情况。

（3）相关管理制度办法的健全性及执行情况。

（4）实现的产出情况。

（5）取得的效益情况。

（6）其他相关内容。

2.预算绩效评价指标

（1）单位自评指标是指预算批复时确定的绩效指标，包括项目的产出数量、质量、时效、成本，以及经济效益、社会效益、生态效益、可持续影响、服务对象满意度等。

单位自评指标的权重由各单位根据项目实际情况确定。原则上预算执行率和一级指标权重统一设置为：预算执行率10%、产出指标50%、效益指标30%、服务对象满意度指标10%。如有特殊情况，一级指标权重可做适当调整。二、三级指标应当根据指标重要程度、项目实施阶段等因素综合确定，准确反映项目的产出和效益。

（2）财政和部门绩效评价指标的确定应当符合以下要求：与评价对象密切相关，全面反映项目决策、项目和资金管理、产出和效益；优先选取最具代表性、最能直接反映产出和效益的核心指标，精简实用；指标内涵应当明确、具体、可衡量，数据及佐证资料应当可采集、可获得；同类项目绩效评价指标和标准应具有一致性，便于评价结果相互比较。

财政和部门评价指标的权重根据各项指标在评价体系中的重要程度确定，应当突出结果导向，原则上产出、效益指标权重不低于60％。同一评价对象处于不同实施阶段时，指标权重应体现差异性，其中，实施期间的评价更加注重决策、过程和产出，实施期结束后的评价更加注重产出和效益。

3. 预算绩效评价标准

预算绩效评价标准通常包括计划标准、行业标准、历史标准等，用于对绩效指标完成情况进行比较。

（1）计划标准。指以预先制定的目标、计划、预算、定额等作为评价标准。

（2）行业标准。指参照国家公布的行业指标数据制定的评价标准。

（3）历史标准。指参照历史数据制定的评价标准，为体现绩效改进的原则，在可实现的条件下应当确定相对较高的评价标准。

（4）财政部门和预算部门确认或认可的其他标准。

4. 预算绩效评价的方法

预算绩效评价主要采用指标分析法，再结合成本效益分析法、比较法、因素分析法、最低成本法、公众评判法、标杆管理法等进行评价。

1）指标分析法

单位自评采用定量与定性评价相结合的比较法，总分由各项指标得分汇总形成。

（1）定量指标得分按照以下方法评定：与年初指标值相比，完成指标值的，记该指标所赋全部分值；对完成值高于指标值较多的，要分析原因，如果是由于年初指标值设定明显偏低造成的，要按照偏离度适度调减分值；未完成指标值的，按照完成值与指标值的比例记分。

（2）定性指标得分按照以下方法评定：根据指标完成情况分为达成年度指标、部分达成年度指标并具有一定效果、未达成年度指标且效果较差三档，分别按照该指标对应分值区间100％～80％（含）、80％～60％（含）、60％～0％合理确定分值。

2）其他评价方法

财政部门和预算部门评价的方法主要包括成本效益分析法、比较法、因素分析法、最低成本法、公众评判法、标杆管理法等。根据评价对象的具体情况，可采用一种或多种方法。

5. 预算绩效评价的结果

绩效评价结果采取评分和评级相结合的方式，具体分值和等级可根据不同评价内容设定。总分一般设置为100分，等级一般划分为四档：90（含）～100分为优、80（含）～90分为良、60（含）～80分为中、60分以下为差。

6.预算绩效评价结果应用及公开

（1）单位自评结果主要通过项目支出绩效自评表的形式反映，做到内容完整、权重合理、数据真实、结果客观。财政和部门评价结果主要以绩效评估报告的形式体现，绩效评估报告应当依据充分、分析透彻、逻辑清晰、客观公正。

部门和单位应切实加强自评结果的整理、分析，将自评结果作为本部门、本单位完善政策和改进管理的重要依据。对预算执行率偏低、自评结果较差的项目，要单独说明原因，提出整改措施。

（2）财政部门和预算部门应在绩效评价工作完成后，及时将评价结果反馈被评价部门（单位），并明确整改时限；被评价部门（单位）应当按要求向财政部门或主管部门报送整改落实情况。

各部门应按要求将部门评价结果报送本级财政部门，评价结果作为本部门安排预算、完善政策和改进管理的重要依据；财政评价结果作为安排政府预算、完善政策和改进管理的重要依据。原则上，对评价等级为优、良的，根据情况予以支持；对评价等级为中、差的，要完善政策、改进管理，根据情况核减预算；对不进行整改或整改不到位的，根据情况相应调减预算或整改到位后再予安排。

（3）各级财政部门、预算部门应当按照要求将绩效评价结果分别编入政府决算和本部门决算，报送本级人民代表大会常务委员会，并依法予以公开。

三、预算绩效评价管理的实施

政府采购预算绩效评价可分为项目支出绩效评价、部门（单位）整体支出绩效评价。

1.项目支出绩效评价

1）项目支出绩效评价的工作流程

项目支出绩效评价的工作流程如下：

（1）确定绩效评价对象和范围。

（2）下达绩效评价通知。

（3）研究制订绩效评价工作方案。

（4）收集绩效评价相关数据资料，并进行现场调研、座谈。

（5）核实有关情况，分析形成初步结论。

（6）与被评价部门（单位）交换意见。

（7）综合分析并形成最终结论。

（8）提交绩效评价报告。

（9）建立绩效评价档案。

2）项目支出绩效评价指标体系的设计

评价指标体系遵循"决策—过程—产出—效益"的基本逻辑路径，指标框架可参考国家及各地区出台的共性指标体系框架。以财政部《项目支出绩效评价管理办法》（财预〔2020〕10号）项目支出绩效评价指标体系框架为例，包括决策、过程、产出和效益四类一级指标。

绩效评价指标分为共性指标和个性指标。共性指标是适用于所有评价对象的指标，主要包括项目立项和绩效目标情况、资金投入和管理、财务和业务组织实施情况等。个性指标是针对预算部门或项目特点设定的、适用于不同预算部门或项目的业绩评价指标。

项目支出绩效评价指标体系框架如表4-9所示。

表4-9 项目支出绩效评价指标体系框架示例

一级指标	二级指标	三级指标	指标解释	指标说明
决策	项目立项	立项依据充分性	项目立项是否符合法律法规、相关政策、发展规划以及部门职责，用于反映和考核项目立项的依据情况	评价要点： ①项目立项是否符合国家法律法规、国民经济发展规划和相关政策； ②项目立项是否符合行业发展规划和政策要求； ③项目立项是否与部门职责范围相符，以及是否属于部门履职所需； ④项目是否属于公共财政支持范围，是否符合中央、地方事权支出责任划分原则； ⑤项目是否与相关部门同类项目或部门内部相关项目重复
		立项程序规范性	项目申请、设立过程是否符合相关要求，用于反映和考核项目立项的规范情况	评价要点： ①项目是否按照规定的程序申请设立； ②审批文件、材料是否符合相关要求； ③事前是否已经过必要的可行性研究、专家论证、风险评估、绩效评估、集体决策

一级指标	二级指标	三级指标	指标解释	指标说明
决策	绩效目标	绩效目标合理性	项目所设定的绩效目标是否依据充分,是否符合客观实际,用于反映和考核项目绩效目标与项目实施的相符情况	评价要点: (如未设定预算绩效目标,也可考核其他工作任务目标) ①项目是否有绩效目标; ②项目绩效目标与实际工作内容是否有相关性; ③项目预期产出效益和效果是否符合正常的业绩水平; ④绩效目标是否与预算确定的项目投资额或资金量相匹配
决策	绩效目标	绩效指标明确性	依据绩效目标设定的绩效指标是否清晰、细化、可衡量等,用以反映和考核项目绩效目标的明细化情况	评价要点: ①是否将项目绩效目标分解为具体的绩效指标; ②是否通过清晰、可衡量的指标值予以体现; ③是否与项目目标任务数或计划数相对应
决策	资金投入	预算编制科学性	项目预算编制是否经过科学论证、有明确标准,资金额度与年度目标是否相适应,用于反映和考核项目预算编制的科学性、合理性情况	评价要点: ①预算编制是否经过科学论证; ②预算内容与项目内容是否匹配; ③预算额度的测算依据是否充分,是否按照标准编制; ④预算确定的项目投资额或资金量是否与工作任务相匹配
决策	资金投入	资金分配合理性	项目预算资金分配是否有测算依据,与补助单位或地方实际是否相适应,用以反映和考核项目预算资金分配的科学性、合理性情况	评价要点: ①预算资金分配依据是否充分; ②资金分配额度是否合理,与项目单位或地方实际是否相适应
过程	资金管理	资金到位率	实际到位资金与预算资金的比率,用以反映和考核资金落实情况对项目实施的总体保障程度	资金到位率=(实际到位资金/预算资金)×100%。 实际到位资金:一定时期(本年度或项目期)内落实到具体项目的资金。 预算资金:一定时期(本年度或项目期)内预算安排到具体项目的资金
过程	资金管理	预算执行率	项目预算资金是否按照计划执行,用以反映或考核项目预算执行情况	预算执行率=(实际支出资金/实际到位资金)×100%。 实际支出资金:一定时期(本年度或项目期)内项目实际拨付的资金

一级指标	二级指标	三级指标	指标解释	指标说明
过程	资金管理	资金使用合规性	项目资金使用是否符合相关的财务管理制度规定,用以反映和考核项目资金的规范运行情况	评价要点: ①是否符合国家财经法规和财务管理制度以及有关专项资金管理办法的规定; ②资金的拨付是否有完整的审批程序和手续; ③是否符合项目预算批复或合同规定的用途; ④是否存在截留、挤占、挪用、虚列支出等情况
	组织实施	管理制度健全性	项目实施单位的财务和业务管理制度是否健全,用以反映和考核财务和业务管理制度对项目顺利实施的保障情况	评价要点: ①是否已制定或具有相应的财务和业务管理制度; ②财务和业务管理制度是否合法、合规、完整
		制度执行有效性	项目实施是否符合相关管理规定,用以反映和考核相关管理制度的有效执行情况	评价要点: ①是否遵守相关法律法规和相关管理规定; ②项目调整及支出调整手续是否完备; ③项目合同书、验收报告、技术鉴定等资料是否齐全并及时归档; ④项目实施的人员条件、场地设备、信息支撑等是否落实到位
产出	产出数量	实际完成率	项目实施的实际产出数与计划产出数的比率,用以反映和考核项目产出数目标的实现程度	实际完成率=(实际产出数/计划产出数)×100%。 实际产出数:一定时期(本年度或项目期)内项目实际产出的产品或提供的服务。 计划产出数:项目绩效目标确定的在一定时期(本年度或项目期)内计划产出的产品或提供的服务
产出	产出质量	质量达标率	项目完成的质量达标产出数与实际产出数的比率,用以反映和考核项目产出质量目标的实现程度	质量达标率=(质量达标产出数/实际产出数)×100%。 质量达标产出数:一定时期(本年度或项目期)内实际达到既定质量标准的产品或提供的服务。既定质量标准是指项目实施单位设立绩效目标时依据计划标准、行业标准、历史标准或其他标准而设定的绩效指标值
	产出时效	完成及时性	项目实际完成时间与计划完成时间的比较,用以反映和考核项目产出时效目标的实现程度	实际完成时间:项目实施单位完成该项目实际所耗用的时间。 计划完成时间:按照项目实施计划或相关规定完成该项目所需的时间

一级指标	二级指标	三级指标	指标解释	指标说明
产出	产出成本	成本节约率	完成项目计划工作目标的实际节约成本与计划成本的比率,用以反映和考核项目的成本节约程度	成本节约率=[(计划成本—实际成本)/计划成本]×100%。 实际成本:项目实施单位如期、保质、保量完成既定工作目标实际所耗费的支出。 计划成本:项目实施单位为完成工作目标计划安排的支出,一般以项目预算为参考
效益	项目效益	实施效益	项目实施所产生的效益	项目实施所产生的社会效益、经济效益、生态效益、可持续影响等。可根据项目实际情况有选择地设置和细化
		满意度	社会公众或服务对象对项目实施效果的满意程度	社会公众或服务对象是指因该项目实施而受到影响的部门(单位)、群体或个人。一般采取社会调查的方式

3)项目支出绩效评价成果

项目支出绩效自评表和绩效评价报告是评价的最终成果,是按照规定的格式,将评价过程中所收集和掌握的相关信息进行分析归纳,从而对财政支出的经济性、效率性和效益性进行客观公正的判断,为决策提供依据的一种书面报告。

(1)项目支出绩效自评表。项目支出绩效自评表(见表4-10)包括项目资金使用情况、年度总体目标完成情况及绩效指标完成情况,并提出绩效指标偏差原因分析与改进措施。项目支出绩效评价表可参考财预〔2020〕10号文及各地财政部门要求的框架编写。

表4-10 项目支出绩效自评表示例(年度)

项目名称							
主管部门				实施单位			
项目资金 (万元)		年初预算数	全年预算数	全年执行数	分值	执行率	得分
	年度资金总额				10		
	其中:当年财政拨款				—		—
	上年结转资金				—		—
	其他资金				—		—
年度总体目标	预期目标			实际完成情况			

项目名称								
	一级指标	二级指标	三级指标	年度指标值	实际完成值	分值	得分	偏差原因分析及改进措施
绩效指标	产出指标	数量指标	指标1:					
			指标2:					
			……					
		质量指标	指标1:					
			指标2:					
			……					
		时效指标	指标1:					
			指标2:					
			……					
		成本指标	指标1:					
			指标2:					
			……					
	效益指标	经济效益指标	指标1:					
			指标2:					
			……					
		社会效益指标	指标1:					
			指标2:					
			……					
		生态效益指标	指标1:					
			指标2:					
			……					
		可持续影响指标	指标1:					
			指标2:					
			……					
	满意度指标	服务对象满意度指标	指标1:					
			指标2:					
			……					
总分						100		

（2）项目支出绩效评价报告。绩效评价报告包括项目基本情况、绩效评价工作开展情况、综合评价情况及评价结论、绩效评价指标分析、主要经验及做法、存在的问题及原因分析、有关建议、其他需要说明的问题及相关附件，并就报告主要内容通过摘要予以反映。项目支出绩效评价报告可参考财预〔2020〕10号文及各地财政部门要求的框架编写。

项目支出绩效评价报告示例

（参考提纲）

一、基本情况

（一）项目概况。包括项目背景、主要内容及实施情况、资金投入和使用情况等。

（二）项目绩效目标。包括总体目标和阶段性目标。

二、绩效评价工作开展情况

（一）绩效评价目的、对象和范围。

（二）绩效评价原则、评价指标体系（附表说明）、评价方法、评价标准等。

（三）绩效评价工作过程。

三、综合评价情况及评价结论（附相关评分表）

四、绩效评价指标分析

（一）项目决策情况。

（二）项目过程情况。

（三）项目产出情况。

（四）项目效益情况。

五、主要经验及做法、存在的问题及原因分析

六、有关建议

七、其他需要说明的问题

2. 部门（单位）整体支出绩效评价

1）部门（单位）整体支出绩效评价

部门（单位）整体支出绩效评价可参考项目支出绩效评价的工作流程，具体内容如下：

（1）确定绩效评价的对象和范围。

（2）研究制定绩效评价工作方案。

（3）收集绩效评价相关资料，并进行现场调研、座谈。

（4）核实有关情况，分析形成初步结论。

（5）与被评价部门（单位）交换意见。

（6）综合分析并形成最终结论。

（7）提交绩效评价报告。

（8）建立绩效评价档案。

2）部门（单位）整体支出绩效评价指标体系的设计

绩效评价指标体系应遵循"投入—过程—产出—效益"的基本逻辑路径。指标体系框架可参考国家及各地区出台的共性指标体系框架。以财政部《预算绩效评价共性指标体系框架》（财预〔2013〕53号）部门整体支出绩效评价指标体系框架为例，绩效评价指标体系包括投入、过程、产出和效益四类一级指标。

绩效评价指标分为共性指标和个性指标。共性指标为适用于所有评价对象的指标。个性指标是针对预算部门特点设定的、适用于不同预算部门的评价指标。

部门（单位）整体支出绩效评价共性指标体系框架如表4-11所示。

表4-11　部门（单位）整体支出绩效评价共性指标体系框架

一级指标	二级指标	三级指标	指标解释	指标说明
投入	目标设定	绩效目标合理性	部门（单位）所设立的整体绩效目标依据是否充分，是否符合客观实际，用以反映和考核部门（单位）整体绩效目标与部门履职、年度工作任务的相符性情况	评价要点： ①是否符合国家法律法规、国民经济和社会发展总体规划； ②是否符合部门"三定"方案确定的职责； ③是否符合部门制定的中长期实施规划
		绩效指标明确性	部门（单位）依据整体绩效目标所设定的绩效指标是否清晰、细化、可衡量，用以反映和考核部门（单位）整体绩效目标的明细化情况	评价要点： ①是否将部门整体的绩效目标细化为具体的工作任务； ②是否通过清晰、可衡量的指标值予以体现； ③是否与部门年度的任务数或计划数相对应； ④是否与本年度部门预算资金相匹配
	预算配置	在职人员控制率	部门（单位）本年度实际在职人员数与编制数的比率，用以反映和考核部门（单位）对人员成本的控制程度	在职人员控制率=（在职人员数/编制数）×100%。 在职人员数：部门（单位）实际在职人数，以财政部确定的部门决算编制口径为准。 编制数：机构编制部门核定批复的部门（单位）的人员编制数

一级指标	二级指标	三级指标	指标解释	指标说明
投入	预算配置	"三公经费"变动率	部门(单位)本年度"三公经费"预算数与上年度"三公经费"预算数的变动比率,用以反映和考核部门(单位)对控制重点行政成本的努力程度	"三公经费"变动率=[(本年度"三公经费"总额—上年度"三公经费"总额)/上年度"三公经费"总额]×100%。 "三公经费":年度预算安排的因公出国(境)费、公务车辆购置及运行费和公务招待费
		重点支出安排率	部门(单位)本年度预算安排的重点项目支出与项目总支出的比率,用以反映和考核部门(单位)对履行主要职责或完成重点任务的保障程度	重点支出安排率=(重点项目支出/项目总支出)×100%。 重点项目支出:部门(单位)年度预算安排的,与本部门履职和发展密切相关、有明显社会和经济影响、是党委政府关心或社会比较关注的项目支出总额。 项目总支出:部门(单位)年度预算安排的项目支出总额
过程	预算执行	预算完成率	部门(单位)本年度预算完成数与预算数的比率,用以反映和考核部门(单位)预算的完成程度	预算完成率=(预算完成数/预算数)×100%。 预算完成数:部门(单位)本年度实际完成的预算数。 预算数:财政部门批复的本年度部门(单位)预算数
		预算调整率	部门(单位)本年度预算调整数与预算数的比率,用以反映和考核部门(单位)预算的调整程度	预算调整率=(预算调整数/预算数)×100%。 预算调整数:部门(单位)在本年度内涉及预算的追加、追减或结构调整的资金总和(因落实国家政策、发生不可抗力、上级部门或本级党委政府临时交办而产生的调整除外)
		支付进度率	部门(单位)实际支付进度与既定支付进度的比率,用以反映和考核部门(单位)预算执行的及时性和均衡性程度	支付进度率=(实际支付进度/既定支付进度)×100%。 实际支付进度:部门(单位)在某一时点的支出预算执行总数与年度支出预算数的比率。 既定支付进度:部门(单位)在申报部门整体绩效目标时,参照序时支付进度、前三年支付进度、同级部门平均支付进度等确定的,在某一时点应达到的支付进度(比率)

一级指标	二级指标	三级指标	指标解释	指标说明
过程	预算执行	结转结余率	部门（单位）本年度结转结余总额与支出预算数的比率，用以反映和考核部门（单位）对本年度结转结余资金的实际控制程度	结转结余率=结转结余总额/支出预算数×100%。 结转结余总额：部门（单位）本年度的结转资金与结余资金之和（以决算数为准）
		结转结余变动率	部门（单位）本年度结转结余资金总额与上年度结转结余资金总额的变动比率，用以反映和考核部门（单位）对控制结转结余资金的努力程度	结转结余变动率=[（本年度累计结转结余资金总额－上年度累计结转结余资金总额）/上年度累计结转结余资金总额]×100%
		公用经费控制率	部门（单位）本年度实际支出公用经费总额与预算安排公用经费总额的比率，用以反映和考核部门（单位）对机构运转成本的实际控制程度	公用经费控制率=（实际支出公用经费总额/预算安排公用经费总额）×100%
		"三公经费"控制率	部门（单位）本年度"三公经费"实际支出数与预算安排数的比率，用以反映和考核部门（单位）对"三公经费"的实际控制程度	"三公经费"控制率=（"三公经费"实际支出数/"三公经费"预算安排数）×100%
		政府采购执行率	部门（单位）本年度实际政府采购金额与年初政府采购预算数的比率，用以反映和考核部门（单位）政府采购预算的执行情况	政府采购执行率=（实际政府采购金额/政府采购预算数）×100%； 政府采购预算数：采购机关根据事业发展计划和行政任务编制的并经过规定程序批准的年度政府采购计划
		管理制度健全性	部门（单位）为加强预算管理、规范财务行为而制定的管理制度是否健全、完整，用以反映和考核部门（单位）预算管理制度对完成主要职责或促进事业发展的保障情况	评价要点： ①是否已制定或已具有预算资金管理办法、内部财务管理制度、会计核算制度等管理制度； ②相关管理制度是否合法、合规、完整； ③相关管理制度是否得到有效执行

一级指标	二级指标	三级指标	指标解释	指标说明
过程	预算执行	资金使用合规性	部门(单位)使用预算资金是否符合相关的预算财务管理制度的规定,用以反映和考核部门(单位)预算资金的规范运行情况	评价要点: ①是否符合国家财经法规和财务管理制度规定以及有关专项资金管理办法的规定; ②资金的拨付是否有完整的审批程序和手续; ③项目的重大开支是否经过评估论证; ④是否符合部门预算批复的要求; ⑤是否存在截留、挤占、挪用、虚列支出等情况
		预决算信息公开性	部门(单位)是否按照政府信息公开有关规定公开相关预决算信息,用以反映和考核部门(单位)预决算管理的公开透明情况	评价要点: ①是否按规定内容公开预决算信息; ②是否按规定时限公开预决算信息。 预决算信息是指与部门预算、执行、决算、监督、绩效等管理相关的信息
		基础信息完善性	部门(单位)基础信息是否完善,用以反映和考核基础信息对预算管理工作的支持情况	评价要点: ①基础数据信息和会计信息资料是否真实; ②基础数据信息和会计信息资料是否完整; ③基础数据信息和会计信息资料是否准确
		管理制度健全性	部门(单位)为加强资产管理、规范资产管理行为而制定的管理制度是否健全、完整,用以反映和考核部门(单位)资产管理制度对完成主要职责或促进社会发展的保障情况	评价要点: ①是否已制定或已具有资产管理制度; ②相关资金管理制度是否合法、合规、完整; ③相关资产管理制度是否得到有效执行
		资产管理安全性	部门(单位)的资产是否保存完整、使用合规、配置合理、处置规范、收入及时足额上缴,用以反映和考核部门(单位)资产安全运行的情况	评价要点: ①资产保存是否完整; ②资产配置是否合理; ③资产处置是否规范; ④资产账务管理是否合规,是否账实相符; ⑤资产是否有偿使用及处置收入及时足额上缴

一级指标	二级指标	三级指标	指标解释	指标说明
过程	预算执行	固定资产利用率	部门(单位)实际在用固定资产总额与所有固定资产总额的比率,用以反映和考核部门(单位)固定资产使用效率程度	固定资产利用率=(实际在用固定资产总额/所有固定资产总额)×100%
产出	职责履行	实际完成率	部门(单位)履行职责而实际完成工作数与计划工作数的比率,用以反映和考核部门(单位)履职工作任务目标的实现程度	实际完成率=(实际完成工作数/计划工作数)×100%。 实际完成工作数:一定时期(年度或规划期)内部门(单位)实际完成工作任务的数量。 计划工作数:部门(单位)整体绩效目标确定的一定时期(年度或规划期)内预计完成工作任务的数量
		完成及时率	部门(单位)在规定时限内及时完成的实际工作数与计划工作数的比率,用以反映和考核部门履职时效目标的实现程度	完成及时率=(及时完成实际工作数/计划工作数)×100%。 及时完成实际工作数:部门(单位)按照整体绩效目标确定的时限实际完成的工作任务数量
		质量达标率	达到质量标准(绩效标准值)的实际工作数与计划工作数的比率,用以反映和考核部门履职质量目标的实现程度	质量达标率=(质量达标实际工作数/计划工作数)×100%。 质量达标实际工作数:一定时期(年度或规划期)内部门(单位)实际完成工作数中达到部门绩效目标要求(绩效标准值)的工作任务数量
		重点工作办结率	部门(单位)年度重点工作实际完成数与交办或下达数的比率,用以反映部门(单位)对重点工作的办理落实程度	重点工作办结率=(重点工作实际完成数/交办或下达数)×100%。 重点工作是指党委、政府、人大、相关部门交办或下达的工作任务
效益	履职效益	经济效益	部门(单位)履行职责对经济发展所带来的直接或间接影响	此三项指标为设置部门整体支出绩效评价指标时必须考虑的共性要素,可根据部门实际并结合部门整体支出绩效目标设立情况有选择的进行设置,并将其细化为相应的个性化指标
		社会效益	部门(单位)履行职责对社会发展所带来的直接或间接影响	
		生态效益	部门(单位)履行职责对生态环境所带来的直接或间接影响	

续表

一级指标	二级指标	三级指标	指标解释	指标说明
效益	履职效益	社会公众或服务对象满意度	社会公众或部门(单位)的服务对象对部门履职效果的满意程度	社会公众或服务对象是指部门(单位)履行职责而影响到的部门、群体或个人。一般采取社会调查的方式

3）部门（单位）整体支出绩效评价成果

部门（单位）整体支出绩效自评表和部门（单位）整体支出绩效评价报告是评价的最终成果，是按照规定的格式将评价过程中所收集和掌握的相关信息进行分析与归纳，从而对部门支出的经济性、效率性和效益性进行客观公正的判断，为决策提供依据的一种书面报告。

（1）部门（单位）整体支出绩效自评表（见表4-12）。部门（单位）整体支出绩效自评表可参考项目支出绩效自评表，一般包括部门资金使用情况、部门年度总体目标完成情况与绩效指标完成情况，以及绩效指标偏差原因分析与改进措施。部门（单位）整体支出绩效自评表可参考财预〔2020〕10号文及各地财政部门要求的框架编写。

表4-12　部门（单位）整体支出绩效自评表（年度）

部门名称					实施单位			
预算执行情况/万元			年初预算数	全年预算数	全年执行数	分值	执行率	得分
		年度资金总额						
		其中：当年财政拨款				—		—
		上年结转资金				—		—
		其他资金				—		—
年度总体目标		预期目标			实际完成情况			
绩效指标	一级指标	二级指标	三级指标	年度指标值	实际完成值	分值	得分	偏差原因分析及改进措施
	产出指标	……	指标1：					
			指标2：					
			……					
		……	指标1：					

绩效指标	产出指标	……	指标2:				
			……				
		……	指标1:				
			指标2:				
			……				
		……	指标1:				
			指标2:				
			……				
	效益指标	……	指标1:				
			指标2:				
			……				
		……	指标1:				
			指标2:				
			……				
		……	指标1:				
			指标2:				
			……				
		……	指标1:				
			指标2:				
			……				
	满意度指标	……	指标1:				
			指标2:				
			……				
总分				100			

（2）部门（单位）整体支出绩效评价报告。部门（单位）整体支出绩效评价报告可参考绩效评价报告，一般包括部门基本情况，绩效评价工作开展情况，综合评价情况及评价结论，绩效评价指标分析，主要经验及做法、存在的问题及原因分析，有关建议，其他需要说明的问题及相关附件，并就该报告主要内容通过摘要予以反映。部门（单位）整体支出绩效评价报告可参考财预〔2020〕10号文及各地财政部门要求的框架编写。

部门（单位）整体支出绩效评价报告

（参考提纲）

一、部门基本情况

（一）部门情况：包括部门支出情况以及当年部门的重点工作等。

（二）部门绩效目标：包括总体目标和阶段性目标。

二、绩效评价工作开展情况

（一）绩效评价的目的、对象和范围。

（二）绩效评价原则、绩效评价指标体系（附表说明）、绩效评价方法、绩效评价标准等。

（三）绩效评价工作过程。

三、综合评价情况及评价结论（附相关评分表）

四、绩效评价指标分析

（一）投入情况。

（二）过程情况。

（三）产出情况。

（四）效益情况。

五、主要经验及做法、存在的问题及原因分析

六、有关建议

七、其他需要说明的问题

【小贴士】

【问】什么是成本效益分析法？

【答】成本效益分析法是指将一定时期内总成本与总效益进行对比的分析方法，以评价绩效目标的实现程度。结合预算支出确定的目标，比较支出所产生的效益及所付出的成本，通过比较分析，选择通过最小成本取得最大效益的项目，但其适用范围具有一定的局限性。成本效益分析法主要适用于成本和收益都能准确计量的项目评价，如公共工程项目等，但对于成本和收益都无法用货币计量的项目则无能为力。一般情况下，以社会效益为主的支出项目不宜采用此方法。

（信息来源：财政部基层财政干部培训教材编审委员会. 全过程预算绩效管理基本知识问答[M]. 中国财经出版传媒集团 经济科学出版社）

【小贴士】

【问】什么是比较法？

【答】比较法是指通过对绩效目标与实施效果——历史与当期情况、不同部门和地区同类支出的比较，综合分析绩效目标的实现程度。比较法主要适用于财政项目资金管理，通常也通过一些案例的对比分析来进行方案的选择与评判。

（信息来源：财政部基层财政干部培训教材编审委员会.全过程预算绩效管理基本知识问答[M].中国财经出版传媒集团 经济科学出版社）

【小贴士】

【问】什么是因素分析法？

【答】因素分析法是指将影响投入（财政支出）和产出（效益）的各项因素罗列出来进行分析，计算投入产出比进行评价的方法。很多公共项目都用到因素分析法，通过不同因素的权重评比，进行综合评分。

（信息来源：财政部基层财政干部培训教材编审委员会.全过程预算绩效管理基本知识问答[M].中国财经出版传媒集团 经济科学出版社）

【小贴士】

【问】什么是最低成本法？

【答】最低成本法也称最低费用选择法，适用于那些成本易于计算而效益不易计算的支出项目，如社会保障支出项目。该方法只计算项目的有形成本，在效益既定的条件下分析其成本费用的高低，以成本最低为原则来确定最终的支出项目。由于公共部门主要提供公共服务，与经济效益最大化的企业组织存在一定的区别。在使用成本最小化原则的同时，也需要明确不同对象的产出和结果，并适当选取其他方式综合进行绩效评价。

（信息来源：财政部基层财政干部培训教材编审委员会.全过程预算绩效管理基本知识问答[M].中国财经出版传媒集团 经济科学出版社）

【小贴士】

【问】什么是公众评判法？

【答】公众评判法是指通过专家评估、公众问卷及抽样调查等对财政支出效果进行评判，评价绩效目标实现程度。对于无法直接用指标计量其效益的支出项目，可以选择有关专家进行评估并对社会公众进行问卷调查，以评判其效益，适用于对公共部门和财政投资兴建的公共设施进行评价，具有公开性的特点，但需要设计好相应的评估方式和调查问卷，并有效选择被调查的人群。

（信息来源：财政部基层财政干部培训教材编审委员会.全过程预算绩效管理基本知识问答[M].中国财经出版传媒集团 经济科学出版社）

在线习题（第四章）

第一节　政府采购需求管理的内容及意义

一、政府采购需求管理的内容

根据《政府采购需求管理办法》（财库〔2021〕22号）的规定，政府采购需求管理是指采购人组织确定采购需求和编制采购实施计划，并实施相关风险控制管理的活动。采购需求管理的内容包括以下三个方面。

1.确定采购需求

确定采购需求是指采购人在项目启动阶段，基于部门预算、国家政策要求、实际工作需要等多重因素，详细明确拟采购的产品、工程或服务的具体内容、规格、数量、质量以及其他相关要求。其中：

采购需求是指采购人为实现项目目标，拟采购的标的及其需要满足的技术、商务要求。

技术要求是指对采购标的的功能和质量要求，包括性能、材料、结构、外观、安全，或者服务内容和标准等。

商务要求是指取得采购标的的时间、地点、财务和服务要求，包括交付（实施）的时间（期限）和地点（范围）、付款条件（进度和方式）、包装和运输、售后服务、保险等。

确定采购需求是编制采购实施计划的基础。

2.编制采购实施计划

采购实施计划，是指采购人围绕实现采购需求，对合同的订立和管理所做的安排。

合同订立安排包括采购项目预（概）算、最高限价，开展采购活动的时间安排，采购组织形式和委托代理安排，采购包划分与合同分包，供应商资格条件，采购方式，竞争范围和评审规则等。

合同管理安排包括合同类型、定价方式、合同文本的主要条款、履约验收方案、风险管控措施等。

3. 内部控制与风险管理

采购人应当将采购需求管理作为政府采购内控管理的重要内容，建立健全采购需求管理制度，加强对采购需求形成和实现过程的内部控制和风险管理。

采购风险包括采购过程和合同履行过程中的风险，风险管理则涵盖识别、评估和控制在采购过程与合同履行过程中可能遇到的各种风险，例如技术方案不成熟导致的风险、供应商履约能力不足带来的风险、采购文件编制瑕疵引起的法律风险等。通过制定合理的需求标准、严格审查供应商资格、科学设定评审规则等方式，降低这些潜在风险的影响。

《政府采购需求管理办法》强调了采购活动不仅要有严谨细致的需求策划和实施规划，还要有完善的风险防控机制，以确保采购活动既能满足采购人的实际运营需求，又能符合公平、公正、公开和效益的原则。

因此，采购人应当建立审查工作机制，在采购活动开始前，针对采购需求管理中的重点风险事项，对采购需求和采购实施计划进行审查，审查分为一般性审查和重点审查。对于审查不通过的，应当修改采购需求和采购实施计划的内容并重新进行审查。采购文件应当按照审核通过的采购需求和采购实施计划编制。

二、政府采购需求管理的意义

1. 政府采购深化改革的内在要求

政府采购需求管理是政府采购深化改革的内在要求，主要是基于以下几个关键原因。

1）确保资金有效利用

政府采购资金来源财政性资金，必须遵循公开透明、高效节约的原则。通过采购前的采购需求管理，可以避免盲目采购、重复采购或过度采购，把握项目的必要性、可行性和合理性，保证每一分钱都花在刀刃上，利于提升采购项目的实施效果和质量。

2）优化资源配置

采购需求管理有助于政府部门精准定位所需产品、工程和服务的质量、规格、数量以及其他相关要求，从而更准确地匹配市场供应，优化资源配置，促进经济社会的发展。

3）加强内部控制

采购需求管理是政府采购内控管理的重要组成部分，通过规范的采购需求管理，强化了采购活动的内部制约机制，降低了决策失误和执行偏差的风险。

4）防范廉政风险

合规、合理、明确、科学的采购需求能够减少采购过程中的人为干预，降低权钱交易、暗箱操作等廉政风险，保障政府采购的公正性和廉洁性。

2.实现政府采购项目绩效目标的管理手段

《政府采购需求管理办法》提出了系统性的采购需求管理体系，旨在通过强化政府采购需求管理来实现项目的绩效目标，其最显著的特征就是源头化管理和全面化管理。

源头化管理，即在项目产生之初就实行全过程、全链条的管理，强调的是前置管理和前瞻性思考。政府采购需求管理，从项目立项、需求论证、预算编制等环节就开始展开管理，而非仅仅关注采购公告发布后的采购流程。全面化管理，即相较于传统的采购活动，采购需求管理需要采购人多部门参与审查和决策，进行全面化管理。进行源头化管理和全面化管理，有助于实现政府采购项目绩效目标，原因在于以下几点：

（1）科学合理：从源头把控，可以更深入地理解和分析采购需求的本质，确保采购的目标、标准和流程设置与实际需求紧密贴合，避免盲目采购和无效投资，从而让采购行为更加科学合理。

（2）提前预判：在项目初期就识别可能存在的问题和风险，及时采取措施预防和化解，如需求界定不清、预算不合理、技术参数设定不当等问题，从而提高采购成功率和项目实施效果。

（3）效益最大化：通过全程参与和精细化管理，可以在采购的各个环节寻求成本节约和价值创造的机会，有效提高财政资金的使用效益，实现采购目标的价值最大化。

（4）规范化运作：源头化管理强调采购行为的合规性和规范性，能够确保政府采购严格按照法定程序和制度规定进行，防止违法违规行为的发生。

源头化管理和全面化管理是政府采购管理理念的转型，在《政府采购需求管理办法》发布以前，传统的"政府采购"更多还停留在从发布采购公告到签订合同的这一阶段，而政府采购需求管理则着重于全局视野下的系统优化和综合管理，政府采购由传统的"梭形"转变成"沙漏型"，由"重程序"发展为全过程管理，有助于构建完善的政府采购治理体系，实现政府采购的高质量发展。

三、政府采购需求管理的责任主体

采购人对采购需求管理负有主体责任，按照《政府采购需求管理办法》的规定开展采购需求管理各项工作，对采购需求和采购实施计划的合法性、合规性、合理性负责。主管预算单位负责指导本部门采购需求管理工作。

采购需求和采购实施计划一般性审查与重点审查的具体采购项目范围，由采购人根据实际情况确定。主管预算单位可以根据本部门实际情况，确定由主管预算单位统一组织重点审查的项目类别或者金额范围。但属于《政府采购需求管理办法》第十一条规定范围的采购项目，应当开展重点审查。

四、政府采购需求管理的实施主体

根据《政府采购需求管理办法》规定，采购人可以自行组织确定采购需求和编制采购实施计划，也可以委托采购代理机构或者其他第三方机构开展。

采购人在执行政府采购项目时，拥有自主决定权，可以选择自行组织团队确定采购需求、编制详细的采购实施计划，也可以选择委托具备相应资质的采购代理机构或者其他专业的第三方机构来完成这项任务。

委托代理机构的优势在于其具有丰富的采购经验和专业知识，熟知相关法律法规，能够有效地协助采购人梳理需求、设计合理的采购流程、规避潜在的法律风险，从而确保采购活动的合规性。

第二节　确定采购需求

一、编制采购需求的前期准备

1.明确项目目标和采购内容

明确项目目标和采购内容是确定采购需求的起点。在这个阶段，采购人以及参与确定采购需求的机构需要明确以下几个核心问题。

1）明确项目目标

明确项目目标，就是系统性地回答"为什么采购"和"期望达成什么"两个关键问题。"为什么采购"要清晰阐明为何需要进行这次采购，是因为部门职能、设施改善、服务升级、政策执行等原因，还是为了满足日常运营或紧急情况下的需求。"期望达成什么"主要关注的是通过采购活动希望实现的具体成果或目标，如性能提升、成本节约、质量改善等方面。

2）确定采购标的及所属品目

采购标的是指采购活动中需要获取的具体对象，也就是具体的货物、服务或工程等。

采购标的所属品目根据《政府采购品目分类目录》确定。

《政府采购促进中小企业发展管理办法》要求，明确采购标的对应的中小企业划分标准所属行业。因此，对于多采购标的的项目，首先要逐一明确采购标的对应品目，再根据品目确定所属行业。

3）确定项目类别及属性

项目类别是指采购项目是属于货物、服务还是工程项目。项目属性是指根据项目采购标的所属品目，按照《政府采购品目分类目录》确定采购项目的整体属性，按照《政府采购品目分类目录》无法确定的，按照有利于采购项目实施的原则确定。

【小贴士】

【问】《国家发展改革委办公厅关于进一步做好〈必须招标的工程项目规定〉和〈必须招标的基础设施和公用事业项目范围规定〉实施工作的通知》（发改办法规〔2020〕770号）第一条第三款规定：对《必须招标的工程项目规定》（国家发展改革委2018年第16号令，以下简称"16号令"）第五条第一款第（三）项中没有明确列举规定的服务事项、《必须招标的基础设施和公用事业项目范围规定》（发改法规规〔2018〕843号，以下简称"843号文"）文件中第二条中没有明确列举规定的项目，不得强制要求招标。另外，根据国家发展改革委的答复，除勘察、设计和监理外的服务，不属于必须招标的项目，但涉及政府采购的，按照政府采购法律法规规定执行。×单位为政府投资建设项目的代建单位（性质为事业单位），请问与工程建设有关的项目建议书、可研、工程造价咨询、检测等服务项目，不管采用何种方式采购，是适用《中华人民共和国招标投标法》及其实施条例，还是适用政府采购法及本条例？

【答】与工程建设有关的勘察、设计和监理等服务，采用招标方式采购的，适用于《中华人民共和国招标投标法》及其实施条例。除勘察、设计和监理外的服务，不属于与工程建设有关的服务，属于集中采购目录以内或者采购限额以上的，按照政府采购法律制度规定执行。

（信息来源：中国政府采购网）

4）编制政府采购预算

根据单位的经费支出预算和资产配置标准，结合政府厉行节约、合理编制的原则，科学制定政府采购预算。

确保所有使用财政性资金采购政府集中采购目录内的或者超过采购限额标准的项目都纳入预算编制范围，避免无预算采购或超预算采购。

5）设定预期效果及绩效目标

定义采购完成后希望实现的具体目标，比如提升工作效率、降低成本、提高服务质量、增强竞争力、满足法律法规要求等。同时，要量化这些目标，以便于后续评估采购效果。

建立一套有效的绩效评价体系，将采购目标转化为具体的、可衡量的绩效指标，便于在采购实施过程中监控进度，以及采购完成后评估实际效果是否达到预期目标，优化采购需求管理，以实现资源的最优化配置，提高财政性资金使用效益。

2.考虑预算约束条件和资产管理要求

1）预算约束条件

在任何采购决策中，预算是首要的制约因素。这意味着必须在限定的预算范围内寻求最优的采购方案。在需求调查、确定需求、制订采购计划的过程中，需充分考虑成本效益分析结果，并确保所有支出均符合预先设定的预算限额，确保采购行为在财务可控范围内，避免超预算支出，同时也需要考虑采购项目的长期运营成本和维护费用。

2）资产管理要求

在采购过程中，不仅要考虑单次采购的成本，还要结合长期的资产管理策略。这包括但不限于对所购资产的全生命周期成本（TCO）进行评估，考虑其使用寿命、维护保养费用、能源管理、废弃处置价值等因素。此外，还需根据采购人内部的资产管理规定，确保新购置的资产能够被有效登记、跟踪、保护和合理使用，避免资源浪费和合规风险。

3.内部沟通协调

内部沟通协调是采购需求管理的重要环节，通过内部沟通，实现多部门、多层级的协同合作与信息共享，确保采购项目能够满足实际工作需要和长远发展目标。

1）跨部门协作

采购项目不仅涉及采购部门，还与财务部门（负责预算审核与资金安排）、业务部门（了解实际工作需求并使用采购结果）、监督部门（对采购过程进行合规性审查）等紧密相关。可通过研讨会等形式，确保各部门充分理解采购项目的背景、目标和预期成果，并在各自职责范围内提供专业意见和支持。

2）需求研讨

会议中需详细讨论采购的具体需求，包括产品或服务的功能特性、技术参数、数量规模、交付期限、售后服务等内容，以及潜在的风险点和应对策略。此外，也要关注采购项目对采购单位长远发展的影响，确保其与战略规划相契合。

3）最终用户参与

让最终用户直接参与到需求研讨中至关重要，因为他们是最了解实际工作需求的人群，能够提供最真实、最贴切的需求信息，从而避免采购结果与实际应用脱节，提升资源利用效率。

政府向社会公众提供的公共服务项目，应当就确定采购需求征求社会公众的意见。

4）达成共识

通过充分的内部沟通，促进各部门间的信息交流与观点碰撞，形成统一明确的采购需求说明，确保后续采购活动能高效有序地推进，同时降低因沟通不畅导致的后期变更风险，保障采购项目的顺利实施及成功落地。

二、需求调查及调查结果分析

根据《政府采购需求管理办法》规定，采购人可以在确定采购需求前，通过咨询、论证、问卷调查等方式开展需求调查，了解相关产业发展、市场供给、同类采购项目历史成交信息，可能涉及的运行维护、升级更新、备品备件、耗材等后续采购，以及其他相关情况。

面向市场主体开展需求调查时，选择的调查对象一般不少于3个，并应当具有代表性。

对于下列采购项目，应当开展需求调查：

（1）1000万元以上的货物、服务采购项目，3000万元以上的工程采购项目。

（2）涉及公共利益、社会关注度较高的采购项目，包括政府向社会公众提供的公共服务项目等。

（3）技术复杂、专业性较强的项目，包括需定制开发的信息化建设项目、采购进口产品的项目等。

（4）主管预算单位或者采购人认为需要开展需求调查的其他采购项目。

编制采购需求前一年内，采购人已就相关采购标的开展过需求调查的，可以不再重复开展。

按照法律法规的规定，对采购项目开展可行性研究等前期工作，已包含《政府采购需求管理办法》规定的需求调查内容的，可以不再重复调查；对在可行性研究等前期工作中未涉及的部分，应当按照《政府采购需求管理办法》的规定开展需求调查。

1. 需求调查内容

通过对以下各个方面的深入调查和分析，全面了解潜在市场供应情况，降低采购风险，同时也能更好地满足采购需求和政策要求。

1）相关产业发展、市场供给、同类采购项目历史成交信息

相关产业发展、市场供给以及同类采购项目历史成交信息是制定有效采购策略和需

求的重要依据，它们各自的含义与内涵如下。

（1）相关产业发展情况。相关产业发展情况是指采购项目所关联行业的发展趋势、技术创新、政策导向、产业结构调整、市场规模变化等情况。了解产业发展有助于采购人把握整体环境，确保采购的产品或服务能够适应未来的发展趋势，同时也能评估潜在供应商是否具有持续的技术和服务支持能力。

（2）市场供给情况。市场供给状况是指市场上现有产品或服务的供应状态，包括可供选择的供应商数量、产品的丰富程度、供货周期、生产能力、库存水平等因素。通过对市场供给的研究，方能判断市场上的竞争态势，制定合适的采购策略，并预测采购过程中的风险，如供应短缺或过剩问题。

以货物采购为例，从市场主要参与者入手调查3家及以上供应商，了解供应商品牌、业务覆盖范围、产品出货量、市场占有率等信息，对比数据进行分析。

（3）同类采购项目历史成交信息。同类采购项目历史成交信息是指过去已经完成的类似采购项目的成交记录，包括但不限于中标/成交供应商、中标/成交金额、采购数量、规格型号、合同履行情况等具体细节。这些信息对于制定合理的预算、明确采购标准、设计评标规则以及预见可能出现的问题具有重要意义。通过分析历史成交数据，采购人可以参考市场价格区间、识别优质供应商，避免过高或过低报价，防范采购风险。

2）可能涉及的运行维护、升级更新、备品备件、耗材等后续采购

可能涉及的运行维护、升级更新、备品备件、耗材等后续采购和其他相关情况，通常是指在完成初次采购后，为了保证产品或设备的正常运行、性能优化以及使用寿命延长，所需进行的一系列额外投入和考虑事项。

（1）运行维护。

指对已采购的产品或设备进行定期检查、保养、故障维修等工作，以维持其良好的运行状态。这方面的采购可能涉及技术服务合同、维修配件、维保人员培训等内容。

（2）升级更新。

随着技术进步、功能需求变化或者原有设备老化，可能需要对产品或系统进行软件升级、硬件更换等改造工作，这也是一项重要的后续采购内容。

（3）备品备件。

为防止设备突发故障影响正常运营，提前采购备用零部件以备不时之需。备品备件采购计划需要根据设备重要性、易损部件的寿命、停机损失等因素来制订。

（4）耗材采购。

对于一些消耗性资源，如办公用品、生产原料、医疗器械的消耗品等，需要持续不断地进行采购补充。

（5）法律法规变更。

某些情况下，国家法律法规、行业标准或环保要求的变化，可能会导致采购的产品或服务需要进行相应的改进或替换。

（6）扩展需求。

随着业务规模的扩大或新业务的开展，原有的设备或系统可能无法满足新的需求，这时就需要进行扩容、增购或其他形式的追加采购。

（7）全生命周期管理。

从采购初期到报废处置整个过程中的所有费用，包括但不限于能源管理、运行维护、升级改造、报废处理等产生的费用。采购人在需求调查时应充分考虑并做好预案，以实现全生命周期的成本控制和效能最大化。

3）其他调查内容

如调查潜在供应商的企业规模、采购标的是否涉及强制采购节能产品、采购产品是否涉及进口产品、核心产品是否存在三个或三个以上品牌等。

（1）潜在供应商的企业规模。

了解潜在供应商的企业规模，有助于采购人更好地落实中小企业扶持政策。如了解采购项目是否因使用不可替代的专利、专有技术，基础设施限制，或者提供特定公共服务等原因，只能从中小企业之外的供应商处采购，或采购项目预留采购份额可否确保充分供应、充分竞争，是否存在可能影响政府采购目标实现的情形。

（2）采购标的是否涉及强制采购节能产品。

登录"中国政府采购网"查询相关节能环保产品的清单，查询采购标的是否涉及强制采购节能产品。也可以查阅市场主体提供的产品认证资料，比如是否有节能产品认证、环境标志产品认证或其他相关的环保节能证书。

（3）采购标的是否涉及进口产品。

要求市场主体提供产品的原产地证明、报关单据、关税支付凭证等相关进口文件，以确认产品是否属于进口产品。

（4）核心产品品牌的多样性。

对于非单一产品采购项目，调查核心产品的品牌结构，确保不存在过度依赖单一品牌的风险。分析市场上可替代的品牌数量，并评估潜在供应商能否提供多个品牌的解决方案，降低采购失败的风险。

【示例】

采购需求调查样表

项目名称		预算金额		经费来源	
申请单位		数量			
需求简述					
需求调查方式	☐现场考察　☐咨询　☐问卷调查 ☐论证,专家清单: ☐第三方咨询机构,咨询机构名称: ☐其他				
调研内容	调研产品1		调研产品2		调研产品3
厂商名称	公司1		公司2		公司3
品牌(型号)	品牌(及型号)1		品牌(及型号)2		品牌(及型号)3
进口/国产					
历史成交价/万元					
保修时间(年)					
出保后的整机维保价格/(万元/年)					
保修期内免费保养次数					
是否提供软硬件免费升级更新					
能否提供设备停产后≥3年的备件供应期					
主要配件报价					
有无配套耗材					
采购需求调查小结报告					

类似项目历史成交信息样表 单位：万元

项目名称	采购人	中标金额（单价）	中标人	品牌、规格型号	采购日期
X射线计算机体层摄影系统（64排CT）招标项目	某大学第一附属医院	×××	厦门某公司	×××	2025.4
64排及以上X射线计算机体层摄影系统（CT）采购项目	某医科大学总医院	×××	上海某公司	×××	2024.12
64排螺旋CT采购项目	某县人民医院	×××	中仪某公司	×××	2024.2
64排CT采购项目	某医院	×××	某医疗系统股份有限公司	×××	2022.9
64排CT采购项目	某卫生院	×××	江西某有限公司	×××	2025.2
64排计算机断层扫描仪（64排CT）	某省精神病医院	×××	昆明某有限公司	×××	2022.12

2. 需求调查方式

以下是《政府采购需求管理办法》规定的几种需求调查方式。

1）咨询

向行业专家、内部相关部门（如技术部门、业务部门等）以及外部顾问咨询，获取专业意见和建议。也可以召开座谈会或者一对一访谈，与相关领域的专业人士进行深入讨论。

2）论证

组织专家论证会，邀请行业内权威人士对采购项目的必要性、可行性及具体要求进行研讨和评估，对采购需求的技术方案、经济合理性、社会效益等方面进行全面论证。

3）问卷调查

制定详细的问卷，针对潜在供应商、最终用户或其他利益相关方进行大规模调查，收集关于产品或服务需求的具体信息。也可通过电子问卷平台、邮件、现场发放等方式，获取大量数据，以便统计分析和形成决策依据。

4）其他需求调查方式

发布征求意见公示：在政府采购相关信息媒体发布征求意见公示，收集潜在供应商或者服务对象意见。

用户访谈：直接与预期产品的使用者交流，了解他们对于产品功能、性能和服务的实际期望。

数据分析：利用历史成交数据、市场研究报告、行业发展趋势等公开信息进行研究。

现场观察：实地考察使用环境或应用场景，直观感受现有问题及改进需求。

3.面向市场主体开展需求调查

面向市场主体开展需求调查的核心特点是直接对接市场主体，即供应商、制造商、服务商等，通过深度调查，收集他们对产品或服务的需求信息、技术发展趋势、市场价格变动等一手资料。

这种方式的优势在于能够迅速、准确地把握市场的最新动态和未来趋势，以及市场主体的实际需求与期望，有助于采购人制定更为科学、合理的采购策略和计划。同时，这个过程也是采购人与市场主体间的重要交流和互动环节，有助于双方建立良好的信息沟通渠道，提升供需匹配度，避免信息差。面向市场主体开展需求调查的步骤如下。

1）确定调查主体

面向市场主体开展需求调查时，选择的调查对象一般不少于3个，并且应当具有代表性，这一原则主要是基于以下几个原因：

（1）减少偏见与误差。如果仅选取单一或少数调查对象，可能导致调查结果受到个体特殊情况的影响，无法反映市场的普遍状况。至少选择3个调查对象可以增加样本量，有利于减小偶然性和个别偏差，提高调查结果的客观性和准确性。

（2）增强公正性与透明度。在政府采购等公共采购活动中，选择多个调查对象有助于体现公平竞争的原则，避免因偏好某个特定供应商而造成不公平的结果。同时，广泛收集不同市场主体的意见和建议，能够增强采购过程的透明度。

（3）获取多元信息。不同的市场主体可能有不同的产品或服务方案，通过调查多个供应商可以获得多样化的解决方案和市场信息，从而更全面地了解市场需求、技术水平、价格水平以及服务质量等各方面的情况。

（4）确保需求合理性与可行性。代表性调查有助于确保所形成的需求不仅反映了某一类供应商的特点，还能兼顾到市场上大多数主体的需求和供给现状，使得最终确定的采购需求更加合理可行，避免采购需求的歧视性、限制性。

2）开展调查

在面向市场主体开展需求调查时，采用问卷形式是一种非常常见且有效的方法。这种方式可以系统地收集大量数据，并能覆盖广泛的采购相关问题，确保信息的全面性和准确性。下面以问卷形式为例，介绍如何开展调查。

（1）设计问卷。

首先，需要根据政府采购的需求特点和目标，设计一套科学、合理且具有针对性的问卷。问卷应包括但不限于以下几个部分：采购项目背景、项目基本信息、采购目标、初步采购计划、拟采购标的及需求（包括质量、功能、价格等要求）、供应商基本要求、采购周期及频率、对采购流程的意见和建议等。

（2）发放问卷。

将设计好的问卷通过电子邮件、在线问卷平台、纸质问卷等多种方式发放给各调查主体，确保覆盖面广，提高回收率。

（3）数据收集与整理。

设定合理的回收期限后，及时收集并整理问卷反馈的数据，剔除无效问卷或不完整信息。

（4）数据分析。

运用统计软件或工具对收回的问卷数据进行深度分析，找出采购需求的共性与特性，分析收集数据的可信度，总结出各类需求的趋势、规律以及存在的问题。

（5）结果应用。

基于问卷调查的结果，制定更为精准合理的采购需求方案，优化采购流程，提升采购效率和服务质量。

（6）反馈与改进。

将问卷调查的结果以及据此调整的采购政策或措施向参与调查者进行反馈，并持续关注反馈信息，不断优化改进。

【示例】

需求调查问卷

为确保采购需求能够明确实现项目目标的所有技术、商务要求，确保功能和质量指标的设置能够充分考虑可能影响供应商报价和项目实施风险的因素，保障后续项目采购顺利实施，现对项目采购需求面向市场主体进行需求调查。

一、项目基本情况

二、征集意见表

潜在供应商调查意见征集表

声明：本调查意见征集表仅为获悉潜在供应商对本项目的主要采购需求的反馈意见之用，贵方对此采购需求的反馈意见不作为贵方参与本项目的承诺，但我们仍建议贵方本着审慎的原则提供真实、准确的信息，提供合理性和建设性建议。我们在此承诺，将对此反馈意见承担严格保密责任，并将获悉本信息的人员限制在最小范围。

项目名称		
潜在供应商名称		(盖章)
设备1		意见和建议：
设备2		意见和建议：
询价价格		
设备1		
设备2		
……		
其他需说明事项	交货期	意见和建议：
	其他(如有)	意见和建议：
联系方式		联系人： 电话： 邮箱：

三、调查意见征集截止时间

请潜在供应商参照《潜在供应商意见征集表》，于_____年____月____日____时之前，将意见征集表电子文档（加盖单位公章的扫描件和 Word 版本）发送至邮箱_____。

四、调查征集意见说明

（1）本次市场调查征集的意见如被采纳，将会对现项目采购需求进行调整和修改，以确定最终的项目采购需求。

（2）参与本次调查征集意见的潜在供应商并不会因此在本项目正式采购中得到特别的优待；即使未参加调查征集意见的潜在供应商仍然有资格参与本项目采购活动。

（3）潜在供应商也不会因参与调查征集意见提出问题而遭到采购人的歧视，请潜在供应商充分表达对推进本项目实施的合理性和建设性建议。

五、联系方式

采购人（采购咨询机构）：_____

联系人：_____

联系电话：_____

_____年____月____日

4. 需求调查辅助价格测算

采购人可以根据价格测算情况在采购预算额度内合理设定最高限价，但不得设定最低限价。需求调查在辅助价格测算中扮演着关键角色，可从以下几个方面辅助价格测算。

1）获取市场价格信息

通过向多个具有代表性的市场主体进行需求调查，可以了解到当前市场上同类产品或服务的主流价格区间、定价机制以及价格波动趋势等信息，这对于准确估算采购项目的预算成本具有直接的指导作用。

2）对比分析不同方案或技术路线

各市场主体提供的产品或服务可能存在差异化特点，需求调查能够搜集多种方案或技术路线的价格数据，进而对比分析各种方案的性价比，辅助确定最合适的价格基准。

3）预测成本变动因素

在调查过程中，可以深入了解影响价格的各种内外部因素，如原材料价格、人力成本、技术发展、政策调整等，这些信息有助于预测未来的成本走势，使价格测算更为精准。

4）制定合理采购最高限价

基于翔实的需求调查数据，采购人能够更加科学地设定最高限价，既可避免过高限价浪费财政性资金，又能防止过低限价影响潜在供应商参与的积极性，保证采购项目的顺利实施。

5. 对采购项目进行深入分析

对采购项目的深入分析是确保项目成功实施和达成预期目标的关键环节，包括但不限于成本效益分析、市场供应情况分析、技术可行性分析和潜在风险评估。

1）成本效益分析

通过详尽计算项目的总投入成本（包括但不限于采购成本、运营成本、维护成本等）以及预期的经济效益（如产出效益、节省的成本、带来的效率提升等），从而评估项目是否具备经济合理性。在这一过程中，需要考虑货币价值之外的非货币性效益，并结合项目的全生命周期成本进行综合考量。

2）市场供应情况分析

研究当前市场上的供应商资源、产品或服务供应状况，包括供应商的数量、规模、产品质量、价格水平、供货能力和服务支持等方面。同时考察市场的竞争程度、供需平衡情况，以及可能影响市场价格和技术发展的行业趋势等因素，为确定采购策略、选择合适的采购方式提供依据。

3）技术可行性分析

对拟采购的产品或服务的技术性能、成熟度、兼容性、升级潜力等方面进行全面评估，以确认其能否满足项目需求及未来发展要求。这包括技术方案的比较与优选、技术风险识别及应对措施制定，以及技术培训、技术支持和后续运维等方面的可行性分析。

4）潜在风险评估

从政策法规变化、市场波动、供应商违约、技术更新换代、项目延期、质量不达标等多个角度，对整个采购项目可能面临的风险进行全面系统地识别与评估，并针对各风险点制定相应的策略。

三、采购需求的确定

1. 确定采购需求的原则

采购需求应当符合法律法规、政府采购政策和国家有关规定，符合国家强制性标准，遵循预算、资产和财务等相关管理制度规定，符合采购项目特点和实际需要。采购需求应当合规、完整、明确。

1）合规性原则

（1）符合国家法律法规、政府采购政策和国家相关规定。

所有采购需求应符合国家法律法规的规定，包括但不限于《政府采购法》及其实施条例、相关财政法规、部门规章等。

（2）符合国家强制性标准和技术规范。

采购需求可以直接引用相关国家标准、行业标准、地方标准等标准、规范，也可以根据项目目标提出更高的技术要求。

国家强制性标准和技术规范，是保障产品和服务质量、安全以及环境友好等基本要求的底线，所有供应商都必须满足。

根据项目的实际需求和目标，采购人有权提出高于现有标准的技术要求。但需要注意的是，提高技术要求应当是为了提升整体绩效、优化功能效果或者适应特殊应用场景，而不是无理由地设置过高门槛导致竞争不公平。在设定更高标准时，要确保其公正性和公平性，不能通过不合理的技术指标设置形成对特定供应商有利的局面，即避免出现"量身定制"的嫌疑。采购人不得擅自提高采购标准，不得以不合理的条件对供应商实行差别待遇或者歧视待遇。

（3）遵循预算管理制度、资产管理制度和财务制度等。

预算管理方面：编制政府采购需求时，应严格依据已批准的预算编制，确保采购金额不超预算总额。同时，根据项目实施进度，合理安排采购时序，避免预算资金闲置或过度集中支付，保障预算资金合理、高效使用。

资产管理方面：采购需求应与现有资产配置标准精准匹配，不得重复购置或超标配置。在采购完成后，及时组织资产验收，核对资产的规格、数量、质量等关键信息，严格按资产管理规定完成资产登记入账，确保账实一致，避免资产闲置或流失，提升资产使用效益。

财务制度方面：明确采购合同的付款条件，严格遵循财务制度规定的付款比例和时间要求。要求供应商开具合规发票，报销流程需严格按要求提供合同、验收报告、发票等报销凭证，确保报销金额准确无误。

【小贴士】

【问】按照《关于开展政府采购意向公开工作的通知》（财库〔2020〕10号），采购意向仅作为供应商了解各单位初步采购安排的参考，采购项目实际预算金额以预算单位最终发布的采购公告和采购文件为准，请问实际采购金额比意向公示金额少很多是否可以？

【答】根据《关于开展政府采购意向公开工作的通知》（财库〔2020〕10号）的规定，采购意向仅作为供应商了解各单位初步采购安排的参考，采购项目实际预算金额以预算单位最终发布的采购公告和采购文件为准。采购意向应当尽量准确，若因为工作计划变动等客观原因导致采购意向中预算金额与采购公告中预算金额发生较大变动，无须对采购意向进行调整。供应商应当及时关注采购公告以获取准确的采购信息。

（信息来源：中国政府采购网）

【小贴士】

【问】经过公开招标后，中标单位的很多单价超过《中央行政单位通用办公设备家具配置标准》，如何处理？是否需要重新招标？

【答】根据87号令规定，招标文件的内容不得违反法律、行政法规、强制性标准、政府采购政策，采购人、采购代理机构应在采购文件中按照《中央行政单位通用办公设备家具配置标准》对通用办公设备家具设定最高限价。投标供应商报价超过最高限价规定的，应作无效处理。

（信息来源：中国政府采购网）

2）完整性原则

确定采购需求应当明确实现项目目标的所有技术、商务要求，功能和质量指标的设置要充分考虑可能影响供应商报价和项目实施风险的因素。

在政府采购活动中，确保采购需求的完整性至关重要，采购人在制定采购需求时，必须保证以下几点。

（1）全面性。

采购需求应涵盖实现项目目标所需的所有技术和商务要求。这意味着包括但不限于产品或服务的具体规格、性能标准、交付周期、售后服务、质保期等细节都应在采购需求中予以明确规定。

（2）功能性与质量标准。

设定功能和质量指标时，必须充分考虑这些指标如何影响潜在供应商的成本计算和投标报价，以及它们在项目实施过程中可能带来的风险。比如，过于严苛的质量标准可能导致成本增加，进而影响供应商参与采购活动的积极性；而过低的标准则可能无法满足项目的实际需要，导致项目失败或者增加后期运维的风险。

但是也要注意，这里所说的完整是以采购需求为出发点的完整，并不是要列举设备的全部参数，这是一个经常出现的误区。

在政府采购中，强调需求完整性主要是指从实现项目目标的角度出发，明确必需的技术、商务要求，而不是事无巨细地列举所有可能的设备参数或服务细节。

具体来说，采购人应该重点描述清楚项目的核心功能需求、主要技术指标、关键的商务条件等实质性内容，对于非核心但可能影响项目实施的参数也需适当涉及，但在不必要的情况下，无需列出所有细微末节的设备参数。

（3）与项目实施相关的其他内容。

采购需求的完整性不仅限于所采购货物或服务的具体规格、数量和技术要求等基本信息，还包括与项目实施紧密相关的所有必要条件。这些条件旨在帮助潜在供应商全面理解项目的整体背景和具体要求，以便供应商能够提供符合实际需求的解决方案或产品。

项目实施条件：可能涉及项目的时间计划、施工环境、安全标准、现场操作限制等要素，以及项目执行过程中可能遇到的相关法规约束、验收标准等。

现场情况：如建筑工程项目中场地的地质状况、水电设施、交通条件；信息技术项目中的网络环境、软硬件兼容性要求、现有系统的集成接口等。

设计图纸或技术文件：对于需要定制化解决方案的项目，应提供详细的设计图纸、工程蓝图或相关技术文件，以确保供应商能够根据提供的资料准确估算成本、制定实施方案。

对接方案：如果涉及与原有设备或系统的衔接，必须明确列出原系统的技术参数、接口规范、数据格式等信息，确保新采购的产品或服务可以无缝接入并稳定运行。

通过在采购需求中详尽地列明以上内容，供应商能够有针对性地准备投标响应文件，从而获得最具竞争力且切实可行的报价方案，降低后续合同履行过程中的变更风险和纠纷。同时，这也有利于提高采购活动的透明度和公平性，进一步保障公共资金的合理使用和社会效益的最大化实现。

3）明确性原则

采购需求应当清楚明了、表述规范、含义准确。技术要求和商务要求应当客观，量化指标应当明确相应等次，有连续区间的按照区间划分等次。需由供应商提供设计方案、解决方案或者组织方案的采购项目，应当说明采购标的的功能、应用场景、目标等基本要求，并尽可能明确其中的客观、量化指标。

采购需求明确，是保证采购活动顺利进行、满足实际业务需求以及实现公平公正竞争的基础。具体如下。

（1）清楚明了、表述规范、含义准确。

在制定采购需求时，应避免使用模糊不清或容易产生歧义的词语，确保所有参与竞争的供应商都能准确理解采购人的具体需求，包括产品或服务的数量、质量、规格、交付时间等要素。要用"采购的语言"去表达，避免过于专业化或者偏向供应商角度的术语和描述，而是要让所有潜在供应商都能清楚理解采购人的实际需求，以便提供最适合的解决方案。

标的物命名应当规范，避免俗称或简称代替货物名称。如医疗设备中的"B超""CT机"等应当采用官方发布的标准名称，CT可使用海关颁布的具有唯一ID标识的商品名称，进口HS编号为9022120000的"X射线计算机断层扫描装置"或国家药品监督管理局注册证产品名称"X射线计算机体层摄影设备"。

如果约定采购标的的数量为"一套"，则需在采购需求中明确"一套"包含的具体内容，以免引起歧义。

明确且严谨的采购需求设定，有助于提升采购效率，降低交易成本，保障采购质量。

（2）技术要求和商务要求客观量化。

对于涉及技术性能、参数、资质证明等方面的技术要求，以及合同条款、付款方式、售后服务等方面的商务要求，应当尽可能地采用客观、量化的指标，并明确各个等级的标准。比如，性能参数需达到某一标准值，或者服务响应时间必须在特定范围内。

需由供应商提供设计方案、解决方案或者组织方案的采购项目，应详细阐述采购标的的核心功能、预期的应用场景、项目目标等内容，让供应商在设计或提供方案时有明确的方向。同时，尽可能给出客观、量化的评价标准，便于后期对各供应商提交的方案进行科学、公正的评估和比较。

采购人、采购代理机构一般不得要求供应商提供样品，仅凭书面方式不能准确描述采购需求或者需要对样品进行主观判断以确认是否满足采购需求等特殊情况除外。要求供应商提供样品的，应当在采购需求中明确规定样品制作的标准和要求、是否需要随样品提交相关检测报告、样品的评审方法以及评审标准。需要随样品提交检测报告的，还应当规定检测机构的要求、检测内容等。

采购文件不宜列举"参考品牌"。"参考品牌"具有一定的指向性和排他性，违反了政府采购公平竞争的原则。

请看下面的案例。

某高校报告厅智能化改造项目投诉案

某高校发布竞争性磋商公告，对报告厅进行智能化改造。A公司在获取采购文件后提出质疑，因对质疑答复不满意，向当地财政部门提起投诉。A公司认为，采购标的技术参数设置具有指向性和排他性。

当地财政部门对该项目技术参数审查发现，采购文件对智能化设备、材料设定了参考品牌，如LED大屏参考品牌为"LJ、LP、TH"，并注明"以上品牌均应为原厂正牌产品，上述材料承包人必须从厂家（不含联营厂）或一级代理商处采购……材料进场前，需经采购人及使用单位认可。非发包人指定品牌的材料……应选用市场上应用较广泛的高质量、高信誉知名产品，并在投标文件中明确产品品牌及品牌档次"。

财政部门认为，本项目采购文件具有排他性和指向性，属于《中华人民共和国政府采购法实施条例》第二十条第（六）项"限定或者指定特定品牌"，投诉事项成立，责令修改采购文件，重新开展采购活动。

2. 采购需求的构成

采购需求不仅服务于采购活动，而且对整个采购流程的效率和效果起到关键作用。为了提高采购需求管理的有效性和规范性，通常建议建立一套标准的采购需求构成框架，现以"采购标的""技术要求""商务要求"三大部分组成的采购需求进行介绍。

1）采购标的部分

（1）采购标的。

采购标的应为实质性要求，应列明各采购标的名称、数量和单位，同时还应明确以下内容：

① 明确采购标的对应的中小企业划分标准所属行业。

② 明确核心产品。对于货物项目中非单一产品采购项目，采购人应当根据采购项目技术构成、产品价格比重等合理确定一个或多个核心产品。

③ 明确是否接受进口产品。明确接受进口产品的标的，允许采购进口产品。

④ 明确采购标的是否强制采购节能产品。采购标的强制采购节能产品的，应提供国家确定的认证机构出具的节能产品认证证书，否则为无效投标/响应。

⑤ 明确是否允许合同分包。采购标的未注明"允许分包"的，不得合同分包。

⑥ 其他要求。

【示例】

采购标的一览表

序号	标的名称	数量	单位	采购标的所属行业	是否为核心产品	是否接受进口产品	是否强制采购节能产品	是否允许合同分包	其他要求
1	（标的1）	…	…						
2	（标的2）	…	…						
3	（标的3）	…	…						
…	…	…	…						

（2）项目背景/概述。

项目背景/概述为采购标的的补充说明，一般包含以下内容（根据项目情况具体调整）：

① 如项目背景、项目范围、项目内容、项目目标等。

② 落实政府采购政策需满足的要求，包括采购本国货物、工程和服务，扶持中小企业、监狱企业及残疾人福利性单位，政府采购节能产品、环境标志产品等。

③ 其他供应商参与项目需要了解的必要信息，如与前期项目的关系等。

【示例】

项目背景/概述

序号	内容		说明
1	采购标的需实现的功能或者目标	项目背景	
2		项目范围	
3		项目内容	
4		项目目标	
5		需求分析	
6	落实政府采购政策需满足的要求	采购本国货物、工程和服务	
7		扶持中小企业、监狱企业及残疾人福利性单位	

序号	内容		说明
8	落实政府采购政策需满足的要求	政府采购节能产品、环境标志产品	
9		其他政府采购政策	
10	其他内容(如有)	与前期项目的关系	

2)技术要求部分

(1)基本要求。

① 采购标的需实现的功能或者目标。

② 需执行的国家相关标准、行业标准、地方标准或者其他标准、规范。

(2)服务内容及要求/货物技术要求。

① 采购标的需满足的性能、材料、结构、外观、质量、安全、技术规格、物理特性等要求。

② 采购标的需满足的服务标准、期限、效率等要求。

③ 为落实政府采购政策需满足的要求。

④ 采购标的的其他技术、服务等要求。

⑤ 需由供应商提供设计方案、解决方案或者组织方案的采购项目,应当说明采购标的的功能、应用场景、目标等基本要求。

在编写服务内容及要求/货物技术要求时,功能、质量、服务标准等指标的设置要充分考虑可能影响供应商报价和项目实施风险的因素,明确指标的重要性和优先级,设定客观、量化的评审因素、分值和权重。指标可分为实质性要求和参与评分的指标两大类。

【示例】

指标按重要性分为"★""♯"和"△"。★代表实质性指标项,若不满足该指标项,则将导致投标被拒绝;♯代表重要指标项;△则表示一般指标项。

根据指标的性质及其重要性,还要明确供应商是否需要提供证明材料在评审时进行佐证。

【示例】

"证明材料要求"项可填"是"和"否"。若填"是",则投标人需提供包含相关指标项的证明材料,证明材料可以使用生产厂家官方网站截图或产品白皮书或第三方机构检验报告或其他相关证明材料,未提供有效证明材料或证明材料中的内容与所填报的指标项不一致的,该指标项按不满足处理。

除技术、服务、实施方案需求中明确要求投标人承诺的事项外，其他要求提供证明材料的指标项中，提供投标人承诺作为应答的不予认定。

【示例】

货物技术要求

参数指标要求：

①指标按重要性分为"★""#"和"△"。★代表实质性指标项,若不满足该指标项,则将导致投标被拒绝;#代表重要指标项;△则表示一般指标项。

②"证明材料要求"项可填"是"和"否"。若填"是",则投标人需提供包含相关指标项的证明材料,证明材料可以使用生产厂家官方网站截图或产品白皮书或第三方机构检验报告或其他相关证明材料,未提供有效证明材料或证明材料中的内容与所填报的指标项不一致的,该指标项按不满足处理。

③除技术、服务、实施方案需求中明确要求投标人承诺的事项外,其他要求提供证明材料的指标项中,提供投标人承诺作为应答的不予认定。

序号	重要性	指标项	指标要求	证明材料要求
1.（标的1）				
1.1	★	规格参数		是/否
1.2	#	规格参数		是/否
1.3	△	规格参数		是/否
…	…			
2.（标的2）				
2.1	★	规格参数		是/否
2.2	#	规格参数		是/否
2.3	△	规格参数		是/否
…	…			
…				

【示例】

服务要求

参数指标要求：

①重要性分为"★""#"和"△"。★代表实质性指标项,若不满足该指标项,则将导致投标被拒绝;#代表重要指标项;△则表示一般指标项。

②"证明材料要求"项可填"是"和"否"。若填"是",则投标人需按"服务要求标准"提供相关证明材料。

序号	重要性	内容	服务要求标准	证明材料要求
1		原厂售后服务承诺函		是/否

续表

2		供应商服务标准		是/否
3		硬件、软件制造商服务标准		是/否
4		人员资格标准		是/否
5		服务网络标准		是/否
6		集成标准		是/否
7		培训服务		是/否
8		…		

【示例】

实施要求

①重要性分为"★""#"和"△"。★代表实质性指标项,若不满足该指标项,则将导致投标被拒绝;#代表重要指标项;△则表示一般指标项。

②"证明材料要求"项可填"是"和"否"。若填"是",则投标人需按"实施标准"提供相关证明材料。

序号	重要性	内容	实施标准	证明材料要求
1		项目实施过程文档管理		是/否
2		项目实施进度安排		是/否
3		项目验收安排		是/否
4		…		

（3）验收标准。

政府采购验收标准主要包括以下几个方面：

① 合同约定：验收首先依据的是政府采购合同条款，供应商提供的产品或服务必须满足合同中规定的质量要求、技术参数、性能指标、交付期限等内容。

② 国家与行业标准：验收还应符合国家的相关产品质量标准、安全标准、环保标准以及特定行业的技术规范。

③ 法律法规要求：遵守国家法律、行政法规对于政府采购项目验收的规定，比如《政府采购法》及其实施条例等。

④ 政策性文件：执行国家发改委、财政部等相关部委发布的关于政府采购项目验收的指导性文件和具体收费标准。

⑤ 绩效评价：对于涉及长期服务或运营维护的项目，除了基本的技术验收外，还会对项目的经济效益、社会效益等方面进行绩效评价。

3）商务要求部分

商务要求是指取得采购标的的时间、地点、财务和服务要求，包括：

（1）交付（实施）的时间（期限）和地点（范围）。

（2）付款条件（进度和方式）。

（3）包装和运输（如适用，需满足《关于印发〈商品包装政府采购需求标准（试行）〉、〈快递包装政府采购需求标准（试行）〉的通知》（财办库〔2020〕123号））。

（4）售后服务（质保期）。

（5）保险。

【示例】

商务要求

①按重要性分为"★"、"#"和"△"。★代表实质性指标，不满足该指标项将导致投标被拒绝，#代表重要指标，△则表示一般指标项。

②"证明材料要求"项可填"是"和"否"。填"是"的，供应商须按"实施标准"提供相关证明材料。

序号	重要性	内容	实施标准	证明材料要求
1		交付（实施）时间（期限）		是/否
2		交付（实施）地点（范围）		是/否
3		付款条件（进度和方式）	付款节点： ①首付款： ②中期款： ③尾款：	是/否
4		售后服务（质保期）		
5				

3. 采购需求的标准化

为提高政府采购需求管理的科学化、规范化水平，进一步落实政府采购公平竞争原则，优化营商环境，营造良好的产业生态，财政部、工业和信息化部相继发布了《台式计算机政府采购需求标准（2023年版）》《便携式计算机政府采购需求标准（2023年版）》《一体式计算机政府采购需求标准（2023年版）》《工作站政府采购需求标准（2023年版）》《通用服务器政府采购需求标准（2023年版）》《操作系统政府采购需求标准（2023年版）》《数据库政府采购需求标准（2023年版）》。

这些系列的政府采购需求标准，旨在对各类计算机设备以及操作系统、数据库等软件产品提出统一、明确且具有指导性的技术规格和性能指标要求。具体如下。

标准化采购需求：通过制定详细的标准，确保政府采购在台式计算机、便携式计算机（笔记本电脑）、一体式计算机、工作站以及通用服务器等硬件产品的采购时，能够遵循一致的技术参数、节能环保指标、安全可控性要求，避免因需求模糊或不统一而导致的市场混乱和竞争失衡。

软件层面的要求：对于操作系统和数据库这类基础软件，同样提出了规范化的采购需求，强调了兼容性、安全性、可维护性、国产化支持等方面的具体条件，有利于推动国内信息技术产业的发展，保障国家信息安全，并促进公平开放的市场竞争环境。

优化营商环境：通过制定和实施这些标准，可以降低供应商参与政府采购活动的门槛，提高采购过程的透明度和效率，鼓励国内外企业按照统一的标准进行产品研发和生产，为所有符合条件的企业提供公平竞争的机会。

产业生态建设：标准化的采购需求有助于引导和支持电子信息产业链条上的技术创新与协同发展，构建更加完善的信息技术产业生态，推动我国电子信息产业的整体升级和自主创新能力提升。

4.采购需求负面清单

在政府采购活动中，采购人编制项目采购需求时，常见的违法违规情形主要有以下六个方面。

一是未落实政府采购政策，主要包括：

（1）拟采购的产品属于环境标志产品、节能产品政府采购品目清单范围的，未依据品目清单和认证证书实施政府优先采购和强制采购以及未明确强制或优先采购节能产品和优先采购环保产品。

（2）未落实支持创新、绿色发展等政府采购政策。

（3）未落实促进中小企业发展政策（监狱企业、残疾人福利性单位视同小微企业）。

（4）采购进口产品的，未经财政部门审核（高校、科研院所采购进口科研仪器设备进行备案的除外）；或已按规定经财政部门审核（备案）同意购买进口产品，但限制国内产品参与竞争。

（5）未明确各级政府机关的计算机办公设备及系统必须使用正版软件。

二是未按国家、省相关规定，擅自提高配置标准。主要包括采购需求超出采购预算、超过资产配置标准、超出办公需要等。

三是采购需求不完整、明确。主要包括：

（1）未明确采购标的需满足的质量、安全、技术规格、物理特性等要求。

（2）未明确采购标的的数量、采购项目交付或者实施的时间和地点。

（3）未明确采购标的需满足的服务标准、期限、效率等要求。

（4）非单一产品采购项目，需根据采购项目技术构成、产品价格比重等合理确定核心产品的，未在招标文件中载明。

（5）要求投标人提供样品的，未在招标文件中明确规定样品制作的标准和要求、是否需要随样品提交相关检测报告、样品的评审方法以及评审标准。需要随样品提交检测报告的，未规定检测机构的要求、检测内容等。

（6）未对不允许偏离的实质性要求和条件规定以醒目的方式标注。

四是以不合理的条件对供应商实行差别待遇或者歧视待遇。主要包括：

（1）将供应商的所在地作为实质性要求的，限定注册地（总部）在某行政区域内，或要求在某行政区域内有分公司等。

（2）限定或者指定特定的专利、商标、品牌或者供应商。

（3）采购需求中的技术、服务等要求指向特定供应商、特定产品。

（4）将特定行政区域或者特定行业的业绩、奖项，特定金额的业绩或代理商的业绩作为实质性要求。

（5）售后服务要求与采购项目无关或超出服务范围，售后服务要求明显不合理或指向特定对象，要求供应商提供售后服务不符合（低于）国家强制标准或行业标准。

（6）将非订制的采购标的关于重量、尺寸、体积等要求表述为固定数值，未作出大于、小于等表示幅度的表述。

五是以其他不合理条件限制或者排斥潜在供应商。主要包括：

（1）设定最低限价。

（2）要求提供赠品、回扣或者与采购无关的其他商品、服务。

（3）将国务院已明令取消的或国家行政机关非强制的资质、资格、认证、目录等作为实质性要求。

（4）将除进口货物以外生产厂家授权、承诺、证明、背书等作为实质性要求。

（5）将投标（响应）文件的装订、纸张、文件排序等非实质性格式和形式要求作为实质性要求。

六是违规收取保证金。主要包括：

（1）违规收取政府采购项目投标保证金。

（2）违规收取质量保证金。

（3）违规收取政府采购工程项目履约保证金。

请看下面的案例。

C大学学生活动中心多媒体教室建设采购项目投诉案

【关键词】

国际化营商环境/外资企业/进口产品/差别歧视待遇

【案例要点】

政府采购对不同所有制企业在中国境内生产的产品、提供的服务一视同仁、平等对待，不得差别对待。采购文件不得以所有制形式、组织形式、股权结构、投资者国别、产品品牌等限制供应商参加政府采购活动。投标产品组成部件为进口，但供应商能够证明产品在中国境内生产制造、加工及组装的，不应认定为《政府采购进口产品管理办法》中规定的进口产品。

【相关依据】

《中华人民共和国政府采购法》第三条、第十条、第二十二条、第七十一条；

《中华人民共和国外商投资法》第十六条；

《中华人民共和国政府采购法实施条例》第二十条；

《中华人民共和国外商投资法实施条例》第十五条；

《政府采购质疑和投诉办法》（财政部令第94号）第二十九条；

《财政部关于在政府采购活动中落实平等对待内外资企业有关政策的通知》（财库〔2021〕35号）；

《政府采购进口产品管理办法》（财库〔2007〕119号）。

【基本案情】

采购人C大学委托代理机构D公司就"C大学学生活动中心多媒体教室建设采购项目"（以下简称本项目）进行公开招标。2022年1月18日，代理机构D公司发布招标公告；2月14日，代理机构D公司发布中标公告，S公司为中标供应商；2月15日，供应商N公司提出质疑；2月22日，代理机构D公司答复质疑。

2月28日，供应商N公司向财政部提起投诉，投诉事项为：根据中标公告公示的产品品牌，S公司投标的多媒体设备、音箱等产品均为进口产品，违反招标文件关于禁止进口产品投标的规定。

财政部依法受理本案，并向相关当事人调取证据材料。

采购人C大学、代理机构D公司称：本项目经评标委员会依法依规评审，S公司综合得分排名第一。经组织原评标委员会复核，认定事项不成立。

S公司称：相关产品生产厂商提供的产品零部件进口报关单、产地证明等证据足以证明其投标产品在国内组装生产，不属于《政府采购进口产品管理办法》（财库〔2007〕119号）中规定的进口产品。

经查，据招标文件"第二部分　投标人须知（前附表）""第五部分　采购需求"显示，本项目不接受进口产品。据S公司在投标文件中的"进口产品生产厂家授权书"显示，"我单位投标的产品没有进口产品，也没有进口产品生产厂家授权书"。据海关总署的复函显示，S公司提交的多媒体设备和音箱的产品零部件进口报关单与海关信息系统中的报关单信息一致。

【处理结果】

根据《政府采购质疑和投诉办法》（财政部令第94号）第二十九条第（二）项的规定，投诉事项缺乏事实依据，驳回投诉。

相关当事人在法定期限内未就处理决定申请行政复议、提起行政诉讼。

【处理理由】

S公司在投标文件中响应本次投标产品没有进口产品，并在投诉处理过程中提交了相关产品零部件进口报关单、产地证明等在国内组装制造的证明材料。经向海关总署调查核实，上述零部件进口报关单与海关信息系统中的报关单信息一致。现有证据不足以证明S公司投标产品属于进口产品。

（选自财政部指导性案例34）

第三节　编制采购实施计划

采购实施计划是采购需求与采购活动的重要衔接，是指导采购人执行采购活动的重要依据，是确保采购顺利实施的重要保障，采购实施计划编制是否完整、科学、合理，直接决定着采购活动能否顺利开展实施，也是采购人履行主体责任的重要体现。

《政府采购需求管理办法》第十二条规定，采购实施计划，是指采购人围绕实现采购需求，对合同的订立和管理所做的安排。采购实施计划根据法律法规、政府采购政策和国家有关规定，结合采购需求的特点确定。采购实施计划主要包括合同订立安排和合同管理安排。

一、合同订立安排

合同订立安排包括采购项目预（概）算、最高限价，开展采购活动的时间安排，采购组织形式和委托代理安排，采购包划分与合同分包，供应商资格条件，采购方式、竞争范围和评审规则等。

1. 项目预（概）算、最高限价

1）项目预算

采购项目预算来自年度财政预算，是刚性约束，未经批准不得超预算或无预算采购，它是控制项目支出的基础。在政府采购中，项目预算通常基于部门预算和实际业务需求设定，并作为编制采购需求和实施计划的重要依据。预算金额将直接影响到采购内容的选择、采购方式的确定以及供应商报价的合理性。

2）最高限价

最高限价是采购人为某个具体采购项目设定的最高接受价格，它不得超过该项目的预算额度。在招标或谈判过程中，供应商提供的报价不得高于这个最高限价，否则其投标将会被视为无效。设置最高限价有助于防止过度投资，确保采购活动符合财政纪律，同时促进公平竞争，防止因高价导致的市场垄断或者不正当竞争。

项目预算是制定最高限价的基础，而最高限价则是对项目预算执行的一种约束手段，共同构成有效控制采购成本、合理使用政府采购资金的关键环节。

2. 开展采购活动的时间安排

采购人要根据采购项目实施的要求，充分考虑采购活动所需时间和可能影响采购活动进行的因素，合理安排采购活动实施时间。

1）采购活动所需时间

在进行采购活动时，采购人员需要全面考虑和规划。首先，需要详细了解采购项目的具体要求、标准及预期交付日期等信息，确保采购的产品或服务能够满足项目需求。

其次，应充分考虑采购周期的各个阶段，包括但不限于：采购准备、采购流程、合同谈判、订单下达、产品生产或服务提供、质量验收以及付款结算等环节所需要的时间。

2）可能影响采购活动进行的因素

预见并评估可能影响采购活动的各种因素，如市场供应情况、供应商能力、物流运输时间、季节性影响、政策法规变化、突发事件等，以这些因素为基础，合理确定每个采购环节的时间节点，从而保证整个采购活动能够按计划顺利进行。

3. 采购组织形式和委托代理安排

采购人采购纳入政府集中采购目录的项目，必须委托集中采购机构采购。政府集中采购目录以外的项目可以自行采购，也可以自主选择委托集中采购机构，或者集中采购机构以外的采购代理机构采购。一个项目中既有纳入政府集中采购目录的采购标的，也有政府集中采购目录以外的采购标的，不可分割的，应当委托集中采购机构采购。

4. 采购包划分与合同分包

采购项目划分采购包的，要分别确定每个采购包的采购方式、竞争范围、评审规则和合同类型、合同文本、定价方式等相关合同订立、管理安排。

在政府采购中，如果一个项目被划分为多个采购包（也称为标包或分包），这意味着根据项目的不同部分、功能需求、技术要求或服务内容，将其分割为可独立招标和管理的单元。每个采购包应具备其特定的采购要求和管理规则。

采购人可以按照有利于采购项目实施的原则，在采购文件中明确是否允许合同分包，即中标、成交供应商将中标项目的非主体、非关键性工作分包。

【小贴士】

【问】食堂食材供应项目（预算金额在限额标准以上的分散采购项目），由于食材需求的特殊性，项目需求难免品类繁杂，即使根据需求进行合理分包后，单一标段若由一家供应商承担，仍然可能出现因特殊情况或供应商应急能力有限，导致单家供应商无法正常供货的情况。故实际操作中，采购人更倾向于同一标段确定2家中标供应商轮流（或根据合同约定的其他方式）供货，以保证食材供应正常，请问如此操作合规吗？是否违反《关于促进政府采购公平竞争优化营商环境的通知》（财库〔2019〕38号）的净值设置备选库的规定？如不合规，请问有什么推荐做法？

【答】留言提到的食堂食材采购问题，违反了《关于促进政府采购公平竞争优化营商环境的通知》（财库〔2019〕38号）的规定。食堂采购原则上均应在明确服务标准、定价原则等采购需求的前提下，依照法定程序择优选择具体供应商，遵循量价对等的原则签订政府采购合同。确需多家供应商共同承担的，可根据食材品种等要素进行合理分包，通过竞争择优，将相应采购业务明确到具体供应商。如果无法分包，采购人可以选择接受联合体投标，鼓励供应商组成联合体满足采购人的需要。

（信息来源：中国政府采购网）

【小贴士】

【问】医院（公益二类事业单位）自有资金划拨给工会的工会经费，工会使用时采购主体为工会，是否属于政府采购范畴？

【答】国家机关、事业单位和团体组织内部工会的采购活动，不属于政府采购法适用范围。

（信息来源：中国政府采购网）

5.供应商资格条件

根据采购需求特点提出的供应商资格条件，要与采购标的的功能、质量和供应商履约能力直接相关，且属于履行合同必需的条件，包括特定的专业资格或者技术资格、设备设施、业绩情况、专业人才及其管理能力等。

业绩情况作为资格条件时，要求供应商提供的同类业务合同一般不超过2个，并明确同类业务的具体范围。涉及政府采购政策支持的创新产品采购的，不得提出同类业务合同、生产台数、使用时长等业绩要求。

供应商资格条件分一般资格条件、落实政府采购政策需满足的资格条件和特定资格条件三大类别。

1）一般资格条件

《政府采购法》第二十二条列出了供应商参加政府采购活动所必须具备的基本资格要求，即：

（1）具有独立承担民事责任的能力。

（2）具有良好的商业信誉和健全的财务会计制度。

（3）具有履行合同所必需的设备和专业技术能力。

（4）有依法缴纳税收和社会保障资金的良好记录。

（5）参加政府采购活动前三年内，在经营活动中没有重大违法记录。

（6）法律、行政法规规定的其他条件。

此外，随着信用体系建设的发展，根据后续的相关政策法规，政府采购活动也强调对参与主体的信用记录进行查询和使用。

采购人或者采购代理机构应当在采购文件中明确信用信息的查询渠道及截止时点、信用信息的查询记录和证据留存的具体方式、信用信息的使用规则等内容。采购人或者采购代理机构应当对供应商的信用记录进行甄别，对列入失信被执行人名单、重大税收违法失信主体、政府采购严重违法失信行为记录名单及其他不符合《政府采购法》第二十二条规定条件的供应商，应当拒绝其参与政府采购活动。

两个以上的自然人、法人或者其他组织组成一个联合体，以一个供应商的身份共同参加政府采购活动的，应当对所有联合体成员进行信用记录查询，联合体成员存在不良信用记录的，视同联合体存在不良信用记录。

【小贴士】

【问】分公司在经总公司授权后，是否可以参加政府采购项目？

【答】《中华人民共和国政府采购法》第二十二条规定，供应商参与政府采购活动应该能够独立承担民事责任，而分公司不能独立承担民事责任，因此分支机构（分公司）不能独立参与政府采购活动。但是，如果分支机构有总公司授权的，可以以总公司的名义参加。

（信息来源：中国政府采购网）

【小贴士】

【问】在实际工作中，经常有采购人要求扩展《中华人民共和国政府采购法》第二十二条中有关资格条件中重大行政处罚的范围，比如要求将"近三年内受到过政府采购及招标投标活动的各级监管部门行政处罚的不得参与本项目（包括警告等各类行政处罚）"列入资格条件，并把各类"警告"也作为资格条件进行否决，请问这种做法是否违背了《中华人民共和国政府采购法》二十二条的规定？

【答】根据《中华人民共和国政府采购法实施条例》第十九条的规定，重大违法记录是指供应商因违法经营受到刑事处罚或者责令停产停业、吊销许可证或者执照、较大数额罚款等行政处罚。政府采购及招标投标活动的各级监管部门行政处罚若不构成重大违法记录，则不宜作为限制条件。警告不属于重大违法行为记录，不宜作为限制条件。

（信息来源：中国政府采购网）

2）落实政府采购政策需满足的资格条件

（1）专门面向中小企业（监狱企业、残疾人福利性单位、联合体各方均为中小企业的联合体、符合中小企业划分标准的个体工商户视同中小企业）。

（2）专门面向小微企业（监狱企业、残疾人福利性单位、联合体各方均为小微企业的联合体、符合小微企业划分标准的个体工商户视同小微企业）。

（3）专门面向监狱企业。

（4）预留部分份额要求以联合体形式参加，应当与一家或多家中小企业组成联合体，并将采购清单中"适宜中小企业提供"的标的全部或部分由中小企业承担，联合协议书中应约定中小企业合同金额占合同总金额的最低比例；符合条件的中小企业直接参加的，可以不用与其他中小企业组成联合体。

（5）预留部分份额要求以联合体形式参加，应当与一家或多家小微企业组成联合体，并将采购清单中"适宜中小企业提供"的标的全部或部分由小微企业承担，联合协议书中应约定小微企业合同金额占合同总金额的最低比例；符合条件的小微企业直接参加的，可以不用与其他小微企业组成联合体。

（6）预留部分份额要求中标后合同分包，应将采购清单中"适宜中小企业提供"的标的，全部或部分合同分包给一家或多家中小企业，分包意向协议书中应约定中小企业的合同金额占合同总金额的最低比例；符合条件的中小企业直接参加的，可以不用合同分包。

（7）预留部分份额要求中标后合同分包，应将采购清单中"适宜中小企业提供"的标的，全部或部分合同分包给一家或多家小微企业，分包意向协议书中应约定小微企业的合同金额占合同总金额的最低比例；符合条件的小微企业直接参加的，可以不用合同分包。

在落实政府采购政策需满足的资格条件时，采购人应当根据政府采购有关规定和采购项目的实际情况，确定拟采购项目是货物、工程还是服务项目，再根据需求调查中了解的市场供给情况以及供应商情况，结合《中小企业划型标准规定》，确定是否专门面向中小企业。

【小贴士】

【问】律师事务所的法律服务和会计师事务所的审计服务是属于商务服务业还是其他未列明行业？

【答】现行《中小企业划型标准规定》（工信部联企业〔2011〕300号）第六条规定：本规定适用于在中华人民共和国境内依法设立的各类所有制和各种组织形式的企业。律师事务所不是在市场监管部门登记注册的企业，不适用《中小企业划型标准规定》。会计师事务所是在市场监管部门登记的企业，适用《中小企业划型标准规定》。按照《国民经济行业分类》（GB/T 4754—2017），会计师事务所属于"会计、审计及税务服务小类—咨询与调查中类—商务服务业大类—租赁和商务服务业门类"，依据《中小企业划型标准规定》（工信部联企业〔2011〕300号），应按"租赁和商务服务业"划型。

（信息来源：中华人民共和国工业和信息化部官网）

【小贴士】

【问】怎样才能定义为企业，并能适用工信部联企业〔2011〕300号文？其中：（1）是不是能简单认为只有工商部门颁发营业执照的才能称之为企业？（2）某机构有民政部门颁发的《民办非企业社会组织》，是否属于企业？（3）某律师事务所有司法部门颁发的《律师事务所执业许可证》，是否属于企业？（4）某司法鉴定机构有司法部门颁发的《司法鉴定许可证》，是否属于企业？（5）是否是企业能在哪个网址进行查询认定吗？

【答】根据《法人和其他组织统一社会信用代码编码规则》（GB 32100—2015）规定，企业的登记管理部门为工商（即市场监管）部门。民办非企业单位的登记管理部门为民政部门，律师执业机构、司法鉴定机构的登记管理部门为司法行政部门，三者均不是企业。可参照《法人和其他组织统一社会信用代码编码规则》（GB 32100—2015）中管理登记部门和机构类别的相关编码规定，以其社会信用代码判别某组织机构是否属于企业，也可咨询市场监管部门。按照《中小企业促进法》和《中小企业划型标准规定》（工信部联企业〔2011〕300号），只有在市场监管部门登记的企业，才适用《中小企业划型标准规定》（工信部联企业〔2011〕300号）。

（信息来源：中华人民共和国工业和信息化部官网）

【小贴士】

【问】招标项目包含保洁、门卫、保安、工程维修、餐饮，中小微企业应该划分为什么行业类别？

【答】企业划分规模类型时，应按照《国民经济行业分类》（GB/T 4754—2017）确定所属行业。《国民经济行业分类》规定，当单位从事两种以上的经济活动时，按照主要活动确定单位的行业。占其单位增加值份额最大的一种活动称为主要活动。如果无法用增加值确定单位的主要活动，可依据销售收入、营业收入等确定主要活动。例如：保安服务属于"租赁和商务服务业（门类）—商务服务业（大类）—安全保护服务（中类）—安全服务（小类）"，根据《中小企业划型标准规定》（工信部联企业〔2011〕300号），按照租赁和商务服务业划分规模类型。我部已上线"中小企业规模类型自测"小程序，您可通过我部网站（小程序网址：https://baosong.miit.gov.cn/ScaleTest）或在微信查询，使用小程序测试企业规模类型。

（信息来源：中华人民共和国工业和信息化部官网）

【小贴士】

【问】投标人的经营范围明显与招标文件明确的所属行业不符，但其提供了中小企业声明函为小微企业，能否认定？如专门面向中小企业采购的物业管理服务项目，招标文件资格条件要求设定需提供中小企业声明函，明确了本项目所属行业为物业管理，投标人为建筑类企业（经营范围仅有建筑工程类，无物业管理），提供了中小企业声明函承诺其为物业管理小型企业，评标委员会能否对此提出疑问，因投标人的经营范围明显与招标文件明确的所属行业不符，认定其提供虚假材料谋取中标，不符合招标文件资格要求而作无效响应处理。

【答】供应商应当按照采购文件中明确的采购标的对应行业出具中小企业声明函，而非按照供应商的经营范围出具中小企业声明函。留言所述情形中，供应商应当对照物业管理划型标准，判断自己是否属于中小企业，符合条件的，出具中小企业声明函。供应商出具的中小企业声明函不属于采购标的所属行业的，可以不认可其中小企业资格。

（信息来源：中国政府采购网）

3）特定资格条件

如项目接受联合体投标，对联合体应提出相关资格要求；如属于特定行业项目，供应商应当具备特定行业法定准入要求。

根据采购需求特点提出的供应商资格条件，要与采购标的的功能、质量和供应商履约能力直接相关，且属于履行合同必需的条件，包括特定的专业资格或者技术资格、设备设施、业绩情况、专业人才及其管理能力等。

业绩情况作为资格条件时，要求供应商提供的同类业务合同一般不超过2个，并明确同类业务的具体范围。涉及政府采购政策支持的创新产品采购的，不得提出同类业务合同、生产台数、使用时长等业绩要求。

对属于政府购买服务项目，公益一类事业单位、使用事业编制且由财政拨款保障的群团组织，不得作为承接主体。

【示例】

资格审查表（公开招标方式）

序号	审查因素	审查内容
1		满足《政府采购法》第二十二条规定
1-1	具有独立承担民事责任的能力	法人或者其他组织的营业执照等证明文件,自然人的身份证明。 (1)企业应提供"营业执照"。 (2)事业单位应提供"事业单位法人证书"。 (3)非企业专业服务机构应提供执业许可证等证明文件。 (4)个体工商户应提供"个体工商户营业执照"。 (5)自然人应提供自然人身份证明
1-2	具有良好的商业信誉和健全的财务会计制度	提供符合采购文件要求的《投标人资格声明书》

续表

序号	审查因素	审查内容
1-2	具有履行合同所必需的设备和专业技术能力	提供符合采购文件要求的《投标人资格声明书》
	有依法缴纳税收和社会保障资金的良好记录	
	参加政府采购活动前三年内，在经营活动中没有重大违法记录	
	法律、行政法规规定的其他条件	
1-3	投标人信用记录	查询渠道：信用中国网站和中国政府采购网（www.creditchina.gov.cn/www.ccgp.gov.cn）； 截止时点：投标截止时间以后、资格审查阶段采购人或采购代理机构的实际查询时间。 信用信息查询记录和证据留存具体方式：查询结果网页打印页作为查询记录和证据，与其他采购文件一并保存。 信用信息的使用原则：经认定的被列入失信被执行人、重大税收违法案件当事人名单、政府采购严重违法失信行为记录名单的投标人，其投标无效。 以联合体形式投标的，联合体成员存在不良信用记录，视同联合体存在不良信用记录
1-4	法律、行政法规规定的其他条件	法律、行政法规规定的其他条件
2	落实政府采购政策需满足的资格要求	
2-1	中小企业政策	
2-1-1	中小企业证明文件	当本项目（包）涉及预留份额专门面向中小企业采购时，建议在《资格证明文件》中提供。 （1）投标人单独投标的，应提供《中小企业声明函》或《残疾人福利性单位声明函》或由省级以上监狱管理局、戒毒管理局（含新疆生产建设兵团）出具的属于监狱企业的证明文件。 （2）若招标文件要求以联合体形式参加或者要求合同分包的，且投标人为联合体或拟进行合同分包的，则联合体中的中小企业、签订分包意向协议的中小企业具体情况需在《中小企业声明函》或《残疾人福利性单位声明函》或由省级以上监狱管理局、戒毒管理局（含新疆生产建设兵团）出具的属于监狱企业的证明文件中如实填报，且满足招标文件关于预留份额的要求

序号	审查因素	审查内容
2-1-2	拟分包情况说明及分包意向协议	如本项目(包)要求通过分包措施预留部分采购份额面向中小企业采购且投标人因落实政府采购政策拟进行分包的,必须提供;否则无须提供。 对于预留份额专门面向中小企业采购的项目(包),组成联合体或者接受分包合同的中小企业与联合体内其他企业、分包企业之间不得存在直接控股、管理关系
2-2	其他落实政府采购政策的资格要求	
3		本项目的特定资格要求
3-1	本项目对于联合体的要求	(1)如本项目接受联合体投标且投标人为联合体时,必须提供《联合协议》,明确各方拟承担的工作和责任,并指定联合体牵头人,授权其代表所有联合体成员负责本项目投标和合同实施阶段的牵头、协调工作。该联合协议应当作为投标文件的组成部分,与投标文件其他内容同时递交。 (2)联合体各成员单位均需提供本表中序号1-1、1-2的证明文件。联合体成员单位应满足本表3-2、3-3的各项规定。 (3)本表序号3-3项规定的其他特定资格要求中的每一小项要求,联合体各方中至少应当有一方符合本表中其他资格要求并提供证明文件。 (4)联合体中有同类资质的供应商按照联合体分工承担相同工作的,应当按照资质等级较低的供应商确定资质等级。 (5)以联合体形式参加政府采购活动的,联合体各方不得再单独参加或者与其他供应商另外组成联合体参加同一合同项下的政府采购活动。 (6)若联合体中任一成员单位中途退出,则该联合体的投标无效。 (7)本项目不接受联合体投标时,投标人不得为联合体
3-2	业绩情况要求	
3-3	其他特定资格要求	
3-4	政府购买服务承接主体的要求	如本项目属于政府购买服务,投标人不属于公益一类事业单位、使用事业编制且由财政拨款保障的群团组织

续表

序号	审查因素	审查内容

中小企业证明文件说明如下。

(1)如本项目(包)不专门面向中小企业预留采购份额,资格证明文件部分无须提供《中小企业声明函》或《残疾人福利性单位声明函》或由省级以上监狱管理局、戒毒管理局(含新疆生产建设兵团)出具的属于监狱企业的证明文件;供应商如具有上述证明文件,建议在商务技术文件中提供。

(2)如本项目(包)专门面向中小企业采购,投标文件中需提供《中小企业声明函》或《残疾人福利性单位声明函》或由省级以上监狱管理局、戒毒管理局(含新疆生产建设兵团)出具的属于监狱企业的证明文件,且建议在资格证明文件部分提供。

(3)如本项目(包)预留部分采购项目预算专门面向中小企业采购,且要求获得采购合同的供应商将采购项目中的一定比例分包给一家或者多家中小企业的,投标文件中除需提供《中小企业声明函》或《残疾人福利性单位声明函》或由省级以上监狱管理局、戒毒管理局(含新疆生产建设兵团)出具的属于监狱企业的证明文件,还需同时提供《拟分包情况说明》及《分包意向协议》,且建议在资格证明文件部分提供。

(4)如本项目(包)预留部分采购项目预算专门面向中小企业采购,且要求供应商以联合体形式参加采购活动,投标文件中除需提供《中小企业声明函》或《残疾人福利性单位声明函》或由省级以上监狱管理局、戒毒管理局(含新疆生产建设兵团)出具的属于监狱企业的证明文件,还需同时提供《联合协议》;上述文件建议在资格证明文件部分提供。

(5)中小企业声明函填写注意事项:①《中小企业声明函》由参加政府采购活动的投标人出具。联合体投标的,《中小企业声明函》可由牵头人出具。②对于联合体中由中小企业承担的部分,或者分包给中小企业的部分,必须全部由中小企业制造、承建或者承接。供应商应当在声明函"标的名称"部分标明联合体中中小企业承担的具体内容或者中小企业的具体分包内容。③对于多标的采购项目,投标人应充分、准确地了解所提供货物的制造企业、提供服务的承接企业信息。对相关情况了解不清楚的,不建议填报本声明函

资格声明书

在参与本次项目投标中,我单位承诺:

(1)具有良好的商业信誉和健全的财务会计制度。

(2)具有履行合同所必需的设备和专业技术能力。

(3)有依法缴纳税收和社会保障资金的良好记录。

(4)参加政府采购活动前三年内,在经营活动中没有重大违法记录(重大违法记录是指因违法经营受到刑事处罚或者责令停产停业、吊销许可证或者执照、较大数额罚款等行政处罚,不包括因违法经营被禁止在一定期限内参加政府采购活动,但期限已经届满的情形)。

(5)我单位不属于政府采购法律、行政法规规定的公益一类事业单位,或使用事业编制且由财政拨款保障的群团组织(仅适用于政府购买服务项目)。

(6)我单位不存在为采购项目提供整体设计、规范编制或者项目管理、监

理、检测等服务后，再参加该采购项目的其他采购活动的情形（单一来源采购项目除外）。

（7）与我单位存在"单位负责人为同一个人或者存在直接控股、管理关系"的其他法人单位信息如下（如有，不论其是否参加同一合同项下的政府采购活动均需填写）：

序号	单位名称	相互关系
1		
2		
……		

上述声明真实有效，否则我方负全部责任。

4）资格条件负面清单

在政府采购活动中设置项目资格条件时，常见的违法违规情形主要有以下六个方面。

一是非法限定供应商的所有制形式、组织形式或者所在地。主要包括：

（1）限定供应商所有制形式，如国有、独资、合资等。

（2）限定企业法人，将事业法人、其他组织和自然人排除。

（3）限定注册地（总部）在某行政区域内，或要求在某行政区域内有分公司等。

（4）未在政府采购活动中落实平等对待内外资企业有关政策要求。

二是将供应商规模条件设置为资格条件。主要包括：

将供应商的注册资本、资产总额、营业收入、从业人员、利润、纳税额等规模条件作为资格要求。

三是限定特定行政区域或者特定行业的业绩、奖项。主要包括：

（1）限定某行政区域内或者特定行业的业绩、奖项作为资格条件。

（2）设定特定金额业绩的，构成对中小企业实行差别待遇或者歧视待遇。

（3）涉及政府采购政策支持的创新产品采购的，提出同类业务合同、生产台数、使用时长等业绩要求。

四是设定与采购项目的具体特点和实际需要不相适应或与合同履行无关的资格条件。主要包括：

（1）设置的资格条件与项目履行无关、明显不合理，如非涉密项目或无敏感信息项目将《涉及国家秘密的计算机信息系统集成资质》作为资格条件。

（2）设定的供应商资质等级超出项目所需的资质等级要求。

（3）设定的专业资格或者技术资格、设备设施、业绩情况、专业人才及其管理能力等不属于履行合同必需的条件。

五是未明确要求供应商提供信用记录或信用承诺，主要包括：

（1）未明确要求供应商信用信息查询渠道及截止时点、信用信息查询记录和证据留存的具体方式、信用信息的使用规则。

（2）未明确将列入失信被执行人、重大税收违法案件当事人名单、政府采购严重违法失信行为记录名单的供应商不得参与政府采购活动。

（3）未明确在经营活动中有重大违法记录的供应商三年内不得参与政府采购活动。

六是以其他不合理条件对供应商实行差别待遇或者歧视待遇。主要包括：

（1）将国务院已明令取消的或国家行政机关非强制的资质、资格、认证、目录等作为资格条件。

（2）限定或指定特定的专利、商标、品牌或者供应商。

（3）将除进口货物以外的生产厂家授权、承诺、证明、背书等作为资格条件。

（4）非法限定营业执照经营范围内的具体名称或设置经营年限等限制条款。

（5）没有法律法规依据，通过设置项目库、名录库、要求供应商在政府采购活动前进行不必要的登记、注册等方式，排斥或限制潜在经营者提供商品或服务。

（6）将通过框架协议采购方式入围供应商名单（名录）作为采购项目资格条件。

（7）在没有刑事、行政处罚的情况下，以信用记录等形式限制供应商参与政府采购活动。

【小贴士】

【问】在财政部第87号令中规定，不得以注册资本、资产总额、从业人员等规模条件作为资格要求。类似于电子智能化承包、城市及道路工程专业承包这类资质原本就要求净资产达到一定标准。那么，从业人员和过往业绩能不能作为政府采购公开招标采购方式的资格要求？

【答】采购人、采购代理机构不得将投标人的注册资本、资产总额、营业收入、从业人员、利润、纳税额等规模条件作为资格要求或者评审因素。对于法律法规规定的资质条件可以作为资格要求。

请看下面的案例。

G单位办公家具采购项目投诉案

【关键词】

采购需求管理/资格条件/差别歧视待遇

【案例要点】

采购需求应当符合采购项目特点和实际需要。采购人将与所需产品无直接关联的内容设置为资格条件或评审因素，构成以不合理条件对供应商实行差别待遇或者歧视待遇。

【相关依据】

《中华人民共和国政府采购法》第二十二条、第七十一条；

《中华人民共和国政府采购法实施条例》第二十条；

《政府采购质疑和投诉办法》（财政部令第94号）第三十一条；

《政府采购需求管理办法》（财库〔2021〕22号）第七条、第十八条。

【基本案情】

采购人G单位委托代理机构M公司就"G单位办公家具采购项目"（以下简称本项目）进行公开招标。2020年9月17日，代理机构M公司发布招标公告；10月7日，供应商X公司提出质疑；10月8日，代理机构M公司答复质疑；10月16日，本项目开标、评标；10月17日，代理机构M公司发布中标公告。

10月15日，X公司向财政部提起投诉。投诉事项为：招标文件将非国家强制性证书《安全生产标准化证书》作为资格条件，涉嫌以不合理条件限制或者排斥潜在供应商。

财政部依法受理本案，并向相关当事人调取证据材料。

采购人G单位、代理机构M公司称：（1）经调研，市场上有多家供应商能够基本满足本项目评标标准，且招标文件于公开发布前已经过论证，本项目招标文件评标标准、技术参数不存在针对性和排他性。（2）办公家具使用年限需在15年以上，故采购的家具必须确保安全、环保且使用年限达标。"安全生产标准化"能有效体现企业管理水平、规范生产能力和产品质量保障能力，符合采购人需求。

经查，招标文件采购需求部分显示，采购标的为办公桌、会议桌、文件柜等办公家具。评标标准部分的"资格性检查和符合性检查一览表"显示，评审因素"许可证"的评审标准为"具有有效的《安全生产标准化证书》，提供原件"。

财政部向证书主管单位A执法监管局进一步调查取证。其回函显示，企业安全生产标准化的核心内容是建立、保持并持续改进企业安全生产标准化管理体系，主要包括作业安全、职业健康、应急救援等要素；《安全生产标准化证书》由企业自愿提出评审申请，评审通过后取得。

【处理结果】

根据《政府采购质疑和投诉办法》（财政部令第94号）第三十一条第（二）项的规定，投诉事项成立，中标结果无效，责令采购人重新开展采购活动。

根据《中华人民共和国政府采购法》第七十一条第（三）项的规定，责令采购人G单位、代理机构M公司就以不合理条件对供应商实行差别待遇或者歧视待遇的问题限期改正，并分别给予警告的行政处罚。

相关当事人在法定期限内未就处理处罚决定申请行政复议、提起行政诉讼。

【处理理由】

《安全生产标准化证书》以企业自愿申请为原则，属于非国家强制性认证证书。同时，该证书主要从作业安全、职业健康、应急救援等方面考察企业的安全生产能力。本项目主要采购办公家具，属于货物采购，与上述安全生产能力不直接相关。招标文件将该证书设置为资格条件属于《中华人民共和国政府采购法实施条例》第二十条第（二）项规定的"设定的资格、技术、商务条件与采购项目的具体特点和实际需要不相适应或者与合同履行无关"的情形，违反了《中华人民共和国政府采购法》第二十二条第二款的规定。

【其他应注意事项】

对于证书类评审因素的设置，应当结合证书获取是否对供应商的注册资本、营业收入等规模条件作出限制、已获取证书的供应商数量是否具有竞争性等方面进行综合考量。

（选自财政部指导性案例41）

6. 采购方式

达到公开招标数额标准，因特殊情况需要采用公开招标以外的采购方式的，应当依法获得批准。

采购需求客观、明确且规格、标准统一的采购项目，如通用设备、物业管理等，一般采用招标或者询价方式采购，以价格作为授予合同的主要考虑因素，采用固定总价或者固定单价的定价方式。

采购需求客观、明确，且技术较复杂或者专业性较强的采购项目，如大型装备、咨询服务等，一般采用招标、谈判（磋商）方式采购，通过综合性评审选择性价比最优的产品，采用固定总价或者固定单价的定价方式。

不能完全确定客观指标，需由供应商提供设计方案、解决方案或者组织方案的采购项目，如首购订购、设计服务、政府和社会资本合作等，一般采用谈判（磋商）方式采购，综合考虑以单方案报价、多方案报价以及性价比要求等因素选择评审方法，并根据实现项目目标的要求，采取固定总价或者固定单价、成本补偿、绩效激励等单一或者组合定价方式。

采购项目划分采购包的，要分别确定每个采购包的采购方式，具体取决于每个采购包的特点及适用法律法规的规定。

1）招标、询价方式

采购需求客观、明确且规格、标准统一的采购项目，如通用设备、物业管理等，一般采用招标或者询价方式采购，以价格作为授予合同的主要考虑因素，采用固定总价或者固定单价的定价方式。

2）招标、谈判（磋商）方式

采购需求客观、明确，且技术较复杂或者专业性较强的采购项目，如大型装备、咨询服务等，一般采用招标、谈判（磋商）方式采购，通过综合性评审选择性价比最优的产品，采用固定总价或者固定单价的定价方式。

3）谈判（磋商）方式

不能完全确定客观指标，需由供应商提供设计方案、解决方案或者组织方案的采购项目，如首购订购、设计服务、政府和社会资本合作等，一般采用谈判（磋商）方式采购，综合考虑以单方案报价、多方案报价以及性价比要求等因素选择评审方法，并根据实现项目目标的要求，采取固定总价或者固定单价、成本补偿、绩效激励等单一或者组合定价方式。

【小贴士】

【问】某竞争性磋商项目分成几个包，规定供应商可兼投但不兼中，每个包参与磋商的供应商大致相同，请问在磋商过程中供应商必须按照分包与评审小组分别进行磋商吗？比如供应商A、B、C、D参加包1的磋商结束后，又参加包2的磋商，再参加包3的磋商。以上程序较为烦琐，由于属于一个项目，每个包供应商参与磋商的内容大致相同，是否可以将整个项目作为一个整体，供应商A、B、C、D与评审小组只进行一轮磋商后进行报价？

【答】留言所述情形，竞争性磋商项目不建议采用分包和兼投不兼中方式。通过竞争性磋商方式确定多家成交供应商的，不符合政府采购相关规定。

（信息来源：中国政府采购网）

【小贴士】

【问】我们是一家代理机构，受委托代理一个预算千万元以上的展览布展项目。问题一：采购人拟采用设计、施工一体化招标方式，即招标前无设计方案，要求投标人提供设计方案、施工方案投标。在此情况下，由于没有设计方案，所以各家投标人自带方案，所有的施工材料、设备等都不一致，也就是说，各方没有统一的报价基础，这样可否采用此类一体化招标方式？问题二：如果财政部门批复可以采用竞争性磋商方式采购，那么在初步评审确定统一的设计方案后，要求供应商按统一的方案二轮报价，如何留取足够的时间给供应商进行二轮报价，因为此种情况下的二轮报价显然不是当天供应商就能够做出来的，说不定需要好几天时间，评审现场如何处理？

【答】对于留言所述的需求不明确，需要供应商提供设计方案、施工方案的采购项目，原则上应当采用竞争性磋商或者竞争性谈判的采购方式，先明确采购需求，再提供报价。《政府采购竞争性磋商管理暂行办法》中并未规定必须在当天提交最后报价，采购人、采购代理机构可以根据项目实际情况，合理确定项目流程安排。

（信息来源：中国政府采购网）

7. 竞争范围

明确项目的竞争主体，比如是否面向全社会公开招标，还是限定在一定数量的供应商范围内进行。政府采购的竞争范围分为公开竞争和有限竞争。

1) 公开竞争

公开竞争，即公开招标方式，这是最具开放性和透明度的竞争方式，任何符合资格要求的供应商都可以参与投标，不存在供应商数量限制。

2) 有限竞争

邀请招标：货物或者服务项目采取邀请招标方式采购的，采购人应当依法从符合相应资格条件的供应商中随机抽取3家以上供应商，并向其发出投标邀请书。

竞争性谈判、询价、竞争性磋商：采购人、采购代理机构应当通过发布公告、从省级以上财政部门建立的供应商库中随机抽取或者采购人和评审专家分别书面推荐的方式邀请不少于3家符合相应资格条件的供应商参与采购活动。竞争范围受到所邀请的供应商数量的限制。

单一来源：从唯一供应商处采购。

8. 评审规则

评审规则包括评审步骤、评审方法和评审标准。

1) 评审步骤

评审步骤分为实质性要求审查、澄清及说明、比较和评价、确定候选人四大步骤。

（1）审查投标/响应文件是否符合招标/采购文件的商务、技术等实质性要求。

投标文件/响应文件符合性审查：评标委员会/评审小组对资格审查合格的投标人/供

应商的投标文件/响应文件进行符合性审查，以确定其是否满足招标/采购文件的实质性要求。

评标委员会/评审小组根据《符合性审查表》中规定的审查因素和审查内容，对投标人/供应商的投标文件/响应文件是否是实质上响应招标/采购文件进行符合性审查，并形成符合性审查评审结果。投标人/供应商的投标文件/响应文件有任何一项不符合《符合性审查表》要求的，投标响应无效。

【示例】

符合性审查表（公开招标方式）

序号	审查因素	审查内容
1	授权委托书	按招标文件要求提供授权委托书
2	投标完整性	未将一个采购包中的内容拆分投标
3	投标报价	投标报价未超过招标文件中规定的项目/采购包预算金额或者项目/采购包最高限价
4	报价唯一性	投标文件未出现可选择性或可调整的报价（招标文件另有规定的除外）
5	投标有效期	投标文件中承诺的投标有效期满足招标文件中载明的投标有效期
6	实质性格式	标记为"实质性格式"的文件均按招标文件要求提供且签署、盖章的
7	★号条款响应	投标文件满足招标文件《采购需求》中★号条款要求的
8	拟分包情况说明（如有）	如本项目（包）不是因落实政府采购政策亦允许分包，且供应商拟进行分包时，必须提供；否则无须提供
9	分包其他要求（如有）	分包履行的内容、金额或者比例未超出《投标人须知资料表》中的规定 分包承担主体具备《投标人须知资料表》载明的资质条件且提供了资质证书电子文件（如有）
10	报价的修正（如有）	不涉及报价修正，或投标文件报价出现前后不一致时，投标人对修正后的报价予以确认（如有）
11	报价合理性	报价合理，或投标人的报价明显低于其他通过符合性审查投标人的报价，有可能影响产品质量或者不能诚信履约的，能够应评标委员会要求在规定时间内证明其报价合理性的
12	进口产品（如有）	招标文件不接受进口产品投标的内容时，投标人所投产品不含进口产品

序号	审查因素	审查内容
13	国家有关部门对投标人的投标产品有强制性规定或要求的	国家有关部门对投标人的投标产品有强制性规定或要求的（如相应技术、安全、节能和环保等），投标人的投标产品应符合相应规定或要求，并提供证明文件电子件： 采购的产品若属于《节能产品政府采购品目清单》范围中政府强制采购产品，则投标人所报产品必须获得国家确定的认证机构出具的、处于有效期之内的节能产品认证证书
14	公平竞争	投标人遵循公平竞争的原则，不存在恶意串通，不存在妨碍其他投标人的竞争行为，不存在损害采购人或者其他投标人的合法权益情形的
15	串通投标	不存在《政府采购货物和服务招标投标管理办法》视为投标人串通投标的情形： （1）不同投标人的投标文件由同一单位或者个人编制； （2）不同投标人委托同一单位或者个人办理投标事宜； （3）不同投标人的投标文件载明的项目管理成员或者联系人员为同一人； （4）不同投标人的投标文件异常一致或者投标报价呈规律性差异； （5）不同投标人的投标文件相互混装； （6）不同投标人的投标保证金从同一单位或者个人的账户转出
16	附加条件	投标文件未含有采购人不能接受的附加条件
17	其他无效情形	投标人、投标文件不存在不符合法律、法规和招标文件规定的其他无效情形

（2）要求投标人/供应商对投标/响应文件有关事项作出澄清或者说明。

在审查投标文件或响应文件时，如果发现其中存在含义不明确、同类问题表述不一致或者有明显错误等情况，可以书面形式要求投标人或供应商作出必要的澄清或者说明。这种澄清或说明必须基于原投标文件或响应文件内容，不得超出其范围，且不得改变其实质性内容。

对于供应商而言，这是一种重要的救济机制，因为它为其提供了一个解释和修正投标文件中可能存在的误解或疏漏的机会，从而避免因为这些非实质性的瑕疵而失去中标的机会。

对于采购人来说，通过获取供应商的澄清或说明，可以更准确地理解和评估各投标方案，有助于选择最适合需求、最具性价比的供应商，从某种程度上讲，这也是挽救项目质量和效率的一种机制。同时，也确保了政府采购活动的公开、公平、公正原则得到切实执行。

【示例】

1 投标文件有关事项的澄清或者说明

1.1 评标过程中，评标委员会将以书面形式要求投标人对其投标文件中的含义不明确、同类问题表述不一致或者有明显文字和计算错误的内容作出必要的澄清、说明或者补正。投标人的澄清、说明或者补正应当采用书面形式，并加盖公章，或者由法定代表人（若投标人为事业单位或其他组织或分支机构，可为单位负责人）或其授权的代表签字。投标人的澄清、说明或者补正不得超出投标文件的范围或者改变投标文件的实质性内容。澄清文件将作为投标文件内容的一部分。

1.2 评标委员会认为投标人的报价明显低于其他通过符合性审查投标人的报价，有可能影响产品质量或者不能诚信履约的，有权要求该投标人在评标现场合理的时间内提供书面说明，必要时提交相关证明材料；若投标人不能证明其报价合理性，评标委员会可将其作为无效投标处理。

1.3 投标报价需包含招标文件全部内容，如分项报价表有缺漏视为已含在其他各项报价中，将不对投标总价进行调整。评标委员会有权要求投标人在评标现场合理的时间内对此进行书面确认，投标人不确认的，视为将一个采购包中的内容拆分投标，其投标无效。

2 投标文件报价出现前后不一致的情形

投标文件报价出现前后不一致的，按照下列规定修正：

2.1 招标文件对于报价修正是否另有规定：

□有，具体规定为：

□无，按下述 2.2～2.7 项规定修正。

2.2 单独递交的开标一览表（报价表）与投标文件中的开标一览表（报价表）内容不一致的，以单独递交的开标一览表（报价表）为准。

2.3 投标文件中的开标一览表（报价表）的内容与投标文件中的相应内容不一致的，以开标一览表（报价表）为准。

2.4 大写金额和小写金额不一致的，以大写金额为准。

2.5 单价金额小数点或者百分比有明显错位的，以开标一览表的总价为准，并修改单价。

2.6 总价金额与按单价汇总金额不一致的，以单价金额计算结果为准。

2.7 同时出现两种以上不一致的，按照前款规定的顺序修正。修正后的报价经投标人书面确认后产生约束力，投标人不确认的，其投标无效。

（3）对投标/响应文件进行比较和评价。

价格评议：除算术修正和落实政府采购政策的价格扣除外，不对投标/响应报价进行调整。

投标/响应文件的比较和评价：评标委员会/评审小组将按照采购文件中规定的评审方法和标准，对符合性审查合格的投标/响应文件进行商务和技术评估、综合比较与评价；未通过符合性审查的投标/响应文件不得进入比较与评价。

（4）确定中标/成交候选人名单，以及根据采购人委托直接确定中标人/成交供应商。

采用综合评分法时，评标结果按评审后得分由高到低顺序排列。得分相同的，按投标报价由低到高顺序排列。得分且投标报价相同的并列。投标文件满足招标文件全部实质性要求，且按照评审因素的量化指标评审得分最高的投标人为排名第一的中标候选人。评分分值计算保留小数点后两位，第三位四舍五入。

采用最低评标价法时，评标结果按算术修正和落实政府采购政策的价格扣除后的投标报价由低到高顺序排列。投标报价相同的并列。投标文件满足招标文件全部实质性要求且投标报价最低的投标人为排名第一的中标候选人。

评标委员会要对评分汇总情况进行复核，特别是对排名第一的、报价最低的、投标或响应文件被认定为无效的情形进行重点复核。

评标委员会将根据各投标人的评标排序，依次推荐本项目（各采购包）的中标候选人，起草并签署评标报告。

2）评审方法

政府采购招标评标方法分为综合评分法和最低评标价法。

（1）综合评分法。

《政府采购法实施条例》规定，综合评分法，是指投标文件满足招标文件全部实质性要求且按照评审因素的量化指标评审得分最高的供应商为中标候选人的评标方法。采用综合评分法的，评审标准中的分值设置应当与评审因素的量化指标相对应。招标文件中没有规定的评标标准不得作为评审的依据。

招标项目采用综合评分法时，提供相同品牌产品（单一产品或核心产品品牌相同）且通过资格审查、符合性审查的不同投标人参加同一合同项下投标的，按一家投标人计算，评审后得分最高的同品牌投标人获得中标人推荐资格；评审得分相同的，评标委员会按照招标文件规定的方式确定一个投标人获得中标人推荐资格，其他同品牌投标人不作为中标候选人。

（2）最低评标价法。

最低评标价法，是指投标文件满足招标文件全部实质性要求，且投标报价最低的投标人为中标候选人的评标方法。

招标项目采用最低评标价法时，提供相同品牌产品（单一产品或核心产品相同）的不同投标人参加同一合同项下投标的，以其中通过资格审查、符合性审查且报价最低的参加评标；报价相同的，评标委员会按照招标文件规定的方式确定一个参加评标的投标人，招标文件未规定的，采取随机抽取方式确定，其他投标无效。

【小贴士】

【问】在某政府采购公开招标中，共五家投标单位参加投标，且均通过资格审查、符合性审查。通过评审前三家为相同品牌，依照财政部87号令对于同品牌投标的有关规定，评标委员会推荐了综合得分第一的投标人为第一中标候选人，排名第四、第五的投标人为第二、第三中标候选人。如果第一中标候选人因自身原因放弃中标，那么招标人是否可以使用排名第二的单位（不是评标委员会推荐的第二中标候选人）为中标人？如果不可以，在不重新招标的情况下，需要使用评标委员会推荐的第二、第三中标候选人为中标人吗？

【答】《政府采购货物和服务招标投标管理办法》（财政部令第87号）第三十一条规定，使用综合评分法的采购项目，提供相同的品牌产品且通过资格审查、符合性审查的不同投标人参加同一合同项下投标的，按一家投标人计算。您的问题中，前三家为相同品牌，只能按一家投标人计算，从中确定综合得分第一的投标人为第一中标候选人，其他两家非相同品牌供应商分列第二、第三中标候选人。《中华人民共和国政府采购法实施条例》第四十三条规定采购人应当自收到评审报告之日起5个工作日内在评审报告推荐的中标或者成交候选人中按顺序确定中标或者成交供应商。因此，在不重新招标的情况下，需要按顺序从评标委员会推荐的第二、第三中标候选人中确定中标人。

关于您反映的对第二、第三的投标人不公平的问题，我们将进行深入研究，并在下一步的制度修订中予以完善。

（信息来源：中国政府采购网）

3）评审标准

采用综合评分法的，评审因素应当按照采购需求和与实现项目目标相关的其他因素确定。

采购需求客观、明确的采购项目，采购需求中客观但不可量化的指标应当作为实质性要求，不得作为评分项；参与评分的指标应当是采购需求中的量化指标，评分项应当按照量化指标的等次设置对应的不同分值。不能完全确定客观指标，需由供应商提供设计方案、解决方案或者组织方案的采购项目，可以结合需求调查的情况，尽可能明确不同的技术路线、组织形式及相关指标的重要性和优先级，设定客观、量化的评审因素、分值和权重。价格因素应当按照相关规定确定分值和权重。

采购项目涉及后续采购的，如大型装备等，要考虑兼容性要求。可以要求供应商报出后续供应的价格，以及后续采购的可替代性、相关产品和估价，作为评审时考虑的因素。需由供应商提供设计方案、解决方案或者组织方案，且供应商经验和能力对履约有直接影响的，如订购、设计等采购项目，可以在评审因素中适当考虑供应商的履约能力要求，并合理设置分值和权重。需由供应商提供设计方案、解决方案或者组织方案，采购人认为有必要考虑全生命周期成本的，可以明确使用年限，要求供应商报出安装调试费用、使用期间能源管理、废弃处置等全生命周期成本，作为评审时考虑的因素。

【示例】

类别	评审因素	评分标准说明(同一指标不得重复打分,★代表实质性指标,不满足该指标项将导致投标被拒绝)	分值
价格分	价格评审	满足招标文件要求且投标价格最低的投标报价为评标基准价,其价格分为满分。其他投标人的价格分统一按照下列公式计算:投标报价得分＝(评标基准价／投标报价)×30%×100	30
客观分 (商务、技术及服务部分)	满足技术要求指标情况	★代表实质性指标,不满足该指标项将导致投标被拒绝;#代表重要指标,满足或优于该指标得2分,共计21项,共计42分	42
	满足服务要求指标情况	★代表最关键指标,不满足该指标项将导致投标被拒绝;#代表重要指标,满足或优于该指标得3分,共3项,计9分;△则表示一般指标项,满足或优于该指标得1分,共1项,计1分	10
	满足实施(集成)方案指标情况	★代表最关键指标,不满足该指标项将导致投标被拒绝;#代表重要指标,满足或优于该指标得3分,共3项,计9分	9
主观分 (技术及服务部分)	项目整体技术方案	根据招标文件要求,投标人提供一体化设计技术系统方案,并分别就第三章　项目采购需求第五条第(1)、(2)、(3)项分别给出具体方案。以上四项评审内容的评审标准:①数据交互无缝衔接;②接口完全适配;③业务流程协同流畅;④功能模块互补融合。 (1)每个方案完全满足上述四项评审标准的,得1.5分; (2)每个方案满足上述部分评审标准的,得0.5分; (3)每个方案完全不满足上述评审标准,或未提供方案的,得0分。 本项最多得6分	6

续表

类别	评审因素	评分标准说明(同一指标不得重复打分,★代表实质性指标,不满足该指标项将导致投标被拒绝)	分值
政策性得分	非强制节能环保产品	投标人所投采购一览表所列货物如属于政府优先采购产品类别,需按照财政部 发展改革委 生态环境部 市场监管总局《关于调整优化节能产品、环境标志产品政府采购执行机制的通知》(财库〔2019〕9号)、《关于印发节能产品政府采购品目清单的通知》(财库〔2019〕19号)、《关于印发环境标志产品政府采购品目清单的通知》(财库〔2019〕18号)、市场监管总局《关于发布参与实施政府采购节能产品、环境标志产品认证机构名录的公告》(2019年第16号)要求提供依据国家确定的认证机构出具的、处于有效期之内的节能产品、环境标志产品认证证书,每项加1分,最高3分	3

4)评审因素负面清单

在政府采购活动中,评审因素设置不合法合规主要表现在以下几个方面。

一是将资格条件作为评审因素。主要包括:

(1)将供应商资格条件的内容作为评审因素。

(2)将《政府采购法实施条例》第十七条规定的条件作为评审因素。

二是将规模条件作为评审因素。主要包括:

将供应商的注册地、注册资本、资产总额、营业收入、从业人员、利润、纳税额等规模条件和财务指标设定为评审因素。

三是评审标准中的分值设置与评审因素的量化指标不相对应。主要包括:

(1)采用综合评分法的,使用"优""良""中""一般"等容易引起歧义的表述时,未明确判断标准;或者评审因素的指标量化为区间的,评审标准的分值未量化到区间。

(2)提出"优于(或负偏离)"招标文件技术、服务要求的可加(减)分,但未量化具体加(减)分标准。

(3)以"知名""一线""同档次""国产品牌""国际品牌"等不明确的语言表述非量化指标或标准作为评审因素。

(4)采用综合评分法的,将未在采购需求中列明的技术参数、产品功能、商务条件等作为评审因素。

(5)评审方法规定将投标供应商的投标文件进行横向比较评分。

四是以不合理的条件对供应商实行差别待遇或者歧视待遇。主要包括:

(1)以特定行政区域或者特定行业的业绩、奖项作为加分条件。

(2)将特定金额的合同业绩作为评审因素。

（3）采用综合评分法的，将未在采购需求中列明的技术参数、产品功能、商务条件等作为评审因素。

（4）将国务院已明令取消的或国家行政机关非强制的资质、资格、认证、目录等作为评审因素。

（5）将第三方调查统计的产品市场占有率及排名、企业排名、用户评价排名等作为评审因素。

（6）将进口产品或配件加分。

（7）将供应商提供赠品、给予回扣或者与采购无关的其他商品、服务加分。

【小贴士】

【问】在政府采购活动中，招标文件的打分表中，对于财务状况得分，能否设置为"投标人近3年都为盈利状态的得2分；2年为盈利状态的得1分；其他情况不得分"？这样设置与《政府采购促进中小企业发展管理办法》的第五条"采购人在政府采购活动中应当合理确定采购项目的采购需求，不得以企业注册资本、资产总额、营业收入、从业人员、利润、纳税额等规模条件和财务指标作为供应商的资格要求或者评审因素"有冲突吗？

【答】留言所述情形，违反了《政府采购货物和服务招标投标管理办法》（财政部令第87号）和《政府采购促进中小企业发展管理办法》（财库〔2020〕46号）的有关规定。

（信息来源：中国政府采购网）

【小贴士】

【问】政府采购物业管理、装修及修缮项目，需求部门提出在开评标之前进行现场踏勘，部分项目确实有这个必要，请问：一是潜在供应商不参加现场踏勘是否可以禁止其参加后续开评标活动；二是现场踏勘如果不能作为实质性废标条款的话，是否可以作为评分项。

【答】1.不能以供应商不参加现场踏勘为由禁止其参与后续采购活动。

2.评审因素的设定应当与投标人所提供的货物服务质量相关。供应商是否参加现场踏勘与产品质量、服务无关，不宜作为评审因素。

（信息来源：中国政府采购网）

【小贴士】

【问】CMM/CMMI认证是由卡内基梅隆大学的软件工程研究所提出的一个

评估的依据和过程改进的框架，经查询，这个外国认证未经认监委认证机构认证。请问，政府采购中 CMM/CMMI 认证可否作为评分项？

【答】留言所述 CMM/CMMI 认证等未经国家认监委认定的境外机构所出具的认证或资质不宜作为评审因素。

（信息来源：中国政府采购网）

【小贴士】

【问】（1）在政府采购货物或服务中，高新技术企业能否设为加分项。（2）货物采购中，具有相关专利证书能否设为加分项。（3）具有《软件著作权证书》能否设为加分项。（4）政府采购工程中类似项目业绩加分项中能否设定类似规模（具体面积及金额要求）。

【答】（1）政府采购项目的评分因素应当与供应商所提供的货物服务的质量相关。在政府采购中，供应商是否为高新企业一般与货物服务的质量不直接相关，因此一般不宜列为加分因素。

（2）专利证书和软件著作权证书如果与货物服务的质量相关，可以作为评审因素，如果不相关，不宜列为加分因素。

（3）由于带金额的业绩与企业规模相关，为了扶持中小企业，政府采购不宜将带金额的业绩作为加分项。是否可以将具体面积作为加分项要结合采购项目进行判断，如作为加分项项目分值不宜过高。

（信息来源：中国政府采购网）

【小贴士】

【问】在政府采购中可否将所投产品制造商的业绩、所投产品制造商的证书作为评分因素，比如 ISO 几个证书等。

【答】制造商的业绩可以作为评分因素，但是不能规定业绩的特定金额，也不得以特定地区和行业的业绩作为加分因素。所投产品的证书可以列为评分因素，但必须与货物和服务的质量相关。

（信息来源：中国政府采购网）

【小贴士】

【问】货物类采购，招标文件明确规定了核心产品，业绩评审因素的评分标准将供应商具备核心产品的销售业绩作为加分项，是否属于以不合理的条件对供应商实行差别待遇或者歧视待遇？

【答】如非限定特定区域、特定行业的业绩，仅将核心产品的销售业绩作为评审因素，不属于《政府采购法实施条例》第二十条规定的以不合理条件对供应商实行差别待遇或者歧视待遇的情形。

（信息来源：中国政府采购网）

【小贴士】

【问】我校拟对游泳池改造工程进行采购，招标文件综合评分中以"已完成公共建筑（场馆类）类似业绩，每提供一个得3分，最多得15分"；"拟派项目经理和技术负责人具有公共建筑（场馆类）类似业绩，每提供一个得2分，最多得4分"；"获得过省级及以上建筑领域相关奖项，省级奖项每提供一个得1分，国家级奖项每提供一个得3分，最多得9分"作为评分项。想咨询下这样设置评分是否有悖《政府采购法实施条例》第二十条"以特定行业业绩作为加分项"、《政府采购促进中小企业发展暂行办法》第三条"对中小企业差别待遇或歧视待遇"、《关于促进政府采购公平竞争优化营商环境的通知》第一条"设置或者变相设置供应商规模、成立年限等门槛，限制供应商参与政府采购活动"的相关规定？

【答】与供应商所提供货物服务质量有关的因素可以列为评审因素。拟派项目经理和技术负责人具有公共建筑（场馆类）类似业绩与完成本项目的履约能力有关，可以列为评分因素。但是建筑领域相关奖项与货物服务质量并无直接关系，不宜作为评审因素。

（信息来源：中国政府采购网）

【小贴士】

【问】依据财政部案例第七百一十六号中投诉事项5的问题，招标文件有关招标产品各项技术参数要求对应的分值加总后超过总分，最终判定为"评分标准的设置未与招标产品的具体技术参数相对应"。（1）全部技术参数共计103条（其中标注"▲"参数20条，其他参数83条），在评分标准中约定为：设备技术参数全部满足招标文件要求的得满分（50分）；在此基础上，招标文件中标注"▲"参数负偏离的，每项扣2分，其他参数负偏离的，每项扣1分，直到扣完为止。这是否属于评审标准中的分值设置未与评审因素的量化指标相对应的情形？（2）若属于未量化情形，是否需约定为：设备技术参数全部满足招标文件要求的得满分（50分）；在此基础上，招标文件中标注"▲"参数负偏离的，每项扣2分，其他参数负偏离的，每项扣0.12分？在此项约定中实际出现了因条目数与评分除不尽导致最终加总与总分不一致的情况，请问是否有问题？若对参数条目数认定有歧义（类似采购人认为是83条，投标人或监管部门认为是85条），该如何处理呢？（3）实际中，若投标人对参数偏离过多实际已经影响履约，评分可否约定为：招标文件中标注"▲"参数负偏离的，每项扣2分，其他参数负偏离的，每项扣1分，如标注"▲"参数或其他参数负偏离项目超过20条（含），则本项技术分得0分。该约定是否属于评审标准中的分值设置未与评审因素的量化指标相对应的情形？（4）若只对技术参数中部分重要条款设置评分项，即标注"▲"参数负偏离的，每项扣2.5分，极端情况下，投标人对不评分的技术参数均不响应或大部分负偏离，请问如何约束招标过程中出现的这种情况？

【答】关于评审因素的指标分值设置问题，采购人、采购代理机构应根据指标的重要性，对每一个指标赋予具体分值，每项分值不一定相同，但各指标对应的分值累计总和与总分值要保持一致。相关分值累计总和与总分值不一致属于"评审标准中的分值设置未与评审因素的量化指标相对应"的情形。

（信息来源：中国政府采购网）

【小贴士】

【问】政府采购采用综合评分法，评审因素应当量化，请问以下评审因素（工作定期分析方案）的评审细则是否满足量化的要求？工作定期分析方案内容包括但不限于：巡查网点、信息收集、管理员服务质量、投注站反馈等。评审标准如下：（1）方案全面；（2）方案科学；（3）方案合理；（4）方案可行。以上评审标准每满足一项得1分，最高得4分。

【答】所提供案例的评审标准是"全面、科学、合理、可行"四个等级，评审标准没有量化。这四个等级都没有具体量化的标准。什么样的方案属于全面，应有具体的描述和量化指标。

（信息来源：中国政府采购网）

请看下面的案例。

T中心医疗康复设备和科研器材采购项目投诉案

【关键词】

分值设置/量化指标/生产厂家授权

【案例要点】

采购人应根据采购需求设置评审分值，评审分值设置应当与评审因素的量化指标相对应，主要考察供应商是否满足采购需求，不得设置正偏离加分的评分模式。

【相关依据】

《中华人民共和国政府采购法》第三十六条、第七十一条；

《中华人民共和国政府采购法实施条例》第三十四条、第六十八条；

《政府采购货物和服务招标投标管理办法》（财政部令第87号）第五十五条；

《政府采购质疑和投诉办法》（财政部令第94号）第二十九条。

【基本案情】

采购人T中心委托代理机构D公司就"T中心医疗康复设备和科研器材采购项目"（以下简称本项目）进行公开招标。2019年10月9日，代理机构D公司发布招标公告；11月1日，代理机构D公司发布中标公告，C公司为中标供应商；11月6日，供应商X公司提出质疑；11月12日，代理机构D公司答复质疑。

11月22日，X公司向财政部提起投诉。投诉事项为：中标供应商C公司所投进口产品"便携式负压按摩震动康复理疗仪"没有获得授权，属于非正规渠道产品，应取消其中标资格。

财政部依法受理本案，并向相关当事人调取证据材料。

采购人T中心、代理机构D公司称：便携式负压按摩震动康复理疗仪是一种通用性较强的康复理疗设备，招标文件未要求必须提供该产品的厂家授权。评标委员会认为，C公司已在投标文件中提供了其余6项产品的授权书，未提供"便携式负压按摩震动康复理疗仪"产品授权书不影响得分。

C公司称：招标文件未强制要求每个投标产品都要提供厂家授权。收到中标通知书后，制造商为其出具了《供货及售后服务承诺书》。

经查，招标文件共设置了40项技术指标。"评标标准和评标方法部分"显示，"产品的技术指标与招标文件要求的响应程度（45分）"的评审细则为"正偏离5分；一项正偏离加1分，最高得5分。完全响应无偏离40分；有一项负偏离扣1分，40项及以上负偏离得0分"。"投标产品授权情况（5分）"的评审细则为"供应商每提供1项产品授权得1分，提供5项及以上产品授权得5分"。"招标产品清单和技术要求部分"显示，本项目采购的便携式负压按摩震动康复理疗仪、脉冲按摩深层能量系统等5项产品允许进口。

C公司投标文件显示，其提供了脉冲按摩深层能量系统等6项产品的授权书。

【处理结果】

根据《政府采购质疑和投诉办法》（财政部令第94号）第二十九条第（二）项的规定，投诉事项缺乏事实依据，驳回投诉。

根据《中华人民共和国政府采购法》第三十六条第一款第（二）项的规定，责令采购人T中心废标。

根据《中华人民共和国政府采购法》第七十一条、《中华人民共和国政府采购法实施条例》第六十八条第（七）项的规定，责令采购人T中心、代理机构D公司就评审标准中的分值设置未与评审因素的量化指标相对应的问题限期改正，并分别给予警告的行政处罚。

相关当事人在法定期限内未就处理处罚决定申请行政复议、提起行政诉讼。

【处理理由】

本项目招标文件规定，供应商提供相关产品授权即可得分，未限制必须提供"便携式负压按摩震动康复理疗仪"的产品授权。C公司在投标文件中提供了6项产品的授权，评标委员会已按照招标文件要求以及C公司的投标文件予以评分。同时，C公司在中标后获得了产品制造商出具的《供货及售后服务承诺书》。投诉人X公司的主张缺乏依据。财政部在审查过程中发现，招标文件采用正偏离加分、负偏离扣分的评分模式，容易产生指标之间代偿的效果，不能客观反映产品本身是否实际符合采购需求。上述评分模式与政府采购分值设置及评价原理不符，属于"评审标准中的分值设置未与评审因素的量化指标相对应"的情形，违反了《中华人民共和国政府采购法实施条例》第三十四条第四款、《政府采购货物和服务招标投标管理办法》（财政部令第87号）第五十五条第三款的规定。

【其他应注意事项】

在进一步优化政府采购营商环境，促进全国统一大市场建设的背景下，对于市场上供货充足的通用型非进口产品，不得要求供应商出具生产厂商授权书，防止生产厂商通过控制产品的货源和价格垄断政府采购市场，妨碍市场公平竞争。

（选自财政部指导性案例36）

二、合同管理安排

合同管理安排，包括合同类型、定价方式、合同文本的主要条款、履约验收方案、风险管控措施等。

1. 合同类型

按照每个采购包的需求特点，确定合适的合同形式，如固定总价合同、成本补偿合同、固定单价合同等。

合同类型按照民法典规定的典型合同类别，再结合采购标的的实际情况确定。

典型合同类别如下：

《中华人民共和国民法典》合同编中规定的典型合同类别主要包括但不限于以下几种。

（1）买卖合同：指出卖人转移标的物的所有权于买受人，买受人支付相应价款的合同。

（2）供用电、水、气、热力合同：这类合同涉及日常生活和工业生产中的能源供应关系。

（3）赠与合同：赠与人将其财产无偿给予受赠人，受赠人表示接受的合同。

（4）借款合同：借款人向贷款人借款，到期返还借款并支付利息的合同。

（5）保证合同：保证人承诺在债务人不履行债务时，由其按照约定履行债务或者承担责任的合同。

（6）租赁合同：出租人将租赁物交付给承租人使用、收益，承租人支付租金的合同。

（7）融资租赁合同：出租人根据承租人对出卖人、租赁物的选择，向出卖人购买租赁物，提供给承租人使用，承租人支付租金的合同。

（8）保理合同：债权人将应收账款转让给保理人，保理人提供资金融通、应收账款管理或者催收、应收账款债务人付款担保等服务的合同。

（9）承揽合同：承揽人按照定作人的要求完成工作，交付工作成果，定作人支付报酬的合同。

（10）建设工程合同：承包人进行工程建设，发包人支付价款的合同，包括勘察、设计、施工等各种工程合同。

（11）运输合同：包括客运合同和货运合同，分别针对旅客运输和货物运输的服务约定。

（12）仓储合同：保管人储存存货人交付的仓储物，存货人支付仓储费的合同。

在政府采购中，合同类型会根据实际采购标的物的性质、用途及服务内容，参照民法典中这些典型合同的规定来确定合同的具体类型，以确保合同的有效性和合法性。此外，采购合同还可能结合采购项目的特殊性，涉及其他类型的合同，例如委托合同、服务合同、技术开发合同、知识产权许可合同等。

2. 定价方式

采购需求客观、明确且规格、标准统一的采购项目，如通用设备、物业管理等，一般采用招标或者询价方式采购，以价格作为授予合同的主要考虑因素，采用固定总价或者固定单价的定价方式。

采购需求客观、明确，且技术较复杂或者专业性较强的采购项目，如大型装备、咨询服务等，一般采用招标、谈判（磋商）方式采购，通过综合性评审选择性价比最优的产品，采用固定总价或者固定单价的定价方式。

不能完全确定客观指标，需由供应商提供设计方案、解决方案或者组织方案的采购项目，如首购订购、设计服务、政府和社会资本合作等，一般采用谈判（磋商）方式采购，综合考虑以单方案报价、多方案报价以及性价比要求等因素选择评审方法，并根据实现项目目标的要求，采取固定总价或者固定单价、成本补偿、绩效激励等单一或者组合定价方式。

1）固定总价

在这种定价方式下，供应商在投标阶段就给出了完成整个项目或提供指定商品与服务的总价。无论实际执行过程中成本是否增加或减少，除非合同中有明确约定的调整条款，否则这个总价在整个合同期内都不会改变。

2）固定单价

固定单价定价方式适用于可计量的商品或服务，在合同中明确规定每一单位产品的价格。结算时，按照实际交付或完成的数量乘以固定的单价计算总价。

3）成本补偿

成本补偿定价方式中，政府将根据供应商的实际成本加上合理的利润来支付费用。这种方式下，供应商承担的成本风险较小，但政府需要对供应商的成本进行监督和审计。

4）绩效激励

在这种定价方式下，付款与供应商达到或超越预设绩效指标的程度相挂钩。也就是说，采购人根据项目完成的质量、进度和其他关键绩效指标来决定支付多少款项给供应商。

综上所述，政府采购定价方式的选择取决于项目的性质、复杂性、风险分配以及预期的成果表现等因素。

3. 合同文本的主要条款

为每个采购包单独编制或定制合同文本，确保合同条款与该采购包的具体内容相符，同时满足法律规范的要求。

《政府采购需求管理办法》规定，合同文本应当包含法定必备条款和采购需求的所有内容，包括但不限于标的名称，采购标的质量、数量（规模）、履行时间（期限）、地点和方式，包装方式，价款或者报酬、付款进度安排、资金支付方式，验收、交付标准和方法，质量保修范围和保修期，违约责任与解决争议的方法等。

采购项目涉及采购标的的知识产权归属、处理的，如订购、设计、定制开发的信息化建设项目等，应当约定知识产权的归属和处理方式。采购人可以根据项目特点划分合同履行阶段，明确分期考核要求和对应的付款进度安排。对于长期运行的项目，要充分考虑成本、收益以及可能出现的重大市场风险，在合同中约定成本补偿、风险分担等事项。

合同权利义务要围绕采购需求和合同履行设置。国务院有关部门依法制定了政府采购合同标准文本的，应当使用标准文本。属于《政府采购需求管理办法》第十一条规定范围的采购项目，合同文本应当经过采购人聘请的法律顾问审定。

4. 履约验收方案

履约验收方案要明确履约验收的主体、时间、方式、程序、内容和验收标准等事项。采购人、采购代理机构可以邀请参加本项目的其他供应商或者第三方专业机构及专家参与验收，相关验收意见作为验收的参考资料。政府向社会公众提供的公共服务项目，验收时应当邀请服务对象参与并出具意见，验收结果应当向社会公告。

验收内容要包括每一项技术和商务要求的履约情况，验收标准要包括所有客观、量化指标。不能明确客观标准、涉及主观判断的，可以通过在采购人、使用人中开展问卷调查等方式，转化为客观、量化的验收标准。

分期实施的采购项目，应当结合分期考核的情况，明确分期验收要求。货物类项目可以根据需要设置出厂检验、到货检验、安装调试检验、配套服务检验等多重验收环节。程类项目的验收方案应当符合行业管理部门规定的标准、方法和内容。

履约验收方案应当在合同中约定。

5. 风险管控措施

采购过程和合同履行过程中的风险包括国家政策变化、实施环境变化、重大技术变化、预算项目调整、因质疑投诉影响采购进度、采购失败、不按规定签订或者履行合同、出现损害国家利益和社会公共利益情形等。

对于《政府采购需求管理办法》第十一条规定的采购项目，要研究采购过程和合同履行过程中的风险，判断风险发生的环节、可能性、影响程度和管控责任，提出有针对性的处置措施和替代方案。

第四节 内部控制和风险管理

一、建立采购需求管理制度

建立政府采购需求管理制度是确保政府采购活动合法、规范、高效进行的重要保障。采购人应当将采购需求管理作为政府采购内控管理的关键内容，建立健全采购需求管理制度，加强对采购需求的形成和实现过程的内部控制和风险管理。具体措施包括以下几方面。

1. 完善制度建设

建立健全涵盖采购需求编制、审核、调整等环节的完整制度体系，确保所有步骤都有章可循。

2. 明确职责分工

确定负责采购需求制定和审核的具体部门和个人职责，确保采购需求的制定过程透明化，并且责任到人。

3. 强化内部控制

通过内部审计、监督检查等方式加强对采购需求形成和实现过程的监督，及时发现并纠正可能存在的问题。

4. 引入风险管理机制

识别采购过程中可能出现的风险点，并采取相应措施进行预防和控制，如法律风险、财务风险和技术风险等。

5. 提高人员素质

定期组织培训，提升相关人员的专业知识和技能水平，确保其能够准确理解并执行相关政策法规要求。

6. 信息化管理

利用信息技术手段对采购需求进行全过程跟踪管理，提高工作效率的同时也增强了信息透明度。

7. 实施绩效评估

定期对采购项目执行情况进行评价分析，总结经验教训，不断优化改进采购需求管理工作。

二、审查工作机制

一般性审查、重点审查的审查工作机制成员应当包括本部门、本单位的采购、财务、业务、监督等内部机构。采购人可以根据本单位实际情况，建立相关专家和第三方机构参与审查的工作机制。

参与确定采购需求和编制采购实施计划的专家和第三方机构不得参与审查。

以下采购项目应当开展重点审查：

（1）1000万元以上的货物、服务采购项目，3000万元以上的工程采购项目。

（2）涉及公共利益、社会关注度较高的采购项目，包括政府向社会公众提供的公共服务项目等。

（3）技术复杂、专业性较强的项目，包括需定制开发的信息化建设项目、采购进口产品的项目等。

（4）主管预算单位或者采购人认为需要开展需求调查的其他采购项目。

在协同各审查部门展开审查工作并确保内部监督的有效性方面，可以按照以下步骤和原则构建工作机制。

1. 建立多部门联合审查机制

组建审查工作组，包含采购部门、财务部门、业务部门和监督部门代表，各部门依据各自的专业职能共同参与审查，确保审查覆盖所有关键领域和环节。

设立固定的沟通协调机制，例如定期会议、临时专题会议等，讨论审查中发现的问题及解决方案，确保信息交流及时、充分。

2. 明确角色与职责

采购部门负责提供采购需求和采购实施计划的基础信息。

财务部门负责审核预算合规性、财务风险和资金使用的合理性。

业务部门依据业务实际需求，核实采购需求的适用性和技术参数的可行性。

监督部门则扮演独立审查和审计的角色，着重关注程序合规性、非歧视性、竞争性以及采购政策的落实情况。

3. 引入专家和第三方机构参与

对于复杂或专业的采购项目，可以聘请行业专家或委托第三方专业机构进行专项审查或提供技术支持，但必须确保他们在前期需求确定和计划编制阶段未直接参与，以保持审查的客观公正性。

专家和第三方机构的参与应通过透明、公正的方式进行，其审查意见和建议需经审查工作组审议采纳。

4. 流程规范化

制定详细的审查流程和标准，确保每一项审查均有章可循、有据可依。

在审查结束后，形成书面审查报告，并提交至高级管理层或相应的决策机构进行审批，确保审查成果得到认可并得以实施改进。

5. 建立反馈与整改机制

对审查中发现的问题和漏洞，督促相关部门及时整改，并追踪整改结果，形成闭环管理。定期对审查工作进行总结和评估，不断完善内部监督体系，提升采购管理水平。

通过以上机制，各部门能够在采购需求和实施计划审查过程中形成相互制衡、相互补充的关系，共同推进采购活动的合规、高效与透明。

三、一般性审查与重点审查

根据《政府采购需求管理办法》，采购人应当建立审查工作机制，在采购活动开始前，针对采购需求管理中的重点风险事项，对采购需求和采购实施计划进行审查，审查分为一般性审查和重点审查。

对于审查不通过的，应当修改采购需求和采购实施计划的内容并重新进行审查。

1. 一般性审查

一般性审查主要审查是否按照《政府采购需求管理办法》规定的程序和内容确定采购需求、编制采购实施计划。审查内容包括：采购需求是否符合预算、资产、财务等管理制度规定；对采购方式、评审规则、合同类型、定价方式的选择是否说明适用理由；属于按规定需要报相关监管部门批准、核准的事项，是否作出相关安排；采购实施计划是否完整。

2. 重点审查

重点审查是在一般性审查的基础上，进行以下审查。

（1）非歧视性审查。

非歧视性审查主要审查是否指向特定供应商或者特定产品。其包括资格条件设置是否合理，要求供应商提供超过2个同类业务合同的，是否具有合理性；技术要求是否指向特定的专利、商标、品牌、技术路线等；评审因素设置是否具有倾向性，将有关履约能力作为评审因素是否适当。

（2）竞争性审查。

竞争性审查主要审查是否确保充分竞争。其包括应当以公开方式邀请供应商的，是否依法采用公开竞争方式；采用单一来源采购方式的，是否符合法定情形；采购需求的内容是否完整、明确，是否考虑后续采购竞争性；评审方法、评审因素、价格权重等评审规则是否适当。

（3）采购政策审查。

采购政策审查主要审查进口产品的采购是否必要，是否落实支持创新、绿色发展、中小企业发展等政府采购政策要求。

（4）履约风险审查。

履约风险审查主要审查合同文本是否按规定由法律顾问审定，合同文本运用是否适当，是否围绕采购需求和合同履行设置权利与义务，是否明确知识产权等方面的要求，履约验收方案是否完整、标准是否明确，风险处置措施和替代方案是否可行。

（5）采购人或者主管预算单位认为应当审查的其他内容。

除了上述提到的重点审查内容之外，应当审查的其他内容包括但不限于以下几方面。

信息安全与保密审查：对于涉及敏感信息或关键技术的采购项目，审查合同条款中关于信息安全保护和保密协议的相关内容是否完备。

反腐败与廉洁自律审查：检查采购过程中是否存在违反廉政建设规定的行为，如是否存在违规干预采购活动、索贿受贿、暗箱操作等情况。

可持续性审查：针对采购项目可能产生的环保和社会影响进行评估，是否符合循环经济、节能减排、社会责任等相关政策要求。

【示例】

政 府 采 购 项 目
采购需求和采购实施计划一般性审查意见书

项目名称：＿＿＿＿＿＿＿

采购部门：＿＿＿＿＿＿＿

审查时间：＿＿＿＿＿＿＿

审 查 说 明

采购人应当建立审查工作机制，在采购活动开始前，针对采购需求管理中的重点风险事项，对采购需求和采购实施计划进行审查。

一般性审查的具体采购项目范围，由采购人根据实际情况确定。

审查应当符合《政府采购需求管理办法的通知》（财库〔2021〕22号）要求及政府采购的相关规定。

对于审查不通过的，应当修改采购需求和采购实施计划的内容并重新进行审查。

一、审查项目情况

（一）审查项目名称

（二）审查对象

1.采购需求

（1）参与确定采购需求的专家、第三方机构：

_____

（2）采购需求版次：20　　年　　月（第　　版）

2.采购实施计划

（1）参与确定采购实施计划的专家、第三方机构：

_____

（2）采购实施计划版次：20　　年　　月（第　　版）

二、审查人员

序号	姓名	单位	内部机构	职务/职称	联系方式	备注

　　审查工作机制成员包括业务分管校领导、采购、财务、监督等内部机构。采购人可以根据实际情况，建立相关专家和第三方机构参与审查的工作机制。

　　参与确定采购需求和编制采购实施计划的专家和第三方机构不得参与审查。

三、审查会议

1.审查时间

2.审查地点

四、审查意见

　　一般性审查主要审查是否按照《政府采购需求管理办法》规定的程序和内容确定采购需求、编制采购实施计划。

审查内容	审查结果
如需开展需求调查的,是否按规定开展需求调查	
采购需求是否符合预算、资产、财务等管理制度规定	
对采购方式、评审规则、合同类型、定价方式的选择是否说明适用理由	
属于按规定需要报相关监管部门批准、核准的事项,是否作出相关安排	
采购实施计划是否完整	
审查结论	通过/不通过

审查内容	审查结果
审查意见：	

示例：经审查，采购需求、采购实施计划符合相关规定，审查通过。

示例：经审查，选择的采购方式为竞争性磋商，但本项目不符合《政府采购竞争性磋商采购方式管理暂行办法》(财库〔2014〕214号)第三条规定的适用情形，审查不通过，根据相关规定修改后，再重新进行审查。

审查结果为"通过"或"不通过"，审查结果"不通过"的，还需说明具体原因。

审查结果全部为"通过"的，则审查结论为"通过"。审查结果有一项为"不通过"的，则审查结论为"不通过"。

审查人员（签字）：

日期： 年 月 日

【示例】

政府采购项目
采购需求和采购实施计划重点审查意见书

项目名称：＿＿＿＿＿＿＿＿

采购部门：＿＿＿＿＿＿＿＿

审查时间：＿＿＿＿＿＿＿＿

审查说明

采购人应当建立审查工作机制，在采购活动开始前，针对采购需求管理中的重点风险事项，对采购需求和采购实施计划进行审查。

重点审查应在一般性审查通过的基础上再进行。

采购人可以根据项目采购实际情况，确定统一组织重点审查的项目类别或者金额范围。属于《政府采购需求管理办法的通知》(财库〔2021〕22号)第十一条规定范围的采购项目，应当开展重点审查。

审查应当符合《政府采购需求管理办法的通知》(财库〔2021〕22号)要求及政府采购的相关规定。

对于审查不通过的，应当修改采购需求和采购实施计划的内容并重新进行审查。

一、审查项目情况

（一）审查项目名称

（二）审查对象

1.采购需求

（1）参与确定采购需求的专家、第三方机构：

_____

（2）采购需求版次：20　年　月（第　版）

2.采购实施计划

（1）参与确定采购实施计划的专家、第三方机构：

_____

（2）采购实施计划版次：20　年　月（第　版）

二、审查人员

序号	姓名	单位	内部机构	职务/职称	联系方式	备注

审查工作机制成员包括业务分管领导、采购、财务、监督等内部机构。采购人可以根据实际情况，建立相关专家和第三方机构参与审查的工作机制。

参与确定采购需求和编制采购实施计划的专家和第三方机构不得参与审查。

三、审查会议

1.审查时间

2.审查地点

四、审查意见

审查内容		审查结果
（1）非歧视性审查（主要审查是否指向特定供应商或者特定产品）	资格条件设置是否合理	
	要求供应商提供超过2个同类业务合同的,是否具有合理性	
	技术要求是否指向特定的专利、商标、品牌、技术路线等	
	评审因素设置是否具有倾向性	
	将有关履约能力作为评审因素是否适当	

续表

审查内容		审查结果
（2）竞争性审查（主要审查是否确保充分竞争）	应当以公开方式邀请供应商的，是否依法采用公开竞争方式	
	采用单一来源采购方式的，是否符合法定情形	
	采购需求的内容是否完整、明确	
	采购需求的内容是否考虑后续采购竞争性	
	评审方法、评审因素、价格权重等评审规则是否适当	
（3）采购政策审查	进口产品的采购是否必要	
	是否落实支持创新政府采购政策要求	
	是否落实绿色发展、节能环保政府采购政策要求	
	是否落实中小企业发展政府采购政策要求	
	是否落实支持监狱发展政府采购政策要求	
	是否落实促进残疾人就业政府采购政策要求	
（4）履约风险审查	合同文本是否按规定由法律顾问审定	
	合同文本运用是否适当	
	是否围绕采购需求和合同履行设置权利、义务	
	是否明确知识产权等方面的要求	
	履约验收方案是否完整、标准是否明确	
	风险处置措施和替代方案是否可行	
（5）采购人认为应当审查的其他内容	应列明审查的具体内容	
审查结论		通过／不通过

审查意见：

示例：经审查，采购需求、采购实施计划符合相关规定，审查通过。

示例：经审查，采购实施计划未落实中小企业发展政府采购政策要求，审查不通过，根据相关规定修改后，再重新进行审查。

审查结果为"通过"或"不通过"，审查结果"不通过"的，还需说明具体原因。

审查结果全部为"通过"的，则审查结论为"通过"。审查结果有一项为"不通过"的，则审查结论为"不通过"。

审查人员（签字）：

日期：　　年　　月　　日

请看下面的案例。

B邮电大学宿舍智能用电系统升级改造项目举报案

【关键词】

采购需求管理/重新评审

【案例要点】

政府采购活动按照法定程序产生结果，采购结果具有严肃性和法律效力。采购人应当落实主体责任，加强采购需求管理，认真组织评审，并承担相应责任。除法定情形外，采购人不得通过事后重新评审等内部程序自行改变采购结果。采购人应当合理编制采购预算，除法定情形外，不得随意终止采购活动。

【相关依据】

《政府采购竞争性磋商采购方式管理暂行办法》（财库〔2014〕214号）第二十八条、第三十二条；

《政府采购需求管理办法》（财库〔2021〕22号）第三条、第四条、第五条；

《中华人民共和国预算法》第十二条、第三十七条。

【基本案情】

采购人B大学委托代理机构J公司就"B邮电大学宿舍智能用电系统升级改造项目"（以下简称本项目）采用竞争性磋商方式进行采购。2019年5月21日，代理机构J公司发布竞争性磋商公告。6月5日，磋商小组经评审推荐供应商C公司为成交候选人。6月11日，采购人对评审结果提出异议。6月26日，代理机构J公司组织原磋商小组重新评审。

10月8日，采购人B大学向财政部来函反映在确认成交结果的过程中，发现C公司响应文件中存在资格性检查认定错误、所投电表型号前后不一致等问题。虽然经组织原磋商小组重新评审后，原磋商小组认为评审结果不变，但其作为采购人仍认为存在履约风险，无法与C公司签订采购合同。

财政部依法启动监督检查程序，并向相关当事人调取证据材料。

代理机构J公司称：（1）本项目尚未发布成交公告，因采购人B大学对采购结果提出异议，于6月26日组织原磋商小组进行了重新评审。（2）本项目资格审查及符合性审查均由磋商小组负责，应以磋商小组评审结果为准。

C公司称：其在进行本项目现场勘查前没有接触过本项目，未给采购人B

大学提供过整体设计、规范编制或项目管理等服务；能够提供所投产品型号的型式评价报告、型式批准证书，完全满足磋商文件资格要求和学校实际使用需要。

经查，磋商文件"第二章　供应商须知"显示，"4.2　供应商不得存在为采购项目提供整体设计、规范编制或者项目管理、监理、检测等服务的情形"；"4.5　本次采购组织踏勘，踏勘时间为2019年5月29日上午10:00"。"第三章　采购需求"显示，"三、前期采购数量具体以实际踏勘为准"。

C公司资格证明文件显示，"我公司前期是为本项目提供整体设计、规范编制或者项目管理、监理、检测等服务的供应商"。

磋商小组于2019年6月5日签署的评审报告显示，磋商小组由1位采购人代表和2位评审专家组成，经评审推荐C公司为成交候选人。

磋商小组于6月14日签署的报告显示，关于采购人反映的问题，应让C公司解释说明是否前期为本项目提供过整体设计、规范编制或者项目管理、监理、检测等服务。

6月26日，磋商小组重新评审，请C公司就"是否为本项目提供整体设计、规范编制或者项目管理、监理、检测等服务""能否提供在有效期内且与所投型号一致的计量器具许可证"等问题进行了说明。

C公司提交的答复意见显示：（1）C公司在进行本项目现场勘查前没有接触过本项目，未给采购人B大学提供过整体设计、规范编制或项目管理等服务。对此部分的响应是将磋商文件相关要求错误理解为"是否在评审前进行了现场勘查并了解现场情况，提供了针对本项目的设计方案"。（2）C公司承诺能够提供完全符合要求的产品进行履约，该产品具备符合计量法的型式批准证书，可以提供所投型号电表的实物、计量器具型式评价报告，该产品即为投标产品型号。（3）C公司承诺货物运抵学校后，采购人可以抽取产品送第三方检测机构检测，若检测不合格，愿承担一切后果。

C公司在案件处理过程中提交了所投产品型号的《计量器具型式批准证书》和《计量器具型式评价报告》。

【处理结果】

采购人B大学反映的问题不成立。财政部告知采购人B大学应当依法签订政府采购合同，并加强后续履约验收，不得超范围重新评审。

采购人B大学后续反映，因审计部门认为本项目采购的智能用电系统属于宿舍建设工程的一部分，可以由施工单位负责，不应单独再次采购，决定取消采购任务。因上述情况涉及预算编制问题，财政部向采购人主管预算单位去函，主管部门对B大学进行了约谈。

【处理理由】

对于供应商是否存在为采购项目提供过"整体设计、规范编制或者项目管理、监理、检测等服务"的情形，采购人理应知晓。C公司在响应文件中作出了明显不合常理的承诺，经过磋商程序，包括采购人代表在内的磋商小组未提出异议。在重新评审过程中，C公司也向磋商小组进行了说明，其磋商文件中对该项内容响应为"是"属于理解错误，实际上并没有为本项目提供过整体设计、规范编制等服务。磋商小组对上述情况予以认可，C公司事实上符合上述资格条件。此外，C公司承诺其实际响应的产品型号与响应文件中提交的《计量器具型式评价报告》中的产品型号一致，并提供了该产品的型式批准证书。磋商小组也予以认可，维持原评审结果。结合C公司的说明和承诺，现有事实不影响B大学签订政府采购合同。

采购人B大学未依法确认采购结果，来函暴露出其在采购活动组织过程中存在以下问题：

（1）相关问题均可以在磋商过程中予以澄清和明确，但采购人代表在磋商过程中未尽到审查职责，影响了采购效率。

（2）评审结束后，B大学就"资格性检查认定错误"的问题组织重新评审，且在评审过程中又对响应产品能否满足磋商文件其他要求进行审查，超出了法定的重新评审范围，违反了《政府采购竞争性磋商采购方式管理暂行办法》（财库〔2014〕214号）第三十二条的规定。

（3）B大学未在法定期限内确认采购结果。

【其他注意事项】

采购人、采购代理机构在处理供应商质疑时，不得超出质疑事项范围对其他内容进行复核。

（选自财政部指导性案例40）

在线习题（第五章）

第六章
政府采购方式及流程

第一节　政府采购意向公开

一、政府采购意向公开政策要求

财政部推进采购意向公开是优化政府采购营商环境的重要举措。根据《深化政府采购制度改革方案》和《财政部关于促进政府采购公平竞争优化营商环境的通知》（财库〔2019〕38号）有关要求，2020年3月财政部发布《关于开展政府采购意向公开工作的通知》（财库〔2020〕10号），旨在提高政府采购透明度，方便供应商提前了解政府采购信息，保障各类市场主体平等参与政府采购活动，提升采购绩效，抑制腐败。

《关于开展政府采购意向公开工作的通知》（财库〔2020〕10号）要求，对2020年7月1日起实施的采购项目，中央预算单位和北京市、上海市、深圳市市本级预算单位应当按规定公开采购意向。各试点地区应根据地方实际尽快推进其他各级预算单位采购意向公开。其他地区可根据地方实际确定采购意向公开时间，原则上省级预算单位2021年1月1日起实施的采购项目，省级以下各级预算单位2022年1月1日起实施的采购项目，应当按规定公开采购意向。

以湖北省为例，2020年4月28日，湖北省财政厅发布《湖北省政府采购意向公开工作方案》（鄂财函〔2020〕38号），方案明确提出如下要求：省级预算单位2021年1月1日起实施的采购项目按规定全面实施采购意向公开；省级以下各级预算单位2022年1月1日起实施的采购项目按规定全面实施采购意向公开。公开渠道为"中国湖北政府采购网"（www.ccgp-hubei.gov.cn）。

二、政府采购意向公开基本要求

1. 政府采购意向公开的主体

采购意向由预算单位负责公开。

2. 政府采购意向公开的渠道

中央预算单位的采购意向在中国政府采购网（www.ccgp.gov.cn）中央主网公开，地方预算单位的采购意向在中国政府采购网地方分网公开，采购意向也可在省级以上财政部门指定的其他媒体同步公开。

主管预算单位可汇总本部门、本系统所属预算单位的采购意向集中公开，有条件的部门可在其部门门户网站同步公开本部门、本系统的采购意向。

3. 政府采购意向公开的具体要求

（1）采购意向按采购项目公开。

（2）按项目实施的集中采购目录以内或采购限额标准以上的货物、工程、服务采购均应当公开采购意向。

（3）除以协议供货、定点采购方式实施的小额零星采购和由集中采购机构统一组织的批量集中采购外，按项目实施的集中采购目录以内或者采购限额标准以上的货物、工程、服务采购均应当公开采购意向。

4. 政府采购意向公开的主要内容

采购意向公开的内容应当清晰完整，具体应包括以下几点：

（1）采购项目名称。

（2）采购需求概况。应当包括采购标的名称，采购标的需实现的主要功能或目标，采购标的数量，以及采购标的需满足的质量、服务、安全、时限等要求。

（3）预算金额。

（4）预计采购时间。

（5）其他需要说明的情况。

采购意向仅作为供应商了解各采购人初步采购安排的参考，采购项目实际采购需求、预算金额和执行时间以采购人最终发布的采购公告和采购文件为准。

5. 政府采购意向公开的依据

部门预算批复前公开的采购意向，以部门预算"二上"内容为依据；部门预算批复后公开的采购意向，以部门预算为依据。预算执行中新增采购项目应当及时公开采购意向。

6. 政府采购意向公开的时间

采购意向由预算单位定期或不定期公开。采购意向公开时间应当尽量提前，原则上不得晚于采购活动开始前30日公开采购意向。因预算单位不可预见的原因急需开展的采购项目，可不公开采购意向。

值得注意的是，有些地方在财政部规定的基础上，又作了进一步要求，例如：《湖北省财政厅关于持续优化政府采购营商环境的通知》（鄂财采发〔2024〕3号）规定：预算单位应当随部门预算公开同步在"中国湖北政府采购网"上集中公开本年度政府采购意向信息，内容包括主要采购项目、采购内容及需求概况、预算金额、预计采购时间等，方便供应商提前了解政府采购信息。预算执行中新增调整采购项目应当及时公开采购意向，原则上不得晚于采购活动开始前30日。

三、政府采购意向公开操作流程

以湖北某高校政府采购意向公开流程为例，具体流程如下：

（1）业务承办部门按照《政府采购意向公告》格式要求，填写所在部门需进行公开的采购意向。

（2）业务承办部门在每月规定的时间，将拟公开的采购意向报送采购管理部门审核。

（3）采购管理部门审核通过后，汇总当月需公开的采购意向，在湖北省预算管理一体化系统（http://www.ihbcz.gov.cn/login）中申报。

政府采购意向公告

（单位名称）_____年____月（至）_____月政府采购意向

为便于供应商及时了解政府采购信息，根据《财政部关于开展政府采购意向公开工作的通知》（财库〔2020〕10号）等有关规定，现将（单位名称）_____年__月（至）__月采购意向公开如下：

序号	采购项目名称	采购需求概况	预算金额/万元	预计采购时间（填写到月）	备注
	（填写具体采购项目的名称）	（填写采购标的名称，采购标的需实现的主要功能或者目标，采购标的数量，以及采购标的需满足的质量、服务、安全、时限等要求）	（精确到万元）	（填写到月）	（其他需要说明的情况）
	……				
	……				

本次公开的采购意向是本单位政府采购工作的初步安排，具体采购项目情况以相关采购公告和采购文件为准。

（单位名称）

_____年____月____日

选自财政部办公厅《关于印发〈政府采购公告和公示信息格式规范（2020年版）〉的通知》（财办库〔2020〕50号）

第二节　政府采购方式确定的原则和标准

《政府采购法》第二十六条规定，政府采购采用以下方式：

（1）公开招标；

（2）邀请招标；

（3）竞争性谈判；

（4）单一来源采购；

（5）询价；

（6）国务院政府采购监督管理部门认定的其他采购方式。

①竞争性磋商。为了深化政府采购制度改革，适应推进政府购买服务、推广政府和社会资本合作（PPP）模式等工作需要，2014年12月31日，财政部发布《政府采购竞争性磋商采购方式管理暂行办法》（财库〔2014〕214号），自发布之日起施行。

②框架协议。为了规范多频次、小额度采购活动，提高政府采购项目绩效，根据《政府采购法》和《政府采购法实施条例》等法律法规规定，2022年1月14日财政部发布《政府采购框架协议采购方式管理暂行办法》（财政部令110号），自2022年3月1日起施行。

③合作创新。为贯彻落实党中央、国务院关于加快实施创新驱动发展战略有关要求，支持应用科技创新，根据《政府采购法》和《中华人民共和国科学技术进步法》等有关法律，2024年4月24日财政部发布《政府采购合作创新采购方式管理暂行办法》（财库〔2024〕13号），自2024年6月1日起施行。

目前，除了《政府采购法》明确的五种采购方式以外，"国务院政府采购监督管理部门认定的其他采购方式"包括竞争性磋商、框架协议采购、合作创新采购三种，即政府采购共有八种采购方式：公开招标、邀请招标、竞争性谈判、询价、单一来源采购、竞争性磋商、框架协议采购和合作创新采购。

《政府采购法》《政府采购法实施条例》《政府采购货物和服务招标投标管理办法》

《政府采购非招标采购方式管理办法》《竞争性磋商管理暂行办法》《政府采购框架协议采购方式管理暂行办法》和《政府采购合作创新采购方式管理暂行办法》对以上采购方式的适用情形进行了具体规定，采购人选择合适的采购方式应从以下两个方面考虑。

一、依据政府采购公开招标数额标准

《政府采购法》规定，采购人采购货物或者服务应当采用公开招标方式的，其具体数额标准，属于中央预算的政府采购项目，由国务院规定；属于地方预算的政府采购项目，由省、自治区、直辖市人民政府规定；因特殊情况需要采用公开招标以外的采购方式的，应当在采购活动开始前获得设区的市、自治州以上人民政府采购监督管理部门的批准。

2019年，国务院办公厅发布《国务院办公厅关于印发中央预算单位政府集中采购目录及标准（2020年版）的通知》（国办发〔2019〕55号）规定：中央预算单位政府采购货物或服务项目，单项采购金额达到200万元以上的，必须采用公开招标方式。政府采购工程以及与工程建设有关的货物、服务公开招标数额标准按照国务院有关规定执行。

2024年，湖北省财政厅经湖北省人民政府同意，发布《关于印发湖北省政府集中采购目录及标准（2025年版）的通知》（鄂财采发〔2024〕7号）规定，政府采购货物或服务项目，湖北省省级和武汉市本级单项或批量采购金额达到400万元以上、市县级200万元以上的应当采用公开招标方式。政府采购工程项目以及与工程建设有关的货物、服务公开招标数额标准按照国家有关规定执行。

二、依据政府采购方式的适用条件

采购人应按照法律法规规定，根据项目特点和采购需求准确选择采购方式，这是《政府采购法》赋予采购人的权利和责任。

在确定采购方式时，采购人需注意以下几点。

（1）采购人不得将应当以公开招标方式采购的货物或者服务化整为零或者以其他任何方式规避公开招标。

（2）采购人必须按照《政府采购法》规定的采购方式和采购程序进行采购，任何单位和个人不得违反《政府采购法》规定，要求采购人或者采购工作人员向其指定的供应商进行采购。

（3）在一个财政年度内，采购人将一个预算项目下的同一品目或者类别的货物、服务采用公开招标以外的方式多次采购，累计资金数额超过公开招标数额标准的，属于以化整为零方式规避公开招标，但项目预算调整或者经批准采用公开招标以外方式采购除外。

（4）因特殊情况需要采用公开招标以外的采购方式的，应当在采购活动开始前获得设区的市、自治州以上人民政府采购监督管理部门的批准。

【小贴士】

【问】根据《政府采购法》第三十二条规定："采购的货物规格、标准统一、现货货源充足且价格变化幅度较小的政府采购项目，可以依照本法采用询价方式采购"，是否可以理解为询价采购方式只适用于采购货物？

【答】根据现行政府采购法律制度规定，询价采购方式只适用于货物采购。

（信息来源：中国政府采购网）

请看以下案例。

某高校在一个财政年度内的一个预算项目下，就物业管理服务采用竞争性磋商采购方式分三次进行了采购，第一次采购校园内水电供应服务、门窗保养、设备运行管理及服务，预算金额为180万元，第二次采购办公场所保洁服务，预算金额为150万元，第三次采购校园内绿化养护服务，预算金额为90万元，三次总计420万元。监管部门认为，该校三次采购预算总额超过了该地区公开招标数额400万元的标准，没有按照公开招标的方式进行采购，所以将该采购人的行为定性为《政府采购法实施条例》第六十七条第二款所规定的情形，即"将应当进行公开招标的项目化整为零或者以其他方式规避公开招标"，给予通报处理。

什么是化整为零规避公开招标采购行为呢？《政府采购法实施条例》第二十八条规定，在一个财政年度内，采购人将一个预算项目下的同一品目或者类别的货物、服务采用公开招标以外的方式多次采购，累计资金数额超过公开招标数额标准的，属于化整为零方式规避公开招标。也就是采购人把达到公开招标数额标准的政府采购项目分割为数个小项目，使得每个项目的预算金额都未达到法定公开招标数额标准，以此规避公开招标。

根据财政部《关于印发〈政府采购品目分类目录〉的通知》（财库〔2022〕31号），该案例中校园内水电供应服务、门窗保养、设备运行管理及服务，办公场所保洁服务，以及校园内绿化养护服务，非单独的品目，均属于物业管理服务的品目，品目编码为C21040000，故属于同一品目多次采购，累计资金数额超过公开招标数额标准。

《政府采购法》第七十一条规定，采购人将应当采用公开招标方式而擅自采用其他方式采购的，监管部门将责令其限期改正、给予警告，可以并处罚款，对直接负责的主管人员和其他直接责任人员由其行政主管部门或者有关机关给予处分，并予通报。

第三节　政府采购方式适用情形及流程

一、公开招标

公开招标，是指采购人依法以招标公告的方式邀请非特定的供应商参加投标的采购方式。

（一）公开招标方式的适用情形

公开招标应作为政府采购的主要采购方式。

（1）按照依法确定的公开招标数额标准执行，达到公开招标数额标准的，应当采用公开招标方式。

（2）达到公开招标数额标准的政府采购项目，因特殊情况需要采用公开招标以外的采购方式的，应当在采购活动开始前获得设区的市、自治州以上人民政府采购监督管理部门的批准。

（二）公开招标流程

1.编制招标文件

采购人、采购代理机构应当根据采购项目的特点和采购需求编制招标文件。招标文件应当包括以下主要内容：

（1）投标邀请。

（2）供应商须知（包括投标文件的密封、签署、盖章要求等）。

（3）供应商应当提交的资格、资信证明文件。

（4）为落实政府采购政策，采购标的需满足的要求，以及供应商需提供的证明材料。

（5）投标文件编制要求、投标报价要求和投标保证金交纳、退还方式以及不予退还投标保证金的情形。

（6）采购项目预算金额，设定最高限价的，还应当公开最高限价。

（7）采购项目的技术规格、数量、服务标准、验收等要求，包括附件、图纸等。

（8）拟签订的合同文本。

（9）货物、服务提供的时间、地点、方式。

（10）采购资金的支付方式、时间、条件。

（11）评标方法、评标标准和投标无效情形。

（12）投标有效期。

（13）投标截止时间、开标时间及地点。

（14）采购代理机构代理费用的收取标准和方式。

（15）供应商信用信息查询渠道及截止时点、信用信息查询记录和证据留存的具体方式、信用信息的使用规则等。

（16）省级以上财政部门规定的其他事项。

对于不允许偏离的实质性要求和条件，采购人或者采购代理机构应当在招标文件中规定，并以醒目的方式标明。

2. 发布招标公告

1）公告发布媒体

中央预算单位的政府采购信息应当在财政部指定的媒体上公开，地方预算单位的政府采购信息应当在省级（含计划单列市）财政部门指定的媒体上公开。财政部指定的政府采购信息发布媒体主要为中国政府采购网（www.ccgp.gov.cn）。中国政府采购网地方分网为本地区指定的政府采购信息发布媒体。

为加强全国政府采购数据共享共用，进一步提高政府采购信息查询使用便利度，财政部办公厅于2024年2月4日发布了《关于进一步提高政府采购信息查询使用便利度的通知》（财办库〔2024〕30号）。该通知规定：（1）自2024年4月1日起，中国政府采购网地方分网（以下简称地方分网）应当将本地区全部政府采购项目（含低于500万元的项目）的各类公告和公示信息推送至中国政府采购网中央主网（以下简称中央主网）发布。中央主网提供全国政府采购项目信息的"一站式"查询服务。（2）中央主网开通政府采购代理机构登记信息共享接口。自2024年4月1日起，地方分网可通过接口获取在中央主网登记的政府采购代理机构登记信息。（3）中央主网开设"数据标准及规范"专栏，发布相关数据接口规范。请各地方分网根据数据接口规范组织完成相关信息系统的接口调试工作，确保政府采购数据共享渠道畅通。

政府采购其他采购方式的公告发布媒体同公开招标。

2）招标公告的内容

政府采购相关规定中，按日计算期间的，开始当天不计入，从次日开始计算。期限的最后一日是国家法定节假日的，顺延到节假日后的次日为期限的最后一日。此项规定适用于所有采购方式。

招标公告期限为5个工作日。公告内容应当以省级以上财政部门指定媒体发布的公告为准。公告期限自省级以上财政部门指定媒体最先发布公告之日起算。

招标公告应当包括以下主要内容：

（1）采购人及其委托的采购代理机构的名称、地址和联系方式。

（2）采购项目的名称、预算金额，设定最高限价的，还应当公开最高限价。

（3）采购人的采购需求。

（4）供应商的资格要求。

（5）获取招标文件的时间期限、地点、方式及采购文件售价。

（6）公告期限。

（7）投标截止时间、开标时间及地点。

（8）采购项目联系人姓名和电话。

采购人或者采购代理机构应当根据采购项目的实施要求，在招标公告中载明是否接受联合体投标。如未载明，不得拒绝联合体投标。

招标公告

（采购标的）招标项目的潜在供应商应在（地址）获取招标文件，并于_____年____月____日____点____分（北京时间）前递交投标文件。

一、项目基本情况

项目编号（或招标编号、政府采购计划编号、采购计划备案文号等，如有）：

项目名称：

预算金额：

最高限价（如有）：

采购需求（包括但不限于标的的名称、数量、简要技术需求或服务要求等）：

合同履行期限：

本项目（是/否）接受联合体投标。

二、申请人的资格要求

（1）满足《中华人民共和国政府采购法》第二十二条规定。

（2）落实政府采购政策需满足的资格要求（如属于专门面向中小企业采购的项目，供应商应为中小微企业、监狱企业、残疾人福利性单位）。

（3）本项目的特定资格要求（如项目接受联合体投标，对联合体应提出相关资格要求；如属于特定行业项目，供应商应当具备特定行业法定准入要求）。

三、获取招标文件

时间：_____年____月____日至_____年____月____日（提供期限自

本公告发布之日起不得少于5个工作日），每天上午_____至_____，下午_____至_____（北京时间，法定节假日除外）

地点：

方式：

售价：

四、提交投标文件截止时间、开标时间和地点

_____年____月____日____点____分（北京时间）（自招标文件开始发出之日起至供应商提交投标文件截止之日止，不得少于20日）

地点：

五、公告期限

自本公告发布之日起5个工作日。

六、其他补充事宜

七、凡对本次招标提出询问，请按以下方式联系。

1. 采购人信息

名称：

地址：

联系方式：

2. 采购代理机构信息（如有）

名称：

地址：

联系方式：

3. 项目联系方式

项目联系人：（组织本项目采购活动的具体工作人员姓名）：

电话：

选自财政部办公厅《关于印发〈政府采购公告和公示信息格式规范（2020年版）〉的通知》（财办库〔2020〕50号）

3. 发出招标文件

采购人或者采购代理机构应当按照招标公告规定的时间、地点提供招标文件或者资格预审文件，提供期限自招标公告、资格预审公告发布之日起计算不得少于五个工作日。提供期限届满后，获取招标文件或者资格预审文件的潜在供应商不足三家的，可以顺延提供期限，并予公告。

招标文件开始发出之日起至供应商提交投标文件截止之日止，不得少于二十日。

公开招标进行资格预审的，招标公告和资格预审公告可以合并发布，招标文件应当向所有通过资格预审的供应商提供。

【小贴士】

【问】《政府采购法》第三十五条，货物和服务项目实行招标方式采购的，自招标文件开始发出之日起至投标人提交投标文件截止之日止，不得少于二十日。具体如何计算？

【答】根据《政府采购货物和服务招标投标管理办法》（财政部令第87号）第八十五条规定，按日计算期间的，开始当天不计入，从次日开始计算。不得少于二十日的期间应当不少于二十个完整自然日。

（信息来源：中国政府采购网）

4. 答疑、招标文件澄清及修改

采购人或采购代理机构根据招标项目的具体情况，在招标文件提供期限截止后，组织现场考察或召开答疑会的，应当在招标文件中载明，或者在招标文件提供期限截止后以书面形式通知所有获取招标文件的潜在投标人，组织已获取招标文件的潜在投标人现场考察或者召开开标前答疑会。

采购人或采购代理机构对已发出的招标文件进行必要澄清或者修改的，澄清或者修改的内容可能影响投标文件编制的，采购人或者采购代理机构应当在投标截止时间至少十五日前，以书面形式通知所有获取招标文件的潜在供应商；不足十五日的，采购人或者采购代理机构应当顺延提交投标文件的截止时间。

5. 投标

投标人应当在招标文件要求提交投标文件的截止时间前，将投标文件密封送达投标地点（采用电子标的，详见本节"开标"部分）。采购人或者采购代理机构收到投标文件后，应当如实记载投标文件的送达时间和密封情况，签收保存，并向供应商出具签收回执。任何单位和个人不得在开标前开启投标文件。

投标人在投标截止时间前，可以对所递交的投标文件进行补充、修改或者撤回，并书面通知采购人或者采购代理机构。补充、修改的内容应当按照招标文件要求签署、盖章、密封后，作为投标文件的组成部分。

【小贴士】

【问】评审结束后，中标结果公告前，投标人撤销投标文件，若剩下不足3家供应商，是否废标？

【答】为维护国家利益和社会公共利益，应确保政府采购市场公平竞争的良好秩序。供应商一旦决定参与政府采购活动，应当按照审慎的原则，规范自己的投标行为。供应商在投标时已经确定了投标有效期，且项目已经进入了开标、评标程序。因此，供应商不得撤销投标，其撤销投标的行为不影响评审活动和后续采购活动的进行。

（信息来源：中国政府采购网）

6. 开标

开标应当在招标文件确定的提交投标文件截止时间的同一时间进行。开标地点应当为招标文件中预先确定的地点。开标时，应当由供应商或者其推选的代表检查投标文件的密封情况；经确认无误后，由采购人或者采购代理机构工作人员当众拆封，宣布供应商名称、投标价格和采购文件规定的需要宣布的其他内容。

供应商不足3家的，不得开标。开标过程应当由采购人或者采购代理机构负责记录，由参加开标的各供应商代表和相关工作人员签字确认后随采购文件一并存档。供应商代表对开标过程和开标记录有疑义，以及认为采购人、采购代理机构相关工作人员有需要回避的情形的，应当场提出询问或者回避申请。采购人、采购代理机构对供应商代表提出的询问或者回避申请应当及时处理。供应商未派代表参加开标的，视同认可开标结果。

随着信息化的不断发展，电子交易系统的普遍使用，在开标程序上与传统模式有所不同，电子标开标程序一般如下：

（1）提交投标截止时间前，投标人应当使用加密其投标文件的CA数字证书登录电子采购平台，进入"开标大厅"选择所投项目（或采购包）完成项目签到工作。

（2）在"投标邀请"约定的投标截止时间、开标时间及地点，采购代理机构通过互联网在电子采购平台"开标大厅"公开组织开标工作。

（3）投标人应当在能够保证设施设备可靠、互联网畅通的任意地点，使用加密其投标文件的CA数字证书登录电子采购平台，进入项目"开标大厅"，按时参加项目开标工作，并实时关注开标直播情况，按照工作人员提示进行相关操作。

（4）提交投标文件截止时间到后，工作人员启动开始解密指令，投标人应当按照"投标人须知"前附表规定及时进行投标文件解密。

在"投标人须知"规定的时间内，投标人非因电子采购平台原因造成投标文件未解密的，视为撤回投标文件。停止解密后，在部分投标文件未解密的情况下，已解密的投标文件不足3家的，不得开标，项目应当按照规定作废标处理。工作人员在电子采购平台上组织开标、唱标，形成开标一览表。投标人应当及时关注开标过程，认真核实开标结果并在开标一览表上进行签署确认（用CA数字证书中的电子印章进行签署）。未在规定时间内对开标一览表签署确认的，将视同其认可开标结果。投标人或其授权代表对开标过程和开标记录有疑义，以及认为采购人、采购代理机构相关工作人员有需要回避的情形的，应当在开标过程中提出；工作人员当场对疑义作出答复。疑义与答复可以通过电子采购平台"开标大厅"互动窗口在线进行。

【小贴士】

【问】政府采购项目开评标过程中可以请公证机构参加吗？

【答】根据《政府采购货物和服务招标投标管理办法》（财政部令第87号）第六十六条规定，除采购人代表、评标现场组织人员外，采购人的其他工作人员以及与评标工作无关的人员不得进入评标现场。公证人员也不得进入评标现场。

（信息来源：中国政府采购网）

7. 组建评标委员会

评标委员会由采购人代表和评审专家组成，成员人数应当为5人以上单数，其中评审专家不得少于成员总数的2/3。对于预算金额1000万元以上、技术复杂、社会影响较大的项目，评标委员会成员人数应当为7人以上单数。采购人或采购代理机构应当从省级以上财政部门设立的政府采购评审专家库中通过随机抽取方式抽取评审专家。对于技术复杂、专业性强的采购项目，通过随机抽取方式难以确定合适评审专家的，经主管预算单位同意，采购人可以自行选定相应专业领域的评审专家。依法组建评标委员会，评审专家抽取的开始时间原则上不得早于评审活动开始前2个工作日。

评标委员会成员名单在评标结果公告前应当保密。

【小贴士】

【问】根据87号令第四十七条的规定，采购项目符合下列情形之一的，评标委员会成员人数应当为7人以上单数：（1）采购预算金额在1000万元以上；（2）技术复杂；（3）社会影响较大。某项目预算金额为3000万元，分5个标包，每个标包600万元，请问评委的数量应该为7人还是5人？

【答】根据《政府采购货物和服务招标投标管理办法》（财政部令第87号）规定，项目采购预算金额在1000万元以上的项目，评标委员会应当为7人以上单数。此为财政部令第87号关于评标委员会的原则性规定。实践中，留言所述5个标包若使用同一组专家，则需由7人以上单数组成评标委员会；若每个标包使用不同的专家，则可由5人以上单数组成评标委员会。

（信息来源：中国政府采购网）

8. 资格审查

公开招标项目开标结束后，采购人或者采购代理机构应当依法对投标人的资格进行审查。合格投标人不足3家的，不得评标。

9. 评标

采购人或者采购代理机构负责组织评标工作。在评审前，应核对评审专家身份和采购人代表授权函；宣布评标纪律，公布投标人名单，告知评审专家应当回避的情形；组织评标委员会推选评标组长（采购人代表不得担任组长）；在评标期间采取必要的通信管理措施，保证评标活动不受外界干扰。

评标委员会应当对符合资格的投标人的投标文件进行符合性检查，以确定其是否满足招标文件的实质性要求，对招标文件作实质响应的投标人不足3家的，应予废标。废标后，采购人应当将废标理由通知所有投标人，除采购任务取消情形外，应当重新组织招标；需要采取其他方式采购的，应当在采购活动开始前获得设区的市、自治州以上人民政府采购监督管理部门或者政府有关部门批准。

对于投标文件中含义不明确、同类问题表述不一致或者有明显文字和计算错误的内容，评标委员会应当以书面形式要求投标人作出必要的澄清、说明或者补正。

投标人的澄清、说明或者补正应当采用书面形式，并加盖公章，或者由法定代表人或其授权的代表签字。投标人的澄清、说明或者补正不得超出投标文件的范围或者改变投标文件的实质性内容。

评标委员会应当按照招标文件中规定的评标方法和标准，对符合性检查合格的投标文件进行商务和技术评估，综合比较与评价。

评标方法分为最低评标价法和综合评分法。

采用最低评标价法的，评标结果按投标报价由低到高顺序排列。投标报价相同的并列。投标文件满足招标文件全部实质性要求且投标报价最低的投标人为排名第一的中标候选人。

采用综合评分法的，评标结果按评审后得分由高到低顺序排列。得分相同的，按投标报价由低到高顺序排列。得分且投标报价相同的并列。投标文件满足采购文件全部实质性要求，且按照评审因素的量化指标评审得分最高的投标人为排名第一的中标候选人。

10. 定标

采购代理机构应当在评标结束后2个工作日内将评标报告送采购人。

采购人应当自收到评标报告之日起5个工作日内，在评标报告确定的中标候选人名单中按顺序确定中标人。中标候选人并列的，由采购人或者采购人委托评标委员会按照招标文件规定的方式确定中标人；招标文件未规定的，采取随机抽取的方式确定。

采购人自行组织招标的，应当在评标结束后5个工作日内确定中标人。

采购人在收到评标报告5个工作日内未按评标报告推荐的中标候选人顺序确定中标人，又不能说明合法理由的，视同按评标报告推荐的顺序确定排名第一的中标候选人为中标人。

11. 发布中标公告、发出中标通知书

采购人或者采购代理机构应当自中标人确定之日起2个工作日内，在省级以上财政部门指定的媒体上公告中标结果，招标文件应当随中标结果同时公告。中标公告期限为1个工作日。

《关于进一步提高政府采购透明度和采购效率相关事项的通知》（财办库〔2023〕243号）规定，项目采购采用最低评标（审）价法的，公告中标、成交结果时应当同时公告因落实政府采购政策等原因进行价格扣除后中标、成交供应商的评审报价；项目采购采用综合评分法的，公告中标、成交结果时应当同时公告中标、成交供应商的评审总得分。

在公告中标结果的同时，采购人或者采购代理机构应当向中标人发出中标通知书；对未通过资格审查的投标人，应当告知其未通过的原因；采用综合评分法评审的，还应当告知未中标人本人的评审得分与排序。

中标通知书发出后，采购人不得违法改变中标结果，中标人无正当理由不得放弃中标。

12. 合同签订

采购人应当自中标通知书发出之日起30日内，按照招标文件和中标人投标文件的规定，与中标人签订书面合同。所签订的合同不得对招标文件确定的事项和中标人投标文件作实质性修改。

13. 合同公告

根据《政府采购法实施条例》第五十条规定：采购人应当自政府采购合同签订之日起2个工作日内，将政府采购合同在省级以上人民政府财政部门指定的媒体上公告，但政府采购合同中涉及国家秘密、商业秘密的内容除外。

《关于进一步提高政府采购透明度和采购效率相关事项的通知》（财办库〔2023〕243号）规定，政府采购合同的双方当事人不得擅自变更合同，依照政府采购法确需变更政府采购合同内容的，采购人应当自合同变更之日起2个工作日内在省级以上财政部门指定的媒体上发布政府采购合同变更公告，但涉及国家秘密、商业秘密的信息和其他依法不得公开的信息除外。政府采购合同变更公告应当包括原合同编号、名称和文本，原合同变更的条款号，变更后作为原合同组成部分的补充合同文本，合同变更时间，变更公告日期等。

合同公告

一、合同编号

二、合同名称

三、项目编号（或招标编号、政府采购计划编号、采购计划备案文号等，如有）

四、项目名称

五、合同主体

采购人（甲方）：

地址：

联系方式：

供应商（乙方）：

地址：

联系方式：

六、合同主要信息

主要标的名称：

规格型号（或服务要求）：

主要标的数量：

主要标的单价：

合同金额：

履约期限、地点等简要信息：

采购方式：公开招标

七、合同签订日期

八、合同公告日期

九、其他补充事宜

附件：上传合同（采购人应当按照《政府采购法实施条例》有关要求，将政府采购合同中涉及国家秘密、商业秘密的内容删除后予以公开）

选自财政部办公厅《关于印发〈政府采购公告和公示信息格式规范（2020年版）〉的通知》（财办库〔2020〕50号）

14. 合同履约及验收

采购人与中标人应当根据合同的约定依法履行合同义务。采购人应当及时对采购项目进行验收。采购人可以邀请参加本项目的其他供应商或者第三方机构参与验收。参与验收的供应商或者第三方机构的意见作为验收书的参考资料一并存档。

15. 采购资金支付

采购人应当加强对中标人的履约管理，并按照采购合同约定，及时向中标人支付采购资金。对于中标人违反采购合同约定的行为，采购人应当及时处理，依法追究其违约责任。

《关于进一步提高政府采购透明度和采购效率相关事项的通知》（财办库〔2023〕243号）规定，采购人要进一步落实《关于促进政府采购公平竞争优化营商环境的通知》（财库〔2019〕38号）有关要求，在政府采购合同中约定资金支付的方式、时间和条件，明确逾期支付资金的违约责任。对于有预付安排的合同，鼓励采购人将合同预付款比例提高到30％以上。对于满足合同约定支付条件的，采购人原则上应当自收到发票后10个工作日内将资金支付到合同约定的供应商账户，鼓励采购人完善内部流程，自收到发票后1个工作日内完成资金支付事宜。采购人和供应商对资金支付产生争议的，应当按照法律规定和合同约定及时解决，保证资金支付效率。

公开招标流程如图6-1所示。

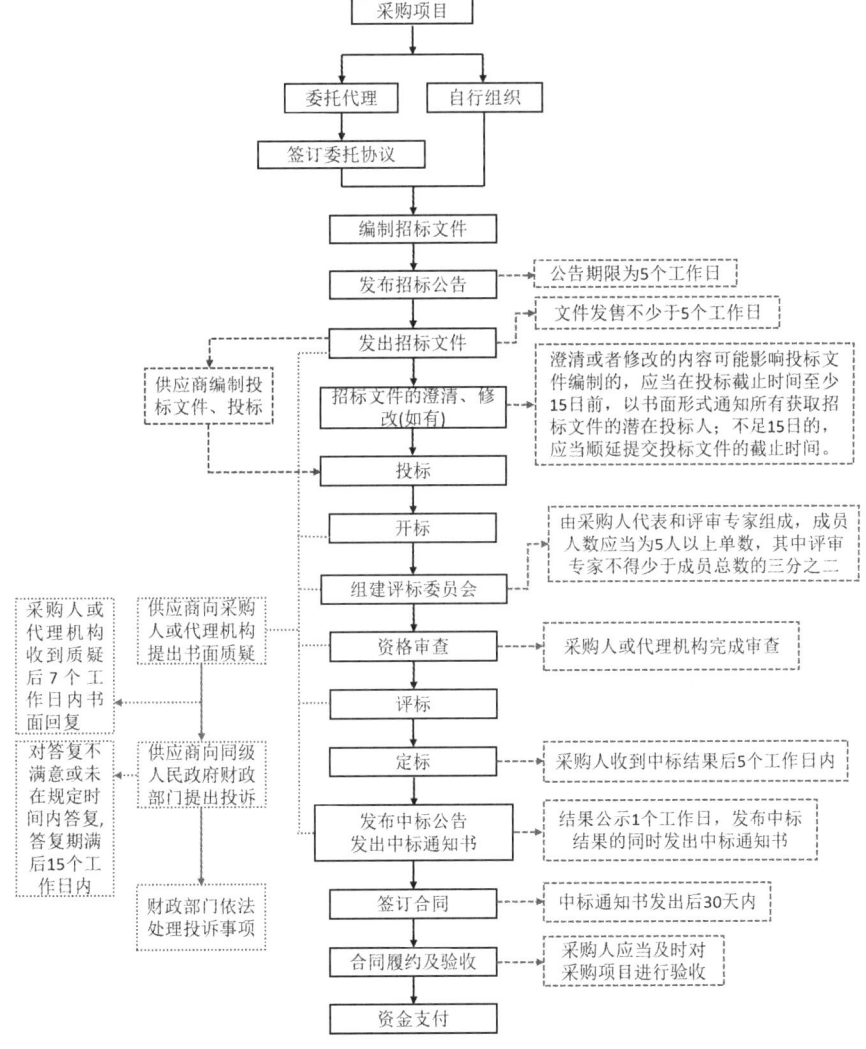

图6-1 公开招标流程图

二、邀请招标

邀请招标，是指采购人依法从符合相应资格条件的供应商中随机抽取3家以上供应商，并以投标邀请书的方式邀请其参加投标的采购方式。

（一）邀请招标方式的适用情形

符合下列情形之一的货物和服务，可以采用邀请招标方式采购：

（1）具有特殊性，只能从有限范围的供应商处采购的。

（2）采用公开招标方式的费用占政府采购项目总价值的比例过大的。

（二）邀请招标流程

1.供应商的产生

采用邀请招标方式的，采购人或者采购代理机构应当通过以下方式产生符合资格条件的供应商名单，并从中随机抽取3家以上供应商向其发出投标邀请书：

（1）发布资格预审公告征集。

（2）从省级以上人民政府财政部门建立的供应商库中选取。

（3）采购人书面推荐。

采用第（1）种方式产生符合资格条件供应商名单的，采购人或者采购代理机构应当按照资格预审文件载明的标准和方法，对潜在投标人进行资格预审。

采用第（2）种或第（3）种方式产生符合资格条件供应商名单的，备选的符合资格条件供应商总数不得少于拟随机抽取供应商总数的两倍。

随机抽取是指通过抽签等能够保证所有符合资格条件供应商机会均等的方式选定供应商。随机抽取供应商时，应当有不少于2名采购人工作人员在场监督，并形成书面记录，随采购文件一并存档。

投标邀请书应当同时向所有受邀请的供应商发出。

2.发布资格预审公告

采购人或采购代理机构在财政部门指定的政府采购信息发布媒体上发布资格预审公告，公告期限为5个工作日。公告内容应当以省级以上财政部门指定媒体发布的公告为准。公告期限自省级以上财政部门指定媒体最先发布公告之日起算。

资格预审公告应当包括以下主要内容：

（1）采购人及其委托的采购代理机构的名称、地址和联系方式。

（2）采购项目的名称、预算金额，设定最高限价的，还应当公开最高限价。

（3）采购人的采购需求。

（4）供应商的资格要求。

（5）获取资格预审文件的时间期限、地点、方式。

（6）公告期限。

（7）提交资格预审申请文件的截止时间、地点及资格预审日期。

（8）采购项目联系人姓名和电话。

采购人或者采购代理机构应当根据采购项目的实施要求，在资格预审公告或者投标邀请书中载明是否接受联合体投标。如未载明，不得拒绝联合体投标。

资格预审公告

（采购标的）招标项目的潜在资格预审申请人应在（地址）领取资格预审文件，并于_____年____月____日____点____分（北京时间）前提交申请文件。

一、项目基本情况

项目编号（或招标编号、政府采购计划编号、采购计划备案文号等，如有）：

项目名称：

采购方式：□公开招标　　　□邀请招标

预算金额：

最高限价（如有）：

采购需求（包括但不限于标的的名称、数量、简要技术需求或服务要求等）：

合同履行期限：

本项目（是/否）接受联合体投标。

二、申请人的资格要求

（1）满足《中华人民共和国政府采购法》第二十二条规定。

（2）落实政府采购政策需满足的资格要求（如属于专门面向中小企业采购的项目，供应商应为中小微企业、监狱企业、残疾人福利性单位）。

（3）本项目的特定资格要求（如项目接受联合体投标，对联合体应提出相关资格要求；如属于特定行业项目，供应商应当具备特定行业法定准入要求）。

三、领取资格预审文件

时间：_____年____月____日至____年____月____日（提供期限自本公告发布之日起不得少于5个工作日），每天上午____至____，下午____至____（北京时间，法定节假日除外）

地点：

方式：

四、资格预审申请文件的组成及格式

（可详见附件）

五、资格预审的审查标准及方法

六、拟邀请参加投标的供应商数量

□采用随机抽取的方式邀请_家供应商参加投标。如通过资格预审的供应商数量少于拟邀请的供应商数量，采用下列方式（□1或□2）。（适用于邀请招标）

（1）如果通过资格预审的供应商数量少于拟邀请的供应商数量，但不少于3家，则邀请全部通过资格预审的供应商参加投标。

（2）如果通过资格预审的供应商数量少于拟邀请的供应商数量，则重新组织招标活动。

□邀请全部通过资格预审的供应商参加投标。（适用于公开招标）

七、申请文件提交

应在_____年____月____日____点____分（北京时间）前，将申请文件提交至_。

八、资格预审日期

资格预审日期为申请文件提交截止时间至_____年____月____日前。

九、公告期限

自本公告发布之日起5个工作日。

十、其他补充事宜

十一、凡对本次资格预审提出询问，请按以下方式联系

1.采购人信息

名称：

地址：

联系方式：

2.采购代理机构信息（如有）

名称：

地址：

联系方式：

3.项目联系方式

项目联系人（组织本项目采购活动的具体工作人员姓名）：

电话：

（说明：（1）采用竞争性谈判、竞争性磋商、询价等非招标方式采购过程中，如需要使用资格预审的，可参照上述格式发布公告。（2）格式规范文本中标注斜体的部分是对文件相关内容提示或说明，下同。）

选自财政部办公厅《关于印发〈政府采购公告和公示信息格式规范（2020年版）〉的通知》（财办库〔2020〕50号）

3. 发出资格预审文件

采购人或者采购代理机构应当根据采购项目的特点和采购需求编制资格预审文件。

资格预审文件应当包括以下主要内容：

（1）资格预审邀请。

（2）申请人须知。

（3）申请人的资格要求。

（4）资格审核标准和方法。

（5）申请人应当提供的资格预审申请文件的内容和格式。

（6）提交资格预审申请文件的方式、截止时间、地点及资格审核日期。

（7）申请人信用信息查询渠道及截止时点、信用信息查询记录和证据留存的具体方式、信用信息的使用规则等内容。

（8）省级以上财政部门规定的其他事项。

采购人或者采购代理机构应当按照资格预审公告或者投标邀请书规定的时间、地点提供资格预审文件，提供期限自资格预审公告发布之日起计算不得少于5个工作日。提供期限届满后，获取资格预审文件的潜在供应商不足3家的，可以顺延提供期限，并予公告。

4. 资格预审、邀请合格供应商

获取资格预审文件的供应商应当按照资格预审公告规定的时间、地点提交资格预审申请文件。按照资格预审公告和采购文件规定的程序、方法和标准进行资格预审，向通过资格预审的合格供应商发出投标邀请。

5. 编制和发出招标文件

采购人或者采购代理机构应当根据采购项目的特点和采购需求编制招标文件。招标文件开始发出之日起至投标人提交投标文件截止之日止，不得少于20日。

邀请招标答疑、招标文件澄清及修改、投标、开标、组建评标委员会、评标、定标、发布中标公告、发出中标通知书、合同签订、合同公告、合同履约及验收、采购资金支付等环节的规定及要求同公开招标，具体详见本节"公开招标"的相应内容，在此不赘述。

邀请招标流程如图6-2所示。

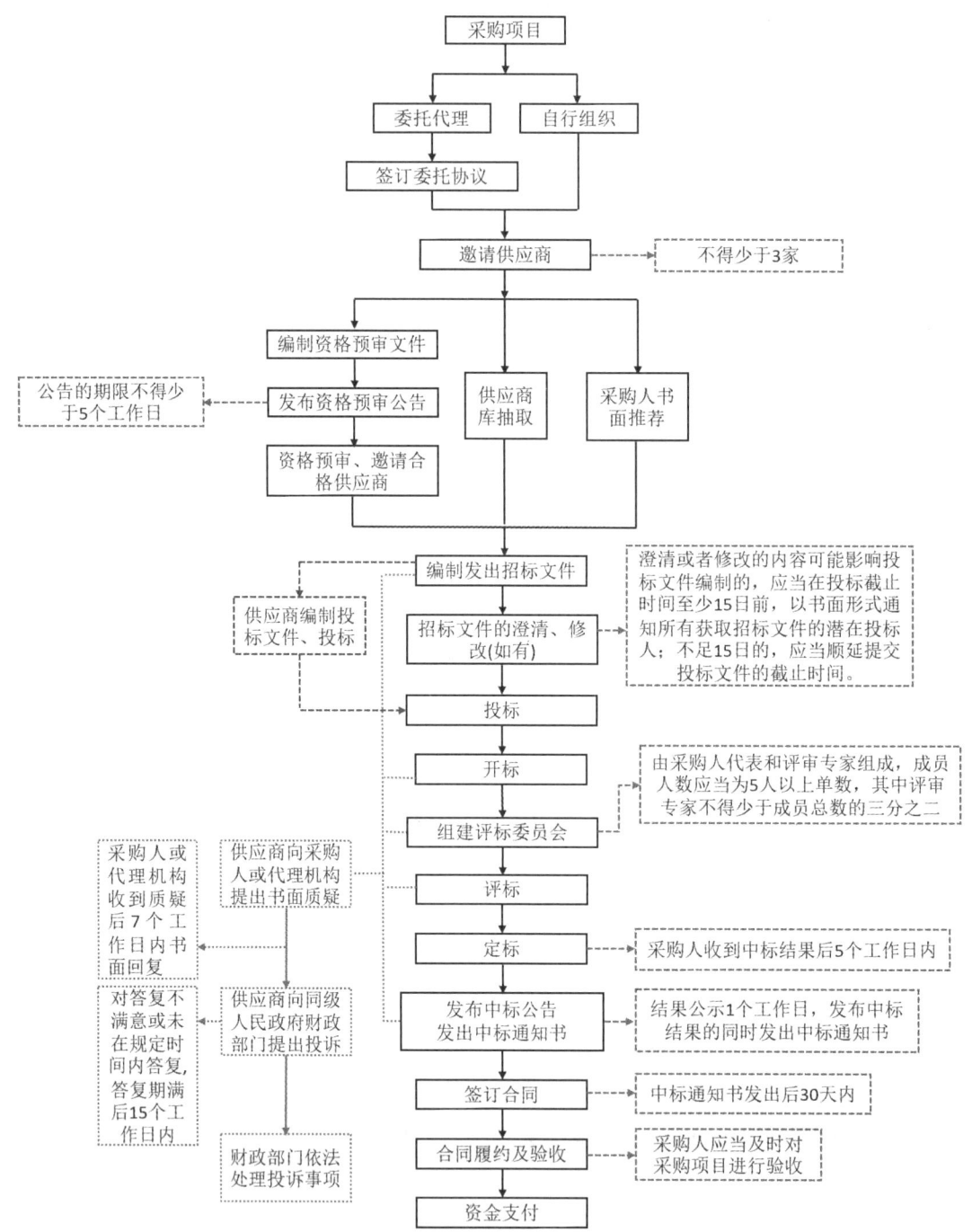

图6-2 邀请招标流程图

三、竞争性谈判

竞争性谈判是指谈判小组与符合资格条件的供应商就采购货物、工程和服务事宜进行谈判，供应商按照谈判文件的要求提交响应文件和最后报价，采购人从谈判小组提出的成交候选人中确定成交供应商的采购方式。

（一）竞争性谈判采购方式的适用情形

符合下列情形之一的采购项目，可以采用竞争性谈判方式采购：

（1）招标后没有供应商投标或者没有合格标的或者重新招标未能成立的。

（2）技术复杂或者性质特殊，不能确定详细规格或者具体要求的。

（3）非采购人预见或拖延造成招标采购所需时间不能满足用户紧急需要的。

（4）因艺术品采购、专利、专有技术或者服务的时间、数量事先不能确定等原因不能事先计算出价格总额的。

（5）按照招标投标法及其实施条例必须进行招标的工程建设项目以外的政府采购工程。

（二）竞争性谈判流程

采用竞争性谈判方式采购的，应当遵循下列程序。

1.成立谈判小组

竞争性谈判小组由采购人代表和评审专家共3人以上单数组成，其中评审专家人数不得少于竞争性谈判小组成员总数的2/3。采购人不得以评审专家身份参加本部门或本单位采购项目的评审。采购代理机构人员不得参加本机构代理的采购项目的评审。达到公开招标数额标准的货物或者服务采购项目，或者达到招标规模标准的政府采购工程，竞争性谈判小组应当由5人以上单数组成。

采用竞争性谈判采购的政府采购项目，评审专家应当从政府采购评审专家库内相关专业的专家名单中随机抽取。技术复杂、专业性强的竞争性谈判采购项目，通过随机方式难以确定合适的评审专家的，经主管预算单位同意，可以自行选定评审专家。技术复杂、专业性强的竞争性谈判采购项目，评审专家中应当包含1名法律专家。

2.制定谈判文件

谈判文件应当包括供应商资格条件、采购邀请、采购方式、采购预算、采购需求、采购程序、价格构成或者报价要求、响应文件编制要求、提交响应文件截止时间及地点、保证金交纳数额和形式、评定成交的标准等。

谈判文件还应当明确谈判小组根据与供应商谈判情况可能实质性变动的内容，包括采购需求中的技术、服务要求以及合同草案条款。

谈判文件不得要求或者标明供应商名称或者特定货物的品牌，不得含有指向特定供应商的技术、服务等条件。

3.确定邀请参加谈判的供应商名单

采购人、采购代理机构应当通过发布公告、从省级以上财政部门建立的供应商库中随机抽取或者采购人和评审专家分别书面推荐的方式邀请不少于3家符合相应资格条件的供应商参与竞争性谈判采购活动。

符合《政府采购法》第二十二条第一款规定条件的供应商可以在采购活动开始前加入供应商库。财政部门不得对供应商申请入库收取任何费用，不得利用供应商库进行地区和行业封锁。

采取采购人和评审专家书面推荐方式选择供应商的，采购人和评审专家应当各自出具书面推荐意见。采购人推荐供应商的比例不得高于推荐供应商总数的50%。

谈判小组从符合相应资格条件的供应商名单中确定不少于三家的供应商参加谈判，并向其提供谈判文件。

竞争性谈判采购公告

项目概况

（采购标的）采购项目的潜在供应商应在（地址）获取采购文件，并于_____年____月____日____点____分（北京时间）前提交响应文件。

一、项目基本情况

项目编号（或招标编号、政府采购计划编号、采购计划备案文号等，如有）：

项目名称：

采购方式：竞争性谈判

预算金额：

最高限价（如有）：

采购需求：（包括但不限于标的的名称、数量、简要技术需求或服务要求等）

合同履行期限：

本项目（是/否）接受联合体。

二、申请人的资格要求

（1）满足《中华人民共和国政府采购法》第二十二条规定；

（2）落实政府采购政策需满足的资格要求（如属于专门面向中小企业采购

的项目，供应商应为中小微企业、监狱企业、残疾人福利性单位）：

（3）本项目的特定资格要求（如项目接受联合体投标，对联合体应提出相关资格要求；如属于特定行业项目，供应商应当具备特定行业法定准入要求）：

三、获取采购文件

时间：_____年____月____日至_____年____月____日，每天上午____至____，下午____至____（北京时间，法定节假日除外）

地点：

方式：

售价：

四、响应文件提交

截止时间：_____年____月____日____点____分（北京时间）（从谈判文件开始发出之日起至供应商提交首次响应文件截止之日止不得少于3个工作日）

地点：

五、开启

时间：_____年____月____日____点____分（北京时间）

地点：

六、公告期限

自本公告发布之日起3个工作日。

七、其他补充事宜

八、凡对本次采购提出询问，请按以下方式联系

1.采购人信息

名　称：

地　址：

联系方式：

2.采购代理机构信息（如有）

名　称：

地　址：

联系方式：

3.项目联系方式

项目联系人：（组织本项目采购活动的具体工作人员姓名）

电话：

选自财政部办公厅《关于印发〈政府采购公告和公示信息格式规范（2020年版）〉的通知》（财办库〔2020〕50号）

4. 发出谈判文件

从谈判文件发出之日起至供应商提交首次响应文件截止之日止不得少于3个工作日。提交首次响应文件截止之日前，采购人、采购代理机构或者谈判小组可以对已发出的谈判文件进行必要的澄清或者修改，澄清或者修改的内容作为谈判文件的组成部分。澄清或者修改的内容可能影响响应文件编制的，采购人、采购代理机构或者谈判小组应当在提交首次响应文件截止之日3个工作日前，以书面形式通知所有接收谈判文件的供应商，不足3个工作日的，应当顺延提交首次响应文件截止之日。

5. 递交响应文件

供应商应当在谈判文件要求的截止时间前，将响应文件密封送达指定地点。在截止时间后送达的响应文件为无效文件，采购人、采购代理机构或者谈判小组应当拒收。

供应商在提交响应文件截止时间前，可以对所提交的响应文件进行补充、修改或者撤回，并书面通知采购人、采购代理机构。补充、修改的内容作为响应文件的组成部分。补充、修改的内容与响应文件不一致的，以补充、修改的内容为准。

6. 谈判、评审及推荐成交候选人

供应商应当按照谈判文件的要求编制响应文件，并对其提交的响应文件的真实性、合法性承担法律责任。

谈判小组在对响应文件的有效性、完整性和响应程度进行审查时，可以要求供应商对响应文件中含义不明确、同类问题表述不一致或者有明显文字和计算错误的内容等作出必要的澄清、说明或者更正。供应商的澄清、说明或者更正不得超出响应文件的范围或者改变响应文件的实质性内容。

谈判小组要求供应商应当以书面形式作出澄清、说明或者更正响应文件。供应商的澄清、说明或者更正应当由法定代表人或其授权代表签字或者加盖公章。由授权代表签字的，应当附法定代表人授权书。供应商为自然人的，应当由本人签字并附身份证明。

谈判小组所有成员应当集中与单一供应商分别进行谈判，并给予所有参加谈判的供应商平等的谈判机会。在谈判中，谈判的任何一方不得透露与谈判有关的其他供应商的技术资料、价格和其他信息。谈判文件有实质性变动的，谈判小组应当以书面形式通知所有参加谈判的供应商。

谈判小组应当对响应文件进行评审，并根据谈判文件规定的程序、评定成交的标准等事项与实质性响应谈判文件要求的供应商进行谈判。未实质性响应谈判文件的响应文件按无效处理，谈判小组应当告知有关供应商。

在谈判过程中，谈判小组可以根据谈判文件和谈判情况实质性变动采购需求中的技术、服务要求以及合同草案条款，但不得变动谈判文件中的其他内容。实质性变动的内

容，须经采购人代表确认。

对谈判文件作出的实质性变动是谈判文件的有效组成部分，谈判小组应当及时以书面形式同时通知所有参加谈判的供应商。

供应商应当按照谈判文件的变动情况和谈判小组的要求重新提交响应文件，并由其法定代表人或授权代表签字或者加盖公章。由授权代表签字的，应当附法定代表人授权书。供应商为自然人的，应当由本人签字并附身份证明。

谈判文件能够详细列明采购标的的技术、服务要求的，谈判结束后，谈判小组应当要求所有继续参加谈判的供应商在规定时间内提交最后报价，提交最后报价的供应商不得少于3家。

谈判文件不能详细列明采购标的的技术、服务要求，需经谈判由供应商提供最终设计方案或解决方案的，谈判结束后，谈判小组应当按照少数服从多数的原则投票推荐3家以上供应商的设计方案或者解决方案，并要求其在规定时间内提交最后报价。

最后报价是供应商响应文件的有效组成部分。

公开招标的货物、服务采购项目，招标过程中提交投标（响应）文件或者经评审实质性响应采购文件要求的供应商只有两家时，采购人、采购代理机构经本级财政部门批准后可以与该两家供应商进行竞争性谈判采购。

谈判小组应当从质量和服务均能满足采购文件实质性响应要求的供应商中，按照最后报价由低到高的顺序提出3名以上成交候选人，并编写评审报告。

7. 确定成交供应商

采购代理机构应当在评审结束后2个工作日内将评审报告送采购人确认。采购人应当在收到评审报告后5个工作日内，从评审报告提出的成交候选人中，根据质量和服务均能满足采购文件实质性响应要求且最后报价最低的原则确定成交供应商，也可以书面授权谈判小组直接确定成交供应商。采购人逾期未确定成交供应商且不提出异议的，视为确定评审报告提出的最后报价最低的供应商为成交供应商。

8. 发布成交结果公告、发出成交通知书

采购人或者采购代理机构应当在成交供应商确定后2个工作日内，在省级以上财政部门指定的媒体上公告成交结果，同时向成交供应商发出成交通知书，并将竞争性谈判文件随成交结果同时公告。

采用书面推荐供应商参加采购活动的，还应当公告采购人和评审专家的推荐意见。

公告成交结果时应当同时公告因落实政府采购政策等原因进行价格扣除后成交供应商的评审报告。

除不可抗力等因素外，成交通知书发出后，采购人改变成交结果，或者成交供应商拒绝签订政府采购合同的，应当承担相应的法律责任。

9. 合同签订

采购人与成交供应商应当在成交通知书发出之日起30日内，按照采购文件确定的合同文本以及采购标的、规格型号、采购金额、采购数量、技术和服务要求等事项签订政府采购合同。采购人不得向成交供应商提出超出采购文件以外的任何要求作为签订合同的条件，不得与成交供应商订立背离采购文件确定的合同文本以及采购标的、规格型号、采购金额、采购数量、技术和服务要求等实质性内容的协议。

成交供应商拒绝签订政府采购合同的，采购人可以按照从评审报告提出的成交候选供应商中，按照排序由高到低的原则确定其他供应商作为成交供应商并签订政府采购合同，也可以重新开展采购活动。拒绝签订政府采购合同的成交供应商不得参加对该项目重新开展的采购活动。

10. 合同公告

根据《政府采购法实施条例》第五十条规定：采购人应当自政府采购合同签订之日起2个工作日内，将政府采购合同在省级以上人民政府财政部门指定的媒体上公告，但政府采购合同中涉及国家秘密、商业秘密的内容除外。

《关于进一步提高政府采购透明度和采购效率相关事项的通知》（财办库〔2023〕243号）规定，政府采购合同的双方当事人不得擅自变更合同，依照政府采购法确需变更政府采购合同内容的，采购人应当自合同变更之日起2个工作日内在省级以上财政部门指定的媒体上发布政府采购合同变更公告，但涉及国家秘密、商业秘密的信息和其他依法不得公开的信息除外。政府采购合同变更公告应当包括原合同编号、名称和文本，原合同变更的条款号，变更后作为原合同组成部分的补充合同文本，合同变更时间，变更公告日期等。

合同公告

一、合同编号：

二、合同名称：

三、项目编号（或招标编号、政府采购计划编号、采购计划备案文号等，如有）：

四、项目名称：

五、合同主体

采购人（甲方）：

地址：

联系方式：

供应商（乙方）：

地址：

联系方式：

六、合同主要信息

主要标的名称：

规格型号（或服务要求）：

主要标的数量：

主要标的单价：

合同金额：

履约期限、地点等简要信息：

采购方式：竞争性谈判

七、合同签订日期：

八、合同公告日期：

九、其他补充事宜：

附件：上传合同（采购人应当按照《政府采购法实施条例》有关要求，将政府采购合同中涉及国家秘密、商业秘密的内容删除后予以公开）

选自财政部办公厅《关于印发〈政府采购公告和公示信息格式规范（2020年版）〉的通知》（财办库〔2020〕50号）

11.合同履约及验收

采购人与成交供应商应当根据合同的约定依法履行合同义务。采购人应当及时对采购项目进行验收。采购人可以邀请参加本项目的其他供应商或者第三方机构参与验收。参与验收的供应商或者第三方机构的意见作为验收书的参考资料一并存档。

12.采购资金支付

采购人应当加强对成交供应商的履约管理，并按照采购合同约定，及时向成交供应商支付采购资金。对于成交供应商违反采购合同约定的行为，采购人应当及时处理，依法追究其违约责任。

《关于进一步提高政府采购透明度和采购效率相关事项的通知》（财办库〔2023〕243号）规定，采购人要进一步落实《关于促进政府采购公平竞争优化营商环境的通知》（财库〔2019〕38号）有关要求，在政府采购合同中约定资金支付的方式、时间和条件，明确逾期支付资金的违约责任。对于有预付安排的合同，鼓励采购人将合同预付款比例提高到30%以上。对于满足合同约定支付条件的，采购人原则上应当自收到发票后10个工作日内将资金支付到合同约定的供应商账户，鼓励采购人完善内部流程，自收到发票后1

个工作日内完成资金支付事宜。采购人和供应商对资金支付产生争议的，应当按照法律规定和合同约定及时解决，保证资金支付效率。

竞争性谈判采购流程如图6-3所示。

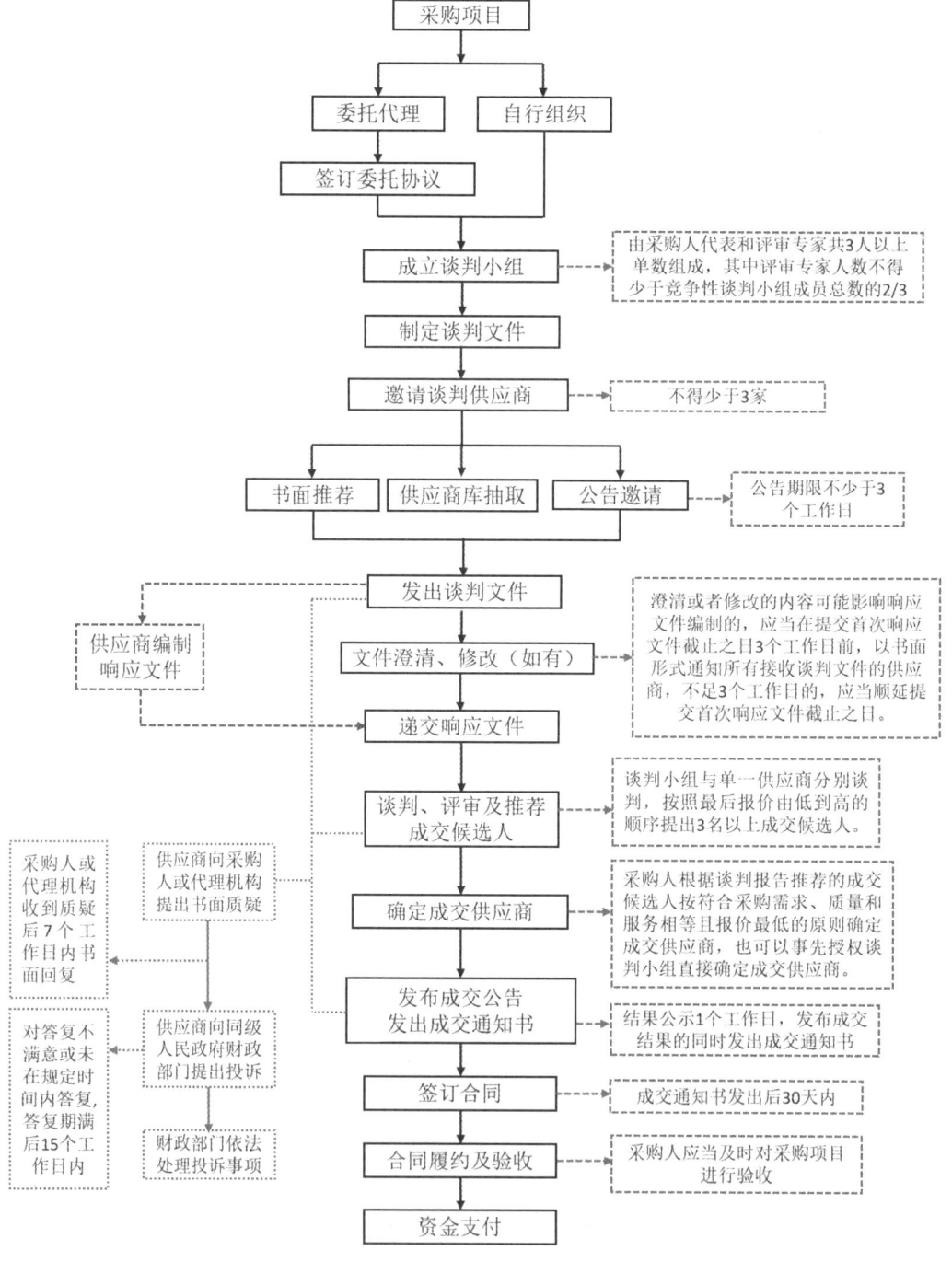

图6-3 竞争性谈判采购流程图

四、询价

询价是指询价小组向符合资格条件的供应商发出采购货物询价通知书，要求供应商一次报出不得更改的价格，采购人从询价小组提出的成交候选人中确定成交供应商的采购方式。

（一）询价采购方式的适用情形

采购的货物规格、标准统一、现货货源充足且价格变化幅度小的政府采购项目，可以依照政府采购法采用询价方式采购。

（二）询价流程

1.成立询价小组

询价小组由采购人代表和评审专家共3人以上单数组成，其中评审专家人数不得少于询价小组成员总数的2/3。采购人不得以评审专家身份参加本部门或本单位采购项目的评审。采购代理机构人员不得参加本机构代理的采购项目的评审。

达到公开招标数额标准的货物采购项目，询价小组应当由5人以上单数组成。

2.编制询价通知书

询价通知书应当根据采购项目的特点和采购人的实际需求制定，并经采购人书面同意。采购人应当以满足实际需求为原则，不得擅自提高经费预算和资产配置等采购标准。

询价通知书不得要求或者标明供应商名称或者特定货物的品牌，不得含有指向特定供应商的技术、服务等条件。询价通知书应当包括供应商资格条件、采购邀请、采购方式、采购预算、采购需求、采购程序、价格构成或者报价要求、响应文件编制要求、提交响应文件截止时间及地点、保证金交纳数额和形式、评定成交的标准等。

3.确定被询价的供应商名单

采购人、采购代理机构应当通过发布公告、从省级以上财政部门建立的供应商库中随机抽取或者采购人和评审专家分别书面推荐的方式邀请不少于3家符合相应资格条件的供应商参与询价采购活动。

采取采购人和评审专家书面推荐方式选择供应商的，采购人和评审专家应当各自出具书面推荐意见。采购人推荐供应商的比例不得高于推荐供应商总数的50%。

询价小组根据采购需求，从符合相应资格条件的供应商名单中确定不少于3家的供应商，并向其发出询价通知书。

询价采购公告

项目概况

（采购标的）采购项目的潜在供应商应在（地址）获取采购文件，并于

_____年____月____日____点____分（北京时间）前提交响应文件。

一、项目基本情况

项目编号（或招标编号、政府采购计划编号、采购计划备案文号等，如有）：

项目名称：

采购方式：询价

预算金额：

最高限价（如有）：

采购需求（包括但不限于标的的名称、数量、简要技术需求或服务要求等）：

合同履行期限：

本项目（是/否）接受联合体。

二、申请人的资格要求

（1）满足《中华人民共和国政府采购法》第二十二条规定。

（2）落实政府采购政策需满足的资格要求（如属于专门面向中小企业采购的项目，供应商应为中小微企业、监狱企业、残疾人福利性单位）。

（3）本项目的特定资格要求（如项目接受联合体投标，对联合体应提出相关资格要求；如属于特定行业项目，供应商应当具备特定行业法定准入要求）。

三、获取采购文件

时间：_____年____月____日至_____年____月____日，每天上午____至____，下午____至____（北京时间，法定节假日除外）

地点：

方式：

售价：

四、响应文件提交

截止时间：_____年____月____日____点____分（北京时间）（从询价通知书开始发出之日起至供应商提交响应文件截止之日止不得少于3个工作日）

地点：

五、开启

时间：_____年____月____日____点____分（北京时间）

地点：

六、公告期限

自本公告发布之日起3个工作日。

七、其他补充事宜

八、凡对本次采购提出询问，请按以下方式联系。

1.采购人信息

名称：

地址：

联系方式：

2.采购代理机构信息（如有）

名称：

地址：

联系方式：

3.项目联系方式

项目联系人：（组织本项目采购活动的具体工作人员姓名）

电话：

选自财政部办公厅《关于印发〈政府采购公告和公示信息格式规范（2020年版）〉的通知》（财办库〔2020〕50号）

4.发出询价通知书

从询价通知书发出之日起至供应商提交响应文件截止之日止不得少于3个工作日。

提交响应文件截止之日前，采购人、采购代理机构或者询价小组可以对已发出的询价通知书进行必要的澄清或者修改，澄清或者修改的内容作为询价通知书的组成部分。澄清或者修改的内容可能影响响应文件编制的，采购人、采购代理机构或者询价小组应当在提交响应文件截止之日3个工作日前，以书面形式通知所有接收询价通知书的供应商，不足3个工作日的，应当顺延提交响应文件截止之日。

5.询价、推荐成交候选人

供应商应当按照询价通知书的要求编制响应文件，并对其提交的响应文件的真实性、合法性承担法律责任。

参加询价采购活动的供应商，应当按照询价通知书的规定一次报出不得更改的价格。询价小组应当从质量和服务均能满足采购文件实质性响应要求的供应商中，按照报价由低到高的顺序提出3名以上成交候选人，并编写评审报告。

6.确定成交供应商

采购代理机构应当在评审结束后2个工作日内将评审报告送采购人确认。采购人应当在收到评审报告后5个工作日内，从评审报告提出的成交候选人中，根据质量和服务均能满足采购文件实质性响应要求且报价最低的原则确定成交供应商，也可以书面授权询价小组直接确定成交供应商。采购人逾期未确定成交供应商且不提出异议的，视为确定评审报告提出的最后报价最低的供应商为成交供应商。

7. 发布成交结果公告、发出成交通知书

采购人或者采购代理机构应当在成交供应商确定后2个工作日内，在省级以上财政部门指定的媒体上公告成交结果，同时向成交供应商发出成交通知书，并将询价通知书随成交结果同时公告。

采用书面推荐供应商参加采购活动的，还应当公告采购人和评审专家的推荐意见。

公告成交结果时应当同时公告因落实政府采购政策等原因进行价格扣除后成交供应商的评审报价。

除不可抗力等因素外，成交通知书发出后，采购人改变成交结果，或者成交供应商拒绝签订政府采购合同的，应当承担相应的法律责任。

8. 合同签订

采购人应当自成交通知书发出之日起30日内，按照询价文件和成交供应商相应文件的规定，与成交供应商签订书面合同。所签订的合同不得对询价文件确定的事项和成交供应商响应文件作实质性修改。

采购人不得向成交供应商提出任何不合理的要求作为签订合同的条件。

政府采购合同应当包括采购人与成交供应商的名称和住所、标的、数量、质量、价款或者报酬、履行期限及地点和方式、验收要求、违约责任、解决争议的方法等内容。

9. 合同公告

根据《政府采购法实施条例》第五十条规定：采购人应当自政府采购合同签订之日起2个工作日内，将政府采购合同在省级以上人民政府财政部门指定的媒体上公告，但政府采购合同中涉及国家秘密、商业秘密的内容除外。

《关于进一步提高政府采购透明度和采购效率相关事项的通知》（财办库〔2023〕243号）规定，政府采购合同的双方当事人不得擅自变更合同，依照政府采购法确需变更政府采购合同内容的，采购人应当自合同变更之日起2个工作日内在省级以上财政部门指定的媒体上发布政府采购合同变更公告，但涉及国家秘密、商业秘密的信息和其他依法不得公开的信息除外。政府采购合同变更公告应当包括原合同编号、名称和文本，原合同变更的条款号，变更后作为原合同组成部分的补充合同文本，合同变更时间，变更公告日期等。

合同公告

一、合同编号：

二、合同名称：

三、项目编号（或招标编号、政府采购计划编号、采购计划备案文号等，如有）：

四、项目名称：

五、合同主体

采购人（甲方）：

地址：

联系方式：

供应商（乙方）：

地址：

联系方式：

六、合同主要信息

主要标的名称：

规格型号（或服务要求）：

主要标的数量：

主要标的单价：

合同金额：

履约期限、地点等简要信息：

采购方式：询价采购

七、合同签订日期：

八、合同公告日期：

九、其他补充事宜：

附件：上传合同（采购人应当按照《政府采购法实施条例》有关要求，将政府采购合同中涉及国家秘密、商业秘密的内容删除后予以公开）

选自财政部办公厅《关于印发〈政府采购公告和公示信息格式规范（2020年版）〉的通知》（财办库〔2020〕50号）

10. 合同履约及验收

采购人与成交供应商应当根据合同的约定依法履行合同义务。采购人应当及时对采购项目进行验收。采购人可以邀请参加本项目的其他供应商或者第三方机构参与验收。参与验收的供应商或者第三方机构的意见作为验收书的参考资料一并存档。

11. 采购资金支付

采购人应当加强对成交供应商的履约管理，并按照采购合同约定，及时向成交供应商支付采购资金。对于成交供应商违反采购合同约定的行为，采购人应当及时处理，依法追究其违约责任。

《关于进一步提高政府采购透明度和采购效率相关事项的通知》（财办库〔2023〕243

号）规定，采购人要进一步落实《关于促进政府采购公平竞争优化营商环境的通知》（财库〔2019〕38号）有关要求，在政府采购合同中约定资金支付的方式、时间和条件，明确逾期支付资金的违约责任。对于有预付安排的合同，鼓励采购人将合同预付款比例提高到30％以上。对于满足合同约定支付条件的，采购人原则上应当自收到发票后10个工作日内将资金支付到合同约定的供应商账户，鼓励采购人完善内部流程，自收到发票后1个工作日内完成资金支付事宜。采购人和供应商对资金支付产生争议的，应当按照法律规定和合同约定及时解决，保证资金支付效率。

询价采购流程如图6-4所示。

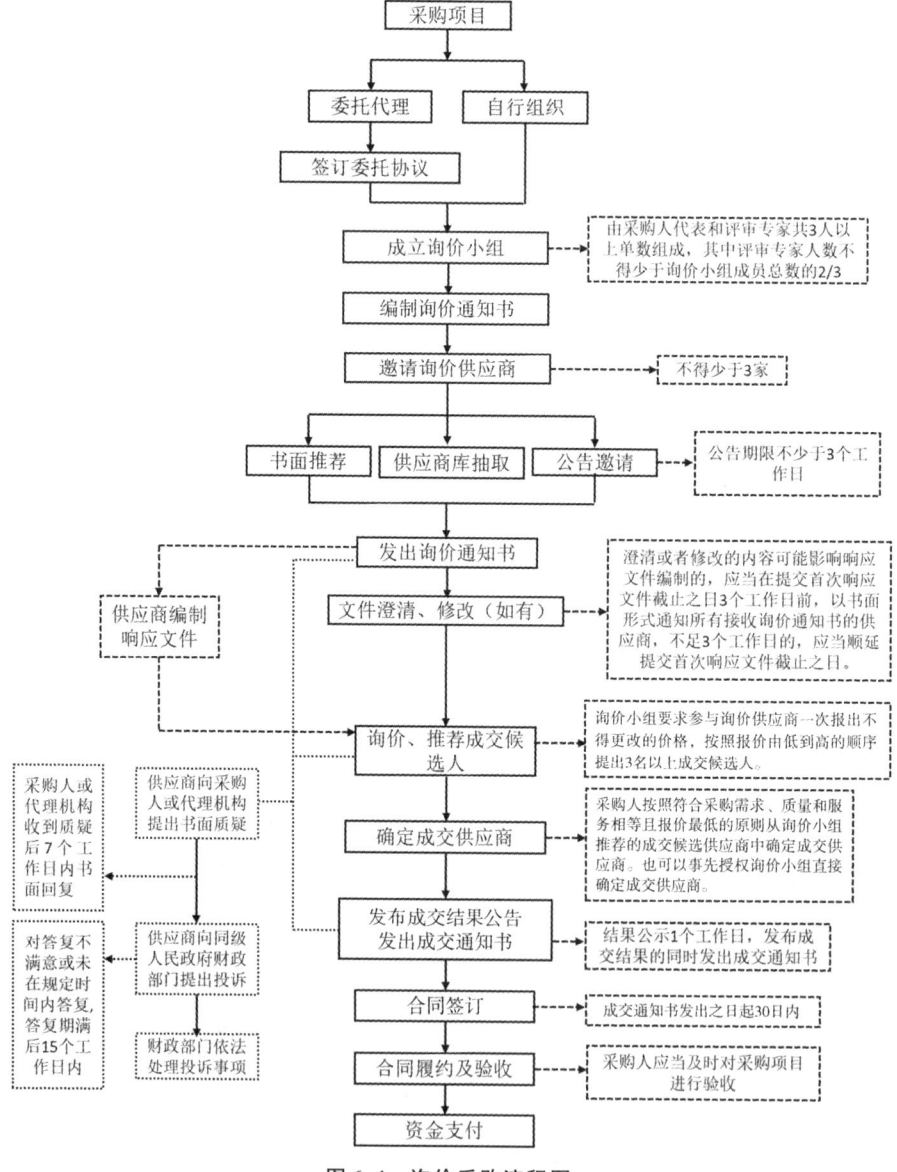

图6-4　询价采购流程图

五、单一来源采购

单一来源采购是指采购人从某一特定供应商处采购货物、工程和服务的采购方式。

（一）单一来源采购方式的适用情形

符合下列情形之一的货物或者服务，可以依照政府采购法采用单一来源方式采购：

（1）只能从唯一供应商处采购的（是指因货物或者服务使用不可替代的专利、专有技术，或者公共服务项目具有特殊要求，导致只能从某一特定供应商处采购）。

（2）发生了不可预见的紧急情况不能从其他供应商处采购的。

（3）必须保证原有采购项目一致性或者服务配套的要求，需要继续从原供应商处添购，添购总额不超过原合同采购金额百分之十的。

（二）单一来源采购流程

1. 单一来源采购方式的确定

属于《政府采购法》第三十一条第一项情形，且达到公开招标数额的货物、服务项目，拟采用单一来源采购方式的，采购人、采购代理机构在报财政部门批准之前，应当在省级以上财政部门指定媒体上公示，并将公示情况一并报财政部门。公示期不得少于5个工作日，公示内容应当包括以下几点：

（1）采购人、采购项目名称和内容。

（2）拟采购的货物或者服务的说明。

（3）采用单一来源采购方式的原因及相关说明。

（4）拟定的唯一供应商名称、地址。

（5）专业人员对相关供应商因专利、专有技术等原因具有唯一性的具体论证意见，以及专业人员的姓名、工作单位和职称。

（6）公示的期限。

（7）采购人、采购代理机构、财政部门的联系地址、联系人和联系电话。

任何供应商、单位或者个人对采用单一来源采购方式公示有异议的，可以在公示期内将书面意见反馈给采购人、采购代理机构，并同时抄送相关财政部门。

采购人、采购代理机构收到对采用单一来源采购方式公示的异议后，应当在公示期满后5个工作日内，组织补充论证，论证后认为异议成立的，应当依法采取其他采购方式；论证后认为异议不成立的，应当将异议意见、论证意见与公示情况一并报相关财政部门。

采购人、采购代理机构应当将补充论证的结论告知提出异议的供应商、单位或个人。未达到公开招标数额标准符合《政府采购法》第三十一条第一项规定情形只能从唯一供应商处采购的政府采购项目，可以依法采用单一来源采购方式。此类项目在采购活动开始前，无需获得设区的市、自治州以上人民政府采购监督管理部门的批准，也不用按照《政府采购法实施条例》第三十八条的规定在省级以上财政部门指定媒体上公示。

单一来源采购公示

一、项目信息

采购人：

项目名称：

拟采购的货物或服务的说明：

拟采购的货物或服务的预算金额：

采用单一来源采购方式的原因及说明：

二、拟定供应商信息

名称：

地址：

三、公示期限

_____年____月____日至_____年____月____日（公示期限不得少于5个工作日）

四、其他补充事宜

五、联系方式

1.采购人

联系人：

联系地址：

联系电话：

2.财政部门

联系人：

联系地址：

联系电话：

3.采购代理机构（如有）

联系人：

联系地址：

联系电话：

六、附件

专业人员论证意见（格式见附件）

附件

单一来源采购方式专业人员论证意见

专业人员信息	姓名：	
	职称：	
	工作单位：	
项目信息	项目名称：	
	供应商名称：	
专业人员论证意见	（专业人员论证意见应当完整、清晰和明确表达从唯一供应商处采购的理由）	
专业人员签字		日期 年 月 日

注：本表格中专业人员论证意见由专业人员手工填写。

选自财政部办公厅《关于印发〈政府采购公告和公示信息格式规范（2020年版）〉的通知》（财办库〔2020〕50号）

【小贴士】

【问】单一来源采购是否需要在政府采购网公示公告？需要公示公告几次？每次必须公示的具体内容是什么？单一来源公示的内容不全，该依据什么法规向什么部门提出异议？采购人申请单一来源的理由不符合法定理由，但财政部门审批通过了单一来源的申请，该依据什么法规向什么部门提出异议？

【答】（1）根据《政府采购非招标采购方式管理办法》（财政部令第74号）第三十八条规定，属于政府采购法第三十一条第一项情形，且达到公开招标数额的货物、服务项目，拟采用单一来源采购方式的，采购人、采购代理机构在按照本办法第四条报财政部门批准之前，应当在省级以上财政部门指定的媒体上公示，并将公示情况一并报财政部门；（2）公示的具体内容按照第74号第三十八条规定处理；（3）在合法合规的情况下，公示一次即可；（4）根据财政部令第74号第三十九条规定，任何供应商、单位或者个人对采用单一来源采购方式公示有异议的，可以在公示期内将书面意见反馈给采购人、采购代理机构，并同时抄送相关财政部门；（5）如公示期间未提出异议，经财政部门审批通过的单一来源属于不可投诉内容。

【问】供应商不对单一来源公示提出异议，而用质疑投诉方式维权是否合法？请问单一来源公示内容是否可以质疑投诉？

【答】《政府采购非招标采购方式管理办法》（财政部令第74号）规定，供应商、单位或者个人对采用单一来源采购方式公示有异议的，可以在公示期内将书面意见反馈给采购人、采购代理机构，同时抄送相关财政部门。因此，供应商、单位或者个人可以通过上述途径保障自己的权益，单一来源采购方式公示不属于供应商质疑投诉的事项范围。

（信息来源：中国政府采购网）

2.单一来源协商

采用单一来源采购方式采购的，采购人、采购代理机构应当组织具有相关经验的专业人员与供应商商定合理的成交价格并保证采购项目质量。

单一来源采购人员应当编写协商情况记录，主要内容包括以下几方面：

（1）依法进行公示的，公示情况说明。

（2）协商日期和地点，采购人员名单。

（3）供应商提供的采购标的成本、同类项目合同价格以及相关专利、专有技术等情况说明。

（4）合同主要条款及价格商定情况。

协商情况记录应当由采购全体人员签字认可。对记录有异议的采购人员，应当签署不同意见并说明理由。采购人员拒绝在记录上签字又不书面说明其不同意见和理由的，视为同意。

3.发布成交结果公告、发出成交通知书

采购人或者采购代理机构应当在省级以上财政部门指定的媒体上公告成交结果，同时向成交供应商发出成交通知书，并将采购文件随成交结果同时公告。

除不可抗力等因素外，成交通知书发出后，采购人改变成交结果，或者成交供应商拒绝签订政府采购合同的，应当承担相应的法律责任。

4.合同签订

采购人应当自成交通知书发出之日起30日内，按照单一来源文件和成交供应商相应文件的规定，与成交供应商签订书面合同。所签订的合同不得对单一来源文件确定的事项和成交供应商响应文件作实质性修改。

采购人不得向成交供应商提出任何不合理的要求作为签订合同的条件。

政府采购合同应当包括采购人与成交供应商的名称和住所、标的、数量、质量、价款或者报酬、履行期限及地点和方式、验收要求、违约责任、解决争议的方法等内容。

5.合同公告

根据《政府采购法实施条例》第五十条规定：采购人应当自政府采购合同签订之日

起2个工作日内，将政府采购合同在省级以上人民政府财政部门指定的媒体上公告，但政府采购合同中涉及国家秘密、商业秘密的内容除外。

《关于进一步提高政府采购透明度和采购效率相关事项的通知》（财办库〔2023〕243号）规定，政府采购合同的双方当事人不得擅自变更合同，依照政府采购法确需变更政府采购合同内容的，采购人应当自合同变更之日起2个工作日内在省级以上财政部门指定的媒体上发布政府采购合同变更公告，但涉及国家秘密、商业秘密的信息和其他依法不得公开的信息除外。政府采购合同变更公告应当包括原合同编号、名称和文本，原合同变更的条款号，变更后作为原合同组成部分的补充合同文本，合同变更时间，变更公告日期等。

合同公告

一、合同编号：

二、合同名称：

三、项目编号（或招标编号、政府采购计划编号、采购计划备案文号等，如有）：

四、项目名称：

五、合同主体

采购人（甲方）：

地址：

联系方式：

供应商（乙方）：

地址：

联系方式：

六、合同主要信息

主要标的名称：

规格型号（或服务要求）：

主要标的数量：

主要标的单价：

合同金额：

履约期限、地点等简要信息：

采购方式：单一来源采购

七、合同签订日期：

八、合同公告日期：

九、其他补充事宜：

附件：上传合同（采购人应当按照《政府采购法实施条例》有关要求，将政府采购合同中涉及国家秘密、商业秘密的内容删除后予以公开）

选自财政部办公厅《关于印发〈政府采购公告和公示信息格式规范（2020年版）〉的通知》（财办库〔2020〕50号）

6. 合同履约及验收

采购人与成交供应商应当根据合同的约定依法履行合同义务。采购人应当及时对采购项目进行验收。采购人可以邀请第三方机构参与验收，参与验收的第三方机构的意见作为验收书的参考资料一并存档。

7. 采购资金支付

采购人应当加强对成交供应商的履约管理，并按照采购合同约定，及时向成交供应商支付采购资金。对于成交供应商违反采购合同约定的行为，采购人应当及时处理，依法追究其违约责任。

《关于进一步提高政府采购透明度和采购效率相关事项的通知》（财办库〔2023〕243号）规定，采购人要进一步落实《关于促进政府采购公平竞争优化营商环境的通知》（财库〔2019〕38号）有关要求，在政府采购合同中约定资金支付的方式、时间和条件，明确逾期支付资金的违约责任。对于有预付安排的合同，鼓励采购人将合同预付款比例提高到30%以上。对于满足合同约定支付条件的，采购人原则上应当自收到发票后10个工作日内将资金支付到合同约定的供应商账户，鼓励采购人完善内部流程，自收到发票后1个工作日内完成资金支付事宜。采购人和供应商对资金支付产生争议的，应当按照法律规定和合同约定及时解决，保证资金支付效率。

单一来源采购流程如图6-5所示。

六、竞争性磋商

竞争性磋商采购方式，是指采购人、采购代理机构通过组建竞争性磋商小组与符合条件的供应商就采购货物、工程和服务事宜进行磋商，供应商按照磋商文件的要求提交响应文件和报价，采购人从磋商小组评审后提出的候选供应商名单中确定成交供应商的采购方式。

（一）竞争性磋商采购方式的适用情形

符合下列情形之一的采购项目，可以采用竞争性谈判方式采购：

（1）政府购买服务项目。

（2）技术复杂或者性质特殊，不能确定详细规格或者具体要求的。

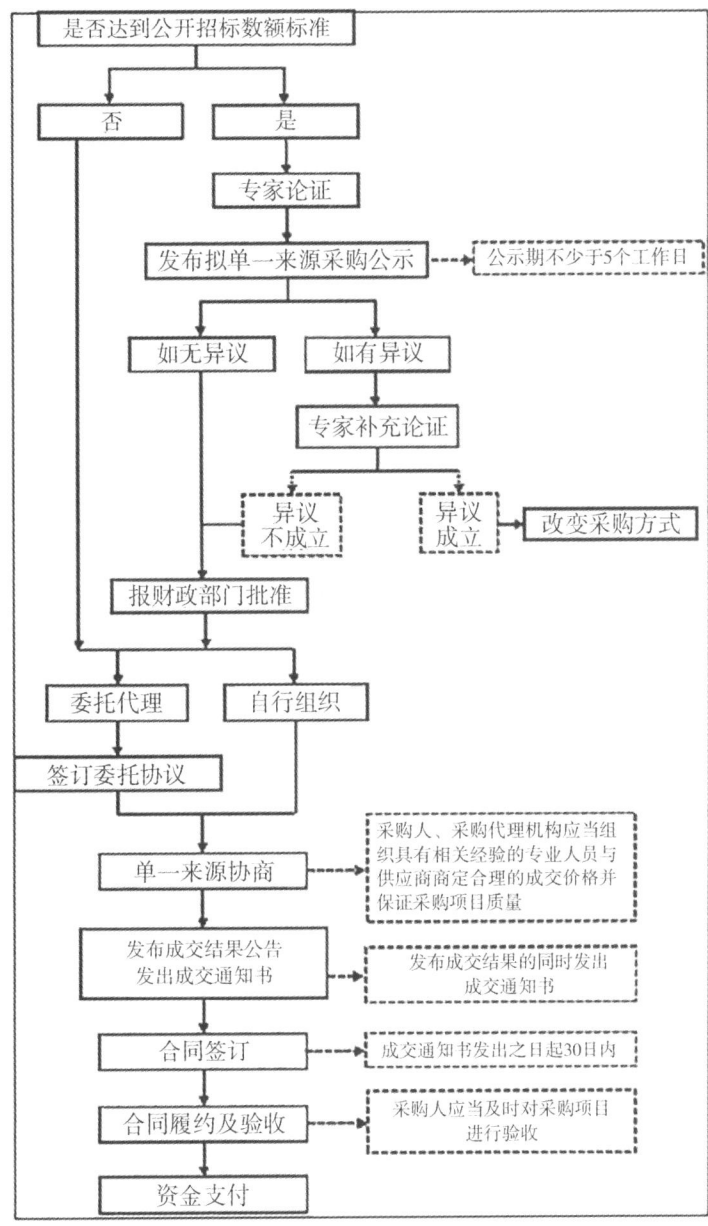

图6-5 单一来源采购流程图

（3）因艺术品采购、专利、专有技术或者服务的时间、数量事先不能确定等原因不能事先计算出价格总额的。

（4）市场竞争不充分的科研项目，以及需要扶持的科技成果转化项目。

（5）按照招标投标法及其实施条例必须进行招标的工程建设项目以外的工程建设项目。

（二）竞争性磋商流程

1.编制磋商文件

磋商文件应当根据采购项目的特点和采购人的实际需求制定，并经采购人书面同意。采购人应当以满足实际需求为原则，不得擅自提高经费预算和资产配置等采购标准。

磋商文件不得要求或者标明供应商名称或者特定货物的品牌，不得含有指向特定供应商的技术、服务等条件。

2.邀请参加磋商的供应商

采购人、采购代理机构应当通过发布公告、从省级以上财政部门建立的供应商库中随机抽取或者采购人和评审专家分别以书面推荐的方式邀请不少于3家符合相应资格条件的供应商参与竞争性磋商采购活动。

符合《政府采购法》第二十二条第一款规定条件的供应商可以在采购活动开始前加入供应商库。财政部门不得对供应商申请入库收取任何费用，不得利用供应商库进行地区和行业封锁。

采取采购人和评审专家书面推荐方式选择供应商的，采购人和评审专家应当各自出具书面推荐意见。采购人推荐供应商的比例不得高于推荐供应商总数的50%。

采用公告方式邀请供应商的，采购人、采购代理机构应当在省级以上人民政府财政部门指定的政府采购信息发布媒体发布竞争性磋商公告。竞争性磋商公告应当包括以下主要内容：

（1）采购人、采购代理机构的名称、地点和联系方法。

（2）采购项目的名称、数量、简要规格描述或项目基本概况介绍。

（3）采购项目的预算。

（4）供应商资格条件。

（5）获取磋商文件的时间、地点、方式及磋商文件售价。

（6）响应文件提交的截止时间、开启时间及地点。

（7）采购项目联系人姓名和电话。

从磋商文件发出之日起至供应商提交首次响应文件截止之日止不得少于10日。磋商文件的发售期限自开始之日起不得少于5个工作日。

提交首次响应文件截止之日前，采购人、采购代理机构或者磋商小组可以对已发出的磋商文件进行必要的澄清或者修改，澄清或者修改的内容作为磋商文件的组成部分。澄清或者修改的内容可能影响响应文件编制的，采购人、采购代理机构应当在提交首次响应文件截止时间至少5日前，以书面形式通知所有获取磋商文件的供应商；不足5日的，采购人、采购代理机构应当顺延提交首次响应文件截止时间。

竞争性磋商采购公告

项目概况

（采购标的）采购项目的潜在供应商应在（地址）获取采购文件，并于＿＿＿＿＿＿年＿＿＿月＿＿＿日＿＿＿点＿＿＿分（北京时间）前提交响应文件。

一、项目基本情况

项目编号（或招标编号、政府采购计划编号、采购计划备案文号等，如有）：

项目名称：

采购方式：竞争性磋商

预算金额：

最高限价（如有）：

采购需求（包括但不限于标的的名称、数量、简要技术需求或服务要求等）：

合同履行期限：

本项目（是/否）接受联合体。

二、申请人的资格要求

（1）满足《中华人民共和国政府采购法》第二十二条规定。

（2）落实政府采购政策需满足的资格要求（如属于专门面向中小企业采购的项目，供应商应为中小微企业、监狱企业、残疾人福利性单位）。

（3）本项目的特定资格要求（如项目接受联合体投标，对联合体应提出相关资格要求；如属于特定行业项目，供应商应当具备特定行业法定准入要求）。

三、获取采购文件

时间：＿＿＿＿＿＿＿年＿＿＿月＿＿＿日至＿＿＿＿＿＿＿年＿＿＿月＿＿＿日（磋商文件的发售期限自开始之日起不得少于5个工作日），每天上午＿＿＿至＿＿＿，下午＿＿＿至＿＿＿（北京时间，法定节假日除外）

地点：

方式：

售价：

四、响应文件提交

截止时间：＿＿＿＿＿＿＿年＿＿＿月＿＿＿日＿＿＿点＿＿＿分（北京时间）（从磋商文件开始发出之日起至供应商提交首次响应文件截止之日止不得少于10日）

地点：

五、开启（竞争性磋商方式必须填写）

时间：_____年____月____日____点____分（北京时间）

地点：

六、公告期限

自本公告发布之日起3个工作日。

七、其他补充事宜

八、凡对本次采购提出询问，请按以下方式联系

1.采购人信息

名称：

地址：

联系方式：

2.采购代理机构信息（如有）

名称：

地址：

联系方式：

3.项目联系方式

项目联系人（组织本项目采购活动的具体工作人员姓名）：

电话：

选自财政部办公厅《关于印发〈政府采购公告和公示信息格式规范（2020年版）〉的通知》（财办库〔2020〕50号）

3. 发出磋商文件

磋商文件的发售期限自开始之日起不得少于5个工作日。提交首次响应文件截止之日前，采购人、采购代理机构或者磋商小组可以对已发出的磋商文件进行必要的澄清或者修改，澄清或者修改的内容作为磋商文件的组成部分。澄清或者修改的内容可能影响响应文件编制的，采购人、采购代理机构应当在提交首次响应文件截止时间至少5日前，以书面形式通知所有获取磋商文件的供应商；不足5日的，采购人、采购代理机构应当顺延提交首次响应文件截止时间。

4. 递交响应文件

供应商应当在磋商文件要求的截止时间前，将响应文件密封送达指定地点。在截止时间后送达的响应文件为无效文件，采购人、采购代理机构或者磋商小组应当拒收。

供应商在提交响应文件截止时间前，可以对所提交的响应文件进行补充、修改或者

撤回，并书面通知采购人、采购代理机构。补充、修改的内容作为响应文件的组成部分。补充、修改的内容与响应文件不一致的，以补充、修改的内容为准。

【小贴士】

【问】采用竞争性磋商方式组织的政府购买服务项目，开标时递交响应文件的供应商只有2家，此情形下，能否开标，竞争性磋商活动能否继续进行？根据《财政部关于政府采购竞争性磋商采购方式管理暂行办法有关问题的补充通知》（财库〔2015〕124号），在采购过程中符合要求的供应商社会资本只有2家的，竞争性磋商采购活动可以继续进行。采购过程具体指哪个阶段？

【答】按照《财政部关于政府采购竞争性磋商采购方式管理暂行办法有关问题的补充通知》（财库〔2015〕124号）规定，采用竞争性磋商方式采购的政府购买服务项目（含政府和社会资本合作项目），在采购过程中符合要求的供应商（社会资本）只有2家的，竞争性磋商活动可以继续进行。这条规定的适用情形为竞争性磋商符合资格条件的供应商不少于3家，进入磋商过程中，符合采购人技术等方面要求的供应商为2家，磋商活动可以继续进行，由2家供应商提出最后报价。

（信息来源：中国政府采购网）

5.成立磋商小组

磋商小组由采购人代表和评审专家共3人以上单数组成，其中评审专家人数不得少于磋商小组成员总数的2/3。采购人代表不得以评审专家身份参加本部门或本单位采购项目的评审。采购代理机构人员不得参加本机构代理的采购项目的评审。

采用竞争性磋商方式的政府采购项目，评审专家应当从政府采购评审专家库内相关专业的专家名单中随机抽取。市场竞争不充分的科研项目，需要扶持的科技成果转化项目，以及情况特殊、通过随机方式难以确定合适的评审专家的项目，经主管预算单位同意，可以自行选定评审专家。技术复杂、专业性强的采购项目，评审专家中应当包含1名法律专家。

6.磋商、评审及推荐成交候选人

磋商小组成员应当按照客观、公正、审慎的原则，根据磋商文件规定的评审程序、评审方法和评审标准进行独立评审。未实质性响应磋商文件的响应文件按无效响应处理，磋商小组应当告知提交响应文件的供应商。

磋商小组在对响应文件的有效性、完整性和响应程度进行审查时，可以要求供应商对响应文件中含义不明确、同类问题表述不一致或者有明显文字和计算错误的内容作出必要的澄清、说明或者更正。供应商的澄清、说明或者更正不得超出响应文件的范围或者改变响应文件的实质性内容。

磋商小组要求供应商应当以书面形式作出澄清、说明或者更正响应文件。供应商的澄清、说明或者更正应当由法定代表人或其授权代表签字或者加盖公章。由授权代表签字的，应当附法定代表人授权书。供应商为自然人的，应当由本人签字并附身份证明。

磋商小组所有成员应当集中与单一供应商分别进行磋商，并给予所有参加磋商的供应商平等的磋商机会。

在磋商过程中，磋商小组可以根据磋商文件和磋商情况实质性变动采购需求中的技术、服务要求以及合同草案条款，但不得变动磋商文件中的其他内容。实质性变动的内容，须经采购人代表确认。

对磋商文件作出的实质性变动是磋商文件的有效组成部分，磋商小组应当及时以书面形式同时通知所有参加磋商的供应商。

供应商应当按照磋商文件的变动情况和磋商小组的要求重新提交响应文件，并由其法定代表人或授权代表签字或者加盖公章。由授权代表签字的，应当附法定代表人授权书。供应商为自然人的，应当由本人签字并附身份证明。

磋商文件能够详细列明采购标的的技术、服务要求的，磋商结束后，磋商小组应当要求所有实质性响应的供应商在规定时间内提交最后报价，提交最后报价的供应商不得少于3家。

磋商文件不能详细列明采购标的的技术、服务要求，需经磋商由供应商提供最终设计方案或解决方案的，磋商结束后，磋商小组应当按照少数服从多数的原则投票推荐3家以上供应商的设计方案或者解决方案，并要求其在规定时间内提交最后报价。

最后报价是供应商响应文件的有效组成部分。市场竞争不充分的科研项目，以及需要扶持的科技成果转化项目，提交最后报价的供应商可以为2家。

采用竞争性磋商采购方式采购的政府购买服务项目（含政府和社会资本合作项目），在采购过程中符合要求的供应商（社会资本）只有2家的，竞争性磋商采购活动可以继续进行。采购过程中符合要求的供应商（社会资本）只有1家的，采购人（项目实施机构）或者采购代理机构应当终止竞争性磋商采购活动，发布项目终止公告并说明原因，重新开展采购活动。

经磋商确定最终采购需求和提交最后报价的供应商后，由磋商小组采用综合评分法对提交最后报价的供应商的响应文件和最后报价进行综合评分。

综合评分法，是指响应文件满足磋商文件全部实质性要求且按评审因素的量化指标评审得分最高的供应商为成交候选供应商的评审方法。

综合评分法评审标准中的分值设置应当与评审因素的量化指标相对应。磋商文件中没有规定的评审标准不得作为评审依据。

磋商小组应当根据综合评分情况，按照评审得分由高到低顺序推荐3家以上成交候选供应商，并编写评审报告。市场竞争不充分的科研项目，以及需要扶持的科技成果转化项目，提交最后报价的供应商为2家的，可以推荐2家成交候选供应商。评审得分相同的，按照最后报价由低到高的顺序推荐。评审得分且最后报价相同的，按照技术指标优劣顺序推荐。

7. 确定成交供应商

采购代理机构应当在评审结束后2个工作日内将评审报告送采购人确认。

采购人应当在收到评审报告后5个工作日内，从评审报告提出的成交候选供应商中，按照排序由高到低的原则确定成交供应商，也可以书面授权磋商小组直接确定成交供应商。采购人逾期未确定成交供应商且不提出异议的，视为确定评审报告提出的排序第一的供应商为成交供应商。

8. 发布成交结果公告，发出成交通知书

采购人或者采购代理机构应当在成交供应商确定后2个工作日内，在省级以上财政部门指定的政府采购信息发布媒体上公告成交结果，同时向成交供应商发出成交通知书，并将磋商文件随成交结果同时公告，公告期为1个工作日。

采用书面推荐供应商参加采购活动的，还应当公告采购人和评审专家的推荐意见。公告成交结果时应当同时公告成交供应商的评审总得分。

【小贴士】

【问】在竞争性磋商文件中，能不能明确磋商小组只推荐1家成交候选供应商？

【答】按照《政府采购竞争性磋商采购方式管理暂行办法》（财库〔2014〕214号）第二十五条要求，磋商小组应根据综合评分情况，按照评审得分由高到低顺序推荐3家以上成交候选供应商。符合214号文第二十一条第三款情形的，可以推荐2家成交候选供应商。

（信息来源：中国政府采购网）

9. 合同签订

采购人与成交供应商应当在成交通知书发出之日起30日内，按照磋商文件确定的合

同文本以及采购标的、规格型号、采购金额、采购数量、技术和服务要求等事项签订政府采购合同。

采购人不得向成交供应商提出超出磋商文件以外的任何要求作为签订合同的条件，不得与成交供应商订立背离磋商文件确定的合同文本以及采购标的、规格型号、采购金额、采购数量、技术和服务要求等实质性内容的协议。

成交供应商拒绝签订政府采购合同的，采购人可以从评审报告提出的成交候选供应商中，按照排序由高到低的原则确定其他供应商作为成交供应商并签订政府采购合同，也可以重新开展采购活动。拒绝签订政府采购合同的成交供应商不得参加对该项目重新开展的采购活动。

10. 合同公告

根据《政府采购法实施条例》第五十条规定：采购人应当自政府采购合同签订之日起2个工作日内，将政府采购合同在省级以上人民政府财政部门指定的媒体上公告，但政府采购合同中涉及国家秘密、商业秘密的内容除外。

《关于进一步提高政府采购透明度和采购效率相关事项的通知》（财办库〔2023〕243号）规定，政府采购合同的双方当事人不得擅自变更合同，依照政府采购法确需变更政府采购合同内容的，采购人应当自合同变更之日起2个工作日内在省级以上财政部门指定的媒体上发布政府采购合同变更公告，但涉及国家秘密、商业秘密的信息和其他依法不得公开的信息除外。政府采购合同变更公告应当包括原合同编号、名称和文本，原合同变更的条款号，变更后作为原合同组成部分的补充合同文本，合同变更时间，变更公告日期等。

合同公告

一、合同编号：

二、合同名称：

三、项目编号（或招标编号、政府采购计划编号、采购计划备案文号等，如有）：

四、项目名称：

五、合同主体

采购人（甲方）：

地址：

联系方式：

供应商（乙方）：

地址：

联系方式：

六、合同主要信息

主要标的名称：

规格型号（或服务要求）：

主要标的数量：

主要标的单价：

合同金额：

履约期限、地点等简要信息：

采购方式：竞争性磋商

七、合同签订日期：

八、合同公告日期：

九、其他补充事宜：

附件：上传合同（采购人应当按照《政府采购法实施条例》有关要求，将政府采购合同中涉及国家秘密、商业秘密的内容删除后予以公开）

选自财政部办公厅《关于印发〈政府采购公告和公示信息格式规范（2020年版）〉的通知》（财办库〔2020〕50号）。

11. 合同履约及验收

采购人与成交供应商应当根据合同的约定依法履行合同义务。采购人应当及时对采购项目进行验收。采购人可以邀请参加本项目的其他供应商或者第三方机构参与验收。参与验收的供应商或者第三方机构的意见作为验收书的参考资料一并存档。

12. 采购资金支付

采购人应当加强对成交供应商的履约管理，并按照采购合同约定，及时向成交供应商支付采购资金。对于成交供应商违反采购合同约定的行为，采购人应当及时处理，依法追究其违约责任。

《关于进一步提高政府采购透明度和采购效率相关事项的通知》（财办库〔2023〕243号）规定，采购人要进一步落实《关于促进政府采购公平竞争优化营商环境的通知》（财库〔2019〕38号）有关要求，在政府采购合同中约定资金支付的方式、时间和条件，明确逾期支付资金的违约责任。对于有预付安排的合同，鼓励采购人将合同预付款比例提高到30％以上。对于满足合同约定支付条件的，采购人原则上应当自收到发票后10个工作日内将资金支付到合同约定的供应商账户，鼓励采购人完善内部流程，自收到发票后1个工作日内完成资金支付事宜。采购人和供应商对资金支付产生争议的，应当按照法律规定和合同约定及时解决，保证资金支付效率。

竞争性磋商采购流程如图6-6所示。

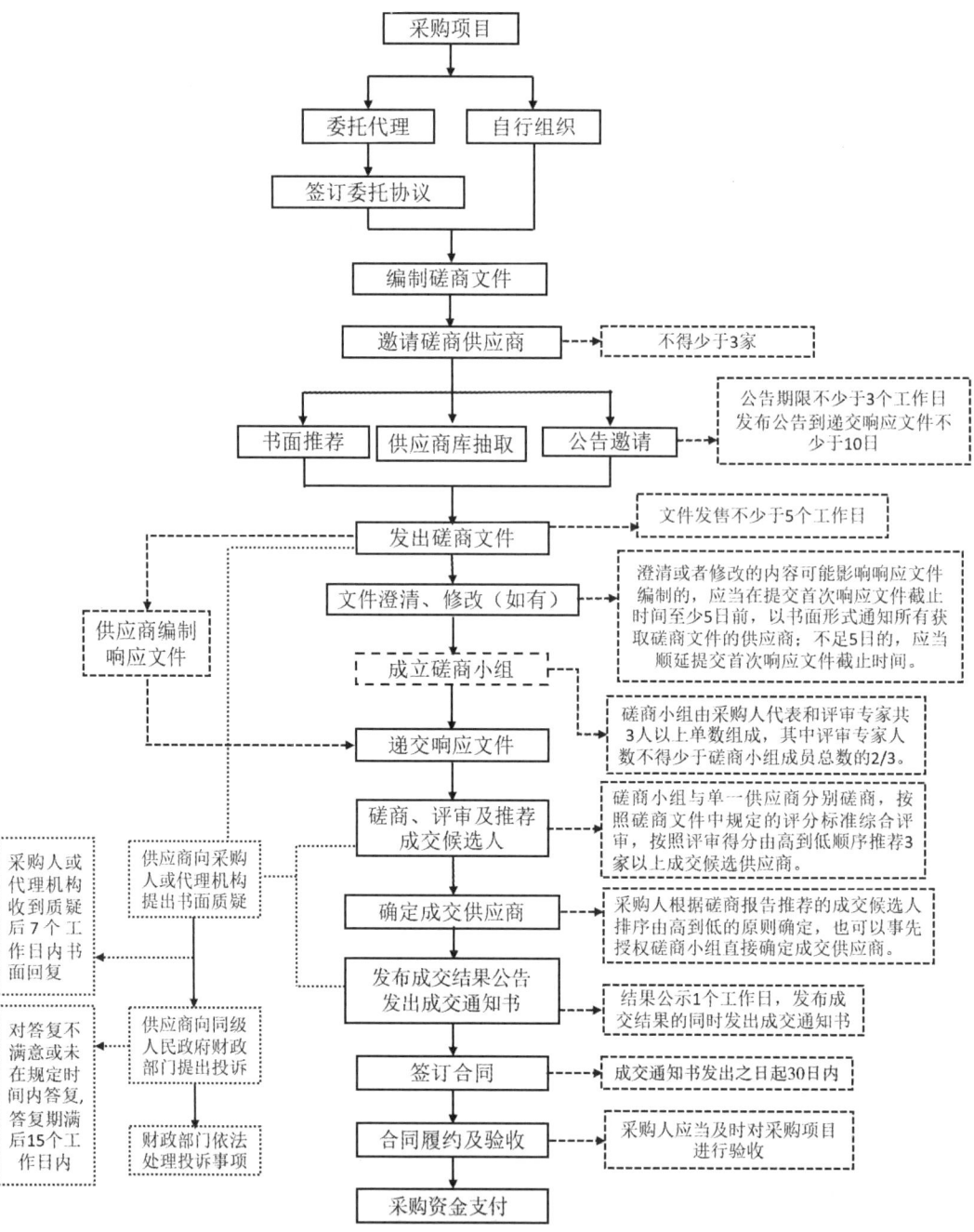

图6-6 竞争性磋商采购流程图

七、框架协议采购

为了规范多频次、小额度采购活动，提高政府采购项目绩效，2022年1月14日，财政部发布《政府采购框架协议采购方式管理暂行办法》（财政部令第110号），自2022年3月1日起施行。

框架协议采购是指集中采购机构或者主管预算单位对技术、服务等标准明确、统一，需要多次重复采购的货物和服务，通过公开征集程序，确定第一阶段入围供应商并订立框架协议，采购人或者服务对象按照框架协议约定规则，在入围供应商范围内确定第二阶段成交供应商并订立采购合同的采购方式。

1. 框架协议采购方式的适用情形

符合下列情形之一的，可以采用框架协议采购方式采购：

（1）集中采购目录以内品目，以及与之配套的必要耗材、配件等，属于小额零星采购的。

（2）集中采购目录以外，采购限额标准以上，本部门、本系统行政管理所需的法律、评估、会计、审计等鉴证咨询服务，属于小额零星采购的。

（3）集中采购目录以外，采购限额标准以上，为本部门、本系统以外的服务对象提供服务的政府购买服务项目，需要确定2家以上供应商由服务对象自主选择的。

（4）国务院财政部门规定的其他情形。

前款所称采购限额标准以上，是指同一品目或者同一类别的货物、服务年度采购预算达到采购限额标准以上。

属于本条上述第二项情形，主管预算单位能够归集需求形成单一项目进行采购，通过签订时间、地点、数量不确定的采购合同满足需求的，不得采用框架协议采购方式。

2. 框架协议采购方式的流程

1）框架协议采购方式的确定

框架协议采购包括封闭式框架协议采购和开放式框架协议采购。封闭式框架协议采购是框架协议采购的主要形式。

符合下列情形之一的，可以采用开放式框架协议采购：

（1）集中采购目录以内品目，以及与之配套的必要耗材、配件等，属于小额零星采购的；因执行政府采购政策不宜淘汰供应商的，或者受基础设施、行政许可、知识产权等限制，供应商数量在3家以下且不宜淘汰供应商的。

（2）集中采购目录以外，采购限额标准以上，为本部门、本系统以外的服务对象提供服务的政府购买服务项目，需要确定2家以上供应商由服务对象自主选择的；能够确定统一付费标准，因地域等服务便利性要求，需要接纳所有愿意接受协议条件的供应商加入框架协议，以供服务对象自主选择的。

2）框架协议采购项目委托

（1）集中采购目录以内品目以及与之配套的必要耗材、配件等，采用框架协议采购的，由集中采购机构负责征集程序和订立框架协议。

（2）集中采购目录以外品目采用框架协议采购的，由主管预算单位负责征集程序和订立框架协议。其他预算单位确有需要的，经其主管预算单位批准，可以采用框架协议采购方式采购。其他预算单位采用框架协议采购方式采购的，应当遵守《政府采购框架协议采购方式管理暂行办法》关于主管预算单位的规定。主管预算单位可以委托采购代理机构代理框架协议采购，采购代理机构应当在委托的范围内依法开展采购活动。

（3）框架协议采购应当实行电子化采购。

3. 框架协议采购项目备案

集中采购机构采用框架协议采购的，应当拟定采购方案，报本级财政部门审核后实施。主管预算单位采用框架协议采购的，应当在采购活动开始前将采购方案报本级财政部门备案。

4. 框架协议采购项目需求调查

确定框架协议采购需求应当开展需求调查，听取采购人、供应商和专家等的意见。面向采购人和供应商开展需求调查时，应当选择具有代表性的调查对象，调查对象一般各不少于3个。

5. 框架协议采购项目需求编制

框架协议采购需求应当符合以下规定：

（1）满足采购人和服务对象实际需要，符合市场供应状况和市场公允标准，在确保功能、性能和必要采购要求的情况下促进竞争。

（2）符合预算标准、资产配置标准等有关规定，厉行节约，不得超标准采购。

（3）按照《政府采购品目分类目录》，将采购标的细化到底级品目，并细分不同等次、规格或者标准的采购需求，合理设置采购包。

（4）货物项目应当明确货物的技术和商务要求，包括功能、性能、材料、结构、外观、安全、包装、交货期限、交货的地域范围、售后服务等。

（5）服务项目应当明确服务内容、服务标准、技术保障、服务人员组成、服务交付或者实施的地域范围，以及所涉及的货物的质量标准、服务工作量的计量方式等。

6.框架协议采购项目最高限价确定

集中采购机构或者主管预算单位应当在征集公告和征集文件中确定框架协议采购的最高限制单价。征集文件中可以明确量价关系折扣，即达到一定采购数量，价格应当按照征集文件中明确的折扣降低。在开放式框架协议中，付费标准即为最高限制单价。

最高限制单价是供应商第一阶段响应报价的最高限价。入围供应商第一阶段响应报价（有量价关系折扣的，包括量价关系折扣，以下统称协议价格）是采购人或者服务对象确定第二阶段成交供应商的最高限价。

确定最高限制单价时，有政府定价的，执行政府定价；没有政府定价的，应当通过需求调查，并根据需求标准科学确定，属于《政府采购框架协议采购方式管理暂行办法》（财政部令第110号）第十条第二款第一项规定情形的采购项目，需要订立开放式框架协议的，与供应商协商确定。

货物项目单价按照台（套）等计量单位确定，其中包含售后服务等相关服务费用。服务项目单价按照单位采购标的价格或者人工单价等确定。服务项目所涉及的货物的费用，能够折算入服务项目单价的应当折入，需要按实结算的应当明确结算规则。

7.封闭式框架协议采购

1）发布征集公告

征集公告应当包括以下主要内容：

（1）征集人的名称、地址、联系人和联系方式。

（2）采购项目名称、编号，采购需求以及最高限制单价，适用框架协议的采购人或者服务对象范围，能预估采购数量的，还应当明确预估采购数量。

（3）供应商的资格条件。

（4）框架协议的期限。

（5）获取征集文件的时间、地点和方式。

（6）响应文件的提交方式、提交截止时间和地点，开启方式、时间和地点。

（7）公告期限。

（8）省级以上财政部门规定的其他事项。

2）编制征集文件

征集文件应当包括以下主要内容：

（1）参加征集活动的邀请。

（2）供应商应当提交的资格材料。

（3）资格审查方法和标准。

（4）采购需求以及最高限制单价。

（5）政府采购政策要求以及政策执行措施。

（6）框架协议的期限。

（7）报价要求。

（8）确定第一阶段入围供应商的评审方法、评审标准、确定入围供应商的淘汰率或者入围供应商数量上限和响应文件无效情形。

（9）响应文件的编制要求，提交方式、提交截止时间和地点，开启方式、时间和地点，以及响应文件有效期。

（10）拟签订的框架协议文本和采购合同文本。

（11）确定第二阶段成交供应商的方式。

（12）采购资金的支付方式、时间和条件。

（13）入围产品升级换代规则。

（14）用户反馈和评价机制。

（15）入围供应商的清退和补充规则。

（16）供应商信用信息查询渠道及截止时点、信用信息查询记录和证据留存的具体方式、信用信息的使用规则等。

（17）采购代理机构代理费用的收取标准和方式。

（18）省级以上财政部门规定的其他事项。

3）确定第一阶段入围供应商

确定第一阶段入围供应商的评审方法包括价格优先法和质量优先法。

价格优先法是指对满足采购需求且响应报价不超过最高限制单价的货物、服务，按照响应报价从低到高排序，根据征集文件规定的淘汰率或者入围供应商数量上限，确定入围供应商的评审方法。

质量优先法是指对满足采购需求且响应报价不超过最高限制单价的货物、服务进行质量综合评分，按照质量评分从高到低排序，根据征集文件规定的淘汰率或者入围供应商数量上限，确定入围供应商的评审方法。货物项目质量因素包括采购标的的技术水平、产品配置、售后服务等，服务项目质量因素包括服务内容、服务水平、供应商的履约能力、服务经验等。质量因素中的可量化指标应当划分等次，作为评分项；质量因素中的其他指标可以作为实质性要求，不得作为评分项。

有政府定价、政府指导价的项目，以及对质量有特别要求的检测、实验等仪器设备，可以采用质量优先法，其他项目应当采用价格优先法。

对耗材使用量大的复印、打印、实验、医疗等仪器设备进行框架协议采购的，应当要求供应商同时对3年以上约定期限内的专用耗材进行报价。评审时应当考虑约定期限的专用耗材使用成本，修正仪器设备的响应报价或者质量评分。

征集人应当在征集文件、框架协议和采购合同中规定，入围供应商在约定期限内，应当以不高于其报价的价格向适用框架协议的采购人供应专用耗材。

确定第一阶段入围供应商时，提交响应文件和符合资格条件、实质性要求的供应商应当均不少于2家，淘汰比例一般不得低于20%，且至少淘汰1家供应商。

采用质量优先法的检测、实验等仪器设备采购，淘汰比例不得低于40%，且至少淘汰1家供应商。

4）发布入围结果公告

入围结果公告应当包括以下主要内容：

（1）采购项目名称、编号。

（2）征集人的名称、地址、联系人和联系方式。

（3）入围供应商名称、地址及排序。

（4）最高入围价格或者最低入围分值。

（5）入围产品名称、规格型号或者主要服务内容及服务标准，入围单价。

（6）评审小组成员名单。

（7）采购代理服务收费标准及金额。

（8）公告期限。

（9）省级以上财政部门规定的其他事项。

5）签订框架协议

集中采购机构或者主管预算单位应当在入围通知书发出之日起30日内和入围供应商签订框架协议，并在框架协议签订后7个工作日内，将框架协议副本报本级财政部门备案。

框架协议不得对征集文件确定的事项以及入围供应商的响应文件作实质性修改。

框架协议应当包括以下内容：

（1）集中采购机构或者主管预算单位以及入围供应商的名称、地址和联系方式。

（2）采购项目名称、编号。

（3）采购需求以及最高限制单价。

（4）封闭式框架协议第一阶段的入围产品详细技术规格或者服务内容、服务标准，协议价格。

（5）入围产品升级换代规则。

（6）确定第二阶段成交供应商的方式。

（7）适用框架协议的采购人或者服务对象范围，以及履行合同的地域范围。

（8）资金支付方式、时间和条件。

（9）采购合同文本，包括根据需要约定适用的简式合同或者具有合同性质的凭单、订单。

（10）框架协议期限。

（11）入围供应商清退和补充规则。

（12）协议方的权利和义务。

（13）需要约定的其他事项。

集中采购机构或者主管预算单位应当根据工作需要和采购标的市场供应及价格变化情况，科学合理确定框架协议期限。货物项目框架协议有效期一般不超过1年，服务项目框架协议有效期一般不超过2年。

6）确定第二阶段成交供应商

确定第二阶段成交供应商的方式包括直接选定方式、二次竞价方式和顺序轮候方式。

（1）直接选定方式。

直接选定方式是确定第二阶段成交供应商的主要方式。除征集人根据采购项目特点和提高绩效等要求，在征集文件中载明采用二次竞价或者顺序轮候方式外，确定第二阶段成交供应商应当由采购人或者服务对象依据入围产品价格、质量以及服务便利性、用户评价等因素，从第一阶段入围供应商中直接选定。

（2）二次竞价方式。

二次竞价方式是指以框架协议约定的入围产品、采购合同文本等为依据，以协议价格为最高限价，采购人明确第二阶段竞价需求，从入围供应商中选择所有符合竞价需求的供应商参与二次竞价，确定报价最低的为成交供应商的方式。

进行二次竞价应当给予供应商必要的响应时间。

二次竞价一般适用于采用价格优先法的采购项目。

以二次竞价或者顺序轮候方式确定成交供应商的，征集人应当在确定成交供应商后2个工作日内逐笔发布成交结果公告。

成交结果单笔公告可以在省级以上财政部门指定的媒体上发布，也可以在开展框架协议采购的电子化采购系统发布，发布成交结果公告的渠道应当在征集文件或者框架协议中告知供应商。单笔公告应当包括以下主要内容：

a.采购人的名称、地址和联系方式。

b.框架协议采购项目名称、编号。

c.成交供应商名称、地址和成交金额。

d.成交标的名称、规格型号或者主要服务内容及服务标准、数量、单价。

e.公告期限。

（3）顺序轮候方式。

顺序轮候方式是指根据征集文件中确定的轮候顺序规则，对所有入围供应商依次授予采购合同的方式。

每个入围供应商在一个顺序轮候期内，只有一次获得合同授予的机会。合同授予顺序确定后，应当书面告知所有入围供应商。除清退入围供应商和补充征集外，框架协议有效期内不得调整合同授予顺序。

7）发布成交结果汇总公告

征集人应当在框架协议有效期满后10个工作日内发布成交结果汇总公告。汇总公告应当包括前款采购人的名称、地址和联系方式以及框架协议采购项目名称、编号和所有成交供应商的名称、地址及其成交合同总数和总金额。

8. 开放式框架协议采购

1）发布征集公告

征集公告应当包括以下主要内容：

（1）征集人的名称、地址、联系人和联系方式。

（2）采购项目名称、编号，采购需求以及最高限制单价，适用框架协议的采购人或者服务对象范围，能预估采购数量的，还应当明确预估采购数量。

（3）供应商的资格条件。

（4）框架协议的期限。

（5）供应商应当提交的资格材料。

（6）资格审查方法和标准。

（7）入围产品升级换代规则。

（8）用户反馈和评价机制。

（9）入围供应商的清退和补充规则。

（10）供应商信用信息查询渠道及截止时点、信用信息查询记录和证据留存的具体方式、信用信息的使用规则等。

（11）订立开放式框架协议的邀请。

（12）供应商提交加入框架协议申请的方式、地点，以及对申请文件的要求。

（13）履行合同的地域范围、协议方的权利和义务、入围供应商的清退机制等框架协议内容。

（14）采购合同文本。

（15）付费标准，费用结算及支付方式。

（16）省级以上财政部门规定的其他事项。

2）提交加入框架协议的申请

征集公告发布后至框架协议期满前，供应商可以按照征集公告要求，随时提交加入框架协议的申请。征集人应当在收到供应商申请后7个工作日内完成审核，并将审核结果书面通知申请供应商。

3）发布入围结果公告

征集人应当在审核通过后2个工作日内，发布入围结果公告，公告入围供应商名称、地址、联系方式及付费标准，并动态更新入围供应商信息。

征集人应当确保征集公告和入围结果公告在整个框架协议有效期内随时可供公众查阅。

征集人可以根据采购项目特点，在征集公告中申明是否与供应商另行签订书面框架协议。申明不再签订书面框架协议的，发布入围结果公告，视为签订框架协议。

4）第二阶段成交供应商

第二阶段成交供应商由采购人或者服务对象从第一阶段入围供应商中直接选定。

供应商履行合同后，依据框架协议约定的凭单、订单以及结算方式，与采购人进行费用结算。

八、合作创新采购方式

为贯彻落实《深化政府采购制度改革方案》，完善政府采购支持科技创新制度，2024年4月24日，财政部发布《政府采购合作创新采购方式管理暂行办法》（财库〔2024〕13号），自2024年6月1日起施行。

合作创新采购是指采购人邀请供应商合作研发，共担研发风险，并按研发合同约定的数量或者金额购买研发成功的创新产品的采购方式。

合作创新采购方式分为订购和首购两个阶段。

订购是指采购人提出研发目标，与供应商合作研发创新产品并共担研发风险的活动。

首购是指采购人对于研发成功的创新产品，按照研发合同约定采购一定数量或者一定金额相应产品的活动。

所称创新产品，应当具有实质性的技术创新，包含新的技术原理、技术思想或者技术方法。对现有产品的改型以及对既有技术成果的验证、测试和使用等没有实质性技术创新的，不属于创新产品范围。

（一）合作创新采购方式的适用情形

采购项目符合国家科技和相关产业发展规划，有利于落实国家重大战略目标任务并且具有下列情形之一的，可以采用合作创新采购方式采购：

（1）市场现有产品或者技术不能满足要求，需要进行技术突破的。

（2）以研发创新产品为基础，形成新范式或者新的解决方案，能够显著改善功能性能，明显提高绩效的。

（3）国务院财政部门规定的其他情形。

（二）合作创新采购方式的流程

合作创新采购方式分为订购和首购两个阶段，合作创新具体流程如下。

1. 编制采购方案

采购人、采购代理机构应当根据采购项目的特点和采购需求编制采购方案。采购方案应当包括以下主要内容：

（1）创新产品的最低研发目标、最高研发费用、应用场景和研发期限。

（2）供应商邀请方式。

（3）谈判小组组成，评审专家选取办法，评审方法以及初步的评审标准。

（4）给予研发成本补偿的成本范围及该项目用于研发成本补偿的费用限额。

（5）是否开展研发中期谈判。

（6）关于知识产权权属、利益分配、使用方式的初步意见。

（7）创新产品的迭代升级服务要求。

（8）研发合同应当包括的主要条款。

（9）研发风险分析和风险管控措施。

（10）需要确定的其他事项。

采购人应当对采购方案的科学性、可行性、合规性等开展咨询论证，并按照《政府采购需求管理办法》有关规定履行内部审查、核准程序后实施。

2. 订购程序

1）组建谈判小组

谈判小组由采购人代表和评审专家共五人以上单数组成。采购人应当自行选定相应专业领域的评审专家。评审专家中应当包含一名法律专家和一名经济专家。谈判小组具体人员组成比例，评审专家选取办法及采购过程中的人员调整程序按照采购人内部控制管理制度确定。谈判小组负责供应商资格审查、创新概念交流、研发竞争谈判、研发中期谈判和首购评审等工作。

2）发布采购公告

以公告形式邀请供应商的，公告期限不得少于五个工作日。合作创新采购公告、合作创新采购邀请书应当包括以下内容：

（1）采购人和采购项目名称。

（2）创新产品的最低研发目标、最高研发费用（应明确最低研发目标、最高研发费用可能根据创新概念交流情况进行实质性调整）。

（3）创新产品的应用场景及研发期限。

（4）对供应商的资格要求。

（5）供应商提交参与合作创新采购申请文件的时间和地点等。

（6）是否接受联合体参与（如未载明，不得拒绝联合体参与）。

提交参与合作创新采购申请文件的时间自采购公告、邀请书发出之日起不得少于二十个工作日。

3）资格审查

谈判小组依法对供应商的资格进行审查。提交申请文件或者通过资格审查的供应商只有两家或者一家的，可以按照《政府采购合作创新采购方式管理暂行办法》规定继续开展采购活动。

4）创新概念交流

谈判小组集中与所有通过资格审查的供应商共同进行创新概念交流，交流内容包括创新产品的最低研发目标、最高研发费用、应用场景及采购方案的其他相关内容。

创新概念交流中，谈判小组应当全面及时回答供应商提问。必要时，采购人或者其授权的谈判小组可以组织供应商进行集中答疑和现场考察。

采购人根据创新概念交流情况，对采购方案内容进行实质性调整的，应当按照内部控制管理制度有关规定，履行必要的内部审查、核准程序。

5）形成研发谈判文件

采购人根据创新概念交流结果，形成研发谈判文件。研发谈判文件主要包括以下内容：

（1）创新产品的最低研发目标、最高研发费用、应用场景、研发期限及有关情况说明。

（2）研发供应商数量。

（3）给予单个研发供应商的研发成本补偿的成本范围和限额，另设激励费用的，明确激励费用的金额。

（4）创新产品首购数量或者金额。

（5）评审方法与评审标准，在谈判过程中不得更改的主要评审因素（主要包括供应商研发方案、供应商提出的研发成本补偿金额和首购产品金额的报价、研发完成时间、创新产品的售后服务方案等）及其权重（供应商研发方案的分值占总分值的比重不得低于百分之五十），以及是否采用两阶段评审。

（6）对研发进度安排及相应的研发中期谈判阶段划分的响应要求。

（7）各阶段研发成本补偿的成本范围和金额、标志性成果（包括形成创新产品的详细设计方案、技术原理在实验室环境获得验证通过、创新产品的关键部件研制成功、生产出符合要求的模型样机以及创新产品通过采购人试用和履约验收等）的响应要求。

（8）研发成本补偿费用的支付方式、时间和条件。

（9）创新产品的验收方法与验收标准。

（10）首购产品的评审标准。

（11）关于知识产权权属、利益分配、使用方式等的响应要求。

（12）落实支持中小企业发展等政策的要求。

（13）创新产品的迭代升级服务要求。

（14）研发合同的主要条款。

（15）响应文件编制要求，提交方式、提交截止时间和地点，以及响应文件有效期。

（16）省级以上财政部门规定的其他事项。

6）发出研发谈判文件

采购人应当向所有参与创新概念交流的供应商提供研发谈判文件，邀请其参与研发竞争谈判。

从研发谈判文件发出之日起至供应商提交首次响应文件截止之日止不得少于十个工作日。

采购人可以对已发出的研发谈判文件进行必要的澄清或者修改，但不得改变采购标的和资格条件。澄清或者修改的内容可能影响响应文件编制，导致供应商准备时间不足的，采购人按照研发谈判文件规定，顺延提交响应文件的时间。

7）供应商编制响应文件

供应商应当根据研发谈判文件编制响应文件，对研发谈判文件的要求作出实质性响应。响应文件包括以下内容：

（1）供应商的研发方案（包括研发产品预计能实现的功能、性能，服务内容、服务标准及其他产出目标；研发拟采用的技术路线及其优势；可能出现的影响研发的风险及其管控措施；研发团队组成、团队成员的专业能力和经验；研发进度安排和各阶段标志性成果说明等）。

（2）研发完成时间。

（3）响应报价，供应商应当对研发成本补偿金额和首购产品金额分别报价，且各自不得高于研发谈判文件规定的给予单个研发供应商的研发成本补偿限额和首购费用。首购产品金额除创新产品本身的购买费用以外，还包括创新产品未来一定期限内的运行维护等费用。

（4）各阶段的研发成本补偿的成本范围和金额。

（5）创新产品的验收方法与验收标准。

（6）创新产品的售后服务方案。

（7）知识产权权属、利益分配、使用方式等。

（8）创新产品的迭代升级服务方案。

（9）落实支持中小企业发展等政策要求的响应内容。

（10）其他需要响应的内容。

8）组织谈判

谈判小组集中与单一供应商分别进行谈判，对相关内容进行细化调整。谈判主要内容包括：

（1）创新产品的最低研发目标、验收方法与验收标准。

（2）供应商的研发方案。

（3）研发完成时间。

（4）研发成本补偿的成本范围和金额，以及首购产品金额。

（5）研发竞争谈判的评审标准。

（6）各阶段研发成本补偿的成本范围和金额。

（7）首购产品的评审标准。

（8）知识产权权属、利益分配、使用方式等。

（9）创新产品的迭代升级服务方案。

（10）研发合同履行中可能出现的风险及其管控措施。

在谈判中，谈判小组可以根据谈判情况实质性变动谈判文件有关内容，但不得降低最低研发目标、提高最高研发费用，也不得改变谈判文件中的主要评审因素及其权重。

9）形成最终谈判文件，提交最终响应文件

谈判小组根据谈判结果，确定最终的谈判文件，并以书面形式同时通知所有参加谈判的供应商。供应商按要求提交最终响应文件，谈判小组给予供应商的响应时间应当不少于五个工作日。

10）评审及推荐成交候选人

谈判小组对响应文件满足研发谈判文件全部实质性要求的供应商开展评审，按照评审得分从高到低排序，推荐成交候选人。

谈判小组根据谈判文件规定，可以对供应商响应文件的研发方案部分和其他部分采取两阶段评审，先评审研发方案部分，对研发方案得分达到规定名次的，再综合评审其他部分，按照总得分从高到低排序，确定成交候选人。

11）确定成交供应商

采购人根据谈判文件规定的研发供应商数量和谈判小组推荐的成交候选人顺序，确定研发供应商，也可以书面授权谈判小组直接确定研发供应商。研发供应商数量最多不得超过三家。成交候选人数量少于谈判文件规定的研发供应商数量的，采购人可以确定所有成交候选人为研发供应商，也可以重新开展政府采购活动。

12）签订研发合同

采购人应当根据研发谈判文件的所有实质性要求以及研发供应商的响应文件签订研发合同。研发合同应当包括以下内容：

（1）采购人以及研发供应商的名称、地址和联系方式。

（2）采购项目名称、编号。

（3）创新产品的功能、性能，服务内容、服务标准及其他产出目标。

（4）研发成本补偿的成本范围和金额，另设激励费用的，激励费用的金额。

（5）创新产品首购的数量、单价和总金额。

（6）研发进度安排及相应的研发中期谈判阶段划分。

（7）各阶段研发成本补偿的成本范围和金额、标志性成果。

（8）研发成本补偿费用的支付方式、时间和条件。

（9）创新产品验收方法与验收标准。

（10）首购产品评审标准。

（11）创新产品的售后服务和迭代升级服务方案。

（12）知识产权权属约定、利益分配、使用方式等。

（13）落实支持中小企业发展等政策的要求。

（14）研发合同期限。

（15）合同履行中可能出现的风险及其管控措施。

（16）技术信息和资料的保密。

（17）合同解除情形。

（18）违约责任。

（19）争议解决方式。

（20）需要约定的其他事项。

研发合同约定的各阶段补偿成本范围和金额、标志性成果，在研发中期谈判中作出细化调整的，采购人应当就变更事项与研发供应商签订补充协议。

只能从唯一供应商处采购的，采购人与供应商应当遵照《政府采购合作创新采购方式管理暂行办法》规定的原则，根据研发成本和可参照的同类项目合同价格协商确定合理价格，明确创新产品的功能、性能，研发完成时间，研发成本补偿的成本范围和金额，首购产品金额，研发进度安排及相应的研发中期谈判阶段划分等合同条件。

13）研发中期谈判

采购人根据研发合同约定，组织谈判小组与研发供应商在研发不同阶段就研发进度、标志性成果及其验收方法与标准、研发成本补偿的成本范围和金额等问题进行研发中期谈判，根据研发进展情况对相关内容细化调整，但每个研发供应商各阶段补偿成本范围不得超过研发合同约定的研发成本补偿的成本范围，且各阶段成本补偿金额之和不得超过研发合同约定的研发成本补偿金额。研发中期谈判应当在每一阶段开始前完成。

每一阶段约定期限到期后，研发供应商应当提交成果报告和成本说明，采购人根据研发合同约定和研发中期谈判结果支付研发成本补偿费用。研发供应商提供的标志性成果满足要求的，进入下一研发阶段；研发供应商未按照约定完成标志性成果的，予以淘汰并终止研发合同。

14）创新产品的验收

对于研发供应商提交的最终定型的创新产品和符合条件的样品，采购人应当按照研发合同约定的验收方法与验收标准开展验收，验收时可以邀请谈判小组成员参与。

3. 首购程序

1）确定首购产品

（1）只有一家研发供应商研制的创新产品通过验收的，采购人直接确定其为首购产品。

（2）有两家以上研发供应商研制的创新产品通过验收的，采购人应当组织谈判小组评审，根据研发合同约定的评审标准确定一家研发供应商的创新产品为首购产品。首购评审综合考虑创新产品的功能、性能、价格、售后服务方案等，按照性价比最优的原则确定首购产品。此时研发供应商对首购产品金额的报价不得高于研发谈判文件规定的首购费用。

2）首购产品公告

采购人应当在确定首购产品后十个工作日内在省级以上人民政府财政部门指定的媒体上发布首购产品信息。

3）签订首购协议

采购人按照研发合同约定的创新产品首购数量或者金额，与首购产品供应商签订创新产品首购协议，明确首购产品的功能、性能，服务内容和服务标准，首购的数量、单价和总金额，首购产品交付时间，资金支付方式和条件等内容，作为研发合同的补充协议。

常用政府采购方式的对比

比较因素	采购方式							
	公开招标	邀请招标	竞争性磋商	竞争性谈判	询价采购	单一来源采购	框架协议采购	合作创新采购
是否需要批准	不需要批准	需经政府采购监督管理部门批准	未达到公开招标数额标准的，不需要批准；达到公开招标数额标准的，需经政府采购监督管理部门批准				集中采购目录以外品目采用框架协议采购程序和订立框架协议，由主管预算单位负责征集。其他预算单位采用的，经主管预算单位确认有需要的，可以采用框架协议采购方式采购。集中采购机构采用框架协议采购的，应当确定采购方案，报主管部门审核后实施。主管预算单位采用框架协议采购的，应当在框架协议采购活动开始前将采购方案报本级财政部门备案	中央和省级主管预算单位可以开展合作创新采购，也可以授权所属预算单位开展合作创新采购。设区的市级主管预算单位经主管部门批准，可以采用合作创新采购方式
供应商产生的方式	以招标公告的方式邀请不特定的供应商	采购人通过发布资格预审公告以上集，从省级以上人民政府财政部门建立的供应商库中选取或者采购人书面推荐3家以上的供应商的方式，随机抽取3家以上供应商向其发出投标邀请书	采购人、采购代理机构应当通过发布公告、从省级以上财政部门建立的供应商库中随机抽取或者采购人和采购专家分别书面推荐的方式邀请不少于3家符合相应资格条件的供应商参与竞争性磋商/竞争性谈判/询价采购活动			特定供应商	征集人应当发布征集公告	采购人应当发布合作创新采购公告邀请供应商，采购公告设定应符合，行政许可等限制，或者能需使用不可替代的知识产权范围或者唯一供应商处采购的，采购人可以直接向所有符合合作条件的供应商发出合作创新采购邀请书

续表

比较因素	公开招标	邀请招标	竞争性磋商	竞争性谈判	询价采购	单一来源采购	框架协议采购	合作创新采购
公告期限	招标公告公告期限为5个工作日	资格预审公告期限为5个工作日	竞争性磋商公告、竞争性谈判公告和询价公告的公告期限为3个工作日			公示期限不得少于5个工作日	公告期限为5工作日	以公告形式邀请供应商的，公告期限不得少于5个工作日
发出采购文件至投标（响应）文件提交截止时间	自招标文件开始发出之日起至投标文件提交截止之日止，不得少于20日。招标文件的提供期限自招标文件开始发出之日起不得少于5个工作日		从磋商文件发出之日起至供应商提交首次响应文件截止之日止，不得少于10日。磋商文件提供期限自磋商文件开始发出之日起不得少于5个工作日	从谈判文件/询价通知书发出之日起至供应商提交首次响应文件截止之日止，不得少于3个工作日		—	自供应商提交响应文件之日止，不得少于20日。征集文件的提供期限自征集文件开始发出之日起不得少于5个工作日	提交参与合作创新采购申请文件的时间自采购公告、邀请书发出之日起不得少于20个工作日。采购人应当向所有参与的供应商发送概念交流文件，邀请其参与研发谈判。从研发文件发出之日起至供应商提交首次响应文件截止之日止，不得少于10个工作日。谈判结束后，谈判小组确定最终的供应商，并以书面形式通知所有参加谈判要求提交最终供应商响应文件，谈判期间应当同时告知所有供应商的响应时间的工作日。

续表

比较因素	采购方式							
	公开招标	邀请招标	竞争性磋商	竞争性谈判	询价采购	单一来源采购	框架协议采购	合作创新采购
采购文件的修改时间及要求	对已发出的招标文件、资格预审文件进行必要澄清或者修改的，应当以书面形式通知所有获取招标文件或资格预审文件的潜在供应商，并在原公告发布媒体上发布澄清或修改公告。澄清或者修改的内容可能影响投标文件或资格预审申请文件编制的，应当在投标截止时间至少15日前，以书面形式通知所有获取招标文件的潜在供应商，不足15日的，应当顺延投标文件的截止时间。澄清或者修改的内容可能影响资格预审申请文件编制的，应当在提交资格预审申请文件截止时间至少3日前，以书面形式通知所有获取资格预审文件的潜在供应商；不足3日的，应当顺延提交资格预审申请文件的截止时间		澄清或者修改的内容可能影响响应文件编制的，采购人、采购代理机构应当在提交首次响应文件截止时间至少5日前，以书面形式通知所有获取供应文件的供应商，不足5日的，采购人、采购代理机构应当顺延提交首次响应文件截止时间		澄清或者修改的内容可能影响响应文件编制的，采购人、采购代理机构或者询价小组应当在提交首次响应文件截止时间至少3个工作日前，以书面形式通知所有获取询价文件的供应商，不足3个工作日的，采购人、采购代理机构应当顺延提交首次响应文件截止之日	—	对已发出或者澄清、修改通知的所有获取征集文件的潜在供应商，澄清或者修改的内容应当在原公告发布媒体上发布澄清或修改公告，澄清或者修改的内容可能影响响应文件编制的，应当在响应文件提交截止时间至少15日前，以书面形式通知所有获取征集文件的供应商，不足15日的，应当顺延提交响应文件截止时间	采购人可以对已发出的所发谈判文件进行必要澄清或者修改，但不得改变采购标的的资格和资格条件。澄清或者修改的内容可能影响研制供应商准备研发响应的，采购人按照谈判文件规定，顺延提交应文件的时间

续表

比较因素	公开招标	邀请招标	竞争性磋商	询价采购	单一来源采购	框架协议采购	合作创新采购
					采购方式		
评标委员会或评审小组组成	评标委员会由采购人代表和评审专家组成，成员为5人以上单数，其中评审专家不得少于成员总数的2/3。采购项目符合下列情形之一的，评标委员会成员人数应当为7人以上单数：(1)采购预算金额在1000万元以上；(2)技术复杂；(3)社会影响较大		评审小组由采购人代表和评审专家共3人以上单数组成，其中评审专家不得少于评审小组成员总数的2/3。达到公开招标数额标准的货物或者服务采购项目，或者达到政府采购工程规模标准的政府采购工程，评审小组应当由5人以上单数组成		组织具有相关经验的专业人员与供应商商定合理的成交价格并保证采购项目质量	评标委员会由采购人代表和评审专家组成，成员为5人以上单数，其中评审专家不得少于成员总数的2/3。采购项目符合下列情形之一的，评标委员会成员人数应当为7人以上单数：(1)采购预算金额在1000万元以上；(2)技术复杂；(3)社会影响较大	采购人应当组建谈判小组和评审小组，成员由采购人代表共5人以上单数组成和采购相应专业的评审专家。谈判专家中应当包含1名经济专家和1名领域的评审专家。该评审小组具体人员组成比例，评审专家遴选办法及采购程序调整程序由采购人按照采购人内部控制管理制度确定
供应商的报价	供应商一次报出不得更改的价格，必须公开唱标		供应商在规定时间内提交最后报价，提交最后报价之前可根据磋商/谈判情况提出磋商/谈判	供应商一次报出不得更改的价格	商定的合理成交价格	供应商一次报出不得更改的价格	供应商一次报出不得更改的价格
评审办法	综合评分法、最低评标价法		综合评分法	根据符合采购需求、质量和服务相等且报价最低原则确定成交供应商		价格优先法或质量优先法（确定第一阶段入围供应商的评审方法）	综合评分法

续表

比较因素	采购方式							
	公开招标	邀请招标	竞争性磋商	竞争性谈判	询价采购	单一来源采购	框架协议采购	合作创新采购
确定中标（成交）供应商并发布结果公告	采购代理机构应当在评审结束后2个工作日内将评审报告送采购人。采购人应当自收到评审报告之日起5个工作日内按顺序确定中标（成交）供应商或者采购代理机构应当自中标（成交）供应商确定之日起2个工作日内，在省级以上财政部门指定的媒体上公告中标（成交）结果					—	封闭式框架协议采购同公开招标；以二次竞价或者发布轮候方式确定成交供应商的，采购人应当在确定成交供应商后2个工作日内逐笔发布成交结果公告。征集结果协议有效期满后10个工作日内发布成交结果汇总公告。开放式框架协议采购征集人应当在审核通过后2个工作日内发布入围结果公告	采购人应当在确定首购产品后10个工作日内在省级以上人民政府财政部门指定的媒体上发布首购产品信息
中标（成交）公告期限	1个工作日							/

第四节 政府采购方式的变更

一、政府采购方式变更的情形

本节所称的政府采购方式变更，均是指达到公开招标数额标准的货物、服务采购项目，采购方式由公开招标变更为其他非招标方式的情形，分为以下两种：

（1）应当采用公开招标的项目，由于项目特点，需要变更为其他采购方式的。

（2）公开招标失败，需要变更为其他采购方式的。

我们称第一种情形为"采购活动开始前"的变更，称第二种情形为"公开招标失败后"的变更。

二、"采购活动开始前"的变更

《政府采购非招标采购方式管理办法》第四条规定，达到公开招标数额标准的货物、服务采购项目，拟采用非招标采购方式的，采购人应当在采购活动开始前，报经主管预算单位同意后，向设区的市、自治州以上人民政府财政部门申请批准。

《政府采购竞争性磋商采购方式管理暂行办法》规定，达到公开招标数额标准的货物、服务采购项目，拟采用竞争性磋商采购方式的，采购人应当在采购活动开始前，报经主管预算单位同意后，依法向设区的市、自治州以上人民政府财政部门申请批准。

综上所述，达到公开招标数额标准的货物、服务采购项目，拟采用竞争性谈判、单一来源采购、询价、竞争性磋商的，采购人在采购活动开始前，应依法报经主管预算单位同意后，向设区的市、自治州以上人民政府财政部门申请批准。

《政府采购非招标采购方式管理办法》第五条规定，在报财政部门申请时，采购人应当向财政部门提交以下材料并对材料的真实性负责：

（1）采购人名称、采购项目名称、项目概况等项目基本情况说明。

（2）项目预算金额、预算批复文件或者资金来源证明。

（3）拟申请采用的采购方式和理由。

三、"公开招标失败后"的变更

《政府采购货物和服务招标投标管理办法》第四十三条规定，公开招标数额标准以上的采购项目，投标截止后投标人不足3家或者通过资格审查或符合性审查的投标人不足3家的，除采购任务取消情形外，按照以下方式处理：

（1）招标文件存在不合理条款或者招标程序不符合规定的，采购人、采购代理机构改正后依法重新招标。

（2）招标文件没有不合理条款、招标程序符合规定，需要采用其他采购方式采购的，采购人应当依法报财政部门批准。

根据以上要求，公开招标失败后的采购方式变更需满足以下条件：

（1）投标截止后，投标人不足3家或者通过资格审查或符合性审查的投标人不足3家的客观事实存在。

（2）采购任务未取消。

（3）采购文件无不合理条款。

（4）招标程序符合规定。

（5）采购方式变更必须获得财政部门批准。

招标失败意味着投标截止后投标人不足3家或者通过资格审查或符合性审查的投标人不足3家，那么就存在投标人或合格标的为"2家投标人""1家投标人""没有投标人或没有合格标的"这三种情形，下面我们逐一分析。

1. "2家投标人""没有投标人或没有合格标的"的情形

对此，《政府采购非招标采购方式管理办法》在竞争性谈判方式中进行了规定。

第二十七条第一款第一项情形：招标后没有供应商投标或者没有合格标的，或者重新招标未能成立的。

第二十七条第二款情形：公开招标的货物、服务采购项目，招标过程中提交投标文件或者经评审实质性响应招标文件要求的供应商只有2家时，采购人、采购代理机构按照本办法第四条经本级财政部门批准后可以与该2家供应商进行竞争性谈判采购，采购人、采购代理机构应当根据招标文件中的采购需求编制谈判文件，成立谈判小组，由谈判小组对谈判文件进行确认。

根据以上规定，公开招标的货物、服务采购项目，没有供应商投标或者没有合格标的，或者重新招标未能成立的，或者招标过程中提交投标文件或者经评审实质性响应招标文件要求的供应商只有2家的，都可以申请变更为竞争性谈判采购方式。

申请采用竞争性谈判采购方式时，除提交《政府采购非招标采购方式管理办法》第五条规定的材料外，还应当提交下列申请材料：

（1）在省级以上财政部门指定的媒体上发布招标公告的证明材料。

（2）采购人、采购代理机构出具的对招标文件和招标过程是否有供应商质疑及质疑处理情况的说明。

（3）评标委员会或者3名以上评审专家出具的招标文件没有不合理条款的论证意见。

2. "1家投标人"的情形

上文"2家投标人"的情形可申请变更为竞争性谈判采购方式,而"1家投标人"的情形,不能直接申请变更为单一来源采购方式,而是要判断项目是否属于《政府采购法》第三十一条第一项情形"只能从唯一供应商处采购的"情形。如果属于,采购人、采购代理机构在报财政部门批准之前,还应当在省级以上财政部门指定媒体上公示,并将公示情况一并报财政部门。公示期不得少于5个工作日,公示内容应当包括:

(1)采购人、采购项目名称和内容。

(2)拟采购的货物或者服务的说明。

(3)采用单一来源采购方式的原因及相关说明。

(4)拟定的唯一供应商名称、地址。

(5)专业人员对相关供应商因专利、专有技术等原因具有唯一性的具体论证意见,以及专业人员的姓名、工作单位和职称。

(6)公示的期限。

(7)采购人、采购代理机构、财政部门的联系地址、联系人和联系电话。

综上所述,达到公开招标数额标准的货物、服务采购项目,"公开招标失败后",采购人可以根据实际情况,按照《政府采购非招标采购方式管理办法》的相关规定,依法申请由公开招标变更为竞争性谈判或单一来源采购。

下面以湖北省相关规定为例进行介绍。

湖北省财政厅于2017年6月30日发布《关于进一步加强政府采购方式变更管理有关事项的通知》(鄂财函〔2017〕215号)。该通知就进一步加强政府采购的方式变更管理有关事项做出了以下规定。

一是依法明确采购方式变更情形及申请变更主体。达到公开招标数额标准的货物、服务项目,因特殊情况需要采用公开招标以外的采购方式的,且符合法定的变更采购方式情形的,采购人报经主管预算单位(主管预算单位是指负有编制部门预算职责,向同级财政部门申报预算的国家机关、事业单位和团体组织)同意后,依照《政府采购法》的规定向财政部门提出变更申请。采购方式变更分为两种情形,即采购活动开始前和公开招标失败后。公开招标以外的采购方式包括:邀请招标、竞争性谈判、竞争性磋商、单一来源采购、询价以及财政部认定的其他采购方式。未达到公开招标数额的货物、服务项目,由采购人依法自行确定采购方式,无需报财政部门批准。

二是依法规范采购方式变更申请。采购活动开始前和公开招标失败后,采购人申请采购方式变更的,报经主管预算单位同意后,依法向财政部门提出申请,并提交申请报告和相关附件资料。

三是依法公示采购方式变更前的相关信息。这包括公示的情形、公示的内容及期限和对公示异议的处理。

四是明确相关责任及工作要求。采购人是政府采购方式变更申请的主体，依法承担主体责任。采购人申请方式变更应当向财政部门提交合规、明确、完整的申请材料，并对其合规性、真实性负责。达到公开招标数额标准，采购人未经批准，擅自采用公开招标以外采购方式的，属违法行为；主管预算单位应当按照政府采购内部控制制度建设的要求，对所属单位实行内部归口管理，加强对所属单位的采购执行管理，强化政府采购政策落实的指导；采购代理机构应当依法按照采购人的委托，代理采购项目的具体实施活动，配合采购人提供变更采购方式所需的相关材料，并依法按照批准的采购方式开展采购活动；财政部门按照政府采购法律法规及相关制度的规定，对采购人提交的变更采购方式申请材料进行符合性审核，审核符合法定情形规定的，依法批准采购人的政府采购方式申请，并负责对政府采购方式的执行进行监督检查。

第五节 政府采购电子化

一、政府采购电子化的定义

政府采购电子化是指将信息技术和基础设施在线应用于政府采购的管理、实施、评估以及报告各个阶段。

政府采购电子化建设应当包括三个层面的内容：一是政府采购交易和管理信息系统的开发和应用，这是电子化建设的基础；二是政府采购信息资源的利用和共享，这是电子化建设的重点和关键；三是政府采购业务的规范化和系统的易用性，这是信息化建设的重要支撑。因此，政府采购电子化建设不仅包括网上采购交易和监管等相关业务管理系统的开发、建设和运维管理，还应当包括对大量政府采购信息资源的开发和利用、政府采购业务和流程的标准化和电子化改造，以及电子采购相关法规制度建设和信息化人才培养等内容。

可见，政府采购电子化不局限于电子信息替代纸质信息，或者技术手段的使用。事实上，政府采购电子化不仅仅是政府采购制度改革的重要推动力，同时其自身已经成为当今政府采购制度变革中的最核心内容之一。

二、发展政府采购电子化的意义

政府采购电子化不仅是时代发展的必然要求和趋势，同时也具有传统方式政府采购所不具备的优势。

1. 提升采购效率

电子化采购系统通过自动化和标准化的流程，减少了重复性、机械性的文件编制工作和节省了人为操作时间，简化了采购过程，有效地提高了采购的实施效率和管理效率。

2. 增加透明度与公正性

电子化采购系统通过互联网技术，将采购信息和采购过程在线公开，所有参与者都能平等获得信息，增加了信息透明度。同时，电子化采购一定程度上实现了"网上全公开、网下无交易"、全程留痕、全程可追溯，社会各方线上线下全程参与监督，有效避免了"暗箱"操作，确保公平竞争。

3. 增强合规性与规范性

电子化采购程序严格按照法律法规设计，确保了所有步骤的合规性。同时通过标准化的采购流程和规范，提高了采购的规范性；此外，系统内置的监控功能可以及时发现和纠正不合规行为，降低合规风险。

4. 提高便利性与参与度

电子化采购系统彻底打破了时间和空间的限制，允许供应商随时随地查看和响应采购信息，自由参与政府采购活动，提高了便利性和市场参与度。

5. 提升采购经济效益

电子化采购打破了地域限制，引入了更多的竞争者，促进了价格和服务的优化。同时，电子化采购消除了对纸质文件的依赖，降低了文件制作、分发、存储和检索的成本。此外，线上投标平台的搭建，让供应商免去了舟车劳顿之苦，节省了差旅与住宿的开销，进一步降低了交易成本，提升了整体的经济效益。

6. 促进科学决策

电子化系统能够吸纳并整理来自各个维度的采购信息，包括但不限于历史成交记录、供应商评价、市场动态等，通过对这些数据的深入挖掘与分析，可以制定出更加精准的采购策略。

三、政府采购电子化的发展历程

从制度构建的维度来看，电子化采购并未首先出现在政府采购领域，而是发生在招标投标领域。

在 2011 年 12 月 20 日公布的《中华人民共和国招标投标法实施条例》中，其第五条第二款首次在国家立法层面提出"鼓励利用信息网络进行电子招标投标"。

2013 年 2 月 4 日，国家发改委等八部委联合发布了《电子招标投标办法》，对电子化招标投标的平台搭建、招标投标及开标流程、信息共享与公共服务、监督管理等方面作出了系统化的规定。

当然，政府采购电子化的制度构建也紧随其后。2013 年，财政部制定并发布了《全国政府采购管理交易系统建设总体规划》及《政府采购业务基础数据规范》，虽然这两个规范不属于法律法规，但也在中央层面系统提出了建设电子化的政府采购网络交易系统的目标和具体实施步骤。

2015 年 1 月 30 日颁布的《政府采购法实施条例》第十条明确规定，"国家实行统一的政府采购电子交易平台建设标准，推动利用信息网络进行电子化政府采购活动"，将政府采购电子化的观点提升到国家立法层面。

2017 年 7 月，财政部颁布的《政府采购货物和服务招标投标管理办法》第八十三条进一步明确，"政府采购货物服务电子招标投标等有关特殊事宜，由财政部另行规定"。

2019 年 7 月，财政部发布了《关于促进政府采购公平竞争优化营商环境的通知》，其中明确提出要加快推进电子化政府采购，实施"互联网＋政府采购"行动。

2022 年 3 月，《政府采购框架协议采购方式管理暂行办法》（财政部令第 110 号）明确框架协议采购应当实行电子化采购。

2023 年 12 月，财政部发布了《关于进一步提高政府采购透明度和采购效率相关事项的通知》，明确除涉密政府采购项目外，具备电子化实施条件的部门和地区，应当推进政府采购项目全流程电子化交易。省级财政部门可以按照统一规范和技术标准组织建设本地区政府采购全流程电子化平台。

近十年来，经过各级各部门的努力，政府采购电子化取得丰硕成果。政府采购交易平台建设快速推进，电子化评标、电子卖场基本普及，供应商一地注册各地参与采购活动、评审专家实行电子评标及跨区域评标、相关执行交易信息与监督管理平台实时联动、政府采购业务全流程电子化管理已基本实现。

四、政府采购电子化的发展趋势

随着数字政府和数字财政理念的深化，以及政府采购数据的深度挖掘与开发利用，政府采购正迈入一个全新的时代，朝着更加数字化、法治化与智慧化的方向演进。

数字化是指政府采购的每一个环节都将实现电子化，包括需求、招标、投标、评标、合同签订、执行、支付、审计等环节，形成一条完整、清晰的数据链。同时，通过标准化的数据接口，实现政府采购数据在不同系统间的无缝对接，促进信息的自由流动与高效利用。

法治化是指随着政府采购电子化的快速发展，现有的法律法规体系需要与时俱进，让电子化政府采购的所有活动能够做到"有法可依、依法设定、依法进行、违法必究"，确保政府采购全流程电子化法治秩序。

智慧化是指将以大数据、云计算、物联网为代表的信息技术充分应用到政府采购的各个环节，打通政府与企业、产业链的信息通道，实现自动匹配需求和供给、智能化监测与预警、实时在线信用评估等各种应用场景的智慧化。

总之，未来的政府采购将是一个高度数字化、法治化与智能化的生态系统，它不仅会进一步提升采购效率与透明度，更会促进公平竞争，优化营商环境，展现出数字时代下政府采购的无限可能。

下面将以湖北省为例介绍政府电子化采购的探索与实践。

自2024年5月1日起，湖北省省直预算单位已实现通过"湖北省政府采购电子交易数据汇聚平台"（以下简称"数据汇聚平台"，网址为 https://czt.hubei.gov.cn/zchj）实施政府采购项目。6种采购方式的政府采购项目（公开招标、单一来源、竞争性谈判、竞争性磋商、询价、邀请招标）从财政预算一体化平台完成计划备案后，推送到"数据汇聚平台"。采购人通过"数据汇聚平台"委托采购代理机构、签订委托协议、确认采购文件、确认成交结果、在线与供应商签订采购合同、完成采购合同备案，实现政府采购项目从预算到支付的全链条数据闭环。

对于分散采购项目，采购代理机构可以自行选择已接入"数据汇聚平台"的政府采购交易系统实施项目的采购流程，如湖北省招标股份有限公司自主开发政府采购电子交易"数智云采云采购平台"已接入"数据汇聚平台"，委托湖北省招标股份有限公司的政府采购项目，即可在"数智云采云采购平台"完成项目采购流程。

对于集中采购目录以内的项目，按照《湖北省直机关政府集中采购目录实施方案（2025年版）》确定的执行方式，在湖北省政府采购网上商城（https://wssc.hubeigp.gov.cn）或作为单独项目委托湖北省政府采购中心采购。

（一）数据汇聚平台

1. 汇聚平台简介

1）汇聚平台的建设目标

2023年9月22日，湖北省财政厅发布了《湖北省政府采购电子交易数据汇聚平台数字化标准规范体系》，对数字化交易文件、数据接口、系统建设规范等作出统一规定。基于《数字化标准规范体系》建设"湖北省政府采购数据汇聚平台"，湖北省内各政府采购交易系统按照标准规范进行改造后接入，做到标准统一，数据互通，进一步形成高效规范、公平竞争、充分开放的政府采购市场。实现供应商、采购代理机构一个账号、一个CA证书就能参与全省的政府采购，进一步优化营商环境。通过深度的数字化将各种信息进一步共享共通形成政府采购数据仓库，进一步挖掘和应用政府采购数据价值，为政府采购提供决策依据，实现政府采购数字治理的目标。

2）汇聚平台的主要建设内容

湖北省政府采购数据汇聚平台的主要建设内容是"一网两化三通"。

"一网"是指实现全省政府采购"一张网"，实现集中采购和分散采购全部线上交易，打破信息孤岛，实现交易系统纵向互联，横向互通。

"两化"是指采购数字化和操作远程化。采购数字化，主要实现采购文件数字化、响应文件数字化、评审报告数字化，让计算机对交易文件数据可读、可对比、可分析。操作远程化，主要实现供应商远程获取采购文件，供应商远程投标、远程开标；供应商远程参与澄清答疑、磋商、谈判、二次报价；专家远程异地评审；监督部门通过视频远程监督评审过程等功能。

"三通"是指CA证书互通、交易文件互通、主体数据互通。CA证书互通，实现全省范围内，政府采购使用的CA证书，电子签章互认互通。交易文件互通，实现全省范围内，采购文件、响应文件标准统一，交易系统之间文件可互认互通，采购代理机构和供应商使用任意系统即可参与全省政府采购的目的。主体数据互通，实现全省范围内，采购人、供应商、代理机构等主体数据互通共用，实现供应商资质证照、业绩信息等信息由汇聚平台提供统一数据接口，全省通存通取，统一管理。

湖北省政府采购汇聚平台与其他平台的关系如图6-7所示。

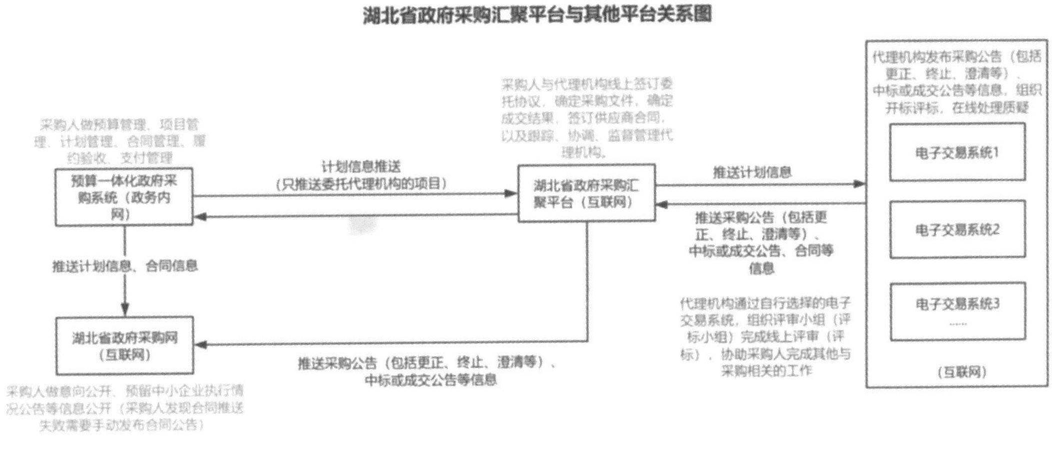

图6-7 湖北省政府采购汇聚平台与其他平台的关系

3）汇聚平台的功能介绍

通过网址https://czt.hubei.gov.cn/zchj/user进入或在中国湖北政府采购网（见图6-8）中点击链接进入湖北省政府采购电子交易数据汇聚平台，如图6-9所示。

图6-8 中国湖北政府采购网首页

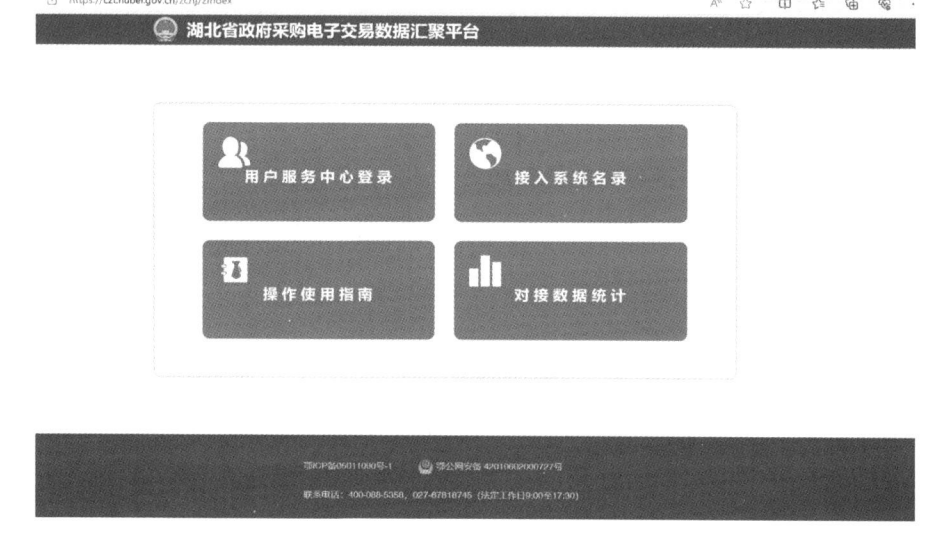

图6-9 湖北省政府采购电子交易数据汇聚平台

1）注册/登录

单位角色（采购人）、代理机构、供应商等市场主体使用汇聚平台时需先登录账号（见图6-10）。点击用户服务中心，如果代理机构、供应商已有账号，即可使用账号密码登录，如果代理机构、供应商未注册，则需先完成注册后再登录。单位角色（采购人）账号已根据财政区划码和采购单位预算号配置好，无需注册（见图6-11）。

另外，需注册汇聚平台的代理机构要先确保代理机构账号已经在湖北省政府采购网完成备案登记并且在湖北省政府采购网登记的公司名称和统一社会信用代码无误。

图 6-10 湖北省政府采购电子交易数据汇聚平台登录页面

图 6-11 用户注册主体信息填写页面

2）CA证书办理

用户登录后，需要办理支持汇聚平台的CA，点击"前往办理"即可查看支持汇聚平台的CA厂家，用户可选择其中一家CA进行办理，如图6-12所示。

用户收到CA锁后下载最新签章助手，安装完成后，在系统中绑定CA证书。详细操作可见系统内的操作指南。

图 6-12　办理 CA 证书

3）业务办理

采购人、代理机构、供应商等用户可以根据各自的角色在对应操作手册的指引下进行业务办理。如采购人可以在汇聚平台进行采购计划委托、委托协议签订、采购项目下发、采购文件确认、中标（成交）结果确认、合同签订、采购异常确认、项目询问记录、项目质疑处理等业务操作；代理机构可以在汇聚平台选择交易系统，组织项目采购活动；供应商可以在汇聚平台选择项目，获取采购文件、下载互认供应商客户端，参与项目采购活动。主要采购活动流程如图 6-13 所示。

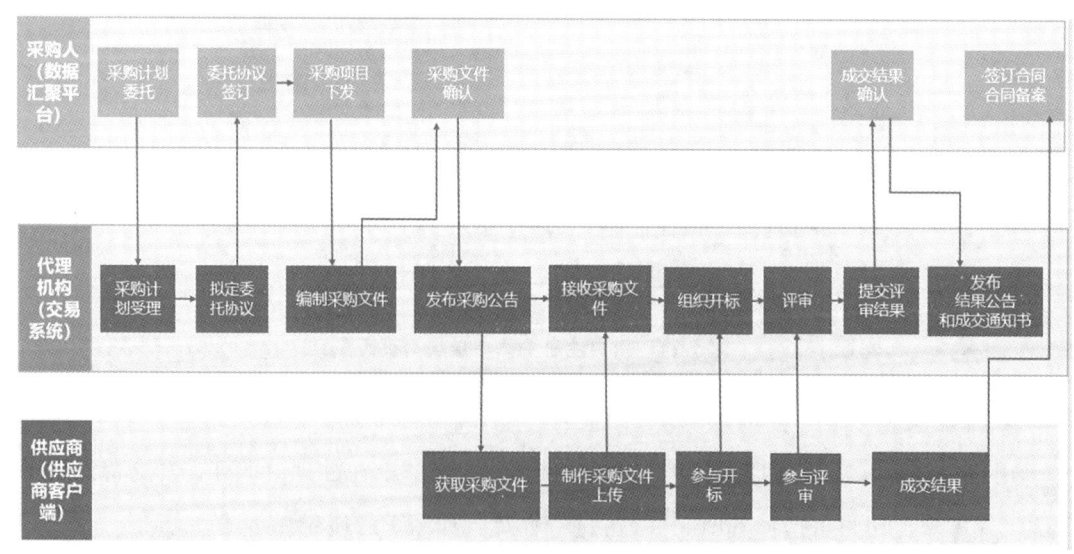

图 6-13　采购活动流程图

2.操作介绍

1）采购计划委托

自动从预算一体化系统中同步采购计划（见图6-14）。

点击"进入"，可以查看采购计划信息以及采购计划中已选择的采购代理机构（见图6-15）。

图6-14 "采购计划委托"菜单

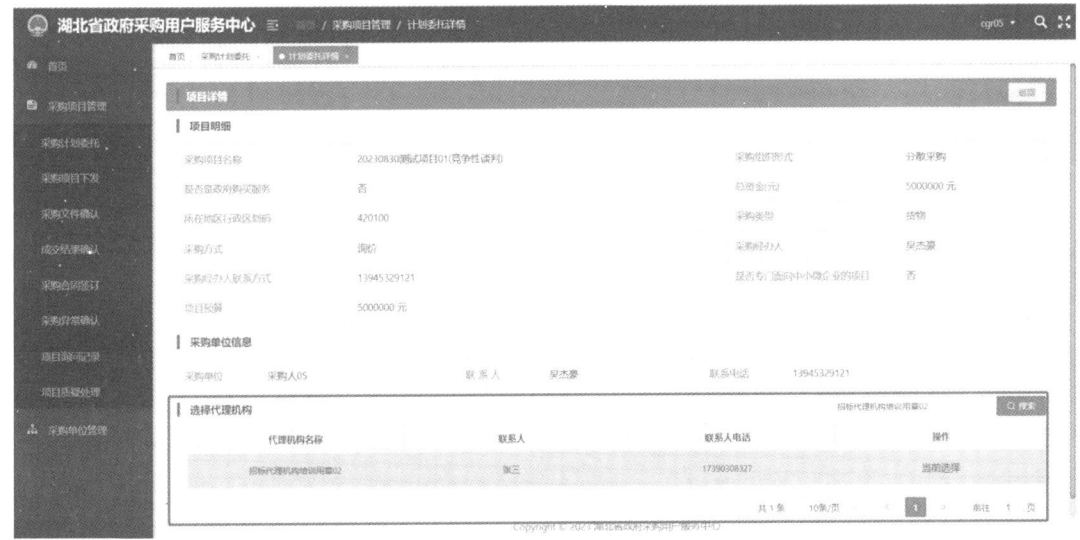

图6-15 查看采购计划信息

需要注意的是，只有采购代理机构在政府采购数据汇聚平台中选择了政府采购交易系统，才会出现在"选择代理机构"的列表中，并且才能向其推送采购计划。

选定采购代理机构之后，在列表中点击"确认提交"，即可将采购计划推送给采购代理机构选择的政府采购交易系统（见图6-16）。

图6-16 采购计划委托受理提交页面

采购计划提交之后，如果采购代理机构还未受理或者正在拟定委托代理协议，那么采购人可在"受理中"的列表中查看采购计划（见图6-17）。

图6-17 采购人在"受理中"的列表中查看采购计划

若采购代理机构不受理采购计划，那么可在"受理退回"列表中看到被退回的计划。若需要重新委托其他采购代理机构，那么可以在详情中重新选择采购代理机构，再在列表中点击"重新提交"（见图6-18）。

2）委托协议签订

采购代理机构受理采购计划后，会开始编制采购委托协议提交给采购人确认。采购人可在"委托协议确认"列表中查看采购委托协议（见图6-19）。

图 6-18 查看采购计划信息已选择的采购代理机构

图 6-19 采购人在"委托协议确认"列表中查看采购委托协议

点击"委托协议确认"列表即可查看政府采购委托代理协议，若有不妥，可以点击"退回"并填写清楚退回意见，让采购代理机构重新编制委托代理协议（见图6-20）。

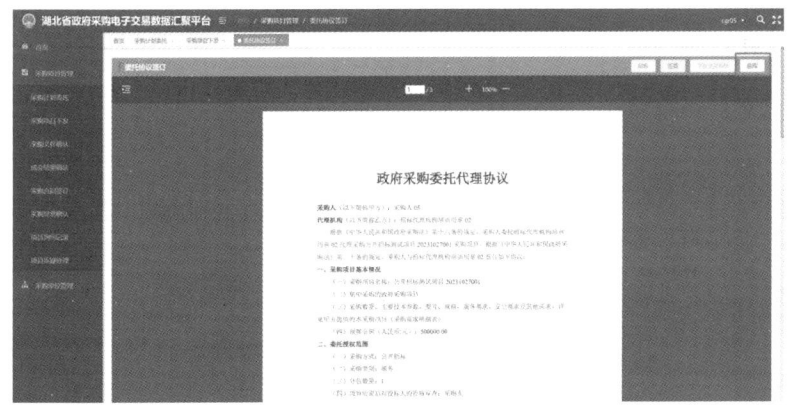

图 6-20 确认政府采购委托代理协议

若无异议，则点击"签章"，使用电子签章签署政府采购委托代理协议（见图6-21）。

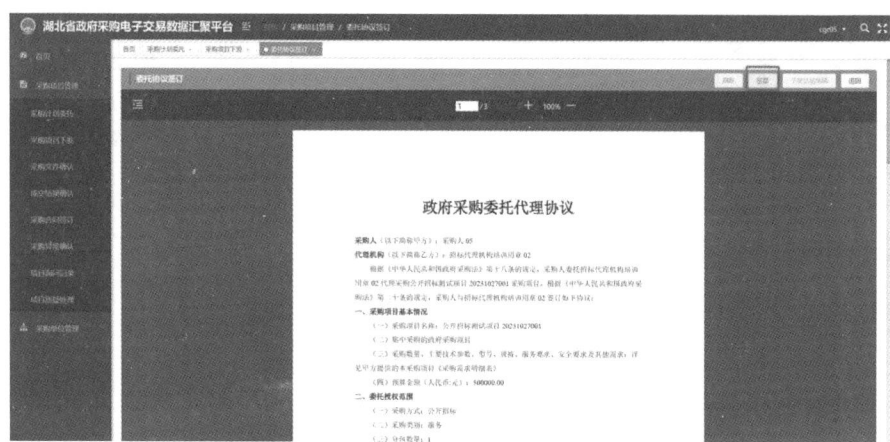

图6-21 使用电子签章签署政府采购委托代理协议

被退回的政府采购委托代理协议可在"已退回委托协议"列表中看到（见图6-22）。已签章的政府采购委托代理协议在采购代理机构加盖电子印章之后，可在"已委托"列表中查询双方已经签章的政府采购委托代理协议（见图6-23、图6-24）。

图6-22 在"已退回委托协议"列表中查看已退回的政府采购委托代理协议

图6-23 在"已委托"列表中查询双方已经签章的政府采购委托代理协议1

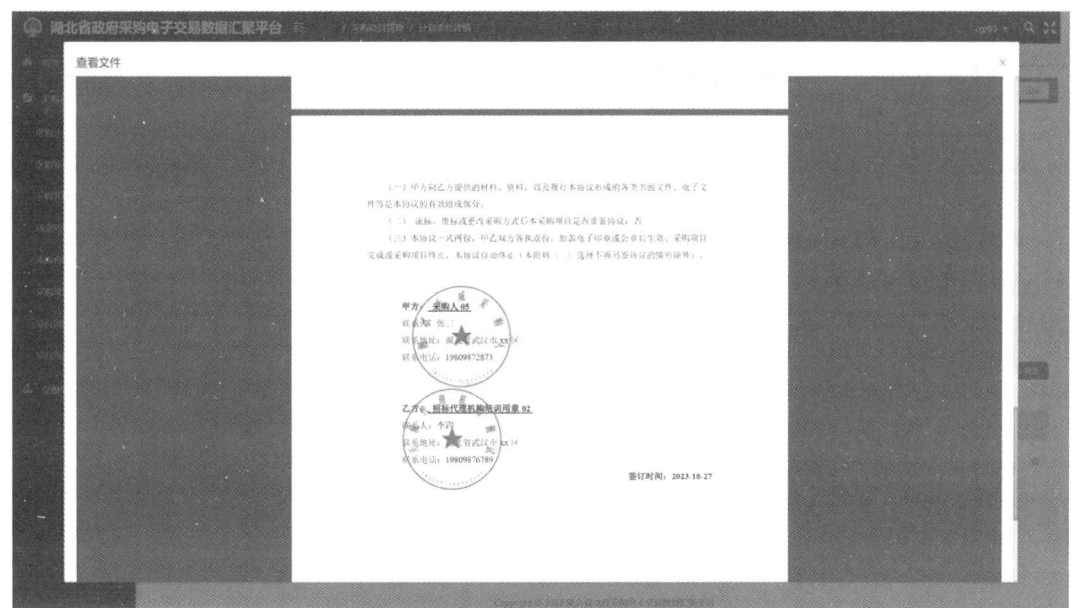

图6-24 在"已委托"列表中查询双方已经签章的政府采购委托代理协议2

3）采购项目下发

采购项目下发功能主要是由采购人完善项目的分包、采购清单、供应商资格要求和评分标准等信息，提交给采购代理机构，便于采购代理机构编制采购文件。

打开"计划"列表，点击对应计划的"项目列表"，点击"添加项目"添加采购计划对应的采购项目（见图6-25、图6-26）。

按照表单提示填写项目信息，点击保存后在"未下发"列表中点击"查看项目"（见图6-27）。

图6-25 "采购项目下发"菜单

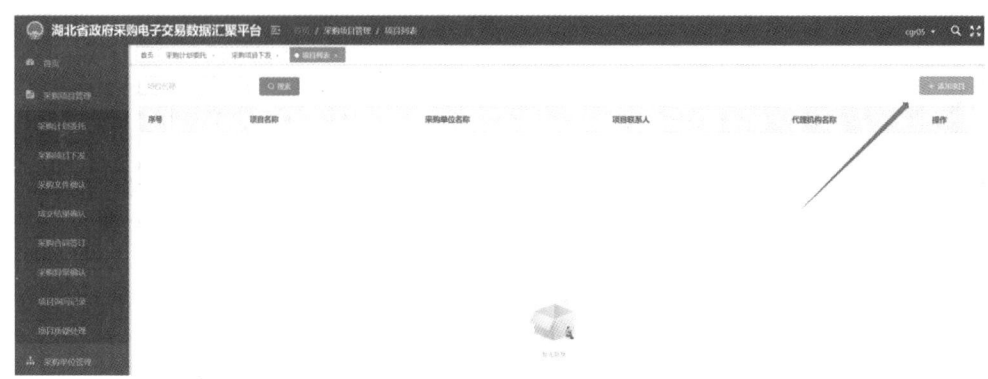

图6-26 添加采购计划对应的采购项目

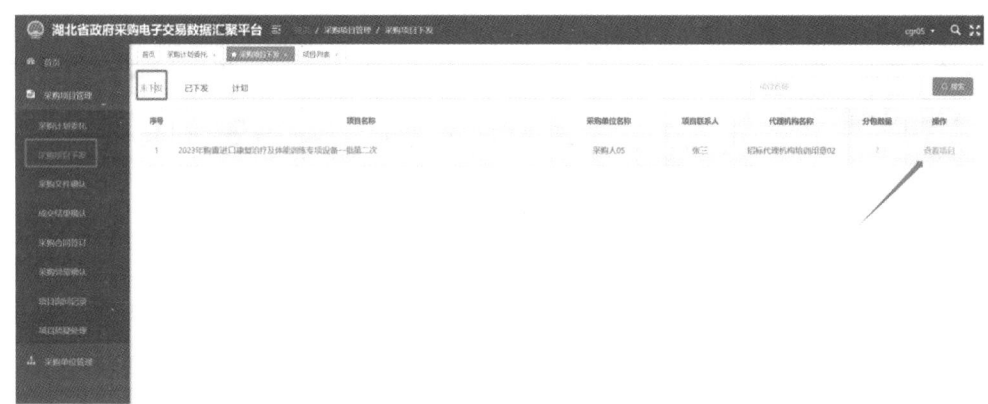

图6-27 在"未下发"列表中点击"查看项目"

点击"查看项目"后打开项目编辑界面，填写分包列表、清单信息、资格要求和评分标准等信息（见图6-28）。

图6-28 填写分包列表、清单信息、资格要求和评分标准等信息

检查无误后点击"项目下发"按钮完成项目下发。

已下发的项目可在"已下发"列表中找到（见图6-29）。

图6-29 在"已下发"列表中查找已下发的项目

4）采购文件确认

采购人可在"待确认"列表中确认采购代理机构编制完成的采购文件（见图6-30）。

图6-30 采购人在"待确认"列表中确认采购代理机构编制完成的采购文件

点击项目列表可以看到待确认文件的分包列表（多分包）。点击"文件确认"，可以看到待确认的采购文件（见图6-31）。

采购人若对采购文件有异议，则可点击"退回"按钮并填写意见退回。采购人若对采购文件无异议，则点击"签章"，使用电子签章签署采购文件后提交给采购代理机构（见图6-32）。

图 6-31　采购人确认采购文件

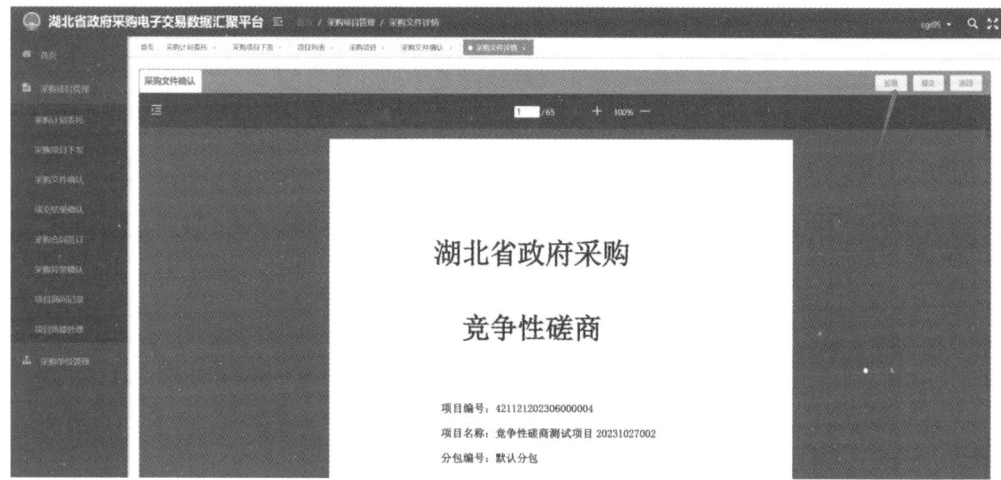

图 6-32　采购人使用电子签章签署采购文件后提交给采购代理机构

所有采购文件确认完后，可在"已确认"列表中查看（见图 6-33）。

图 6-33　在"已确认"列表中查看采购文件

5）成交结果确认

项目完成评审之后，由采购人确认成交结果项目的，采购代理机构提交评审结果之后，采购人可在"待确认"列表中看到需要确认的项目（见图6-34）。

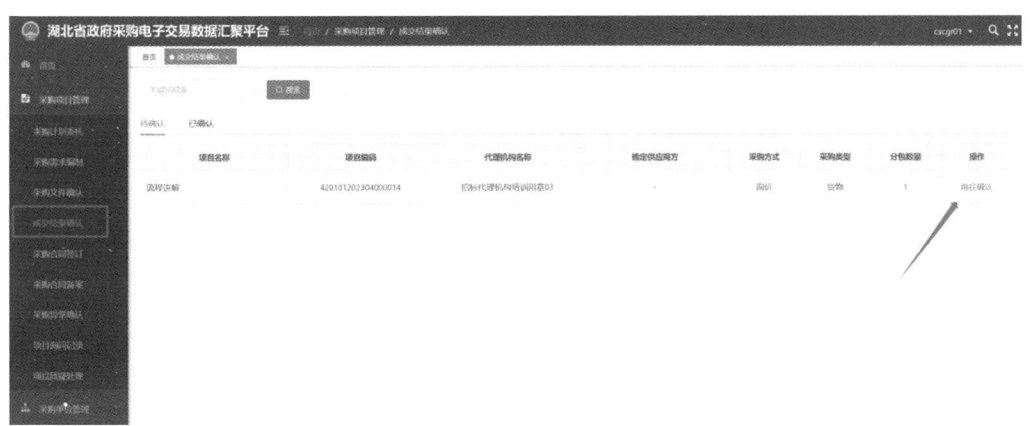

图6-34 采购人在"待确认"列表中看到需要确认的项目

点击"前往确认"，进入采购结果确认界面。点击"查看评审报告"，可以按照分包查看评审报告。采购人选择成交供应商，并写明选择的理由后保存，完成成交结果确认。

已确认成交结果的项目在"已确认"列表中可以查到。

6）采购合同签订

采购代理机构发布中标（成交）通知书和采购结果公告之后，采购人可在系统中编制采购合同。

在"待处理"列表中选择需要拟定合同的分包和供应商（见图6-35），进入合同拟定界面，填写合同信息并生成合同草稿（见图6-36）。合同草稿是Word版本的文件，采购人可以下载下来与供应商沟通完善。合同拟定之后上传到系统中，由系统转换为OFD文件之后再推送给供应商确认（见图6-37）。

图6-35 在"待处理"列表中选择需要拟定合同的分包和供应商

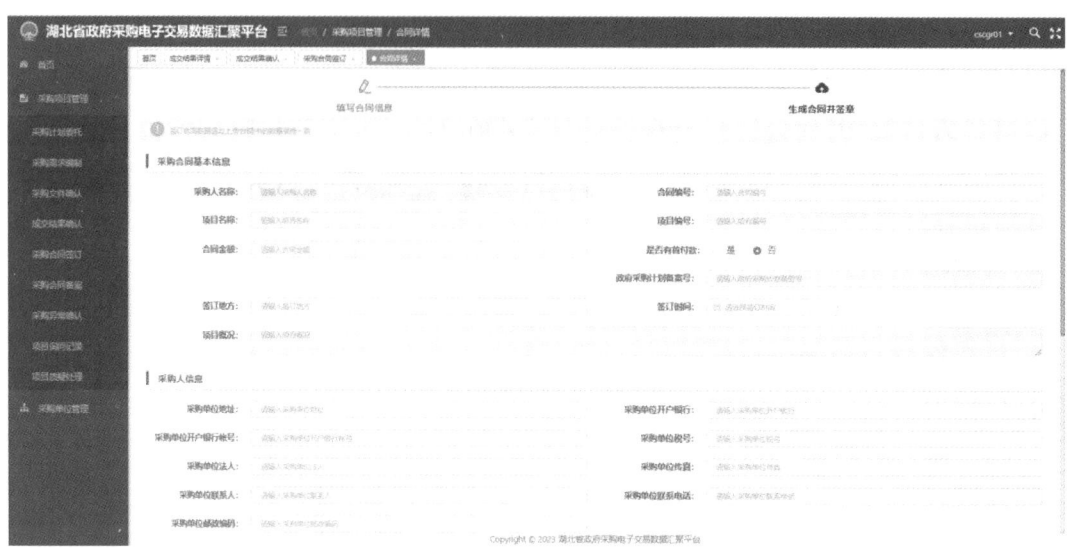

图6-36 填写合同信息

图6-37 上传合同

供应商认为有异议的会写明意见并退回采购人。若供应商无异议，则会签章并提交给采购人。采购人在供应商提交的合同上使用电子签章签署之后即完成合同签订。

7）采购异常确认

若项目评审过程中出现废标或流标情况，则需要采购人对项目后续的处理方式进行选择。

在"待确认"列表中点击项目（见图6-38），进入异常处理确认界面，点击"异常确认"，选择异常处理方式（见图6-39）。

图 6-38 "采购异常确认"页面

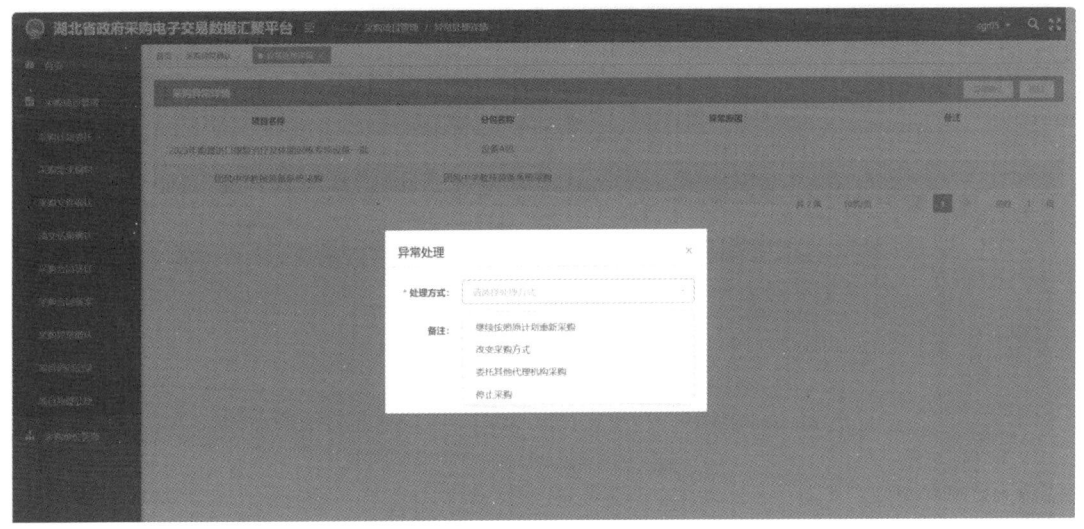

图 6-39 选择异常处理方式

处理方式包括继续按照原计划重新采购、改变采购方式、委托其他代理机构采购和停止采购等。

继续按照原计划重新采购的，按照之前签订委托协议的采购代理机构重新执行采购，系统会自动生成重新采购的项目。

选择委托其他代理机构采购的，采购方式不变，但需要重新向其他代理机构推送采购计划并签订委托协议之后再采购。

选择改变采购方式或停止采购的，采购人需自行在预算一体化系统中申请采购方式变更或撤销采购计划。

8）项目询问记录

供应商对项目有疑问的，可在线进行询问，采购人可在系统中查看询问及回复情况。

在"待回复"或"已回复"列表中，点击"询问详情"或"询问回复详细"按钮即可进入询问详情页面查看询问回复内容、询问函和询问回复函（见图6-40、图6-41）。

图6-40 "项目询问记录"页面

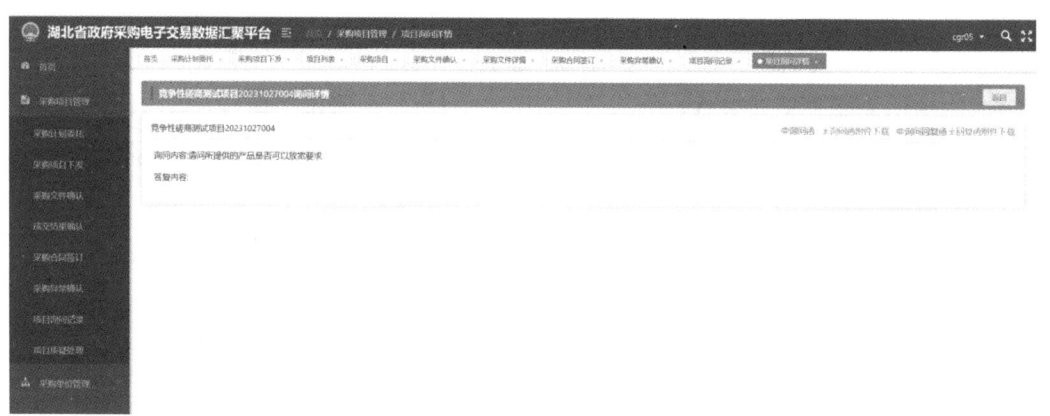

图6-41 进入"项目询问详情"页面查看询问回复内容、询问函和询问回复函

9）项目质疑处理

供应商对项目有异议的可在线进行质疑。质疑对象是采购人的，需要采购人对质疑进行受理。

若供应商提供的材料有差错的，需要一次性要求供应商进行补正。在"待受理"列表中点击"通知补正"，在"通知补正"列表中可看到待拟定通知补正的记录。

图 6-42　"项目质疑处理"页面

点击"拟定补正通知书"，进入补正通知书编辑界面，填写补正要求后点击"保存"将自动生成《质疑补正通知书》，点击"签章"按钮，使用电子签章对《质疑补正通知书》进行签署后再点击"提交"按钮推送给供应商（见图 6-43、图 6-44）。

图 6-43　"项目质疑处理"页面

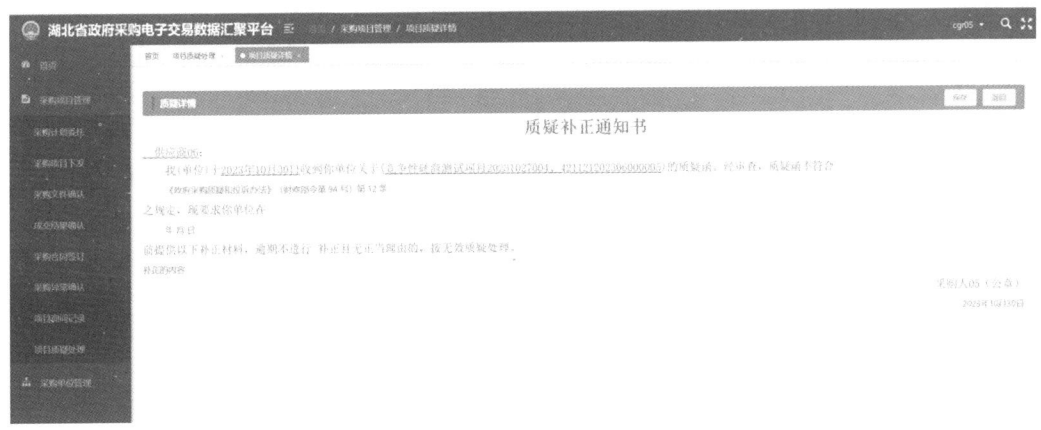

图 6-44　"项目质疑处理"页面

若供应商提供的材料有满足受理要求的，在"待受理"列表中点击"受理"，在"待回复"列表中可以看到待回复的记录。点击"前往回复"，进入质疑回复拟定界面。填写回复内容后点击"保存"，即可生成《质疑答复函》，点击"签章"按钮，使用电子签章对《质疑答复函》进行签署后再点击"提交"推送给供应商（见图6-45、图6-46）。

图6-45 在"待回复"列表中查看待回复的记录

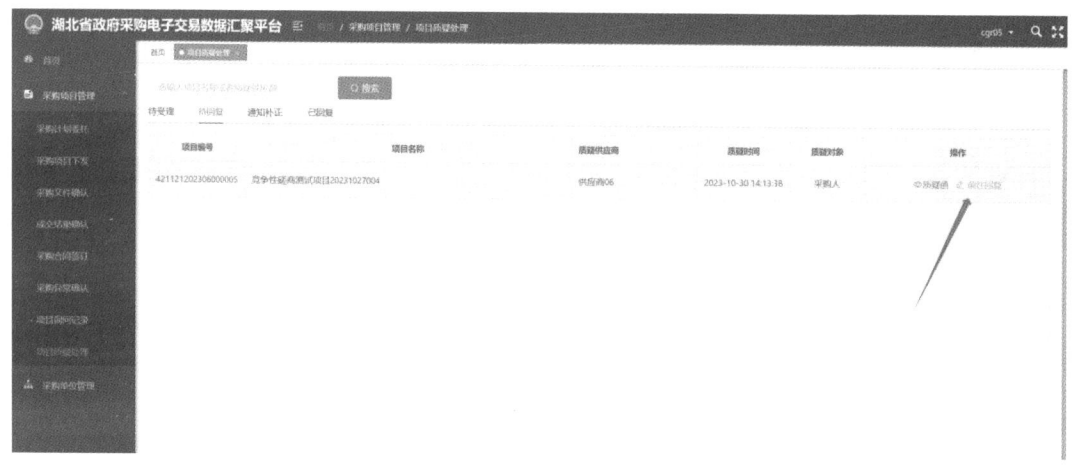

图6-46 质疑回复拟定界面

已完成回复的质疑，在"已回复"列表中可以查看。

（二）湖北省政府采购网上商城

2024年12月，湖北省公共资源交易中心（湖北省政府采购中心）印发《湖北省直机关政府集中采购目录实施方案（2025年版）》（鄂公采发〔2024〕9号），明确了省直机关政府集中采购目录内项目的采购限额标准及执行方式。

湖北省直机关政府集中采购目录实施方案（2025年版）

序号	采购内容	限额标准	执行方式
一	货物类		
1	复印机、投影仪（用于测量、测绘等专用投影仪除外）、多功能一体机、打印机（限于A3黑白打印机、A3彩色打印机、A4黑白打印机、A4彩色打印机）、液晶显示器、扫描仪、碎纸机、不间断电源（UPS）、复印纸	单项或批量采购金额100万元（含）以上的	委托湖北省公共资源交易中心（湖北省政府采购中心）作为单独项目采购
		单项或批量采购金额100万元以下的	网上商城
2	触控一体机、LED显示屏、空调机、家具	单项或批量采购金额100万元（含）以上的	委托湖北省公共资源交易中心（湖北省政府采购中心）作为单独项目采购
		单项或批量采购金额10万元（含）以上且100万元以下的	网上商城
3	服务器、台式计算机、便携式计算机、操作系统、数据库管理系统	单项或批量采购金额100万元（含）以上的	委托湖北省公共资源交易中心（湖北省政府采购中心）作为单独项目采购
		单项或批量采购金额100万元（含）以下的	网上商城
4	基础软件（操作系统和数据库管理系统除外）、应用软件（限于信息安全软件）	/	在中央国家机关政府采购中心正版软件网上实名注册后自行议价采购
5	乘用车（限于轿车、越野车、小型客车、中型客车、大型客车）	单项或批量采购金额400万元（含）以上的	委托湖北省公共资源交易中心（湖北省政府采购中心）作为单独项目采购
		单项或批量采购金额400万元以下的	网上商城

续表

序号	采购内容	限额标准	执行方式
6	用具(限于厨卫用具)	单项或批量采购金额10万元(含)以上的	委托湖北省公共资源交易中心(湖北省政府采购中心)作为单独项目采购
7	电梯(限于载人电梯、载货电梯、载人与载货两用电梯、消防电梯,不包括建设工程内的电梯)	/	委托湖北省公共资源交易中心(湖北省政府采购中心)作为单独项目采购
二	服务类		
1	财产保险服务(限于机动车保险服务)、物业管理服务、印刷服务、车辆维修和保养服务、车辆加油服务	单项或批量采购金额200万元(含)以上的	委托湖北省公共资源交易中心(湖北省政府采购中心)作为单独项目采购
		单项或批量采购金额10万元(含)以上且200万元以下的	网上商城
2	信息化工程监理服务、测试评估认证服务、运行维护服务、信息技术咨询服务、网络接入服务	单项或批量采购200万元(含)以上的	委托湖北省公共资源交易中心(湖北省政府采购中心)作为单独项目采购
		单项或批量采购金额40万元(含)以上且200万元以下的	网上商城
3	软件开发服务、信息系统集成实施服务	单项或批量采购金额40万元(含)以上的	委托湖北省公共资源交易中心(湖北省政府采购中心)作为单独项目采购
4	云计算服务	单项或批量采购金额40万元(含)以上的	按照《省经信委 省财政厅印发〈关于政府购买楚天云服务的实施方案〉的通知》(鄂经信电子政务〔2017〕83号)执行

1)商城登录

在浏览器中输入https://wssc.hubeigp.gov.cn/upgrade/home?site_id=420000进入湖北省政府采购网上商城(见图6-47)。

图 6-47　湖北省政府采购网上商城页面

2）采购计划

（1）计划同步。

采购计划申报成功后，最长 2 小时可推送至网上商城（且只有不涉密的电子卖场计划才会推送）。

（2）计划使用。

一个计划可多次重复采购，每次采购时需从上次剩余金额中划定一定金额作为本次采购的预算金额，成交后核减本次成交金额即为本次采购后的剩余金额。

当剩余金额少于计划总金额的 5% 时，系统自动将该计划状态变成"已完成"，该计划将无法继续采购。如果计划不需要再采购，可直接点击"完成计划"，状态将变成"已完成"。当一个计划状态为"已完成"且想继续使用剩余金额采购时，点击"继续采购"，计划可以继续采购。

（3）计划回退。

未采购的计划可以点击"取消"按钮，即可退回至计划申报系统。

已采购的计划需先将使用了该计划的所有订单进行终止，才能操作计划回退。

3）采购订单

采购人根据采购的商品、服务内容，选择相应的采购功能模块及采购方式。

（1）框采货物。

①直接选定。选择商品，直接购买，成交供应商为加入购物车时选择的供应商，成交价格为该供应商展示的报价。

直接选定规则：采购人在框采购物车中确定商品，供应商下单，成交单价为下单时该供应商在商城展示的价格。供应商若接受该订单,则订单完成;供应商若拒绝该订单,则订单终止(见图6-48)。

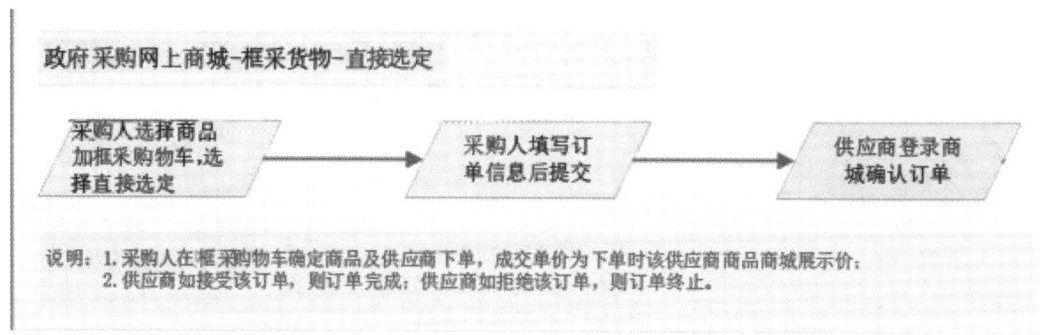

图6-48　直接选定规则

直接选定流程:选择商品加入框采购物车。

步骤一:在湖北省政府采购网上商城首页通过"全部商品分类"浏览商品(见图6-49)。

图6-49　通过"全部商品分类"浏览商品

步骤二:进入品目商品展示,通过选择品牌和模糊查找等方式找到需要采购的商品(见图6-50)。

图 6-50　选择要采购的商品

步骤三：找到要采购的商品后点击"去购买"或商品图片，进入商品详情页面（见图 6-51）。

图 6-51　进入商品详情页面

步骤四：商品详情页面会展示商品详情、商品参数、成交记录、经销商信息等。选择好供应商后点击加入购物车（见图 6-52）。

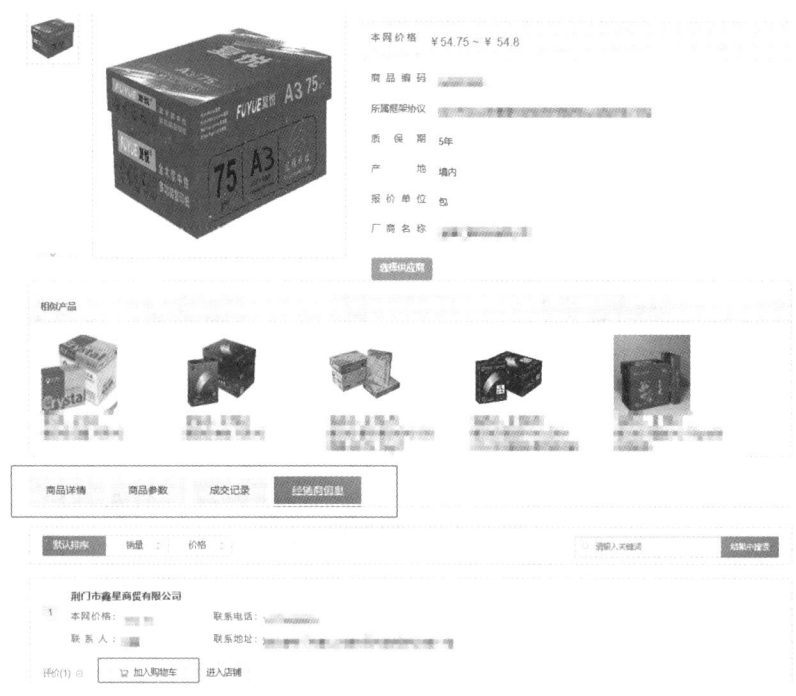

图6-52　选择供应商

步骤五：在框采购物车中发起订单（见图6-53）。

图6-53　在框采购物车中发起订单

②选择采购方式。在框采购物车中选择需要直接选定的商品，点击"直接选定"（见图6-54）。

图6-54　在框采购物车中选择需要直接选定的商品

注：若在同一包号下有多个商品要购买，则需在同一供应商的店铺中选择，"直接选定"时不能选择不同供应商的商品同时下单（见图6-55）。

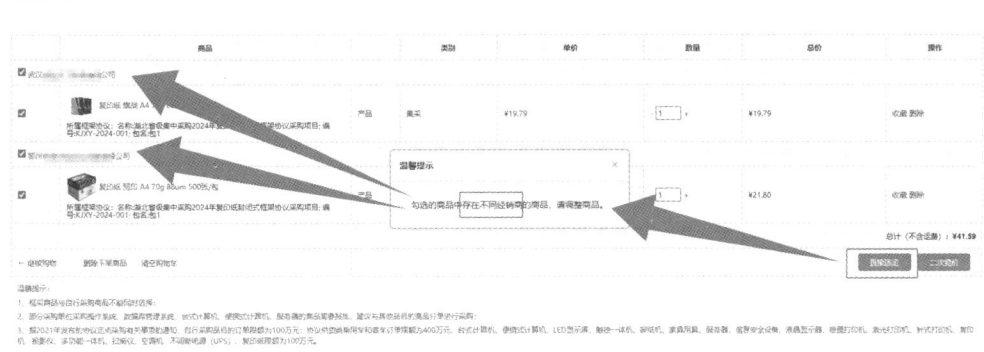

图 6-55 "直接选定"不能选择不同供应商的商品

③填写订单信息。

步骤一：选择是否需要采购计划（见图 6-56）。

有计划：是指采购人已经在财政部门进行过计划备案，且是非涉密的电子卖场计划，选择此方式后，下单需要关联录入的计划。

无计划：是指采购人在商城采购时不需要关联计划。

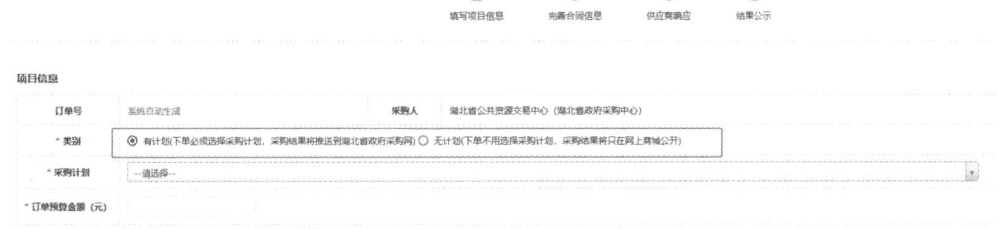

图 6-56 选择是否需要采购计划

步骤二：填写收货地址和发票信息（见图 6-57）。常用的收货地址和发票信息填写一次后，将存入系统以后可以重复调用。填写收货日期，点击"下一步"按钮。

图 6-57 填写收货地址和发票信息

步骤三：确定合同条款等信息（见图6-58）。系统默认有部分合同条款供采购人参考，采购单位可以按照需要对合同条款进行修改和完善。

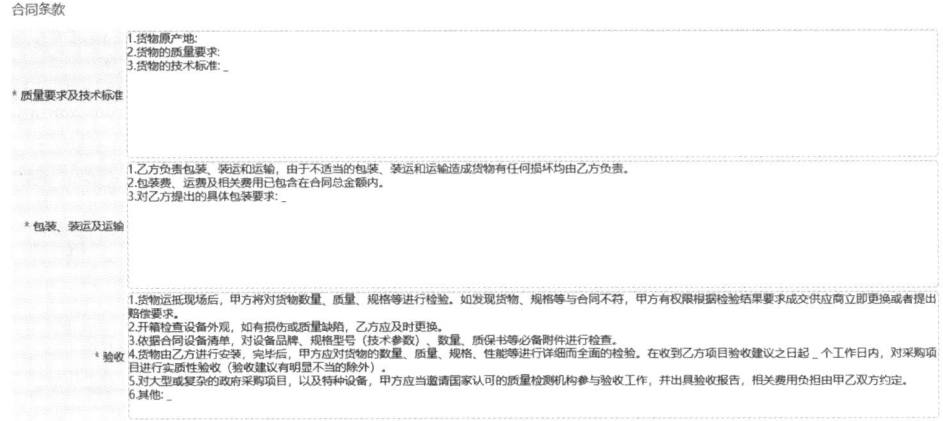

图6-58　确定合同条款等信息

步骤四：订单信息填写完成后，点击"提交"按钮，完成下单（提交后系统将自动生成合同，合同内容将无法修改）。若点击"暂存"按钮，则可以将订单进行保存。在未点击"确认无误，提交"按钮前，订单不会发出（见图6-59）。

图6-59　自动生成合同信息

④供应商确认订单。采购人订单提交后，供应商登录商城确认订单。

⑤订单完成。供应商确认接受订单后，订单完成，采购人登录商城，在"后台管理"→"订单管理"→"框采货物订单"中可以找到此订单，订单状态变成"已完成"。采购人可以对该订单执行"查看""合同下载""验收单下载"或"申请终止"等操作（见图6-60）。

货物类框采订单

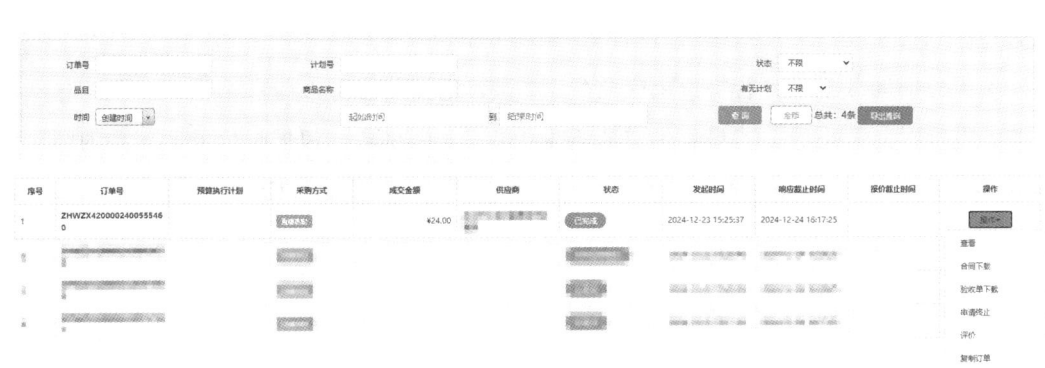

图 6-60 执行"查看""合同下载""验收单下载"或"申请终止"等操作

订单完成后，采购人可对成交供应商的送货速度、服务等内容进行评价（见图 6-61）。

图 6-61 采购人对成交供应商的送货速度、服务等内容进行评价

（2）二次竞价。

采购人认为已上架商品的价格仍有优惠空间时，可选择二次竞价。手动选择至少2家有对该商品进行报价的供应商参与订单报价（若不选，则默认所有对该商品报价的供应商均可参与订单报价），响应时间自行设置（不低于24小时），价低成交（选择非最低价成交需说明理由）。

①二次竞价规则（见图6-62）。

a.二次竞价发起后，报价时间截止前，所有被邀请的供应商均可参与报价或对报价进行修改；

b.报价时间截止后，若报价供应商少于2家，则订单终止；

c.报价时间截止后，若报价供应商不少于2家，则供应商根据报价由低到高的顺序进行排序，采购人按照满足采购需求且报价最低的原则确定成交供应商。若选择非最低价供应商，则需逐一说明理由；

d.供应商报价不得超过下单时商品展示价。

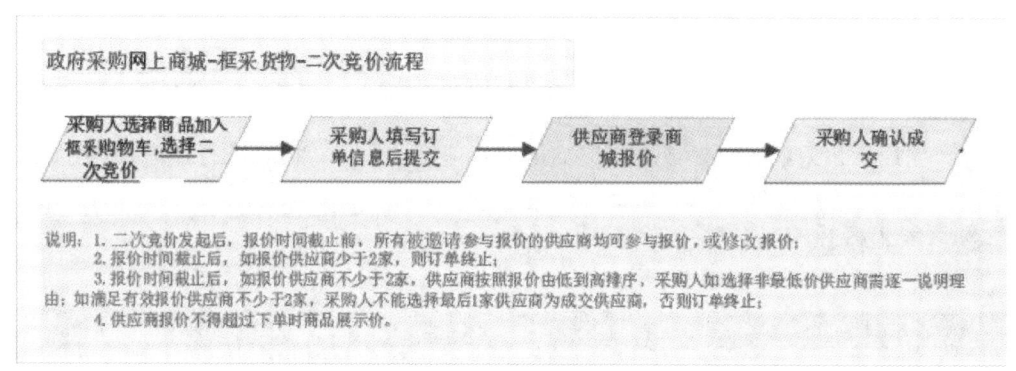

图6-62 二次竞价规则

②二次竞价流程（见图6-63）。

步骤一：将选择好的商品加入框采购物车中。

步骤二：选择商品的流程同直接选定方式的流程一致。

步骤三：在框采购物车中选择需要采购的商品，点击"二次竞价"进入订单编辑界面。

图6-63 二次竞价流程

注：框架协议采购区的商品和自行采购区的商品不能同时下单，不同框架协议下的商品也不能同时下单（见图6-64）。

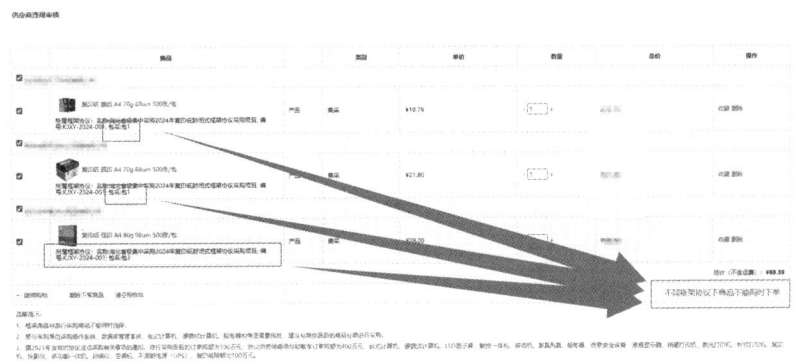

图 6-64 不同框架协议下的商品不能同时下单

③填写项目信息。

步骤一：填写项目信息，包含是否选择采购计划、收货地址、发票信息等（见图 6-65）。常用的收货地址和发票信息填写一次后存入系统可以重复调用。

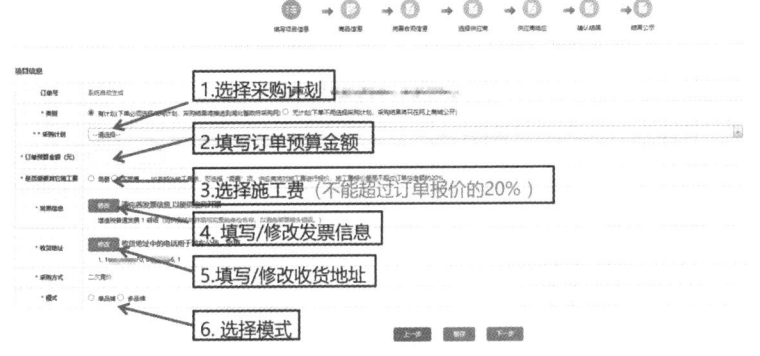

图 6-65 填写项目信息

单品牌二次竞价面向该商品下有对商品报价的供应商（见图 6-66、图 6-67）。

图 6-66 单品牌二次竞价

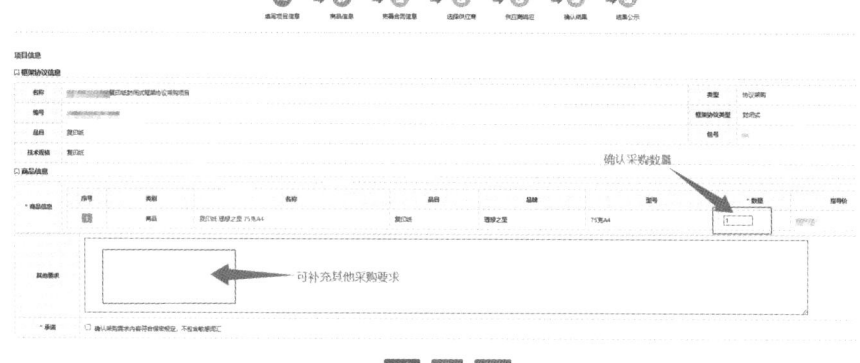

图 6-67　单品牌二次竞价面向该商品下有对商品报价的供应商

多品牌二次竞价面向该包下有对商品报价的供应商（见图 6-68、图 6-69）。

图 6-68　多品牌二次竞价

图 6-69　多品牌二次竞价面向该包下有对商品报价的供应商

　　步骤二：确定合同条款等信息（见图 6-70）。系统默认有部分合同条款供采购人参考，采购人可以按照需要对合同条款进行修改和完善。

图 6-70 确定合同条款等信息

步骤三：项目信息填写完成后，点击【提交】按钮，完成下单（见图6-71）；若点击【暂存】按钮，可以将项目进行保存。在未点击【提交】按钮前，项目不会发出。

图 6-71 确认项目信息

步骤四：填写响应订单时间及收货日期，发起二次竞价至二次竞价截止时间不能小于24小时，且收货日期应在二次竞价截止日期之后（见图6-72）。确认无误后点击【提交】按钮发起二次竞价订单。

图 6-72 填写响应订单时间及收货日期

注：报价截止时间不能小于24小时，订单提交后，在报价截止时间前，供应商报价信息均保密；若报价供应商少于2家，则无法下单。

④供应商报价（见图6-73）。

供应商登录网上商城按照采购人需求填报价格。

图6-73 供应商报价

⑤确认结果（见图6-74）。

当等二次竞价订单到报价截止时间时，采购人再登录网上商城确认结果。

图6-74 确认结果

系统按照报价由低到高的顺序进行排序。采购人按排序对供应商报价情况进行复核，根据是否满足采购需求确认是否成交（见图6-75）。若选择"不成交"（即废除该供应商报价），则需要填写理由（见图6-76）。

图6-75 采购人复核供应商报价

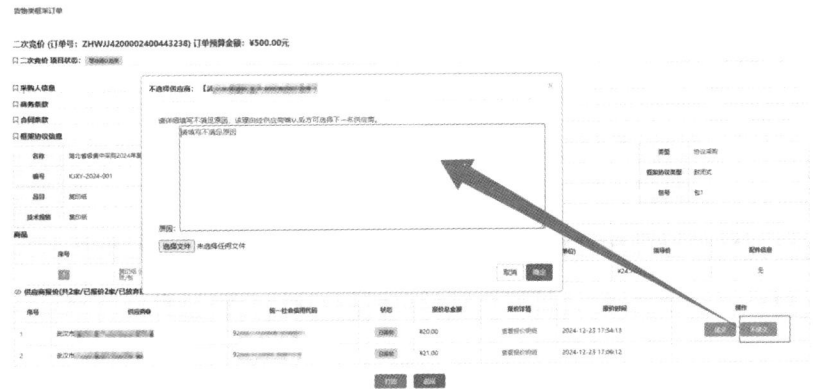

图6-76 采购人若选择"不成交"，刚需要填写理由

废除供应商报价后，剩余供应商不足2家的，竞价失败，订单自动取消（见图6-77）。

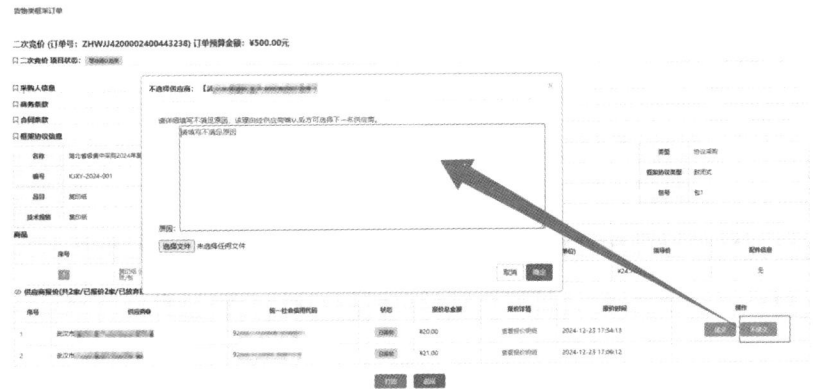

图6-77 剩余供应商不足2家的订单自动取消

⑥订单完成。

采购人确认成交后，可以查看完成的二次竞价订单信息及供应商的报价情况，并下载系统根据订单生成的验收单和合同（见图6-78）。

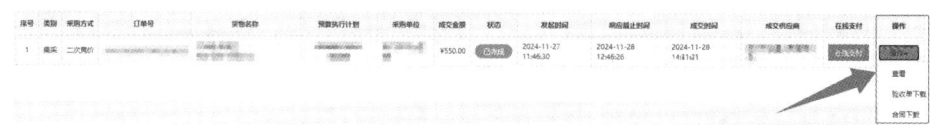

图6-78　下载系统根据订单生成的验收单和合同

订单完成后，采购单位可以对成交供应商的送货速度、服务等内容进行评价。

（3）框采服务。

步骤一：选择采购品目。

登录网上商城后点击其右上角的【后台管理】（见图6-79）。

图6-79　【后台管理】页面

进入【订单管理】→【框采服务订单】，创建框采服务订单（见图6-80）。

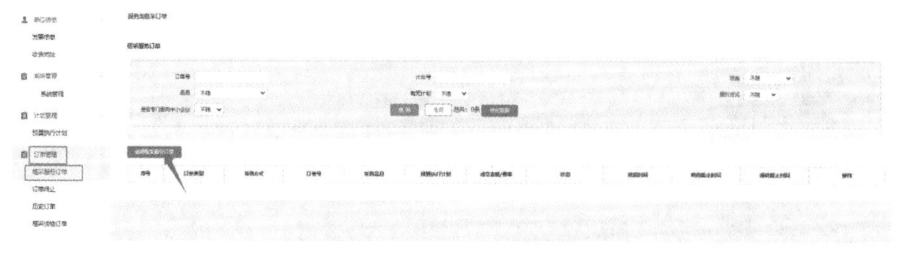

图6-80　创建框采服务订单

选择需要下单的品目（见图6-81）。

图 6-81　选择需要下单的品目

步骤二：选择采购方式。

a.直接选定。

填写项目信息（若选择专门面向中小企业，则该订单只能由中小微企业参与），采购方式选择【直接选定】（见图 6-82）。

图 6-82　选择【直接选定】采购方式

选择品目包名，填写需求信息（见图 6-83）。

图 6-83　选择品目包名，填写需求信息

选择供应商，填写报价截止时间，确认无误后点击【提交】按钮，如图6-84所示。

图6-84 选择供应商，填写报价截止时间

等待供应商报价（见图6-85）。

图6-85 等待供应商报价

供应商填写报价后，采购人确认结果（订单状态为"等待确认结果"），点击【查看订单】进行确认（见图6-86）。

若满足需求，则点击【成交】按钮（见图6-87）。

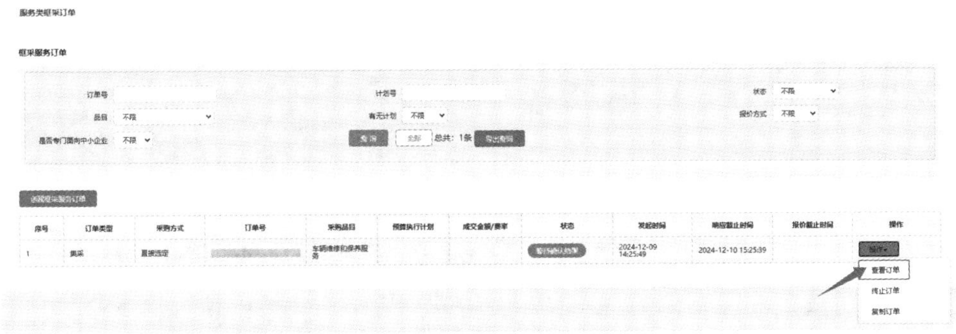

图 6-86 采购人等待确认结果

图 6-87 确认结果

b.二次竞价。

填写项目信息（若选择专门面向中小企业，则该订单只能由中小微企业参与），采购方式选择【二次竞价】（见图 6-88）。

图 6-88 选择【二次竞价】采购方式

选择品目包名，填写需求信息（见图6-89）。

图6-89　选择品目包名，填写需求信息

填写报价截止时间，提交订单（二次竞价订单面向该包下所有供应商，采购人不可手动选择供应商），如图6-90所示。

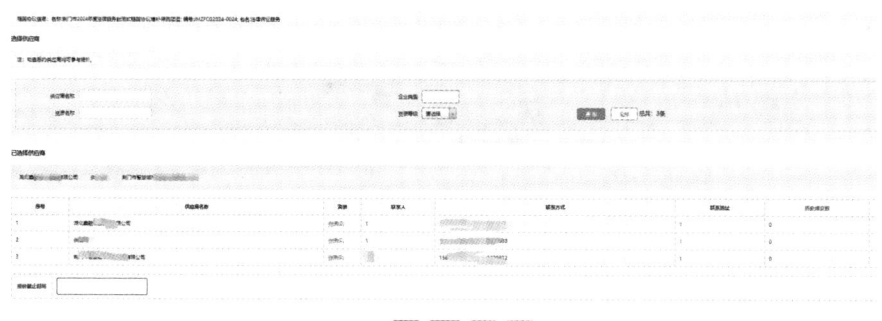

图6-90　填写报价截止时间，提交订单

报价截止时间到后，采购人确认成交结果（见图6-91）。若最低价无法满足需求，则填写理由后可选次低价成交。

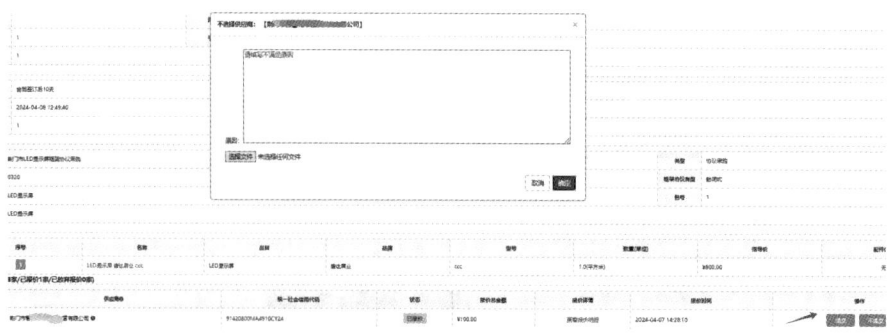

图6-91　采购人确认成交结果

（4）订单终止。

①订单完成前终止订单。

直接选定订单：供应商确认前，采购人可终止订单；

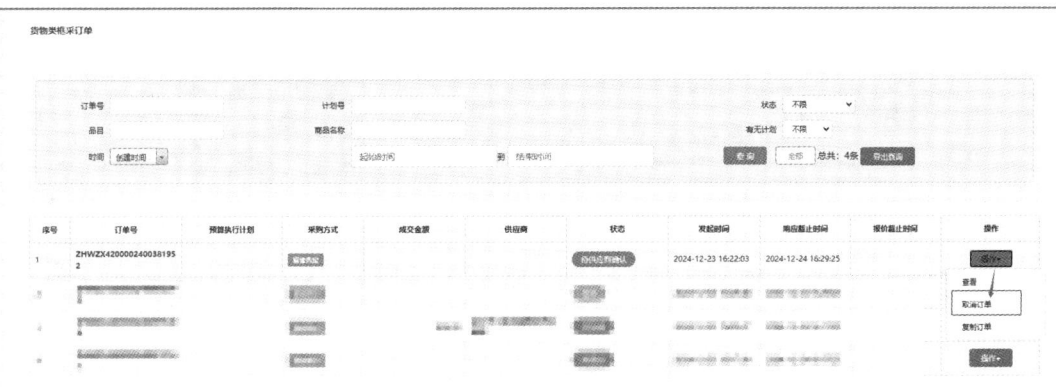

图6-92 不同框架协议下的商品不能同时下单

二次竞价订单：采购人确认结果前，采购人可终止订单。

图6-93 不同框架协议下的商品不能同时下单

②订单完成后终止订单。

订单完成后，若特殊原因需要终止订单，经采购人、供应商双方协商后，由采购人在网上商城发起终止流程。经采购中心审核通过后，订单终止（采购中心审核通过前，采购人可以取消"终止申请"，取消后也可以再次发起"终止申请"）。

订单完成后，订单终止流程如图6-94所示。

图6-94 订单终止流程

步骤一：采购人进入【后台管理】→【订单管理】，在订单列表中选择需要终止的订单，点击【申请终止】，并填写终止原因后，点击保存（见图6-95、图6-96）。

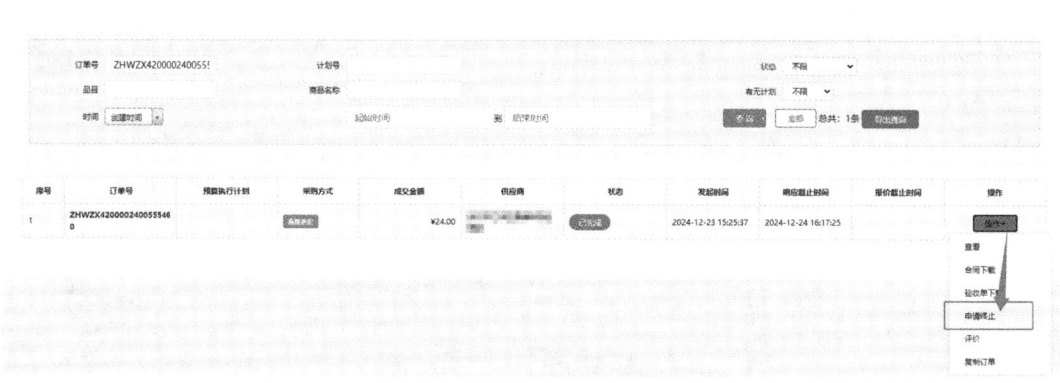

图6-95 选择需要终止的订单

图6-96 填写需要终止订单的原因

步骤二：成交供应商进入【后台管理】→【供应商订单管理】→【订单终止申请】里找到该订单，在【操作】里下载终止申请表，加盖公章后上传（见图6-97）。

步骤三：采购人在【后台管理】→【订单管理】→【订单终止】中下载供应商上传的订单终止申请表，加盖公章后再上传提交（见图6-98）。

步骤四：等待采购中心审核（订单进入审核步骤后则不能取消"终止申请"），如图6-99所示。

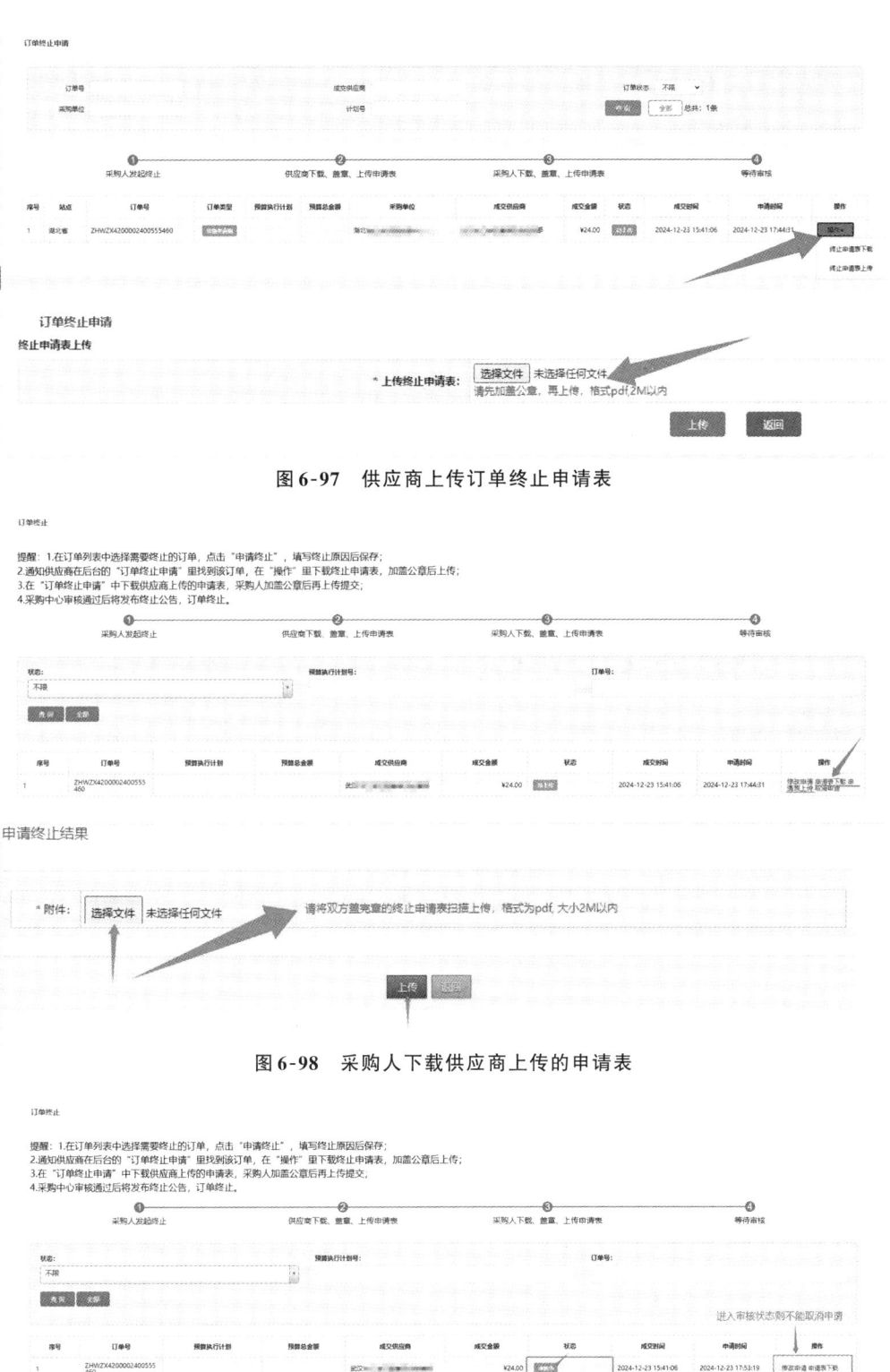

图 6-97 供应商上传订单终止申请表

图 6-98 采购人下载供应商上传的申请表

图 6-99 等待采购中心审核

（5）结果公告。

订单成交后，在首页的"订单结果公告"栏可展示订单公告信息，点击可查看历史公告，如图6-100所示。

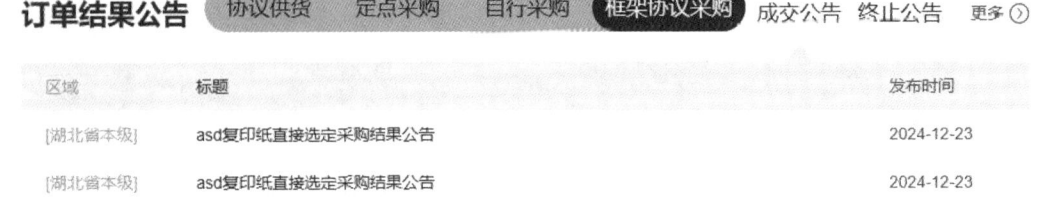

图6-100　在"订单结果公告"栏展示订单公告信息

注：推送至湖北省政府采购网上的结果公告仍需在"协议定点结果公告"板块进行查询（见图6-101）。

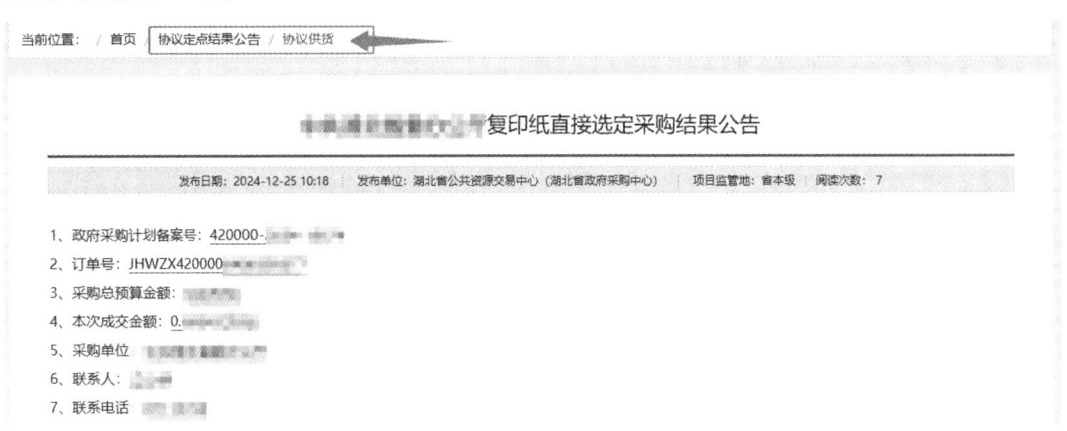

图6-101　在"协议定点结果公告"栏查询结果

在线习题（第六章）

第七章
政府采购合同管理

第一节　政府采购合同的要求

一、政府采购合同的一般要求

政府采购合同是采购人与供应商之间就政府采购项目订立、变更、中止或终止民事权利与义务关系的协议。政府采购中最基本的法律关系是通过政府采购合同来规定的，政府采购合同规定了政府采购的重要当事人——采购人与供应商之间的基本权利和义务，也是处理采购人和供应商之间的具体交易以及可能出现的纠纷的主要依据。因此，对于确定当事人的权利和义务、规范当事人之间的法律关系，具有十分重要的意义。

（一）法律适用

政府采购合同是指采购人为实现采购任务，使用财政性资金依法定形式、程序与供应商之间签订的以货物、工程和服务为主要内容的明确相互的权利、义务关系的协议。政府采购合同的一方主体是行政主体和行使公共职能的单位，包括各级国家机关、事业单位或者团体组织。合同的另一方主体是向采购人提供货物、工程或者服务的法人、其他组织或者自然人。

根据《政府采购法》第四十三条规定，政府采购合同适用合同法。采购人和供应商之间的权利和义务，应当按照平等、自愿的原则以合同方式约定。采购人可以委托采购代理机构代表其与供应商签订政府采购合同。由采购代理机构以采购人名义签订合同的，应当提交采购人的授权委托书，作为合同附件。所以，政府采购合同一方面适用于《政府采购法》的相关规定，另一方面也必须适用于《合同法》的相关规定。2021年1月1日起，合同法被编入《民法典》。自然地，政府采购合同就应当适用《民法典》。

政府采购本身是一种市场交易行为，在采购合同订立过程中，不涉及行政权力的行使，买卖双方的法律地位是平等的。因此，政府采购合同适用于《民法典》第三编合同。但是，由于政府采购的主体是国家机关、事业单位和团体组织，采购资金是财政性资金，采购是为了公共事务，政府采购还具有维护国家利益和公共利益以及调控政策等功能。因此，政府采购合同又不完全等同于只涉及买卖双方的一般民事合同，政府采购合同还具有社会性。《政府采购法》在明确政府采购合同适用《民法典》的前提下，对政府采购合同的订立（应当采用书面形式，合同必备条款等）、效力、变更、终止等也作出了特别规定。

在合同订立方面，《民法典》规定，当事人依法享有自愿订立合同的权利，任何单位和个人不得非法干预；《民法典》还规定，当事人应当遵循公平原则确定各方的权利和义务。也就是说，合同当事人自愿签订，合同的内容也应当由当事人约定。但是，对于政府采购合同来说，采购人与供应商享有自愿订立政府采购合同的权利，前提是必须遵守《政府采购法》的相关规定。采购人在选择与之订立合同的供应商时，必须严格执行公开招标、邀请招标、竞争性谈判、竞争性磋商、询价、单一来源、框架协议等法定的采购方式和采购程序。在按照法定采购方式和采购程序确定中标、成交供应商以后，采购人与中标、成交供应商依照采购程序所确定的采购结果签订政府采购合同；否则，双方应当承担相应的法律责任。另外，政府采购合同的授予还应当体现和落实政府采购的政策功能。因此，政府采购合同的主要内容和形式，不能像一般民事合同那样完全由采购人与供应商自行确定，必须有所规制。

（二）政府采购合同文本

《政府采购法》第四十五条规定，国务院政府采购监督管理部门应当会同国务院有关部门，规定政府采购合同必须具备的条款。同时，《政府采购法实施条例》第四十七条规定，国务院财政部门应当会同国务院有关部门制定政府采购合同标准文本。所以，政府采购合同文本的内容应按照国务院有关部门制定的采购合同标准文本进行编制。

1. 合同标准文本与合同必备条款的关系

合同条款是构成合同文本的基础。《民法典》规定，合同的内容由当事人约定，一般包括以下条款：当事人的名称或者姓名和住所，标的，数量，质量，价款或者报酬，履行期限、地点和方式，违约责任，解决争议的方法。

政府采购合同必须具备的条款，除了《民法典》所规定的、合同一般需要具备的基本条款外，更重要的应该是区别于普通民事合同，突显政府采购管理要求的有关条款，比如：

（1）有关政府采购项目预算管理要求的条款。

（2）资金支付条款（例如，国库集中支付的要求）。

（3）有关预防腐败要求的条款（例如，在合同标的物之外，供应商不得提供免费的赠品给采购人、采购人不得接受赠品的要求）。

（4）履约验收条款（例如，政府采购招标项目邀请项目未中标供应商、项目评审专家等参与合同验收，大型或者复杂的政府采购项目应当邀请国家认可的质量检测机构参与验收工作，强化履约监督）。

（5）有关维护国家利益、公共利益及国家安全要求的条款。

（6）合同强制备案条款（政府采购项目的采购合同自签订之日起7个工作日内，采购人应当将合同副本报同级政府采购监督管理部门和有关部门备案）。

必须具备的条款是政府采购合同标准文本的其中一部分，是合同标准文本的核心。

为了推进政府采购标准化建设，规范政府采购合同签订行为，2024年4月财政部制定《政府采购货物买卖合同（试行）》。本合同标准文本适用于购买现成货物的采购项目，为政府采购货物买卖合同编制提供参考，采购人可以结合采购项目的具体情况，对文本进行必要的调整后使用。本合同文本不适用需要供应商定制开发、创新研发的货物采购项目。

为了指导建设工程施工合同当事人的签约行为，维护合同当事人的合法权益，2017年9月住房城乡建设部、国家工商行政管理总局对《建设工程施工合同（示范文本）》（GF-2013-0201）进行了修订，制定了《建设工程施工合同（示范文本）》（GF-2017-0201）。该示范文本为非强制性使用文本，适用于房屋建筑工程、土木工程、线路管道和设备安装工程、装修工程等建设工程的施工承发包活动，合同当事人可结合建设工程的具体情况，根据《建设工程施工合同（示范文本）》（GF-2017-0201）订立合同，并按照法律法规规定和合同约定承担相应的法律责任及合同权利与义务。为了促进建设项目工程总承包的健康发展，维护工程总承包合同当事人的合法权益，2020年11月住房和城乡建设部、市场监管总局制定了《建设项目工程总承包合同（示范文本）》（GF-2020-0216），适用于房屋建筑和市政基础设施项目工程总承包活动。该示范文本为推荐使用的非强制性使用文本，合同当事人可结合建设工程具体情况，参照该文本订立合同，并按照法律法规和合同约定承担相应的法律责任及合同权利与义务。对于政府采购工程，采购人亦可根据需要参照上述示范文本订立合同。

2.合同标准文本的意义和作用

推行政府采购合同标准文本意义重大，它既是规范政府采购活动的需要，也是服务政府采购当事人的需要。合同标准文本是对《民法典》尤其是对政府采购法律制度的有益补充。法律法规只能对当事人的权利和义务作出原则性规定；而合同标准文本则可以分别从不同的角度，针对不同的行业特点，细致、具体地加以规范，为《政府采购法》

《民法典》的贯彻实施起到很好的促进作用。政府采购合同标准文本的作用如下：

第一，它具有合法性和完备性。合同标准文本条款完备，内容详细，其各项条款完全依据《民法典》《政府采购法》等有关法律制定，当事人按照这一格式文本签订合同可以防止出现违法条款、无效条款或者遗漏重要内容。

第二，它具有公平性和对等性。合同标准文本遵照合同当事人法律地位一律平等的原则规定各方权利和义务，可杜绝"霸王条款"等各种形式的有失公平的条款。

第三，它具有公开性和确定性。合同标准文本一般通过规章或规范性文件的形式公开发布，内容相对固定，透明度高，有利于遏制腐败。施行合同标准文本还能更好地服务政府采购当事人。当事人依据标准文本实施采购及签订合同，可以减轻撰写合同条款的负担，能为当事人提供具体的辅导和帮助，可减少签约的盲目性。

此外，一旦发生合同争议或纠纷，使用标准文本签订的合同可以避免出现条款短缺、解释不清等情况，易于分辨当事人的权利与义务，比较容易得到法律的保护。

（三）政府采购合同内容

1. 合同内容应符合批准的预算

《政府采购法》第六条规定，政府采购应当严格按照批准的预算执行。一方面，从政府采购合同订立的程序来说，合同价格应当不高于已批准的预算金额，且与中标价格保持一致。这既是财政性资金在使用中的严肃性，同时也是项目投资控制的综合体现。另一方面，合同内容应符合预算确定的内容。在政府采购活动实施过程中，采购需求的确定应当依据部门预算确定，采购文件应当依据已经确定的采购需求进行编制。所以，政府采购合同最终的订立，其内容不得超出预算已经确定的内容，不得额外要求与项目无关的其他商品、服务，更不得要求供应商提供赠品或者回扣。

2. 合同内容不得违背采购确定的实质性内容

政府采购合同当事人双方通过采购活动最终确立，招标、谈判、磋商、询价、单一来源、框架协议等采购活动就是为了缔结政府采购合同。为了保证采购的严肃性，保证采购当事人的合法权益，应当依据采购文件确定事项签订采购合同。如不依据采购文件确定事项或者擅自变更采购文件确定的事项签订合同，将背离政府采购的原则。《政府采购法》规定，政府采购合同应按照采购文件确定的事项签订；《政府采购法实施条例》规定，未按照采购文件确定的事项签订政府采购合同的，应受到相应的处罚；《政府采购货物和服务招标投标管理办法》规定，采购人应当按照采购文件和中标人投标文件的规定，与中标人签订书面合同。所签订的合同不得对采购文件确定的事项和中标人投标文件进行实质性修改。采购人不得向中标人提出任何不合理的要求作为签订合同的条件。所以，政府采购合同文本的内容应与采购活动中招标（采购）文件、投标（响应）文件、评审资料等过程资料保持一致性，不应违背采购活动已经确定的实质性的内容。

（四）政府采购合同订立形式

1.《民法典》规定的合同形式

《民法典》第三编合同第四百六十九条规定，当事人订立合同，可以采用书面形式、口头形式或者其他形式。书面形式是合同书、信件、电报、电传、传真等可以有形地表现所载内容的形式。以电子数据交换、电子邮件等方式能够有形地表现所载内容，并可以随时调取查用的数据电文，视为书面形式。

《最高人民法院关于适用〈中华人民共和国合同法〉若干问题的解释（二）》：当事人未以书面形式或者口头形式订立合同，但从双方从事的民事行为能够推定双方有订立合同意愿的，人民法院可以认定是以合同法第十条第一款中的"其他形式"订立的合同。这就对"其他形式"的合同形式在实践层面作出了解释。

2.政府采购合同的合同形式

由于政府采购活动使用的是财政性资金，其采购的内容通常涉及行政事务和公共利益，具有很强的公共性，加之政府采购合同具有不完全等同于一般民事合同的因素，因此《政府采购法》对政府采购合同的形式作出了特别限定。

《政府采购法》第四十四条规定，政府采购合同应当采用书面形式。所以，政府采购合同应当使用合同书、信件和数据电文（包括电报、传真、电子数据交换、电子邮件）等可以有形表现所载内容的形式。

（五）政府采购合同订立时间

1.合同文本编制的时间要求

按照《政府采购需求管理办法》的要求，政府采购项目在采购活动开始前需要确定采购需求和采购实施计划，并针对采购需求和采购实施计划进行审查。审查不通过的，应当修改采购需求和采购实施计划的内容并重新进行审查。同时，《政府采购需求管理办法》第十三条明确了合同文本的主要条款属于采购实施计划中合同管理安排的内容。所以，合同文本是采购实施计划的重要内容。

根据《政府采购货物和服务招标投标管理办法》第二十条规定，采购人或者采购代理机构应当根据采购项目的特点和采购需求编制招标文件。在该条款中，列举了招标文件应当包括的十六项内容。其中，包括拟签订的合同文本。所以，政府采购合同文本是招标文件的重要组成部分。

综上所述，政府采购合同文本编制应当纳入政府采购需求管理，在编制采购实施计划时进行编制。同时，编制的政府采购合同文本通过审查程序后，应作为招标文件的组成部分一并发予参与政府采购活动的供应商。

2. 合同订立和生效的时间

政府采购合同实质上是采取要约、承诺方式订立合同的。按照《民法典》第三编合同第四百八十三条规定，承诺生效时合同成立，但是法律另有规定或者当事人另有约定的除外。承诺生效时间，是承诺在何时发生法律约束力。承诺生效时间在合同的理论和实践中具有重大意义：

（1）由于承诺的时间就是合同成立的时间，因而承诺在什么时间生效，就直接决定了合同在什么时间成立。

（2）由于合同的成立时间和生效时间的一致性，承诺生效之时又是合同生效之日，是双方享有合同权利、承担合同义务之日。

（3）合同的生效时间可能涉及诉讼时效、履行期限利益等问题。

（4）合同的成立涉及合同签订地以及法院管辖权、准据法的确定等问题。

按照《民法典》第三编合同第四百九十条规定，当事人采用合同书形式订立合同的，自当事人均签名、盖章或者按指印时合同成立。政府采购合同应当采用书面形式，且通常采用的是合同书形式。根据《政府采购法》第四十六条规定，采购人与中标、成交供应商应当在中标、成交通知书发出之日起三十日内，按照采购文件确定的事项签订政府采购合同。所以，政府采购合同最终订立时间应该是自中标、成交通知书发出之日起三十日内，采购人与中标、成交供应商订立书面政府采购合同，签名、盖章后合同成立。

（六）政府采购合同法律效力

合同的效力是法律赋予依法成立的合同对当事人的法律强制力。合同生效，是指已经成立的合同在当事人之间产生法律约束力。《民法典》第三编合同第五百零二条规定，依法成立的合同，自成立时生效，但是法律另有规定或者当事人另有约定的除外。所以，合同一旦依法成立，就对合同当事人具有法律约束力，受到法律的保护。

在政府采购活动中，采购人与中标、成交供应商必须按照采购文件确定的事项签订政府采购合同。中标、成交通知书对采购人和中标、成交供应商均具有法律效力。中标、成交通知书发出后，采购人改变中标、成交结果的，或供应商放弃中标、成交的，应当依法承担法律责任。中标、成交供应商一旦确定，采购人就必须按照中标、成交结果与中标、成交供应商签订政府采购合同，否则要承担相应法律责任。

二、政府采购合同的特殊要求

（一）政府采购合同公告

1. 合同公告的法律依据

为保证政府采购公开、公平、公正，加强社会监督，政府采购相关法律、法规结合政府采购的整个流程和各个重要环节，制定了一系列提高政府采购透明度的具体措施。而政府采购合同公告程序就是其中之一。

《政府采购法实施条例》第五十条规定，采购人应当自政府采购合同签订之日起2个工作日内，将政府采购合同在省级以上人民政府财政部门指定的媒体上公告，但政府采购合同中涉及国家秘密、商业秘密的内容除外。

《政府采购信息发布管理办法》第三条规定，本办法所称政府采购信息，是指依照政府采购有关法律制度规定应予公开的公开招标公告、资格预审公告、单一来源采购公示、中标（成交）结果公告、政府采购合同公告等政府采购项目信息。第八条规定，中央预算单位政府采购信息应当在中国政府采购网发布，地方预算单位政府采购信息应当在所在行政区域的中国政府采购网省级分网发布。

2023年12月8日，财政部办公厅发布《关于进一步提高政府采购透明度和采购效率相关事项的通知》（财办库〔2023〕243号），对合同变更公告提出要求：推进政府采购合同变更信息公开，政府采购合同的双方当事人不得擅自变更合同，依照政府采购法确需变更政府采购合同内容的，采购人应当自合同变更之日起2个工作日内在省级以上财政部门指定的媒体上发布政府采购合同变更公告，但涉及国家秘密、商业秘密的信息和其他依法不得公开的信息除外。政府采购合同变更公告应当包括原合同编号、名称和文本，原合同变更的条款号，变更后作为原合同组成部分的补充合同文本，合同变更时间，变更公告日期等。对中标、成交结果信息要求进一步公开：项目采购采用最低评标（审）价法的，公告中标、成交结果时应当同时公告因落实政府采购政策等原因进行价格扣除后中标、成交供应商的评审报价；项目采购采用综合评分法的，公告中标、成交结果时应当同时公告中标、成交供应商的评审总得分。

财政部办公厅《关于印发〈政府采购公告和公示信息格式规范（2020年版）〉的通知》（财办库〔2020〕50号）对政府采购合同公告的格式作出了明确的规定。

合同公告

一、合同编号：＿＿＿＿＿＿＿＿＿＿＿＿＿

二、合同名称：＿＿＿＿＿＿＿＿＿＿＿＿＿

三、项目编号（或招标编号、政府采购计划编号、采购计划备案文号等，如有）：

四、项目名称：＿＿＿＿＿＿＿＿＿＿＿＿＿

五、合同主体

采购人（甲方）：＿＿＿＿＿＿＿＿＿＿＿＿＿

地　址：

联系方式：

供应商（乙方）：＿＿＿＿＿＿＿＿＿＿＿

地址：

联系方式：

六、合同主要信息

主要标的名称：＿＿＿＿＿＿＿＿＿＿

规格型号（或服务要求）：＿＿＿＿＿＿

主要标的数量：＿＿＿＿＿＿＿＿＿

主要标的单价：＿＿＿＿＿＿＿＿＿

合同金额：

履约期限、地点等简要信息：＿＿＿＿＿

采购方式：（如公开招标、竞争性磋商、单一来源采购等）

七、合同签订日期：＿＿＿＿＿＿＿＿＿

八、合同公告日期：＿＿＿＿＿＿＿＿＿

九、其他补充事宜：＿＿＿＿＿＿＿＿＿

公告附件：项目政府采购合同（采购人应当按照《政府采购法实施条例》有关要求，将政府采购合同中涉及国家秘密、商业秘密的内容删除后予以公开）

2. 政府采购合同公开的例外情形

按照《政府采购法实施条例》的规定，政府采购合同应当公开，但合同中涉及国家秘密、商业秘密的内容除外，即政府采购合同内容"以公开为原则、以不公开为例外"。这一规定一方面保障了政府采购信息公开的需要；另一方面也保障了国家利益和公民、法人及其他组织的合法利益，实现了公开与保密之间、知情权与隐私权之间的平衡。

在具体实践中，如何界定政府采购合同中是否涉及"国家秘密""商业秘密"至关重要。

关于国家秘密，《中华人民共和国保守国家秘密法》（以下简称《保守国家秘密法》）第二条规定：国家秘密是关系国家安全和利益，依照法定程序确定，在一定时间内只限一定范围的人员知悉的事项。第十三条规定：下列涉及国家安全和利益的事项，泄露后可能损害国家在政治、经济、国防、外交等领域的安全和利益的，应当确定为国家秘密：（1）国家事务重大决策中的秘密事项；（2）国防建设和武装力量活动中的秘密事项；（3）外交和外事活动中的秘密事项以及对外承担保密义务的秘密事项；（4）国民经济和社会发展中的秘密事项；（5）科学技术中的秘密事项；（6）维护国家安全活动和追查刑事犯罪中的秘密事项；（7）经国家保密行政管理部门确定的其他秘密事项。政党的秘密事项中符合前款规定的，属于国家秘密。

关于商业秘密，《中华人民共和国反不正当竞争法》对此做了界定，即不为公众所知悉、具有商业价值并经权利人采取相应保密措施的技术信息、经营信息等商业信息。《最高人民法院关于适用〈中华人民共和国民事诉讼法〉若干问题的意见》（法发〔1992〕22号）第154条则解释得更为具体："……商业秘密，主要是指技术秘密、商业情报及信息等，如生产工艺、配方、贸易联系、购销渠道等当事人不愿公开的工商业秘密。"

政府采购合同通常包括以下主要内容：合同当事人的名称或者姓名和住所，合同标的名称、规格型号、数量、单价及合同金额、质量要求，服务要求、履行期限、地点和方式、违约责任、解决争议的方法等。在这些条款中可能涉及国家秘密、商业秘密的内容，采购人可以不公开。但并不意味着整个合同都可以不公开，对政府采购合同中不涉及国家秘密、商业秘密的其他内容，仍然应当予以公开。其中，值得注意的是合同标的名称、规格型号、单价及合同金额等内容不得作为商业秘密；合同中涉及个人隐私的姓名、联系方式等内容，除征得权利人同意外，不得对外公告。按照《政府采购法实施条例》的规定，政府采购合同公开的责任主体为采购人。因此，在实际执行中，关于政府采购合同是否涉及以及哪些内容涉及国家秘密、商业秘密，应当由采购人依据法律的相关规定具体判定。

（二）政府采购合同备案

1. 政府采购合同备案的目的和意义

政府采购合同是采购人和供应商履行权利、义务的依据，是采购人申请资金支付的依据，是政府采购监督管理部门和有关部门实施政府采购监督的依据。政府采购监督管理部门和有关部门可以据此检查采购人和供应商是否根据采购文件确定的事项签订政府采购合同，是否根据合同的规定履行合同义务，以及是否擅自变更合同内容等。

政府采购合同备案是采购人主体责任履行的重要体现。各采购人是政府采购活动执行的主体，负责政府采购预算执行，确定采购需求与付款条件，组织政府采购活动，签订政府采购合同，对政府采购合同备案信息的真实性负责。由于政府采购合同备案工作政策性强、时限要求紧、质量要求高，一方面采购人需要依法依规与供应商签订政府采购合同，并进行合同公告、合同备案、合同追加、合同备案变更等，对政府采购合同签订与执行等全过程负主体责任；另一方面采购人需要主动学习政府采购相关法律法规及政策，不断提高单位的专业化水平，确保采购合同备案工作落实好并执行到位。

政府采购合同备案是规范政府采购活动的重要抓手。政府采购合同是政府采购预算与政府采购活动结果的具体体现，采购单位在政府采购活动结束后依据采购文件、采购需求、响应文件、约定的付款方式、评标报告等内容，在中标或成交通知书发出之日起三十日内与供应商签订政府采购合同，合同签订后应当及时备案。政府采购合同内容是否完整、合同备案是否及时，直接影响着政府采购项目以及后续资金支付等工作能否顺利进行。政府采购合同签订与备案的准确性、及时性是采购单位管理水平的具体体现，能有效检验采购单位的内控管理与政府采购活动的专业化水平。

政府采购合同备案是财政部门监管的重要内容。政府采购监管部门依法依规对备案的合同文本进行检查，检查内容包括合同是否符合政府采购法律法规和政策要求、是否符合采购预算管理要求、合同主要内容及相关条款是否与采购文件要求一致、备案合同与采购文件及评审报告等内容是否一致、是否按规定程序进行备案等情况，对存在违法违规行为的单位和个人进行监督检查。

2. 政府采购合同备案的法律依据

《政府采购法》第四十七条规定，政府采购项目的采购合同自签订之日起七个工作日内，采购人应当将合同副本报同级政府采购监督管理部门和有关部门备案。《政府采购法实施条例》第六十七条规定，未按照规定时间将政府采购合同副本报本级人民政府财政部门和有关部门备案的，由财政部门责令限期改正，给予警告，对直接负责的主管人员和其他直接负责人员依法给予处分，并予以通报。所以，采购在政府采购合同签订后，应按照规定及时对合同进行备案。

（三）政府采购合同的档案管理

1. 政府采购合同档案保存的时限

根据《政府采购法》第四十二条规定，采购人、采购代理机构对政府采购项目每项采购活动的采购文件应当妥善保存，不得伪造、变造、隐匿或者销毁。采购文件的保存期限为从采购结束之日起至少保存十五年。

采购文件包括采购活动记录、采购预算、招标文件、投标文件、评标标准、评估报告、定标文件、合同文本、验收证明、质疑答复、投诉处理决定及其他有关文件、资料。

所以，政府采购合同作为采购文件的内容，保存期限为从采购结束之日起至少十五年。

2. 政府采购合同档案保存的形式

目前，多数政府采购合同相关资料仍然采用纸质形式。但政府采购合同的资料内容多，需要保存的时间长，纸质档案保存不便，保存成本高。随着采购活动中电子化水平的不断提高，政府采购合同档案以电子档案方式保存就势在必行。《政府采购法实施条例》第四十六条规定，政府采购法第四十二条规定的采购文件，可以用电子档案方式保存。也就是说，政府采购合同档案也可以采用电子档案保存。

第二节　政府采购合同的组成

一、政府采购合同的一般条款

1. 一般民事合同条款

1）合同一般条款内容

合同条款是表达合同当事人约定的合同内容的具体条款。《民法典》第三编合同第四百七十条规定，合同的内容由当事人约定，一般包括下列条款：（1）当事人的姓名或者名称和住所；（2）标的；（3）数量；（4）质量；（5）价款或者报酬；（6）履行期限、地点和方式；（7）违约责任；（8）解决争议的方法。

2）合同主要条款内容

合同的主要条款是合同的必备条款，缺少必备条款，合同不能成立，缺少其他条款，则可以通过法律规定的确定方法等予以确定，不能导致合同不能成立。合同的主要条款就是当事人的名称或者姓名和住所、标的、数量等三大必备条款，只要合同具备了前述三大条款，原则上即为成立。

当事人对合同条款的理解有争议的，应当依据《民法典》第一百四十二条第一款的规定，确定争议条款的含义：有相对人的意思表示的解释，应当按照所使用的词句，结合相关条款、行为的性质和目的、习惯以及诚信原则，确定意思表示的含义。无相对人的意思表示的解释，不能完全拘泥于所使用的词句，而应当结合相关条款、行为的性质和目的、习惯以及诚信原则，确定行为人的真实意思。

2. 政府采购合同的一般条款

《政府采购货物和服务招标投标管理办法》第七十二条规定，政府采购合同应当包括采购人与中标人的名称和住所、标的、数量、质量、价款或者报酬、履行期限及地点和方式、验收要求、违约责任、解决争议的方法等内容。

2021 年 4 月 30 日，财政部颁发了《政府采购需求管理办法》（财库〔2021〕22 号）。该办法第二十三条规定，合同文本应当包含法定必备条款和采购需求的所有内容，包括但不限于标的名称，采购标的质量、数量（规模），履行时间（期限）、地点和方式，包装方式，价款或者报酬、付款进度安排、资金支付方式、验收、交付标准和方法，质量保修范围和保修期，违约责任与解决争议的方法等。由此可见，《政府采购需求管理办法》在《政府采购货物和服务招标投标管理办法》的基础上，进一步细化了政府采购合同的内容，不但包括法定必备条款，还包括采购需求所有内容。

二、政府采购合同的特殊条款

1. 政府采购合同履行期限

《政府采购法》第六条规定，政府采购应当严格按照批准的预算执行。也就是说，无预算是不能采购的。《预算法》规定，预算年度自公历一月一日起，至十二月三十一日止。由于预算是一年一编，这也就决定了政府采购项目一般是一年一采，采购合同也是一年一签。但对于一些特殊的政府采购项目，为确保某些服务采购的连续性，《财政部关于推进和完善服务项目政府采购有关问题的通知》（财库〔2014〕37号）和《政府购买服务管理办法》（财政部令第102号）对此作出了专门的规定。

《财政部关于推进和完善服务项目政府采购有关问题的通知》（财库〔2014〕37号）规定，采购需求具有相对固定性、延续性且价格变化幅度小的服务项目，在年度预算能保障的前提下，采购人可以签订不超过三年履行期限的政府采购合同。

《政府购买服务管理办法》（财政部令第102号）规定，政府购买服务合同履行期限一般不超过一年；在预算保障的前提下，对于购买内容相对固定、连续性强、经费来源稳定、价格变化幅度小的政府购买服务项目，可以签订履行期限不超过三年的政府购买服务合同。

2. 政府采购合同履约保证金

1) 履约保证金的性质及作用

履约保证金是中标或成交供应商按照采购文件要求而向采购人或采购代理机构提供的用以保障其履行合同义务的一种担保。履约保证金的目的是促使中标或成交供应商全面履行与采购人或采购代理机构订立的合同，确保合同目标的实现。中标或成交供应商违约的，采购人或采购代理机构将按照合同约定扣除其全部或部分履约保证金，或由担保人承担担保责任。如果中标或成交供应商违约给采购人造成的损失超过履约保证金的，还应当依法赔偿超过部分的损失。

履约保证金的设立使得采购过程与合同履行过程有机联结，相互支撑。既可以保证采购合同的履行，又有助于择优选择中标或成交供应商，能有效预防和遏制供应商在采购竞争阶段为了中标或成交而盲目虚假承诺、低价恶性竞争，然后在合同履行阶段通过偷工减料、以次充好而获取利润的行为，防范合同履行风险。

2) 履约保证金的形式和金额

《政府采购法实施条例》第四十八条规定，采购文件要求中标或者成交供应商提交履约保证金的，供应商应当以支票、汇票、本票或者金融机构、担保机构出具的保函等非现金形式提交。履约保证金的数额不得超过政府采购合同金额的10%。

3）履约保证金是否收取以及收取的具体形式和金额由采购文件约定

采购人或采购代理机构可以根据合同履行的需要，在采购文件中要求中标或成交供应商在签订合同前提交或不提交履约保证金。采购文件要求提交的，应载明履约保证金的形式、金额以及提交时间。

履约保证金通常作为合同订立的条件，要在合同签订前提交。履约保证金的有效期自合同生效之日起至合同约定的中标或成交供应商主要义务履行完毕止。中标或成交供应商合同的主要义务履行完毕，采购人或采购代理机构应按合同约定及时退还履约保证金。如果是银行保函或履约担保书，一般在到期后自行失效。

3.政府采购合同分包履行

《政府采购法》第四十八条规定，经采购人同意，中标、成交供应商可以依法采取分包方式履行合同。政府采购合同分包履行的，中标、成交供应商就采购项目和分包项目向采购人负责，分包供应商就分包项目承担责任。但在具体实践中应注意以下问题：

（1）采购人应当按照有利于采购项目实施的原则，明确合同分包要求。中标或成交供应商不得擅自分包，通常是采购人在采购文件中，事先明确规定是否可以分包，或者在合同履约过程中经过采购人同意而分包。

（2）依法分包。法律法规有明确关于分包的规定必须遵守，采购人不得违法同意分包，如施工企业不得将主体工程、关键工程分包，以提供知识服务和智力服务为标的的合同不得分包。

（3）合同的履约依法需要相关市场准入法定资格资质的，分包供应商必须具有法律法规规定的资格条件和相应资质，禁止向没有取得法定资格资质的供应商分包。

（4）中标、成交供应商对整个合同履约承担全部责任（包含分包部分），分包供应商仅就分包部分承担责任，当分包供应商不能履约时，中标、成交供应商需要自己履约。

4.政府采购追加合同的要求

《政府采购法》第四十九条规定，政府采购合同履行中，采购人需追加与合同标的相同的货物、工程或者服务的，在不改变合同其他条款的前提下，可以与供应商协商签订补充合同，但所有补充合同的采购金额不得超过原合同采购金额的百分之十。在实践中，采购人追加合同时，需要注意五个要点：追加采购应当发生在合同履行过程中；需追加采购的标的要与原合同的标的相同；追加采购产生的变更需要签署补充合同；不得改变合同的其他条款；所有补充合同的采购金额不得超过原合同采购金额的百分之十。

三、政府采购合同的常见类型

《政府采购需求管理办法》第二十二条规定，合同类型按照民法典规定的典型合同类别，结合采购标的的实际情况确定。

《民法典》第三编"合同"规定了十九种典型合同，包括买卖合同，供用电、水、气、热力合同，赠与合同，借款合同，保证合同，租赁合同，融资租赁合同，保理合同，承揽合同，建设工程合同，运输合同，技术合同，保管合同，仓储合同，委托合同，物业服务合同，行纪合同，中介合同，合伙合同。

在政府采购实践中，使用较多的主要典型合同有买卖合同，承揽合同，建设工程合同，技术合同，委托合同，物业服务合同等。

1. 买卖合同

买卖合同是出卖人转移标的物的所有权于买受人，买受人支付价款的合同。买卖合同是最重要的传统合同。采购教学设备、科研产品、办公用品等货物类项目均可采用买卖合同。

买卖合同的内容一般包括标的物的名称、数量、质量、价款、履行期限、履行地点和方式、包装方式、检验标准和方法、结算方式、合同适用的文字及效力等条款。

2. 承揽合同

承揽合同是承揽人按照定作人的要求完成工作，交付工作成果，定作人支付报酬的合同。承揽包括加工、定作、修理、复制、测试、检验等工作。

承揽合同的内容一般包括承揽的标的、数量、质量、报酬，承揽方式，材料的提供，履行期限，验收标准和方法等条款。

3. 建设工程合同

建设工程合同是承包人进行工程建设，发包人支付价款的合同。建设工程合同包括工程勘察、设计、施工合同。建设工程合同应当采用书面形式。

勘察、设计合同的内容一般包括提交有关基础资料和概预算等文件的期限、质量要求、费用以及其他协作条件等条款。

施工合同的内容一般包括工程范围、建设工期、中间交工工程的开工和竣工时间、工程质量、工程造价、技术资料交付时间、材料和设备供应责任、拨款和结算、竣工验收、质量保修范围和质量保证期、相互协作等条款。

发包人可以与总承包人订立建设工程合同，也可以分别与勘察人、设计人、施工人订立勘察、设计、施工承包合同。发包人不得将应当由一个承包人完成的建设工程肢解成若干部分发包给数个承包人。总承包人或者勘察、设计、施工承包人经发包人同意，可以将自己承包的部分工作交由第三人完成。第三人就其完成的工作成果与总承包人或者勘察、设计、施工承包人向发包人承担连带责任。承包人不得将其承包的全部建设工程转包给第三人或者将其承包的全部建设工程肢解以后以分包的名义分别转包给第三人。

禁止承包人将工程分包给不具备相应资质条件的单位。禁止分包单位将其承包的工程再分包。建设工程主体结构的施工必须由承包人自行完成。

4. 委托合同

委托合同是委托人和受托人的约定，由受托人处理委托人事务的合同。委托人可以特别委托受托人处理一项或者数项事务，也可以概括委托受托人处理一切事务。

建设工程实行监理的，发包人应当与监理人采用书面形式订立委托监理合同。发包人与监理人的权利、义务以及法律责任，应当依照《民法典》本编委托合同以及其他有关法律、行政法规的规定。也就是说，建设工程监理服务合同应当属于委托合同，而不是建设工程合同范畴。

5. 技术合同

技术合同是当事人就技术开发、转让、许可、咨询或者服务订立的确立相互之间权利和义务的合同。订立技术合同应当有利于知识产权的保护和科学技术的进步，促进科学技术成果的研发、转化、应用和推广。

技术合同的内容一般包括项目的名称，标的的内容、范围和要求，履行的计划、地点和方式，技术信息和资料的保密，技术成果的归属和收益的分配办法，验收标准和方法，名词和术语的解释等条款。与履行合同有关的技术背景资料、可行性论证和技术评价报告、项目任务书和计划书、技术标准、技术规范、原始设计和工艺文件，以及其他技术文档，按照当事人的约定可以作为合同的组成部分。技术合同涉及专利的，应当注明发明创造的名称、专利申请人和专利权人、申请日期、申请号、专利号以及专利权的有效期限。

技术合同价款、报酬或者使用费的支付方式由当事人约定，可以采取一次总算、一次总付或者一次总算、分期支付，也可以采取提成支付或者提成支付附加预付入门费的方式。作为技术合同，通常可以采用一次总算、一次总付或者一次总算、分期支付的办法。但考虑到符合国家为中小企业减负的政策，利于国家构建良好的营商环境的愿景，采用一次总算、分期支付更能降低供应商的垫支风险。

技术合同进一步又可以细分为技术开发合同、技术转让合同、技术许可合同、技术咨询合同、技术服务合同等五种类型的合同。

1）技术开发合同

技术开发合同是当事人之间就新技术、新产品、新工艺、新品种或者新材料及其系统的研究开发所订立的合同。技术开发合同包括委托开发合同和合作开发合同，应当采用书面形式。

2）技术转让合同

技术转让合同是合法拥有技术的权利人，将现有特定的专利、专利申请、技术秘密的相关权利让与他人所订立的合同。技术转让合同包括专利权转让、专利申请权转让、技术秘密转让等合同，应当采用书面形式。

3）技术许可合同

技术许可合同是合法拥有技术的权利人，将现有特定的专利、技术秘密的相关权利许可他人实施、使用所订立的合同。技术许可合同包括专利实施许可、技术秘密使用许可等合同，应当采用书面形式。

4）技术咨询合同

技术咨询合同是当事人一方以技术知识为对方就特定技术项目提供可行性论证、技术预测、专题技术调查、分析评价报告等所订立的合同。技术咨询合同的委托人应当按照约定阐明咨询的问题，提供技术背景材料及有关技术资料，接受受托人的工作成果，支付报酬。技术咨询合同的受托人应当按照约定的期限完成咨询报告或者解答问题，提出的咨询报告应当达到约定的要求。采购人订立政府采购咨询合同、工程咨询合同等应属于技术咨询合同范畴。

5）技术服务合同

技术服务合同是当事人一方以技术知识为对方解决特定技术问题所订立的合同，不包括承揽合同和建设工程合同。技术服务合同的委托人应当按照约定提供工作条件，完成配合事项工作，接受工作结果并支付报酬。技术服务合同的受托人应当按照约定完成服务项目，解决技术问题，保证工作质量，并传授解决技术问题的知识。

6. 物业服务合同

物业服务合同是物业服务人员在物业服务区域内，为业主提供建筑物及其附属设施的维修养护、环境卫生和相关秩序的管理维护等物业服务，业主支付物业费的合同。

物业服务合同的内容一般包括服务事项、服务质量、服务费用的标准和收取办法、维修资金的使用、服务用房的管理和使用、服务期限、服务交接等条款。物业服务人员公开作出的有利于业主的服务承诺，为物业服务合同的组成部分。物业服务合同应当采用书面形式。

物业服务人员应当按照约定和物业的使用性质，妥善维修、养护、清洁、绿化和经营管理物业服务区域内的业主共有部分，维护物业服务区域内的基本秩序，采取合理措施保护业主的人身、财产安全。对物业服务区域内违反有关治安、环保、消防等法律法规的行为，物业服务人员应当及时采取合理措施制止、向有关行政主管部门报告并协助处理。

政府采购货物买卖合同文本（根据财政部办公厅关于印发《政府采购货物买卖合同（试行）》的通知）示例如下。

政府采购货物买卖合同

（试行）

项目名称：＿＿＿＿＿＿＿＿

合同编号：＿＿＿＿＿＿＿＿

甲方：＿＿＿＿＿＿＿＿

乙方：＿＿＿＿＿＿＿＿

签订时间：＿＿＿＿＿＿＿＿

使 用 说 明

1. 本合同标准文本适用于购买现成货物的采购项目，不包括需要供应商定制开发、创新研发的货物采购项目。

2. 本合同标准文本为政府采购货物买卖合同编制提供参考，可以结合采购项目具体情况，对文本作必要的调整后使用。

3. 本合同标准文本各条款中，如涉及填写多家供应商、制造商，多种采购标的、分包主要内容等信息的，可根据采购项目具体情况添加信息项。

第一节 政府采购合同协议书

甲方（全称）：＿＿＿＿＿＿（采购人、受采购人委托签订合同的单位或采购文件约定的合同甲方）

乙方1（全称）：＿＿＿＿＿＿（供应商）

乙方2（全称）：＿＿＿＿＿＿（联合体成员供应商或其他合同主体）（如有）

乙方3（全称）＿＿＿＿＿＿（联合体成员供应商或其他合同主体）（如有）

依据《中华人民共和国民法典》《中华人民共和国政府采购法》等有关的法律法规，以及本采购项目的招标/谈判文件等采购文件、乙方的《投标（响应）文件》及《中标（成交）通知书》，甲乙双方同意签订本合同。具体情况及要求如下：

1. 项目信息

（1）采购项目名称：＿＿＿＿＿＿

采购项目编号：＿＿＿＿＿＿

（2）采购计划编号：＿＿＿＿＿＿

（3）项目内容：

采购标的及数量（台／套／个／架／组等）：＿＿＿＿＿＿＿＿

品牌：＿＿＿＿＿＿＿＿　　规格型号：＿＿＿＿＿＿＿＿

采购标的的技术要求、商务要求具体见附件。

①涉及信息类产品，请填写该产品关键部件的品牌、型号：

标的名称：＿＿＿＿＿＿＿＿

关键部件：＿＿＿＿＿＿　　品牌：＿＿＿＿＿＿　　型号：＿＿＿＿＿＿

关键部件：＿＿＿＿＿＿　　品牌：＿＿＿＿＿＿　　型号：＿＿＿＿＿＿

关键部件：＿＿＿＿＿＿　　品牌：＿＿＿＿＿＿　　型号：＿＿＿＿＿＿

（注：关键部件是指财政部会同有关部门发布的政府采购需求标准规定的需要通过国家有关部门指定的测评机构开展的安全可靠测评的软硬件，如CPU芯片、操作系统、数据库等。）

②涉及车辆采购，请填写是否属于新能源汽车：

• 是，《政府采购品目分类目录》底级品目名称：＿＿＿＿＿＿＿＿数量：＿＿＿＿全额：＿＿＿＿

• 否

（4）政府采购组织形式：□政府集中采购　□部门集中采购　□分散采购

（5）政府采购方式：□公开招标　□邀请招标　□竞争性谈判　□竞争性磋商　□询价　□单一来源　□框架协议　□其他：＿＿＿＿＿＿＿＿

（注：在框架协议采购的第二阶段，可选择使用该合同文本）

（6）中标（成交）采购标的制造商是否为中小企业：□是　□否

本合同是否为专门面向中小企业的采购合同（中小企业预留合同）：

□是　□否

若本项目不专门面向中小企业采购，是否给予小微企业评审优惠：

□是　□否

中标（成交）采购标的制造商是否为残疾人福利性单位：□是　□否

中标（成交）采购标的制造商是否为监狱企业：□是　□否

（7）合同是否分包：□是　□否

分包主要内容：＿＿＿＿＿＿＿＿

分包供应商／制造商名称（如果供应商和制造商不同，请分别填写）：

＿＿＿＿＿＿＿＿＿＿＿＿＿＿＿＿＿＿＿＿＿＿＿＿＿＿＿＿＿＿＿＿＿＿＿＿

分包供应商／制造商类型（如果供应商和制造商不同，只填写制造商类型）：

• □大型企业　□中型企业　□小微型企业

- □残疾人福利性单位 □监狱企业 □其他

（8）中标（成交）供应商是否为外商投资企业：□是 □否

外商投资企业类型：□全部由外国投资者投资 □部分由外国投资者投资

（9）是否涉及进口产品：

□是，《政府采购品目分类目录》底级品目名称：_____ 金额：_____

国别：_____ 品牌：_____ 规格型号：_____

□否

（10）是否涉及节能产品：

- 是，《节能产品政府采购品目清单》的底级品目名称：_____
- □强制采购 □优先采购
- 否

是否涉及环境标志产品：

- 是，《环境标志产品政府采购品目清单》的底级品目名称：_____
- □强制采购 □优先采购
- 否

是否涉及绿色产品：

- 是，绿色产品政府采购相关政策确定的底级品目名称：_____
- □强制采购 □优先采购
- 否

（11）涉及商品包装和快递包装的，是否参考《商品包装政府采购需求标准（试行）》《快递包装政府采购需求标准（试行）》明确产品及相关快递服务的具体包装要求：

□是 □否 □不涉及

2.合同金额

（1）合同金额小写：_____

大写：_____

分包金额（如有）小写：_____

大写：_____

（注：固定单价合同应填写单价和最高限价）

（2）合同定价方式（采用组合定价方式的，可以勾选多项）：

□固定总价 □固定单价 □固定费率 □成本补偿 □绩效激励
□其他

（3）付款方式（按项目实际勾选填写）：

• 全额付款：＿＿＿＿＿＿（应明确一次性支付合同款项的条件）

• 分期付款：＿＿＿＿＿＿（应明确分期支付合同款项的各期比例和支付条件，各期支付条件应与分期履约验收情况挂钩），其中涉及预付款的：＿＿＿＿＿＿（应明确预付款的支付比例和支付条件）

• 成本补偿：＿＿＿＿＿＿（应明确按照成本补偿方式的支付方式和支付条件）

• 绩效激励：＿＿＿＿＿＿（应明确按照绩效激励方式的支付方式和支付条件）

3. 合同履行

（1）起始日期：＿＿＿年＿＿月＿＿日，完成日期：＿＿＿年＿＿月＿＿日。

（2）履约地点：＿＿＿＿＿＿

（3）履约担保：是否收取履约保证金：□是　□否

收取履约保证金形式：＿＿＿＿＿＿

收取履约保证金金额：＿＿＿＿＿＿

履约担保期限：＿＿＿＿＿＿

（4）分期履行要求：＿＿＿＿＿＿

（5）风险处置措施和替代方案：＿＿＿＿＿＿

4. 合同验收

（1）验收组织方式：□自行组织　□委托第三方组织

验收主体：＿＿＿＿＿＿

是否邀请本项目的其他供应商参加验收：□是　□否

是否邀请专家参加验收：□是　□否

是否邀请服务对象参加验收：□是　□否

是否邀请第三方检测机构参加验收：□是　□否

是否进行抽查检测：□是，抽查比例：＿＿＿＿＿＿　□否

是否存在破坏性检测：□是，（应明确对被破坏的检测产品的处理方式）
□否

验收组织的其他事项：＿＿＿＿＿＿

（2）履约验收时间：（计划于何时验收/供应商提出验收申请之日起＿＿日内组织验收）

（3）履约验收方式：□一次性验收

□分期/分项验收：＿＿＿＿＿＿（应明确分期/分项验收的工作安排）

（4）履约验收程序：＿＿＿＿＿＿

（5）履约验收的内容：＿＿＿＿＿＿（应当包括每一项技术和商务要求的履约情况，特别是落实政府采购扶持中小企业，支持绿色发展和乡村振兴

等政策情况）

（6）履约验收标准：_____

（7）是否以采购活动中供应商提供的样品作为参考：□是　□否

（8）履约验收其他事项：_____（产权过户登记等）

5.组成合同的文件

本协议书与下列文件一起构成合同文件，如下述文件之间有任何抵触、矛盾或歧义，应按以下顺序解释：

（1）政府采购合同协议书及其变更、补充协议。

（2）政府采购合同专用条款。

（3）政府采购合同通用条款。

（4）中标（成交）通知书。

（5）投标（响应）文件。

（6）采购文件。

（7）有关技术文件、图纸。

（8）国家法律、行政法规和规章制度规定或合同约定的作为合同组成部分的其他文件。

6.合同生效

本合同自_____生效。

7.合同份数

本合同一式____份，甲方执____份，乙方执____份，均具有同等法律效力。

合同订立时间：____年__月__日

合同订立地点：_____

附件：具体标的及其技术要求和商务要求、联合协议、分包意向协议等。

甲方（采购人、受采购人委托签订合同的单位或采购文件约定的合同甲方）		乙方（供应商）	
单位名称（公章或合同章）		单位名称（公章或合同章）	
法定代表人或其委托代理人（签章）		法定代表人或其委托代理人（签章）	
		拥有者性别	
住　所		住　所	
联 系 人		联 系 人	
联系电话		联系电话	
通信地址		通信地址	

甲方（采购人、受采购人委托签订合同的单位或采购文件约定的合同甲方）		乙方（供应商）	
邮政编码		邮政编码	
电子邮箱		电子邮箱	
统一社会信用代码		统一社会信用代码	
		开户名称	
		开户银行	
		银行账号	

注：涉及联合体或其他合同主体的信息应按上表格式加列。

第二节 政府采购合同通用条款

1. 定义

1.1 合同当事人

（1）采购人（以下称甲方）是指使用财政性资金，通过政府采购方式向供应商购买货物及其相关服务的国家机关、事业单位、团体组织。

（2）供应商（以下称乙方）是指参加政府采购活动并且中标（成交），向采购人提供合同约定的货物及其相关服务的法人、非法人组织或者自然人。

（3）其他合同主体是指除采购人和供应商以外，依法参与合同缔结或履行，享有权利、承担义务的合同当事人。

1.2 本合同相关术语解释如下。

（1）合同系指合同当事人意思表示达成一致的任何协议，包括签署的政府采购合同协议书及其变更、补充协议，政府采购合同专用条款，政府采购合同通用条款，中标（成交）通知书，投标（响应）文件，采购文件，有关技术文件和图纸，以及国家法律、行政法规和规章制度规定或合同约定的作为合同组成部分的其他文件。

（2）合同价款系指根据本合同规定，乙方在全面履行合同义务后，甲方应支付给乙方的价款。

（3）货物系指乙方根据本合同规定，需向甲方提供的各种形态和种类的物品，包括原材料、设备、产品（包括软件），以及相关的备品备件、工具、手册、其他技术资料和材料等。

（4）相关服务系指根据合同规定，乙方应提供的与货物有关的技术、管理和其他服务，包括但不限于：管理和质量保证、运输、保险、检验、现场准备、安装、集成、调试、培训、维修、废弃处置、技术支持等，以及合同中规定乙方应承担的其他义务。

（5）分包系指中标（成交）供应商按照采购文件、投标（响应）文件的规定，根据分包意向协议，将中标（成交）项目中的部分履约内容分给具有相应资质条件的供应商履行合同的行为。

（6）联合体系指由两个以上的自然人、法人或者非法人组织组成，以一个供应商的身份共同参加政府采购的主体。联合体各方应在签订合同协议书前向甲方提交联合协议，且明确牵头人及各成员单位的工作分工、权利、义务、责任，联合体各方应共同与甲方签订合同，就合同约定的事项对甲方承担连带责任。联合体具体要求见【政府采购合同专用条款】。

（7）其他术语解释，见【政府采购合同专用条款】。

2. 合同标的及金额

2.1 合同标的及金额应与中标（成交）结果一致。乙方为履行本合同而发生的所有费用均应包含在合同价款中，甲方不再另行支付其他任何费用。

3. 履行合同的时间、地点和方式

乙方应当在约定的时间、地点，按照约定方式履行合同。

4. 甲方的权利和义务

4.1 签署合同后，甲方应确定项目负责人（或项目联系人）负责与本合同有关的事务。甲方有权对乙方的履约行为进行检查，并及时确认乙方提交的事项。甲方应当配合乙方完成相关项目实施工作。

4.2 甲方有权要求乙方按时提交各阶段有关安排计划，并有权定期核对乙方提供的货物数量、规格、质量等内容。甲方有权督促乙方工作并要求乙方更换不符合要求的货物。

4.3 甲方有权要求乙方对缺陷部分货物予以修复，并按合同约定享有货物保修及其他合同约定的权利。

4.4 甲方应当按照合同约定及时对交付的货物进行验收，未在【政府采购合同专用条款】约定的期限内对乙方履约提出任何异议或者向乙方作出任何说明的，视为验收通过。

4.5 甲方应当根据合同约定及时向乙方支付合同价款，不得以内部人员变更、履行内部付款流程等为由，拒绝或迟延支付。

4.6 国家法律法规规定及【政府采购合同专用条款】约定应由甲方承担的其他义务和责任。

5. 乙方的权利和义务

5.1 签署合同后，乙方应确定项目负责人（或项目联系人）负责与本合同有关的事务。

5.2 乙方应按照合同要求履约，合理安排，确保提供的货物及相关服务符合合同有关要求。接受项目行业管理部门及政府有关部门的指导，配合甲方的履约检查及验收，并负责项目实施过程中的所有协调工作。

5.3 乙方有权根据合同约定向甲方收取合同价款。

5.4 国家法律法规规定及【政府采购合同专用条款】约定应由乙方承担的其他义务和责任。

6. 合同履行

6.1 甲、乙双方应当按照【政府采购合同专用条款】约定顺序履行合同义务；如果没有先后顺序的，应当同时履行。

6.2 甲、乙双方按照合同约定顺序履行合同义务时，应当先履行一方未履行的，后履行一方有权拒绝其履行请求。先履行一方履行不符合约定的，后履行一方有权拒绝其相应的履行请求。

7. 货物包装、运输、保险和交付要求

7.1 本合同涉及商品包装、快递包装的，除【政府采购合同专用条款】另有约定外，包装应满足远距离运输、防潮、防震、防锈和防野蛮装卸等要求，确保货物安全无损地运抵【政府采购合同专用条款】约定的指定现场。

7.2 除【政府采购合同专用条款】另有约定外，乙方负责办理将货物运抵本合同规定的交货地点的一切运输事项，相关费用应包含在合同价款中。

7.3 货物保险要求按【政府采购合同专用条款】规定执行。

7.4 除采购活动对商品包装、快递包装达成具体约定外，乙方提供产品及相关快递服务涉及具体包装要求的，应不低于《商品包装政府采购需求标准（试行）》《快递包装政府采购需求标准（试行）》规定的标准，并作为履约验收的内容，必要时甲方可以要求乙方在履约验收环节出具检测报告。

7.5 乙方在运输到达之前应提前通知甲方，并提示货物运输装卸的注意事项，甲方配合乙方做好货物的接收工作。

7.6 如因包装、运输问题导致货物损毁、丢失或者品质下降，甲方有权要求降价、换货、拒收部分或整批货物，由此产生的费用和损失，均由乙方承担。

8. 质量标准和质量保证

8.1 质量标准

（1）本合同下提供的货物应符合合同约定的品牌、规格型号、技术性能、配置、质量、数量等要求。质量要求不明确的，按照强制性国家标准履行；没有强制性国家标准的，按照推荐性国家标准履行；没有推荐性国家标准的，按照行业标准履行；没有国家标准、行业标准的，按照通常标准或者符合合同目的的特定标准履行。

（2）采用中华人民共和国法定计量单位。

（3）乙方所提供的货物应符合国家有关安全、环保、卫生的规定。

（4）乙方应向甲方提交所提供货物的技术文件，包括相应的中文技术文件，如产品目录、图纸、操作手册、使用说明、维护手册或服务指南等。上述文件应包装好随货物一同发运。

8.2 质量保证

（1）乙方应保证提供的货物完全符合合同规定的质量、规格和性能要求。乙方应保证货物在正确安装、正常使用和保养条件下，在其使用寿命期内具备合同约定的性能。存在质量保证期的，货物最终交付验收合格后在【政府采购合同专用条款】规定或乙方书面承诺（两者以较长的时间为准）的质量保证期内，本保证保持有效。

（2）在质量保证期内所发现的缺陷，甲方应尽快以书面形式通知乙方。

（3）乙方收到通知后，应在【政府采购合同专用条款】规定的响应时间内以合理的速度免费维修或更换有缺陷的货物或部件。

（4）在质量保证期内，如果货物的质量或规格与合同不符，或证实货物是有缺陷的，包括潜在的缺陷或使用不符合要求的材料等，甲方可以根据本合同第15.1款规定以书面形式追究乙方的违约责任。

（5）乙方在约定的时间内未能弥补缺陷，甲方可采取必要的补救措施，但其风险和费用将由乙方承担，甲方根据合同约定对乙方行使的其他权利不受影响。

9. 权利瑕疵担保

9.1 乙方保证对其出售的货物享有合法的权利。

9.2 乙方保证在交付的货物上不存在抵押权等担保物权。

9.3 如果甲方使用上述货物构成对第三人侵权的，则由乙方承担全部责任。

10. 知识产权保护

乙方对其所销售的货物应当享有知识产权或经权利人合法授权，保证没有侵犯任何第三人的知识产权等权利。因违反前述约定对第三人构成侵权的，应当由乙方向第三人承担法律责任；甲方依法向第三人赔偿后，有权向乙方追偿。甲方有其他损失的，乙方应当赔偿。

11.保密义务

11.1 甲、乙双方对采购和合同履行过程中所获悉的国家秘密、工作秘密、商业秘密或者其他应当保密的信息均有保密义务且不受合同有效期所限，直至该信息成为公开信息。泄露、不正当地使用国家秘密、工作秘密、商业秘密或者其他应当保密的信息，应当承担相应责任。其他应当保密的信息由双方在【政府采购合同专用条款】中约定。

12.合同价款支付

12.1 合同价款支付按照国库集中支付制度及财政管理相关规定执行。

12.2 对于满足合同约定支付条件的，甲方原则上应当自收到发票后10个工作日内将资金支付到合同约定的乙方账户，不得以机构变动、人员更替、政策调整等为由迟延付款，不得将采购文件和合同中未规定的义务作为向乙方付款的条件。具体合同价款支付时间在【政府采购合同专用条款】中约定。

13.履约保证金

13.1 乙方应当以支票、汇票、本票或者金融机构、担保机构出具的保函等非现金形式提交。

13.2 如果乙方出现【政府采购合同专用条款】约定情形的，履约保证金不予退还；如果乙方未能按合同约定全面履行义务，甲方有权从履约保证金中取得补偿或赔偿，且不影响甲方要求乙方承担合同约定的超过履约保证金的违约责任的权利。

13.3 甲方在项目通过验收后按照【政府采购合同专用条款】规定的时间将履约保证金退还乙方；逾期退还的，乙方可要求甲方支付违约金，违约金按照【政府采购合同专用条款】规定支付。

14.售后服务

14.1 除项目不涉及或采购活动中明确约定无须承担外，乙方还应提供下列服务：

（1）货物的现场移动、安装、调试、启动监督及技术支持。

（2）提供货物组装和维修所需的专用工具和辅助材料。

（3）在【政府采购合同专用条款】约定的期限内对所有的货物实施运行监督、维修，但前提条件是该服务并不能免除乙方在质量保证期内所承担的义务。

（4）在制造商所在地或指定现场就货物的安装、启动、运营、维护、废弃处置等对甲方操作人员进行培训。

（5）依照法律、行政法规的规定或者按照【政府采购合同专用条款】约定，货物在有效使用年限届满后应予回收的，乙方负有自行或者委托第三人对货物予以回收的义务。

（6）【政府采购合同专用条款】规定由乙方提供的其他服务。

14.2　乙方提供的售后服务的费用已包含在合同价款中，甲方不再另行支付。

15.违约责任

15.1　质量瑕疵的违约责任

乙方提供的产品不符合合同约定的质量标准或存在产品质量缺陷，甲方有权要求乙方根据【政府采购合同专用条款】规定及时修理、重作、更换，并承担由此给甲方造成的损失。

15.2　迟延交货的违约责任

（1）乙方应按照本合同规定的时间、地点交货，并提供相关服务。在履行合同过程中，如果乙方遇到可能影响按时交货和提供服务的情形，应及时以书面形式将迟延的事实、可能迟延的期限和理由通知甲方。甲方在收到乙方通知后，应尽快对情况进行评价，并确定是否同意延长交货时间或延期提供的服务。

（2）如果乙方没有按照合同规定的时间交货和提供相关服务，甲方有权从货款中扣除误期赔偿费而不影响合同项下的其他补救方法，赔偿费按【政府采购合同专用条款】规定执行。如果涉及公共利益，且赔偿金额无法弥补公共利益损失的，甲方可要求继续履行或者采取其他补救措施。

15.3　迟延支付的违约责任

甲方存在迟延支付乙方合同款项的，应当承担【政府采购合同专用条款】规定的逾期付款利息。

15.4　其他违约责任

根据项目实际需要，按【政府采购合同专用条款】规定执行。

16.合同的变更、中止与终止

16.1　合同的变更

政府采购合同履行中，在不改变合同其他条款的前提下，甲方可以在合同价款10%的范围内追加与合同标的相同的货物，并就此与乙方协商一致后签订补充协议。

16.2　合同的中止

（1）合同履行过程中因供应商就采购文件、采购过程或结果提起投诉的，甲方认为有必要的，可以中止合同的履行。

（2）合同履行过程中，如果乙方出现以下情形之一的：①经营状况严重恶化；②转移财产、抽逃资金，以逃避债务；③丧失商业信誉；④有丧失或者可能丧失履约能力的其他情形，乙方有义务及时告知甲方。甲方有权以书面形式通知乙方中止合同并要求乙方在合理期限内消除相关情形或者提供适当担保。乙方提供适当担保的，合同继续履行。乙方在合理期限内未恢复履约能力且未提供适当担保的，视为拒绝继续履约，甲方有权解除合同并要求乙方承担由此给甲方造成的损失。

（3）乙方分立、合并或者变更住所的，应当及时以书面形式告知甲方。乙方没有及时告知甲方，致使合同履行发生困难的，甲方可以中止合同履行并要求乙方承担由此给甲方造成的损失。

（4）甲方不得以行政区划调整、政府换届、机构或者职能调整以及相关责任人更替为由中止合同。

16.3 合同的终止

（1）合同因有效期限届满而终止。

（2）乙方未按合同约定履行，构成根本性违约的，甲方有权终止合同，并追究乙方的违约责任。

16.4 涉及国家利益、社会公共利益的情形，政府采购合同继续履行将损害国家利益和社会公共利益的，双方当事人应当变更、中止或者终止合同。有过错的一方应当承担赔偿责任，双方都有过错的，各自承担相应的责任。

17. 合同分包

17.1 乙方不得将合同转包给其他供应商。涉及合同分包的，乙方应根据采购文件和投标（响应）文件规定进行合同分包。

17.2 乙方执行政府采购政策向中小企业依法分包的，乙方应当按采购文件和投标（响应）文件签订分包意向协议，分包意向协议属于本合同组成部分。

18. 不可抗力

18.1 不可抗力是指合同双方不能预见、不能避免且不能克服的客观情况。

18.2 任何一方对由于不可抗力造成的部分或全部不能履行合同的，不承担违约责任。但迟延履行后发生不可抗力的，不能免除责任。

18.3 遇有不可抗力的一方，应及时将事件情况以书面形式告知另一方，并在事件发生后及时向另一方提交合同不能履行或部分不能履行或需要延期履行的详细报告，以及证明不可抗力发生及其持续时间的证据。

19. 解决争议的方法

19.1 因本合同及合同有关事项发生的争议，由甲乙双方友好协商解决。协商不成时，可以向有关组织申请调解。合同一方或双方不愿调解或调解不成的，可以通过仲裁或诉讼的方式解决争议。

19.2 选择仲裁的，应在【政府采购合同专用条款】中明确仲裁机构及仲裁地；通过诉讼方式解决的，可以在【政府采购合同专用条款】中进一步约定选择与争议有实际联系的地点的人民法院，但管辖法院的约定不得违反级别管辖和专属管辖的规定。

19.3 如甲乙双方有争议的事项不影响合同其他部分的履行，在争议解决期间，合同其他部分应当继续履行。

20.政府采购政策

20.1 本合同应当按照规定执行政府采购政策。

20.2 本合同依法执行政府采购政策的方式和内容，属于合同履约验收的范围。甲乙双方未按规定要求执行政府采购政策造成损失的，有过错的一方应当承担赔偿责任，双方都有过错的，各自承担相应的责任。

20.3 对于为落实中小企业支持政策，通过采购项目整体预留、设置采购包专门预留、要求以联合体形式参加或者合同分包等方式签订的采购合同，应当明确标注本合同为中小企业预留合同。其中，要求以联合体形式参加采购活动或者合同分包的，必须将联合协议或者分包意向协议作为采购合同的组成部分。

21.法律适用

21.1 本合同的订立、生效、解释、履行及与本合同有关的争议，均适用法律、行政法规。

21.2 本合同的条款与法律、行政法规的强制性规定不一致时，双方当事人应按照法律、行政法规的强制性规定修改本合同的相关条款。

22.通知

22.1 本合同任何一方向对方发出的通知、信件、数据电文等，应当发送至本合同第一部分《政府采购合同协议书》所约定的通信地址、联系人、联系电话或电子邮箱。

22.2 一方当事人变更名称、住所、联系人、联系电话或电子邮箱等信息的，应当在变更后3日内及时书面通知对方，对方实际收到变更通知前送达的仍为有效送达。

22.3 本合同一方给另一方的通知均应采用书面形式，传真或快递送到本合同中规定的对方地址并办理签收手续。

22.4 通知以送达之日或通知书中规定的生效之日起生效，两者中以较迟之日为准。

23.合同未尽事项

23.1 合同未尽事项见【政府采购合同专用条款】。

23.2 合同附件与合同正文具有同等的法律效力。

第三节 政府采购合同专用条款

第二节 第1.2款第(6)项	联合体具体要求	
第二节 第1.2款第(7)项	其他术语解释	
第二节 第4.4款	履约验收中甲方提出异议或作出说明的期限	
第二节 第4.6款	约定甲方承担的其他义务和责任	
第二节 第5.4款	约定乙方承担的其他义务和责任	
第二节 第6.1款	履行合同义务的顺序	
第二节 第7.1款	包装特殊要求 指定现场	
第二节 第7.2款	运输特殊要求	
第二节 第7.3款	保险要求	
第二节 第8.2款第(1)项	质量保证期	
第二节 第8.2款第(3)项	货物质量缺陷 响应时间	
第二节 第11.1款	其他应当保密的信息	
第二节 第12.2款	合同价款支付时间	
第二节 第13.2款	履约保证金不予退还的情形	
第二节 第13.3款	履约保证金退还时间及逾期退还的违约金	

第二节 第14.1款第(3)项	运行监督、维修期限	
第二节 第14.1款第(5)项	货物回收的约定	
第二节 第14.1款第(6)项	乙方提供的其他服务	
第二节 第15.1款	修理、重作、更换相关具体规定	
第二节 第15.2款第(2)项	迟延交货赔偿费	
第二节 第15.3款	逾期付款利息	
第二节 第15.4款	其他违约责任	
第二节 第19.2款	解决争议的方法	因本合同及合同有关事项发生的争议，按下列第____种方式解决： （1）向_____仲裁委员会申请仲裁，仲裁地点为_____； （2）向_____人民法院起诉。
第二节 第23.1款	其他专用条款	

第三节　政府采购合同的履约验收及合同支付

一、政府采购履约验收的主体及责任

政府采购履约验收是政府采购活动中保证采购质量的关键一步，必须"立好规矩"才能真正践行物有所值理念。近年来，各地区、各部门高度重视政府采购履约验收管理工作，依法加强政府采购履约验收管理是深化政府采购制度改革、提高政府采购效率和质量的重要保证。严格规范开展履约验收是加强政府采购结果管理的重要举措，是保证采购质量、开展绩效评价、形成闭环管理的重要环节，对实现采购与预算、资产及财务等管理工作协调联动具有重要意义。

采购人是政府采购项目履约验收工作的责任主体。采购人应当加强内控管理，健全内控管理体系；明确验收机制，规范项目验收程序；履行验收义务，完善项目验收内容；确定验收结论，及时处理项目验收中发现的问题，向财政部门反映供应商违约失信行为。

对技术复杂、专业性强或者采购人履约验收能力不能满足工作需要的项目，采购人可以委托采购代理机构组织验收项目。委托事项应当在委托代理协议中予以明确，但不得因委托而转移或者免除采购人项目验收的主体责任。采购代理机构应当在委托代理协议范围内协助采购人组织项目验收工作，协调解决项目验收中出现的问题，及时向采购人反映履约异常情形及供应商违约失信行为等。发现采购人存在违约失信行为的，应当提醒采购人纠正，拒不纠正的，应当书面报告财政部门。

尽管履约验收并非完全属于采购人的责任，但无论采购代理机构是否参与项目验收，采购人都是政府采购项目的责任主体。而采购代理机构在政府采购项目履约验收中起协助和协调作用。

其中，供应商作为项目的执行者，在项目验收中也扮演着非常重要的角色。供应商应当配合采购人、采购代理机构做好项目验收工作，提供与项目验收相关的生产、技术、服务、数量、质量、安全等资料，提高项目验收的规范性与效率。

各级人民政府财政部门作为监管部门，应依法履行对政府采购履约验收活动监督管理职责，建立完善履约验收监管体系，督导采购人严格履行验收义务，适时开展专项检查，依法查处违法违规、违约失信等行为。

二、政府采购履约验收的要求

根据《关于进一步加强政府采购需求和履约验收管理的指导意见》（财库〔2016〕205号）相关规定，采购人应当规范开展履约验收：

（1）依法组织履约验收工作。采购人应当根据采购项目的具体情况，自行组织项目验收或者委托采购代理机构验收。大型或者复杂的政府采购项目，应当邀请国家认可的质量检测机构参加验收工作。验收方成员应当在验收书上签字，并承担相应的法律责任。采购人委托采购代理机构进行履约验收的，应当对验收结果进行书面确认。

（2）完整细化编制验收方案。采购人或其委托的采购代理机构应当根据项目特点制定验收方案，明确履约验收的时间、方式、程序等内容。技术复杂、社会影响较大的货物类项目，可以根据需要设置出厂检验、到货检验、安装调试检验、配套服务检验等多重验收环节；服务类项目，可根据项目特点对服务期内的服务实施情况进行分期考核，结合考核情况和服务效果进行验收；工程类项目，应当按照行业管理部门规定的标准、方法和内容进行验收。

（3）完善验收方式。对于采购人和使用人分离的采购项目，应当邀请实际使用人参与验收。采购人、采购代理机构可以邀请参加本项目的其他供应商或第三方专业机构及专家参与验收，相关验收意见作为验收书的参考资料。政府向社会公众提供的公共服务项目，验收时应当邀请服务对象参与并出具意见，验收结果应当向社会公告。

（4）严格按照采购合同开展履约验收。采购人或者采购代理机构应当成立验收小组，按照采购合同的约定对供应商的履约情况进行验收。验收时，应当按照采购合同的约定对每一项技术、服务、安全标准的履约情况进行确认。验收结束后，应当出具验收书，列明各项标准的验收情况及项目总体评价，由验收双方共同签署。验收结果应当与采购合同约定的资金支付及履约保证金返还条件挂钩。履约验收的各项资料应当存档备查。

（5）严格落实履约验收责任。验收合格的项目，采购人应当根据采购合同的约定及时向供应商支付采购资金、退还履约保证金。验收不合格的项目，采购人应当依法及时处理。采购合同的履行、违约责任和解决争议的方式等适用《中华人民共和国合同法》（2021年1月1日起，《合同法》被编入《民法典》）。供应商在履约过程中有政府采购法律法规规定的违法违规情形的，采购人应当及时报告本级财政部门。

加大依法采购、依法验收宣传力度，转变采购人对政府采购的一些误区，强化采购人是政府采购合同履约验收工作的责任主体，进一步理清采购人、供应商、采购代理机构等各方履约验收的职责，切实承担起依法验收的责任。采购人应落实责任部门、责任人负责政府采购事宜。监管部门、采购人要加强业务人员的教育培训，增强其法律意识和提高业务操作水平，并建立一套完善的管理考核制度，提高业务人员的素质和能力。责任和业务能力齐头并进，从而把履约验收工作落到实处。

三、政府采购履约验收的程序及要求

合同履行达到验收条件时，供应商向采购人发出项目验收建议。采购人应当在收到建议后启动项目验收，并通知供应商。项目履约验收应方案合理、程序规范。政府采购项目主要验收程序如下。

（一）成立履约验收小组

采购人在执行政府采购项目履约验收时，首先应当成立政府采购项目验收小组，负责项目验收具体工作，出具验收意见，并对验收意见负责。验收小组可由使用部门、审计部门、财务部门、资产管理部门等单位内部人员或其他专业技术人员等组成。验收小组成员由采购人自行选择，可以从本单位指定，也可以从同领域其他单位、参加本项目的其他供应商或者第三方专业机构及专家等邀请。

对于大型或复杂的采购项目或依法需要国家相关职能部门检测的项目，应当邀请国家认可的质量检测机构参加验收工作或国家相关职能部门的人员参加验收工作并出具意见。政府向社会提供的公共服务项目,验收时应当邀请服务对象参加验收工作并出具意见。

自行委托专家参加验收工作的,应对专家的真实性、合法性承担责任。验收专家必须符合政府采购评审专家要求并具备验收项目所需的相应专业资质。

验收小组应当认真履行项目验收职责,确保项目验收意见客观、真实反映合同履行情况。验收小组应当在实施验收前全面掌握项目采购需求、验收清单和标准,项目的技术规定要求和中标、成交供应商的响应承诺等情况,以及合同明确约定的要求,并做好验收所需要的其他准备工作。

(二)制定履约验收方案

根据《政府采购需求管理办法》(财库〔2021〕22号)的规定,履约验收方案应当在合同中约定。在组织验收前,验收组织机构可以视具体情况根据合同中约定的履约验收方案进一步细化完善具体验收工作方案。

履约方案包括项目基本情况、验收组织机构、项目验收方式、验收流程和时间、验收内容及标准等内容。其中项目验收方式应当符合项目特点,对一次性整体验收不能反映履约情况的项目,应当采取分段、分期验收的方式,科学设置分段节点,分别制定验收方案并实施验收。验收内容要包括每一项技术和商务要求的履约情况,客观反映货物供给、工程施工和服务承接完成情况,货物类项目应当包括出厂检验、到货检验、安装调试检验及配套服务检验等多重验收环节。工程类项目应当包括施工内容、施工用料、施工进程、施工工艺、质量安全等。服务类项目应当包括服务对象覆盖面、服务事项满意度、服务承诺实现程度和稳定性等。验收标准要包括所有客观、量化指标。不能明确客观标准、涉及主观判断的,可以通过在采购人、使用人中开展问卷调查等方式,转化为客观、量化的验收标准。

验收方案制定的质量、完善程度,是验收工作的关键所在,是后续开展验收工作能否顺利、高效进行的前提条件。

请看下面案例。

《履约验收方案》编制大纲

一、项目基本情况

1.项目名称

2.项目采购人

3.项目中标供应商

4.项目采购内容

5.项目实施时间

二、成立验收小组及成员情况

1.验收小组组成

2.验收小组成员

三、验收时间及验收地点

1.验收时间

2.验收地点

四、验收内容

五、验收流程

六、验收指标及标准

附件1-1 履约验收方案内容和方法

一、项目基本情况

1.项目名称

2.项目采购人

3.项目中标供应商

4.项目采购内容

货物项目采购内容：设备名称、主要参数和采购数量。

服务项目采购内容：服务内容。

5.项目实施时间

包括但不限于合同签订时间、合同规定完成时间、项目实际完成时间等。

二、成立验收小组及成员情况

验收小组的组成、选定险收小组的原因及验收小组各成员的基本情况。

如为大型、复杂的项目，请注明是否有专业的验收检测机构参与验收。

如为向社会公众提供服务的项目，请注明是否有验收服务对象参与验收。

三、验收时间及验收地点

验收计划时间和地点，若为分段或分期验收，需描述各阶段或各期验收的时间安排。

四、验收内容

项目验收内容应当具体，形成详细的验收清单，客观反映货物供给、工程施工和服务承接完结等情况。复杂设备应当包括出厂检验、到货检验、安装调试检验及相关服务检验等。服务类项目应当包括服务对象覆盖面、服务事项满意度、服务承诺实现程度和稳定性等。

五、验收流程

描述从实施验收准备、正式实施验收到出具履约验收结论的程序（包括但不限于听取采购人、供应商对项目实施情况的汇报，现场查看使用情况、运行安全情况、技术保障情况等）。

对于货物类和服务类，可采用不同的验收办法实施验收。

（一）货物类

1.外观检查

（1）检查货物内外包装是否完好，有无破损、碰伤、浸湿、受潮、变形等情况。

（2）检查包装箱上的标志、名称、型号是否与采购的品牌相同。

（3）检查货物设备及其配件、附件外表有无破损、锈蚀、碰伤等。

（4）检查特殊设备时，要依据设备的特性和合同要求及相关国家、行业、企业标准进行外观检查。

项目检查时若发现上述问题，应做详细记录，并拍照留证。

2.数量验收

（1）以供货合同和装箱单为依据，逐件核对货物及其配件、附件的数量，并检查货物的名称、型号、规格、生产厂家、尺寸、材质是否与合同和装箱单的一致。

（2）检查是否有检验证、保修证、使用说明书、操作手册、检修手册、产品合格证、原始装箱配置清单并加盖的制造商供货专用章。

数量验收时要认真做好记录，写明验收地点、验收时间、参加人员、箱号、品名、应到和实到数量。

3.质量验收

（1）要严格按照合同条款、使用说明书、操作手册的规定和程序进行安装并试机。

（2）对照合同条款上的技术参数指标、使用说明书进行各种技术参数测试，检查货物的技术指标和性能是否达到要求（出具验收数据单）。

（3）进口设备的验收按工商质检部门的有关规定进行。合同规定由外商安装调试的，必须由外商派人员来现场共同开箱验收、安装、测试，安装调试合格后方可签署验收文件。

（4）关于设备使用人员的培训，必须保证使用人员能正确操作、进行基本养护、处理一般问题。

（5）特殊、特种设备应根据国家相关规定进行验收。

质量验收时要认真做好记录，若设备出现质量问题，应将详细情况书面通知供货单位，视情况决定是否退货、更换或要求供货单位派人员检修。

4.技术繁杂、社会影响较大的货物项目

技术繁杂、社会影响较大的货物项目，采购人或者采购代理机构可以根据需要设置出厂检验、到货检验、安装调试检验、配套服务检验等多重验收环节。

（二）服务类

对服务质量、服务进展、服务人员配备、服务承诺兑现及服务安全等履约情况逐项进行评价。

1.物业、安保人员服务类项目

根据合同约定，核对人员实际到岗数量、工资待遇、人员证书等资料，由用户单位及相关部门提供服务质量报告。

2.出版物、广告宣传、设计类服务项目

根据合同约定，提供出版物、广告、设计等成品，并检验是否达到预期效果及合同约定的其他相关内容。

3.咨询、审计、委托代理类服务项目

根据合同约定，核对服务时数、人员配备、服务效果、客户满意度及合同约定的其他相关内容。

4.技防、信息化建设类服务项目

根据合同约定，召开验收会，会上需提供完整的验收文档材料，并通过现场验收实测技防、信息化建设的实际使用效果等。

六、验收指标及标准

项目验收标准应当符合采购合同约定，未进行相应约定的，应当符合国家强制性规定、政策要求、安全标准、行业标准或企业有关标准等。

（三）开展履约验收活动

供应商提供项目验收相关技术资料、合格证明以及验收所必须具备的其他材料，并协助验收组织机构开展验收。验收小组应当根据事先拟定的验收工作方案，对供应商提供的货物、工程或者服务按照招标（采购）文件、投标（响应）文件、封存样品、政府采购合同逐一进行核对、验收，并做好验收记录。验收工作由采购人组织，验收小组负责，供应商配合。验收工作应完整、公开合理，必要时应抽样并送交具备资质的第三方检测机构进行检验。

验收小组应按照拟定的验收工作方案及时做好验收前准备，依据政府采购合同、采购文件、投标（响应）文件、封存样品等规定的技术、服务、安全标准对供应商提供的货物、服务或工程进行验收。

标准定制的货物和通用的服务采购项目可以采用抽检方式进行验收。验收时，应当按照采购文件、投标（响应）文件、封存样品、政府采购合同约定对每一项技术、服务、安全标准的履约情况逐一进行核对、验收，并做好验收记录，政府向社会公众提供的公共服务项目，还应记录好服务对象出具的意见。

验收过程中，验收小组成员应认真做好个人验收记录，提出个人验收意见，个人验收意见作为验收报告的依据。验收小组在个人验收意见的基础上形成履约验收书。对需要共同认定的存在争议的事项，按照少数服从多数的原则得出履约验收结论，并签字确认。验收小组成员对验收有异议的，可在履约验收书上签署不同意见，并说明理由。

对于大型或复杂、关系到生命财产安全、社会关注度高的采购项目，验收组织机构应当邀请国家认可的质量检测机构参与验收，按照专业检测程序和时限完成验收工作后出具检测报告，在验收书上签署意见并加盖单位公章。政府向社会公众提供的公共服务项目，应当邀请服务对象参与验收并出具意见。

（四）出具履约验收报告

履约验收结束后，根据采购项目实际情况、履约验收过程、履约验收情况及验收结论等编制项目履约验收报告，也称履约验收书。

履约验收报告应包括：实施项目验收过程基本情况陈述，供应商对合同规定的每一项技术、服务、安全标准等履行情况，与政府采购合同约定的权利、义务比较情况，验收结论性意见等。验收小组成员应当在验收书上签字确认，对自己的验收结论承担法律责任。验收小组成员对验收结论存在争议的，应当按照少数服从多数的原则得出结论。有异议的验收小组成员应当在验收书上签署不同的意见并说明理由，否则视为同意验收结论。委托第三方检测的，需附上检测报告。分期验收的项目，需附上相应资料。

采购人应当根据验收结果明确验收意见并盖章确认（验收结果若与采购合同不一致，采购人应当根据验收意见中载明的具体偏差内容和处置建议，研究确定验收意见并加盖公章）。

对网上商城以及其他金额较小或者技术简单的项目，可以适当简化前述验收流程，由采购人指定本单位熟悉项目需求与标的的工作人员，对合同约定的技术、服务、安全标准等内容进行验收，提出项目验收意见，并由采购人确认。将项目履约验收合格作为支付采购资金和退还履约保证金的重要依据和必要条件。

对于验收结果不合格的项目，采购人应责令供应商采取补救措施，向供应商发出整改通知书，整改完成后，由供应商通知采购人重新验收。重新验收仍然不合格的，采购人应当按照合同约定追究供应商的违约责任。对于验收结果部分不合格的项目，不影响整体使用的，经采购人同意，可以先将合格的部分交付使用并支付相应部分的采购资金。若验收结果合格，应按照合同约定支付价款。对于验收结果不合格的项目，若可经过整改合格，应当给予限期整改的机会。

请看下面的案例。

《履约验收报告》编制大纲

第一章 项目概述

一、项目概况

1.项目名称

2.项目类型

3.项目采购人

4.项目中标供应商

5.项目采购内容

6.项目采购预算

7.项目实施时间

二、项目采购需求

1.招标文件约定

2.投标文件承诺

3.合同约定

第二章 履约验收实施情况

一、履约验收时间及地点

1.履约验收时间

2.履约验收地点

二、履约验收小组组成

1.履约验收组织机构

2.履约验收小组成员

三、履约验收实施流程

实施验收过程基本情况陈述。

第三章 项目履约情况

第四章 履约验收结论

1.验收小组的个人验收记录及意见

2.验收结论性意见

第五章 履约验收改进意见及建议

附件一：验收小组签到表

附件二：验收小组个人意见记录表

附件三：其他材料（如特定货物项目的第三方机构检测报告、公共服务项目服务对象出具的意见等）

（五）公告履约验收结果（如需）

《政府采购法实施条例》第四十五条规定，政府向社会公众提供的公共服务项目，验收时应当邀请服务对象参与并出具意见，验收结果也应当向社会公告。

公共服务项目验收结果公告

一、合同编号：＿＿＿＿＿＿＿＿＿＿＿＿＿

二、合同名称：＿＿＿＿＿＿＿＿＿＿＿＿＿

三、项目编号（或招标编号、政府采购计划编号、采购计划备案文号等，如有）：＿＿＿＿＿＿＿＿＿＿＿＿＿

四、项目名称：＿＿＿＿＿＿＿＿＿＿＿＿＿

五、合同主体

采购人（甲方）：＿＿＿＿＿＿＿＿＿＿＿＿＿

地址：＿＿＿＿＿＿＿＿＿＿＿＿＿

联系方式：＿＿＿＿＿＿＿＿＿＿＿＿＿

供应商（乙方）：＿＿＿＿＿＿＿＿＿＿＿＿＿

地址：＿＿＿＿＿＿＿＿＿＿＿＿＿

联系方式：＿＿＿＿＿＿＿＿＿＿＿＿＿

六、合同主要信息

服务内容：＿＿＿＿＿＿＿＿＿＿＿＿＿

服务要求：＿＿＿＿＿＿＿＿＿＿＿＿＿

服务期限：＿＿＿＿＿＿＿＿＿＿＿＿＿

服务地点：＿＿＿＿＿＿＿＿＿＿＿＿＿

七、验收日期：＿＿＿＿＿＿＿＿＿＿＿＿＿

八、验收组成员（应当邀请服务对象参与）：＿＿＿＿＿＿＿＿＿＿＿＿＿

九、验收意见：＿＿＿＿＿＿＿＿＿＿＿＿＿

十、其他补充事宜：＿＿＿＿＿＿＿＿＿＿＿＿＿

选自财政部办公厅《关于印发〈政府采购公告和公示信息格式规范（2020年版）〉的通知》（财办库〔2020〕50号）

（六）资料备案与归档

采购项目完成验收后，采购人应当整理验收申请、验收方案、采购合同、验收记录、检测报告、验收书等资料，再将其作为该采购项目档案并妥善保管，不得伪造、变造、隐匿或者销毁，验收资料保存期为从验收结束之日起十五年。

请看下面的案例。

某动物疫苗采购项目（货物类）验收工作方案

根据财政部《关于进一步加强政府采购需求和履约验收管理的指导意见》（财库〔2016〕205号）相关规定，结合动物防疫工作情况，编制动物疫苗验收工作方案。

一、验收依据

（1）《政府采购法》及《政府采购法实施条例》；

（2）本项目政府采购合同；

（3）本项目招标文件；

（4）中标供应商的投标文件；

（5）政府采购合同履行过程中的往来文件等。

二、验收内容

（1）产品供货品种、数量是否按照调拨单执行；

（2）产品供货过程中相关记录是否规范、完整，相关材料是否客观、真实、可追溯；

（3）中标供应商提供的疫苗技术指标是否按照投标文件中响应的技术参数执行；

（4）中标供应商增值服务承诺履行情况；

（5）服务对象的反馈意见。

三、验收方式

（1）现场验收。由第三方机构组织验收小组，在疫苗调拨期间开展货物接收现场验收工作。

（2）企业自查。中标供应商开展合同履约自查工作。

（3）管理部门审查。管理部门根据合同要求、《疫苗调拨通知单》、疫苗供应过程中的相关记录、中标供应商的自查报告等，对各中标供应商的合同履约情况进行审查。

（4）使用单位评价。根据"采购人和使用人分离的采购项目应当邀请实际使用人参与验收"的规定，各使用单位对供货企业项目履约情况作出评价，对产品使用效果出具检测报告。

（5）专家集中验收。在秋防结束后，适时组织有关专家对防疫物资采购项目在合同签订、合同履约、产品验收、疫苗质量和售后服务等方面进行综合评价，及时发现问题，做好与供货企业的沟通，在后续的供货和服务中加以改进。

四、组织形式

根据采购人的委托，疫苗验收工作由第三方机构×××公司来组织进行，采购人全程参与，具体安排如下。

（1）省内各地动物防疫部门按照招标文件上的技术规格要求和国家有关质量标准对疫苗及标识产品的质量进行货物接收验收；

（2）疫苗及标识产品接收单位按照要求办理交货入库手续、交货验收工作；

（3）×××公司会同采购人组织现场验收小组，具体开展现场验收工作，验收小组原则上要有疫苗使用方所在地的市县动物疫病预防控制中心的专家参加；

（4）疫苗及标识产品接收单位和使用单位就供货企业提供的产品进行综合评价（如疫苗免疫效果评估）；

（5）组织部分疫苗及标识产品接收单位和使用单位召开座谈会，对供货企业的供货、产品使用情况及售后服务等方面征集意见；

（6）在秋防结束后，适时组织有关专家对防疫物资采购项目在合同签订、合同履约、产品验收、疫苗质量和售后服务等方面进行综合评审，并给予验收意见。

五、现场验收时间

疫苗现场验收时间定于××××年××月××日至××××年××月××日。

六、现场验收人员安排

验收小组人员安排：每组采购人代表1人、使用部门代表1人、第三方机构代表1人、社会专家2人。

七、验收工作要求

（1）疫苗验收工作应当严格按照政府采购相关法律、法规进行；

（2）各验收工作小组应当严格按照疫苗验收工作方案开展验收工作；

（3）验收过程中，各验收小组应当根据实际情况如实填写各项表格，相关签字确认手续应完备，关键时间节点、关键证据采取拍照、录像等方式进行留存并作为验收的结论依据。

某教师培训服务项目（服务类）验收工作方案

根据财政部《关于进一步加强政府采购需求和履约验收管理的指导意见》（财库〔2016〕205号）的要求，采购人应严格按照采购合同开展履约验收。验收时，应当按照采购合同的约定对每一项技术、服务标准的履约情况进行确认；验收结束后，应当出具验收意见，列明各项标准的验收情况及项目总体评价，由验收双方共同签字确认；验收结果应当与采购合同约定的资金支付及履约保证金返还条件挂钩。履约验收的各项资料应当存档备查。

现根据某教师培训服务项目政府采购合同，拟定履约验收方案如下。

一、履约验收主体及对象

（1）履约验收主体：某省教育管理部门；参与验收单位：某第三方机构。

（2）履约验收对象：某教师培训服务项目承训单位。

二、履约验收依据

（1）《中华人民共和国政府采购法》《中华人民共和国政府采购法实施条例》《关于进一步加强政府采购需求和履约验收管理的指导意见》（财库〔2016〕205号）、《政府采购需求管理办法》（财库〔2021〕22号）等法律法规。

（2）采购人与中标人签订的政府采购合同。

（3）某教师培训服务项目招标文件。

（4）中标人的投标文件。

（5）政府采购合同履行过程中的往来文件等。

三、履约验收人员安排

本项目履约验收工作小组由采购人、某第三方机构、专家小组共同组成。

四、履约验收内容

主要内容包括资料完整性、实施规范性、培训专业性、目标达成度等四个维度。

（1）资料完整性。主要审核培训项目实施方案、培训项目验收资料是否齐全。资料类型主要包括：项目申报书、绩效自评报告、实施方案、主要管理制度、培训项目开班通知、参训学员信息统计表、学员考勤与考核记载汇总统计表、授课教师情况、学员培训代表性成果、培训工作简报、生成性课程资源。

（2）实施规范性。通过查阅培训项目事前、事中、结项等资料，查验培训项目在实施阶段中的经费使用、项目管理等是否符合相关规定和要求，查验培训方式、培训课时及培训人数等情况。

（3）培训专业性。主要关注和分析培训项目实际完成的内容与项目计划实施的方案是否一致，培训需求与培训方案设计的匹配性如何，培训课程安排的专业度、逻辑性与针对性，培训师资安排等。

（4）目标达成度。主要关注培训目标达成度、学员对培训效果的认可度、培训成果凝练、培训方式创新特色、学员满意度等，项目实施是否有明显特色，是否提炼有推广价值的培训成果。

五、履约验收标准

本次履约验收的标准包括资料审查、实地调研、匿名评估、汇报评审等四个方面。

（1）资料审查。从资料完整性、培训人数完成率、资金使用合规性、项目完成时效性等四个方面进行评分，每项5分，共计20分。

（2）实地调研。从项目实施规范性、培训实施专业度、预期效果实现度等三个方面进行评分，每项10分，共计30分。

（3）匿名评估。从参训学员总体满意率、授课教师测评优良率等两个方面进行评分，其中参训学员总体满意率15分、授课教师测评优良率5分，共计20分。

（4）汇报评审。从项目实施总体情况汇报、专家总体赋分等两个方面进行评分，其中项目实施总体情况汇报10分、专家总体赋分20分，共计30分。

六、履约验收程序

（一）进度安排

由于本项目分包较多，涉及单位较多，且部分培训项目尚未实施结束，所以分批次进行验收。对已完成的项目于11月中旬完成第一次验收，剩余项目于12月中旬完成第二次验收。

（二）组织形式

根据本项目政府采购合同，履约验收工作由某第三方机构协助某省教育管理部门完成。具体安排如下。

（1）组建验收专家小组。邀请教育部及某省教师培训专家库、某省政府采购专家库中相关专业的专家组建专家小组。

（2）承训单位自查并提交材料。各承训单位在培训完成后，按要求对合同履约情况进行总结汇报，并附带证明材料，包括但不限于项目申报书、绩效自评报告、实施方案、主要管理制度、培训项目开班通知、参训学员信息统计表、学员考勤与考核记载汇总统计表、授课教师情况、学员培训代表性成果、培训工作简报、生成性课程资源等材料。某省招标股份有限公司协助项目办收集承办单位的汇报材料，并对资料的完整性、规范性进行检查。

（3）履约验收工作小组审查材料。履约验收工作小组查阅培训项目事前、事中、结项等资料，审核培训项目实施方案、培训项目验收资料是否齐全，查验培训项目在实施阶段中的经费使用、项目管理、培训方式、培训课时及培训人数等情况是否符合相关规定和要求。

（4）组织专家小组实地调研。随机抽取承训单位的培训项目，组织专家小组深入现场开展视导调研，采用现场观察、座谈、随访等方式，对项目实施情况、培训管理、培训方式、培训内容安排、专家团队、考核应用、培训效果等进行现场查验，并对项目实施规范性、培训实施专业度、预期效果实现度进行评估。

（5）履约验收工作小组审查匿名评估材料。履约验收工作小组根据项目实际需要，采用电话随访及网络问卷的方式，开展学员满意度调查，可通过相关软件获取参训学员总体满意率、授课教师测评优良率等资料进行比较。

（6）承训单位现场答辩并进行评审。组织项目承训单位就项目实施总体情况、特色经验做法、培训成果展示等方面进行现场汇报。验收专家小组根据相关材料及承训单位现场答辩情况对项目实施绩效进行评审打分。

（7）验收总结。根据以上验收材料与结果，对整体项目进行总结，形成验收总结报告。

四、政府采购合同支付

采购人应当按照政府采购合同规定，及时向中标（成交）供应商支付采购资金，政府采购项目资金支付程序按照国家有关财政资金支付管理的规定执行。《关于切实加强地方预算执行和财政资金安全管理有关事宜的通知》（财库〔2019〕49号）指出，各地财政部门和预算单位要严格执行预算管理和国库集中支付管理有关规定，除法律法规另有规定外，不得在无预算安排或不符合暂付款项管理规定的情况下支付资金，严禁依据不符合法律法规规定的合同或协议支付资金。

《关于促进政府采购公平竞争优化营商环境的通知》（财库〔2019〕38号）规定，政府采购合同应当约定资金支付的方式、时间和条件，明确逾期支付资金的违约责任。对于满足合同约定支付条件的，采购人应当自收到发票后30日内将资金支付到合同约定的供应商账户。

财政部《关于进一步提高政府采购透明度和采购效率相关事项的通知》（财办库〔2023〕243号）中再次强调采购人应在政府采购合同中约定资金支付方式、时间和条件，明确逾期支付资金的违约责任。进一步要求：对于满足合同约定支付条件的，采购人原则上应当自收到发票后10个工作日内将资金支付到合同约定的供应商账户，鼓励采购人完善内部流程，自收到发票后1个工作日内完成资金支付。

值得注意的是，部分地区在落实财政部要求的基础上，加大了对小微企业的扶持力度，进一步缩短了资金支付时间。采购人和采购代理机构在组织政府采购活动时，要注意研究项目所在地的政策，正确使用，避免违规。

五、政府采购履约验收的监督检查

财政部门是采购人履约验收的监管部门，财政部门应当强化采购人的履约验收监管工作，将以下内容纳入监督检查：是否制定了政府采购项目履约验收内部控制管理制度，是否履行了项目验收义务，项目验收工作是否规范，验收方对于验收过程中发现的问题是否及时报告并妥善处理等。

对采购结果出现质疑、投诉、举报的采购项目，采购人根据工作需要，可以在项目验收前告知提出质疑、投诉、举报的供应商或者个人对履约验收情况进行监督。对于采购人和实际使用人或者受益者分离的采购项目，采购人应当通知实际使用人或者受益者对履约验收情况进行监督。

采购人、采购代理机构、供应商应当签署保密协议，严格保守项目验收中获悉的国家和商业秘密。

参考当前财政部门开展合同履约验收检查工作的经验，采购人在进行履约验收工作时需明确的内容，包括但不限于下列方面：

（1）采购人与中标（成交）供应商签订合同的程序是否符合法律规定。

（2）采购人与中标（成交）供应商签订合同的内容是否与投标（响应）文件及中标（成交）通知书一致，应执行国家强制标准的项目，有关内容是否已在合同中明确。

（3）采购人与中标（成交）供应商在签订的合同中约定执行首付款制度的，采购人是否按项目进度及时支付首付款。

（4）中标（成交）供应商履约商品为货物和服务的，采购人是否违规收取质量保证金。

（5）采购人是否存在已满足验收条件不予验收的情形。

（6）采购人是否按照本单位内控制度要求开展验收工作，是否逐条按技术、服务、安全标准等指标进行验收。

（7）采购人验收时间是否符合合同约定，无约定的是否已在满足验收条件后及时完成验收工作。

（8）采购人结算支付资金时间是否符合合同约定，无约定的是否在验收合格后及时结算支付资金。

（9）采购人是否及时足额将履约保证金、工程质保金退还中标（成交）供应商。

（10）中标（成交）供应商的履约时间是否符合合同约定。

（11）中标（成交）供应商的履约商品是否与政府采购合同、投标（响应）文件内容保持一致。

（12）中标（成交）供应商的履约商品应执行国家相关强制标准要求的，采购人是否按国家强制标准进行验收。

（13）中标（成交）供应商的履约商品是否为假冒伪劣商品。

（14）其他根据项目特性等设定的抽检内容等。

（参考黑龙江省财政厅《关于印发〈省本级政府采购合同履约验收抽检工作规范（试行）〉的通知》（黑财采〔2022〕34号）、《省本级政府采购合同履约验收抽检工作规范（试行）》）。

第四节　政府采购合同订立的法律责任

一、采购人、采购代理机构的法律责任

1. 不与中标、成交供应商签订采购合同

中标、成交通知书是通过严肃的采购程序，最终确立中标、成交供应商的书面凭证。从《民法典》的角度看，中标、成交通知书是一种达成承诺的通知。中标、成交通知书对采购人和中标、成交供应商均具有法律效力。中标、成交通知书发出之日起30日内，采购人应当与中标、成交供应商签订政府采购合同。中标、成交通知书发出后，采购人改变中标、成交结果的，或者中标、成交供应商放弃中标的，应当依法承担法律责任。

《政府采购法》第七十一条规定，采购人、采购代理机构存在中标、成交通知书发出后不与中标、成交供应商签订采购合同情形的，责令限期改正，给予警告，可以并处罚款，对直接负责的主管人员和其他直接责任人员，由其行政主管部门或者有关机关给予处分，并予通报。

2. 未按照采购文件确定的事项签订采购合同

《政府采购法》第四十六条规定，采购人与中标、成交供应商应当在中标、成交通知书发出之日起30日内，按照采购文件确定的事项签订政府采购合同。这里的采购文件是指招标文件、投标文件、竞争性谈判文件、竞争性磋商文件、询价通知书、响应性文件等。采购文件确定的事项主要包括采购标的、数量、质量、价款或者报酬、履行期限、

履行地点和履行方式、合同文本或合同草案等。采购合同不得改变采购文件所确定的实质性要件，招标、谈判、磋商、询价的目的是缔结采购合同，为保证采购的严肃性，保证采购当事人的合法权益，应当依据采购文件确定事项签订采购合同，如果不依据采购文件确定事项或者擅自变更采购文件确定的事项签订合同，那么将背离政府采购的原则。

《政府采购法实施条例》第六十七条规定，采购人存在未按照采购文件确定的事项签订政府采购合同情形的，由财政部门责令限期改正，给予警告，对直接负责的主管人员和其他直接责任人员依法给予处分，并予以通报。

3. 采购人追加合同采购金额超过原合同采购金额的10%

在履行政府采购合同过程中，根据实际情况，采购人可能会追加合同标的。《政府采购法》第四十九条规定，政府采购合同履行中，采购人需追加与合同标的相同的货物、工程或者服务的，在不改变合同其他条款的前提下，可以与供应商协商签订补充合同，但所有补充合同的采购金额不得超过原合同采购金额的10%。追加合同标的必须符合三个条件：一是所追加合同标的物与原合同标的物相同，不得追加不相同的标的物；二是不得改变其他合同条款；三是追加的合同采购金额不得超过原合同采购金额的10%。

《政府采购法实施条例》第六十七条规定，采购人存在政府采购合同履行中追加与合同标的相同的货物、工程或者服务的采购金额超过原合同采购金额10%的，由财政部门责令限期改正，给予警告，对直接负责的主管人员和其他直接责任人员依法给予处分，并予以通报。

4. 擅自变更、中止或者终止政府采购合同

《政府采购法》第四十三条规定，政府采购合同适用合同法。自2021年1月1日起，合同法被编入《民法典》。自然地，政府采购合同就应当适用《民法典》。同时，《政府采购法》对政府采购合同的签订、履行也作了相关规定。《政府采购法》对政府采购合同有规定的，应执行《政府采购法》的规定。

《政府采购法》第五十条规定，政府采购合同的双方当事人不得擅自变更、中止或者终止合同。政府采购合同继续履行将损害国家利益和社会公共利益的，双方当事人应当变更、中止或者终止合同。政府采购合同是根据采购文件确定的事项签订，采购人和供应商应当严格按照合同的规定履行合同义务，双方当事人任何一方都不得擅自变更、中止或者终止合同，也不得通过协商变更、中止或者终止合同。所谓变更是指合同内容的变更，即改变合同的标的、数量、质量、价款或者报酬、履行期限、履行地点和履行方式等实质性要件。中止是指暂停合同的履行，终止是指不再履行合同。政府采购是预算的执行环节，擅自中止或者终止履行合同将损害预算执行的严肃性，甚至可能损害国家利益或者社会公共利益。在实践中，采购人、供应商认为，政府采购合同适用《民法

典》，而《民法典》规定，当事人协商一致，可以变更合同。所以认为以协商一致的方式变更合同并不违法。但《政府采购法》明确规定，政府采购合同的双方当事人不得擅自变更、中止或者终止合同。在规范合同方面，《民法典》是一般法，《政府采购法》是特别法，根据法律适用的一般原理，特别法优于一般法，所以关于政府采购合同的法律适用，《政府采购法》有规定的，应执行《政府采购法》的规定。

《政府采购法实施条例》第六十七条规定，采购人存在擅自变更、中止或者终止政府采购合同的，由财政部门责令限期改正，给予警告，对直接负责的主管人员和其他直接责任人员依法给予处分，并予以通报。

5. 未按照规定公告政府采购合同

公开透明是政府采购的基本原则，其目标是实现公平竞争，维护市场经济秩序。为了便于有关部门加强对政府采购的监督管理，特别是发挥社会公众对政府采购的监督，应当公开政府采购合同。《政府采购法实施条例》第五十条规定，采购人应当在政府采购合同签订之日起2个工作日内，将政府采购合同在省级以上人民政府财政部门指定的媒体上公告，但政府采购合同中涉及国家秘密、商业秘密的内容除外。本条中的"按规定"是指采购人应当在规定的时间，即合同签订之日起2个工作日内，在指定的媒体公告政府采购合同。同时，采购人公告合同应将政府采购合同中涉及国家秘密、商业秘密的内容排除，避免损害国家利益或者其他当事人的合法权益。如果对采购合同进行了变更的，采购人应当自合同变更之日起2个工作日内在省级以上财政部门指定的媒体上发布政府采购合同变更公告，但涉及国家秘密、商业秘密的信息和其他依法不得公开的信息除外。政府采购合同变更公告应当包括原合同编号、名称和文本，原合同变更的条款号，变更后作为原合同组成部分的补充合同文本，合同变更时间，变更公告日期等。

《政府采购法实施条例》第六十七条规定，采购人存在未按照规定公告政府采购合同的，由财政部门责令限期改正，给予警告，对直接负责的主管人员和其他直接责任人员依法给予处分，并予以通报。

6. 未按照规定时间进行政府采购合同备案

《政府采购法》和《政府采购法实施条例》的规定确立了政府采购合同备案制度。《政府采购法》第四十七条规定，政府采购项目的采购合同自签订之日起7个工作日内，采购人应当将合同副本报同级政府采购监督管理部门和有关部门备案。政府采购合同是采购人和供应商履行合同的依据，是采购人申请资金支付的依据，是政府采购监督管理部门和有关部门实施政府采购监督的依据。

《政府采购法实施条例》第六十七条规定，采购人存在未按照规定时间将政府采购合同副本报同级财政部门和有关部门备案的，由财政部门责令限期改正，给予警告，对直接负责的主管人员和其他直接责任人员依法给予处分，并予以通报。

二、供应商的法律责任

1. 中标或者成交后无正当理由拒不与采购人签订政府采购合同

中标或者成交后无正当理由拒不与采购人签订政府采购合同，该项情形违反了《政府采购法》第四十六条第二款的规定。

《政府采购法》第四十六条第二款规定，中标、成交通知书对采购人和中标、成交供应商均具有法律效力。中标、成交通知书发出后，采购人改变中标、成交结果的，或者中标、成交供应商放弃中标、成交项目的，应当依法承担法律责任。《政府采购法实施条例》第七十二条进一步明确供应商无正当理由拒不与采购人签订采购合同属于违法行为。这里的"正当理由"，是指因不可抗力不能签订并履行合同。根据《民法典》第一百八十条第二款规定，不可抗力是不能预见、不能避免并不能克服的客观情况。具体而言，以下情况属于不可抗力：一是自然灾害，例如地震、台风、洪水等。二是某些政府行为，例如政府颁布新政策、法律和采取行政措施。三是社会异常事件，例如罢工、战争等。供应商有正当理由不能签订合同不承担法律责任，除正当理由外，供应商不得以其他任何理由拒绝与采购人签订合同。实践中，供应商往往以中标、成交价格太低导致其亏本，或者其授权的制造厂商拒绝供货等为由拒绝签订合同，这些情形均不应认定为正当理由。

《政府采购法实施条例》第七十二条规定，中标或者成交后无正当理由拒不与采购人签订政府采购合同的，处以采购金额5‰以上10‰以下的罚款，列入不良行为记录名单，在一至三年内禁止参加政府采购活动，有违法所得的，并处没收违法所得，情节严重的，由工商行政管理机关吊销营业执照；构成犯罪的，依法追究刑事责任。

2. 未按照采购文件确定的事项签订政府采购合同

未按照采购文件确定的事项签订政府采购合同，该项情形违反了《政府采购法》第四十六条第一款的规定。

按照采购文件确定的事项签订政府采购合同是采购人、供应商双方当事人必须履行的法律义务。《政府采购法实施条例》第六十七条明确了采购人未按照采购文件确定的事项签订政府采购合同的法律责任。所以，供应商未按照采购文件确定的事项签订政府采购合同同样要承担法律责任。

《政府采购法》第四十六条规定，采购人与中标、成交供应商应当在中标、成交通知书发出之日起30日内，按照采购文件确定的事项签订政府采购合同。采购合同不得改变采购文件所确定的实质性要件，采购人、供应商都应当依据采购文件确定的事项签订采购合同，如不依据采购文件确定的事项或者擅自变更采购文件确定的事项签订合同，将会损害国家利益、社会公共利益和其他当事人的合法权益，违背政府采购公平竞争制度。

实践中，供应商常常以产品更新换代为由擅自变更中标、成交产品的规格型号，或者与采购人协商变更标的数量、履约时间等采购文件实质性要件。这些都属于违反本条规定的情形，应当承担相应的法律责任。

《政府采购法实施条例》第七十二条规定，供应商未按照采购文件确定的事项签订政府采购合同的，处以采购金额5‰以上10‰以下的罚款，列入不良行为记录名单，在一至三年内禁止参加政府采购活动，有违法所得的，并处没收违法所得，情节严重的，由工商行政管理机关吊销营业执照；构成犯罪的，依法追究刑事责任。

3. 将政府采购合同转包

政府采购合同签订后，供应商应当按照合同的规定履行合同义务，不得将合同转包。所谓合同转包，是指供应商将中标、成交的项目整体转让给其他供应商，或者将中标、成交的项目拆分后分别转让给其他供应商。采购人与供应商之间签订的政府采购合同是通过招标、竞争性谈判、竞争性磋商、询价或者单一来源采购等采购方式择优确定的，如果供应商将中标、成交的项目转包，将使竞争程序失去意义，严重破坏了政府采购制度的严肃性，也严重影响了采购项目的质量，损害了国家利益、公共利益和采购人的合法权益。

合同转包要与合同分包区分。合同转包是违法行为，法律法规明确禁止合同转包行为。根据《政府采购法》第四十八条规定，经采购人同意，中标、成交供应商可以依法采取分包方式履行合同。但采取分包方式履行合同的，不能将合同的主体部分和关键部分分包给其他供应商。

《政府采购法实施条例》第七十二条规定，供应商将政府采购合同转包的，处以采购金额5‰以上10‰以下的罚款，列入不良行为记录名单，在一至三年内禁止参加政府采购活动，有违法所得的，并处没收违法所得，情节严重的，由工商行政管理机关吊销营业执照；构成犯罪的，依法追究刑事责任。

4. 提供假冒伪劣产品

政府采购合同签订后，供应商应当遵循诚实信用原则，依照合同规定的标的、质量、数量、履行期限、履行地点、履行方式等内容完成自己应尽的义务。按照约定履行，既要全面履行合同义务，又要正确适当地履行合同义务。

供应商提供的产品应当符合《中华人民共和国产品质量法》的要求，不得伪造或者冒用认证标志等质量标志；不得伪造产品的产地，伪造或者冒用他人的厂名、厂址；不得在生产、销售的产品中掺杂、掺假，以假充真，以次充好；不得以不合格产品冒充合格产品。所谓"假冒产品"，是指伪造或者冒用认证标志等质量标志，伪造产品的产地，伪造或者冒用他人的商标、商号等。所谓"伪劣产品"，是指在生产、销售的产品中掺杂、掺假，以假充真，以次充好，以不合格产品冒充合格产品。在实践中，供应商提供假冒或者伪劣产品的现象时有发生，损害了国家利益、公共利益和采购人的合法权益，属于严重违法或者犯罪行为。所以，采购人应当加强履约验收，发现供应商提供假冒或者伪劣产品的，应当及时向财政部门报告，并向工商行政管理部门举报。

《政府采购法实施条例》第七十二条规定，供应商提供假冒伪劣产品的，处以采购金额5‰以上10‰以下的罚款，列入不良行为记录名单，在一至三年内禁止参加政府采购活动，有违法所得的，并处没收违法所得，情节严重的，由工商行政管理机关吊销营业执照；构成犯罪的，依法追究刑事责任。

5. 擅自变更、中止或者终止政府采购合同

擅自变更、中止或终止政府采购合同，该项情形违反了《政府采购法》第五十条第一款的规定。

《政府采购法实施条例》第六十七条规定了采购人擅自变更、中止或终止政府采购合同依法承担的法律责任。不得擅自变更、中止或终止政府采购合同是采购人、供应商双方当事人共同的法律义务，所以，供应商擅自变更、中止或终止政府采购合同同样要承担法律责任。

《政府采购法》第五十条规定，政府采购合同的双方当事人不得擅自变更、中止或者终止合同。政府采购合同是根据采购文件确定的事项签订的，采购人和供应商应当严格按照合同的规定履行合同义务，双方任何一方都不得变更、中止或者终止合同，也不得通过协商变更、中止或者终止合同。供应商违反《政府采购法》关于合同的规定，应当承担相应的法律责任。变更、中止或者终止合同可能是合同当事人双方协商一致的行为，也可能是合同当事人单方的行为。合同变更的内容包括合同的标的、规格、型号、数量、质量等；中止是无正当理由暂停履约；终止就是不再履行合同义务。合同当事人一方擅自变更、中止或者终止合同均属于违约行为，应当承担相应的违约责任。同时，也是《政府采购法》和《政府采购法条例》禁止的行为，应承担相应的法律责任。

《政府采购法实施条例》第七十二条规定，供应商擅自变更、中止或者终止政府采购合同的，处以采购金额5‰以上10‰以下的罚款，列入不良行为记录名单，在一至三年内禁止参加政府采购活动，有违法所得的，并处没收违法所得，情节严重的，由工商行政管理机关吊销营业执照；构成犯罪的，依法追究刑事责任。

【小贴士】

【问】政府采购合同签订后，供货商以厂家停产为由请求变更合同，变更为同一型号的低配版（一项技术参数降低），是否可以？如果采购人希望变更为另

一型号（一项参数降低，但整体参数提高且市场价格要高于中标产品），是否可以？是否需要财政监督部门批准，具体流程是什么？

【答】采购人、供应商应根据采购文件及响应文件确定的事项签订政府采购合同，并按照采购合同履约。政府采购合同的双方当事人不得擅自变更采购合同。如果合同继续履行将损害国家利益和社会公共利益的，双方当事人可以变更合同，过错方应当承担赔偿责任。合同签订后不履约的，应当依照合同追究违约责任。

（信息来自中国政府采购网）

在线习题（第七章）

第一节　政府采购政策目标

政府采购政策的制定依据是国家经济和社会发展目标及党中央国务院相应的政策要求。《政府采购法》明确的政策目标包括保护环境，扶持不发达地区和少数民族地区，促进中小企业发展及支持本国产品等。《政府采购法实施条例》第六条规定，国务院财政部门应当根据国家的经济和社会发展政策，会同国务院有关部门制定政府采购政策，通过制定采购需求标准、预留采购份额、价格评审优惠、优先采购等措施，实现节约能源、保护环境、扶持不发达地区和少数民族地区、促进中小企业发展等目标。

一、支持创新、绿色发展

1. 支持创新

1) 进口产品管理

为了贯彻落实《国务院关于实施〈国家中长期科学和技术发展规划纲要（2006—2020年）〉若干配套政策的通知》（国发〔2006〕6号），推动和促进自主创新政府采购政策的实施，规范进口产品政府采购行为，根据《政府采购法》和有关法律法规，财政部制定了《政府采购进口产品管理办法》。该办法于2007年12月27日印发施行。

《政府采购进口产品管理办法》规定，政府采购应当采购本国产品，确需采购进口产品的，实行审核管理。采购人采购进口产品时，应当坚持有利于本国企业自主创新或消化吸收核心技术的原则，优先购买向我方转让技术、提供培训服务及其他补偿贸易措施的产品。采购人及其委托的采购代理机构在采购进口产品的采购文件中应当载明优先采购向我国企业转让技术、与我国企业签订消化吸收再创新方案的供应商的进口产品。

2）合作创新采购方式

为贯彻落实党中央、国务院关于加快实施创新驱动发展战略有关要求，支持应用科技创新，2024年4月24日，财政部颁布了《政府采购合作创新采购方式管理暂行办法》（财库〔2024〕13号）。

《政府采购合作创新采购方式管理暂行办法》提出了合作创新采购的概念及订购和首购两阶段采购模式。合作创新采购是指采购人邀请供应商合作研发，共担研发风险，并按研发合同约定的数量或者金额购买研发成功的创新产品的采购方式。合作创新采购方式分为订购和首购两个阶段。订购是指采购人提出研发目标，与供应商合作研发创新产品并共担研发风险的活动。首购是指采购人对于研发成功的创新产品，按照研发合同约定采购一定数量或者一定金额相应产品的活动。采购项目符合国家科技和相关产业发展规划，有利于落实国家重大战略目标任务，并且具有下列情形之一的，可以采用合作创新采购方式采购：（1）市场现有产品或者技术不能满足要求，需要进行技术突破的；（2）以研发创新产品为基础，形成新范式或者新的解决方案，能够显著改善功能性能，明显提高绩效的；（3）国务院财政部门规定的其他情形。

2. 绿色采购

2020年10月13日，为发挥政府采购政策作用，加快推广绿色建筑和绿色建材应用，促进建筑品质提升和新型建筑工业化发展，根据《政府采购法》和《政府采购法实施条例》，财政部、住房和城乡建设部发布了《关于政府采购支持绿色建材促进建筑品质提升试点工作的通知》（财库〔2020〕31号）。该通知提出了以南京市、杭州市、绍兴市、湖州市、青岛市、佛山市为试点城市，以医院、学校、办公楼、综合体、展览馆、会展中心、体育馆、保障性住房等新建政府采购工程为试点项目，积极推广绿色建筑和绿色建材应用。试点内容包括形成绿色建筑和绿色建材政府采购需求标准、加强工程设计管理、落实绿色建材采购要求、探索开展绿色建材批量集中采购、严格工程施工和验收管理与加强对绿色采购政策执行的监督检查等6个方面。通知中，财政部、住房和城乡建设部会同相关部门根据建材产品在政府采购工程中的应用情况、市场供给情况和相关产业升级发展方向等，结合有关国家标准、行业标准等绿色建材产品标准，制定发布了《绿色建筑和绿色建材政府采购基本要求》。

为落实《中共中央 国务院关于完整准确全面贯彻新发展理念做好碳达峰碳中和工作的意见》，加大绿色低碳产品采购力度，全面推广绿色建筑和绿色建材，在南京、杭州、绍兴、湖州、青岛、佛山等6个城市试点的基础上，财政部、住房和城乡建设部、工业和信息化部决定进一步扩大政府采购支持绿色建材促进建筑品质提升政策实施范围，于2022年10月12日出台了《关于扩大政府采购支持绿色建材促进建筑品质提升政策实施范围的通知》（财库〔2022〕35号）。

通知规定，自2022年11月起，在北京市朝阳区等48个市（市辖区）实施政府采购支持绿色建材促进建筑品质提升政策（含此前6个试点城市）。纳入政策实施范围的项目包括医院、学校、办公楼、综合体、展览馆、会展中心、体育馆、保障房等政府采购工程项目，含适用招标投标法的政府采购工程项目。各有关城市可选择部分项目先行实施，在总结经验的基础上逐步扩大范围，到2025年实现政府采购工程项目政策实施的全覆盖。鼓励将其他政府投资项目纳入实施范围。

2023年3月22日，为推进政府采购支持绿色建材促进建筑品质提升政策实施工作，财政部、住房和城乡建设部、工业和信息化部制定了《政府采购支持绿色建材促进建筑品质提升政策项目实施指南》（财办库〔2023〕52号）。本指南适用于纳入政府采购支持绿色建材促进建筑品质提升政策实施范围的建设工程项目可研编制、设计与审查、政府采购、施工、检测、验收、第三方机构（预）评价全流程的相关活动，包括医院、学校、办公楼、综合体、展览馆、会展中心、体育馆、保障性住房等政府采购工程项目（含适用招标投标法的政府采购工程项目）。

2024年12月31日，财政部、住房和城乡建设部、工业和信息化部联合印发《关于进一步扩大政府采购支持绿色建材促进建筑品质提升政策实施范围的通知》（财库〔2024〕36号），进一步扩大政府采购支持绿色建材促进建筑品质提升政策实施范围：自2025年1月1日起，在北京市朝阳区等101个市（市辖区）实施政府采购支持绿色建材促进建筑品质提升政策。纳入政策实施范围的项目包括医院、学校、办公楼、综合体、展览馆、会展中心、体育馆、保障性住房以及旧城改造项目等政府采购工程项目，含适用招标投标法的政府采购工程项目。鼓励各政策实施城市将其他政府投资项目纳入实施范围。该《通知》要求：（1）落实政府采购政策要求。各政策实施城市要严格执行《绿色建筑和绿色建材政府采购需求标准（2025年版）》（以下简称《需求标准》），按照《财政部办公厅 住房城乡建设部办公厅 工业和信息化部办公厅关于印发〈政府采购支持绿色建材促进建筑品质提升政策项目实施指南〉的通知》（财办库〔2023〕52号）要求，在纳入政策实施范围项目的可研编制、设计与审查、政府采购、施工、检测、验收、第三方机构（预）评价全流程的相关活动中，落实政府采购支持绿色建材促进建筑品质提升政策。鼓励通过验收的项目申报绿色建筑标识，充分发挥政府采购工程项目的示范作用。（2）加强绿色建材采购管理。政府采购工程项目使用的建材属于《需求标准》明确为"必选类"的，应当全部采购和使用符合相关标准的绿色建材；属于《需求标准》明确为"可选类"的，政策实施城市可结合自身区域位置、产业发展等实际情况，自主选择使用性价比高的绿色建材产品，选用种类应不低于建筑项目所涉及的建材种类的40%。各政策实施城市要探索实施对通用类绿色建材的批量集中采购，由政府集中采购机构或部门集中采购机构定期归集采购人的绿色建材采购计划，开展集中带量采购。要积极推进绿色建材电子化采购交易，逐步将所有符合条件的绿色建材产品纳入电子平台交易，提高绿色建材采购效率和透明度。绿色建材供应商在供货时应当出具所提供建材产品符合需求标准的证明性文件，包括国家统一推行的绿色建材产品认证证书，或符合需求标准的有效检测报告等。（3）优先开展工程价款结算。纳入政策实施范围的工程项目，要提高工程价款结算比例，工程进度款支付比例不低于已完工程价款的80%。推行施工过程结算，发承包双方通过合同约定，将施工过程按时间或进度节点划分施工周期，对周期内已完成且无争议的工程项目进行价款计算、确认和支付。经双方确认的过程结算文件作为竣工结算文件的组成部分，竣工后原则上不再重复审核。

2023年3月20日，为加快数据中心绿色转型，财政部、生态环境部、工业和信息化部制定并颁布了《绿色数据中心政府采购需求标准（试行）》（财库〔2023〕7号，以下简称《需求标准》）。该《需求标准》要求：（1）采购人采购数据中心相关设备、运维服务，应当有利于节约能源、环境保护和资源循环利用，按照《需求标准》实施相关采购活动。（2）采购人应当加强采购需求管理，根据《需求标准》提出的指标编制数据中心相关设备、运维服务政府采购项目的采购文件，并在合同中明确对相关指标的验收方式和违约责任。（3）采购人在项目的投标、响应环节，原则上不对数据中心相关设备、服务进行检测、认证，也不要求供应商提供检测报告、认证报告，供应商出具符合相关要求的承诺函可视为符合规定。（4）采购人应当在履约验收中对供应商提供的产品或服务进行抽查检测，必要时可委托取得相关资质的第三方机构对其进行检测、认证。因检测、认证涉及生产过程或检测时间长等原因，不能在验收过程中开展检测、认证的，可要求供应商在验收阶段提供相关检测报告、认证报告。（5）对于供应商未按合同约定提供设备或服务的，采购人应当依法追究其违约责任。对于供应商提供虚假材料谋取中标、成交的，依法予以处理。

二、节约能源、环境保护

为贯彻落实《国务院办公厅关于开展资源节约活动的通知》（国办发〔2004〕30号），发挥政府机构节能（含节水）的表率作用，根据《中华人民共和国节约能源法》和《中华人民共和国政府采购法》，财政部、国家发展和改革委员会（以下简称"发展改革委"）印发了《节能产品政府采购实施意见》（财库〔2004〕185号）。实施意见规定，各级国家机关、事业单位和团体组织（以下统称"采购人"）用财政性资金进行采购的，应当优先采购节能产品。在政府采购活动中，采购人应当在政府采购招标文件（含谈判文件、询价文件）中载明对产品的节能要求、合格产品的条件和节能产品优先采购的评审标准。

为贯彻落实《国务院关于加快发展循环经济的若干意见》（国发〔2005〕22 号），积极推进环境友好型社会建设，发挥政府采购的环境保护政策功能，根据《政府采购法》和《中华人民共和国环境保护法》，财政部、国家环保总局联合印发了《关于环境标志产品政府采购实施的意见》（财库〔2006〕90 号）。实施意见规定，各级国家机关、事业单位和团体组织（以下统称"采购人"）用财政性资金进行采购的，要优先采购环境标志产品，不得采购危害环境及人体健康的产品。在政府采购活动中，采购人或其委托的采购代理机构应当在政府采购招标文件（含谈判文件、询价文件）中载明对产品（含建材）的环保要求、合格供应商和产品的条件，以及优先采购的评审标准。

财政部 发展改革委 生态环境部 市场监管总局《关于调整优化节能产品、环境标志产品政府采购执行机制的通知》（财库〔2019〕9 号）规定，政府采购节能产品、环境标志产品实施品目清单管理。财政部、发展改革委、生态环境部等部门根据产品节能环保性能、技术水平和市场成熟程度等因素，确定实施政府优先采购和强制采购的产品类别及所依据的相关标准规范，以品目清单的形式发布并适时调整。依据品目清单和认证证书实施政府优先采购和强制采购。

根据以上通知，财政部、发展改革委研究制定了节能产品政府采购品目清单，于 2019 年 4 月 2 日正式发布；财政部、生态环境部研究制定了环境标志产品政府采购品目清单，于 2019 年 3 月 29 日正式发布。

为加强政府采购新能源汽车管理，支持新能源汽车推广使用，2024 年 12 月 19 日，财政部办公厅发布《关于进一步明确新能源汽车政府采购比例要求的通知》（财办库〔20不成4〕269 号），要求：（1）采购人应当加强公务用车政府采购需求管理，充分了解新能源汽车的功能、性能等情况，结合实际使用需要，带头使用新能源汽车。（2）主管预算单位应当统筹确定本部门（含所属预算单位）年度新能源汽车政府采购比例，新能源汽车可以满足实际使用需要的，年度公务用车采购总量中新能源汽车占比原则上不低于 30%。其中，对于路线相对固定、使用场景单一、主要在城区行驶的机要通信等公务用车，原则上 100% 采购新能源汽车。采购车辆租赁服务的，应当优先租赁使用新能源汽车。（3）主管预算单位应当指导和督促所属预算单位落实好新能源汽车政府采购比例要求，做好新能源汽车使用有关保障工作。

三、扶持不发达地区和少数民族地区

2021 年 4 月 24 日，财政部、农业农村部、国家乡村振兴局、中华全国供销合作总社《关于印发〈关于深入开展政府采购脱贫地区农副产品工作推进乡村产业振兴的实施意见〉的通知》（财库〔2021〕20 号），将政策支持范围聚焦在 832 个脱贫县，通过预留份额、搭建平台等方式促进脱贫地区农副产品销售，实现预算单位食堂食材采购与脱贫地区农副产品供给有效对接，带动脱贫人口稳定增收。

《关于深入开展政府采购脱贫地区农副产品工作推进乡村产业振兴的实施意见》明确：自2021年起，各级预算单位要按照不低于10%的预留比例在"832平台"填报预留份额，并遵循质优价廉、竞争择优的原则，通过"832平台"在全国832个脱贫县范围内采购农副产品，及时在线支付货款，不得拖欠。鼓励各级预算单位工会组织通过"832平台"采购工会福利、慰问品等，有关采购金额计入本单位年度采购总额。为落实该实施意见有关要求，自2021年起，财政部办公厅每年发文要求中央预算单位和各省级财政部门统筹指导本地区所属预算单位填报年度政府采购脱贫地区农副产品预留份额和预留比例，预留比例不低于10%，通过通报等方式督促所属预算单位在"832平台"采购脱贫地区农副产品并及时支付货款，按期完成年度采购任务。2024年12月17日，财政部办公厅印发《关于做好中央预算单位2025年政府采购脱贫地区农副产品工作的通知》（财办库〔2024〕266号）和《关于组织地方预算单位做好2025年政府采购脱贫地区农副产品工作的通知》（财办库〔2024〕267号），均要求具备条件的预算单位，可适当提高预留比例，鼓励按照15%的比例预留采购份额。

2022年11月27日，《财政部办公厅 农业农村部办公厅 国家乡村振兴局综合司 中华全国供销合作总社办公厅 关于进一步做好政府采购脱贫地区农副产品有关工作的通知》（财办库〔2022〕273号）中，对供应商入驻"832平台"的申请条件、供应商在"832平台"所售农副产品的申请条件、供应商审核推荐流程、供应商管理与服务等进行了明确规定。

四、促进中小企业发展

中小企业是国民经济和社会发展的生力军，是扩大就业、改善民生、促进创业创新的重要力量，在稳增长、促改革、调结构、惠民生、防风险中发挥着重要作用。随着国际国内市场环境的变化，中小企业面临的生产成本上升、融资难融资贵、创新发展能力不足等问题日益突出，必须引起高度重视。

支持监狱和戒毒企业（简称监狱企业）发展，可以稳定监狱企业生产，提高财政资金使用效益，为罪犯和戒毒人员提供长期可靠的劳动岗位，提高罪犯和戒毒人员的教育改造质量，减少重新违法犯罪，确保监狱、戒毒场所的安全稳定。在促进社会和谐稳定方面具有十分重要的意义。

政府采购促进残疾人就业政策的实行，对支持多元就业、发挥残疾人的人力资源潜力、促进自立生活、进一步保障残疾人权益，具有极大的积极作用，突出了对就业困难重点对象的支持。

在政府采购活动中，监狱企业、残疾人福利性单位按采购文件要求提供了有效材料的，视同小微企业。

目前，财政部颁发了多项文件，通过采取预算预留、消除门槛、评审优惠等手段，落实政府采购促进中小企业、监狱和戒毒企业、残疾人福利性单位发展政策。

1. 中小企业

中小企业是指在中华人民共和国境内依法设立，依据国务院批准的中小企业划分标准确定的中型企业、小型企业和微型企业，但与大企业的负责人为同一人，或者与大企业存在直接控股、管理关系的除外。符合中小企业划分标准的个体工商户，在政府采购活动中视同中小企业。关于中小企业的相关规定依据《中华人民共和国中小企业促进法》《关于进一步加大政府采购支持中小企业力度的通知》（财库〔2022〕19号）、《政府采购促进中小企业发展管理办法》（财库〔2020〕46号）、《关于印发中小企业划型标准规定的通知》（工信部联企业〔2011〕300号）。

供应商提供的货物、工程或者服务符合下列情形的，享受中小企业扶持政策：

（1）在货物采购项目中，货物由中小企业制造，即货物由中小企业生产且使用该中小企业商号或者注册商标。

（2）在工程采购项目中，工程由中小企业承建，即工程施工单位为中小企业。

（3）在服务采购项目中，服务由中小企业承接，即提供服务的人员为中小企业依照《中华人民共和国劳动合同法》订立劳动合同的从业人员。

在货物采购项目中，供应商提供的货物既有中小企业制造货物，也有大型企业制造货物的，不享受中小企业扶持政策。

以联合体形式参加政府采购活动，联合体各方均为中小企业的，联合体视同中小企业。其中，联合体各方均为小微企业的，联合体视同小微企业。

中小企业参加政府采购活动，应当按照采购文件给定的格式出具《中小企业声明函》，否则不得享受相关中小企业扶持政策。政府采购活动中，任何单位和个人不得要求供应商提供《中小企业声明函》之外的中小企业身份证明文件。

【小贴士】

【问】有些货物采购项目涉及多种货物和多个制造商，投标人从批发商或者经销商处拿货，而非从制造商处直接拿货，难以获知所有制造商的从业人员、营业收入、资产总额等数据。如果制造商提供给投标人的数据有误或者故意提供虚假的数据，是否认定投标人虚假投标（投标人没有主观故意）。

【答】投标人应当对其出具的《中小企业声明函》真实性负责，投标人出具的《中小企业声明函》内容不实的，属于提供虚假材料谋取中标。在实际操作中，投标人希望获得《政府采购促进中小企业发展管理办法》规定政策支持的，应从制造商处获得充分、准确的信息。对相关制造商信息了解不充分，或者不能确定相关信息真实、准确的，不建议出具《中小企业声明函》。

【法律依据】

《政府采购促进中小企业发展管理办法》（财库〔2020〕46号）

第十一条　中小企业参加政府采购活动，应当出具本办法规定的《中小企业声明函》，否则不得享受相关中小企业扶持政策。任何单位和个人不得要求供应商提供《中小企业声明函》之外的中小企业身份证明文件。

第二十条　供应商按照本办法规定提供声明函内容不实的，属于提供虚假材料谋取中标、成交，依照《中华人民共和国政府采购法》等国家有关规定追究相应责任。

适用招标投标法的政府采购工程建设项目，投标人按照本办法规定提供声明函内容不实的，属于弄虚作假骗取中标，依照《中华人民共和国招标投标法》等国家有关规定追究相应责任。

【小贴士】

【问】在政府采购活动中，中小企业是否需要提供身份证明材料？

【答】中小企业参与政府采购活动、享受扶持政策，只需要出具《中小企业声明函》作为中小企业身份证明文件。中小企业应当按照《政府采购促进中小企业发展管理办法》（财库〔2020〕46号）规定和《中小企业划型标准规定》（工信部联企业〔2011〕300号），如实填写并提交《中小企业声明函》，任何单位和个人不得要求中小企业供应商提交《中小企业声明函》之外的证明文件，或事先获得认定及进入名录库等。中小企业对其声明内容的真实性负责，声明函内容不实的，属于提供虚假材料谋取中标、成交，依照《中华人民共和国政府采购法》等国家有关规定追究相应责任。

对中小企业的规模类型有争议时，《政府采购促进中小企业发展管理办法》（财库〔2020〕46号）规定，政府采购监督检查、投诉处理及政府采购行政处罚中对中小企业的认定，由货物制造商或者工程、服务供应商注册登记所在地的县级以上人民政府中小企业主管部门负责中小企业主管部门应当在收到财政部门或者有关招标投标行政监督部门关于协助开展中小企业认定函后10个工作日内做出书面答复。

【法律依据】

《政府采购促进中小企业发展管理办法》（财库〔2020〕46号）

第十一条　中小企业参加政府采购活动，应当出具本办法规定的《中小企业声明函》，否则不得享受相关中小企业扶持政策。任何单位和个人不得要求供应商提供《中小企业声明函》之外的中小企业身份证明文件。

【小贴士】

【问】《政府采购促进中小企业发展管理办法》（财库〔2020〕46号）第二条中"但与大企业的负责人为同一人，或者与大企业存在直接控股、管理关系的除外。"负责人是什么意思？控股是否有股权比例的要求？管理关系是什么意思？

【答】按照相关法律法规规定，负责人是指单位法定代表人或者法律、行政法规规定代表单位行使职权的主要负责人。控股是指出资额占有限责任公司资本总额百分之五十以上或者其持有的股份占股份有限公司股本总额百分之五十以上的，以及出资额或者持有股份的比例虽然不足百分之五十，但依其出资额或者持有的股份所享有的表决权已足以对股东会、股东大会的决议产生重大影响。管理关系是指与不具有出资持股关系的单位之间存在的其他管理与被管理关系。与大企业之间存在上述情形的中小企业可依法参加政府采购活动，但不享受政府采购对中小企业的扶持政策。

【小贴士】

【问】《政府采购促进中小企业发展管理办法》（财库〔2020〕46号）第十二条规定，采购文件应当明确采购标的对应的中小企业划分标准所属行业。若一个采购项目中包含多个不同品种的产品，采购人或者采购代理机构要明确每种产品的行业吗？

【答】采购人、采购代理机构应当依据国务院批准的中小企业划分标准，根据采购项目具体情况，在采购文件中明确采购标的对应的中小企业划分标准所属行业。如果一个采购项目涉及多个采购标的的，应当在采购文件中逐一明确所有采购标的对应的中小企业划分标准所属行业。供应商根据采购文件中明确的行业所对应的划分标准，判断是否属于中小企业。现行中小企业划分标准行业包括农、林、牧、渔业，工业，建筑业，批发业，零售业，交通运输业，仓储业，邮政业，住宿业，餐饮业，信息传输业，软件和信息技术服务业，房地产开发经营，物业管理，租赁和商业服务业和其他未列明行业等十六类。

2.监狱企业

在政府采购活动中，监狱企业视同小型、微型企业，享受预留份额、评审中价格扣除等政府采购促进中小企业发展的政府采购政策。监狱企业，是指由司法部认定的为罪犯、戒毒人员提供生产项目和劳动对象，且全部产权属于司法部监狱管理局、戒毒管理局、直属煤矿管理局，各省、自治区、直辖市监狱管理局、戒毒管理局，各地（设区的市）监狱、强制隔离戒毒所、戒毒康复所，以及新疆生产建设兵团监狱管理局、戒毒管理局的企业。

监狱企业参加政府采购活动，应提供由省级以上监狱管理局、戒毒管理局（含新疆生产建设兵团）出具的属于监狱企业的证明文件，否则不得享受相关扶持政策。

3.残疾人福利性单位

在政府采购活动中，残疾人福利性单位视同小型、微型企业，享受预留份额、评审中价格扣除等促进中小企业发展的政府采购政策。享受政府采购支持政策的残疾人福利性单位应当同时满足以下条件：

（1）安置的残疾人占本单位在职职工人数的比例不低于25%（含25%），并且安置的残疾人人数不少于10人（含10人）。

（2）依法与安置的每位残疾人签订了一年以上（含一年）的劳动合同或服务协议。

（3）为安置的每位残疾人按月足额缴纳了基本养老保险、基本医疗保险、失业保险、工伤保险和生育保险等社会保险费。

（4）通过银行等金融机构向安置的每位残疾人，按月支付了不低于单位所在区县适用的经省级人民政府批准的月最低工资标准的工资。

（5）提供本单位制造的货物、承担的工程或者服务，或者提供其他残疾人福利性单位制造的货物（不包括使用非残疾人福利性单位注册商标的货物）。

前款所称残疾人是指法定劳动年龄内，持有《中华人民共和国残疾人证》或者《中华人民共和国残疾军人证（1至8级）》的自然人，包括具有劳动条件和劳动意愿的精神残疾人。在职职工人数是指与残疾人福利性单位建立劳动关系并依法签订劳动合同或服务协议的雇员人数。

残疾人福利性单位参加政府采购活动，应按采购文件要求提供《残疾人福利性单位声明函》，否则不得享受相关扶持政策。

第二节　落实政府采购政策的措施

《政府采购法实施条例》第六条规定，国务院财政部门应当根据国家的经济和社会发展政策，会同国务院有关部门制定政府采购政策，通过制定采购需求标准、预留采购份额、价格评审优惠、优先采购等措施，实现节约能源、保护环境、扶持不发达地区和少数民族地区、促进中小企业发展等目标。

一、制定采购需求标准

《政府采购法实施条例》要求：采购人、采购代理机构应当根据政府采购政策、采购预算、采购需求编制采购文件。采购需求应当符合法律法规以及政府采购政策规定的技术、服务、安全等要求。政府向社会公众提供的公共服务项目，应当就确定采购需求征求社会公众的意见。除因技术复杂或者性质特殊，不能确定详细规格或者具体要求外，采购需求应当完整、明确。必要时，应当就确定采购需求征求相关供应商、专家的意见。

《政府采购货物和服务招标投标管理办法》要求：采购人应当在货物服务招标投标活动中落实节约能源、保护环境、扶持不发达地区和少数民族地区、促进中小企业发展等政府采购政策。

财政部《关于印发〈政府采购需求管理办法〉的通知》要求：采购需求应当符合法律法规、政府采购政策和国家有关规定，符合国家强制性标准，遵循预算、资产和财务等相关管理制度规定，符合采购项目特点和实际需要。

由此可见，采购需求标准是采购政策实施中最常见、也是最直接的措施。通过对采购产品或服务的技术标准或质量标准的规定，实现支持节能环保、鼓励技术创新、支持本国产品等政府采购政策目标。《国务院关于进一步深化预算管理制度改革的意见》（国发〔2021〕5号）提出：建立政府采购需求标准体系，鼓励相关部门结合部门和行业特点提出政府采购相关政策需求，推动在政府采购需求标准中嵌入支持创新、绿色发展等政策要求。

目前，财政部已联合生态环境部、国家邮政局、工业和信息化部等部门制定了多项采购需求标准，旨在提高政府采购需求管理的科学化、规范化水平，进一步落实政府采购公平竞争原则，优化营商环境，营造良好的产业生态。

1.数据库政府采购需求标准

为提高数据库政府采购需求管理的科学化、规范化水平，进一步落实政府采购公平竞争原则，优化营商环境，营造良好的产业生态，财政部、工业和信息化部制定了《数据库政府采购需求标准（2023年版）》（以下简称《需求标准》），要求如下：

（1）采购人采购操作系统应当按照《需求标准》实施相关采购活动。

（2）对于既包含操作系统、服务器等软硬件产品也包含集成服务的采购项目，采购人应当合理划分采购包，尽可能将操作系统、服务器等软硬件产品与集成服务分包采购。采购的操作系统、服务器等软硬件产品总额达到分散采购限额标准的，应当单独分包采购。

（3）采购人应当加强采购需求管理，按照《政府采购需求管理办法》（财库〔2021〕22号）要求，结合具体应用场景，根据《需求标准》确定采购需求，明确所需操作系统的功能、质量等指标要求，并据此编制采购文件。

采购人应当将《需求标准》中加"*"的指标纳入采购需求，并作为采购文件中的实质性要求。其中，乡镇以上党政机关，以及乡镇以上党委和政府直属事业单位及部门所属为机关提供支持保障的事业单位在采购操作系统时，应当将操作系统符合安全可靠测评要求纳入采购需求，其他单位可不在采购需求中提出此项要求。对于未加"*"的指标，采购人可以根据实际需要自行确定是否纳入采购需求。

采购人在采购需求中，可以对《需求标准》中的指标提出更高要求，也可以根据实际需要增加《需求标准》以外的指标，但不得超出实际需要。

（4）供应商在投标、响应环节出具关于所提供操作系统满足采购文件要求承诺函的，即视为相关产品符合要求。采购人在供应商投标、响应环节不得对操作系统进行检测、认证，也不得要求供应商提供检测报告、认证报告。

（5）采购人应加强履约验收管理，按照采购合同约定对供应商提供的操作系统进行验收，必要时委托依法取得检测、认证资质的机构进行检测、认证。对于供应商未按合同约定提供操作系统的，采购人应当依法追究其违约责任。

2.操作系统政府采购需求标准

为提高操作系统政府采购需求管理的科学化、规范化水平，进一步落实政府采购公平竞争原则，优化营商环境，营造良好的产业生态，财政部、工业和信息化部制定了《操作系统政府采购需求标准（2023年版）》（以下简称《需求标准》），要求如下：

（1）采购人采购操作系统应当按照《需求标准》实施相关采购活动。

（2）对于既包含操作系统、服务器等软硬件产品也包含集成服务的采购项目，采购人应当合理划分采购包，尽可能将操作系统、服务器等软硬件产品与集成服务分包采购。采购的操作系统、服务器等软硬件产品总额达到分散采购限额标准的，应当单独分包采购。

（3）采购人应当加强采购需求管理，按照《政府采购需求管理办法》（财库〔2021〕22号）要求，结合具体应用场景，根据《需求标准》确定采购需求，明确所需操作系统的功能、质量等指标要求，并据此编制采购文件。

采购人应当将《需求标准》中加"*"的指标纳入采购需求，并作为采购文件中的实质性要求。其中，乡镇以上党政机关，以及乡镇以上党委和政府直属事业单位及部门所属为机关提供支持保障的事业单位在采购操作系统时，应当将操作系统符合安全可靠测评要求纳入采购需求，其他单位可不在采购需求中提出此项要求。对于未加"*"的指标，采购人可以根据实际需要自行确定是否纳入采购需求。

采购人在采购需求中，可以对《需求标准》中的指标提出更高要求，也可以根据实际需要增加《需求标准》以外的指标，但不得超出实际需要。

（4）供应商在投标、响应环节出具关于所提供操作系统满足采购文件要求承诺函的，即视为相关产品符合要求。采购人在供应商投标、响应环节不得对操作系统进行检测、认证，也不得要求供应商提供检测报告、认证报告。

（5）采购人应加强履约验收管理，按照采购合同约定对供应商提供的操作系统进行验收，必要时委托依法取得检测、认证资质的机构进行检测、认证。对于供应商未按合同约定提供操作系统的，采购人应当依法追究其违约责任。

3. 通用服务器政府采购需求标准

为提高通用服务器政府采购需求管理的科学化、规范化水平，进一步落实政府采购公平竞争原则，优化营商环境，营造良好的产业生态，财政部、工业和信息化部制定了《通用服务器政府采购需求标准（2023年版）》（以下简称《需求标准》），要求如下：

（1）采购人采购通用服务器应当按照《需求标准》实施相关采购活动。

（2）对于既包含通用服务器、数据库等软硬件产品也包含集成服务的采购项目，采购人应当合理划分采购包，尽可能将通用服务器、数据库等软硬件产品与集成服务分包采购。采购的通用服务器、数据库等软硬件产品总额达到分散采购限额标准的，应当单独分包采购。

（3）采购人应当加强采购需求管理，按照《政府采购需求管理办法》（财库〔2021〕22号）要求，结合具体应用场景，根据《需求标准》确定采购需求，明确所需通用服务器的功能、质量等指标要求，并据此编制采购文件。

采购人应当将《需求标准》中加"*"的指标纳入采购需求，并作为采购文件中的实质性要求。其中，乡镇以上党政机关，以及乡镇以上党委和政府直属事业单位及部门所属为机关提供支持保障的事业单位在采购通用服务器时，应当将CPU、操作系统符合安全可靠测评要求纳入采购需求，其他单位可不在采购需求中提出此项要求。对于未加"*"的指标，采购人可以根据实际需要自行确定是否纳入采购需求。

采购人在采购需求中，可以对《需求标准》中的指标提出更高要求，也可以根据实际需要增加《需求标准》以外的指标，但不得超出实际需要。

（4）供应商在投标、响应环节出具关于所提供通用服务器满足采购文件要求承诺函的，即视为相关产品符合要求。采购人在供应商投标、响应环节不得对通用服务器进行检测、认证，也不得要求供应商提供检测报告、认证报告。

（5）采购人应加强履约验收管理，按照采购合同约定对供应商提供的通用服务器进行验收，必要时委托依法取得检测、认证资质的机构进行检测、认证。对于供应商未按合同约定提供通用服务器的，采购人应当依法追究其违约责任。

4. 工作站政府采购需求标准

为提高工作站政府采购需求管理的科学化、规范化水平，进一步落实政府采购公平竞争原则，优化营商环境，营造良好的产业生态，财政部、工业和信息化部制定了《工作站政府采购需求标准（2023 年版）》（以下简称《需求标准》），要求如下：

（1）采购人采购工作站应当按照《需求标准》实施相关采购活动。

（2）对于既包含工作站、数据库等软硬件产品也包含集成服务的采购项目，采购人应当合理划分采购包，尽可能将工作站、数据库等软硬件产品与集成服务分包采购。采购的工作站、数据库等软硬件产品总额达到分散采购限额标准的，应当单独分包采购。

（3）采购人应当加强采购需求管理，按照《政府采购需求管理办法》（财库〔2021〕22 号）要求，结合具体应用场景，根据《需求标准》确定采购需求，明确所需工作站的功能、质量等指标要求，并据此编制采购文件。

采购人应当将《需求标准》中加"*"的指标纳入采购需求，并作为采购文件中的实质性要求。其中，乡镇以上党政机关，以及乡镇以上党委和政府直属事业单位及部门所属为机关提供支持保障的事业单位在采购工作站时，应当将 CPU、操作系统符合安全可靠测评要求纳入采购需求，其他单位可不在采购需求中提出此项要求。对于未加"*"的指标，采购人可以根据实际需要自行确定是否纳入采购需求。

采购人在采购需求中，可以对《需求标准》中的指标提出更高要求，也可以根据实际需要增加《需求标准》以外的指标，但不得超出实际需要。

（4）供应商在投标、响应环节出具关于所提供工作站满足采购文件要求承诺函的，即视为相关产品符合要求。采购人在供应商投标、响应环节不得对工作站进行检测、认证，也不得要求供应商提供检测报告、认证报告。

（5）采购人应加强履约验收管理，按照采购合同约定对供应商提供的工作站进行验收，必要时委托依法取得检测、认证资质的机构进行检测、认证。对于供应商未按合同约定提供工作站的，采购人应当依法追究其违约责任。

5. 一体式计算机政府采购需求标准

为提高一体式计算机政府采购需求管理的科学化、规范化水平，进一步落实政府采购公平竞争原则，优化营商环境，营造良好的产业生态，财政部、工业和信息化部制定了《一体式计算机政府采购需求标准（2023 年版）》（以下简称《需求标准》），要求如下：

（1）采购人采购一体式计算机应当按照《需求标准》实施相关采购活动。

（2）对于既包含一体式计算机、数据库等软硬件产品也包含集成服务的采购项目，采购人应当合理划分采购包，尽可能将一体式计算机、数据库等软硬件产品与集成服务分包采购。采购的一体式计算机、数据库等软硬件产品总额达到分散采购限额标准的，应当单独分包采购。

（3）采购人应当加强采购需求管理，按照《政府采购需求管理办法》（财库〔2021〕22号）要求，结合具体应用场景，根据《需求标准》确定采购需求，明确所需一体式计算机的功能、质量等指标要求，并据此编制采购文件。

采购人应当将《需求标准》中加"*"的指标纳入采购需求，并作为采购文件中的实质性要求。其中，乡镇以上党政机关，以及乡镇以上党委和政府直属事业单位及部门所属为机关提供支持保障的事业单位在采购一体式计算机时，应当将CPU、操作系统符合安全可靠测评要求纳入采购需求，其他单位可不在采购需求中提出此项要求。对于未加"*"的指标，采购人可以根据实际需要自行确定是否纳入采购需求。

采购人在采购需求中，可以对《需求标准》中的指标提出更高要求，也可以根据实际需要增加《需求标准》以外的指标，但不得超出实际需要。

（4）供应商在投标、响应环节出具关于所提供一体式计算机满足采购文件要求承诺函的，即视为相关产品符合要求。采购人在供应商投标、响应环节不得对一体式计算机进行检测、认证，也不得要求供应商提供检测报告、认证报告。

（5）采购人应加强履约验收管理，按照采购合同约定对供应商提供的一体式计算机进行验收，必要时委托依法取得检测、认证资质的机构进行检测、认证。对于供应商未按合同约定提供一体式计算机的，采购人应当依法追究其违约责任。

6. 便携式计算机政府采购需求标准

为提高便携式计算机政府采购需求管理的科学化、规范化水平，进一步落实政府采购公平竞争原则，优化营商环境，营造良好的产业生态，财政部、工业和信息化部制定了《便携式计算机政府采购需求标准（2023年版）》（以下简称《需求标准》），要求如下：

（1）采购人采购便携式计算机应当按照《需求标准》实施相关采购活动。

（2）对于既包含便携式计算机、数据库等软硬件产品也包含集成服务的采购项目，采购人应当合理划分采购包，尽可能将便携式计算机、数据库等软硬件产品与集成服务分包采购。采购的便携式计算机、数据库等软硬件产品总额达到分散采购限额标准的，应当单独分包采购。

（3）采购人应当加强采购需求管理，按照《政府采购需求管理办法》（财库〔2021〕22号）要求，结合具体应用场景，根据《需求标准》确定采购需求，明确所需便携式计算机的功能、质量等指标要求，并据此编制采购文件。

采购人应当将《需求标准》中加"*"的指标纳入采购需求，并作为采购文件中的实质性要求。其中，乡镇以上党政机关，以及乡镇以上党委和政府直属事业单位及部门所属为机关提供支持保障的事业单位在采购便携式计算机时，应当将CPU、操作系统符合安全可靠测评要求纳入采购需求，其他单位可不在采购需求中提出此项要求。对于未加"*"的指标，采购人可以根据实际需要自行确定是否纳入采购需求。

采购人在采购需求中，可以对《需求标准》中的指标提出更高要求，也可以根据实际需要增加《需求标准》以外的指标，但不得超出实际需要。

（4）供应商在投标、响应环节出具关于所提供便携式计算机满足采购文件要求承诺函的，即视为相关产品符合要求。采购人在供应商投标、响应环节不得对便携式计算机进行检测、认证，也不得要求供应商提供检测报告、认证报告。

（5）采购人应加强履约验收管理，按照采购合同约定对供应商提供的便携式计算机进行验收，必要时委托依法取得检测、认证资质的机构进行检测、认证。对于供应商未按合同约定提供便携式计算机的，采购人应当依法追究其违约责任。

7. 台式计算机政府采购需求标准

为提高台式计算机政府采购需求管理的科学化、规范化水平，进一步落实政府采购公平竞争原则，优化营商环境，营造良好的产业生态，财政部、工业和信息化部制定了《台式计算机政府采购需求标准（2023年版）》（以下简称《需求标准》），要求如下：

（1）采购人采购台式计算机应当按照《需求标准》实施相关采购活动。

（2）对于既包含台式计算机、数据库等软硬件产品也包含集成服务的采购项目，采购人应当合理划分采购包，尽可能将台式计算机、数据库等软硬件产品与集成服务分包采购。采购的台式计算机、数据库等软硬件产品总额达到分散采购限额标准的，应当单独分包采购。

（3）采购人应当加强采购需求管理，按照《政府采购需求管理办法》（财库〔2021〕22号）要求，结合具体应用场景，根据《需求标准》确定采购需求，明确所需台式计算机的功能、质量等指标要求，并据此编制采购文件。

采购人应当将《需求标准》中加"*"的指标纳入采购需求，并作为采购文件中的实质性要求。其中，乡镇以上党政机关，以及乡镇以上党委和政府直属事业单位及部门所属为机关提供支持保障的事业单位在采购台式计算机时，应当将CPU、操作系统符合安全可靠测评要求纳入采购需求，其他单位可不在采购需求中提出此项要求。对于未加"*"的指标，采购人可以根据实际需要自行确定是否纳入采购需求。

采购人在采购需求中，可以对《需求标准》中的指标提出更高要求，也可以根据实际需要增加《需求标准》以外的指标，但不得超出实际需要。

（4）供应商在投标、响应环节出具关于所提供台式计算机满足采购文件要求承诺函的，即视为相关产品符合要求。采购人在供应商投标、响应环节不得对台式计算机进行检测、认证，也不得要求供应商提供检测报告、认证报告。

（5）采购人应加强履约验收管理，按照采购合同约定对供应商提供的台式计算机进行验收，必要时委托依法取得检测、认证资质的机构进行检测、认证。对于供应商未按合同约定提供台式计算机的，采购人应当依法追究其违约责任。

8. 绿色数据中心政府采购需求标准（试行）

数字产业绿色低碳发展是落实党中央、国务院碳达峰、碳中和重大战略决策的重要内容。为加快数据中心绿色转型，财政部、生态环境部、工业和信息化部制定了《绿色数据中心政府采购需求标准（试行）》（以下简称《需求标准》），要求如下：

（1）采购人采购数据中心相关设备、运维服务，应当有利于节约能源、环境保护和资源循环利用，按照《需求标准》实施相关采购活动。

（2）采购人应当加强采购需求管理，根据《需求标准》提出的指标编制数据中心相关设备、运维服务政府采购项目的采购文件，并在合同中明确对相关指标的验收方式和违约责任。

（3）采购人在项目的投标、响应环节，原则上不对数据中心相关设备、服务进行检测、认证，也不要求供应商提供检测报告、认证报告，供应商出具符合相关要求的承诺函可视为符合规定。

（4）采购人应当在履约验收中对供应商提供的产品或服务进行抽查检测，必要时可委托取得相关资质的第三方机构对其进行检测、认证。因检测、认证涉及生产过程或检测时间长等原因，不能在验收过程中开展检测、认证的，可要求供应商在验收阶段提供相关检测报告、认证报告。

（5）对于供应商未按合同约定提供设备或服务的，采购人应当依法追究其违约责任。对于供应商提供虚假材料谋取中标、成交的，依法予以处理。

9. 绿色建筑和绿色建材政府采购需求标准

2024年12月31日，财政部、住房和城乡建设部、工业和信息化部联合印发了《关于进一步扩大政府采购支持绿色建材促进建筑品质提升政策实施范围的通知》，要求自2025年1月1日起，在北京市朝阳区等101个市（市辖区）实施政府采购支持绿色建材促进建筑品质提升政策，同时编制了《绿色建筑和绿色建材政府采购需求标准（2025年版）》（以下简称《需求标准》），要求各政策实施城市要严格执行该《需求标准》。《需求标准》主要内容如下：

（1）明确《需求标准》适用于医院、学校、办公楼、综合体、展览馆、会展中心、体育馆、保障性住房、旧城改造等政府采购工程项目。政府采购工程项目应以推动城乡建设绿色发展为目标，着力建设安全、舒适、绿色、智慧的好房子，遵循因地制宜的原则，选用性价比高的绿色建材。

（2）应在政府采购工程的项目立项、建筑设计、招标采购、工程施工、质量验收等关键环节，严格落实《需求标准》的指标要求。

（3）明确建筑品质提升要求，例如：①政府采购绿色建材分为必选类和可选类。政府采购工程项目选用绿色建材时，应满足下列要求：涉及必选类时，每一必选小类均应选用绿色建材；涉及可选类时，绿色建材选用量应不低于建筑项目所涉及的建材小类的40%。②政府采购工程项目应达到《绿色建筑评价标准》GB/T 50378的要求。③宜通过集成应用绿色建材提升建筑的耐久性、保温隔热性能、空气质量和隔声性能等。④鼓励政府采购工程项目优先采用高效益、高质量、低消耗、低排放的新型建造方式。⑤宜采用设计、采购、生产、施工一体化模式，实行装饰装修与主体结构、机电设备协同施工。⑥部品部件要求。⑦碳减排要求。

（4）明确必选类绿色建材要求。

（5）明确可选类绿色建材要求。

10. 商品包装、快递包装政府采购需求标准（试行）

为助力打好污染防治攻坚战，推广使用绿色包装，财政部、生态环境部、国家邮政局联合印发了《商品包装政府采购需求标准（试行）》、《快递包装政府采购需求标准（试行）》的通知（财办库〔2020〕123号），要求如下：

（1）政府采购货物、工程和服务项目中涉及商品包装和快递包装的，要参考包装需求标准，在采购文件中明确政府采购供应商提供产品及相关快递服务的具体包装要求。

（2）采购文件对商品包装和快递包装提出具体要求的，政府采购合同应当载明对政府采购供应商提供产品及相关快递服务的具体包装要求和履约验收相关条款，必要时要求中标、成交供应商在履约验收环节出具检测报告。

（3）政府采购协议供货、定点采购项目和电子卖场也要积极推广应用包装需求标准，对商品包装和快递包装符合包装需求标准的产品加挂标识，引导采购人优先选择。

二、预留采购份额

1. 中小企业预留份额

为促进中小企业健康发展，财政部陆续出台了《政府采购促进中小企业发展管理办法》（财库〔2020〕46号）、《关于进一步加大政府采购支持中小企业力度的通知》（财库〔2022〕19号）、《关于加强财税支持政策落实 促进中小企业高质量发展的通知》（财预〔2023〕76号）等多项相关文件，落实中小企业预留采购份额。

2020年12月，财政部、工业和信息化部联合印发了《政府采购促进中小企业发展管理办法》（财库〔2020〕46号），该办法明确："采购限额标准以上，200万元以下的货物和服务采购项目、400 万元以下的工程采购项目，适宜由中小企业提供的，采购人应当专门面向中小企业采购……超过 200 万元的货物和服务采购项目、超过 400 万元的工程采购项目中适宜由中小企业提供的，预留该部分采购项目预算总额的 30％ 以上专门面向中小企业采购，其中预留给小微企业的比例不低于 60％"。

2023 年 8 月，财政部在印发的《关于加强财税支持政策落实 促进中小企业高质量发展的通知》（财预〔2023〕76 号）中提出："超过 400 万元的工程采购项目中适宜由中小企业提供的，预留份额由 30％ 以上阶段性提高至 40％ 以上的政策延续至 2025 年底。"部分地区按照财政部的要求进行了落实，如湖北省要求 200 万元以下的货物和服务项目、400 万元以下的工程项目，适宜由中小企业提供的，应当专门面向中小企业采购；200 万元以上的货物和服务项目、400 万元以上的工程项目，适宜由中小企业提供的，预留该部分采购项目预算总额的 40％ 以上专门面向中小企业采购，其中预留给小微企业的比例不低于 60％。但也有部分地区在落实财政部要求的预留份额的基础上，进行了调整，如烟台市明确要求对超过限额要求的采购项目中适宜由中小企业提供的，面向中小企业的预留份额为 45％，其中预留给小微企业的比例不低于 70％。采购人和采购代理机构在组织政府采购活动时，要注意研究项目所在地的政策，正确使用，避免违规。

值得注意的是，并非所有"采购限额标准以上，200 万元以下的货物和服务采购项目、400 万元以下的工程采购项目"，都要专门面向中小企业采购，而是适宜专门面向的，应当专门面向。如包含多种标的货物综合性项目，其中包含电脑、摄影机、空调等生产厂家多为大型企业的标的，则不适宜专门面向中小企业采购，否则无法确保充分供应、充分竞争，可能会影响政府采购目标的实现。

《政府采购促进中小企业发展管理办法》（财库〔2020〕46 号）对可不专门面向中小企业预留采购份额的情形进行了明确。

（1）法律法规和国家有关政策明确规定优先或者应当面向事业单位、社会组织等非企业主体采购的。

（2）因确需使用不可替代的专利、专有技术，基础设施限制，或者提供特定公共服务等原因，只能从中小企业之外的供应商处采购的。

（3）按照本办法规定预留采购份额无法确保充分供应、充分竞争，或者存在可能影响政府采购目标实现的情形。

（4）框架协议采购项目。

（5）省级以上人民政府财政部门规定的其他情形。

除上述情形外，其他均为适宜由中小企业提供的情形。

预留份额主要通过下列措施进行：

（1）将采购项目整体或者设置采购包专门面向中小企业采购。

（2）要求供应商以联合体形式参加采购活动，且联合体中中小企业承担的部分达到一定比例（组成联合体或者接受分包合同的中小企业与联合体内其他企业、分包企业之间不得存在直接控股、管理关系）。

（3）要求获得采购合同的供应商将采购项目中的一定比例分包给一家或者多家中小企业。

【小贴士】

【问】对于200万元以下的货物和服务采购项目、400万元以下的工程采购项目，适宜由中小企业提供的，联合体是否享受对中小企业的预留份额政策？

【答】联合体参与政府采购项目的，联合体各方所提供货物、工程、服务均为中小企业制造、承建、承接的，联合体视同中小企业，享受对中小企业的预留份额政策；联合体各方提供货物、工程、服务均为小微企业制造、承建、承接的，联合体视同小微企业，享受对小微企业的预留份额政策。

法律依据：

《政府采购促进中小企业发展管理办法》（财库〔2020〕46号）

第四条　以联合体形式参加政府采购活动，联合体各方均为中小企业的，联合体视同中小企业。其中，联合体各方均为小微企业的，联合体视同小微企业。

【小贴士】

【问】《政府采购促进中小企业发展管理办法》第六条"因确需使用不可替代的专利、专有技术，基础设施限制，或者提供特定公共服务等原因，只能从中小企业之外的供应商处采购的"中，"基础设施限制"是指什么？

【答】"基础设施限制"主要是指受供水、供电、供气、供热、道路和交通设施等基础设施条件限制。采购人可根据实际情况做出判断。

2.脱贫地区农副产品预留份额

财政部、农业农村部、国家乡村振兴局《关于运用政府采购政策支持乡村产业振兴的通知》（财库〔2021〕19号）、财政部《关于深入开展政府采购脱贫地区农副产品工作推进乡村产业振兴的实施意见》的通知（财库〔2021〕20号）以及财政部《关于做好中央预算单位2025年政府采购脱贫地区农副产品工作的通知》（财办库〔2024〕266号）和《关于组织地方预算单位做好2025年政府采购脱贫地区农副产品工作的通知》（财办库〔2024〕267号）等，对各预算单位预留份额填报和脱贫地区农副产品采购工作提出了相关要求，具体见下表。采购人在工作中应注意按照相关要求落实预留采购份额措施。

发布日期	标题	文号	要求
2021年04月24日	关于深入开展政府采购脱贫地区农副产品工作推进乡村产业振兴的实施意见	财库〔2021〕20号	（1）各级预算单位要按照不低于10%的预留比例在"832平台"填报预留份额； （2）遵循质优价廉、竞争择优的原则，通过"832平台"在全国832个脱贫县范围内采购农副产品，及时在线支付货款，不得拖欠； （3）鼓励各级预算单位工会组织通过"832平台"采购工会福利、慰问品等，有关采购金额计入本单位年度采购总额
2024年12月17日	（1）关于做好中央预算单位2025年政府采购脱贫地区农副产品工作的通知； （2）关于组织地方预算单位做好2025年政府采购脱贫地区农副产品工作的通知	财办库〔2024〕266号、财办库〔2024〕267号	要求各预算单位在2025年3月31日前通过"832平台"采购人管理系统（cg.fupin832.com）填报2025年政府采购脱贫地区农副产品预留份额，预留比例不低于年度食堂食材采购总额的10%。具备条件的预算单位，可适当提高预留比例，鼓励按照15%的比例预留采购份额

注意：部分地区在落实财政部要求的预留份额的基础上进行了调整，如湖北省财政厅《关于做好2023年政府采购脱贫地区农副产品工作推进乡村产业振兴的通知》（鄂财采发〔2023〕4号）要求，自有食堂的预算单位，预留金额不低于年度采购农副产品总额的15%；有独立工会经费的预算单位，应明确通过"832平台"采购金额不低于工会年度采购农副产品总额的15%。

采购人和采购代理机构在组织政府采购活动时，要注意项目所在地的政策，正确使用

三、价格评审优惠

1.价格评审优惠政策

《政府采购促进中小企业发展管理办法》（财库〔2020〕46号）对中小企业的报价优惠进行了明确：对于经主管预算单位统筹后未预留份额专门面向中小企业采购的采购项目，以及预留份额项目中的非预留部分采购包，采购人、采购代理机构应当对符合本办法规定的小微企业报价给予6%～10%（工程项目为3%～5%）的扣除，用扣除后的价格参加评审。适用招标投标法的政府采购工程建设项目，采用综合评估法但未采用低价优先法计算价格分的，评标时应当在采用原报价进行评分的基础上增加其价格得分的3%～5%作为其价格分。接受大中型企业与小微企业组成联合体或者允许大中型企业向一家或者多家小微企业分包的采购项目，对于联合协议或者分包意向协议约定小微企业的合同份额占到合同总金额30%以上的，采购人、采购代理机构应当对联合体或者大中型企业的报价给予2%～3%（工程项目为1%～2%）的扣除，用扣除后的价格参加评审。适用

招标投标法的政府采购工程建设项目，采用综合评估法但未采用低价优先法计算价格分的，评标时应当在采用原报价进行评分的基础上增加其价格得分的1%～2%作为其价格分。组成联合体或者接受分包的小微企业与联合体内其他企业、分包企业之间存在直接控股、管理关系的，不享受价格扣除优惠政策。

2022年5月30日，财政部印发的《关于进一步加大政府采购支持中小企业力度的通知》（财库〔2022〕19号）一文，对小微企业的优惠比例进行了调整，将货物服务采购项目给予小微企业的价格扣除优惠，由财库〔2020〕46号文件规定的6%～10%提高至10%～20%；大中型企业与小微企业组成联合体或者大中型企业向小微企业分包的，评审优惠幅度由2%～3%提高至4%～6%。政府采购工程的价格评审优惠仍按照财库〔2020〕46号文件的规定执行。

值得注意的是，部分地区在落实财政部要求的基础上，加大了对小微企业价格扣除优惠。采购人和采购代理机构在组织政府采购活动时，要注意研究项目所在地的政策，正确使用，避免违规。

价格扣除比例或者价格分加分比例应对小型企业和微型企业同等对待，不作区分。具体采购项目的价格扣除比例或者价格分加分比例，由采购人根据采购标的相关行业平均利润率、市场竞争状况等，在规定的幅度内确定。

若供应商同时属于小型或微型企业、监狱企业、残疾人福利性单位中的两种及以上，将不重复享受小微企业价格扣减的优惠政策。但是有些地区也针对此种情况设置了特殊的要求：湖北省财政厅、湖北省交易管理局《关于落实稳住经济一揽子政策进一步加大政府采购支持中小企业力度的通知》（鄂财采发〔2022〕5号）明确，对小微企业中的残疾人企业、监狱企业、采购产品纳入创新产品应用示范推荐目录内企业、采购产品获得节能产品或环境标志产品认证证书的企业，应以价格评审优惠幅度的上限（20%）给予评审优惠。故在执行政府采购政策时，需要结合项目所在地的实际情况，正确落实相关采购政策。

【小贴士】

【问】对于未预留份额专门面向中小企业采购的货物采购项目，以及预留份额项目中的非预留部分货物采购包，大中型企业提供的货物全部为小微企业制造，是否可以享受报价扣除？是否还有"双小"（即直接参与采购活动的企业是中小企业，且货物由中小企业制造）的要求？

【答】按照《政府采购促进中小企业发展管理办法》（财库〔2020〕46号，以下称《办法》）规定，在货物采购项目中，货物由中小企业制造（货物由中小企业生产且使用该中小企业商号或者注册商标）的，可享受中小企业扶持政策。如果一个采购项目或采购包含有多个采购标的的，则每个采购标的均应由中小企业制造。在问题所述的采购项目或者采购包中，大型企业提供的所有采购标的均为小微企业制造的，可享受价格评审优惠政策。

【法律依据】

《政府采购促进中小企业发展管理办法》（财库〔2020〕46号）

第四条 在政府采购活动中，供应商提供的货物、工程或者服务符合下列情形的，享受本办法规定的中小企业扶持政策：

（1）在货物采购项目中，货物由中小企业制造，即货物由中小企业生产且使用该中小企业商号或者注册商标；

（2）在工程采购项目中，工程由中小企业承建，即工程施工单位为中小企业；

（3）在服务采购项目中，服务由中小企业承接，即提供服务的人员为中小企业依照《中华人民共和国劳动合同法》订立劳动合同的从业人员。

在货物采购项目中，供应商提供的货物既有中小企业制造货物，也有大型企业制造货物的，不享受《办法》规定的中小企业扶持政策。

以联合体形式参加政府采购活动，联合体各方均为中小企业的，联合体视同中小企业。其中，联合体各方均为小微企业的，联合体视同小微企业。

【小贴士】

【问】 在货物采购项目中，供应商提供的货物既有中型企业制造，又有小微企业制造的，是否享受《政府采购促进中小企业发展管理办法》规定的小微企业扶持政策？

【答】 在货物采购项目中，供应商提供的货物既有中型企业制造，又有小微企业制造的，不享受《政府采购促进中小企业发展管理办法》规定的小微企业扶持政策。

【法律依据】

《政府采购促进中小企业发展管理办法》（财库〔2020〕46号）

第四条 在政府采购活动中，供应商提供的货物、工程或者服务符合下列情形的，享受本办法规定的中小企业扶持政策：

（1）在货物采购项目中，货物由中小企业制造，即货物由中小企业生产且使用该中小企业商号或者注册商标。

2. 依法必招的政府采购工程

《政府采购法实施条例》（国务院令第658号）第七条规定：政府采购工程以及与工程

建设有关的货物、服务，采用招标方式采购的，适用《中华人民共和国招标投标法》及其实施条例；采用其他方式采购的，适用政府采购法及本条例。对于进场交易的政府采购工程，早期湖北省公共资源交易中心颁布的招标示范文本并未对落实政府采购政策做出相关规定。

为贯彻落实《国务院关于印发扎实稳住经济一揽子政策措施的通知》（国发〔2022〕12号）、财政部《关于进一步加大政府采购支持中小企业力度的通知》（财库〔2022〕19号）和省政府贯彻落实中央扎实稳住经济一揽子政策措施工作清单有关要求，湖北省公共资源交易监管局 湖北省财政厅 湖北省住建厅 湖北省交通运输厅 湖北省水利厅 湖北省农业农村厅 湖北省交易（采购）中心联合发布《关于印发落实政府采购政策支持中小企业发展系列招标示范文本的通知》（鄂公管函〔2022〕19号）。该通知要求：2022年7月1日起，我省依据《招标投标法》必须进行招标的政府采购工程项目，采购人应当按照项目类型选用相应招标文件示范文本，并落实政府采购支持中小企业发展的相关政策要求。

以《湖北省房屋建筑和市政工程施工招标文件示范文本（2022年电子化第六版）》为例（以下简称《文本》），《文本》在第一章 招标邀请书、第二章 投标人须知、附录一：投标人资质条件、能力和信誉、附录二：政府采购工程预留工作及金额、第三章 评标办法等中均对落实政府采购政策做出了相关要求，并对落实政府采购工程价格评审优惠的具体办法进行了约定，如下表所示。

政府采购工程价格 评审优惠	对采购项目未预留份额专门面向中小企业采购的： （1）如投标人属于小微企业的，评标时在其投标报价得分的基础上增加 P% 作为其投标报价最终得分，即： $S= M×(1+P\%)$ 其中：P为小微企业报价优惠系数，范围为3~5的整数，由招标人确定。P的取值参见"第二章 投标人须知"前附表第10.2.4项。 若招标人接受联合体，且联合体各方均为小微企业的，联合体视同小微企业。 （2）若招标人接受由大中型企业与小微企业组成的联合体或允许大中型企业向一家或多家小微企业分包的采购项目，对于联合协议或分包意向协议约定小微企业的合同份额占到合同总金额30%以上的，评标时在其报价得分的基础上增加 Q% 作为其投标报价最终得分，即： $S= M×(1+Q\%)$ 其中：Q为满足条件的联合体或者分包企业报价优惠系数，范围为1~2的整数，由招标人确定。Q的取值参见"第二章 投标人须知"前附表第10.2.5项。 （3）组成联合体或者接受分包的小微企业与联合体内其他企业、分包企业之间存在直接控股、管理关系的，不享受价格评审优惠政策
投标报价最终得分	$S= M×(1+P\%)$ 或 $S= M×(1+Q\%)$

其他示范文本也进行了类似描述，依法必招的政府采购工程项目的政府采购政策落实也趋于规范化。

【小贴士】

【问】《政府采购促进中小企业发展管理办法》第九条规定："适用招标投标法的政府采购工程建设项目，采用综合评估法但未采用低价优先法计算价格分的，评标时应当在采用原报价进行评分的基础上增加其价格得分的3%～5%作为其价格分。"若小微企业在工程建设项目中价格分为满分，是否在满分基础上增加其价格分的3%～5%作为其价格分？

【答】政府采购工程项目中对中小企业价格分加分属于政策性加分，小微企业价格分即使是满分也应当享受政策优惠，再给予加分。

四、强制采购与优先采购

1. 节能产品、环境标志产品

政府采购节能产品、环境标志产品实施品目清单管理。依据品目清单和认证证书实施政府优先采购和强制采购。财政部、发展改革委、生态环境部等部门根据产品节能环保性能、技术水平和市场成熟程度等因素，确定实施政府优先采购和强制采购的产品类别及所依据的相关标准规范，以品目清单的形式发布并适时调整。

《节能产品政府采购品目清单》中将品目分为强制采购和优先采购，《环境标志产品政府采购品目清单》则只有优先采购。采购人拟采购的产品属于品目清单范围的，采购人或采购代理机构在编制采购文件时，必须在采购文件显著处中标示以下内容。

（1）标示哪些为强制采购节能产品，哪些为优先采购节能或环境标志产品。并说明为强制采购节能产品的，供应商应在其响应文件中提供国家确定的认证机构出具的、处于有效期之内的节能产品、环境标志产品认证证书，否则视为无效投标。

（2）属于优先采购节能或环境标志产品的，采购人或采购代理机构应在文件中约定优先采购的落实措施，具体措施根据采购人及项目的需求确定，以下为示例。

采购文件中采购节能产品、环境标志产品政策落实示例

（以某学校实训室建设项目为例）

采购节能产品 政策	依据财库〔2019〕19 号文的规定，所投产品为《节能产品政府采购品目清单》强制性采购内容（本项目中空调机、液晶显示器为《节能产品政府采购品目清单》中强制采购品类）的，须提供国家确定的认证机构出具的、处于有效期之内的节能产品认证证书，未提供的视为无效响应（认证证书的产品型号与所投产品不一致的，视为未提供）； 所投产品为《节能产品政府采购品目清单》非强制性采购内容（本项目中投影仪、电冰箱为《节能产品政府采购品目清单》中非强制性采购品类）的，提供国家确定的认证机构出具的、处于有效期之内的节能产品认证证书，给予该项产品价格 1% 的扣除，用扣除后的价格参与评审（认证证书的产品型号与所投产品不一致的，视为未提供）
采购环境标志 产品政策	依据财库〔2019〕18 号文的规定，所投产品为《环境标志产品政府采购品目清单》内容（本项目中空调机、液晶显示器、投影仪为《环境标志产品政府采购品目清单》中内容）的，须提供国家确定的认证机构出具的、处于有效期之内的环境标志产品认证证书，给予该项产品价格 1% 的扣除，用扣除后的价格参与评审（认证证书的产品型号与所投产品不一致的，视为未提供）

对于已列入品目清单的产品类别，采购人可在采购需求中提出更高的节约资源和保护环境要求，对符合条件的获证产品给予优先待遇。对于未列入品目清单的产品类别，鼓励采购人综合考虑节能、节水、环保、循环、低碳、再生、有机等因素，参考相关国家标准、行业标准或团体标准，在采购需求中提出相关绿色采购要求，促进绿色产品推广应用。

2. 正版软件

依据财政部、国家发展改革委、信息产业部《关于印发无线局域网产品政府采购实施意见的通知》（财库〔2005〕366 号），国家版权局、信息产业部、财政部、国务院机关事务管理局《关于政府部门购置计算机办公设备必须采购已预装正版操作系统软件产品的通知》（国权联〔2006〕1 号）、《国务院办公厅关于进一步做好政府机关使用正版软件工作的通知》（国办发〔2010〕47 号）、《财政部关于进一步做好政府机关使用正版软件工作的通知》（财预〔2010〕536 号）等相关文件的规定，采购人或采购代理机构应当在采购文件中明确以下内容。

采购无线局域网产品和含有无线局域网功能的计算机、通信设备、打印机、复印机、投影仪等产品的，优先采购符合国家无线局域网安全标准（GB 15629.11/1102）并通过国家产品认证的产品。其中，国家有特殊信息安全要求的项目必须采购认证产品，否则投标无效。财政部、国家发展改革委、信息产业部根据政府采购改革进展和无线局域网产品技术及市场成熟等情况，从国家指定的认证机构认证的生产厂商和产品型号中确定优先采购的产品，并以无线局域网认证产品政府采购清单的形式公布。清单中新增认证

产品厂商和型号，由财政部、国家发展改革委、信息产业部以文件形式确定、公布并适时调整。

各级政府部门在购置计算机办公设备时，必须采购预装正版操作系统软件的计算机产品。

3. 网络安全专用产品

依据国家互联网信息办公室、工业和信息化部、公安部、财政部、国家认证认可监督管理委员会联合发布的《关于调整网络安全专用产品安全管理有关事项的公告》，采购人或采购代理机构应当在采购文件中明确以下内容。

所投产品属于列入《网络关键设备和网络安全专用产品目录》的网络安全专用产品，应当在国家互联网信息办公室会同工业和信息化部、公安部、国家认证认可监督管理委员会统一公布和更新的符合要求的网络关键设备和网络安全专用产品清单中。供应商应当按照《信息安全技术网络安全专用产品安全技术要求》等相关国家标准的强制性要求，由具备资格的机构安全认证合格或者安全检测符合要求（如该产品已经获得公安部颁发的计算机信息系统安全专用产品销售许可证，且在有效期内，亦视为符合要求）。

五、其他优惠措施

1. 正版软件

依据财政部、国家发展改革委、信息产业部《关于印发无线局域网产品政府采购实施意见的通知》（财库〔2005〕366号），采购无线局域网产品和含有无线局域网功能的计算机、通信设备、打印机、复印机、投影仪等产品的，应当优先采购符合国家无线局域网安全标准（GB 15629.11/1102）并通过国家产品认证的产品。其中，国家有特殊信息安全要求的项目必须采购认证产品，否则投标无效。财政部、国家发展改革委、信息产业部根据政府采购改革进展和无线局域网产品技术及市场成熟等情况，从国家指定的认证机构认证的生产厂商和产品型号中确定优先采购的产品，并以"无线局域网认证产品政府采购清单"的形式公布。清单中新增认证产品厂商和型号，由财政部、国家发改委、信息产业部以文件形式确定、公布并适时调整。

各级政府部门在购置计算机办公设备时，必须采购预装正版操作系统软件的计算机产品，相关规定依据国家版权局、信息产业部、财政部、国务院机关事务管理局《关于政府部门购置计算机办公设备必须采购已预装正版操作系统软件产品的通知》（国权联〔2006〕1号）、《国务院办公厅关于进一步做好政府机关使用正版软件工作的通知》（国办发〔2010〕47号）、《财政部关于进一步做好政府机关使用正版软件工作的通知》（财预〔2010〕536号）。

2. 网络安全专用产品

为了加强网络安全专用产品安全管理，推动安全认证和安全检测结果互认，避免重复认证、检测，国家互联网信息办公室、工业和信息化部、公安部、财政部、国家认证认可监督管理委员会联合发布《关于调整网络安全专用产品安全管理有关事项的公告》（以下简称《公告》）。《公告》明确，供应商所投产品属于列入《网络关键设备和网络安全专用产品目录》的网络安全专用产品，应当在国家互联网信息办公室会同工业和信息化部、公安部、国家认证认可监督管理委员会统一公布和更新的符合要求的网络关键设备和网络安全专用产品清单中。

3. 地方政策

除预留采购份额、价格优惠外，财政部还要求各地区、各部门要通过提高预付款比例、引入信用担保、支持中小企业开展合同融资、免费提供电子采购文件等方式，为中小企业参与采购活动提供便利。

随着优化营商环境、节约能源、保护环境、扶持不发达地区和少数民族地区政策的不断深入，部分地区也制定了针对本地区的政府采购政策。

如北京市为全面推进本市挥发性有机物（VOCs）治理，贯彻落实挥发性有机物污染治理专项行动有关要求，发布了《北京市财政局 北京市生态环境局关于政府采购推广使用低挥发性有机化合物（VOCs）有关事项的通知》（京财采购〔2020〕2381号），要求项目中涉及涂料、胶黏剂、油墨、清洗剂等挥发性有机物产品的，属于强制性标准的，供应商应执行符合本市和国家的VOCs含量限制标准；湖北省推出的政府采购合同融资（简称"政采贷"），是指参与政府采购活动的中小微企业，在获得政府采购中标（成交）通知书后，即可向开展"政采贷"业务的金融机构提出申请，金融机构依据政府采购中标（成交）通知书和政府采购合同，为中小微企业提供融资服务；甘肃省财政厅印发《关于进一步加大政府采购支持中小企业力度的通知》（甘财采〔2022〕16号），为降低供应商交易成本，全省政府采购项目不再收取投标保证金等。

以湖北省为例，武汉市财政局发文，应建立预付款保函制度，鼓励采购人结合项目实际、供应商信用等情况，在采购合同签订后支付一定比例的预付款，政府采购合同设定首付款支付方式的，首付款支付比例原则上不低于合同金额的30%；对于中小企业，首付款支付比例还可适当提高。同时加快合同资金支付进度，对于满足合同约定支付条件的，采购人应当自收到发票后10日内将资金支付到合同约定的供应商账户。

采购人或采购代理机构在不同地区组织政府采购活动时，要额外注意，避免违规。

第三节　落实政府采购政策的相关法律责任

为推行相关政府采购政策，国家通过立法及颁布相关管理办法等措施，保障政策的顺利实施。《政府采购法实施条例》（国务院令第658号）对政府采购政策制定的主体、政策的主要措施、政策的主要目标，以及对政府采购政策的执行、考核及处罚等进行了规定，具体如下。

第六条规定：国务院财政部门应当根据国家的经济和社会发展政策，会同国务院有关部门制定政府采购政策，通过制定采购需求标准、预留采购份额、价格评审优惠、优先采购等措施，实现节约能源、保护环境、扶持不发达地区和少数民族地区、促进中小企业发展等目标。

本条款对政策制定的主体、政策的主要措施以及政策的主要目标进行了规定。

第十五条规定：采购人、采购代理机构应当根据政府采购政策、采购预算、采购需求编制采购文件。采购需求应当符合法律法规以及政府采购政策规定的技术、服务、安全等要求。政府向社会公众提供的公共服务项目，应当就确定采购需求征求社会公众的意见。除因技术复杂或者性质特殊，不能确定详细规格或者具体要求外，采购需求应当完整、明确。必要时，应当就确定采购需求征求相关供应商、专家的意见。

本条款为落实政府采购政策，对编制采购文件提出了具体要求，即招标文件、谈判文件、磋商文件、询价通知书编制中应明确载明政府采购政策要求。

第六十条规定：除政府采购法第六十六条规定的考核事项外，财政部门对集中采购机构的考核事项还包括：

（1）政府采购政策的执行情况。

（2）采购文件编制水平。

（3）采购方式和采购程序的执行情况。

（4）询问、质疑答复情况。

（5）内部监督管理制度建设及执行情况。

（6）省级以上人民政府财政部门规定的其他事项。

财政部门应当制定考核计划，定期对集中采购机构进行考核，考核结果有重要情况的，应当向本级人民政府报告。

本条款明确了由财政部门对政府采购政策的执行情况进行考核。集中采购机构作为政府专门设立的代理集中采购项目的执行机构，在执行、落实政府采购政策方面应当发挥表率作用，在采购文件编制、评审活动组织中，全面落实法律法规和国务院财政部门制定的各项政府采购政策。

第六十八条规定：采购人、采购代理机构有下列情形之一的，依照政府采购法第七十一条、第七十八条的规定追究法律责任：

（1）未依照政府采购法和本条例规定的方式实施采购。

（2）未依法在指定的媒体上发布政府采购项目信息。

（3）未按照规定执行政府采购政策。

（4）违反本条例第十五条的规定导致无法组织对供应商履约情况进行验收或者国家财产遭受损失。

（5）未依法从政府采购评审专家库中抽取评审专家。

（6）非法干预采购评审活动。

（7）采用综合评分法时评审标准中的分值设置未与评审因素的量化指标相对应。

（8）对供应商的询问、质疑逾期未作处理。

（9）通过对样品进行检测、对供应商进行考察等方式改变评审结果。

（10）未按照规定组织对供应商履约情况进行验收。

本条款对采购人、采购代理机构违反政府采购法律、行政法规规定实施采购法律责任进行了规定，采购人、采购代理机构未按照规定执行政府采购政策，责令限期改正，给予警告，可以并处罚款，对直接负责的主管人员和其他直接责任人员，由其行政主管部门或者有关机关给予处分，并予通报。采购代理机构未按照规定执行政府采购政策，按照有关法律规定处以罚款，可以在一至三年内禁止其代理政府采购业务，构成犯罪的，依法追究刑事责任。

在线习题（第八章）

第九章
政府采购质疑投诉处理

　　质疑、投诉是供应商在政府采购活动中自身合法权益受到损害时的法定救济渠道。《政府采购法》第五十一条规定，供应商对政府采购活动事项有疑问的，可以向采购人提出询问，采购人应当及时作出答复，但答复的内容不得涉及商业秘密。第五十二条规定，供应商认为采购文件、采购过程和中标、成交结果使自己的权益受到损害的，可以在知道或者应知其权益受到损害之日起七个工作日内，以书面形式向采购人提出质疑。第五十五条规定，质疑供应商对采购人、采购代理机构的答复不满意或者采购人、采购代理机构未在规定的时间内作出答复的，可以在答复期满后十五个工作日内向同级政府采购监督管理部门投诉。第五十八条规定，投诉人对政府采购监督管理部门的投诉处理决定不服或者政府采购监督管理部门逾期未作处理的，可以依法申请行政复议或者向人民法院提起行政诉讼。

　　《政府采购质疑和投诉办法》（财政部令第94号）对政府采购质疑和投诉作出了更为具体的规范与要求。

　　值得注意的是，政府采购工程需要根据具体项目情况来判断应适用的相关规定。根据《政府采购法实施条例》第七条规定，政府采购工程以及与工程建设有关的货物、服务，采用招标方式采购的，适用《中华人民共和国招标投标法》及其实施条例；采用其他方式采购的，适用政府采购法及本条例。因此，采用公开招标和邀请招标方式进行的政府采购工程项目，投标人认为在招标投标活动中自身合法权益受到损害的，可以采用异议和投诉的方式维护自身权益，不适用《政府采购质疑和投诉办法》（财政部令第94号）。本章第五节将对依法必招政府采购工程项目异议、投诉进行阐述。

第一节　询　　问

一、询问的方式

　　供应商对政府采购活动有疑问的，可以向采购人或采购代理机构提出询问。询问的方式可以分为口头询问和书面询问。在实际操作中，询问既可以采用电话、面谈等口头方式，也可以采用信函、邮件等书面形式，方式不限。

二、询问的内容范围

供应商询问的内容涵盖政府采购活动的各个环节，询问可以是对采购公告、采购文件、采购结果的询问，也可以是采购程序的询问，内容不限。

三、询问的答复

采购人或采购代理机构应积极做出答复。《政府采购法实施条例》第五十二条要求，采购人或者采购代理机构应当在3个工作日内对供应商依法提出的询问作出答复。

供应商询问对象以及答复询问的责任主体都是采购人，而不是采购代理机构。采购人可以委托授权采购代理机构答复供应商询问，采购代理机构在接受采购委托时，应当与采购人商定代理答复询问的具体采购事项范围，采购代理机构只能就采购人委托授权范围内的事项对供应商向其提出的询问作出答复，对于不适合或者不应当由采购代理机构答复的询问事项，应当在委托代理协议中明确由采购人自行答复。供应商向采购代理机构提出的询问超出采购人委托授权范围的，采购代理机构要履行告知义务，即告知供应商向采购人提出，采购代理机构不得越权代理采购人答复。

政府采购评审专家有协助采购人或者采购代理机构答复供应商询问的义务。

第二节 质　　疑

一、质疑的方式

供应商应当以书面形式向采购人、采购代理机构提出质疑。

供应商可以委托代理人进行质疑。其授权委托书应当载明代理人的姓名或者名称、代理事项、具体权限、期限和相关事项。供应商为自然人的，应当由本人签字；供应商为法人或者其他组织的，应当由法定代表人、主要负责人签字或者盖章，并加盖公章。

代理人提出质疑，应当提交供应商签署的授权委托书。

二、质疑的内容范围

供应商认为采购文件、采购过程、中标或者成交结果使自己的权益受到损害的，可以在知道或者应知其权益受到损害之日起7个工作日内，向采购人、采购代理机构提出质疑。

1. 对采购文件的质疑

按照《政府采购法》第四十二条第二款，采购文件泛指采购过程中形成的有关书面资料，包括采购活动记录、采购预算、招标文件、投标文件、评标标准、评估报告、定标文件、合同文本、验收证明、质疑答复、投诉处理决定及其他有关文件、资料。不过在实践中，采购文件往往特指招标文件、竞争性谈判文件、询价通知书、竞争性磋商文件和资格预审文件。

可质疑的采购文件主要是指招标、谈判、询价、磋商、资格预审公告以及招标文件、谈判文件、询价通知书、磋商文件、资格预审文件（包括属于其组成部分的澄清、修改、补充文件和评标标准、合同文本等）。

值得注意的是，采购活动记录、定标文件是采购人或采购代理机构的内部资料，采购预算是财政部门按照国家有关预算管理的规定对采购人的批复，对这些采购文件不可提出质疑。根据《政府采购法》有关质疑与投诉的规定，质疑答复、投诉处理决定也是不可质疑的采购文件。政府采购合同适用《合同法》，供应商如果对验收证明有异议，应当按照解决合同争议的途径处理，因此，验收证明不属于可质疑的采购文件。

2. 对采购过程的质疑

采购过程，是指从采购项目信息公告发布起，到中标、成交结果公告止，采购文件的发出、投标、开标、评标、澄清、谈判、询价等各个采购程序环节，如对采购公告发布渠道、发布期限的质疑，对开标过程提出质疑，对谈判、磋商过程提出质疑等。

3. 对中标或者成交结果的质疑

如对中标或者成交供应商的资格提出质疑，对投标文件和评估报告的公开内容提出质疑等。

三、质疑的受理

采购人、采购代理机构应当在采购文件中载明接收质疑函的方式、联系部门、联系电话和通讯地址等信息。采购人负责供应商质疑答复。采购人委托采购代理机构采购的，采购代理机构在委托授权范围内受理并作出答复，若供应商提出的质疑超出采购人对采购代理机构委托授权范围，采购代理机构应当告知供应商向采购人提出。

质疑是供应商自我维权的一种方式，供应商投入大量的精力参与政府采购活动，但大多数情况下，中标（成交）供应商只有一个，质疑是不可避免的。

采购人、采购代理机构收到质疑后，首先要甄别是否为有效质疑。

1.质疑的主体是否有效

《政府采购质疑和投诉办法》第十一条要求，提出质疑的供应商应当是参与所质疑项目采购活动的供应商。供应商可以委托代理人进行质疑和投诉。其授权委托书应当载明代理人的姓名或者名称、代理事项、具体权限、期限和相关事项。供应商为自然人的，应当由本人签字；供应商为法人或者其他组织的，应当由法定代表人、主要负责人签字或者盖章，并加盖公章。代理人提出质疑和投诉，应当提交供应商签署的授权委托书。

2.质疑时间是否在有效期内

供应商认为采购文件、采购过程、中标或者成交结果使自己的权益受到损害的，可以在知道或者应知其权益受到损害之日起7个工作日内提出质疑。

《政府采购法》第五十二条规定的供应商应知其权益受到损害之日，是指：（1）对可以质疑的采购文件提出质疑的，为收到采购文件之日或者采购文件公告期限届满之日；（2）对采购过程提出质疑的，为各采购程序环节结束之日；（3）对中标或者成交结果提出质疑的，为中标或者成交结果公告期限届满之日。

3.质疑是否为书面形式提交，且是否提交了质疑函和必要的证明材料

《政府采购质疑和投诉办法》第十二条要求质疑函应当包括下列内容：（1）供应商的姓名或者名称、地址、邮编、联系人及联系电话；（2）质疑项目的名称、编号；（3）具体、明确的质疑事项和与质疑事项相关的请求；（4）事实依据；（5）必要的法律依据；（6）提出质疑的日期。

供应商为自然人的，应当由本人签字；供应商为法人或者其他组织的，应当由法定代表人、主要负责人，或者其授权代表签字或者盖章，并加盖公章。

请看下面的案例。

关于×××大学中央空调系统更新改造项目的质疑函

我公司拟参加×××大学中央空调系统更新改造项目的投标，现我公司对该项目采购文件提出质疑如下。

一、质疑供应商基本信息

质疑供应商：×××有限公司

地址：×××

邮编：×××

联系人：×××

联系电话：×××

授权代表：×××

二、质疑项目基本情况

质疑项目的名称：×××大学中央空调系统更新改造项目

质疑项目的编号：×××

采购人名称：×××大学

采购文件获取日期：××××年××月××日

三、质疑事项具体内容

【质疑事项】

项目具有明显的品牌指向性，严重影响项目公平性。

【事实依据】

招标文件第三章项目采购需求第三项主要产品技术要求中，设置安装尺寸为≤5000×2500×3500（h）。每个冷水机组品牌的尺寸(长、宽、高)大小不一，设置机组长、宽、高的参数有品牌倾向性，将影响项目公平性。

【法律依据】

《中华人民共和国政府采购法实施条例》第二十条规定，采购人或者采购代理机构有下列情形之一的，属于以不合理的条件对供应商实行差别待遇或者歧视待遇：（三）采购需求中的技术、服务等要求指向特定供应商、特定产品。

四、与质疑事项相关的请求

对于不合适的参数进行调整，保证潜在投标品牌和投标主体都能够满足，建议删除以上要求。

×××有限公司

日期：××××年××月××日

4. 针对同一采购程序环节的质疑是否是一次性提出

采购人、采购代理机构可以在采购文件中要求供应商在法定质疑期内一次性提出针对同一采购程序环节的质疑。以避免同一问题反复质疑，导致项目不能正常执行。

针对无效质疑，采购人、采购代理机构依法不予受理，并且应告知质疑人不予受理的原因。采购人、采购代理机构不得拒收质疑供应商在法定质疑期内发出的质疑函，应当在收到质疑函后七个工作日内作出答复，并以书面形式通知质疑供应商和其他有关供应商。

【小贴士】

以某地研究院"计算机网络信息中心设备采购项目"为例。

某地研究院"计算机网络信息中心设备采购项目"发布公开招标公告，10

家供应商下载了招标文件，其中6家递交了投标文件。中标结果公告发布后，下载了招标文件却未投标的A公司对中标结果提出了质疑。但采购人给出"质疑无效"的回复。

那么A公司为何不可以对中标结果提出质疑？

根据《政府采购质疑和投诉办法》（财政部令第94号）第十一条的规定，提出质疑的供应商应当是参与所质疑项目采购活动的供应商。

A公司虽然下载了招标文件，但并没有投标，即未参与该采购项目，属于潜在供应商。潜在供应商已依法获取其可质疑的采购文件的，可以对该文件提出质疑，但是只有递交了投标文件的投标供应商才可以对中标结果提出质疑。因此A公司无法质疑中标结果。

四、质疑的处理

1. 做好质疑函的登记受理工作

对于正式受理的质疑，需做好相关登记，包括：质疑单位名称、联系地址、邮编、联系方式、法定代表人（授权代表）姓名及身份证号、质疑项目名称及编号、质疑收到时间等。

2. 答复质疑前的调查

政府采购评审专家应当配合采购人或者采购代理机构答复供应商的质疑。

供应商对评审过程、中标（成交）结果提出质疑的，采购人或者采购代理机构可以组织原评标委员会（评审小组）协助答复质疑。

3. 质疑答复

1）答复主体

《政府采购质疑和投诉办法》第五条要求，采购人负责供应商质疑答复。采购人委托采购代理机构采购的，采购代理机构在委托授权范围内作出答复。

答复质疑的责任主体都是采购人，而不是采购代理机构。采购人可以委托授权采购代理机构答复供应商质疑，采购代理机构在接受采购委托时，应当与采购人商定代理答复质疑的具体采购事项范围，采购代理机构只能就采购人委托授权范围内的事项对供应商向其提出的质疑作出答复，对于不适合或者不应当由采购代理机构答复的质疑事项，应当在委托代理协议中明确由采购人自行答复。供应商向采购代理机构提出的质疑超出采购人委托授权范围的，采购代理机构要履行告知义务，即告知供应商向采购人提出，采购代理机构不得越权代理采购人答复。

政府采购评审专家有协助采购人或者采购代理机构答复供应商质疑的义务。

2）质疑答复的时间和形式要求

《政府采购质疑和投诉办法》第十三条要求，采购人、采购代理机构应当在收到质疑函后7个工作日内作出答复，并以书面形式通知质疑供应商和其他有关供应商。

3）质疑答复的内容

根据《政府采购质疑和投诉办法》，质疑答复应当包括下列内容：

（1）质疑供应商的姓名或者名称。

（2）收到质疑函的日期、质疑项目名称及编号。

（3）质疑事项、质疑答复的具体内容、事实依据和法律依据。

（4）告知质疑供应商依法投诉的权利。

（5）质疑答复人名称。

（6）答复质疑的日期。

质疑答复的内容不得涉及商业秘密。

请看以下案例。

×××大学中央空调系统更新改造项目质疑答复函

一、质疑供应商名称

质疑人名称：×××有限公司

二、质疑函基本信息

质疑项目的名称：×××大学中央空调系统更新改造项目

质疑项目的编号：×××

采购人名称：×××大学

采购文件获取日期：××××年××月××日

×××有限公司：

我公司于××××年××月××日收到贵公司关于<u>大学中央空调系统更新</u><u>改造项目</u>（项目编号：×××）招标文件的质疑函，现就质疑内容答复如下。

【质疑事项】

招标文件第三章项目采购需求第三项主要产品技术要求中，设置安装尺寸为≤5000×2500×3500（h）。每个冷水机组品牌的尺寸(长、宽、高)大小不一，设置机组长、宽、高的参数有品牌倾向性，将影响项目公平性。

【质疑答复】

因该项目为改造升级项目，经过综合考虑原有空调机房空间，本项目招标文件第三章项目采购需求第三项主要产品技术要求中，设置安装尺寸为 ≤5000×2500×3500（h），该数据为现有的安装条件，并非为设备尺寸要求，且经过调研，目前市场上大多数品牌的冷水机组均满足以上安装尺寸要求。因新更换机组进入空调机房受空调机房的地理位置和机房的结构影响，综合考虑后期设备安装因素，此要求与项目的具体特点和实际需要相适应，且与合同履行息息相关，并未指向特定产品。

【法律依据】

财政部《关于印发〈政府采购需求管理办法〉的通知》（财库〔2021〕22号）第六条第二款，技术要求是指对采购标的的功能和质量要求，包括性能、材料、结构、外观、安全，或者服务内容和标准等。

第七条　采购需求应当符合法律法规、政府采购政策和国家有关规定，符合国家强制性标准，遵循预算、资产和财务等相关管理制度规定，符合采购项目特点和实际需要。

贵公司如对本次答复不满意，可以在答复期满后十五个工作日内向××省财政厅提起投诉。感谢贵公司对本项目采购工作的理解和支持！

×××公司

××××年××月××日

4）质疑对采购活动的影响

《政府采购质疑和投诉办法》第十六条规定，采购人、采购代理机构认为供应商质疑不成立，或者成立但未对中标、成交结果构成影响的，继续开展采购活动；认为供应商质疑成立且影响或者可能影响中标、成交结果的，按照下列情况处理。

（1）对采购文件提出的质疑，依法通过澄清或者修改可以继续开展采购活动的，澄清或者修改采购文件后继续开展采购活动；否则应当修改采购文件后重新开展采购活动。

（2）对采购过程、中标或者成交结果提出的质疑，合格供应商符合法定数量时，可以从合格的中标或者成交候选人中另行确定中标、成交供应商的，应当依法另行确定中标、成交供应商；否则应当重新开展采购活动。

质疑答复导致中标、成交结果改变的，采购人或者采购代理机构应当将有关情况书面报告本级财政部门。

5）注意事项

采购人、采购代理机构不得拒收质疑供应商在法定质疑期内发出的质疑函。

供应商质疑应当以客观事实为依据，通过合法途径向采购人或采购代理机构提出，禁止捏造事实、提供虚假材料、以非法手段取得证明材料。证据来源的合法性存在明显疑问，供应商无法证明其取得方式合法的，视为以非法手段取得证明材料。

4. 材料归档

质疑处理过程中产生的一切文件材料均应作为采购资料的一部分，予以归档。

【案例一】

采购代理机构S公司组织实施科研设备采购项目公开招标，经评标委员会评审，推荐A供应商为第一中标候选人。采购结果公布后，B供应商对评审结果提出质疑。

B供应商质疑认为，A供应商提供产品的多项技术参数官网查询达不到"※"条款要求，应作为无效投标处理。采购代理机构收到质疑后，迅速组织原评标委员会对质疑事项进行复议，评标委员会核查了A供应商的投标文件，未发现其不满足采购文件实质性要求的问题，故其为实质性响应的投标文件。

在复议中，评标委员会发现有2名评委对A供应商的某项客观评分有错误，经修正，A供应商最终得分比原评分低0.5分，但仍得分最高，评标委员会仍然推荐A供应商为第一中标候选人。

采购代理机构根据评标委员会的复议结果，在规定期限内向B供应商的质疑进行了答复。

以上案例中，评标委员会完成了两项工作。一是对质疑事项进行复议，二是重新评审。

采购代理机构组织原评标委员会对质疑事项进行复议与采购代理机构组织重新评审是两回事，二者有着本质的区别。复议是评审专家配合采购代理机构协助答复质疑事项的行为，其前提是有供应商在评审结束后提出了询问或质疑。而重新评审，是指在评审活动完成后，原评标委员会（评审小组）成员对自己评审意见的重新检查。除了国务院财政部门规定的情形外，采购人、采购代理机构不得以任何理由组织重新评审。采购人、采购代理机构按照国务院财政部门的规定组织重新评审的，应当书面报告本级人民政府财政部门。

本案例中，在采购结果公布之后，B供应商向采购代理机构提出了质疑，采购代理机构为了答复供应商提出的质疑事项而组织原评标委员会进行复议，复议的目的是对质疑事项进行进一步核查，由评标委员会出具相关专业意见作为答复依据。

评标委员会进行复议时，发现了对客观评审因素评分不一致的情况，符合《政府采购货物和服务招标投标管理办法》第六十四条："评标结果汇总完成后，除下列情形外，任何人不得修改评标结果：（三）评标委员会成员对客观评审因素评分不一致的"情形，而"评标报告签署后，采购人或者采购代理机构发现存在以上情形之一的，应当组织原评标委员会进行重新评审。"因此，该案例中，原评标委员会实际上是同时完成了两项必要的工作。

【案例二】

莫将询问当质疑

【案件详情】

A供应商在某个政府采购项目的竞争性谈判结束后看到了该项目的成交公告，认为该项目不可能有3家以上的供应商参加谈判，遂向代理该项目的采购代理机构提交了《质疑函》，对该项目的成交结果提出了质疑。质疑事项是，想了解该项目是如何让3家以上符合资格条件的供应商参加竞争性谈判的。采购代理机构如实对质疑事项进行了答复，但A供应商仍然不满，在法定期限内向当地财政局提起了投诉。投诉事项是，采购代理机构没有具体答复投诉人的质疑，所答复内容没有提供相关证据。

当地财政局在审查受理投诉的环节中，依法查看了参加该项目的供应商情况，发现提起投诉的A供应商在依法取得了采购文件后，未提交响应文件参加该项目的谈判环节，投诉供应商不是参加该采购项目谈判的供应商。财政局审查后认为，A供应商的投诉不符合法定受理条件，通知其不予受理。

【分析探讨】

A供应商提出的质疑不是合法有效的质疑。

《政府采购法》第五十二条规定，供应商认为采购文件、采购过程和中标、成交结果使自己的权益受到损害的，可以在知道或者应知其权益受到损害之日起7个工作日内，以书面形式向采购人提出质疑。依据此条关于供应商提出质疑的条件，A供应商认为该采购项目成交结果使自己的权益受到损害的才可以对成交结果提出质疑。本案的事实是，A供应商虽然依法取得了采购文件但未提交响应文件参加该项目的谈判环节，该项目的成交结果与其没有关系，成交结果与其权益无关。

同时，《政府采购质疑和投诉办法》（财政部令第94号）第十一条规定，提出质疑的供应商应当是参与所质疑项目采购活动的供应商。潜在供应商已依法获取其可质疑的采购文件的，可以对该文件提出质疑。A供应商仅是依法取得了采购文件，仅有权对采购文件提出质疑。A供应商没有参加该采购项目的谈判环节，该项目的采购结果与A供应商没有关系，与其权益无关，客观上不可能损害其权益。因此，A供应商无权对该项目的成交结果提出质疑，A供应商对该项目成交结果提出的质疑，不符合法律的规定，是无效的质疑。

A供应商的投诉不符合投诉受理条件，依法不予受理。

《政府采购质疑和投诉办法》第十九条第二款第一项规定，提起投诉前已依法进行质疑是投诉人提起投诉的前提条件。依据此项条件，A供应商在提起投诉前应当依法进行质疑，但如前所述，A供应商由于没有参加该项目的谈判环节，该项目的成交结果不可能损害其权益，其提出的质疑不符合法律的规定，因此，A供应商提出的质疑并不是依法进行的质疑。对于不依法进行质疑而提起的投诉，财政部门不予受理。

A供应商所谓的质疑只是询问。

A供应商以《质疑函》的形式向采购代理机构询问"如何让3家以上符合资格条件的供应商参加竞争性谈判的"，其本意仅是对采购过程存在疑问，想了解该项目的采购过程信息，而非对该项目成交结果有意见，没有认为该项目成交结果损害其权益，以及提交相关的事实依据和法律依据。虽然A供应商采用了《质疑函》的外在形式，但其内容实质是询问，而非质疑，因此，应当判定A供应商的质疑是依法询问。《政府采购法》第五十一条规定，供应商对政府采购活动事项有疑问的，可以向采购人提出询问，采购人应当及时作出答复，但答复的内容不得涉及商业秘密。《政府采购法实施条例》第五十二条规定，采购人或者采购代理机构应当在3个工作日内对供应商依法提出的询问作出答复。本案的采购代理机构没有认真理解A供应商《质疑函》的内容，采用质疑答复的形式来答复A供应商的询问不符合法律规定。

政府采购供应商的询问是供应商对自己不了解的情况提出咨询和疑问，要求采购人或者采购代理机构提供信息和解释。政府采购供应商的质疑是供应商认为自己的权益受到损害，要求维护自己的权利。询问不是供应商的权利救济手段，质疑才是《政府采购法》赋予供应商的维权渠道，但质疑的前提条件是供应商认为自己的权益受到损害。A供应商不了解两者的区别，把询问当成质疑来提出，政府采购的询问与质疑有明显的区别。

【质疑和询问的不同】

第一，主体不同。质疑供应商有限制，《政府采购质疑和投诉办法》第十一条规定，提出质疑的供应商应当是参与所质疑项目采购活动的供应商。潜在供应商已依法获取其可质疑的采购文件的，可以对该文件提出质疑。询问的主体范围比较广泛，没有要求必须是参与采购活动的供应商，应包含所有潜在供应商。

第二，涉及的事项不同。质疑事项是采购文件、采购过程、中标（成交）结果对质疑供应商权益造成的侵害。而询问则没有限制，只要是与采购有关的疑问，供应商都可以提出询问。

质疑的事项必须是与质疑供应商自身权益有关的，可能损害其权益的包含可以质疑的采购文件、采购过程、中标（成交）结果。而询问的事项则不一定与询问供应商自身权益有关。

第三，证明材料要求不同。质疑供应商依法必须提供相关的证明材料，而询问供应商则不需要提供证明材料。

第四，时限不同、形式不同。提出质疑有严格的法定时限要求，应采用书面形式。提出询问则没有时间限制，而且不限于书面形式。法定答复的时限也不同，对询问作出答复在3个工作日内，对质疑作出答复在7个工作日内。

第五，法律后果不同。供应商对质疑答复不满意，可以依法向政府采购监督管理部门投诉，政府采购监督管理部门必须依法处理，并且有严格的法定期限和法定程序。供应商对询问答复不满意，可以继续向有关部门反映，但相关部门可以不进行处理。

（信息来源：中国政府采购报）

第三节 投诉的配合处理

一、投诉及处理时效与条件

1. 投诉时效

《政府采购法》第五十五条规定，质疑供应商对采购人、采购代理机构的答复不满意，或者采购人、采购代理机构未在规定时间内作出答复的，可以在答复期满后15个工作日内向同级政府采购监督管理部门投诉。

《政府采购质疑和投诉办法》第十七条规定，质疑供应商对采购人、采购代理机构的答复不满意，或者采购人、采购代理机构未在规定时间内作出答复的，可以在答复期满后15个工作日内向本办法第六条规定的财政部门提起投诉。

2. 投诉处理的时效

《政府采购质疑和投诉办法》第二十一条规定，财政部门收到投诉书后，应当在5个工作日内进行审查，审查后按照下列情况处理：

（1）投诉书内容不符合本办法第十八条规定的，应当在收到投诉书5个工作日内一次性书面通知投诉人补正。补正通知应当载明需要补正的事项和合理的补正期限。未按照补正期限进行补正或者补正后仍不符合规定的，不予受理。

（2）投诉不符合本办法第十九条规定条件的，应当在3个工作日内书面告知投诉人不予受理，并说明理由。

（3）投诉不属于本部门管辖的，应当在3个工作日内书面告知投诉人向有管辖权的部门提起投诉。

（4）投诉符合本办法第十八条、第十九条规定的，自收到投诉书之日起即为受理，并在收到投诉后8个工作日内向被投诉人和其他与投诉事项有关的当事人发出投诉答复通知书及投诉书副本。

被投诉人和其他与投诉事项有关的当事人应当在收到投诉答复通知书及投诉书副本之日起5个工作日内，以书面形式向财政部门作出说明，并提交相关证据、依据和其他有关材料。

财政部门应当自收到投诉之日起30个工作日内，对投诉事项作出处理决定。

3. 投诉的条件

《政府采购法实施条例》第五十五条规定，供应商质疑、投诉应当有明确的请求和必要的证明材料。供应商投诉的事项不得超出已质疑事项的范围。

《政府采购质疑和投诉办法》第十九条要求，投诉人应当根据本办法第七条第二款规定的信息内容，并按照其规定的方式提起投诉。

投诉人提起投诉应当符合下列条件：

（1）提起投诉前已依法进行质疑。

（2）投诉书内容符合本办法的规定。

（3）在投诉有效期限内提起投诉。

（4）同一投诉事项未经财政部门投诉处理。

（5）财政部规定的其他条件。

值得注意的是，对单一来源采购方式提出的异议，不属于供应商可以提起质疑、投诉的范围，不符合《政府采购质疑和投诉办法》规定的受理条件。

请看以下案例。

A单位地质灾害智能化监测预警建设项目投诉案

【关键词】

采购方式/单一来源公示/质疑投诉范围

【案例要点】

供应商对采用单一来源采购方式存在异议，应当在单一来源采购审批前的公示期内通过法定途径向采购人、采购代理机构提出。

对于已采用单一来源采购方式的政府采购项目，其他供应商不具备提出质疑、投诉的主体资格。

【相关依据】

《中华人民共和国政府采购法》第五十二条、第五十五条；

《政府采购非招标采购方式管理办法》（财政部令第74号）第三十九条、第四十条；

《政府采购质疑和投诉办法》（财政部令第94号）第十条、第十一条、第十七条、第十九条、第二十一条。

【基本案情】

采购人A单位委托代理机构B公司就"A单位地质灾害智能化监测预警建设项目"（以下简称本项目）采用单一来源采购方式进行采购。2019年10月18日，代理机构B公司发布本项目公示公告，公示期为10月18日至24日；10月23日，供应商C公司提出异议；10月28日，采购人A单位组织补充论证，专家认为异议不成立；11月1日，代理机构B公司答复异议。

2019年11月20日，C公司向财政部门提起投诉。投诉事项为：请求财政部门依法终止本项目使用单一来源采购方式采购，采用公开招标的方式采购。

采购人A单位称：多地均有地质灾害监测预警、防治指挥项目采用单一来源采购方式的先例。鉴于本项目的公益性、基础性、紧迫性等因素，结合其实际需求，本项目符合单一来源采购要求。

【处理结果】

根据《政府采购质疑和投诉办法》（财政部令第94号）第二十一条第（二）项的规定，不予受理本项目投诉。

相关当事人在法定期限内未申请行政复议、提起行政诉讼。

【处理理由】

本项目尚处于单一来源采购审批前公示期内，供应商对采用单一来源采购方式有异议的，可根据《政府采购非招标采购方式管理办法》（财政部令第74号）第三十九条的规定，将书面意见反馈给采购人、代理机构，同时抄送相关财政部门。本案例中，C公司对单一来源采购方式提出的异议，不属于《中华人民共和国政府采购法》第五十二条与第五十五条、《政府采购质疑和投诉办法》（财政部令第94号）第十条第一款及第十七条规定的供应商可以提起质疑、投诉的范围，不符合《政府采购质疑和投诉办法》（财政部令第94号）第十九条规定的受理条件。

（选自财政部指导性案例43）

4. 投诉的提起

《政府采购法》第五十五条规定，质疑供应商对采购人、采购代理机构的答复不满意或者采购人、采购代理机构未在规定的时间内作出答复的，可以在答复期满后15个工作日内向同级政府采购监督管理部门投诉。

《政府采购质疑和投诉办法》第六条规定，供应商投诉按照采购人所属预算级次，由本级财政部门处理。

跨区域联合采购项目的投诉，采购人所属预算级次相同的，由采购文件事先约定的财政部门负责处理，事先未约定的，由最先收到投诉的财政部门负责处理；采购人所属预算级次不同的，由预算级次最高的财政部门负责处理。

质疑供应商对采购人、采购代理机构的答复不满意，或者采购人、采购代理机构未在规定时间内作出答复的，可以在答复期满后15个工作日内向《政府采购质疑和投诉办法》第六条规定的财政部门提起投诉。质疑是投诉的先决条件，供应商不得直接就政府采购事项提出投诉，且供应商投诉的事项不得超出已质疑事项的范围，但基于质疑答复内容提出的投诉事项除外。

5. 投诉的配合处理

投诉处理的主体是财政部门。但无论被投诉人是采购人或采购代理机构，或是其他供应商，采购人和采购代理机构都有义务配合投诉的处理。积极沟通和举证能让采购人、采购代理机构在投诉处理过程中掌握更多的主观能动性。

《政府采购质疑和投诉办法》第二十八条规定，财政部门在处理投诉事项期间，可以视具体情况书面通知采购人和采购代理机构暂停采购活动，暂停采购活动时间最长不得超过30日。

采购人和采购代理机构收到暂停采购活动通知后应当立即中止采购活动，在法定的暂停期限结束前或者财政部门发出恢复采购活动通知前，不得进行该项采购活动。

财政部门在处理投诉事项期间，可以视具体情况书面通知采购人和采购代理机构暂停采购活动，暂停采购活动时间最长不得超过30日。采购人和采购代理机构收到暂停采购活动通知后应当立即中止采购活动，在法定的暂停期限结束前或者财政部门发出恢复采购活动通知前，不得进行该项采购活动。

投诉人对采购文件提起的投诉事项，财政部门经查证属实的，应当认定投诉事项成立。经认定成立的投诉事项不影响采购结果的，继续开展采购活动；影响或者可能影响采购结果的，财政部门按照下列情况处理：

（1）未确定中标或者成交供应商的，责令重新开展采购活动。

（2）已确定中标或者成交供应商但尚未签订政府采购合同的，认定中标或者成交结果无效，责令重新开展采购活动。

（3）政府采购合同已经签订但尚未履行的，撤销合同，责令重新开展采购活动。

（4）政府采购合同已经履行，给他人造成损失的，相关当事人可依法提起诉讼，由责任人承担赔偿责任。

投诉人对采购过程或者采购结果提起的投诉事项，财政部门经查证属实的，应当认定投诉事项成立。经认定成立的投诉事项不影响采购结果的，继续开展采购活动；影响或者可能影响采购结果的，财政部门按照下列情况处理：

（1）未确定中标或者成交供应商的，责令重新开展采购活动。

（2）已确定中标或者成交供应商但尚未签订政府采购合同的，认定中标或者成交结果无效。合格供应商符合法定数量时，可以从合格的中标或者成交候选人中另行确定中标或者成交供应商的，应当要求采购人依法另行确定中标、成交供应商；否则责令重新开展采购活动。

（3）政府采购合同已经签订但尚未履行的，撤销合同。合格供应商符合法定数量时，可以从合格的中标或者成交候选人中另行确定中标或者成交供应商的，应当要求采购人依法另行确定中标、成交供应商；否则责令重新开展采购活动。

（4）政府采购合同已经履行，给他人造成损失的，相关当事人可依法提起诉讼，由责任人承担赔偿责任。

投诉人对废标行为提起的投诉事项成立的，财政部门应当认定废标行为无效。

采购人、采购代理机构有下列情形之一的，由财政部门责令限期改正；情节严重的，给予警告，对直接负责的主管人员和其他直接责任人员，由其行政主管部门或者有关机关给予处分，并予通报。

（1）拒收质疑供应商在法定质疑期内发出的质疑函。

（2）对质疑不予答复或者答复与事实明显不符，并不能作出合理说明。

（3）拒绝配合财政部门处理投诉事宜。

【小贴士】

【问】1.投诉人对政府采购监督管理部门的投诉处理决定不服或者政府采购监督管理部门逾期未作处理的，还会出现哪些后果？

【答】根据《中华人民共和国行政诉讼法》第二条规定，公民、法人或者其他组织认为行政机关和行政机关工作人员的具体行政行为侵犯其合法权益，有权依照本法向人民法院提起诉讼。

前款所称行政行为，包括法律、法规、规章授权的组织作出的行政行为。

投诉人对政府采购监督管理部门的投诉处理决定不服或者政府采购监督管

理部门逾期未作处理的，还可以通过行政和司法途径依法寻求救济。按照行政复议法和行政诉讼法的规定，投诉人对政府采购监督管理部门作出的投诉处理决定如有不服，或者政府采购监督管理部门逾期未作出处理的，投诉人有权依法向其上一级行政机关申请行政复议，也有权依法直接向人民法院提起行政诉讼。

【问】2.在某采购代理机构承接的整体专门面向中小企业的项目中，评审期间共有3家供应商通过中小企业身份的资格性审查。在结果发布后收到质疑，指出中标人的中小企业身份造假。经调查，中标人承认对政策理解错误而导致自我认定错误，原意放弃中标资格。请问这种情况下是适用《政府采购法实施条例》中标人放弃签订合同，采购人自行确定第二候选人为中标人或者重新采购的条款，还是财政部令第94号中质疑成立导致供应商数量不足3家必须重新采购的条款。

【答】根据《政府采购质疑和投诉办法》（财政部令第94号）第十六条的规定，采购人、采购代理机构认为质疑事项成立且影响中标结果的，合格供应商不符合法定数量时，应当重新开展采购活动。对于供应商在政府采购活动中的违法行为，采购人、采购代理机构应当报财政部门处理。

（信息来源：中国政府采购网）

第四节　常见的质疑或投诉问题

一、质疑或投诉的常见情形

质疑和投诉虽是供应商正常的维权方式，但是质疑和投诉的处理耗时费力，对政府采购项目的顺利开展是很有影响的。采购人或采购代理机构应尽可能地避免有效质疑或投诉发生。

通过财政部2024年投诉处理信息，我们可以清楚了解政府采购项目质疑投诉的主要原因。以下信息来源中国政府采购报。

2024年，财政部在中国政府采购网发布政府采购信息公告397则。具体来看，投诉处理结果公告300则，占75.57%。其中，投诉成立及部分成立119则；因投诉事项缺乏事实依据被驳回226则；因投诉不符合法定受理条件、投诉无效及部分无效50则；因其他原因不再审查4则；投诉成立但不影响结果2则（编者注：部分内容有交叉，故数据总和高于300则）。行政处罚结果公告96则，占24.18%。其中，在投诉处理中发现问题52

则；因监督检查、举报等发现问题50则（编者注：部分内容有交叉，故数据总和高于96则）。监督检查处理结果公告1则，占0.25％。在上述政府采购信息公告中，涉及各类问题达323个。

问题分类方面，按照问题的责任主体分为三大类：一是采购人和代理机构147个，占45.51％；二是供应商146个，占45.2％；三是评审专家30个，占9.29％。

问题分布方面，主要是在以下环节：一是投标环节146个，占45.2％；二是招标文件85个，占26.32％；三是评审环节30个，占9.29％；四是质疑处理18个，占5.57％；五是开标评标及现场管理15个，占4.64％；六是政策功能11个，占3.41％；七是信息发布8个，占2.48％；八是档案管理6个，占1.86％；九是其他4个，占1.24％（编者注：受限于保留数据的精度问题，各占比相加不等于100％）。

招标文件编制问题，表现形式多种多样。比如：

招标文件相关技术指标、业绩等要求，对供应商实行差别待遇或者歧视待遇。财政部责令采购人重新开展采购活动，责令采购人、代理机构就以不合理条件对供应商实行差别待遇或者歧视待遇等问题限期改正，并处以警告的行政处罚。

招标文件指定检测机构的级别和检测报告类型的要求，属于以不合理条件限制或者排斥潜在供应商。财政部责令重新开展采购活动。

招标文件未按照规定执行政府采购政策，对是否专门面向中小企业采购规定错误。财政部责令采购人废标，责令采购人、代理机构限期整改，且代理机构受到警告处罚。

招标文件评审因素未细化量化、未与商务条件相对应。财政部责令采购人重新开展采购活动，责令采购人、代理机构就未依法编制招标文件的问题限期改正。

未依法发布中标结果公告，未告知未中标人本人的评审得分与排序，未依法答复质疑。财政部责令限期改正。

二、质疑或投诉常见问题的处理

1. 采购需求问题

采购需求应当符合法律法规、政府采购政策和国家有关规定，符合国家强制性标准，遵循预算、资产和财务等相关管理制度规定，符合采购项目特点和实际需要。采购需求应当明确实现项目目标的所有技术、商务要求，功能和质量指标的设置要充分考虑可能影响供应商报价和项目实施风险的因素。对技术参数、商务要求进行严格把控，防止出现指向特定产品、特定供应商的情况，可有效降低质疑、投诉的可能性。

请看下面的案例。

S单位实战指挥平台建设项目投诉案

【关键词】

优化营商环境/格式文本/采购需求/报价

【案例要点】

政府采购应认真落实优化营商环境政策，不得增加企业负担，不得因非实质性的格式、形式问题限制和影响供应商响应。

招标文件应当完整、明确地列明采购需求，从而方便供应商有针对性地响应并进行报价。招标文件对采购需求描述不完整、分项报价要求不明确的，供应商根据一般理解进行报价即可，不应承担不利后果。

【相关依据】

《中华人民共和国政府采购法实施条例》第十五条；

《政府采购货物和服务招标投标管理办法》（财政部令第87号）第十一条、第二十条；

《政府采购质疑和投诉办法》（财政部令第94号）第三十二条；

《财政部关于促进政府采购公平竞争优化营商环境的通知》（财库〔2019〕38号）。

【基本案情】

采购人S单位委托代理机构Z公司就"S单位实战指挥平台建设项目"（以下简称本项目）进行公开招标。2019年11月28日，代理机构Z公司发布招标公告；12月20日，本项目开标、评标，代理机构Z公司发布中标公告；12月25日，供应商W公司提出质疑；12月30日，供应商Y公司提出质疑；2020年1月8日，代理机构Z公司答复质疑。

1月23日、2月3日，供应商W公司、Y公司向财政部提起投诉。W公司投诉事项为：其按照招标文件要求制作投标文件，已作出了实质性响应。评标委员会以其投标文件中的"正版软件承诺函"没有实质性响应为由，认定其未通过符合性审查，缺乏足够的理由和根据。Y公司投诉事项为：招标文件中未明确"不可预见费"的具体内容、范围及填报要求，其根据技术需求书已对本项目建设内容进行逐项报价，且总报价包含本项目所需所有费用，不存在不可预见的内容及费用。评标委员会以其"不可预见费"报价0元为由，认定其未通过符合性审查，缺乏足够的理由和根据。

财政部依法受理本案，并向相关当事人调取证据材料。

采购人S单位、代理机构Z公司称：（1）依据招标文件的实质性要求，W

公司应承诺"服务器"与"座席客户端"均预装正版软件，评标委员会认为 W 公司所作承诺仅复制了招标文件中提供的正版软件承诺格式，未作出完全的实质性响应，因此认定 W 公司未通过符合性审查。（2）依据《政府采购货物和服务招标投标管理办法》（财政部令第 87 号）第六条"采购人不得向供应商索要或者接受其给予的赠品、回扣或者与采购无关的其他商品、服务"的规定，评标委员会将 Y 公司对"不可预见费"的 0 元报价视为对采购人的赠与，因此认定 Y 公司未通过符合性审查。（3）本项目尚未签订政府采购合同。

经查，招标文件"第四部分 商务、技术要求"显示，"正版软件承诺"要求供应商"承诺所报的技术需求书中的'服务器'与'座席客户端'产品预装正版操作系统，硬件产品内的预装软件为正版软件"，该要求为实质性要求。"技术需求书"显示，不可预见费的需求或性能描述为"实战指挥建设项目暂估金"。"第八部分 投标文件内容要求及格式"显示，正版软件承诺格式内容为"本投标人现参与×××项目的采购活动，本公司承诺投报的计算机产品预装正版操作系统，投报的硬件产品内的预装软件为正版软件"。

W 公司投标文件中的"正版软件承诺函"显示，"本投标人现参与 S 单位实战指挥平台建设项目的采购活动，本公司承诺投报的计算机产品预装正版操作系统，投报的硬件产品内的预装软件为正版软件。如上述声明不真实，愿意按照政府采购有关法律法规的规定接受处罚"，并加盖公司印章。

Y 公司投标文件中的"开标报价一览表"显示，其对本项目采购的"服务器""座席客户端"及各项功能软件等均进行了报价，其中"不可预见费"的报价为 0 元。

评标报告显示，W 公司未通过符合性审查的原因为"正版软件承诺不满足要求"，Y 公司未通过符合性审查的原因为"存在零报价"。

【处理结果】

根据《政府采购质疑和投诉办法》（财政部令第 94 号）第三十二条第一款第（二）项的规定，W 公司投诉事项、Y 公司投诉事项成立，中标结果无效，责令采购人重新开展采购活动。

相关当事人在法定期限内未就处理决定申请行政复议、提起行政诉讼。

【处理理由】

关于 W 公司投诉事项，招标文件"第四部分 商务、技术要求"以及"第八部分 投标文件内容要求及格式"对正版软件承诺均作出了要求，两者不完全一致。W 公司已按照招标文件提供的格式文本作出了承诺，意思表达真实、明确，且承诺内容不违背相关实质性要求。评标委员会不应以正版软件承诺不符合要求为由认定 W 公司未通过符合性审查。

关于 Y 公司投诉事项，招标文件应当完整、明确地列明采购需求，以便供应商据此进行报价。本项目招标文件中仅将不可预见费描述为"实战指挥建设项目暂估金"，Y 公司根据自身理解报价 0 元并无不妥。评标委员会不应以该项 0 元报价为由认定 Y 公司未通过符合性审查。

（节选自财政部指导性案例 33）

2. 资格条件及评审因素问题

合理设置资格条件，合理编制评审因素，避免将与所需产品无直接关联的内容设置为资格条件或评审因素，构成以不合理条件对供应商实行差别待遇或者歧视待遇等。在政府采购评审中采取综合评分法的，评审标准中的分值设置应当与评审因素的量化指标相对应。

K 单位 X 光机采购项目投诉案

【关键词】

采购需求管理/检测报告/检测时间/差别对待或歧视待遇

【案例要点】

采购文件设定的资格、技术、商务条件应与采购项目的具体特点和实际需求相适应。将与实际采购需求没有直接关联的其他相关标准作为资格条件或评审因素的，构成以不合理的条件对供应商实行差别待遇或者歧视待遇。

采购人可以综合专业要求、管理要求、政策要求等因素，对采购项目合理分包。采购人可以根据项目需求，在采购文件中要求供应商提供相应的检测报告，但应给予供应商准备检测报告的必要时间。未给供应商进行检测和提供检测报告预留必要时间的，构成以不合理的条件对供应商实行差别待遇或者歧视待遇。

【相关依据】

《中华人民共和国政府采购法》第二十二条；

《中华人民共和国民用航空法》第六十五条；

《中华人民共和国政府采购法实施条例》第二十条；

《政府采购质疑和投诉办法》（财政部令第 94 号）第三十一条；

《民用航空安全检查规则》（交通运输部令 2016 年第 76 号）第二十一条。

【基本案情】

采购人 K 单位自行就"K 单位 X 光机采购项目"（以下称本项目）进行公开招标。2018 年 10 月 18 日，K 单位发布招标公告。10 月 26 日，供应商 G 公司提出质疑。11月2日，K单位答复质疑。11月8日，因本项目投标供应商不足3家，K单位发布废标公告。

11月23日，供应商G公司向财政部提起投诉，投诉事项为：（1）招标文件将"具备民用航空安全检查设备使用许可"设置为"▲"条款，不满足扣4分，属于"以不合理的条件对供应商实行差别待遇或者歧视待遇"的情形。（2）招标文件要求带"★"和"▲"条款需提供CMA或CNAS认证的第三方检测机构出具的检测报告，但部分"★"和"▲"条款技术指标并非国标检测项，只有个别制造商对此作了专项检测，且国内大多数制造商准备上述检测报告时间不足，属于"以不合理的条件对供应商实行差别待遇或者歧视待遇"的情形。

财政部依法受理本案，并向相关当事人调取证据材料。

K单位称：（1）在当前没有相关行业标准的情况下，为保证采购到优良设备，以及保障设备使用人员的安全，所以借鉴了要求较高的民航标准，招标文件将"民用航空安全检查设备使用许可"作为一项重要指标属于项目的特殊需求，且未作为资格条件。（2）检测机构可以根据供应商要求进行检测，没有统一规定。为保证中标产品质量，招标文件对关键指标、重要指标提出统一检测要求并作为评标委员会评判依据，符合正常采购需求。同时，此前类似项目已在招标文件中作了与本项目相同的要求，从此前项目发布招标文件至本项目开标，中间有70多天，供应商有足够时间进行检测。因此，不存在差别歧视待遇。

经查，招标文件"第二部分 投标人须知"显示，"（10）★投标人需出具由国家指定或第三方公认的检测机构对本次投标货物的检测报告（检测报告中的货物类型需和投标货物类型一致）"。"第四部分 项目需求书"中"重要提示"显示，"带★条款为必须满足条款，否则作为无效投标处理；带▲条款为重要条款，不满足将影响评分；带★条款和带▲条款需提供CMA或CNAS认证的第三方检测机构对本次投标货物的检测报告""为方便被检物品的取放，需加配2个无动力不锈钢辊道传送装置"。其中，两种规格的X光机（1500×1800mm、1000mm×1000mm）的技术需求中均要求"具备民用航空安全检查设备使用许可"，并设置为▲条款。"四、配备方案"显示，安装地点包括"A公路口岸货检大厅""B口岸码头群进出口查验场地""C新机场航站区"等。"第五部分 评分标准"显示，评审因素"投标货物对招标文件第四部分'技术要求'的响应程度"的评分标准为"不满足'▲'项的，每项扣4分"。

【处理理由】

关于投诉事项（1），本项目采购的X光机用于对货物进行安全检查，部分用于机场，部分用于港口、公路口岸等。根据《民用航空安全检查规则》（交通运输部令2016年第76号）第二十一条的规定，用于民航安检工作的民航安检设备应当取得"民用航空安全检查设备使用许可"。若不是应用于民用机场，将"民用航空安全检查设备使用许可"设置为技术条件进行评审，属于《中华人民共和国政府采购法实施条例》第二十条第（二）项规定的"设定的资格、技术、商务条件与采购项目的具体特点和实际需要不相适应或者与合同履行无关"的情形，违反了《中华人民共和国政府采购法》第二十二条第二款的规定。

关于投诉事项（2），本项目招标文件"第四部分 项目需求书"中所列部分"★"条款和"▲"条款技术指标并非国标检测项，招标文件将上述指标对应的检测报告作为实质性条款，且自发布招标公告至开标仅有20天时间，未给予供应商准备检测报告的必要时间，属于《中华人民共和国政府采购法实施条例》第二十条第（八）项规定的"以其他不合理条件限制或者排斥潜在供应商"的情形，违反了《中华人民共和国政府采购法》第二十二条第二款的规定。

（选自财政部指导性案例23）

3. 资格审查问题

采用招标方式采购的，评标前的供应商资格审查由采购人或采购代理机构负责，采购人和采购代理机构应当签订委托代理协议，明确资格审查的责任主体。竞争性谈判、竞争性磋商和询价采购的资格审查由谈判小组、磋商小组或询价小组负责。

请看以下案例。

公开招标项目资格审查错误该如何处理

2018年7月，A代理机构接受委托对医疗设备项目进行公开招标，到截标时有四家供应商提交投标文件。采购人与代理机构共同组成资格审查小组，对四家供应商进行资格审查，最终确定供应商A为中标候选人。采购人确认后，发布了中标公告。

中标公告发布后，供应商B向采购代理机构提交了质疑函，称中标供应商A投标时提交的产品注册登记已经过期，不符合招标文件要求的资格条件，要求重新评审并确定中标候选人为供应商B。经核，供应商B的质疑事项属实，供应商A的投标产品注册登记确实超过了有效期。

在货物和服务项目的招标活动中，如果出现资格审查错误，是否可以重新评审？

《政府采购货物和服务招标投标管理办法》(财政部令第87号)第六十四条规定，评标结果汇总完成后，除下列情形外，任何人不得修改评标结果：

（1）分值汇总计算错误的。

（2）分项评分超出评分标准范围的。

（3）评标委员会成员对客观评审因素评分不一致的。

（4）经评标委员会认定评分畸高、畸低的。

评标报告签署前，经复核发现存在以上情形之一的，评标委员会应当当场修改评标结果，并在评标报告中记载；评标报告签署后，采购人或者采购代理机构发现存在以上情形之一的，应当组织原评标委员会进行重新评审，重新评审改变评标结果的，书面报告本级财政部门。

因此，在招标项目中，资格审查错误并不在重新评审的情形中，资格审查错误不应组织重新评审。

采购人、采购代理机构资格审查错误应由财政部门责令改正。财政部令第87号第七十八条规定："采购人、采购代理机构有下列情形之一的，由财政部门责令限期改正，情节严重的，给予警告，对直接负责的主管人员和其他直接任人员，由其行政主管部门或者有关机关给予处分，并予通报；采购代理机构有违法所得的，没收违法所得，并可以处以不超过违法所得3倍、最高不超过3万元的罚款，没有违法所得的，可以处以1万元以下的罚款……（3）未按照规定进行资格预审或者资格审查的……"

评审结果后发现资格审查错误的，采购人、采购代理机构不应自行修正资格审查错误，而应当依法向财政部门报告，由财政部门责令采购人、采购代理机构限期改正。本项目应予以废标后重新招标。

4. 项目评审问题

专家抽取要合规，采购人或采购代理机构应组织评标委员会公开、公平、公正地对供应商投标文件进行评审，必要时做好复核专家评分结果的工作，避免出现资格审查错误、评分不合理的情况。

请看以下案例。

Y研究所大数据建设试点设备和软件采购项目举报案

【关键词】

评审专家职责/停止评标/评审因素/差别对待或歧视待遇

【案例要点】

在政府采购活动中，评审专家、采购人、采购代理机构之间应当相互监督，形成制约，共同促进政府采购公平竞争，提高财政资金使用效益。

在评审过程中，评审专家发现采购文件存在差别对待或歧视待遇等违反强制性规定的情形，对文件合法性提出异议的，采购人、采购代理机构应当客观、审慎地核查。采纳有关意见的，采购人、采购代理机构应当修改采购文件后重新开展采购活动，不得另行组建评标委员会继续采购活动。

评审专家发现采购人、采购代理机构存在违法违规行为的，应及时向财政部门反映。

【相关依据】

《中华人民共和国政府采购法》第二十二条、第七十条、第七十一条；

《中华人民共和国政府采购法实施条例》第二十条、第四十条、第七十一条；

《政府采购货物和服务招标投标管理办法》（财政部令第87号）第十七条、第六十五条、第七十八条；

《政府采购评审专家管理办法》（财库〔2016〕198号）第十八条；

《政府采购促进中小企业发展暂行办法》（财库〔2011〕181号）第三条。

【基本案情】

采购人Y研究所委托代理机构J公司就"Y研究所大数据建设试点设备和软件采购项目"（以下简称本项目）进行公开招标。2020年5月12日，代理机构J公司发布招标公告；6月5日，本项目开标、评标，代理机构J公司发布中标公告。

6月10日，财政部收到评审专家的举报材料。举报人反映：在评审过程中，评标委员会发现招标文件编制违法，一致决定废标，但代理机构J公司在评审当日发布了中标公告，与评审结果不符，且公告中更换了原评审专家名单。

财政部依法启动监督检查程序，并向相关当事人调取证据材料。

采购人Y研究所称：（1）其委托代理机构J公司开展招标工作，经核查证据资料，未发现举报人反映的问题。（2）其已于6月17日签订了政府采购合同，并按合同约定支付了合同款。

代理机构J公司称：（1）在编制招标文件期间，其已经抽取过3名专家对招标文件进行审查并根据专家意见进行修改，后期也未收到任何供应商针对招标文件提出的质疑。（2）评标委员会认定招标文件中"安全可靠技术和产业联盟理事单位证书得 3 分"的要求违反公平公正原则，认为本项目应废标，但经与采购人 Y 研究所核实确认，该要求并不属于《中华人民共和国政府采购法实施条例》第二十条规定的以不合理的条件对供应商实行差别待遇或者歧视待遇的情形。（3）本着公平公正、谨慎客观的原则，其再次抽取 5 名评审专家组成评标委员会。该评标委员会未对招标文件提出异议，经评审后确定了中标候选人。

经查，招标文件第九章"评标标准及办法"的商务部分显示，"投标人具有安全可靠技术和产业联盟理事单位证书得 3 分，未提供不得分。""业绩经验"显示，"2016 年 1 月 1 日以来投标人承接过大数据相关项目业绩，最高得 12 分。合同金额 500 万元及以上的，每提供一个得 3 分；合同金额 200 万元及以上，低于 500 万元的，每提供一个得 2 分；合同金额 200 万元以下的，每提供一个得 0.5 分。"

第一次"评标专家抽取情况记录"显示，2020 年 6 月 5 日，代理机构 J 公司抽取了 5 名计算机、信息安全设备等专业的评审专家，其中包括举报人。

第一次评标现场录音录像显示，2020 年 6 月 5 日 10 时至 13 时，评标委员会进行评标，经讨论后认为本项目应当废标，停止了评标工作。

"无效标和废标情况说明"显示，评标委员会成员一致认为本项目应当废标，理由是招标文件中"投标人具有安全可靠技术和产业联盟理事单位证书得 3 分，未提供不得分"条款违反公平公正原则。

第二次"评标专家抽取情况记录"显示，2020 年 6 月 5 日，代理机构 J 公司抽取了 5 名计算机、工业制造等专业的评审专家，与第一次"评标专家抽取情况记录"中的评审专家不同。

第二次评标现场录音录像显示，2020 年 6 月 5 日 17 时至 18 时，重新组建的评标委员会进行了评标。

评标报告显示，评标委员会推荐了得分最高的投标人为排名第一的中标候选人。

【处理结果】

举报人反映的问题成立。本项目存在违法重新组建评标委员会、以不合理的条件对供应商实行差别待遇或者歧视待遇的问题。

根据《中华人民共和国政府采购法实施条例》第七十一条第一款第（四）项、第二款的规定，本项目政府采购合同已经履行，认定采购活动违法，给供应商造成损失的，由责任人承担赔偿责任。

根据《中华人民共和国政府采购法》第七十一条第（三）项、《政府采购货物和服务招标投标管理办法》（财政部令第87号）第七十八条第（九）项的规定，责令采购人Y研究所、代理机构J公司分别就上述问题限期改正，并给予警告的行政处罚。

相关当事人在法定期限内未就处罚决定申请行政复议、提起行政诉讼。

【处理理由】

本项目采购标的为计算机等硬件设备及有关软件，是否具备"安全可靠技术和产业联盟理事单位证书"与采购需求无关，与供应商能否履约也无必然联系。招标文件将该证书设置为评审因素缺乏法律法规依据，属于《中华人民共和国政府采购法实施条例》第二十条第（二）项规定的以不合理的条件对供应商实行差别待遇或者歧视待遇的情形，违反了《中华人民共和国政府采购法》第二十二条第二款的规定。评标委员会认为上述评审因素影响采购的公平公正，停止评标工作并无不当。代理机构J公司应当会同采购人修改招标文件，重新组织采购活动，其重新组建评标委员会进行评审的行为违反了《政府采购货物和服务招标投标管理办法》（财政部令第87号）第六十五条的规定。

此外，本项目招标文件将合同金额作为业绩的评分标准，违反了《中华人民共和国政府采购法》第二十二条第二款、《政府采购货物和服务招标投标管理办法》（财政部令第87号）第十七条、《政府采购促进中小企业发展暂行办法》（财库〔2011〕181号）第三条的规定，属于《中华人民共和国政府采购法实施条例》第二十条第（八）项规定的以不合理的条件对供应商实行差别待遇或者歧视待遇的情形。

【其他注意事项】

采购人、采购代理机构不认可评审专家对采购文件提出的异议的，可以向财政部门反映。

（选自财政部指导性案例39）

第五节　依法必招政府采购工程项目异议、投诉

《政府采购法实施条例》第七条规定，政府采购工程以及与工程建设有关的货物、服务，采用招标方式采购的，适用《中华人民共和国招标投标法》及其实施条例；采用其他方式采购的，适用政府采购法及本条例。前款所称工程，是指建设工程，包括建筑物

和构筑物的新建、改建、扩建及其相关的装修、拆除、修缮等；所称与工程建设有关的货物，是指构成工程不可分割的组成部分，且为实现工程基本功能所必需的设备、材料等；所称与工程建设有关的服务，是指为完成工程所需的勘察、设计、监理等服务。

本节所称依法必招政府采购工程项目是指符合《必须招标的工程项目规定》（中华人民共和国国家发展和改革委员会令第16号）、《发展改革委关于印发〈必须招标的基础设施和公用事业项目范围规定〉的通知》（发改法规规〔2018〕843号）以及《国家发展改革委办公厅关于进一步做好〈必须招标的工程项目规定〉和〈必须招标的基础设施和公用事业项目范围规定〉实施工作的通知》（发改办法规〔2020〕770号）规定的政府采购工程项目。

一、依法必招政府采购工程项目确定标准

根据《中华人民共和国招标投标法》第三条的规定，在中华人民共和国境内进行下列工程建设项目包括项目的勘察、设计、施工、监理以及与工程建设有关的重要设备、材料等的采购，必须进行招标：

（1）大型基础设施、公用事业等关系社会公共利益、公众安全的项目。

（2）全部或者部分使用国有资金投资或者国家融资的项目。

（3）使用国际组织或者外国政府贷款、援助资金的项目。

判定政府采购工程是否属于依法必招项目有以下两个标准。

（一）项目范围

（1）大型基础设施、公用事业等关系社会公共利益、公众安全的项目，具体包括：

①煤炭、石油、天然气、电力、新能源等能源基础设施项目；

②铁路、公路、管道、水运，以及公共航空和A1级通用机场等交通运输基础设施项目；

③电信枢纽、通信信息网络等通信基础设施项目；

④防洪、灌溉、排涝、引（供）水等水利基础设施项目；

⑤城市轨道交通等城建项目。

（2）全部或者部分使用国有资金投资或者国家融资的项目，具体包括：

①使用预算资金200万元人民币以上，并且该资金占投资额10％以上的项目；

②使用国有企业事业单位资金，并且该资金占控股或者主导地位的项目。

（3）使用国际组织或者外国政府贷款、援助资金的项目，具体包括：

①使用世界银行、亚洲开发银行等国际组织贷款、援助资金的项目；

②使用外国政府及其机构贷款、援助资金的项目。

（二）规模标准

（1）施工单项合同估算价在400万元人民币以上。

（2）重要设备、材料等货物的采购，单项合同估算价在200万元人民币以上。

（3）勘察、设计、监理等服务的采购，单项合同估算价在100万元人民币以上。

政府采购工程符合上述"项目范围"中任意一项，且达到以上规模标准的，则属于依法必招政府采购工程项目。

同一项目中可以合并进行的勘察、设计、施工、监理以及与工程建设有关的重要设备、材料等的采购，合同估算价合计达到前款规定标准的，必须招标。"同一项目中可以合并进行"，是指根据项目实际，以及行业标准或行业惯例，符合科学性、经济性、可操作性要求，同一项目中适宜放在一起进行采购的同类采购项目。采购人不得通过化整为零方式规避招标。

上述"项目范围"内的政府采购工程项目勘察、设计、施工、监理以及与工程建设有关的重要设备、材料等的单项采购分别达到上述"规模标准"规定的相应单项合同价估算标准的，该单项采购必须招标，适用《中华人民共和国招标投标法》及其相关规定。

上述"项目范围"和"规模标准"中没有明确列举规定的服务事项、没有明确列举规定的项目，以及项目中未达到前述相应规模标准的单项采购，不属于必须招标范畴，达到政府采购限额标准的，按照政府采购法律法规规定执行。

关于政府采购工程采用总承包招标的规模标准：总承包中施工、货物、服务等各部分的估算价中，只要有一项达到相应标准，即施工部分估算价达到400万元以上，或者货物部分达到200万元以上，或者服务部分达到100万元以上，则整个总承包发包应当招标，适用《中华人民共和国招标投标法》及其相关规定。

二、依法必招政府采购工程项目异议的处理

《中华人民共和国招标投标法》第六十五条 投标人和其他利害关系人认为招标投标活动不符合本法有关规定的，有权向招标人提出异议或者依法向有关行政监督部门投诉。

招标人和招标代理机构应当在招标文件中载明接收异议函的方式、联系人、联系电话和通讯地址等信息。《招标投标法实施条例》第十三条规定，招标代理机构在招标人委托的范围内开展招标代理业务，任何单位和个人不得非法干涉。招标代理机构代理招标业务，应当遵守招标投标法和本条例关于招标人的规定。因此，招标人负责异议答复，招标代理机构应在委托范围内对异议进行答复和处理。

依法必招政府采购工程项目的异议提出、回复的时限等要求均不同于政府采购的质疑，且不适用《政府采购质疑和投诉办法》（财政部令第94号）。

1. 异议的提出

投标人和其他利害关系人认为招标投标活动不符合《中华人民共和国招标投标法》有关规定的，有权向招标人提出异议，按提出异议的内容可将异议分为三类：对招标文件（含资格预审文件）的异议、对开标过程的异议、对评标结果的异议。

2. 异议的处理

（1）潜在投标人或者其他利害关系人对资格预审文件有异议的，应当在提交资格预审申请文件截止时间2日前提出；对招标文件有异议的，应当在投标截止时间10日前提出。招标人应当自收到异议之日起3日内作出答复；作出答复前，应当暂停招标投标活动。

对文件的异议成立时，招标人采取的纠正措施：

招标人可以对已发出的资格预审文件或者招标文件进行必要的澄清或者修改。澄清或者修改的内容可能影响资格预审申请文件或者投标文件编制的，招标人应当在提交资格预审申请文件截止时间至少3日前，或者投标截止时间至少15日前，以书面形式通知所有获取资格预审文件或者招标文件的潜在投标人；不足3日或者15日的，招标人应当顺延提交资格预审申请文件或者投标文件的截止时间。

招标人编制的资格预审文件、招标文件的内容违反法律、行政法规的强制性规定，违反公开、公平、公正和诚实信用原则，影响资格预审结果或者潜在投标人投标的，依法必须进行招标的项目的招标人应当在修改资格预审文件或者招标文件后重新招标。

（2）投标人对开标有异议的，应当在开标现场提出，招标人应当当场作出答复，异议和答复应记入开标会记录或者制作专门记录以备查。

异议成立的，招标人应当及时采取纠正措施，或者提交评标委员会评审确认。

需要说明，开标工作人员包括监督人员不应在开标现场对投标文件作出有效或者无效的判断处理。

（3）投标人或者其他利害关系人对依法必须进行招标的项目的评标结果有异议的，应当在中标候选人公示期间提出。

有关评标结果的异议成立的，招标人应当组织原评标委员会对有关的问题予以纠正，招标人无法组织原评标委员会予以纠正或者评标委员会无法自行予以纠正的，招标人应当报告行政监督部门，由有关行政监督部门依法作出处理，问题纠正后再公示中标候选人。

招标人不按照规定对异议作出答复，继续进行招标投标活动的，由有关行政监督部门责令改正，拒不改正或者不能改正并影响中标结果的，依照《中华人民共和国招标投标法实施条例》第八十二条的规定，应当依法重新招标或者评标。

异议并不是解决有关招标投标争议的最终手段，除非当事人接受有关异议的回复，异议人认为招标投标活动不符合法律、行政法规规定的，可以自知道或者应当知道之日起10日内向有关行政监督部门投诉。

【小贴士】

湖北省行政区域内各级公共资源交易平台进行招标投标的项目，对异议的回复是按异议提出时间点对点地进行回复，即招标人应当在收到异议函后的72小时内进行处理并回复。

三、依法必招政府采购工程投诉的处理

工程建设项目招标投标活动（包括招标、投标、开标、评标、中标以及签订合同等各阶段）的投诉及其处理活动，适用《工程建设项目招标投标活动投诉处理办法》。

1. 投诉的提出

投标人或者其他利害关系人认为招标投标活动不符合法律、行政法规规定的，可以自知道或者应当知道之日起10日内向有关行政监督部门投诉。投诉应当有明确的请求和必要的证明材料。

投诉人投诉时，应当提交投诉书。投诉书应当包括下列内容：

（1）投诉人的名称、地址及有效联系方式。

（2）被投诉人的名称、地址及有效联系方式。

（3）投诉事项的基本事实。

（4）相关请求及主张。

（5）有效线索和相关证明材料。

对资格预审文件、招标文件、开标、评标结果进行投诉的，应当附提出异议的证明文件。已向有关行政监督部门投诉的，应当一并说明。

投诉人是法人的，投诉书必须由其法定代表人或者授权代表签字并盖章；其他组织或者自然人投诉的，投诉书必须由其主要负责人或者投诉人本人签字，并附有效身份证明复印件。

投诉书有关材料是外文的，投诉人应当同时提供其中文译本。

2. 投诉受理的主体

依法必招政府采购工程项目的投诉处理主体为有关行政监督部门。

各级发展改革、工业和信息化、住房城乡建设、水利、交通运输、铁道、商务、民航等招标投标活动行政监督部门,依照《国务院办公厅印发国务院有关部门实施招标投标活动行政监督的职责分工的意见的通知》(国办发〔2000〕34号)和地方各级人民政府规定的职责分工,受理投诉并依法做出处理决定。

对国家重大建设项目(含工业项目)招标投标活动的投诉,由国家发展改革委受理并依法做出处理决定。对国家重大建设项目招标投标活动的投诉,有关行业行政监督部门已经收到的,应当通报国家发展改革委,国家发展改革委不再受理。

财政部门依法对实行招标投标的政府采购工程建设项目的预算执行情况和政府采购政策执行情况实施监督。

3. 投诉书的审查

行政监督部门收到投诉书后,应当在三个工作日内进行审查,视情况分别做出以下处理决定。

(1)不符合投诉处理条件的,决定不予受理,并将不予受理的理由书面告知投诉人。

(2)对符合投诉处理条件,但不属于本部门受理的投诉,书面告知投诉人向其他行政监督部门提出投诉。

对于符合投诉处理条件并决定受理的,收到投诉书之日即为正式受理。

有下列情形之一的投诉,不予受理:

(1)投诉人不是所投诉招标投标活动的参与者,或者与投诉项目无任何利害关系。

(2)投诉事项不具体,且未提供有效线索,难以查证的。

(3)投诉书未署具投诉人真实姓名、签字和有效联系方式的;以法人名义投诉的,投诉书未经法定代表人签字并加盖公章的。

(4)超过投诉时效的。

(5)已经作出处理决定,并且投诉人没有提出新的证据。

(6)投诉事项应先提出异议没有提出异议,已进入行政复议或者行政诉讼程序的。

【小贴士】

【问】(1)哪些事项只有先提异议才能投诉?

【答】《中华人民共和国招标投标法实施条例》第六十条规定,就本条例第二十二条、第四十四条、第五十四条规定事项投诉的,应当先向招标人提出异议,异议答复期间不计算在前款规定的期限内。潜在投标人或者其他利害关系人对资格预审文件有异议、对招标文件有异议,投标人对开标有异议,投标人或者其他利害关系人对依法必须进行招标的项目的评标结果有异议,应当先向招标人提出异议。

【问】（2）评标结果公示期间还可以对招标文件内容进行投诉吗？

【答】《中华人民共和国招标投标法实施条例》第二十二条规定，潜在投标人或者其他利害关系人对资格预审文件有异议的，应当在提交资格预审申请文件截止时间2日前提出；对招标文件有异议的，应当在投标截止时间10日前提出。第六十条规定，投标人或者其他利害关系人认为招标投标活动不符合法律、行政法规规定的，可以自知道或者应当知道之日起10日内向有关行政监督部门投诉。就本条例第二十二条、第四十四条、第五十四条规定事项投诉的，应当先向招标人提出异议，异议答复期间不计算在前款规定的期限内。

《中华人民共和国招标投标法实施条例》第二十二条规定，潜在投标人或者其他利害关系人对资格预审文件有异议的，应当在提交资格预审申请文件截止时间2日前提出；对招标文件有异议的，应当在投标截止时间10日前提出。第六十条规定，投标人或者其他利害关系人认为招标投标活动不符合法律、行政法规规定的，可以自知道或者应当知道之日起10日内向有关行政监督部门投诉。就本条例第二十二条、第四十四条、第五十四条规定事项投诉的，应当先向招标人提出异议，异议答复期间不计算在前款规定的期限内。

适用于《中华人民共和国招标投标法》的招标项目，若未在规定期限内对招标文件提出异议的，评标结果公示期间不可以对招标文件内容进行投诉。若已按要求在规定期限内对招标文件提出异议的，评标结果公示期间可以对招标文件内容进行投诉。

4. 投诉的处理

《中华人民共和国招标投标法实施条例》第六十一条规定，投诉人就同一事项向两个以上有权受理的行政监督部门投诉的，由最先收到投诉的行政监督部门负责处理。

行政监督部门自受理投诉之日起30个工作日内作出书面处理决定；需要检验、检测、鉴定、专家评审的，所需时间不计算在内。

行政监督部门处理投诉，有权查阅、复制有关文件、资料，调查有关情况，对行政监督部门依法进行的调查，投诉人、被投诉人以及评标委员会成员等与投诉事项有关的当事人应当予以配合，如实提供有关资料及情况，不得拒绝、隐匿或者伪报。

行政监督部门应当根据调查和取证情况，对投诉事项进行审查，按照下列规定作出处理决定：

（1）投诉缺乏事实根据或者法律依据的，或者投诉人捏造事实、伪造材料或者以非法手段取得证明材料进行投诉的，驳回投诉。

（2）投诉情况属实，招标投标活动确实存在违法行为的，依据《中华人民共和国招标投标法》《中华人民共和国招标投标法实施条例》及其他有关法规、规章作出处罚。

4.投诉的撤回

投诉处理决定做出前，投诉人要求撤回投诉的，应当以书面形式提出并说明理由，由行政监督部门视以下情况，决定是否准予撤回：

（1）已经查实有明显违法行为的，应当不准撤回，并继续调查直至做出处理决定。

（2）撤回投诉不损害国家利益、社会公共利益或者其他当事人合法权益的，应当准予撤回，投诉处理过程终止。投诉人不得以同一事实和理由再提出投诉。

【小贴士】

【问】（1）投诉人的投诉时间超过法定时限但投诉事项属实，该如何处理？

【答】《中华人民共和国招标投标法》第五章 法律责任。第四十九第～第六十四条。

《中华人民共和国招标投标法实施条例》第六章 法律责任。第六十三条～第八十一条。

《工程建设项目招标投标活动投诉处理办法（2013年修订）》（九部委23号令）第十二条规定，有下列情形之一的投诉，不予受理：（四）超过投诉时效的。第二十条第（二）款规定，投诉情况属实，招标投标活动确实存在违法行为的，依据《中华人民共和国招标投标法》《中华人民共和国招标投标法实施条例》及其他有关法规、规章做出处罚。

投诉人的投诉时间超过法定时限的，投诉不予受理；投诉事项属实，依据《中华人民共和国招标投标法》《中华人民共和国招标投标法实施条例》及其他有关法规、规章做出处理。

【问】（2）投诉人的投诉事项是否需要提供相应的证明材料？

【答】《中华人民共和国招标投标法实施条例》第六十条规定，投诉应当有明确的请求和必要的证明材料。

《工程建设项目施工招标投标办法（七部委30号令）》第八十九条规定，投诉应当有明确的请求和必要的证明材料。

《工程建设项目招标投标活动投诉处理办法（2013年修订）》（九部委23号令）第七条规定，投诉人投诉时，应当提交投诉书。投诉书应当包括下列内容：（五）有效线索和相关证明材料。

《湖北省公共资源招标投标监督管理条例》第二十三条规定，投诉应当有明确的诉求和必要的证明材料

《湖北省公共资源招标投标投诉处理办法》第十四条规定，投诉人投诉时，应当提交投诉书。投诉书应当包括下列内容：（五）有效线索和相关证明材料。

投诉人的投诉事项需要提供相应的证明材料。

在线习题（第九章）

第一节　采购人内控管理的总体要求

内部控制是指组织为实现控制目标，通过制定制度、采取措施和执行程序，对经济活动的风险进行防范和管控。内部控制是保障组织权力规范有序、科学高效运行的有效手段，也是组织目标实现的长效保障机制。

政府采购活动中，采购人的角色至关重要。采购人不仅是采购活动的发起者，也是整个采购过程的核心管理者。随着市场竞争的日益激烈和法律法规的不断完善，采购人内控管理的重要性日益凸显。采购人内控管理主要包括对预算管理、收支管理、政府采购管理、资产管理、建设项目管理以及合同管理等主要经济活动的风险控制。采购人内控管理的核心目标是构建覆盖政府采购全生命周期的"法治化、规范化、效能化"管理体系，通过制度约束、流程优化和技术赋能，实现政府采购依法合规、高效运转、风险可控的总体目标。

一、采购人内控管理的主要目标

1. 依法合规

党的十八届四中全会于2014年10月20日至23日在北京召开。此次会议的核心议题是全面推进依法治国，会议通过的《中共中央关于全面推进依法治国若干重大问题的决定》中明确提出："对财政资金分配使用、国有资产监管、政府投资、政府采购、公共资源转让、公共工程建设等权力集中的部门和岗位实行分事行权、分岗设权、分级授权，定期轮岗，强化内部流程控制，防止权力滥用"，为行政事业单位加强内部控制建设指明了方向。

《关于加强政府采购活动内部控制管理的指导意见》指出加强对政府采购活动的内部

控制管理，是贯彻《中共中央关于全面推进依法治国若干重大问题的决定》的重要举措，也是深化政府采购制度改革的内在要求，对落实党风廉政建设主体责任、推进依法采购具有重要意义；提出了全面管控与突出重点并举、分工制衡与提升效能并重，权责对等与依法惩处并行的政府采购活动内控管理基本原则。这些原则旨在进一步规范政府采购活动中的权力运行，强化内部流程控制，促进政府采购提质增效。

2018年，中央全面深化改革委员会通过《深化政府采购制度改革方案》。该方案指出，深化政府采购制度改革要坚持问题导向，强化采购人主体责任，建立集中采购机构竞争机制，改进政府采购代理和评审机制，健全科学高效的采购交易机制，强化政府采购政策功能措施，健全政府采购监督管理机制，加快形成采购主体职责清晰、交易规则科学高效、监管机制健全、政策功能完备、法律制度完善、技术支撑先进的现代政府采购制度。

采购人应遵循《政府采购法》及其相关规定，建立适合本单位实际情况的内控管理制度，实现规范政府采购行为，提高政府采购资金的使用效益，维护国家利益和社会公共利益，保护政府采购当事人的合法权益，促进廉政建设的目标。

2. 高效运转

政府采购使用的是财政性资金，财政性资金的高效利用对政府采购的实效性提出了很高的要求，采购人需要提高采购效率以提升资源利用效率，避免资金闲置浪费，保障政府采购活动的经济性和有效性。政府采购在制度设计上通过明确各种采购方式的时限要求，如采购意向公开的时限、采购公告时限、提交投标文件或响应文件的时限、采购结果确认的时限、中标（成交）通知书发出的时限、签订采购合同的时限、合同款项支付的时限等，在保障政府采购公开透明的基础上，对采购人采购过程中各环节的办结时限进行了刚性约束。

政府采购是一项系统工程，对于采购人来说，实现需求论证、预算匹配、实施采购、履约验收等需要跨部门协同，才能及时解决采购过程中遇到的问题，提高采购效率。因此，保障各部门在政府采购全生命周期协调运转权责明晰、保障各环节有效衔接操作规范也是采购人内控管理的重要目标。

3. 风险可控

政府采购的风险主要涵盖以下六个方面：

（1）廉政风险，又称道德风险，主要表现在采购人员收受贿赂，与供应商串通谋取利益等。

（2）法律风险，又称合规风险，主要表现在违反法律法规的规定，如采购进口产品未依法获得批准，化整为零规避政府采购等。

（3）操作风险，又称流程风险，主要表现在流程执行存在偏差，如合同审查、履约验收等流于形式等。

（4）资金风险，又称经济风险，主要表现在预算编制不合理导致资金浪费或供应商低价中标后无法正常履行合同。

（5）效率风险，又称时间风险，主要表现在采购周期过长，如因质疑投诉影响采购进度或采购失败，因市场调研不充分导致项目有效投标人不足三家而废标。

（6）外部风险，又称市场风险，如国家政策变化、实施环境变化。

采购人应通过加强组织领导、加快建章立制、完善技术保障、强化运行监督等措施，系统性提升政府采购的安全性，做到风险可控。一是建立政府采购内部控制管理工作的领导、协调机制，做好政府采购内部控制管理各项工作。要严格执行岗位分离、轮岗交流等制度。二是认真梳理和评估本部门、本单位政府采购执行和监管中存在的风险，明确标准化工作要求和防控措施，完善内部管理制度，形成较为完备的内部控制体系。三是运用信息技术落实政府采购内部控制管理措施，政府采购管理交易系统及采购人内部业务系统应当重点强化人员身份验证、岗位业务授权、系统操作记录、电子档案管理等系统功能建设。探索大数据分析在政府采购内部控制管理中的应用，将信息数据科学运用于项目管理、风险控制、监督预警等方面。四是建立内部控制管理的激励约束机制，将内部控制制度的建设和执行情况纳入绩效考评体系，将日常评价与重点监督、内部分析和外部评价相结合，定期对内部控制的有效性进行总结，加强评估结果应用，不断改进内部控制管理体系。

二、政府采购内控管理的基本原则

根据《财政部关于全面推进行政事业单位内部控制建设的指导意见》（财会〔2015〕24号）中相关规定。

1. 行政事业单位内部控制建设基本原则

《财政部关于全面推进行政事业单位内部控制建设的指导意见》针对行政事业单位内部控制建设提出了坚持全面推进、坚持科学规划、坚持问题导向、坚持共同治理等四项基本原则，具体如下。

1）坚持全面推进

行政事业单位应当按照党的十八届四中全会决定关于强化内部控制的精神和《单位内控规范》的具体要求，全面建立、有效实施内部控制，确保内部控制覆盖单位经济和业务活动的全范围，贯穿内部权力运行的决策、执行和监督全过程，规范单位内部各层级的全体人员。

2）坚持科学规划

行政事业单位应当科学运用内部控制机制原理，结合自身的业务性质、业务范围、管理架构，合理界定岗位职责、业务流程和内部权力运行结构，依托制度规范和信息系统，将制约内部权力运行嵌入内部控制的各个层级、各个方面、各个环节。

3）坚持问题导向

行政事业单位应当针对内部管理薄弱环节和风险隐患，特别是涉及内部权力集中的财政资金分配使用、国有资产监管、政府投资、政府采购、公共资源转让、公共工程建设等重点领域和关键岗位，合理配置权责，细化权力运行流程，明确关键控制节点和风险评估要求，提高内部控制的针对性和有效性。

4）坚持共同治理

充分发挥内部控制与其他内部监督机制的相互促进作用，形成监管合力，优化监督效果；充分发挥政府、单位、社会和市场的各自作用，各级财政部门要加强统筹规划、督促指导，主动争取审计、监察等部门的支持，共同推动内部控制建设和有效实施；单位要切实履行内部控制建设的主体责任；要建立公平、公开、公正的市场竞争和激励机制，鼓励社会第三方参与单位内部控制建设和发挥外部监督作用，形成单位内部控制建设的合力。

2.政府采购活动内部控制管理基本原则

《关于加强政府采购活动内部控制管理的指导意见》针对政府采购活动内部控制管理提出了全面管控与突出重点、分工制衡与提升效能并重、权责对等与依法惩处并行等三项基本原则。

1）全面管控与突出重点并举

将政府采购内部控制管理贯穿于政府采购执行与监管的全流程、各环节，全面控制，重在预防。抓住关键环节、岗位和重大风险事项，从严管理，重点防控。

2）分工制衡与提升效能并重

发挥内部机构之间，相关业务、环节和岗位之间的相互监督和制约作用，合理安排分工，优化流程衔接，提高采购绩效和行政效能。

3）权责对等与依法惩处并行

在政府采购执行与监管过程中贯彻权责一致原则，因权定责、权责对应。严格执行法律法规的问责条款，有错必究、失责必惩。

三、落实主体责任

《政府采购法实施条例》第十一条明确，采购人在政府采购活动中应当维护国家利益和社会公共利益，公正廉洁，诚实守信，执行政府采购政策，建立政府采购内部管理制度，厉行节约，科学合理确定采购需求。《政府采购货物和服务招标投标管理办法》第六条也强调，采购人应当按照行政事业单位内部控制规范要求，建立健全本单位政府采购内部控制制度，在编制政府采购预算和实施计划、确定采购需求、组织采购活动、履约验收、答复询问质疑、配合投诉处理及监督检查等重点环节加强内部控制管理。

具体来说，采购人的主体责任主要包括确定采购需求、执行采购政策、强化内控建设、加强履约验收、实行信息公开等五个方面。

采购人要建立政府采购全生命周期管理制度，确保政府采购活动高效、规范、透明，制订采购人归口管理部门核心职责，业务部门协同责任，内部审计与纪检监察等监督部门职责，将政府采购活动中采购人的主体责任具体到部门甚至是岗位。

1. 落实采购需求主体责任

政府采购需求管理，是深化政府采购制度改革、提高政府采购效率和质量的重要保证。科学合理确定采购需求是加强政府采购源头管理的重要内容，是执行政府采购预算、发挥采购政策功能、落实公平竞争交易规则的重要抓手，在采购活动整体流程中具有承上启下的重要作用。采购人对采购需求管理负有主体责任，采购需求应当符合法律法规以及政府采购政策规定的技术、服务、安全等要求。主管预算单位负责指导本部门采购需求管理工作。

采购人应按规定开展采购需求管理各项工作，对采购需求和采购实施计划的合法性、合规性、合理性负责。按照规定编制采购需求，开展市场调研，明确采购需求。在编制采购需求时，应标明实质性要求和条件，不得提出不合理的采购需求或擅自提高采购标准。不得设置与履约无关的条款，违规要求提供样品。不得以不合理的条件对供应商实行差别待遇或者歧视待遇。政府向社会公众提供的公共服务项目，应当就确定采购需求征求社会公众的意见。除因技术复杂或者性质特殊，不能确定详细规格或者具体要求外，采购需求应当完整、明确。必要时，应当就确定采购需求征求相关供应商、专家的意见。

2. 落实执行采购政策主体责任

政府采购应当有助于实现国家经济和社会发展目标，采购人要充分发挥政府采购政策功能，通过预留采购份额、价格评审优惠、强制采购、优先采购等措施，实现节约能源、保护环境、扶持不发达地区和少数民族地区、促进中小企业发展等目标。

采购人作为落实政府采购政策直接、重要的责任主体，应在采购需求制定、采购文件编制和项目评审中充分体现政府采购政策功能。如组织评估本部门及所属单位政府采购项目，统筹制定面向中小企业预留采购份额的具体方案，对适宜由中小企业提供的采购项目和采购包，预留采购份额专门面向中小企业采购；采购项目中适宜由中小企业提供的，预留该部分采购项目预算总额的一定比例专门面向中小企业采购或小微企业；在政府采购活动中，残疾人福利性单位、监狱企业视同小型、微型企业，享受预留份额、评审中价格扣除等促进中小企业发展的政府采购政策；采购人拟采购的产品属于品目清单范围的，依据国家确定的认证机构出具的、处于有效期之内的节能产品、环境标志产品认证证书，对获得证书的产品实施政府优先采购或强制采购等。

3. 落实强化内控建设主体责任

采购人在政府采购活动中应当维护国家利益和社会公共利益，公正廉洁，诚实守信，建立政府采购内部管理制度；通过制定制度、实施措施和执行程序，对经济活动的风险进行防范和管控。在政府采购活动中，采购人作为内控建设的主体，承担着确保采购过程公开、公平、公正的重要责任。强化内控建设的主体责任是防范采购风险、提高采购效率、保障资金安全的关键。

采购人应当做好政府采购业务的内部归口管理和所属单位管理，明确内部工作机制，重点加强对采购需求、政策落实、信息公开、履约验收、结果评价等的管理。以"分事行权、分岗设权、分级授权"为原则，明确内部归口管理部门，依法明确采购主体内部归口管理要求、各环节职责权限和责任清单；建立依法合规、运转高效、监督到位、严格问责的政府采购内部控制制度。在执行过程中严格按照单位内控制度开展政府采购活动。

采购人应当从采购预算与计划编制管理、采购需求管理、采购活动管理、履约验收管理、合同管理、采购绩效管理、档案管理、保密管理、监督管理、采购人能力建设管理等方面做好内控制度建设。

4. 落实加强履约验收主体责任

采购人应当切实做好履约验收工作，完善内部机制、强化内部监督、细化内部流程，把履约验收嵌入本单位内控管理流程，加强相关工作的组织、人员和经费保障。

采购人应当按照政府采购合同规定的技术、服务、安全标准组织对供应商履约情况进行验收，并出具验收书。验收书应当包括每一项技术、服务、安全标准的履约情况。政府向社会公众提供的公共服务项目，验收时应当邀请服务对象参与并出具意见，验收结果应当向社会公告。

5. 落实实行信息公开主体责任

公开透明是政府采购管理制度的重要原则。做好政府采购信息公开工作，既是全面深化改革、建立现代财政制度的必然要求，也是加强社会监督，提升政府公信力的重要举措，对于规范政府采购行为，维护政府采购活动的公开、公平和公正具有重要意义。采购人作为政府采购活动的直接责任主体，承担着确保信息公开合法、合规、及时、准确的重要责任；政府采购信息公开也是提高采购透明度、防范腐败、增强社会监督的重要手段。

采购人应当将政府采购信息公开作为本部门、本单位政务信息公开工作的重要内容，列入主动公开基本目录，嵌入内控管理环节，确保政府采购信息发布的及时、完整、准确。

政府采购的信息应当在政府采购监督管理部门指定的媒体上及时向社会公开发布，但涉及国家秘密和商业秘密的除外。

采购人应当切实做好采购项目公告、采购文件、采购项目预算金额、采购结果、采购合同等采购项目信息公开工作，实现政府采购项目的全过程信息公开。对于采购项目预算金额、更正事项、采购合同、公共服务项目采购需求和验收结果等信息公开薄弱环节，应当进一步完善相关工作机制，切实履行公开责任。

第二节　风险评估和控制方法

一、风险评估

采购人应当构建周期性风险评价体系，对可能产生的各类风险实施动态监测与综合评估。常规情况下需保证年度评估不低于一次，若遇外部环境、经济活动或管理要求等重大变动情形，应及时启动专项风险评估程序。

在实施风险评估过程中，应建立由单位领导牵头的风险评估工作小组，统筹协调评估工作。最终形成的经济活动风险评估成果应经单位领导班子审议后纳入内控体系优化方案，作为完善内部控制的依据。

1. 单位层面

在执行采购单位的风险评估工作时，需重点关注以下几个关键维度。

1）内部控制活动的组织架构

着重审视单位是否设立专责内部控制的部门，或者是否明确牵头执行内部控制工作的部门。若已设立相关部门，需进一步确认其职能权限是否清晰。同时，深入核查是否建立了不同部门之间在内部控制方面的有效沟通、协调和合作机制，比如是否定期召开跨部门内部控制工作会议，有无畅通的信息共享渠道，以便及时交流内控问题、协同解决难题，避免部门间出现管控"真空地带"。

2) 内部控制架构的构建情况

在经济活动的决策、实施和监控过程中，仔细评估是否实现了有效的分离。决策环节要考察是否有科学的议事规则与集体决策机制；实施阶段关注执行流程是否规范，责任落实是否到位；监控部分需确认监督主体的独立性与权威性。同时，严格审查权限与责任的分配是否对等，杜绝有权无责或有责无权的失衡状况。此外，全面梳理是否确立了包括决策程序、岗位职责和内部监管在内的健全机制，各项机制的细节规定是否明确，执行标准是否具有可操作性。

3) 内部管理制度的全面性与实施成效

详细核查单位的管理制度是否覆盖全面，不仅涵盖采购、财务、人事等核心领域，还要延伸至后勤保障、信息化管理等辅助环节，确保管理无死角。并且，深入调研管理制度在日常工作中是否能够有效执行，可通过查阅执行记录、访谈一线员工、抽取业务样本检验等方式，判断制度执行是否存在打折扣、走过场的现象，最终能否切实达到预期的管理目标，实现降本增效、风险防范等多重管理诉求。

4) 关键岗位的人员管理

全面审查单位是否制定了针对关键岗位的人员培训、人员评价和岗位轮换的程序。培训程序要明确培训内容、周期、方式等，确保关键岗位人员能及时更新知识技能，适应业务发展与风险防控需求；人员评价程序应客观公正，多维度考量员工工作表现、专业能力、职业道德等；岗位轮换程序需合理安排轮换周期与交接流程，保障工作连续性。同时，严格把关关键岗位的人员是否具备必要的专业资格和工作能力，有无相关资质证书，过往工作业绩与能力评估是否达标。

5) 财务信息的处理与报告

严谨确认单位是否依照国家统一的会计准则对经济活动进行会计核算，从原始凭证的填制、审核，到记账凭证的编制、账簿登记，再到财务报表的生成，全流程追踪会计核算的规范性。并且，仔细检查是否根据同一准则编制了准确、完整的财务报告，关注财务报告中有无隐瞒或虚报财务信息的情况，为单位财务决策与外部监管提供可靠依据。

2. 业务层面

在对业务层面进行风险评估时，应着重关注以下几个方面。

1) 预算管理

评估各部门在预算编制阶段的沟通与协作是否充分，确保预算制定不仅结合了资产配置情况，还与具体的工作任务紧密相关。此外，还需检查预算执行过程中是否严格遵守批准的额度和开支范围，进度安排是否合理，并且避免无预算或超预算支出的现象。预算报告的真实、完整、准确及其提交的及时性也是评估的关键点。

2）收入与支出管理

确认单位是否实现了收入的集中化管理，并按照规定流程向财务部门提供必要的收入凭证。印章和票据的管理和使用必须符合规范。对于所有支出事项，需要确保各类凭据的真实性与合法性经过严格的审核程序，防止通过虚假票据套取资金的行为。

3）采购管理

审查单位是否依据既定的预算和计划开展政府采购活动；采购过程及验收程序是否遵循相关法律法规的要求；同时，也要检查政府采购档案资料的保存是否符合标准，保证其完整性和可追溯性。

4）资产管理

分析单位是否有明确的责任制度来分类管理资产，定期进行资产清查，及时处理账实不符的问题。资产处置需严格按照相关规定执行，确保资产的有效利用和合规处理。

5）合同管理

确定合同是否统一归口管理，明确哪些经济活动需要签订合同的标准。建立有效的监控机制以跟踪合同履行情况，并具备解决合同纠纷的机制，保障合同双方权益。

二、控制方法

1. 不相容岗位相互分离

在政府采购过程中，合理设置关键内部控制岗位是确保采购活动公正、透明的重要措施。首先，应明确划分各岗位的职责和权限，确保每个岗位的职责范围清晰，避免职责重叠或模糊不清。其次，实施相应的分离措施，将存在相互制约关系的岗位分配给不同人员，形成相互监督、相互制衡的机制。

2. 内部授权审批控制

在政府采购活动中，授权审批是确保采购活动合法合规的重要环节。首先，应清晰界定政府采购各环节的授权审批权限与流程，确保每个环节的审批权限明确，避免越权行为的发生。其次，构建重大事项集体决策与会签机制，确保在涉及重大采购项目时，决策过程透明、公正。工作人员需在授权范围内履行职责、办理业务，确保所有操作均能提供依据，且责任可查。通过严格的授权审批控制，可以有效防止未经授权的采购行为，确保采购活动的合法性和合规性。

3. 归口管理

为了提高政府采购工作的效率和管理水平，应根据单位实际情况，遵循权责对等的原则，对相关经济活动实行统一管理。可以通过成立联合工作小组或指定牵头部门/人员等方式，将分散在不同部门的采购职能集中管理，避免多头管理导致的效率低下和职责不清。归口管理不仅可以提高工作效率，还能确保采购活动的统一性和协调性，减少因部门间沟通不畅而导致的采购延误或错误。

4. 预算控制

预算控制是政府采购活动中的重要环节，通过科学编制政府采购预算，明确采购项目的资金来源和额度，确保采购活动在预算范围内执行，防止超预算采购。首先，应根据单位的实际需求和财务状况，合理编制采购预算，确保预算的合理性和可行性。其次，在采购过程中，严格按照预算执行，避免超预算采购行为的发生。通过预算控制，可以有效防止资金浪费和滥用，确保采购活动的经济性和效益性。

5. 流程控制

制定规范、细致的政府采购流程，明确各环节的工作内容、先后顺序和时间要求，使采购活动有序进行，提高采购效率和质量。首先，应根据政府采购的相关法律法规，结合单位的实际情况，制定详细的采购流程，确保每个环节的操作规范、透明。其次，明确各环节的时间要求，确保采购活动按时完成，避免因流程不清晰或时间安排不合理而导致的采购延误。通过流程控制，可以有效提高采购活动的效率和质量，确保采购活动的顺利进行。

6. 财产保护控制

建立完善的资产日常管理制度和定期清查机制，是确保政府采购资产安全与完整的重要措施。首先，应建立资产记录、实物保管、定期盘点及账实核对等制度，确保资产的账实相符。其次，定期对资产进行清查，及时发现和处理资产流失或损坏的情况，确保资产的安全与完整。通过财产保护控制，可以有效减少资产流失的风险，确保政府采购资产的安全性和完整性。

7. 财务控制

建立健全单位财会管理制度，加强会计机构建设，提升财务人员的专业水平，明确财务人员岗位责任制，规范会计基础工作，强化财务档案管理，确保财务凭证、账簿和财务报告处理程序的合规性和透明度。首先，应根据国家相关法律法规，结合单位的实际情况，制定完善的财务管理制度，确保财务工作的规范性和透明度。其次，加强财务人员的培训和管理，提升财务人员的专业水平，确保财务工作的准确性和合规性。通过财务控制，可以有效确保政府采购财务信息的真实性和完整性，防止财务舞弊行为的发生。

8. 单据控制

依据国家相关规定和单位的具体业务流程，在内部管理制度中明确界定各项经济活动所涉及的表单和票据，要求工作人员按规定填制、审核、归档和保管单据，确保信息的真实性和完整性。首先，应根据政府采购的相关法律法规，结合单位的实际情况，制定详细的单据管理制度，确保单据的填制、审核、归档和保管过程规范、透明。其次，加强对单据的审核和管理，确保单据信息的真实性和完整性，防止虚假单据的出现。通过单据控制，可以有效确保政府采购信息的真实性和完整性，防止信息造假行为的发生。

9. 合同管理控制

加强对政府采购合同的签订、履行、变更和终止等环节的管理，确保合同的有效执行，维护采购人和供应商的合法权益。首先，应根据政府采购的相关法律法规，结合单位的实际情况，制定详细的合同管理制度，确保合同的签订、履行、变更和终止过程规范、透明。其次，加强对合同履行情况的监督和管理，确保合同的有效执行，防止合同违约行为的发生。通过合同管理控制，可以有效维护采购人和供应商的合法权益，确保政府采购活动的合法性和合规性。

10. 信息内部公开

根据国家有关规定和单位实际情况，确定信息公开的内容、范围、方式和程序，将政府采购相关信息及时、准确、完整地向社会公开，接受社会监督，提高采购活动的透明度，防止暗箱操作。首先，应根据政府采购的相关法律法规，结合单位的实际情况，制定详细的信息公开制度，确保信息公开的及时性、准确性和完整性。其次，加强对信息公开的监督和管理，确保信息公开的透明度和公正性，防止暗箱操作行为的发生。通过信息内部公开，可以有效提高政府采购活动的透明度，增强社会监督力度，确保采购活动的公正性和合法性。

11. 监督检查机制

建立健全政府采购监督检查机制，定期或不定期对采购活动进行检查和评估，及时发现问题并加以纠正，确保采购内控制度的有效执行。首先，应根据政府采购的相关法律法规，结合单位的实际情况，制定详细的监督检查制度，确保监督检查的规范性和有效性。其次，定期或不定期对采购活动进行检查和评估，及时发现和处理采购过程中存在的问题，确保采购活动的合法性和合规性。通过监督检查机制，可以有效确保政府采购内控制度的有效执行，防止采购活动中出现违规行为。

第三节　采购人内控管理体系建设

一、组织架构与职责分工

1.组织架构

采购人应当单独设置内部控制职能部门或者确定内部控制牵头部门，负责组织协调内部控制工作。同时，应当充分发挥财务、业务、基建、政府采购、内部审计、纪检监察、法规、资产管理、档案管理等部门或岗位在内部控制中的作用。

采购人可以根据单位的实际情况设置以下部门或岗位：

财务部门/岗位：负责本单位财务管理工作，主要负责采购预算编制、政府采购意向公开、指标和计划申请、合同备案、采购资金支付、政府采购绩效评价等工作。

业务部门/岗位：负责项目预算申报、立项、采购需求提出及确定、履约验收、提出支付申请、资料归档等工作，同时也接受相关部门的监督。

基建部门/岗位：负责工程项目的前期论证、立项，办理与项目相关许可、基建工程的全过程管理与沟通协调、履约验收、提出支付申请等工作，同时也接受相关部门的监督。

政府采购部门/岗位：负责采购需求管理、组织采购需求和采购实施计划审查、采购实施、合同签订、信息公开、资料归档等工作，同时还负有采购内控制度建设、对内政府采购相关法律法规培训、业务指导、政策咨询，对本单位政府采购活动中的相关事项进行监督、协调、审议和提供决策依据等职责。

内部审计部门/岗位：负责本单位内部审计工作的部门，主要对本单位政府采购内控制度的执行和采购行为的合法合规性进行监督。

纪检监察部门/岗位：负责本单位纪检监察工作的部门，主要负责本单位政府采购领域的廉政风险防范。

法规部门/岗位：负责本单位法制工作的部门，主要负责本单位采购合同的审核以及政府采购领域的法律风险防范工作。

资产管理部门/岗位：负责本单位资产管理工作的部门，负责政府采购资产配置、登记和管理工作。

档案管理部门/岗位：负责本单位采购活动中采购文件的归档、登记及保管，配合相关审计、纪检监察等部门调阅相关资料。

2.职责分工

（1）采购人应当建立健全内部政府采购事项集体研究、合法性审查和内部会签相结合的议事决策机制。重大经济事项的内部决策，应当由单位领导班子集体研究决定。对于涉及民生、社会影响较大的项目，采购人在制定采购需求时，还应当进行法律、技术咨询或者公开征求意见。决策过程要形成完整记录，任何个人不得单独决策或者擅自改变集体决策。

（2）采购人应当合理设置岗位，明确岗位职责、权限和责任主体，细化各流程、各环节的工作要求和执行标准。

①界定岗位职责。采购人应当结合自身特点，对照政府采购法律、法规、规章及制度规定，认真梳理不同业务、环节、岗位需要重点控制的风险事项，划分风险等级，建立制度规则、风险事项等台账，合理确定岗位职责。

②不相容岗位分离。采购人应当建立岗位间的制衡机制，采购需求制定与内部审核、采购文件编制与复核、合同签订与验收等岗位原则上应当分开设置。

③相关业务多人参与。采购人对于评审现场组织、单一来源采购项目议价、合同签订、履约验收等相关业务，原则上应当由2人以上共同办理，并明确主要负责人员。

④实施定期轮岗。采购人应当按规定建立轮岗交流制度，按照政府采购岗位风险等级设定轮岗周期，风险等级高的岗位原则上应当缩短轮岗年限。不具备轮岗条件的应当定期采取专项审计等控制措施。建立健全政府采购在岗监督、离岗审查和项目责任追溯制度。

（3）内部控制关键岗位工作人员应当具备与其工作岗位相适应的资格和能力。单位应当加强内部控制关键岗位工作人员业务培训和职业道德教育，不断提升其业务水平和综合素质。

二、采购流程内部控制

1.采购预算编制管理

政府采购预算是部门预算的重要组成部分，是对部门预算中采购性支出的细化，是单位根据事业发展计划和行政任务编制的，用财政性资金采购货物、服务和工程的年度政府采购计划。

采购人应当加强政府采购预算管理。建立预算编制、政府采购和资产管理等部门或岗位之间的沟通协调机制。根据本单位实际需求和相关标准编制政府采购预算，按照已批复的预算安排实施政府采购计划。

《政府采购法》第六条规定，政府采购应当严格按照批准的预算执行。第三十三条规定，负有编制部门预算职责的部门在编制下一财政年度部门预算时，应当将该财政年度政府采购的项目及资金预算列出，报本级财政部门汇总。

采购人应结合集中采购目录及资产配置标准等要求，科学合理确定采购需求，应编尽编、编实编细政府采购预算。严格执行"无预算不采购"政策，强化政府采购预算执行的准确性，加快政府采购预算执行进度。

1）需求分析

采购人根据实际工作需要，明确采购需求，包括货物、服务和工程的具体要求。根据《政府采购需求管理办法》开展需求调查和市场调研，深入了解实际需求。通过问卷调查、实地考察等多种方式，广泛收集采购需求相关信息，为预算编制提供准确可靠的依据。

2）预算编制

政府采购预算编制标准是确保预算科学性、合理性和透明度的准则，主要包括经费预算标准、资产配置标准以及技术和服务的国家标准或行业标准。经费预算标准是编制和审核预算的依据，资产配置标准涉及实物数量、价格和性能规格，通常由财政部或地方财政部门制定。在确定技术和服务的标准时，优先采用国家标准或行业标准，无相关标准时则依据通常标准或合同目的，避免指定特定品牌或供应商，以确保公平竞争和预算的合理使用。在预算编制时，结合历年预算执行情况，结合市场价格变化，合理估算采购成本，按照厉行节约、从严从紧原则测算。通过市场调研了解当前价格和供应商情况，确保预算的准确性。

3）预算审核

为保证采购预算编制的质量，必须强化预算编制的审核环节。采购人应内设预算审核部门，对预算进行初步审核，确保合理性和准确性。重点从以下几个方面进行审核：

项目安排是否合理，资金能否得到保障；采购的"档次"是否合理合法；采购价格标准是否符合相关规定等。如，某些部门可能会提出过高的采购标准，导致资金浪费；或者某些采购项目的价格明显高于市场价，可能存在腐败风险。通过审核，确保采购项目的安排和资金使用符合法律法规和市场供给情况。

预算编制是否完整，是否存在漏报、采购项目是否具体明确。如，某些部门可能会遗漏一些必要的采购项目，导致后续执行中出现资金不足或项目无法推进的情况。通过严格审核，确保所有必要的采购项目都被纳入预算。

预算编制是否存在项目拆分、化整为零等风险。如，将某一个同品目的整体项目拆分为多个小项目申报采购预算，化整为零规避采购、公开招标方式或审批程序等。通过审核，确保采购预算编制的合规性。

4）预算审批

预算编制内部审核完成后，按程序报上级部门或相关部门审批。预算获批后，各部门按批复执行采购。

5）预算公开

政府债务、机关运行经费、政府采购、财政专户资金等情况，按照有关规定向社会公开。

部门预算、决算应当公开基本支出和项目支出。部门预算、决算支出按其功能分类应当公开到项；按其经济性质分类，基本支出应当公开到款。

各部门所属单位的预算、决算及报表，应当在部门批复后20日内由单位向社会公开。单位预算、决算应当公开基本支出和项目支出。单位预算、决算支出按其功能分类应当公开到项；按其经济性质分类，基本支出应当公开到款。

政府采购项目预算金额应当由采购人或者采购代理机构在采购文件如招标文件、谈判文件、磋商文件、询价通知书等中公开。

6）监督与评估

监督应贯穿于采购预算执行的全过程，采购人应严格按照预算执行，不得擅自改变资金用途或超标准采购，通过严格的监督，确保预算执行的规范性和有效性。《中共中央国务院关于全面实施预算绩效管理的意见》要求建立全过程预算绩效管理链条，建立绩效评估机制，强化绩效目标管理，做好绩效运行监控，并开展绩效评价和结果应用。还要完善全覆盖预算绩效管理体系，各级政府将一般公共预算、政府性基金预算、国有资本经营预算、社会保险基金预算全部纳入绩效管理。

7）预算电子化管理

《国务院关于进一步深化预算管理制度改革的意见》中指出，实现中央和地方财政系统信息贯通。用信息化手段支撑中央和地方预算管理，规范各级预算管理工作流程等，统一数据标准，推动数据共享。以省级财政为主体加快建设覆盖本地区的预算管理一体化系统并与中央财政对接，动态反映各级预算安排和执行情况，力争2022年底全面运行。中央部门根据国家政务信息化建设进展同步推进相关信息系统建设。建立完善全覆盖、全链条的转移支付资金监控机制，实时记录和动态反映转移支付资金分配、拨付、使用情况，实现资金从预算安排源头到使用末端全过程来源清晰、流向明确、账目可查、账实相符。

2022年，中央预算单位全面上线了预算管理一体化平台，以预算项目为基本单位，实施全生命周期管理，各地财政部门也陆续建立了预算一体化系统。

2024年，财政部发布《关于依托预算管理一体化系统建立全国行政事业单位国有资产调剂共享平台的通知》，旨在进一步提高行政事业单位国有资产配置和使用效益，强化财政资源和预算统筹，财政部依托预算管理一体化系统建立全国行政事业单位国有资产调剂共享平台，打通中央和地方的资产调剂共享信息通道，实现行政事业单位国有资产跨部门、跨级次、跨地区调剂共享。

政府采购预算一体化电子化管理通过全流程数字化、智能化和透明化，显著提升预算编制、执行和监管效率，强化资金使用规范性，降低人为干预和廉政风险，实现数据实时共享与动态监控，助力财政资金精准配置和高效利用。

2.采购需求管理

加强政府采购需求管理是贯彻落实深化政府采购制度改革的具体举措，是提高政府采购效率和质量的重要保证。科学合理确定采购需求是加强政府采购源头管理的重要内容，是执行政府采购预算、发挥采购政策功能、落实公平竞争交易规则、优化政府采购营商环境的重要抓手，在政府采购活动全流程中具有承上启下的重要作用。

1）科学合理确定采购需求

采购人应当根据《政府采购需求管理办法》规定对采购项目开展需求调查，以弥补采购项目开展可行性研究等前期工作的不足。采购需求调查应当根据国家经济和社会发展政策、预算安排及绩效目标、采购管理制度、市场状况、拟采购标的需要满足的技术和商务要求等情况开展，通过咨询、论证、问卷调查等方式深入了解采购标的的主要特征以及要求供应商响应的条件，确保采购需求合规、完整、明确、规范。采购人可自行编制采购需求；也可委托代理机构或第三方机构编制，在活动开始前书面确认。采购需求应合规、完整、明确，符合国家及行业标准，支持节能环保和扶持中小企业发展等政策要求。必要时征求供应商、专家意见，包括功能目标、技术要求、数量、交付时间地点及验收标准等。复杂项目可引入第三方机构论证，公共服务项目应征求公众意见。采购文件及合同应完整反映采购需求，评审因素与需求对应，合同条款包括采购技术要求和商务要求、验收方案、支付条件、争议处理等。

近年来，财政部印发了多个采购需求标准，旨在规范采购需求管理，提升采购的科学性和公平性，为采购人提供具体指导，例如：《绿色数据中心政府采购需求标准（试行）》《台式计算机政府采购需求标准（2023年版）》《一体式计算机政府采购需求标准（2023年版）》《工作站政府采购需求标准（2023年版）》《操作系统政府采购需求标准（2023年版）》《通用服务器政府采购需求标准（2023年版）》《便携式计算机政府采购需求标准（2023年版）》《数据库政府采购需求标准（2023年版）》《物业管理服务政府采购需求标准（办公场所类）（试行）》《专利商标代理服务政府采购需求标准（试行）》等。

2）制定采购实施计划

采购人应当根据法律法规、政府采购政策和国家有关规定，严格依据采购需求对采购合同的订立和管理作出安排。采购实施计划应包括但不限于采购项目预（概）算、最高限价，开展采购活动的时间安排，采购组织形式和委托代理安排，采购包划分与合同分包，供应商资格条件、采购方式、竞争范围和评审规则，以及合同类型、定价方式、合同文本的主要条款、履约验收方案、风险管控措施等。其中，履约验收方案要明确、具体、客观、可量化，还应当在合同中约定。涉及政府向社会公众提供公共服务的项目，验收时应有服务对象参与，验收结果应及时向社会公告。采购人可自行或委托第三方开展相关工作。

3）加强内部控制和风险管理

采购人应切实履行政府采购需求管理主体责任。一是加强内控管理。将采购需求管理作为政府采购内控管理的重要内容，在制定采购需求时，按照内控要求做好风险分类和风险预判，完善应对措施和应对方案，减少和规避风险。二是建立审查机制。针对采购需求管理中的重点风险事项进行审查，对审查不通过的，应当修改采购需求和采购实施计划内容并重新进行审查，确保采购需求合理合法，最大限度发挥政府采购政策功能，避免对供应商实行差别待遇或歧视待遇，遏制因采购需求不合规、不规范导致的项目中止或终止现象。审查工作由采购人的采购、财务、业务、监督等内部机构成员组成，必要时可引入专家和第三方机构。审查通过后，采购文件应依据审核结果编制。所有相关工作需书面记录并存档。

3. 采购活动管理

采购人应当加强对采购活动的流程控制，突出重点环节，确保政府采购项目规范运行。

（1）增强采购计划性。采购人应当提高编报与执行政府采购预算、实施计划的系统性、准确性、及时性和严肃性，制定政府采购实施计划执行时间表和项目进度表，有序安排采购活动。

（2）加强关键环节控制。采购人应当按照有关法律法规及业务流程规定，明确政府采购重点环节的控制措施。未编制采购预算和实施计划的不得组织采购，对属于政府采购范围未执行政府采购规定、采购方式或程序不符合规定的及时予以纠正。

（3）明确时限要求。采购人应当提高政府采购效率，对信息公告、合同签订、变更采购方式、采购进口产品、答复询问质疑、投诉处理以及其他有时间要求的事项，要细化各个节点的工作时限，确保在规定时间内完成。

（4）强化利益冲突管理。采购人应当厘清利益冲突的主要对象、具体内容和表现形式，明确与供应商等政府采购市场主体、评审专家交往的基本原则和界限，细化处理原则、处理方式和解决方案。采购人员及相关人员与供应商有利害关系的，应当严格执行回避制度。

4. 履约验收管理

采购人应当加强对政府采购项目验收的管理。根据规定的验收制度和政府采购文件，由指定部门或专人对所购物品的品种、规格、数量、质量和其他相关内容进行验收，并出具验收证明。

采购人应当依法组织履约验收工作。采购人应当根据采购项目的具体情况，自行组织项目验收或者委托采购代理机构验收。采购人委托采购代理机构进行履约验收的，应当对验收结果进行书面确认。

1）验收要求

（1）编制完整的验收方案。采购人或其委托的采购代理机构应当根据项目特点制定验收方案，明确履约验收的时间、方式、程序等内容。技术复杂、社会影响较大的货物类项目，可以根据需要设置出厂检验、到货检验、安装调试检验、配套服务检验等多重验收环节；服务类项目，可根据项目特点对服务期内的服务实施情况进行分期考核，结合考核情况和服务效果进行验收；工程类项目应当按照行业管理部门规定的标准、方法和内容进行验收。

（2）明确参与验收的主体。对于采购人和使用人分离的采购项目，应当邀请实际使用人参与验收。采购人、采购代理机构可以邀请参加本项目的其他供应商或第三方专业机构及专家参与验收，相关验收意见作为验收书的参考资料。政府向社会公众提供的公共服务项目，验收时应当邀请服务对象参与并出具意见，验收结果应当向社会公告。

（3）严格按照采购合同开展履约验收。采购人或者采购代理机构应当成立验收小组，按照采购合同的约定对供应商履约情况进行验收。验收时，应当按照采购合同的约定对每一项技术、服务、安全标准的履约情况进行确认。验收结束后，应当出具验收书，列明各项标准的验收情况及项目总体评价，由验收双方共同签署。验收结果应当与采购合同约定的资金支付及履约保证金返还条件挂钩。履约验收的各项资料应当存档备查。

（4）严格落实履约验收责任。验收合格的项目，采购人应当根据采购合同的约定及时向供应商支付采购资金、退还履约保证金。验收不合格的项目，采购人应当依法及时处理。采购合同的履行、违约责任和解决争议的方式等适用《中华人民共和国民法典》。供应商在履约过程中有政府采购法律法规规定的违法违规情形的，采购人应当及时报告本级财政部门。

2）验收流程

（1）验收申请：供应商完成合同约定的履约任务后，向采购人提交验收申请，同时附上履约成果相关证明材料，如交付清单、服务报告、产品合格证书等，证明自身已按合同要求执行。

（2）组建验收小组：采购人收到申请后，组建验收小组。小组成员通常包括采购方项目负责人、技术专家（涉及专业技术产品或服务时）、财务人员等。还可以邀请参加本项目的其他供应商或者第三方专业机构及专家参与验收，相关验收意见作为验收的参考资料。政府向社会公众提供的公共服务项目，验收时应当邀请服务对象参与并出具意见，验收结果应当向社会公告。

（3）制定验收方案：依据采购合同和项目特点，验收小组制定详细验收方案。履约验收方案要明确履约验收的主体、时间、方式、程序、内容和验收标准等事项，且与合同规定的技术规格、质量要求、服务水平等严格对应；确定验收方法，如实地检查、抽样检测、功能测试、文档审查等；规划验收时间和地点。验收内容要包括每一项技术和商务要求的履约情况，验收标准要包括所有客观、量化指标。不能明确客观标准、涉及主观判断的，可以通过在采购人、使用人中开展问卷调查等方式，转化为客观、量化的验收标准。分期实施的采购项目，应当结合分期考核的情况，明确分期验收要求。货物类项目可以根据需要设置出厂检验、到货检验、安装调试检验、配套服务检验等多重验收环节。工程类项目的验收方案应当符合行业管理部门规定的标准、方法和内容。履约验收方案应当在合同中约定。

（4）开展验收工作：验收小组严格按照既定方案，对供应商履约成果进行全面细致的检查，确保项目质量和进度符合预期；深入现场，对产品数量、外观、安装调试情况进行逐一核对和检查，确保与合同约定一致，并拍照留存记录；依据相关标准和规范，利用专业设备对产品性能、质量进行严格检测，重点关注关键指标和核心功能，确保产品性能达标、质量可靠；仔细审查服务流程记录、交付成果文档等资料，确保服务流程规范、文档齐全，为后续运维和管理提供保障；对于检查过程中发现的问题，进行详细记录，与供应商充分沟通，明确整改要求和时限，确保问题得到及时有效解决，为项目顺利验收奠定坚实基础。

（5）出具验收报告：验收结束后，验收小组需严谨梳理验收全程细节，依据各项验收指标，出具详尽报告。若验收合格，在报告中明确确认。一旦不合格，逐条理清如产品规格不符、服务环节缺失等具体问题，阐述与合同要求的偏差，最后由全体小组成员签字确认报告内容。

（6）验收结果：验收合格后，采购人严格按照合同约定支付相应款项，确保供应商权益。若验收不合格，采购人将根据问题严重程度采取相应措施：对于一般问题，要求供应商限期整改或换货；对于严重问题，则有权终止合同，并追究供应商违约责任。供应商完成整改后，采购人将组织再次验收，直至所有问题解决并符合合同要求为止。此过程确保采购项目质量，维护采购人合法权益。

《政府采购法实施条例》第四十五条规定，政府向社会公众提供的公共服务项目，验收时应当邀请服务对象参与并出具意见，验收结果也应当向社会公告。

3）验收资料归档

项目验收完结后，采购人应当将验收小组名单、验收方案、验收过程记录文件、验收结果等资料作为采购项目档案妥善保管，不得伪造、编造、隐匿或者违规销毁，验收资料保存期为采购结束之日起至少15年。

5. 合同管理

根据"财政部关于印发《行政事业单位内部控制规范（试行）》的通知（财会〔2012〕21号）"中相关规定：

采购人应当建立健全合同内部管理制度。采购人应当合理设置岗位，明确合同的授权审批和签署权限，妥善保管和使用合同专用章，严禁未经授权擅自以单位名义对外签订合同，严禁违规签订担保、投资和借贷合同。采购人应当对合同实施归口管理，建立财务部门与合同归口管理部门的沟通协调机制，实现合同管理与预算管理、收支管理相结合。

采购人应当加强对合同订立的管理，明确合同订立的范围和条件。对于影响重大、涉及较高专业技术或法律关系复杂的合同，应当组织法律、技术、财会等工作人员参与谈判，必要时可聘请外部专家参与相关工作。谈判过程中的重要事项和参与谈判人员的主要意见，应当予以记录并妥善保管。

采购人应当对合同履行情况实施有效监控。合同履行过程中，因对方或单位自身原因导致可能无法按时履行的，应当及时采取应对措施。采购人应当建立合同履行监督审查制度。对合同履行中签订补充合同，或变更、解除合同等应当按照国家有关规定进行审查。

财务部门应当根据合同履行情况办理价款结算和进行账务处理。未按照合同条款履约的，财务部门应当在付款之前向单位有关负责人报告。

合同归口管理部门应当加强对合同登记的管理，定期对合同进行统计、分类和归档，详细登记合同的订立、履行和变更情况，实行对合同的全过程管理。与采购人经济活动相关的合同应当同时提交财务部门作为账务处理的依据。采购人应当加强合同信息安全保密工作，未经批准，不得以任何形式泄露合同订立与履行过程中涉及的国家秘密和商业秘密。

采购人应当加强对合同纠纷的管理。合同发生纠纷的，采购人应当在规定时效内与对方协商谈判。合同纠纷协商一致的，双方应当签订书面协议；合同纠纷经协商无法解决的，经办人员应向单位有关负责人报告，并根据合同约定选择仲裁或诉讼方式解决。

6. 采购绩效管理

政府采购绩效管理是通过科学评估和监督，提升采购资金使用效率、透明度和政策执行效果的重要手段。其核心在于建立合理的绩效指标体系，涵盖经济性、效率性、效果性和公平性等方面，确保采购活动符合政策目标。通过事前设定目标、事中监控执行、事后评估反馈，形成闭环管理，促进采购过程的规范化和透明化。同时，绩效管理有助于发现采购中的问题，优化资源配置，提升公共服务质量。

采购人要建立科学、合理的政府采购项目绩效管理体系规范政府采购行为，提高政府采购资金的使用效益，发挥政府采购政策功能。在政府采购项目实施过程中，实施绩效监控，及时收集和分析相关信息，发现问题要及时采取措施加以解决。注重绩效监控的持续性和动态性，确保绩效监控的效果。

7. 档案管理

做好档案管理内控建设需从制度、流程、技术、人员等方面入手。首先，建立完善的档案管理制度，明确归档范围、保管期限、借阅流程及销毁程序，确保档案管理有章可循。其次，优化档案管理流程，从采购立项到合同履约，确保各环节文件及时归档，避免遗漏或延迟。同时，利用信息化手段提升管理效率，通过电子档案管理实现档案的数字化存储、检索和备份，确保数据安全与可追溯性。此外，加强人员培训，提升档案管理人员的专业能力和责任意识，确保制度执行到位。最后，定期开展档案管理审计与自查，及时发现并整改问题，持续优化内控机制，确保档案管理的规范性、完整性和安全性，为政府采购活动提供有力支持。

8. 保密管理

采购人应该加强对采购人单位人员的政策培训及管理，对在采购活动中知悉的国家秘密、商业秘密、个人隐私、依法不予公开的信息和在采购活动各个环节中应予保密的内容，相关知情人应当保密。

9. 监督管理

采购人应建立并完善内部控制管理的激励约束机制，将内部控制制度的建设与执行情况纳入绩效考评体系。通过将日常评价与重点监督、内部分析与外部评价相结合，定期对内部控制的有效性进行全面总结，并加强评估结果的应用，以持续改进内部控制管理体系。

在此基础上，采购人还应建立健全公平竞争内部审查机制，明确审查机构和程序。

根据自身实际情况，采购人可以选择自行审查或委托第三方协助审查的方式进行公平竞争审查。若采购人选择自行审查，可以由采购文件制定部门负责，或采取内部特定机构统一审查的方式，也可以由采购文件指定部门进行初审后，再提交特定机构进行复核。

通过上述措施，采购人能够确保内部控制管理体系的有效运行，同时保障公平竞争审查的规范性和公正性，从而提升采购活动的透明度和合规性。

10. 采购人能力建设管理

采购人要加强政府采购队伍建设，加强对政府采购人员的培训和教育，提高其业务素质和职业道德水平。要加强对政府采购人员的考核和评价，对不称职的人员要及时进行调整和处理。要推行建立政府采购专员制度，明确政府采购专员参与本单位采购预算的审查和实施，指导本单位采购活动，确保约束机制健全、权力运行规范、风险控制有力、监督问责到位，实现对政府采购活动内部权力运行的有效制约。

三、建设工程项目内部控制

《政府采购法实施条例》第七条规定，政府采购工程以及与工程建设有关的货物、服务，采用招标方式采购的，适用《中华人民共和国招标投标法》及其实施条例；采用其他方式采购的，适用政府采购法及其实施条例。建设工程内控管理的重点在于对项目全生命周期的管理，涉及多个阶段和环节，如项目规划、设计、招投标、施工、监理、验收等，风险主要来自项目本身的复杂性和不确定性，因此风险控制的侧重点也与政府采购货物和服务不同。采购单位通过将政府采购工程归口在基建部门管理。下面将对建设工程项目内部控制进行单独阐述。

1. 岗位设置

在招标投标活动中，招标人作为核心主体，其内部岗位设置和职责分离的合理性直接关系到招标投标活动的规范性、透明性和风险防控能力。为确保招标投标活动的合法合规，防范舞弊和错误行为，法律法规对招标人内部岗位设置提出了明确要求，特别是对不相容岗位的分离进行了详细规定。《行政事业单位内部控制规范（试行）》对不相容岗位分离提出了具体要求，强调通过岗位分离实现内部牵制，防范风险。招标人应在以下关键环节实现岗位分离。

1）项目建议和可行性研究与项目决策

项目建议和可行性研究是招标投标活动的起点，通常由需求部门或技术部门负责。为避免利益冲突，项目决策应由独立的审批部门或管理层完成，确保决策的客观性和科学性。

2）概预算编制与审核

预算编制人员不得同时负责预算审核，以确保预算的合理性和准确性。预算编制人员应根据项目需求编制预算，而预算审核应由财务部门或独立的审核人员完成。两者分离可以有效防止预算虚高或低估，确保资金的合理安排。

3）项目实施与价款支付

项目实施人员负责招标投标活动的具体执行，而价款支付应由财务部门或独立的审批人员完成。两者分离可以防止资金滥用和舞弊行为。

4）竣工决算与竣工审计

竣工决算由项目实施部门编制，而竣工审计应由独立的审计部门完成。两者分离可以确保审计结果的独立性和公正性，防止虚假决算。

2. 建设项目议事决策机制

确保决策的科学性和公正性，法律法规对招标人的议事决策机制提出了明确要求，严禁个人单独决策或擅自改变集体决策意见，并要求决策过程及意见形成书面文件并妥善归档。议事决策机制应满足如下要求。

1）集体决策原则

招标人应当建立集体决策机制，确保重大事项由领导班子或决策委员会集体研究决定。任何个人不得单独决策或擅自改变集体决策意见。例如，重大项目招标需求、非公开招标方式的申请等事项，必须提交领导班子集体研究。

2）书面记录与档案管理

决策过程及各方面意见应当形成书面文件，包括会议记录、决策依据、专家意见等。这些文件应与相关资料一同妥善归档保管，以备后续审查和追溯。

3）合法性审查与内部会签

招标人应当建立健全合法性审查和内部会签机制，确保决策内容符合法律法规和政策要求。例如，招标需求编制、合同签订等关键环节，需经过合法性审查和内部会签程序。

3. 建设项目关键文件审核控制

审核机制的规范性和严谨性直接关系到项目的合法性、合规性和风险防控能力。为确保项目建议书、可行性研究报告、概预算、竣工决算报告等关键文件的科学性和准确性，单位内部专业人员或具有相应资质的中介机构应对关键文件进行审核，并出具评审意见。

1）项目建议书与可行性研究报告的审核

项目建议书和可行性研究报告是建设项目立项的重要依据，应由单位内部的规划、技术、财务、法律等相关工作人员进行审核，或委托具有相应资质的中介机构进行评审。审核内容包括项目的必要性、技术可行性、经济合理性等。

2）概预算的审核

概预算是建设项目资金管理的重要文件，应由单位内部的财务人员或委托具有相应资质的中介机构进行审核。审核内容包括预算编制的合理性、资金使用的合规性等。

3）竣工决算报告的审核

竣工决算是建设项目竣工验收的重要文件，应由单位内部的财务人员或委托具有相应资质的中介机构进行审核。审核内容包括决算编制的准确性、资金使用的合规性等。

4.建设项目招标工作控制

招标人作为核心主体，其招标工作的规范性和透明度直接关系到项目的合法性、合规性和风险防控能力。根据《中华人民共和国招标投标法》及其实施条例，招标人应当依法组织招标活动，并接受有关部门的监督；《政府采购法》及其实施条例也对采购人的招标行为提出了具体要求。主要要求如下。

1）招标程序的合法性

招标人应当严格按照法律法规规定的程序组织招标活动，确保招标过程的公开、公平和公正。具体环节包括发布招标公告、编制招标文件、组织开评标等。招标文件应全面涵盖招标项目的技术要求、对投标人资格审查的标准、投标报价要求以及评标标准等所有实质性要求和条件，以确保招标活动的透明性和规范性。

对于依法必须进行招标的工程建设项目，招标人在编制招标公告、招标文件、资格预审公告和资格预审文件时，应进行公平竞争审查。这一审查旨在评估招标活动对市场竞争的影响，防止出现排斥或限制市场竞争的行为，从而保障市场环境的公平性和竞争性。通过将公平竞争审查嵌入招标流程，招标人能够有效避免潜在的市场垄断或不正当竞争，确保招标活动既符合法律法规要求，又促进健康的市场竞争秩序。

2）信息公开的透明度

招标人应当通过依法指定的媒体上发布招标公告，确保招标信息的公开透明。招标公告应当载明招标人的名称和地址、招标项目的名称、数量以及获取招标文件的办法等事项。

3）评标委员会的独立性

评标由招标人依法组建的评标委员会负责。依法必须进行招标的项目，其评标委员会由招标人代表和有关技术、经济等方面的专家组成，成员人数为五人以上单数，其中技术、经济等方面的专家不得少于成员总数的三分之二。评标委员会应当客观、公正地履行职务，遵守职业道德，对所提出的评审意见承担个人责任。

4）监督机制的完善

招标人应当接受有关部门的监督，包括财政部门、发展改革部门、监察机关等。监督内容涵盖招标程序的合法性、信息公开的透明度、评标委员会的独立性等方面。

5.建设项目保密控制

1）保密协议的签订

招标人应当与参与标底编制、评标等工作的相关人员签订保密协议，明确保密义务和违约责任。保密协议应当包括保密内容、保密期限、保密责任等条款。

2）接触限制的实施

招标人应当采取必要措施，限制参与标底编制、评标等工作的相关人员的接触范围，确保关键信息的保密性。例如，标底编制人员不得参与评标工作，评标委员会成员不得与投标人接触等。

3）保密措施的落实

招标人应当建立健全保密制度，明确保密责任和措施，确保标底编制、评标等工作的保密性。例如，标底编制应当在封闭环境下进行，评标工作应当在保密场所进行等。

6.建设项目资金管理控制

1）专款专用原则

招标人应当按照审批单位下达的投资计划和预算对建设项目资金实行专款专用，确保资金用于规定的建设项目，严禁截留、挪用和超批复内容使用资金。

2）价款支付审核

财务部门应当加强与建设项目承建单位的沟通，准确掌握建设进度，加强价款支付审核，按照规定办理价款结算。价款支付审核应当包括工程量审核、合同履行情况审核等内容。

3）国库集中支付

实行国库集中支付的建设项目，单位应当按照财政国库管理制度相关规定支付资金，确保资金支付的规范性和透明度。

7.建设项目档案控制

1）文件收集

招标人应当全面收集与建设项目相关的文件、材料，包括项目建议书、可行性研究报告、招标文件、投标文件、合同文本、竣工决算报告等。确保文件材料的完整性和准确性。

2）文件整理

招标人应当按照规定的分类标准对收集的文件、材料进行整理，确保文件材料的有序性和可检索性。例如，按照项目阶段、文件类型等进行分类整理。

3）文件归档

招标人应当按照规定的归档范围和期限对整理后的文件、材料进行归档，确保档案的完整性和可追溯性。例如，项目建议书、可行性研究报告等文件应当在项目立项后及时归档。

4）文件保管

招标人应当建立健全档案保管制度，确保档案的安全性和保密性。例如，档案应当存放在专用的档案室，配备必要的防火、防盗、防潮等设施。

8. 建设项目投资概算与工程变更

1）投资概算的执行

经批准的投资概算是工程投资的最高限额，招标人应当严格执行，不得擅自突破。如有调整，应当按照国家有关规定报经批准。例如，投资概算的调整应当报原审批单位批准，并按照规定程序办理。

2）工程洽商和设计变更的审批

单位建设项目工程洽商和设计变更应当按照有关规定履行相应的审批程序。例如，建设单位提出设计变更，应经设计单位、监理单位、施工单位等相关单位同意，并报原审批单位批准。

3）投资概算调整的程序

政府投资项目建设投资原则上不得超过经核定的投资概算。因国家政策调整、价格上涨、地质条件发生重大变化等原因确需增加投资概算的，项目单位应当提出调整方案及资金来源，按照规定的程序报原初步设计审批部门或者投资概算核定部门核定；涉及预算调整或者调剂的，依照有关预算的法律、行政法规和国家有关规定办理。

4）工程变更的审批流程

工程变更的审批应当按照有关规定履行相应的审批程序。例如，施工单位在实施过程中发现地质条件不符提出工程变更，应经建设单位、设计单位、监理单位等相关单位同意，按照有关规定履行相应的审批程序。

9. 建设项目竣工后决算、审计

1）及时办理竣工决算

建设项目竣工后，单位应当按照规定的时限及时办理竣工决算。竣工决算是反映建设项目实际投资情况的重要文件，应当包括工程结算、设备购置、其他费用等内容。

2）组织竣工决算审计

单位应当组织竣工决算审计，确保决算的准确性和合规性。审计工作应当由具有相应资质的审计机构进行，审计内容包括决算编制的合规性、资金使用的合理性等。

10. 档案移交

1）档案移交的时限

建设项目竣工后，单位应当按照规定的时限及时向建设行政主管部门或者其他有关部门移交建设项目档案。例如，《建设工程质量管理条例》规定，建设单位应在竣工验收后及时移交档案，未按规定移交的将面临1万元以上10万元以下的罚款。

2）档案移交的内容

档案移交的内容包括但不限于施工记录、检验报告、试验数据、图纸会审记录、设计变更通知单、质量安全事故记录等相关资料。档案应当按类别装订成册，电子档案应刻制成光盘或其他可靠的存储介质。

3）档案移交的程序

档案移交应当遵循规定的程序，包括编制移交清单、审核确认、签字盖章等环节。移交清单应明确资料名称、数量、规格、版本等信息，并由双方签字盖章确认。

11. 资产移交的具体要求

1）资产移交的依据

资产移交应当根据批复的竣工决算和有关规定进行，确保资产的完整性和准确性。例如，建设单位在项目建设期间形成的会计档案，应当在办理竣工财务决算后及时移交。

2）资产移交的程序

资产移交应当遵循规定的程序，包括资产清点、账务清理、移交确认等环节。移交过程中应当逐项清点核实各项财产，确保账实相符。

建设项目已实际投入使用但超时限未办理竣工决算的，单位应当根据对建设项目的实际投资暂估入账，转作相关资产管理。

四、采购人内控管理信息化建设

近年来，财政部、审计署等部门多次强调行政事业单位需加强内部控制体系建设，并明确提出通过信息化手段实现内控管理的规范化和常态化。

政府采购内控数字化系统建设是提升采购质效、防范廉政风险的关键举措。其核心是通过信息化手段重构业务流程，实现全周期透明化管理。系统建设需以《政府采购法》为基准，嵌入内控制度刚性约束，同时强化电子档案管理和操作留痕功能，确保可追溯可审计。通过数字化升级，降低行政成本，压缩自由裁量空间，助力打造规范高效、阳光透明的政府采购新生态。建设路径应聚焦以下四个方面：

一是依托标准化模板固化采购立项、审批、执行等环节规则，减少人为干预。传统采购可能存在的一些问题，比如手工操作效率低，容易出错，而且流程不透明，可能导致腐败或者错误决策。信息化管理可以通过自动化流程来减少人为错误，提高效率。在立项阶段，模板内置需求必要性论证、预算匹配度验证等模块，明确立项要件及量化评估标准；审批环节采用多级电子签核流程，预设部门负责人、财务、法务及分管领导的审批权限与时序逻辑，同步嵌入预算超支预警、风险提醒等智能校验功能；执行阶段通过项目台账、合同范本库、验收标准清单等工具，实现从项目立项到履约验收的全周期可视化管理。系统自动归档各环节操作痕迹与审批意见，形成可追溯的电子档案链，既防范人为操作风险，又为采购效能分析提供数据支撑，最终构建规则刚性、权责清晰、效率提升的标准化采购管理体系。

二是运用大数据分析及AI智能核验技术，构建智能化采购决策系统，实现预算比对、市场调研、采购需求提炼等功能，快速、准确、精准分析采购需求。运用系统对历史采购数据进行深度分析，实现预算动态比对与成本偏差预警；实时分析同类项目历史数据，生成多维度的市场调研报告；通过智能需求提炼模型，自动识别采购需求特征，匹配最优采购方案。

三是打通预算、采购、验收、支付等系统接口，构建跨部门数据共享机制。通过与政府采购预算管理、政府采购信息发布、政府采购支付等平台的有效对接，实现数据的互融互通。跨系统数据协同，优化了采购业务流程，使采购人员无需在多平台间重复切换操作；既有效提升了采购执行效率，也杜绝了多源数据输入可能导致的异构系统信息偏差问题，切实保障了采购全流程数据的完整性与一致性，更为采购人进行统计、分析和运用提供了便利。

四是通过构建智能化风险预警模型，动态监控各个环节中的异常情形，建立全流程风险防控体系。依托大数据平台整合供应商资质、合同条款、成交数据、舆情监测等数据源，建立动态风险评估矩阵，针对采购立项、采购环节、履约验收、合同支付等关键节点设置风险指标项。通过技术手段固化操作痕迹实现过程可追溯，实时解析合同文本中的法律漏洞，结合舆情监控系统捕捉负面信息。系统设置红黄蓝三级预警机制，当采购价格偏离市场均值高达一定比例、单一来源采购频次异常、同一供应商成交次数过高、关联交易未披露等情形自动触发预警。系统形成"监测-预警-处置-改进"的闭环管理机制，为采购人筑起智能风控屏障。

政府采购内控数字化系统建设意义重大。它不仅是采购人响应国家政策、防范风险的必然选择，更是实现治理现代化、提升公共服务效能的核心工具。通过技术手段将制度"固化"为流程，将数据"转化"为决策力，最终推动单位从"粗放管理"向"精细治理"转型。

第四节　监督与评价

采购人应当建立健全内部监督制度，明确各相关部门或岗位在内部监督中的职责权限，规定内部监督的程序和要求，对内部控制建立与实施情况进行内部监督检查和自我评价。内部监督应当与内部控制的建立和实施保持相对独立。

一、内部监督制度构建

1. 制度框架与法律依据

政府采购内部监督管理制度须依据《政府采购法》《政府采购法实施条例》等法律法规构建，旨在规范采购行为，防范廉政风险，提高资金使用效率。

2. 监督机构的设置与职责

监督机构通常包括内部审计部门、纪检监察部门等，负责对采购活动的合法性、规范性进行监督。例如，设立监督审查领导小组，明确组长、副组长及成员的职责，确保监督工作的独立性和权威性。

3. 监督流程与机制

监督流程包括事前、事中、事后三个阶段：

事前监督：审查采购项目的立项、资金落实情况及采购方式选择的合规性。

事中监督：对采购文件编制、评标过程、合同签订等环节进行实时监督。

事后监督：对履约验收、资金支付等环节进行审计和评估。

二、内部审计职责与实施

1. 审计范围与重点

内部审计涵盖财务收支、预算执行、资产管理、风险管理等方面，重点关注采购活动的合规性、资金使用的效益性以及廉政风险防范。

2. 审计程序与方法

审计程序包括制定审计计划、实施审计、出具审计报告、跟踪整改等。审计方法包括数据分析、现场检查、问卷调查等，以确保审计结果的客观性和准确性。

3. 审计结果运用与整改

审计结果应作为考核、任免干部的重要依据。对于审计发现的问题，要求被审计单位制定整改方案，并跟踪整改落实情况，确保问题得到有效解决。

三、监督检查规划

1. 监督检查的目标与原则

监督检查的目标是确保采购活动的公开、公平、公正，原则包括依法监督、独立监督、全面监督。

2. 监督检查的内容与方式

监督检查内容包括采购范围、采购方式、采购程序的执行情况，以及采购人员的职业素质。检查方式包括书面检查、现场检查、专项检查等。

3. 监督检查的周期与频率

监督检查应定期开展，例如每年进行一次全面检查，对重点领域和重点项目进行专项检查，确保监督的持续性和有效性。

四、内控评价实施

1. 评价指标体系

内控评价指标包括采购程序的规范性、资金使用的效益性、风险管理的有效性等，通过量化指标评估内控效果。

2. 评价方法与工具

评价方法包括自我评估、第三方评估等。工具包括内控评价表、风险矩阵等，以提高评价的科学性和准确性。采购人单位负责人应当指定专门部门或专人负责对单位内部控制的有效性进行评价并出具单位内部控制自我评价报告。

3. 评价结果的应用与改进

评价结果应用于优化内控制度、改进采购流程、提升管理水平。对于评价中发现的问题，应及时制定改进措施并跟踪落实。

五、财政部门监督

国务院财政部门及其派出机构和县级以上地方各级人民政府财政部门应当对单位内部控制的建立和实施情况进行监督检查，有针对性地提出检查意见和建议，并督促单位进行整改。

1. 财政部门的监督职责

财政部门负责对政府采购预算编制、资金支付等进行监督，确保财政资金的合理使用。

2. 监督方式与手段

监督方式包括预算审核、资金拨付监控、绩效评价等。手段包括信息化监控、专项检查等，以提高监督效率。

3. 监督结果的反馈与整改

监督结果应及时反馈给采购单位，要求其限期整改，并将整改情况纳入绩效考核。

六、审计机关监督

1. 审计机关的监督职责

审计机关负责对政府采购活动的合法性、效益性进行审计监督，重点关注采购程序的合规性、资金使用的效益性。国务院审计机关及其派出机构，以及县级以上地方各级人民政府审计机关对单位进行审计时，应着重调查和评估单位内部控制的建立与实施效果。

2. 监督重点与程序

监督重点包括采购预算执行、合同履约、资金支付等。监督程序包括制定审计计划、实施审计、出具审计报告、跟踪整改等。审计过程中，需识别并揭示内部控制存在的缺陷，并提出具体且有针对性的审计处理意见和建议。

3. 监督结果的运用与问责

审计机关应监督和督促单位根据提出的建议进行必要的整改，以确保内部控制的有效性和合规性。

在线习题（第十章）

第十一章
优化营商环境

第一节　营商环境基本知识

一、营商环境基本概念

营商环境，是指企业等市场主体在市场经济活动中所涉及的体制机制性因素和条件。营商环境包括影响企业活动的社会要素、经济要素、政治要素和法律要素等方面，是一项涉及经济社会改革和对外开放众多领域的系统工程。

从性质上看，营商环境属于一种制度性环境。从领域上看，营商环境涉及市场主体准入、生产经营和退出等企业生命周期全过程和各个领域。从作用上看，营商环境事关企业兴衰、生产要素聚散、发展动力强弱。

营商环境的公平性是指对各类企业一视同仁、平等对待，企业无论大小、属于何种类型，在市场经济活动中都能获得平等待遇，公平竞争。公平性强的营商环境，可保证市场公平竞争，优胜劣汰，激发各类市场主体的活力和创造力，提高资源配置效率。

营商环境的透明度是指有关政策法规制度信息的公开透明程度，包括市场环境、政务服务、监管执法和法律法规等方面信息的公开知晓。透明度高的营商环境，可使各类市场主体都能获得相关信息，及时把握政策走向和市场机会，平等参与市场竞争。

营商环境的法治化是指营商法律制度的完备程度，包括法律法规健全，法律面前各类市场主体一律平等，政府依法行政、市场监管统一，依法保护企业权益，司法保护公正等。法治是最好的营商环境，可为各类市场主体投资兴业提供法治保障，体现公平正义。

二、我国营商环境现状

当前，百年变局加速演进，世界形势复杂严峻，全球政治经济治理体系和合作竞争格局处于深刻变化调整期，不稳定性、不确定性愈发凸显，风险挑战明显增多。同时，中国特色社会主义进入新时代，我国经济已从高速增长阶段转向高质量发展阶段，正处于转变发展方式、优化经济结构、转换增长动力的爬坡过坎关键期。在这样的背景下，优化营商环境更加显示出其特殊意义。一方面，优化营商环境是坚持和完善中国特色社会主义制度，健全市场经济体制，完善治理体系和提高治理效能，促进市场主体良性竞争和集聚发展，激发市场主体活力和社会创造力的内在需要；另一方面，优化营商环境也是保护产业链、供应链安全稳定，维护国家产业和经济安全，提升国际竞争力的必然要求。

2018 年以来，国务院成立了推进政府职能转变和"放管服"改革协调小组，并下设优化营商环境专题组，先后出台了《关于部分地方优化营商环境典型做法的通报》《关于聚焦企业关切进一步推动优化营商环境政策落实的通知》等一系列文件，对优化营商环境作出了具体部署。

这些部署重点表现在四个方面。一是持续放宽市场准入，投资贸易更加宽松便利。民航、铁路等重点领域开放力度持续加大，部分垄断行业通过混改积极引入民间投资。二是加大监管执法力度，市场竞争更加公平有序。一年来，在强化产权保护方面，甄别纠正了一批涉及产权冤错案件。三是深化"互联网＋政务服务"，办事创业更加便捷高效。目前，基本建成全国一体化的数据共享交换平台体系，面向全国各级政府部门开通 1000 余个数据共享服务接口，数据共享交换量达 360 亿条次。四是建立健全评价机制，营商环境评价更加激励有效。

现阶段，我国高度重视并持续推进营商环境优化，取得了显著的成效，得到了广大市场主体的高度认可，不断改进和优化的营商环境日益成为激发市场主体活力，增强经济发展内生动力，释放内需潜力，提升治理水平的强心剂和推进器。但囿于各种历史和现实因素，我国营商环境建设和优化仍未达到理想目标，在一些关键领域和环节仍有较大提升空间，也面临许多不可忽视的困难和挑战。

一是区域发展不平衡、不充分。目前，我国不同区域、不同省市、不同类型企业、不同营商环境要素之间存在明显差异，呈现较为突出的不平衡、不充分的特点。

二是存在诸多短板和不足。在构成营商环境的多项相关指标中，市场竞争公平性和法治化建设等是我国营商环境优化存在的短板。

三是制度建设亟待完善。营商环境由各种法律法规、制度规范、标准流程等构成，要优化营商环境，一方面要求这些制度要素不断建立和完善，另一方面也要它们之间协调匹配，避免冲突。

四是国际形势不容乐观。受国际形势的影响，我国营商制度安排与国际规则的相通对接程度，包括与国际衡量标准相近、与国际通行规则或国际惯例对接、涉外投资贸易开放程度等，都受到显著制约，营商环境国际化层次和水平受到抑制。

三、优化营商环境重要举措

2019 年 10 月 22 日，国务院总理李克强签署第 722 号国务院令，公布《优化营商环境条例》（以下简称《条例》），并于 2020 年 1 月 1 日起施行。其主要内容如下。

一是明确优化营商环境的原则和方向。《条例》将营商环境界定为市场主体在市场经济活动中所涉及的体制机制性因素和条件，明确优化营商环境工作应当坚持市场化、法治化、国际化原则，以市场主体需求为导向，以深刻转变政府职能为核心，创新体制机制、强化协同联动、完善法治保障，为各类市场主体投资兴业营造稳定、公平、透明、可预期的良好环境。

二是加强市场主体保护。《条例》明确规定国家平等保护各类市场主体，保障各类市场主体依法平等使用各类生产要素和依法平等享受支持政策，保护市场主体经营自主权、财产权和其他合法权益，推动建立全国统一的市场主体维权服务平台等。

三是优化市场环境。《条例》对压减企业开办时间、保障平等市场准入、维护公平竞争市场秩序、落实减税降费政策、规范涉企收费、解决融资难融资贵、简化企业注销流程等作了规定。

四是提升政务服务能力和水平。《条例》对推进全国一体化在线政务服务平台建设、精简行政许可和优化审批服务、优化工程建设项目审批流程、规范行政审批中介服务、减证便民、促进跨境贸易便利化、建立政企沟通机制等作了规定。

五是规范和创新监管执法。《条例》对健全监管规则和标准，推行信用监管、"双随机、一公开"监管、包容审慎监管、"互联网＋监管"，落实行政执法公示、行政执法全过程记录和重大行政执法决定法制审核制度等作了规定。

六是加强法治保障。《条例》对法律法规的立改废和调整实施，制定法规政策听取市场主体意见，为市场主体设置政策适应调整期，完善多元化纠纷解决机制、加强法治宣传教育、推进公共法律服务体系建设等作了规定。

四、优化政府采购营商环境重要举措

政府采购营商环境是营商环境的重要内容。根据《优化营商环境条例》的规定，政府采购应当公开透明、公平公正，依法平等对待各类所有制和不同地区的市场主体，不得以不合理条件或者产品产地来源等进行限制或者排斥。所以，各省、市为深入贯彻党的二十大精神，认真落实《中共中央 国务院关于加快建设全国统一大市场的意见》《优化营商环境条例》等有关要求，进一步深化政府采购制度改革，努力打造市场化、法治化、国际化政府采购营商环境。

下面介绍湖北省政府采购优化营商环境的具体措施。

2022年3月7日，湖北省公共资源交易中心（湖北省政府采购中心）印发了《持续优化公共资源交易和政府采购营商环境九条措施》的通知。该通知根据省人民政府办公厅、省优化营商环境领导小组办公室、省公共资源交易管理委员会和省财政厅、省经济和信息化厅有关文件，列举了涵盖降低交易采购成本、推进招投标服务智慧化、推进政府采购规范化、推进产权交易便捷化、推进药械集中采购平台示范化等五个方面的九条措施，具体如下：

（1）减轻交易采购市场主体负担。降低工程建设项目投标保证金额度，取消进入省交易（采购）中心招投标项目的交易平台信息服务费，免收政府采购工程投标保证金、履约保证金以及政府采购项目投标保证金、采购文件工本费；加快实施银行保函、保险公司保单和担保公司保函替代现金方式递交投标保证金，积极参与开展政府采购合同融资（政采贷）。

（2）提高招投标全流程电子化水平。巩固工程建设招投标项目网上办理、全流程电子化、无纸化和不见面开标的成果；在相关部门的支持下，持续推进电子证照、电子签章在招投标领域运用和互认，在"一地注册、全省通用""一网通投"上取得突破。

（3）提升完善远程异地评标常态化工作。修订了《湖北省工程建设项目远程异地评标操作规程（试行）》；优化省远程异地评标协调系统交易项目信息推送、电子签章等功能；升级改造远程异地评标硬件设施；加强协调督办，实现全省规模标准以上的政府投资项目远程异地评标。

（4）积极开展"评定分离"改革试点。配合相关部门持续推进房屋建筑和市政基础设施工程"评定分离"改革；争取相关部门支持，在省电子招投标交易平台开展房屋建筑和市政基础设施工程"评定分离"改革试点。

（5）实施政府采购服务标准化。巩固集中采购业务规范化、功能化、电子化、公开化建设成效，进一步强化集中采购的程序规范、文本规范和行为规范，依法探索集中采购全流程程序公开，提高透明度。

（6）落实政府采购政策功能。适宜由中小企业提供的政府采购限额标准以上，200万元以下的货物、服务和400万元以下的工程采购项目，应当专门面向中小企业采购；超过以上标准，预留预算总额的40%以上专门面向中小企业采购，其中预留给小微企业的比例不低于60%；非专门面向中小企业的政府采购项目或采购包，对符合条件的小微企业报价给予6%～10%（工程项目为3%～5%）的扣除，对小微企业中的残疾人企业、监狱企业、纳入创新产品应用示范推荐目录内企业、属于政府优先采购《节能产品政府采购品目清单》《环境标志产品政府采购品目》范围内且获得相关证书企业的报价给予10%（工程项目为5%）的扣除，用扣除后的价格参加评审。

（7）拓展政府采购网上商城功能。加大政府采购网上商城推广力度，提高市县覆盖率；优化政府采购网上商城功能；对中小企业加挂标识、设立特色场馆、通过流量引导及搜索排序等方式，引导采购人优先采购由中小企业制造的货物、承建的工程、承接的服务。

（8）简化产权交易流程。配合相关部门，支持"一主""两翼"在城市群内开展城乡建设用地增减挂钩节余指标、补充耕地指标交易，市县政府是交易主体，将交易系统操作权限下放至市县政府，促进资源要素有序流动，提高交易效率。

（9）提升完善药械集中采购平台功能。构建功能完善、运转高效、服务便捷、社会满意的示范平台，和相关部门共同推进药品和医用耗材省级集中带量采购；配合相关部门开展疫苗采购资金线上结算，提升结算速度，保障疫苗有序供给。

湖北省公共资源交易中心（湖北省政府采购中心）通过改革和完善公共资源交易及政府采购流程，进一步提升透明度、公平性和效率，为进场交易的各类市场主体创造了更加优质的发展环境。

2023年7月11日，武汉市公共资源交易管理委员会办公室发布了《关于在武汉市公共资源交易领域建立联合打击串通投标违法犯罪协作机制》（武公管办〔2023〕5号）等一系列文件，通过打击围标串标、加大信息公开力度、规范采购文件编制等方式优化营商环境，具体如下：

（1）打击围标串标。《关于在武汉市公共资源交易领域建立联合打击串通投标违法犯罪协作机制》（武公管办〔2023〕5号）出台的主要目的是维护公平、有序的公共资源交易市场秩序，实现"及时发现、高效协同、精准打击、长效常治"的总体目标，打造一流公共资源交易营商环境。主要方式是通过加强招标投标综合监管部门、有关行政监督部门和公安机关在公共资源交易领域联合打击串通投标案件的协作配合，提高办理串通投标刑事犯罪案件的质量和效率，进一步完善行刑衔接和协作配合机制，加大对围标串标行为的打击力度。

（2）加大信息公开力度。为进一步增强招标投标信息发布透明度，持续优化招标投标领域营商环境，武汉市公共资源交易管理委员会办公室发布《关于进一步推进工程建设项目评标结果信息公示工作的通知》（武公管办〔2023〕7号），明确武汉市行政区域内依法必须招标的工程建设项目评标结果公示中需公示的内容，包括：①评标委员会按照招标文件要求推荐的中标候选人排序、名称、投标报价（暂估价、暂列金额）、质量、工期（交货期、服务期）等；②中标候选人按照招标文件要求承诺的项目经理或负责人姓名及其相关证书名称和编号；中标候选人响应招标文件要求的资格能力条件（含企业业绩、项目经理或项目负责人业绩情况）；③从中标候选人投标文件中节选的全部资格审查资料；④从评标报告中节选的符合招标文件要求的投标人一览表、否决投标的情况说明、其他情况说明、评审得分或经评审的价格情况；⑤通过资格预审的申请人的资格审查资料（如有）：从其资格预审申请文件中节选全部的资格审查资料；⑥提出异议的渠道和方式。

《关于开展工程建设项目招标计划提前发布工作的通知》（武公管办〔2023〕8号）为进一步增强武汉市招标投标领域市场透明度，激发市场活力，规定全市范围内依法必须进行招标的工程建设项目包括房屋建筑和市政基础设施工程、水务工程、园林工程、交通工程、水利工程等（涉密、应急、抢险救灾等特殊项目除外），必须提前发布招标计划。招标计划应于该项目首次发出招标公告之日前不少于30日公布，未按要求发布招标计划的，不得发布招标公告。发布招标计划的渠道及平台为武汉市公共资源交易平台招标投标交易系统。

（3）规范采购文件编制。为落实优化营商环境要求，优化电子交易平台服务功能，进一步完善招标文件（资格预审文件）编制规则，提高招标文件编制质量，促进招标投标活动的公开、公平、公正，武汉市公共资源交易管理委员会办公室发布《关于明确武汉市各类工程建设项目〈示范文本〉适用范围的通知》（武公管办〔2023〕9号）），明确了24个《示范文本》的适用范围及对应的监督管理部门。

2024年2月，湖北省财政厅出台了《湖北省财政厅关于持续优化政府采购营商环境的实施意见》，具体措施如下：

（1）促进政府采购公平竞争。主要措施包括：保障市场主体自由参与政府采购活动；保障各类企业公平竞争；落实公平竞争审查机制和保障代理机构依法从业等。

（2）提升政府采购透明度。主要措施包括：落实政府采购意向公开；加强政府采购需求管理；及时完整公开政府采购信息和加快政府采购数字化转型等。

（3）降低政府采购交易成本。主要措施包括：合理收取采购代理服务费；规范政府采购保证金管理；加快政府采购合同签订和资金支付与推进政府采购合同融资等。

（4）优化政府采购法治环境。主要措施包括：加强信用监管；规范公正执法和优化质疑投诉处理机制等。

第二节　优化政府采购营商环境重点工作

2023年11月22日，财政部发布《财政部 公安部 市场监管总局关于开展2023年政府采购领域"四类"违法违规行为专项整治工作的通知》（财库〔2023〕28号），为贯彻落实建设全国统一大市场部署及政府采购领域"整顿市场秩序、建设法规体系、促进产业发展"行动方案有关要求，进一步规范政府采购市场秩序，持续优化营商环境，决定开展政府采购领域"四类"违法违规行为专项整治工作。

工作聚焦当前政府采购领域反映突出的采购人设置差别歧视条款、代理机构乱收费、供应商提供虚假材料、供应商围标串标等"四类"违法违规行为开展专项整治。重点整治以下内容：采购人倾斜照顾本地企业，以注册地、所有制形式、组织形式、股权结构、投资者国别、经营年限、经营规模、财务指标、产品或服务品牌等不合理条件对供应商实行差别歧视待遇；代理机构违规收费、逾期不退还保证金；供应商提供虚假的检测报告、认证证书、合同业绩、中小企业声明函、制造商授权函等材料谋取中标；供应商成立多家公司围标串标，投标文件相互混装、异常一致，投标报价呈规律性差异，投标保证金从同一账户转出等恶意串通行为。

一、采购人设置差别歧视条款

1. 审查对象

以采购文件、采购公告的具体要求为主，审查重点包括采购需求、资格要求、实质性条款以及评分标准等。

2. 审查标准

一是审查是否存在倾斜照顾本地企业直接或变相对外地企业进入本地市场设置阻碍的问题。例如，采购文件将供应商注册地、所在地距离采购人处的距离或在某行政区域内设立分支机构等不合理条件作为资格条件、实质性条款或评分项；以特定行政区域或者特定主体的业绩、奖项作为加分条件或者中标、成交条件等。

二是审查是否存在对企业规模的不合理要求，直接或变相限制或排斥中小企业的问题。例如，采购文件的资格条件、实质性条款或评分标准中设置经营年限、注册资本、资产总额、营业收入、从业人员、利润、纳税额等条件；或变相设置特定金额合同业绩、与上述规模条件存在直接关联的第三方信用评价、认证等不合理条件。

三是审查是否存在对企业所有制形式、组织形式、股权结构、投资者国别的不合理要求，设置不同评分标准的问题。例如，采购文件的资格条件、实质性条款或评分标准中设置股权结构、投资者国别等要求，对内资和外资企业、国有和民营企业区别对待。

四是审查是否存在对产品或者服务品牌的不合理要求，限定或指定特定供应商、特定产品的问题。例如，采购需求中限定或指定特定的品牌、专利、商标、零部件、原产地等，以重点注意"知名""一线""暂定""指定""参考品牌"等表述。

五是审查是否存在非法限定供应商所在行业，限制新的供应商进入本行业的政府采购市场参与竞争的问题。例如，采购文件以特定行业的业绩、奖项作为加分条件或者中标、成交条件；除国家限制经营、特许经营及法律法规禁止经营的采购产品外，以供应商营业执照经营范围作为资格条件、实质性条款或评分项。

六是审查是否存在设置与采购项目的具体特点和实际需要不相适应或者与合同履行无关的评审标准的问题。例如，采购文件将认证范围超出采购需求的证书、未在采购需求中列明的技术参数或产品功能等作为资格条件、实质性条款或评分项。

七是审查是否存在要求供应商在政府采购活动前进行不必要的登记、注册等问题。例如，直接或变相违规设置将供应商备选库、名录库、资格库等作为资格条件；要求供应商提供营业执照、审计报告、资质证书等资格条件证明材料作为获取采购文件的前置条件。

八是是否存在以其他不合理的审查条件限制或排斥潜在供应商的问题。例如，除采购进口货物外，以生产厂家授权、承诺、证明、背书等限制供应商投标；除特别规定外，是否存在无正当理由要求提供特定的认证机构、检测机构出具的认证证书、检测报告作为技术证明材料。

3. 处理方式

财政部门审查后发现采购人设置差别歧视条款，存在以不合理的条件对供应商实行差别待遇或者歧视待遇的情形的，责令采购人、代理机构限期改正，并依法作出行政处罚。

4. 法律依据

1)《政府采购法》

第五条　任何单位和个人不得采用任何方式，阻挠和限制供应商自由进入本地区和本行业的政府采购市场。

第二十二条　供应商参加政府采购活动应当具备下列条件：

（一）具有独立承担民事责任的能力；

（二）具有良好的商业信誉和健全的财务会计制度；

（三）具有履行合同所必需的设备和专业技术能力；

（四）有依法缴纳税收和社会保障资金的良好记录；

（五）参加政府采购活动前三年内，在经营活动中没有重大违法记录；

（六）法律、行政法规规定的其他条件。

采购人可以根据采购项目的特殊要求，规定供应商的特定条件，但不得以不合理的条件对供应商实行差别待遇或者歧视待遇。

第七十一条　采购人、采购代理机构有下列情形之一的，责令限期改正，给予警告，可以并处罚款，对直接负责的主管人员和其他直接责任人员，由其行政主管部门或者有关机关给予处分，并予通报：

（三）以不合理的条件对供应商实行差别待遇或者歧视待遇的。

第八十三条　任何单位或者个人阻挠和限制供应商进入本地区或者本行业政府采购市场的，责令限期改正；拒不改正的，由该单位、个人的上级行政主管部门或者有关机关给予单位责任人或者个人处分。

2)《中华人民共和国中小企业促进法》

第四十条第三款　政府采购不得在企业股权结构、经营年限、经营规模和财务指标等方面对中小企业实行差别待遇或者歧视待遇。

3)《中华人民共和国外商投资法》

第十六条　国家保障外商投资企业依法通过公平竞争参与政府采购活动。政府采购依法对外商投资企业在中国境内生产的产品、提供的服务平等对待。

4)《中华人民共和国外商投资法实施条例》

第十五条　政府及其有关部门不得阻挠和限制外商投资企业自由进入本地区和本行业的政府采购市场。

政府采购的采购人、采购代理机构不得在政府采购信息发布、供应商条件确定和资格审查、评标标准等方面，对外商投资企业实行差别待遇或者歧视待遇，不得以所有制形式、组织形式、股权结构、投资者国别、产品或者服务品牌以及其他不合理的条件对供应商予以限定，不得对外商投资企业在中国境内生产的产品、提供的服务和内资企业区别对待。

5)《政府采购法实施条例》

第二十条　采购人或者采购代理机构有下列情形之一的，属于以不合理的条件对供应商实行差别待遇或者歧视待遇：

（一）就同一采购项目向供应商提供有差别的项目信息；

（二）设定的资格、技术、商务条件与采购项目的具体特点和实际需要不相适应或者与合同履行无关；

（三）采购需求中的技术、服务等要求指向特定供应商、特定产品；

（四）以特定行政区域或者特定行业的业绩、奖项作为加分条件或者中标、成交条件；

（五）对供应商采取不同的资格审查或者评审标准；

（六）限定或者指定特定的专利、商标、品牌或者供应商；

（七）非法限定供应商的所有制形式、组织形式或者所在地；

（八）以其他不合理条件限制或者排斥潜在供应商。

6)《政府采购货物和服务招标投标管理办法》（财政部令第87号）

第十七条　采购人、采购代理机构不得将投标人的注册资本、资产总额、营业收入、从业人员、利润、纳税额等规模条件作为资格要求或者评审因素，也不得通过将除进口货物以外的生产厂家授权、承诺、证明、背书等作为资格要求，对投标人实行差别待遇或者歧视待遇。

7)《政府采购促进中小企业发展管理办法》（财库〔2020〕46 号）

第五条　采购人在政府采购活动中应当合理确定采购项目的采购需求，不得以企业注册资本、资产总额、营业收入、从业人员、利润、纳税额等规模条件和财务指标作为供应商的资格要求或者评审因素，不得在企业股权结构、经营年限等方面对中小企业实行差别待遇或者歧视待遇。

8)《财政部关于促进政府采购公平竞争优化营商环境的通知》（财库〔2019〕38 号）

一、全面清理政府采购领域妨碍公平竞争的规定和做法

重点清理和纠正以下问题：

（一）以供应商的所有制形式、组织形式或者股权结构，对供应商实施差别待遇或者歧视待遇，对民营企业设置不平等条款，对内资企业和外资企业在中国境内生产的产品、提供的服务区别对待；

（二）除小额零星采购适用的协议供货、定点采购以及财政部另有规定的情形外，通过入围方式设置备选库、名录库、资格库作为参与政府采购活动的资格条件，妨碍供应商进入政府采购市场；

（三）要求供应商在政府采购活动前进行不必要的登记、注册，或者要求设立分支机构，设置或者变相设置进入政府采购市场的障碍；

（四）设置或者变相设置供应商规模、成立年限等门槛，限制供应商参与政府采购活动；

（五）要求供应商购买指定软件，作为参加电子化政府采购活动的条件；

（六）不依法及时、有效、完整发布或者提供采购项目信息，妨碍供应商参与政府采购活动；

（七）强制要求采购人采用抓阄、摇号等随机方式或者比选方式选择采购代理机构，干预采购人自主选择采购代理机构；

（八）设置没有法律法规依据的审批、备案、监管、处罚、收费等事项；

（九）除《政府采购货物和服务招标投标管理办法》第六十八条规定的情形外，要求采购人采用随机方式确定中标、成交供应商；

（十）违反法律法规相关规定的其他妨碍公平竞争的情形。

9)《关于在政府采购活动中落实平等对待内外资企业有关政策的通知》（财库〔2021〕35 号）

一、保障内外资企业平等参与政府采购

政府采购依法对内外资企业在中国境内生产的产品（包括提供的服务，下同）平等

对待。各级预算单位应当严格执行《政府采购法》和《中华人民共和国外商投资法》等相关法律法规，在政府采购活动中，除涉及国家安全和国家秘密的采购项目外，不得区别对待内外资企业在中国境内生产的产品。在中国境内生产的产品，不论其供应商是内资还是外资企业，均应依法保障其平等参与政府采购活动的权利。

二、在政府采购活动中落实平等对待内外资企业的要求

各级预算单位在政府采购活动中，不得在政府采购信息发布、供应商资格条件确定和资格审查、评审标准等方面，对内资企业或外商投资企业实行差别待遇或者歧视待遇，不得以所有制形式、组织形式、股权结构、投资者国别、产品品牌以及其他不合理的条件对供应商予以限定，切实保障内外资企业公平竞争。

二、代理机构乱收费

1. 审查对象

书面审查采购文件、采购公告的规定，现场审查代理机构财务凭证，包括但不限于发票、收款凭证、汇款凭证、转账记录、台账等资料。

2. 审查标准

一是审查是否存在违规收取保证金的问题。例如：

（1）采购文件中规定投标保证金超过采购项目预算金额的2%，或履约保证金的数额超过政府采购合同金额的10%。

（2）采购文件中限制投标保证金的形式，如规定不允许供应商自主选择以支票、汇票、本票、保函等非现金形式缴纳或提交。

（3）采购文件中规定的投标保证金到账（保函提交）截止时间与投标截止时间不一致。

（4）采购文件中规定以供应商事先提交履约保证金作为签订合同的条件。

二是审查是否存在逾期不退还保证金的问题。例如：

（1）投标人在投标截止时间前撤回已提交的投标文件的，未在收到投标人书面撤回通知之日起5个工作日内退还已收取的投标保证金（因投标人自身原因导致无法及时退还的除外）。

（2）查看退还保证金的支付凭证，发现未在中标通知书发出之日起5个工作日内退还未中标供应商的投标保证金。

（3）查看退还保证金的支付凭证，发现未在采购合同签订之日起5个工作日内退还中标供应商的投标保证金或者转为中标人的履约保证金。

（4）查看项目资料、退还保证金的支付凭证等，收取投标保证金后终止采购活动的，

发现未在终止采购活动后 5 个工作日内退还所收取的投标保证金及其在银行产生的孳息。

三是审查是否存在违规收取采购文件费用的问题。例如：

（1）以营利为目的，收取超出采购文件制作、邮寄成本以外的"包装费""服务费"等。

（2）采购文件费用设置过高，重点注意千元以上的"天价标书"。

（3）实现电子化采购的，未免费向供应商提供电子采购文件。

（4）收取招标文件费用后终止采购活动的，未在终止采购活动后 5 个工作日内退还所收取的招标文件费用及其在银行产生的孳息。

四是审查是否存在未明示并公开费用收取方式及标准的问题。例如：

（1）未在采购文件中明示投标保证金交纳、退还方式以及不予退还投标保证金的情形。

（2）未在采购文件中明示代理费用收取方式及标准，未随中标、成交结果一并公开收费情况，包括具体收费标准及收费金额等。

五是审查是否存在违规增收没有法律依据的投标费用的问题。例如：

（1）要求供应商购买特定软件方可参与电子化采购活动，或强制要求供应商接受有偿服务，代理机构、第三方收取"技术服务费"等。

（2）要求供应商缴纳法律法规规定之外的押金、保证金等作为供应商参加政府采购项目的条件。

（3）要求供应商提出质疑时，缴纳处理质疑事项的费用。

六是审查是否存在以个人账户收取上述投标费用的问题。

3. 处理方式

财政部门审查后发现代理机构违法乱收费的，责令代理机构限期改正，并依法作出行政处罚。

4. 法律依据

1）《政府采购法实施条例》

第三十三条　招标文件要求投标人提交投标保证金的，投标保证金不得超过采购项目预算金额的 2%。投标保证金应当以支票、汇票、本票或者金融机构、担保机构出具的保函等非现金形式提交。投标人未按照招标文件要求提交投标保证金的，投标无效。

采购人或者采购代理机构应当自中标通知书发出之日起 5 个工作日内退还未中标供应商的投标保证金，自政府采购合同签订之日起 5 个工作日内退还中标供应商的投标保证金。

竞争性谈判或者询价采购中要求参加谈判或者询价的供应商提交保证金的，参照前两款的规定执行。

第四十八条　采购文件要求中标或者成交供应商提交履约保证金的，供应商应当以支票、汇票、本票或者金融机构、担保机构出具的保函等非现金形式提交。履约保证金的数额不得超过政府采购合同金额的10%。

2)《政府采购货物和服务招标投标管理办法》（财政部令第87号）

第二十条　采购人或者采购代理机构应当根据采购项目的特点和采购需求编制招标文件。招标文件应当包括以下主要内容：

（五）投标文件编制要求、投标报价要求和投标保证金交纳、退还方式以及不予退还投标保证金的情形；

……

对于不允许偏离的实质性要求和条件，采购人或者采购代理机构应当在招标文件中规定，并以醒目的方式标明。

第二十四条　招标文件售价应当按照弥补制作、邮寄成本的原则确定，不得以营利为目的，不得以招标采购金额作为确定招标文件售价的依据。

第二十九条　采购人、采购代理机构在发布招标公告、资格预审公告或者发出投标邀请书后，除因重大变故采购任务取消情况外，不得擅自终止招标活动。

终止招标的，采购人或者采购代理机构应当及时在原公告发布媒体上发布终止公告，以书面形式通知已经获取招标文件、资格预审文件或者被邀请的潜在投标人，并将项目实施情况和采购任务取消原因报告本级财政部门。已经收取招标文件费用或者投标保证金的，采购人或者采购代理机构应当在终止采购活动后5个工作日内，退还所收取的招标文件费用和所收取的投标保证金及其在银行产生的孳息。

第三十八条　投标人在投标截止时间前撤回已提交的投标文件的，采购人或者采购代理机构应当自收到投标人书面撤回通知之日起5个工作日内，退还已收取的投标保证金，但因投标人自身原因导致无法及时退还的除外。

采购人或者采购代理机构应当自中标通知书发出之日起5个工作日内退还未中标人的投标保证金，自采购合同签订之日起5个工作日内退还中标人的投标保证金或者转为中标人的履约保证金。

采购人或者采购代理机构逾期退还投标保证金的，除应当退还投标保证金本金外，还应当按中国人民银行同期贷款基准利率上浮20%后的利率支付超期资金占用费，但因投标人自身原因导致无法及时退还的除外。

3)《政府采购非招标采购方式管理办法》（财政部令第74号）

第十四条　采购人、采购代理机构可以要求供应商在提交响应文件截止时间之前交纳保证金。保证金应当采用支票、汇票、本票、网上银行支付或者金融机构、担保机构出具的保函等非现金形式交纳。保证金数额应当不超过采购项目预算的2%。

供应商为联合体的，可以由联合体中的一方或者多方共同交纳保证金，其交纳的保证金对联合体各方均具有力。

第二十条 采购人或者采购代理机构应当在采购活动结束后及时退还供应商的保证金，但因供应商自身原因导致无法及时退还的除外。未成交供应商的保证金应当在成交通知书发出后5个工作日内退还，成交供应商的保证金应当在采购合同签订后5个工作日内退还。

第三十四条 已提交响应文件的供应商，在提交最后报价之前，可以根据谈判情况退出谈判。采购人、采购代理机构应当退还退出谈判的供应商的保证金。

4)《政府采购框架协议采购方式管理暂行办法》（财政部令第110号）

第二十三条 征集人应当编制征集文件。征集文件应当包括以下主要内容：

（十七）采购代理机构代理费用的收取标准和方式。

5)《政府采购竞争性磋商采购方式管理暂行办法》（财库〔2014〕214号）

第九条 磋商文件应当包括供应商资格条件、采购邀请、采购方式、采购预算、采购需求、政府采购政策要求、评审程序、评审方法、评审标准、价格构成或者报价要求、响应文件编制要求、保证金交纳数额和形式以及不予退还保证金的情形、磋商过程中可能实质性变动的内容、响应文件提交的截止时间、开启时间及地点以及合同草案条款等。

第十条 从磋商文件发出之日起至供应商提交首次响应文件截止之日止不得少于10日。磋商文件售价应当按照弥补磋商文件制作成本费用的原则确定，不得以营利为目的，不得以项目预算金额作为确定磋商文件售价依据。磋商文件的发售期限自开始之日起不得少于5个工作日。

第十二条 采购人、采购代理机构可以要求供应商在提交响应文件截止时间之前交纳磋商保证金。磋商保证金应当采用支票、汇票、本票或者金融机构、担保机构出具的保函等非现金形式交纳。磋商保证金数额应当不超过采购项目预算的2%。供应商未按照磋商文件要求提交磋商保证金的，响应无效。

供应商为联合体的，可以由联合体中的一方或者多方共同交纳磋商保证金，其交纳的保证金对联合体各方均具有约束力。

第二十二条 已提交响应文件的供应商，在提交最后报价之前，可以根据磋商情况退出磋商。采购人、采购代理机构应当退还退出磋商的供应商的磋商保证金。

第三十一条 采购人或者采购代理机构应当在采购活动结束后及时退还供应商的磋商保证金，但因供应商自身原因导致无法及时退还的除外。未成交供应商的磋商保证金应当在成交通知书发出后5个工作日内退还，成交供应商的磋商保证金应当在采购合同签订后5个工作日内退还。

6)《财政部关于促进政府采购公平竞争优化营商环境的通知》（财库〔2019〕38号）

三、加强政府采购执行管理

优化采购活动办事程序。对于供应商法人代表已经出具委托书的，不得要求供应商法人代表亲自领购采购文件或者到场参加开标、谈判等。对于采购人、采购代理机构可以通过互联网或者相关信息系统查询的信息，不得要求供应商提供。除必要的原件核对外，对于供应商能够在线提供的材料，不得要求供应商同时提供纸质材料。对于供应商依照规定提交各类声明函、承诺函的，不得要求其再提供有关部门出具的相关证明文件。

细化采购活动执行要求。采购人允许采用分包方式履行合同的，应当在采购文件中明确可以分包履行的具体内容、金额或者比例。采购人、采购代理机构对投标（响应）文件的格式、形式要求应当简化明确，不得因装订、纸张、文件排序等非实质性的格式、形式问题限制和影响供应商投标（响应）。实现电子化采购的，采购人、采购代理机构应当向供应商免费提供电子采购文件；暂未实现电子化采购的，鼓励采购人、采购代理机构向供应商免费提供纸质采购文件。

规范保证金收取和退还。采购人、采购代理机构应当允许供应商自主选择以支票、汇票、本票、保函等非现金形式缴纳或提交保证金。收取投标（响应）保证金的，采购人、采购代理机构约定的到账（保函提交）截止时间应当与投标（响应）截止时间一致，并按照规定及时退还供应商。收取履约保证金的，应当在采购合同中约定履约保证金退还的方式、时间、条件和不予退还的情形，明确逾期退还履约保证金的违约责任。采购人、采购代理机构不得收取没有法律法规依据的保证金。

三、供应商提供虚假材料

1. 审查对象

审查供应商投标（响应）文件的真实性，重点审查中标、成交供应商，财政部门认为有必要的，可以对其他参加采购活动的供应商一并审查。

2. 审查标准

一是审查是否存在提供虚假的认证证书、检验检测报告的问题。例如：

（1）通过查看供应商投标（响应）文件中的认证证书、检验检测报告复印件，确定材料出具单位。

（2）对于节能产品认证证书、强制性产品认证证书等能够通过中国政府采购网、全国认证认可信息公共服务平台、出具单位官方网站等渠道查询的，在线核查投标（响应）文件中相关材料的真实性。

（3）对于无法在线核查的，可通过向材料出具单位发函的方式，请其协助调查，以确认投标（响应）文件中的相关材料的真实性，必要时可协同市场监管部门共同核实上述问题。

（4）经查证虚假材料属实的，则构成"提供虚假材料谋取中标、成交"的情形。认证证书重点审查认证范围、有效期等内容；检验检测报告重点审查检验标准、检验项目、检验结果等内容。

二是审查是否存在提供虚假的合同业绩及学历证书等证明材料的问题。例如：

（1）通过查看供应商投标（响应）文件中的证书、合同业绩等内容，确定相关材料的出具单位或合同相对方。

（2）对于政府采购合同、学历证书等能够通过中国政府采购网、中国高等教育学生信息网（学信网）、信用中国、全国认证认可信息公共服务平台、国家企业信用信息公示系统以及出具单位官方网站等渠道查询的，在线核查投标（响应）文件中的相关材料的真实性。

（3）对于无法在线核查的，可通过向材料出具单位、合同相对方发函的方式，请其协助调查，以确认投标（响应）文件中相关材料的真实性。

（4）经查证虚假材料属实的，则构成"提供虚假材料谋取中标、成交"的情形。业绩合同重点审查项目名称、项目单位、项目规模、采购产品细则等内容；证书重点审查证书内容、证书有效期、认证范围等内容。

三是审查是否存在提供虚假的《中小企业声明函》的问题。例如：

（1）向《中小企业声明函》中所涉企业所在地的中小企业的主管部门（工信部门）发函，核实相关的企业所属行业及类型。

（2）调查情况可以证明声明函内容不实的，则构成"提供虚假材料谋取中标、成交"的情形。

四是审查是否存在其他提供虚假材料的问题。例如纳税及社保缴费记录、审计报告、项目人员技术资格证书、职称证书、制造商授权函、售后服务承诺函。

3. 处理方式

经查证虚假材料情况属实，且供应商无法提供相反证据证明其提供的相关材料并非虚假，由财政部门依法予以行政处罚。

4. 法律依据

1)《政府采购法》

第七十七条　供应商有下列情形之一的，处以采购金额千分之五以上千分之十以下的罚款，列入不良行为记录名单，在一至三年内禁止参加政府采购活动，有违法所得的，并处没收违法所得，情节严重的，由工商行政管理机关吊销营业执照；构成犯罪的，依法追究刑事责任：

（一）提供虚假材料谋取中标、成交的；

供应商有前款第（一）至（五）项情形之一的，中标、成交无效。

2）《政府采购促进中小企业发展管理办法》（财库〔2020〕46号）

第十六条　政府采购监督检查、投诉处理及政府采购行政处罚中对中小企业的认定，由货物制造商或者工程、服务供应商注册登记所在地的县级以上人民政府中小企业主管部门负责。

中小企业主管部门应当在收到财政部门或者有关招标投标行政监督部门关于协助开展中小企业认定函后10个工作日内做出书面答复。

第二十条　供应商按照本办法规定提供声明函内容不实的，属于提供虚假材料谋取中标、成交，依照《中华人民共和国政府采购法》等国家有关规定追究相应责任。

适用招标投标法的政府采购工程建设项目，投标人按照本办法规定提供声明函内容不实的，属于弄虚作假骗取中标，依照《中华人民共和国招标投标法》等国家有关规定追究相应责任。

四、供应商围标串标

1.审查对象

重点审查供应商投标（响应）文件，结合评审资料、录音录像以及供应商的股东、法定代表人、高级管理人员、授权代表等人员身份信息，发现供应商围标串标的线索。

2.审查标准

一是审查是否存在不同投标人的投标文件相互混装、异常一致或者投标报价呈规律性差异的问题。例如：

（1）查看投标文件是否密封、胶装，查看投票文件用纸、封皮设计、文字格式、排版顺序及设计是否相同或异常一致。

（2）查看投标文件中的投标人名称、落款、盖章及表述中是否为同一家投标人，是否存在混盖公章、错放营业执照等文件的情况，如A公司投标文件中是否出现B公司名称、营业执照或其他相关信息。

（3）审查不同投标人的资格审查文件、业绩证明材料，技术、服务响应方案等内容在格式、内容、体例上异常一致。例如，"勘察方案"封面落款单位名称、"拟投入本工程的主要人员表"等。

（4）查看不同投标人的投标文件的错误情况、虚假材料是否相同或高度相同。

（5）如采用电子评标方式，审查不同投标人的投标文件的电子文档摘要信息中，文夹路径是否均显示为同一投标人的文件夹下，以及审查投标文件电子文档的创建日期、所有者和计算机名是否异常一致。

二是审查是否存在不同投标人的投标保证金从同一单位或者个人的账户转出的问题。

（1）通过查看代理机构留存的投标保证金收取记录，审查不同投标人的投标保证金是否从同一单位或者个人的账户转出。

（2）通过查看代理机构留存的投标保证金付款账户，审查投标人投标保证金的付款账户与投标人名称是否能够一一对应。

三是审查是否存在不同投标人的投标文件由同一单位、个人编制，或委托同一单位、个人办理投标事宜的问题。

（1）查看采购档案中的文件购买登记材料，审查是否存在一家单位或某个人为两家及两家以上投标人购买文件的情形。

（2）查看采购档案中的投标登记材料，审查是否存在一家单位或某个人为两家及两家以上投标人提交投标材料的情形。

（3）查看评标录音录像，审查是否存在一家单位或某个人为两家及两家以上投标人现场述标的情形。

（4）如采购项目涉及由投标人自行下载电子招标文件或提交电子版投标文件，通过电子平台审查不同投标人的软件加密锁号、IP地址、MAC地址、CPU码和硬盘序列号等硬件信息是否相同，以及不同投标人的投标资料制作是否出自同一份U盘文件等。

四是审查是否存在不同投标人的投标文件载明的项目管理成员或者联系人员为同一个人的问题。例如：

（1）通过查看投标文件中载明的项目管理成员或联系人姓名，审查是否为同一个人。

（2）通过查看投标文件中载明的项目管理成员或联系人的联系方式，审查联系电话是否相同或连号，联系地址是否相同或高度接近，如属于同一栋办公楼或同一条街。

五是审查是否存在事先约定由某一特定供应商中标、成交的问题。例如：

（1）通过查看各供应商投标（响应）文件中的报价表、评审报告，审查是否存在故意报高价以保证特定供应商的报价具有竞争优势，以使特定供应商中标、成交的情形。

（2）通过查看各供应商投标（响应）文件中的报价表、评审报告，审查是否存在故意报明显不合理低价，影响其他供应商合理报价之间的分差，以使特定供应商中标、成交的情形。

（3）通过查看未中标、成交供应商的技术、商务条件响应情况，审查是否存在同时大量技术参数响应负偏离、不提供证明材料或不积极响应采购文件要求的情形，以促成合格供应商符合法定数量，使特定供应商中标、成交。

（4）在涉及投诉、举报案件时，审查当事人提供的聊天记录、录音录像、证人证言等其他相关证据，例如是否存在不同供应商的授权代表、项目负责人均为中标、成交供应商员工的情况。

六是审查是否存在成立多家公司围标串标的问题。例如：

（1）通过国家企业信用信息公示系统，审查投标人的法定代表人、负责人、股东、高管是否存在重合。

（2）通过国家企业信用信息公示系统，审查投标人注册地址是否相同或高度相同。

（3）通过国家企业信用信息公示系统，审查投标人是否存在直接控股、管理关系、交叉持股的情形。

（4）通过查看投标文件，审查投标人实际办公地址、文件接收地址是否相同或高度相同。

3.处理方式

（1）如发现财政部令第87号文件第三十七条等规定的串通投标情形或违法行为能够查实的，由财政部门依法对供应商作出行政处罚。

（2）如发现涉嫌犯罪的，由财政部门移送同级公安机关；构成刑事犯罪的，由司法机关追究相关单位及个人的刑事责任；对依法不需要追究刑事责任或者免予刑事处罚，但应当给予行政处罚的，由财政部门依法作出处罚。

4.法律依据

1)《中华人民共和国刑法》

第二百二十三条　【串通投标罪】投标人相互串通投标报价，损害招标人或者其他投标人利益，情节严重的，处三年以下有期徒刑或者拘役，并处或者单处罚金。

投标人与招标人串通投标，损害国家、集体、公民的合法利益的，依照前款的规定处罚。

2)《最高人民检察院、公安部关于公安机关管辖的刑事案件立案追诉标准的规定（二）》

第六十八条　〔串通投标案（刑法第二百二十三条）〕投标人相互串通投标报价，或者投标人与招标人串通投标，涉嫌下列情形之一的，应予立案追诉：

（一）损害招标人、投标人或者国家、集体、公民的合法利益，造成直接经济损失数额在五十万元以上的；

（二）违法所得数额在二十万元以上的；

（三）中标项目金额在四百万元以上的；

（四）采取威胁、欺骗或者贿赂等非法手段的；

（五）虽未达到上述数额标准，但两年内因串通投标受过两次以上行政处罚，又串通投标的；

（六）其他情节严重的情形。

3）《政府采购法》

第七十七条 供应商有下列情形之一的，处以采购金额千分之五以上千分之十以下的罚款，列入不良行为记录名单，在一至三年内禁止参加政府采购活动，有违法所得的，并处没收违法所得，情节严重的，由工商行政管理机关吊销营业执照；构成犯罪的，依法追究刑事责任：

（三）与采购人、其他供应商或者采购代理机构恶意串通的。

4）《政府采购法实施条例》

第七十四条 有下列情形之一的，属于恶意串通，对投标人依照政府采购法第七十七条第一款的规定追究法律责任，对采购人、采购代理机构及其工作人员依照政府采购法第七十二条的规定追究法律责任：

（一）投标人直接或者间接从采购人或者采购代理机构处获得其他投标人的相关情况并修改其投标文件或者响应文件；

（二）投标人按照采购人或者采购代理机构的授意撤换、修改投标文件或者响应文件；

（三）投标人之间协商报价、技术方案等投标文件或者响应文件的实质性内容；

（四）属于同一集团、协会、商会等组织成员的投标人按照该组织要求协同参加政府采购活动；

（五）投标人之间事先约定由某一特定投标人中标、成交；

（六）投标人之间商定部分投标人放弃参加政府采购活动或者放弃中标、成交；

（七）投标人与采购人或者采购代理机构之间、投标人相互之间，为谋求特定投标人中标、成交或者排斥其他投标人的其他串通行为。

5）《政府采购货物和服务招标投标管理办法》（财政部令第87号）

第三十七条 有下列情形之一的，视为投标人串通投标，其投标无效：

（一）不同投标人的投标文件由同一单位或者个人编制；

（二）不同投标人委托同一单位或者个人办理投标事宜；

（三）不同投标人的投标文件载明的项目管理成员或者联系人员为同一人；

（四）不同投标人的投标文件异常一致或者投标报价呈规律性差异；

（五）不同投标人的投标文件相互混装；

（六）不同投标人的投标保证金从同一单位或者个人的账户转出。

五、政府采购信息公开

1. 审查对象

主要审查政府采购项目的采购公告内容是否完整，包括但不限于政府采购意向公开、资格预审公告、招标（采购）公告、中标（成交）公告、更正公告、终止公告、单一来源公示、需求公示（征询意见）、政府采购合同公示等。

2. 审查标准

政府采购信息公开的审查标准主要包括以下方面。

一是公开类别是否全面，采购信息、更正信息、成交结果信息是否公开；政府向社会公众提供的公共服务项目采购需求是否征求社会公众的意见，其验收结果是否向社会公告；拟采用单一来源方式采购的项目是否发布单一来源公示等。

二是公告发布是否及时，时间是否充分，如采购公告规定的采购文件领取时间、投标（响应）文件递交截止时间是否符合法定要求，政府采购合同公示是否及时等。

三是信息公开是否符合政府采购相关法律法规的要求，即信息是否在法定媒体发布，信息内容是否全面、准确，是否存在遗漏或误导性内容，是否平等对待所有市场主体，是否存在歧视性条款或限制性条件等。

3. 处理方式

对于违反政府采购信息公开相关规定的行为，财政部门依法责令限期改正，给予警告，对直接负责的主管人员和其他直接责任人员，建议其行政主管部门或者有关机关依法依规处理，并予通报。

4. 法律依据

1)《优化营商环境条例》

第三条　国家持续深化简政放权、放管结合、优化服务改革，最大限度减少政府对市场资源的直接配置，最大限度减少政府对市场活动的直接干预，加强和规范事中事后监管，着力提升政务服务能力和水平，切实降低制度性交易成本，更大激发市场活力和社会创造力，增强发展动力。

各级人民政府及其部门应当坚持政务公开透明，以公开为常态、不公开为例外，全面推进决策、执行、管理、服务、结果公开。

第十三条　招标投标和政府采购应当公开透明、公平公正，依法平等对待各类所有制和不同地区的市场主体，不得以不合理条件或者产品产地来源等进行限制或者排斥。

政府有关部门应当加强招标投标和政府采购监管，依法纠正和查处违法违规行为。

2）《政府采购法》

第三条　政府采购应当遵循公开透明原则、公平竞争原则、公正原则和诚实信用原则。

3）《政府采购法实施条例》

第二十一条　采购人或者采购代理机构对供应商进行资格预审的，资格预审公告应当在省级以上人民政府财政部门指定的媒体上发布。已进行资格预审的，评审阶段可以不再对供应商资格进行审查。资格预审合格的供应商在评审阶段资格发生变化的，应当通知采购人和采购代理机构。

资格预审公告应当包括采购人和采购项目名称、采购需求、对供应商的资格要求以及供应商提交资格预审申请文件的时间和地点。提交资格预审申请文件的时间自公告发布之日起不得少于5个工作日。

第四十三条　采购代理机构应当自评审结束之日起2个工作日内将评审报告送交采购人。采购人应当自收到评审报告之日起5个工作日内在评审报告推荐的中标或者成交候选人中按顺序确定中标或者成交供应商。

采购人或者采购代理机构应当自中标、成交供应商确定之日起2个工作日内，发出中标、成交通知书，并在省级以上人民政府财政部门指定的媒体上公告中标、成交结果，招标文件、竞争性谈判文件、询价通知书随中标、成交结果同时公告。

中标、成交结果公告内容应当包括采购人和采购代理机构的名称、地址、联系方式，项目名称和项目编号，中标或者成交供应商名称、地址和中标或者成交金额，主要中标或者成交标的的名称、规格型号、数量、单价、服务要求以及评审专家名单。

第四十五条　采购人或者采购代理机构应当按照政府采购合同规定的技术、服务、安全标准组织对供应商履约情况进行验收，并出具验收书。验收书应当包括每一项技术、服务、安全标准的履约情况。

政府向社会公众提供的公共服务项目，验收时应当邀请服务对象参与并出具意见，验收结果应当向社会公告。

第五十条　采购人应当自政府采购合同签订之日起2个工作日内，将政府采购合同在省级以上人民政府财政部门指定的媒体上公告，但政府采购合同中涉及国家秘密、商业秘密的内容除外。

4）《政府采购货物和服务招标投标管理办法》（财政部令第87号）

第十三条　公开招标公告应当包括以下主要内容：

（一）采购人及其委托的采购代理机构的名称、地址和联系方法；

（二）采购项目的名称、预算金额，设定最高限价的，还应当公开最高限价；

（三）采购人的采购需求；

（四）投标人的资格要求；

（五）获取招标文件的时间期限、地点、方式及招标文件售价；

（六）公告期限；

（七）投标截止时间、开标时间及地点；

（八）采购项目联系人姓名和电话。

第十五条 资格预审公告应当包括以下主要内容：

（一）本办法第十三条第一至四项、第六项和第八项内容；

（二）获取资格预审文件的时间期限、地点、方式；

（三）提交资格预审申请文件的截止时间、地点及资格预审日期。

第十六条 招标公告、资格预审公告的公告期限为5个工作日。公告内容应当以省级以上财政部门指定媒体发布的公告为准。公告期限自省级以上财政部门指定媒体最先发布公告之日起算。

第十八条 采购人或者采购代理机构应当按照招标公告、资格预审公告或者投标邀请书规定的时间、地点提供招标文件或者资格预审文件，提供期限自招标公告、资格预审公告发布之日起计算不得少于5个工作日。提供期限届满后，获取招标文件或者资格预审文件的潜在投标人不足3家的，可以顺延提供期限，并予公告。

公开招标进行资格预审的，招标公告和资格预审公告可以合并发布，招标文件应当向所有通过资格预审的供应商提供。

第六十九条 采购人或者采购代理机构应当自中标人确定之日起2个工作日内，在省级以上财政部门指定的媒体上公告中标结果，招标文件应当随中标结果同时公告。

中标结果公告内容应当包括采购人及其委托的采购代理机构的名称、地址、联系方式，项目名称和项目编号，中标人名称、地址和中标金额，主要中标标的的名称、规格型号、数量、单价、服务要求，中标公告期限以及评审专家名单。

中标公告期限为1个工作日。

邀请招标采购人采用书面推荐方式产生符合资格条件的潜在投标人的，还应当将所有被推荐供应商名单和推荐理由随中标结果同时公告。

在公告中标结果的同时，采购人或者采购代理机构应当向中标人发出中标通知书；对未通过资格审查的投标人，应当告知其未通过的原因；采用综合评分法评审的，还应当告知未中标人本人的评审得分与排序。

5)《政府采购非招标采购方式管理办法》（财政部令第74号）

第十八条 采购人或者采购代理机构应当在成交供应商确定后2个工作日内，在省级以上财政部门指定的媒体上公告成交结果，同时向成交供应商发出成交通知书，并将竞争性谈判文件、询价通知书随成交结果同时公告。成交结果公告应当包括以下内容：

（一）采购人和采购代理机构的名称、地址和联系方式；

（二）项目名称和项目编号；

（三）成交供应商名称、地址和成交金额；

（四）主要成交标的的名称、规格型号、数量、单价、服务要求；

（五）谈判小组、询价小组成员名单及单一来源采购人员名单。

采用书面推荐供应商参加采购活动的，还应当公告采购人和评审专家的推荐意见。

6）《政府采购信息发布管理办法》（中华人民共和国财政部令第101号）

在线习题（第十一章）